苏州大学年鉴
SOOCHOW UNIVERSITY YEARBOOK 2016

苏州大学档案馆 编

苏州大学出版社

江苏省委书记罗志军到学校调研

国家工业和信息化部副部长毛伟明一行到学校调研

全国人大教科
文卫委员会调研组
一行到学校调研

江苏省委副书记、
苏州市委书记石泰峰一
行到学校调研

江苏省副省长张雷
调研老挝苏州大学

"对话苏州发展 2015·共谋苏州十三五"活动在学校举行

苏州大学第四次发展战略研讨会举行

学校召开"三严三实"专题党课暨专题教育部署会议

2014年度党建工作总结交流会举行

学校召开七届一次教职工代表大会暨第十三次工会会员代表大会

苏州工业园区—苏州大学全面合作第七次工作会议举行

江苏省体育局—苏州大学战略合作推进会举行

功能纳米材料与器件重点实验室揭牌

中国历史文化名城(苏州)研究院揭牌

江苏省档案技能实训基地签约授牌仪式

昆山市人民政府—苏州大学应用技术学院开展多项合作举行揭牌仪式

剑桥—苏大基因组资源中心揭牌仪式

江苏—安省大学合作联盟签字仪式暨校长圆桌会议

美国劳伦斯伯克利国家实验室主任Paul Alivisatos教授受聘苏州大学名誉教授

苏州大学—滑铁卢大学—苏州工业园区联合办学和科研协作第四届理事会召开

学校与美国俄亥俄州立大学签订联合培养博士研究生协议

学校与爱尔兰皇家外科医学院签署合作协议

第14届国际乒联科学大会暨第5届持拍类运动科学大会开幕式

纪念东吴法学百年国际学术研讨会

江苏省病理生理学会第二次代表大会暨学术研讨会在学校举办

江苏省哲学社会科学界第九届学术大会学术聚焦专场暨江苏新型智库发展高层论坛在学校举行

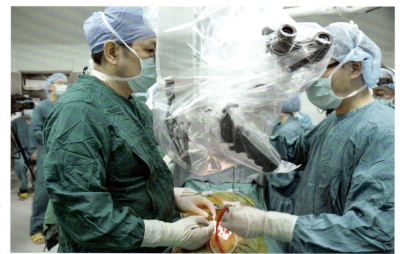

全球第三例、华东首例神经再生胶原支架复合间充质干细胞治疗脊髓损伤病例在苏大附一院完成

第三届"紫金·人民文学之星"颁奖仪式在学校举行

学校举行2015年苏州大学王晓军精神文明奖颁奖仪式

学校举行2013—2014学年周大福奖学金颁奖仪式

苏州大学第十二届研究生学术科技文化节暨苏州大学研究生东吴论坛(2015)举办

"花桥国际商务城杯"江苏省第十届大学生职业规划总决赛在学校举行

"校友返校日"系列活动之校友访谈

苏州大学附属儿童医院(总院)举行正式启用仪式

苏州大学年鉴

2016

苏州大学档案馆 编

苏州大学出版社

图书在版编目(CIP)数据

苏州大学年鉴.2016／熊思东主编；苏州大学档案馆编．—苏州：苏州大学出版社，2017.5
 ISBN 978-7-5672-2108-6

Ⅰ.①苏… Ⅱ.①熊… ②苏… Ⅲ.①苏州大学－2016－年鉴 Ⅳ.①G649.285.33-54

中国版本图书馆 CIP 数据核字(2017)第 092319 号

苏 州 大 学 年 鉴 2016
苏州大学档案馆　编
责任编辑　施　放　李寿春

苏州大学出版社出版发行
(地址：苏州市十梓街1号　邮编：215006)
苏州工业园区美柯乐制版印务有限责任公司印装
(地址：苏州工业园区娄葑镇东兴路7-1号　邮编：215021)

开本 787 mm×1 092 mm　1/16　印张 50.25　插页 11　字数 1261 千
2017 年 5 月第 1 版　2017 年 5 月第 1 次印刷
ISBN 978-7-5672-2108-6　定价：120.00 元

苏州大学版图书若有印装错误，本社负责调换
苏州大学出版社营销部　电话：0512-65225020
苏州大学出版社网址　http://www.sudapress.com

《苏州大学年鉴2016》编委会名单

主　　编　熊思东
执行主编　钱万里
副 主 编　张国华　曹　健　姚　炜　吴　鹏
　　　　　王丽燕
编　　委　（以姓氏笔画为序）
　　　　　卜谦祥　叶晓静　刘　萍　张志平
　　　　　徐云鹏　崔瑞芳

学校沿革示意图 …………………………………………………… (1)

学校综述

苏州大学概况(2016年2月) ……………………………………… (3)
苏州大学2015年度工作总结 ……………………………………… (6)

重要文献

苏州大学2015年度工作要点 ……………………………………… (15)
立足新起点　把握新机遇　谋划新蓝图
　　——朱秀林校长在苏州大学七届一次教职工代表大会上的工作
　　报告(2015年4月8日) ……………………………………… (24)
严格践行"三严三实"　扎实推进高水平研究型大学建设
　　——校党委书记王卓君在"三严三实"专题党课暨专题教育部署
　　会上的讲话(2015年5月22日) …………………………… (32)
关于党委常委会工作的报告
　　——校党委书记王卓君在校党委十一届十次全体会议上的报告
　　(2015年8月31日) ………………………………………… (40)
关于党委常委会工作的报告
　　——校党委书记王卓君在校党委十一届十一次全体会议上的
　　报告(2016年2月21日) …………………………………… (46)

2015年大事记

1月	(57)
2月	(60)
3月	(61)
4月	(64)
5月	(67)
6月	(70)
7月	(73)
8月	(75)
9月	(76)
10月	(79)
11月	(82)
12月	(85)

各类机构设置、机构负责人及有关人员名单

苏州大学党群系统机构设置 …………………………………………（93）
苏州大学行政系统、直属单位机构设置 ……………………………（96）
苏州大学中层及以上干部名单 ………………………………………（106）
苏州大学工会委员会及各分工会主席名单 …………………………（134）
苏州大学共青团组织干部名单（院部团委书记以上）………………（136）
苏州大学有关人员在各级人民代表大会、政治协商委员会、
　民主党派、归国华侨联合会、台属联谊会、无党派知识分子
　联谊会担任代表、委员名单 ………………………………………（141）
苏州大学有关人员在校外机构任职名单 ……………………………（145）
党政常设非编制机构 …………………………………………………（190）
2015年苏州大学及各地方校友会主要负责人情况…………………（194）

目录

院（部）简介

文学院 …………………………………………………………………（203）
凤凰传媒学院 …………………………………………………………（205）
社会学院 ………………………………………………………………（208）
政治与公共管理学院 …………………………………………………（209）
马克思主义学院 ………………………………………………………（211）
教育学院 ………………………………………………………………（212）
东吴商学院（财经学院）　东吴证券金融学院 ……………………（215）
王健法学院 ……………………………………………………………（217）
外国语学院 ……………………………………………………………（220）
金螳螂建筑学院 ………………………………………………………（223）
数学科学学院 …………………………………………………………（226）
物理与光电·能源学部 ………………………………………………（228）
材料与化学化工学部 …………………………………………………（231）
纳米科学技术学院 ……………………………………………………（234）
计算机科学与技术学院 ………………………………………………（238）
电子信息学院 …………………………………………………………（241）
机电工程学院 …………………………………………………………（244）
沙钢钢铁学院 …………………………………………………………（248）
纺织与服装工程学院 …………………………………………………（250）

城市轨道交通学院 …………………………………（253）
体育学院 ……………………………………………（255）
艺术学院 ……………………………………………（257）
音乐学院 ……………………………………………（260）
医学部 ………………………………………………（262）
医学部基础医学与生物科学学院 …………………（268）
医学部放射医学与防护学院 ………………………（271）
医学部公共卫生学院 ………………………………（274）
医学部药学院 ………………………………………（277）
医学部护理学院 ……………………………………（279）
敬文书院 ……………………………………………（282）
唐文治书院 …………………………………………（284）
文正学院 ……………………………………………（286）
应用技术学院 ………………………………………（289）
老挝苏州大学 ………………………………………（292）

附属医院简介

苏州大学附属第一医院 ……………………………（295）
苏州大学附属第二医院 ……………………………（297）
苏州大学附属儿童医院 ……………………………（299）

表彰与奖励

2015年度学校、部门获校级以上表彰或奖励情况 …（303）
2015年度教职工获校级以上表彰或奖励情况 ……（307）
2015年度学生集体、个人获校级以上表彰或奖励情况 …（310）
苏州大学2014—2015学年各学院（部）获捐赠奖学金发放情况
　……………………………………………………（337）

重要资料及统计

办学规模 …………………………………………（341）
　教学单位情况 ……………………………………（341）
　成教医学教学点情况 ……………………………（342）
　全校各类学生在校人数情况 ……………………（344）
　研究生毕业、入学和在校人数情况 ……………（344）

全日制本科学生毕业、入学和在校人数情况 …………………………（344）
成人学历教育学生毕业、在读人数情况 ……………………………（345）
2015年各类外国留学生人数情况 ……………………………………（345）
全日制各类在校学生的比率情况 ……………………………………（345）
成人学历教育在校生情况表 …………………………………………（346）
2015年毕业的研究生和本专科(含成人学历教育、含结业)
　学生名单 ……………………………………………………………（346）

办学层次 ……………………………………………………………（451）
博士后流动站以及博士、硕士研究生学位授权点 …………………（451）
博士、硕士专业学位授权点名单 ……………………………………（463）
全日制本科专业情况 …………………………………………………（465）
成人学历教育专业情况 ………………………………………………（470）

教学质量与学科实力 ……………………………………………（471）
国家基础科学研究与教学人才培养基地情况 ………………………（471）
苏州大学国家级、省(部)级重点学科、重点实验室、协同创新中
　心、公共服务平台、工程(技术)研究中心、重点研究基地及
　实验教学示范中心 …………………………………………………（471）
苏州大学2015年度国家、省教育质量工程项目名单 ………………（476）
苏州大学2015年度全日制本科招生就业情况 ………………………（481）
苏州大学科研机构情况 ………………………………………………（497）

科研成果与水平 …………………………………………………（504）
2015年度苏州大学科研成果情况 ……………………………………（504）
2015年度苏州大学科研成果获奖情况 ………………………………（505）
2015年度苏州大学科研成果专利授权情况 …………………………（518）
2015年度苏州大学软件著作权授权情况 ……………………………（565）
2015年度苏州大学承担的省部级以上项目情况 ……………………（577）

教职工队伍结构 …………………………………………………（624）
教职工人员情况 ………………………………………………………（624）
专任教师学历结构情况 ………………………………………………（624）
专任教师年龄结构情况 ………………………………………………（625）
教职工中级及以上职称情况 …………………………………………（625）
2015年获副高及以上技术职称人员名单 ……………………………（630）
2015年聘请讲座教授、客座教授、兼职教授名单 …………………（635）
院士、博士研究生导师(在职)名单 …………………………………（639）
各类人才工程入选人员名单 …………………………………………（671）
2015年博士后出站、进站和在站人数情况 …………………………（672）
2015年博士后在站、出站人员情况 …………………………………（673）
2015年人员变动情况 …………………………………………………（677）

2015年离休干部名单…………………………………………（691）
2015年退休人员名单…………………………………………（692）

办学条件……………………………………………………（693）
办学经费投入与使用情况……………………………………（693）
2015年学校总资产情况………………………………………（694）
学校土地面积和已有校舍建设面积…………………………（695）
全校（教学）实验室情况………………………………………（696）
苏州大学图书馆馆藏情况……………………………………（698）

海外交流与合作……………………………………………（699）
2015年公派出国（境）人员情况………………………………（699）
2015年在聘语言文教专家和外籍教师情况…………………（739）
2015年苏州大学与国（境）外大学交流合作情况……………（740）
2015年举办各类短期汉语班情况……………………………（742）

2015年教师出版书目………………………………………（743）

2015年苏州大学规章制度文件目录………………………（755）

2015年市级以上媒体关于苏州大学的报道部分目录……（757）

后　记………………………………………………………（788）

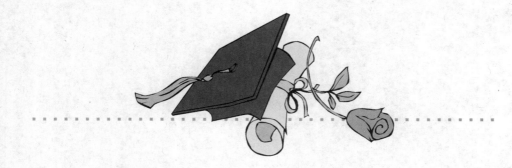

学校综述

苏州大学概况

（2016年2月）

苏州大学坐落于素有"人间天堂"之称的古城苏州，是国家"211工程"重点建设高校、"2011计划"首批认定高校，是江苏省属重点综合性大学。苏州大学之前身是Soochow University(东吴大学堂,1900年创办)，开西式教育之先河，融中西文化之菁华，是中国最早以现代大学学科体系举办的大学。在中国高等教育史上，东吴大学最先开展法学（英美法）专业教育、最早开展研究生教育并授予硕士学位，也是第一家创办学报的大学。1952年中国大陆院系调整，由东吴大学之文理学院、苏南文化教育学院、江南大学之数理系合并组建苏南师范学院，同年更名为江苏师范学院。1982年，学校复名苏州大学（Soochow University）。其后，苏州蚕桑专科学校（1995年）、苏州丝绸工学院（1997年）和苏州医学院（2000年）等相继并入苏州大学。从民国时期的群星璀璨，到共和国时代的开拓创新；从师范教育的文脉坚守，到综合性大学的战略转型与回归；从多校并入的跨越发展，到争创一流的重塑辉煌，苏州大学在中国高等教育史上留下了浓墨重彩的一笔。

一个多世纪以来，一代代苏大人始终秉承"养天地正气，法古今完人"之校训，坚守学术至上、学以致用，倡导自由开放、包容并蓄、追求卓越，坚持博学笃行、止于至善，致力于培育兼具"自由之精神、卓越之能力、独立之人格、社会之责任"的模范公民，在长期的办学过程中为社会输送了40余万名各类专业人才，包括许德珩、周谷城、费孝通、雷洁琼、孙起孟、赵朴初、钱伟长、董寅初、李政道、倪征燠、郑辟疆、杨铁樑、查良镛（金庸）等一大批精英栋梁和社会名流；谈家桢、陈子元、郁铭芳、宋大祥、詹启敏等30多位两院院士，为国家建设与社会发展做出了重要贡献。

苏州大学现有哲学、经济学、法学、教育学、文学、历史学、理学、工学、农学、医学、管理学、艺术学等十二大学科门类。学校设有24个学院（部），各类在校生五万余人，其中全日制本科生25 993人，研究生9 106人，留学生2 192人。学校现设131个本科专业；48个一级学科硕士学位授权点,24个专业学位硕士点;24个一级学科博士学位授权点,1个一级学科专业学位博士点,29个博士后流动站；4个国家重点学科,8个江苏高校优势学科,12个省级一级学科重点学科（含2个培育学科），5个江苏省重点序列学科。截止到2015年9月，我校化学、物理学、材料科学、临床医学、工程学、药理学和毒理学、生物学与生物化学7个学科进入全球ESI（基本科学指标）前1%学科。学校现有2个国家级人才培养基地,4个国家级实验教学示范中心,2个国家级人才培养模式创新实验区；我校牵头的国家2011协同创新中心1个；1个教育部人文社科重点研究基地,2个国家体育总局社会科学重点研究基地,1个国家工程实验室,1个国家地方联合工程实验室,3个国家级公共服务平台,1个国家大学科技园,1个国家重点实验室培育基地,1个江苏省高校国家重点实验室培育建设点,4个江苏高校协同创新中心,12个省部级哲社重点研究基地,23个省部级重点实验室,11个省部级公共服务平台,4个省部级工程中心。目前,全校教职工5 263人,其中两院院士6人、外籍院士1人、"千人计划"入选者12人、"青年千人计划"入选者31人、"长江学者"特聘教授7人、国家杰出青年基金获得者18人、国家优秀青年基金获得者22人,具有副高职称及以上人员2 453人,一支力量比较雄厚、结构比较合理的师资队伍已初步形成。

苏州大学将人才培养作为学校的中心工作,明确了"育人为本、教学为重"的教育理念,以通才教育为基础,以分类教学为引导,加强基础、拓宽口径、强化应用、重视实践,积极深化人才培养系统化改革,全面实施"卓越人才"教育培养工程,不断提高人才培养质量。学校纳米科学技术学院进入了全国首批17所国家试点学院行列;设立了2个书院,积极探索人才培养新模式,其中敬文书院定位于专业教育之外的"第二课堂",唐文治书院在"第一课堂"开展博雅教育。学校学生每年获得国家级奖项200余人次。2013年我校成功举办第十三届"挑战杯"全国大学生系列科技学术竞赛,在本届"挑战杯"中,我校团体总分位列全国第二、江苏第一。在第29届北京奥运会和第30届伦敦奥运会上,我校陈艳青、吴静钰和周春秀三位同学共获得了"三金一铜"的佳绩,国际奥委会主席罗格先生特别致信表示感谢。

学校实施"顶天立地"科技创新战略,学科科研工作取得累累硕果。2015年,自然科学领域获得国家级项目317项,其中863计划课题1项、国家自然科学基金项目315项(重大重点项目及人才项目18项),国家自然科学基金项目数位列全国高校第19位;获得省部级以上科技奖励17项,其中国家技术发明奖二等奖1项,教育部科学技术进步奖一等奖2项;人文社科领域获得国家级项目26项,其中重点项目5项;教育部哲学社会科学研究重大课题攻关项目1项;7项成果获教育部第七届高等学校科学研究优秀成果奖(人文社会科学),其中二等奖3项、三等奖4项;30项成果获江苏省哲学社会科学优秀成果奖,其中一等奖5项。2014年SCIE收录论文2 096篇,位列全国学术机构第22位,其中"表现不俗论文"排名位列全国高校第19位,"表现不俗论文"占本校全部收录论文比例为49.13%,连续两年位居全国高校第1位。2015年我校共申报知识产权1 251件,其中国际专利申请42件,授权知识产权910件。

学校按照"以国际知名带动国内一流"的发展思路,全面深入推进教育国际化进程。学校先后与20多个国家、地区的150余所高校和研究机构建立了校际交流关系。与英国曼彻斯特大学、加拿大维多利亚大学、美国阿肯色大学联合举办了4个本科教育中外合作办学项目;与美国威斯康星大学麦迪逊分校、加拿大滑铁卢大学等近60所国际知名高校开展学生交流或联合培养项目;与加拿大滑铁卢大学、加拿大西安大略大学、英国剑桥大学桑格研究所等分别共建了"纳米技术联合研究院""同步辐射联合研究中心""基因组资源中心"等一批科技国际合作平台。学校每年招收60余个国家、地区的留学生2 000多名。作为教育部"中非高校20+20合作计划"成员学校之一,学校积极推进教育援外。学校于2009年在老挝成功创办了中国第一家境外高校——"老挝苏州大学",实现了中国高等教育从"引进"向"输出"、从"开放"向"开拓"的战略转型。

苏州大学现有天赐庄校区、独墅湖校区、阳澄湖校区三大校区,占地面积4 058亩,建筑面积182余万平方米;学校图书资料丰富,藏书近400万册,中外文期刊30余万册,中外文电子书刊110余万册,中外文数据库82个。学校主办有《苏州大学学报》哲学社会科学版、教育科学版和法学版三本学报及《代数集刊》《现代丝绸科学与技术》《中国血液流变学》和

《语言与符号学研究》等专业学术期刊。其中《苏州大学学报(哲学社会科学版)》作为全国中文核心期刊,2010年被评为全国高校三十佳社科学术期刊,2013年刊载文章被《新华文摘》等权威期刊二次文献转载和摘编91篇次,列全国综合性大学学报第3位。

苏州大学正以昂扬的姿态、开放的胸襟、全球的视野,顺天时、乘地利、求人和,人才强校,质量强校,文化强校,依托长三角地区雄厚的经济实力和优越的人文、地域条件,努力将学校建设成为具有学科、区域和国际化特色的国内一流、国际知名的高水平研究型大学,成为区域内高水平创新人才培养、高新技术研究、高层次决策咨询的重要基地,引领区域经济、社会和文化的发展。

苏州大学2015年度工作总结

2015年，苏州大学在江苏省委、省政府的正确领导下，认真学习贯彻党的十八大、十八届三中、四中、五中全会和习近平总书记系列重要讲话特别是视察江苏重要讲话精神，团结依靠全校师生，狠抓教育教学质量，深化内涵建设，推进开放办学，落实全面从严治党，学校事业稳中有进，"十二五"发展实现圆满收官。

一、以"四个全面"战略布局为统领，加强领导班子办学治校能力建设

学校领导班子重点围绕学习贯彻党的十八届三中、四中、五中全会和习近平总书记系列重要讲话精神，通过中心组学习、专题辅导报告、研讨会、座谈会等形式，认真学习研究，切实将思想和行动统一到中央要求和省委部署上来，领导班子把握高等教育发展大势、驾驭复杂局面的能力和水平进一步提升，贯彻"五大发展理念"的自觉性和主动性进一步增强。成立学校"十三五"规划编制机构，成功召开学校第四次发展战略研讨会，科学谋划学校"十三五"改革发展事业。

领导班子根据中央和省委加强领导班子建设的新要求和新部署，认真贯彻落实中央办公厅《关于坚持和完善普通高等学校党委领导下的校长负责制的实施意见》，充分发挥党委在学校改革和发展大局中的领导核心作用，注意发挥领导班子的整体合力。积极推进《苏州大学章程》《苏州大学学术委员会章程》实施工作，认真贯彻落实党委领导下的校长负责制，选举产生新一届校学术委员会委员，逐步建立健全以学术委员会为核心的学术管理体系。修订《苏州大学教职工代表大会实施办法》，认真做好统一战线工作，切实加强民主党派基层组织建设，充分发挥教代会、民主党派组织及学生代表组织等在学校事业发展中的重要作用，不断完善党委领导、校长负责、教授治学、民主管理的内部治理结构。

领导班子坚持以推进高素质干部队伍建设为重点，积极提升干部选拔任用工作科学化水平，为学校事业又好又快发展提供坚强有力的组织保证。通过轮岗交流、挂职锻炼、出国提升等方式，加强培训培养；依托江苏省干部教育培训基地和干部在线学习中心，不断增强处级干部教育培训实效。

二、坚持问题导向，组织开展好"三严三实"专题教育

严格按照中央和省委的统一部署，结合学校实际，在全校处级以上领导干部中认真开展"三严三实"专题教育，进一步巩固和拓展党的群众路线教育实践活动成果。把"三严三实"专题教育作为"一把手"工程，成立"三严三实"专题教育协调小组，制订并规范实施专题教育实施方案。紧密联系学校改革发展实际讲好专题党课，打牢专题教育思想基础，校党委书

记、党员校领导、院级党(工)委书记、机关部门和群直单位主要负责人(支部书记)等先后在相应范围内上专题党课。着眼真学真懂组织好专题学习研讨,明确学习内容,突出学习重点,用好正反两面镜子,校党委理论学习中心组认真开展了六个专题的学习研讨,院级党组织按照学习研讨方案的要求集中学习研讨303次。坚持问题导向、实践导向,认真开展好专题调研,校领导班子成员累计开展校内外调研368次,走访党员群众464人次,开展民生体验103次;处级领导干部累计调研1 174次。贯彻整风精神,认真召开民主生活会和组织生活会,抓好深化学习研讨成果、听取意见、谈心谈话、对照检查等各个环节,深入开展批评与自我批评,全校院级党组织和全部处级单位都认真组织召开了民主生活会,582个党支部召开了专题组织生活会。强化整改落实和立规执纪,按照"整改有目标、推进有措施、落实有责任、完成有时限"的"四有"要求,各级领导班子认真制定整改方案、专项整改措施和制度建设计划,明确了时间表和责任人,党员领导干部分别制定了个人整改措施,专题教育靠后阶段的工作稳步推进。

三、稳步推进教育教学改革,提高人才培养质量取得新进展

进一步深化自主招生,合理优化本科生招生计划的区域结构,本科生源质量稳步提高。系统实施以课程改革为核心的本科教学改革,扎实推进"苏大课程"建设项目,在人才培养方案中首次嵌入通识教育课程,逐步构建起与高水平研究型大学建设目标相适应的本科课程结构与课程资源体系。进一步加强专业建设、改革与认证工作,7个专业获得江苏高校品牌专业建设工程立项建设,1个项目获批江苏省卓越教育教改项目立项建设,1个专业顺利通过教育部专业认证。认真做好本科教学状态数据库的建设工作,进一步建立健全教学质量保障体系和质量监控体系。进一步提升教师教学能力,1件作品获第二届全国高校微课教学比赛一等奖。扎实推进"苏州大学本科生学术研究资助计划",57个项目获得2015年"本科教学工程"国家级大学生创新创业训练计划项目立项,1个创业项目入选第八届全国大学生创新创业年会,2支队伍获得2015年全国大学生电子设计竞赛一等奖,实现我校在该项赛事上一等奖的零突破,在第十四届全国"挑战杯"竞赛中再次捧得"优胜杯"。国家试点学院、敬文书院、唐文治书院高素质创新人才培养体系进一步完善。深化研究生招生制度改革,推进"申请—考核制",完善硕士生推免、硕博连读等实施办法,不断提高招生质量,学校获江苏省研究生"优秀招生单位"称号。狠抓研究生培养环节和过程管理,深入开展"2015研究生教学质量年"活动,启动研究生课程建设试点工作,深化"医教协同"临床医学研究生培养改革,成立苏州大学研究生教育督查与指导委员会,引入第三方评估加强研究生培养的外部监控,严格执行学位个人申请制和答辩申请三级审核制度;作为中国科协、教育部确定的11家试点高校之一,积极组织开展"科学道德和学风建设宣讲教育案例教学"试点工作。以"江苏省研究生培养创新工程"为抓手,深入实施"卓越人才培养计划",不断提高研究生科研创新能力和实践能力,新增江苏省研究生工作站49家。积极推进研究生教育国际化进程,构建国家、学科、学校、导师"四位一体"的研究生教育国际化工作体系,研究生出国(境)访学留学比例大幅提高,国(境)外博士研究生联合培养工作进展顺利。文正学院、应用技术学院高素质应用型人才培养成效显著。

四、坚持培养和引进相结合,高水平教师队伍建设再上新台阶

加大高端人才和优秀青年人才的引进力度,全年共引进教学科研人员125人,1位院士及其团队正式加盟我校。国家、省、市各类人才工程申报建设工作取得新成效,1位教授入选"千人计划",8位教授入选"青年千人计划",4人入选"江苏特聘教授",5人获"333工程"科研项目资助,8人入选江苏省"六大人才高峰",16人入选苏州独墅湖科教创新区高端人才聚集工程,7人入选"江苏省双创人才",3个团队入选"江苏省双创团队",15人入选"江苏省双创博士","双创计划"三项入围数均位列全省高校榜首。稳步推进人才队伍国际化战略、教师岗位分类管理改革试点工作。《苏州大学与国(境)外学术机构联合聘用博士后研究人员管理办法》正式出台。20人入选学校第四批"东吴学者计划"。

五、加强学科布局和规划,一流学科建设进入新征程

围绕《统筹推进世界一流大学和一流学科建设总体方案》,组织编写《苏州大学学科自我评估报告和发展规划》,认真做好动态跟踪苏州大学学科排名和大学排名数据统计分析工作,及时召开了学校"双一流"建设通报会,进一步系统梳理学科结构,分析学科发展现状,认清差距,找准方向,汇聚共识。积极推进学位授权点合格评估和自我评估工作,11个专业学位点通过全国专业学位教指委合格评估,10个"十二五"省重点学科通过考核验收。认真做好学位点动态调整和学科自主设置工作,新增省重点学科1个、一级学科硕士学位授权点1个。5位教授当选第七届国务院学位委员会学科评议组成员。

六、坚定实施顶天立地战略,科研创新迈向新高端

在自然科学方面,获国家自然科学基金资助项目数315项,位列全国高校第19位,蝉联全国地方高校首位,其中国家杰出青年科学基金项目4项,排名全国第7,优秀青年科学基金项目5项,排名全国第14,首次获得国家重大科学仪器研制项目1项;获批科技部863课题和星火计划项目各1项;全年到账科研经费达到4.83亿元。获批国家发展与改革委员会国家地方联合工程实验室1项,实现零突破。"表现不俗的论文占比较高的高校排名"再次位列全国高校榜首,1篇论文荣获"中国百篇最具影响国际学术论文",以苏州大学为第一单位在 Science 上发表论文1篇,2位教授入选2015年全球高被引科学家名录,Nature Index(自然指数)在全国科研机构中排名第14位。在人文社科方面,获得国家社科项目26项、省部级项目31项,其中国家社科基金重大项目1项、重点项目5项。新增江苏高校哲学社会科学重点研究基地1个,江苏高校哲学社会科学优秀创新团队1个,人文社会科学院、马克思主义学院被命名首批江苏省中国特色社会主义理论体系研究基地。1篇研究成果入选国家社科基金《成果要报》并提交国家领导人审阅,1篇报告入选中国侨联《侨情专报》,7项成果获教育部第七届高等学校科学研究优秀成果奖(人文社会科学),其中二等奖3项、三等奖4项,获奖总数和各等级获奖数均创历史新高。

七、加大开放办学力度,服务社会发展与对外交流合作取得新成效

国家2011协同创新中心、江苏高校协同创新中心着力内涵建设,探索以"重大协同创新任务"为牵引的科研创新模式,建立健全以政府为主导的重大协同创新项目、以创新联盟为

主导的共性技术和关键技术以及以企业为主导的技术产品等协同创新机制；江苏体育产业发展协同创新中心正式揭牌成立。"名城名校、融合发展"战略进入项目对接阶段，"两院一库一中心"建设稳步推进。技术转移中心创新服务模式，发起成立"江苏省技术转移联盟"，辛庄产业化基地、张浦科技服务驿站等服务平台相继建成。国家大学科技园平台建设进一步加强，新引进科技型中小企业40家，成功举办第二届"苏州创新领袖训练营"，主导成立校内众创空间——六维空间，通安分园进入前期规划。儿童药研究开发与技术转移中心、苏州大学相城机器人与智能装备研究院等相继成立。"东吴智库"成功举办"对话苏州发展"（2015·共谋苏州"十三五"）、《光明日报》国学对话、中国新型城镇化国际论坛首发论坛等重要活动，系列研究成果受到省、市领导的重视，荣获2015年度全国社科联创建新型智库先进单位。附属医院医教研水平稳步提升，附属第一医院平江新院、附属儿童医院园区总院正式启用。积极参与并着力推进精准扶贫，选派教师参加第八批科技镇长团，做好贵州医科大学、淮阴师范学院、拉萨师专等对口援建工作，新建2所惠寒学校，探索并实践"互联网+"的公益新模式。

推进与加拿大滑铁卢大学全方位深层次合作，与爱尔兰皇家外科医学院、加拿大渥太华大学、美国杜兰大学、日本早稻田大学等国际知名高校签署合作协议，校际合作层次有力提升。积极组织各类国际合作交流项目，与英国曼彻斯特大学合作举办的纺织工程专业本科学历教育项目顺利通过教育部的评估，被中国教育国际交流协会评为"中美1-2-1人才培养计划"创新人才培养实验基地院校。落实"留学江苏行动计划"，做好加拿大滑铁卢大学CO-OP项目，加强与第三方教育机构在留学生招生和教学方面的合作，全年接收外国留学生2 100余名，大真大学苏州分校成立十周年庆典系列活动顺利举办。借力"一带一路"，老挝苏州大学发展迎来新机遇，新校区主楼建设顺利启动。

八、开源节流提升效益，办学支撑条件持续改善

按照"量入为出、突出重点、统筹兼顾"的原则，优化支出结构，提高内涵支出比例。安排人才引进及师资队伍建设支出1.08亿元，教学改革、图书、教学设备经费支出0.4亿元，科研支出0.8亿元，安排基本建设支出1.8亿元，教职工收入分配支出2.9亿元。

有序推进公用房有偿使用改革，整合并进一步完善仪器设备采购平台，积极参与苏州市大型科学仪器设施共享平台及苏州工业园区公共服务平台建设。实施会计委派制度，实现"收单式"报账，建立重大财政专项"月通报"制度，动态监控专项经费的预算执行进度，有效提高资金使用效率与效益。扩大培训中心、干部教育基地布局，获批"国家级专业技术人员继续教育基地"，非学历教育（培训）规模接近8万人次。院士楼、轨道学院大楼、恩玲学生活动中心首期工程等相继建成，金工车间、新能源大楼、大口径光栅实验室等改造项目有序推进。

探索实施"互联网+"的校园服务新模式，师生网上事务中心、互动直播教室和视频会议系统等建设稳步推进，图书馆、档案馆、博物馆资源引进与数字化建设成效突出。搭建"校友帮你"平台和"创业后援团"，重点做好一批境内外公益基金会的联系与服务工作。工程训练中心积极推进由基础性实验教学中心向综合性实验教学中心转型，分析测试中心围绕高水平共享平台建设目标积极整合调整优化组织结构。出版社继续推出一批精品力作，食堂、医院、幼儿园的服务质量与服务水平稳步提升。

九、坚持以人为本,团结和谐稳定的校园环境得到有力维护

积极深化民主办学,推进党务、校务和信息公开,发挥校、院两级教代会及各民主党派、群团组织等在学校民主管理中的重要作用。进一步完善助学管理机制和"奖、助、贷、勤、补、减"六位一体的立体化资助工作体系,积极探索"校企合作"资助育人新模式,学校连续五年被授予"江苏省学生资助工作先进单位"称号。积极构建全方位的毕业生创就业社会服务网络,重视并拓展校地、校企合作,加强就业信息网和手机 APP 开发建设,全年发布招聘、招考信息 2 300 余条,组织校内大型招聘会 22 场。关注师生身心健康,积极开展各类心理咨询辅导,成功举办校运会、学生体质健康测试、校园马拉松以及高雅艺术进校园等文体活动。严格按照上级文件规定,认真筹备在职人员基本工资调整和养老保险改革工作,严格落实老同志的政治和生活待遇。妥善做好阳澄湖校区教职工融合发展工作。完成高铁新城教师公寓房型设计、内部认购登记工作。以创建省平安校园示范校为抓手,进一步巩固完善"统一领导、分工明确、分级管理、责任到人"的大安全体系和"人防、物防、技防、制度防"四位一体的大防控体系。

十、坚持惩防并举,推进反腐倡廉建设

深入贯彻落实中央、省、市反腐倡廉工作会议精神,围绕学校中心工作,坚持"标本兼治、综合治理、惩防并举、注重预防"的方针,坚定不移地抓好党风廉政建设和反腐败工作的各项任务。认真落实党风廉政建设主体责任,把党风廉政建设和反腐败工作作为领导班子和干部队伍建设的重中之重,纳入工作重要议题和年度整体工作目标,统一研究部署、统一组织实施、统一检查考核,确保任务落实。根据上级要求,结合学校实际,对纪检、监察和审计机构设置进行调整。党委领导班子主要负责人切实履行第一责任人的职责,对全校党风廉政建设和反腐败工作负总责。领导班子其他成员切实履行好"一岗双责"和责任追究制度,对分管范围内的党风廉政建设负直接领导责任。组织召开了全校党风廉政建设工作会议,与各二级单位主要负责人签订了《2015 年党风廉政建设责任书》,形成上下贯通、层层负责的工作格局。重视加强制度建设,扎紧织密制度笼子,制定《苏州大学关于贯彻落实中共中央〈建立健全惩治和预防腐败体系 2013—2017 年工作规划〉的实施意见》《苏州大学关于落实党风廉政建设党委主体责任、纪委监督责任的实施意见》,坚持完善干部任前公示制度、领导干部上岗廉政谈话和领导干部关爱约谈、诫勉谈话制度;严格执行党员干部个人有关事项报告制度和收入报告制度、领导干部年度考核和述职述廉制度,建立党员干部廉政档案,健全党内监督自律机制;实施经济责任审计制度,坚持中层干部离任审计。持续加强对广大党员干部、重点岗位工作人员、重大科研项目和优势学科项目负责人、学术带头人等的法制教育和廉政教育,增强法制观念,强化廉洁意识;始终坚持正面典型教育与警示教育相结合,以示范教育鼓舞人心,以警示教育震撼人心。强化廉政风险防控机制,推行党风廉政预警机制,加强对腐败易发的重点领域和关键环节的监督力度,重视做好信访举报工作。纪委切实履行党风廉政建设的监督责任,深入落实"转职能、转方式、转作风"要求,运用好监督执纪的"四种形态",全年共约谈领导干部 10 多人次,继续与苏州市检察院开展共建,加强对学校基本建设工程和有关附属医院新院建设中的预防职务犯罪工作指导。根据《中国共产党纪律处分条例》的有关规定,2015 年审结违纪案件 1 起,处分违纪党员干部 1 人。持

之以恒落实中央八项规定和省委十项规定精神,抓好《党政机关厉行节约反对浪费条例》等规章制度的执行与落实,规范"三公"支出,推进学校党政办公用房核定调整工作和产业商业用房专项清查工作,修订实施《苏州大学机关作风效能建设考评办法》,切实推动机关部门进一步增强服务意识,优化工作作风。

重要文献

苏州大学2015年度工作要点

一、指导思想

以邓小平理论、"三个代表"重要思想、科学发展观为指导,深入学习贯彻党的十八届三中、四中全会和习近平总书记系列重要讲话精神,以立德树人为根本,以提升质量为核心,以改革创新为动力,以依法治校为保障,全面深化学校内涵建设,加快推进"国内一流、国际知名高水平研究型大学"建设进程,努力为国家和地方经济、社会发展提供坚强的人才保障和智力支持。

二、工作要点

本年度在做好日常工作的基础上,重点做好以下工作:

(一)加强顶层设计,科学制定学校"十三五"发展规划

1. 认真研究制定《苏州大学"十三五"发展规划》。动员组织全校上下广泛开展调研和讨论,系统总结"十二五"以来学校改革与发展的成绩与经验,深入分析新形势下学校事业发展所面临的机遇与挑战,集中全校师生员工的智慧和力量,科学谋划和制定学校"十三五"发展规划,适时召开苏州大学第四次发展战略研讨会。(责任单位:党委办公室〈政策与规划研究室〉、校长办公室;责任人:张国华、曹健)

2. 全面深化综合试点改革。以学校"十三五"发展规划制定为契机,进一步深化学校内部治理结构、人才培养模式、人事分配制度、资源配置机制、校院办学体制等方面的综合改革和体制机制创新;妥善处理好改革发展稳定的关系,通过顶层设计来统筹全局与局部、当前与长远、校内与校外等各种关系,汇聚起深化学校改革、加快推进事业发展的强大力量。(责任单位:党委办公室〈政策与规划研究室〉、校长办公室、人事处、财务处、教务部、研究生院、国有资产与实验室管理处、后勤管理处、相关学院〈部〉;责任人:张国华、曹健、刘标、盛惠良、周毅、郎建平、陈永清、李翔、相关学院〈部〉主要负责人)

(二)实施党建创新工程,为学校发展提供坚实保障

3. 加强学习型党组织建设。组织宣传和学习党的十八大、十八届三中、四中全会、中纪委五次全会和习近平总书记系列重要讲话精神,全面推进依法治校、全面深化综合改革;创新学习形式,丰富学习内容,开展专家论坛、专题研讨会、理论微课堂、在线学习、"网上荐书,线下送书"等活动,引导党员干部学习自主化、专业化、常态化,推动学习型党组织建设向纵深发展。(责任单位:党委宣传部、党委组织部〈党校〉、纪监审办公室、马克思主义学院;责任人:陈进华、邓敏、薛凡、施亚东、姜建成)

4. 加强和改进新形势下党的宣传思想建设和意识形态工作。贯彻落实中共中央办公

厅、国务院办公厅《关于进一步加强和改进新形势下高校宣传思想工作的意见》，深入推进马克思主义理论研究和党员干部的理想信念教育，牢牢掌握学校意识形态工作领导权、话语权，强化政治意识、责任意识、阵地意识和底线意识，以立德树人为根本任务，以深入推进中国特色社会主义理论体系进教材、进课堂、进头脑为主线，以提高教师队伍思想政治素质和育人能力为基础，以加强学校网络等阵地建设为重点，以培育和弘扬社会主义核心价值观为引领，不断坚定广大师生中国特色社会主义道路自信、理论自信、制度自信，培养德智体美全面发展的社会主义建设者和接班人。（责任单位：党委宣传部、马克思主义学院；责任人：陈进华、姜建成）

5. 加强高素质干部队伍建设。落实《苏州大学处级干部选拔任用工作条例》，完善干部选拔任用机制，进一步做好干部选拔任用全程纪实工作，将信念坚定、为民服务、勤政务实、敢于担当、清正廉洁的好干部选拔到领导岗位上。适时开展处级领导职务干部竞争上岗、任期届满院级党政领导班子换届工作；通过轮岗交流、跟岗实践、挂职锻炼等途径，加大年轻干部的培养锻炼力度，做好女干部、非中共党员干部的培养选拔工作。完善干部考核评价机制，修订《苏州大学处级领导班子和处级领导职务干部年度考核办法（试行）》；强化干部监督管理工作力度，开展处级干部"关爱告知、关爱提醒、关爱约谈"工作，做好处级干部个人事项报告和干部档案集中检查工作。完善处级干部培训机制，制订处级干部教育培训年度计划，组织开展学习贯彻十八届四中全会精神专题培训班，按照上级统一部署，深入开展"三严三实"专题教育。（责任单位：党委组织部〈党校〉、纪监审办公室、人事处；责任人：邓敏、薛凡、施亚东、刘标）

6. 加强基层党组织建设。落实基层党建工作责任制，加强基层党组织带头人队伍建设，开展服务型党组织示范点创建年活动，积极探索法治型基层党组织建设；修订《苏州大学院（系）基层党组织建设工作考核实施意见》，不断提高基层党建工作科学化水平。按照"控制总量、优化结构、提高质量、发挥作用"的总要求，适时修订《苏州大学发展党员工作实施细则》，做好党员发展工作；严格规范党员组织生活、党员民主评议、不合格党员"出口"等工作。加强校党代表联系党员群众工作，积极听取党代表的意见和建议，充分发挥党代表桥梁纽带、民主监督等作用。（责任单位：党委组织部〈党校、党代表联络办〉；责任人：邓敏、薛凡）

7. 加强作风效能建设。贯彻落实中央八项规定和省委十项规定等系列文件精神，巩固和深化党的群众路线教育实践活动成效，落实相关整改方案，进一步精简会议文件，改进文风会风，建立健全作风建设长效机制；健全领导干部带头改进作风、深入基层调查研究机制，完善领导干部密切联系和服务师生制度；加强机关作风效能建设，完善考评办法，不断提高服务师生的能力和水平。（责任单位：党委办公室、校长办公室、纪监审办公室、党委组织部、人事处、机关党工委、群团与直属单位党工委；责任人：张国华、曹健、施亚东、邓敏、刘标、周玉玲、徐群祥）

8. 加强党风廉政建设。严格落实党风廉政建设责任制，认真履行"一岗双责"，强化党委主体责任和纪委监督责任，研究重点领域廉政风险防控举措，推行权力清单与责任清单制度，完善预防和惩治腐败制度体系；加强对财务、基建、维修、改造、采购、校办企业和招生、招标、招聘、干部任免等重点岗位和关键环节的监督；对领导干部报告个人有关事项进行抽查核实。加强基建与维修工程、科研经费、优势学科等专项资金的审计工作，组建专门审计部门,做好干部届中经济责任审计和处级领导干部离任审计工作;深入开展反腐倡廉教育和廉洁文化建设。(责任单位:纪监审办公室、党委组织部、人事处;责任人:施亚东、邓敏、刘标)

9. 加大新闻宣传工作力度。围绕学校改革发展的中心工作,精心组织策划,推出高质量、高品质、有影响的新闻宣传报道,传播弘扬苏大正能量;深化与中央电视台、新华社等高端媒体的合作,提升对外宣传报道的层次与质量;健全新闻发布会、通气会和突发事件新闻报道应急工作机制;完善苏大官方"微博",加强苏大微信公众平台建设,打造网络教育"名站名栏",推行报网融合;做好校园舆情收集研判和引导工作。(责任单位:党委宣传部〈新闻中心〉;责任人:陈进华)

10. 推进校园文化建设。贯彻落实教育部《关于建立健全高校师德建设长效机制的意见》,将培育良好师德师风作为学校校园文化建设的核心内容,充分挖掘和提炼百年苏大名人轶事,提升校园文化建设之品位;加强文化阵地建设,形成宣传思想文化工作和校园文化建设新焦点;深入开展"依法治校、依法治教"教育宣传,营造良好校风、教风和学风;开展各类校园艺术教育活动,积极推进与苏州相关部门合作,共建打造"苏州交响乐团"等文化品牌,提升学校文化软实力;推进校友文化建设,增强海内外校友凝聚力。(责任单位:党委宣传部、发展委员会办公室、人事处、教务部、学生工作部〈处〉、研究生院〈党委研究生工作部〉、科学技术与产业部、人文社会科学院、团委、艺术教育中心、音乐学院;责任人:陈进华、赵阳、刘标、周毅、陈晓强、郎建平、宁正法、朱巧明、母小勇、肖甫青、吴磊、吴和坤)

11. 加强统一战线、群众组织和老干部工作。做好党外代表人士培养、推荐工作;动员和支持党外人大代表、政协委员建言献策、参政议政;协助统一战线群众组织开展活动,办好"归国学者讲坛"。召开第三十次学生代表大会,充分发挥工会、共青团、学生会、研究生会等群众组织和民主党派成员、离退休老干部在学校事业发展中的重要作用。(责任单位:党委统战部、离退休工作部〈处〉、团委、学生工作部〈处〉、党委研究生工作部;责任人:吴建明、余宏明、肖甫青、陈晓强、宁正法)

12. 加强共青团工作。加强大学生思想引导,健全共青团实践育人工作体系;遵循"兴趣驱动、自主实践、注重过程、鼓励创新"的原则,健全大学生创新创业能力培养体系,推进"苏州大学学习工作坊"建设,积极备战第十四届"挑战杯"全国大学生课外学术科技作品竞赛;健全志愿服务体系,开展"惠寒"品牌志愿服务活动,做好第五十三届世界乒乓球锦标赛志愿服务工作。(责任单位:团委;责任人:肖甫青)

(三)创新人才培养机制,提高人才培养质量

13. 深化本科人才培养模式改革。继续推进以课程改革为核心的教学改革,扎实推进通识课程、网络进阶课程、新生研讨课程、全英文课程等"苏大课程"建设项目,不断丰富课程类型和课程资源;强化学生在教学中的主体地位,赋予学生更多的学习自主权;启动"苏大学堂"在线建设工作,充分发挥苏大课程中心作用,提高学校"小规模限制性在线课程"(SPOC)质量,带动课堂教学模式改革,满足多校区教学资源共享需求;加强学生创业教育,实施各类"卓越人才培养计划",深化国家试点学院、书院制育人模式改革,做好试点经验的总结推广工作。(责任单位:教务部、纳米科学技术学院、敬文书院、唐文治书院、有关学院〈部〉;责任人:周毅、王剑敏、季晶、罗时进、王尧、有关学院〈部〉主要负责人)

14. 推进"本科教学工程"建设。围绕教育部、江苏省"本科教学工程"建设要求,加强各类项目的顶层设计、资源整合和培育建设工作,全面推进"重点专业建设""优质教学资源建设与共享""教师教学能力提升""大学生实践创新能力提升"四大计划,不断提高本科教育教学质量;根据《江苏省高校品牌专业建设工程实施方案》,做好首批品牌专业的遴选和立项建设工作。(责任单位:教务部;责任人:周毅、王剑敏)

15. 完善教学质量评估和保障体系。以本科教学审核式评估标准为引领,加强本科教学过程管理,完善教授为本科生上课制度和教学质量保障体系;参照有关国际工程专业认证标准和教育部专业质量标准,进一步完善相关专业培养方案、课程内容和实验条件,做好相关专业认证申请及准备工作,适时启动校内专业质量评估和常态体检工作,建立专业预警与动态调整机制。(责任单位:教务部;责任人:周毅、晏世雷)

16. 提升医学教育质量。根据教育部《关于医教协同深化临床医学人才培养改革的意见》,做好七年制临床医学教育向"5+3"一体化临床医学人才培养模式改革的系列配套工作,遵循"医学理论与临床实践""临床能力与人文沟通""专业素质与医德素养"相结合的原则,着力培养人民满意的临床医师;按照《临床医学专业认证指南》的要求,做好临床医学专业2016年国家认证前期准备工作。(责任单位:教务部、医学部;责任人:周毅、吴庆宇)

17. 推进本科生招生就业工作。贯彻落实国家考试招生制度改革文件精神,优化学校招生计划专业结构与区域结构,完善自主选拔录取考核模式;加大招生宣传力度,吸引更多优秀生源。加强创业就业指导,完善就业信息平台;加强与江苏各地市"人才交流中心"联系沟通,拓宽就业渠道,提高毕业生就业质量。(责任单位:招生就业处〈学生职业生涯规划辅导中心〉;责任人:马卫中)

18. 创新学生事务管理模式。科学把握学生成长成才基本规律,探索文化育人、实践育人、资助育人的新模式;开展学生工作法治化建设,构建学生事务管理制度规范、学生民主参与、学生权利救济、突发事件预警和处置"四大体系";完善本科生事务管理系统,建立网络学生事务管理平台;实施"三师工程",加强辅导员队伍专业化、职业化、专家化建设;进一步做好学生心理健康教育和辅导工作。(责任单位:学生工作部〈处〉、团委、大学生心理健康教育研究中心;责任人:陈晓强、肖甫青、许庆豫)

19. 加强学校体育工作。贯彻落实教育部《高等学校体育工作基本标准》等文件精神,进一步完善体育课程体系,加强课外体育活动,倡导学生积极参加体育锻炼,做好学生体质健康监测工作;注重高水平运动员队伍建设,组织开展校运会、校园马拉松、校园足球、龙舟等形式多样的体育活动,着力提升学校体育工作水平和学生健康水平;积极举办好第十四届国际乒联科学大会暨第五届持拍类运动科学大会。(责任单位:校体委〈体育学院〉、学生工作部〈处〉、教务部、人文社会科学院;责任人:王家宏、陆阿明、陈晓强、周毅、母小勇)

20. 深化研究生招生模式改革。进一步促进研究生招生计划与研究生教育贡献率相协调,完善研究生招生计划分配办法;适时修订并完善各类导师上岗招生条件;推广"暑期学校""秋令营""进校招生推介会"等有效做法,广泛吸引优质生源;继续完善及规范硕士推免、预录取、硕博连读、博士申请考核等制度;探索科学学位和专业学位研究生招生互动与协调机制;扩大研究生留学生的招录规模,切实推进国际联合培养研究生的招录工作。(责任单位:研究生院、有关学院〈部〉;责任人:郎建平、有关学院〈部〉研究生教育分管负责人)

21. 强化研究生培养过程管理。开展新一轮研究生培养计划的修订工作,修订及优化"研究生培养手册",并将其作为研究生培养的基础文本,加强研究生开题、中期考核、预答辩及答辩制度性和规范性管理;继续推进研究生课程体系建设和省校两级研究生工作站建设,启动"研究生课程课堂教学质量年",促进课堂教学模式改革,提高课堂教学质量;积极推进研究生教育国际化进程,与境外著名大学、科研机构合作开展博士研究生联合培养、联合授予学位工作;规范研究生读书报告和科研记录的填录形式、内容要求和存档制度;健全导师培训制度,完善专业学位研究生指导教师评聘办法。(责任单位:研究生院、学位评定委员会办公室、党委研究生工作部、有关学院〈部〉;责任人:郎建平、宁正法、有关学院〈部〉研究生教育分管负责人)

22. 狠抓研究生学术道德规范。把加强科学道德和学风建设作为研究生的基本要求,加快推进科研诚信、学术道德教育规范化、课程化建设,组织编写和出版相应的教材和读本;坚持道德约束和监管惩处并重,完善合理有效、公正公开的学术不端行为查处制度及相关政策性文件;建立学生自律、部门监管与社会监督体系。(责任单位:党委研究生工作部、研究生院、有关学院〈部〉;责任人:宁正法、郎建平、有关学院〈部〉研究生教育分管负责人)

23. 创新研究生教育民主管理模式。充分调动研究生及导师民主议校议学、教学相长的积极性,系统推进"研究生事务联席会议"制度,建立研究生教育与学位工作相关规定的商议、发布、反馈体系;完善研究生教育及学位工作的法治化建设;优化研究生奖、助体系及相关制度;完善各学院(部)研究生教育管理队伍,加强研究生辅导员队伍建设。(责任单位:党委研究生工作部、研究生院、有关学院〈部〉;责任人:宁正法、郎建平、有关学院〈部〉研究生教育分管负责人)

24. 推进继续教育转型升级。深化继续教育综合试点改革,稳定成人学历教育和自学助考学生规模;面向社会需求,主动与地方政府、企事业单位、大(中)专院校合作,探索成人学历教育和自学助考学生培养新模式;加强数字化学习资源建设,加入远程教育联盟,打造网络教育品牌,促进优质教学资源共享;充分发挥学校学科和师资优势,优化培训项目和类型,拓宽培训的渠道和方式;积极推进继续教育国际化。(责任单位:继续教育处;责任人:缪世林)

(四)推进学科集成创新,增强服务社会能力

25. 推进一流学科建设。按照"把握方向、认清差距、汇聚共识、乘势而上"的总要求,全面梳理学科结构,分析学科现状,推动学科交叉融合和集成创新,大力培育高峰学科与新兴学科群;开展"十三五"省一级重点学科申报遴选工作,做好江苏高校优势学科二期项目以及省重点学科的建设和管理工作;紧扣国家"一流大学与一流学科建设"计划,谋划学校一流学科建设,做好国家一流学科建设的遴选、组织及申报工作。(责任单位:学科建设办公室、"211工程"办公室、研究生院、有关学院〈部〉;责任人:沈明荣、郎建平、有关学院〈部〉主要负责人)

26. 提高科研水平和质量。密切关注国家科技体制改革动态,结合国家科技体制改革意见,及早谋划、主动作为,找准结合点和切入点,做好各类重大项目的组织申报工作;促进科研团队建设,在重大重点项目方面实现新突破;完善科研合作成果的认定与奖励办法,鼓励开展跨学科(学院)协同攻关研究;加快科研成果处置与收益权改革,完善成果转化机制;改革科技评价机制,建立分类评价、开放评价新模式。(责任单位:科学技术与产业部、人文社会科学院;责任人:朱巧明、郁秋亚、许继芳、蒋敬东、母小勇)

27. 加强科研平台与基地建设。加大国家级与省部级重点实验室、中央与地方共建基础实验室建设力度;加强各类科研平台、创新团队申报工作;推进高水平、实质性国际科技合作,在对外合作中提高自主创新起点;加强校级科研机构监管,做好现有科研平台和创新团队建设的管理、监督及考核工作;加强军工科技项目管理,完善军工保密监管与质量体系。(责任单位:科学技术与产业部、人文社会科学院、国有资产与实验室管理处;责任人:朱巧明、郁秋亚、许继芳、母小勇、陈永清)

28. 深化政产学研用协同创新。完善"苏州纳米科技协同创新中心"建设机制,建立健全"2011计划"专项资金管理责任制,积极做好中期迎评工作;加强血液学、纳米科技、放射医学、新型城镇化与社会治理等省级协同创新中心的建设,积极推进江苏体育产业协同创新中心的建设工作。进一步规范校地共建研究院的管理,推进江苏省产业技术研究院纺织丝绸技术研究所建设及体制机制改革,加强张家港工业技术研究院、南通纺织研究院、高新区知识产权研究院等校地合作平台建设,发挥大学科技园和技术转移中心的辐射作用;挖掘"应用型"研发团队潜力,推动横向项目向更高层次发展。(责任单位:科学技术与产业部〈"2011计划"办公室〉、现代丝绸国家工程实验室、人文社会科学院、校体委〈体育学院〉;责任人:朱巧明、郁秋亚、蒋敬东、钱福良、陈国强、母小勇、王家宏、陆阿明)

29. 加快推进东吴智库建设。面向国家和区域重大现实问题,依托综合性学科与人才优势,在若干重大领域形成理论与对策研究优势,深化与地方政府、企事业单位和国际同行的交流协作,合力打造高水平东吴智库;继续推进"东吴讲堂""东吴论坛""东吴学者""东吴文库"等系列工作,打造东吴学术品牌;继续办好"对话苏州发展"活动,打造高端决策咨询平台。(责任单位:人文社会科学院;责任人:母小勇)

30. 加强学术支撑平台建设。推进数字化图书馆建设,做好文献资源保障工作,加强科技查新与信息咨询工作;发挥博物馆文化育人功能,做好藏品征集、统计、保护和管理工作,推进三维虚拟博物馆建设,举办特色专题展览;加快档案信息化建设,切实保障档案实体和信息安全,提高档案服务能力和水平;不断提升学报办刊质量、层次和水平,做好《语言与符号学研究》创刊工作;继续完善出版社多元经营模式,稳步推进数字出版进程,适时召开发展战略研讨会。(责任单位:图书馆、博物馆、档案馆、学报编辑部、出版社;责任人:唐忠明、黄维娟、钱万里、康敬奎、张建初)

(五)实施人才强校战略,打造一流人才队伍

31. 加强高层次人才队伍建设。大力引进具有国际影响力的领军人才,储备具有国际竞争力的优秀年轻人才;积极组织申报中央和地方各类人才计划,重点做好"千人计划""长江学者""江苏双创""江苏特聘教授"等申报工作;继续完善并实施"校内特聘教授""东吴学者""东吴名医""东吴讲席教授"等人才资助项目;继续实施教师能力拓展计划,推进"博士化工程"和青年教师导师制度;实施教授学术休假、学术恢复等制度,鼓励教师出国(境)研修,加快人才队伍国际化进程。(责任单位:人事处、党委组织部;责任人:刘标、邓敏)

32. 深化人事管理制度改革。贯彻落实国务院《事业单位人事管理条例》《机关事业单位工作人员养老保险制度改革的决定》等文件精神,进一步完善并规范公开招聘、人员聘用等制度,根据江苏省统一部署适时启动实施养老保险制度改革;积极探索建立教师岗位分类管理、评价制度;继续完善绩效工资改革方案、教师基本工作量制度以及科研绩效考核和奖励办法;加强科级干部队伍建设,完善科级干部选拔和培养机制。(责任单位:人事处;责任人:刘标)

(六) 扩大对外交流合作,加快教育国际化进程

33. 推进人才培养国际化。积极探索与国外优质教育资源的交流合作模式,推进与新加坡国立大学、加拿大麦克马斯特大学等国际知名大学的交流与合作,构建以学校为主导、学院(部)为主体、教师学生为主角的国际化学术交流新体系;将国际化人才培养目标融入人才培养的全过程,探索建立国内培养与国际交流衔接互通的开放式人才培养体系;拓展学生赴海外名校的研修渠道,加大对学生参与国际交流的支持力度,扩大学生海外学习交流规模。(责任单位:国际合作交流处〈海外教育学院〉、教务部、研究生院、学生工作部〈处〉;责任人:黄兴、周毅、郎建平、陈晓强)

34. 发展来华留学生教育。响应《留学中国计划》《留学江苏行动计划》,进一步加强留学生招生宣传,加大全英文授课专业和课程开发力度;营造国际化校园文化,设立留学生奖学金,吸引优秀国际学生来校攻读学位;优化留学生结构,扩大学历留学生规模;修订出台来华留学本科生的教学管理和毕业、学位授予办法;完善留学生管理与服务体系。(责任单位:国际合作交流处〈海外教育学院〉、教务部;责任人:黄兴、周毅)

35. 推进海外教育项目。着力推进老挝苏州大学校园建设,推进波特兰州立大学孔子学院的持续发展,落实与尼日利亚拉格斯大学合作项目,支持"大真大学苏州分校"发展。(责任单位:国际合作交流处〈海外教育学院〉、老挝苏州大学;责任人:黄兴、汪解先)

(七) 完善现代大学制度,营造和谐校园环境

36. 完善学校内部治理结构。以《苏州大学章程》核准施行为契机,进一步完善"党委领导、校长负责、教授治学、民主管理"的学校法人治理结构和内部治理模式,做好规章制度的"废、改、立"工作;进一步明晰学术和行政的关系,充分保障学术委员会等学术组织在学术事务上的主导作用;进一步完善教代会相关制度,充分发挥其民主监督功能,积极做好七届一次教代会筹备工作;进一步理顺学校和学院(部)的关系,稳步推进向学院(部)管理权限下放工作,强化各级职能部门的服务职能,逐步建立以学校章程为核心、与高水平研究型大学改革发展相适应的管理和服务体系。(责任单位:党委办公室、校长办公室、工会、人事处、财务处、教务部、学生工作部〈处〉、科学技术与产业部、人文社会科学院、研究生院、国有资产与实验室管理处、后勤管理处、相关学院〈部〉;责任人:张国华、曹健、王安列、刘标、盛惠良、周毅、陈晓强、朱巧明、母小勇、郎建平、陈永清、李翔、相关学院〈部〉主要负责人)

37. 营造良好外部发展环境。加强与苏州市合作,全面实施"名城名校,融合发展"战略,积极参与并融入"苏南国家自主创新示范区"和"苏州自主创新广场"建设;继续推动省部、省市共建工作,积极开展与地方政府、行业协会、知名企业的合作;做好第四届董事会换届改选工作;完善基金会资金募集和捐赠管理办法,推动"特色捐赠项目库"建设;做好校友会工作。(责任单位:党委办公室〈规划与政策研究室〉、校长办公室〈对外联络接待办公室〉、发展委员会办公室、科学技术与产业部、人文社会科学院;责任人:张国华、曹健、赵阳、朱巧明、母小勇)

38. 完善财务运行机制。贯彻落实《高等学校会计制度》,按照"量入为出、突出重点、统筹兼顾"的原则,科学编制学校预算,加强科研经费、专项经费管理,完善内部控制体系,做好财务管理政策宣传工作;积极筹措办学经费,科学运筹学校财力,为学校事业发展和重点项目建设提供资金保障;实施会计委派制度,规范受派单位财务行为;加强财务管理信息化建设,完善"物流"网上预约报账系统,及时公开学校基本财务信息。(责任单位:财务处;

责任人：盛惠良）

39. 完善资产管理机制。加强对国有资产的监督和管理，完善国有资产管理制度，出台对外投资管理规定；加强对学校合资、控股独立法人的管理与考核，保证国有资产健康安全运行；建立健全合同管理制度；加强固定资产管理，确保账实相符；进一步规范和严格执行招投标管理制度，推进招标采购工作制度化、规范化和科学化。（责任单位：国有资产与实验室管理处；责任人：陈永清）

40. 推进节约型校园建设。深入贯彻落实中央"八项规定"精神，坚持勤俭办学，严格控制经费支出，厉行节约、反对浪费，进一步压缩"三公经费""会议费""培训费"等支出；继续推进公用房管理改革，提高公用房使用效益；推进大型仪器设备共享，提高设备使用效率；实施节能工程改造，建立节能目标任务管理和节能监管、考核奖惩制度，着力营造"崇尚节约、摒弃浪费"的校园文化氛围。（责任单位：党委办公室、校长办公室、纪监审办公室、党委宣传部、财务处、教务部、后勤管理处、国有资产与实验室管理处；责任人：张国华、曹健、施亚东、陈进华、盛惠良、周毅、李翔、陈永清）

41. 推进信息化校园建设。进一步加强学校信息工作，提高校园网络的稳定性、可靠性和安全性，扩大校园无线网络覆盖面；以行政事务网上审批系统建设为契机，加快推进全校网上事务中心平台建设，建立师生"一站式"服务中心；推进课程直播与录播教室建设；加强各类信息系统整合力度，完成状态数据库建设，统一校园各类基础数据库；完善三维虚拟校园系统，探索建立"信息可共享、业务可协同、数据可分析"的信息化公共支撑平台。（责任单位：党委宣传部、信息化建设与管理中心、后勤管理处、教务部、图书馆、校长办公室；责任人：陈进华、张庆、李翔、周毅、唐忠明、曹健）

42. 推进后勤保障建设工作。进一步完善和细化后勤社会化改革实施方案，构建"用户需求、服务外包、后勤监管"的新型后勤服务关系；制定后勤服务规范标准，不断提高后勤服务效率与质量，逐步建立与一流大学、一流学科建设目标相适应的后勤服务保障体系；继续推进恩玲学生活动中心、唐仲英医学研究院大楼、院士实验楼等项目建设；制定校园绿化、景观灯区域性规划和基本建设维修装修标准。（责任单位：后勤管理处；责任人：李翔）

43. 建设平安校园。加强校园综合治理，继续完善人防、技防、设施防、制度防"四位一体"的大防控体系建设，进一步提高学校安全管理能力；建立健全安全排查机制，坚持深度专项排查与日常巡查相结合，提高安全隐患预见能力和专业排查水平，做到安全工作全覆盖；切实维护学校稳定，保障校园消防、交通、食品和实验室等各方面的安全；完成新一轮校园安全管理责任书签订工作，适时召开学校安全工作会议。（责任单位：保卫部〈处〉、国有资产与实验室管理处、后勤管理处；责任人：霍跃进、陈永清、李翔）

44. 实施民生幸福工程。注重教职工民生，稳步提高教职工收入待遇；提高后勤服务水平，稳定学生食堂食品价格，满足少数民族学生、留学生就餐需求；畅通师生沟通平台，完善就餐意见反馈机制；继续改善幼儿园办学条件，提高办学水平；提高校医院诊疗质量；进一步做好学生宿舍维修改造工程，推进天赐庄校区"浴室进宿舍项目"改造工作；妥善解决原南铁院苏州校区部分教职工社保、医保转移问题；继续推进相城区高铁新城商品房项目。（责任单位：人事处、财务处、后勤管理处〈校医院〉；责任人：刘标、盛惠良、李翔、杨秀丽）

45. 做好离退休老同志服务工作。加强离退休干部党支部建设，落实离退休老同志的政治和生活待遇；通过开展"大走访"、实施"暖心工程"，为离退休老同志提供更多优质服务;推进"文化养老"工作,丰富离退休人员的精神文化生活;完善二级关工委组织建设长效机制,发挥老同志在学校建设发展和关心教育下一代工作中的作用。(责任单位:离退休工作部〈处〉、学生工作部〈处〉;责任人:余宏明、陈晓强)

46. 加强附属医院建设。把握公立医院改革机遇,以附一院平江新院和附儿院园区总院开业运行、苏州市独墅湖医院(苏州大学医学中心)建设以及附二院、附儿院"三甲"医院复审为契机,统筹新老医院发展,着力打造优势临床学科群,培养卓越医学人才与团队,提高临床诊疗水平和质量,推进医教研一体化发展,实现附属医院综合实力倍增。(责任单位:医学部、各附属医院;责任人:吴庆宇、各附属医院主要负责人)

47. 落实重点专项工作。推进阳澄湖校区工作对接和人员融合发展(责任单位:阳澄湖校区管委会;责任人:浦文佩);科学谋划独立学院转型发展,创建独立学院特色与品牌,做好独立学院规范性验收工作(责任单位:文正学院、应用技术学院;责任人:吴昌政、傅菊芬);做好语言文字工作,推进校园语言文字使用规范化(责任单位:教务部;责任人:周毅);做好对口支援拉萨师范专科学校工作,有效开展与贵阳医学院、淮阴师范学院、浙江工商大学、江南大学人才培养交流和联建宿迁学院工作(责任单位:校长办公室、党委组织部、人事处、教务部、研究生院、医学部;责任人:曹健、邓敏、刘标、周毅、郎建平、吴庆宇)。

立足新起点　把握新机遇　谋划新蓝图

——朱秀林校长在苏州大学七届一次
教职工代表大会上的工作报告

2015 年 4 月 8 日

各位代表：

现在，我代表学校向大会做工作报告，请予审议。

第一部分　2014 年工作回顾

2014 年是我国全面深化改革的元年，也是苏州大学锐意改革创新、深化内涵建设的关键一年。2014 年，学校以回归大学本位为主线，以立德树人为根本，以提高质量为核心，以改革创新为动力，加快推进"国内一流、国际知名高水平研究型大学"建设，学校内涵建设迈上新台阶，服务经济社会发展能力显著增强。下面，我着重报告以下七个方面的工作。

一、坚持立德树人，教学质量工程深入实施

本科教学改革全面推进。以课程建设与改革为核心，启动"苏大课程 2014-3I 工程"，组建"苏大课堂全程实录"资源库，149 门录播课程上线，3 门课程获评教育部"精品视频公开课"，4 门课程入选中国高教学会"大学素质教育精品通选课"，1 个中心获批"国家级虚拟仿真实验教学示范中心"；进一步加大教材建设力度，全年完成校级培育教材 30 部，获批国家"十二五"规划教材 6 部，省级重点立项教材 7 部；进一步完善教学质量评价与监控体系，优化本科教学状态数据库，"护理学"专业顺利通过国家专业认证。

人才培养模式不断优化。发挥国家试点学院特区功能，深入推进学生招录方式、人才培养模式、队伍建设机制、内部治理结构等领域的改革与创新，先行先试成效显著，荣获教育部"全国教育系统先进集体"称号；继续加强敬文书院、唐文治书院建设，以学生自治为特色的社区管理模式和以研究为导向的学习模式逐步完善；卓越工程师、卓越医生、卓越法律人才等各类卓越人才培养计划有序推进。

研究生培养质量稳步提升。深化研究生招生模式改革，修订和完善"预录取制""申请—考核制""硕博连读"和"导师上岗"等办法，扩大导师和培养单位招生自主权，吸引优秀生源，2014 年学校获评"江苏省研究生招生工作先进单位"；狠抓研究生培养环节和过程管理，以"提升科研创新能力"和"国际化培养"为重点，着力提升研究生培养质量；实施"江苏省研究生培养创新工程"，获全国优秀博士学位论文 1 篇、提名 2 篇，1 名学生荣获"第九届

中国青少年科技创新奖",1个团队入选大学生"小平科技创新团队"。

学生事务管理成果丰硕。加强学生理想信念教育,引导青年学生践行社会主义核心价值观,以思想道德素质提升为基础,开展"我的中国梦""研究生荣誉日"等主题教育活动;以学风建设为抓手,开展"优良学风班"创建活动,发挥典型示范效应;进一步完善大学生创新创业能力培养体系,在2014年"创青春"全国大学生创业大赛中,获得"1金2银3铜"的好成绩;深入开展社会实践活动,入选"全国暑期社会实践活动先进单位";进一步完善学生议校平台建设,引导学生参与学校建设和管理;修订本科生和研究生奖助学金管理条例,不断完善奖助学金管理体系,获得"江苏省学生资助工作先进单位"称号。

招生就业工作成效显著。进一步健全"招生、培养、就业"联动反馈机制,科学制定年度招生计划,2014年共录取本科生6 217名、硕士生3 255人、博士生346名、临床医学专业博士生533人,其中省内本一批次录取线创历年新高。主动加强与地方政府、行业协会的交流与合作,构建全方位毕业生创就业体系,组织校内专场宣讲会113场,发布就业信息1 200余条,提供就业岗位4万多个。2014年,本科生、研究生就业率分别为95%和94%,入选"江苏省高校毕业生就业工作先进集体"。

二、推进人才强校战略,人事制度改革继续深化

加强优秀人才引进。2014年,学校全职引进教学科研人员223人,柔性引进讲座教授、兼职教授、客座教授81人。全年新增院士2人、中组部"千人计划"入选者1人、"青年千人计划"入选者10人、"长江学者"特聘教授2人、省"双创计划"人才14人、"江苏特聘教授"4人、省"创新团队"2个。目前,学校以13位"千人计划"入选者(1位公示中)和32位"青年千人计划"入选者(8人公示中)位居全国省属高校首位。

注重青年人才培养。进一步完善"东吴学者""东吴名医"等人才项目资助机制,为优秀青年教师脱颖而出搭建平台。2014年,共有7人入选"东吴名医培养计划",完成第三批"东吴学者计划"中期考核工作。继续推进师资队伍国际化进程,教师出国访学研修共计600余人次,92位教师获政府出国项目资助赴海外长期研修;选派首批5名优秀年轻党政管理干部赴加拿大滑铁卢大学跟岗研修。

深化人事制度改革。全面实施绩效工资制度,进一步完善教师基本工作量制度、科研绩效考核及奖励办法;启动实施"教授学术休假制度"和"'双肩挑'教授学术恢复期制度",修订教师公派出国(境)管理暂行办法;优化教师职务评聘标准与评审机制,在校内高评委下增设了七个学科评议工作小组,实行专业技术职称分类评估,提高职称评审的科学性。

三、强化学科内涵建设,科研创新能力不断增强

学科实力稳步提升。7个学科跻身全球学科排名(ESI)前1%行列,位居全国高校第27位、江苏高校第2位;圆满完成江苏高校优势学科建设一期项目考核和二期项目的申报评审工作,8个学科进入二期立项建设,5个学科被确认为省重点序列学科;同时新增3个硕士专业学位授权点。按照"把握方向、认清差距、汇聚共识、乘势而上"的思路,成功召开"一流大学与学科的建设战略研讨会",客观分析了学校学科建设现状与不足、优势与机遇,为"十三五"学科建设和发展汇聚了共识,奠定了基础。

科研能力显著增强。2014年学校承担了包括"973计划"项目在内的国家重点、重大项

目23项;获得国家自然科学基金资助项目324项,获批项目数位居全国高校第16位,蝉联全国地方高校首位、江苏高校第2位,其中,"杰出青年科学基金"1项、"优秀青年科学基金"项目9项(位居全国高校第7位);全年到账各类科研经费4.28亿元,其中,"2011计划"专项经费6300万元;发明专利授权665项,同比增长50%,位居全国高校第22位,并有1人入选"江苏省十大杰出发明人"。

科研成果实现新突破。2014年发表SCI收录论文1 801篇,位列全国高校第22位,创学校历年最好成绩;在 Nature Index(自然出版指数)中国科研机构排名中位列第14位(按加权分数式计量)、江苏高校第2位;在教育部公布的"表现不俗的论文占比较高的高校排名"中位列全国高校首位,并有2篇论文荣获"中国百篇最具影响国际学术论文";全年获得科技奖励107项,其中,国家技术发明奖二等奖1项、省部级以上科技奖励22项。

人文社科繁荣发展。2014年获得国家级项目32项,省部级项目42项,其中国家社科基金重点项目5项,教育部重大课题攻关项目1项;在核心期刊上发表论文747篇,出版专著154部;1位教授摘得"鲁迅文学奖",5项研究成果获得"江苏省哲学社会科学优秀成果"一等奖;《苏州大学学报(哲社版)》权威二次文献转载篇次位列全国综合性大学学报第3位;新增"江苏省非物质文化遗产研究基地"等2个省部级研究基地,"东吴学术"品牌影响力进一步彰显。

四、实施名城名校战略,服务社会水平迈上新台阶

名城名校顺利开篇。响应苏州市委市政府提出的"名城名校、融合发展"的号召,全面融入苏州创新驱动发展战略,获得苏州市"名城名校融合发展战略补助资金"支持,依托"东吴智库"成功举办首届"对话苏州发展"(2014·法治苏州)论坛。当前,"名城名校"战略已成为学校发展的新引擎。

协同创新彰显实效。国家级"苏州纳米科技协同创新中心"在组织管理、科研模式、资源配置方式、国际合作以及创新文化建设等方面开展了卓有成效的探索,纳米科技创新资源加快汇聚、产业孵化与引领功能逐步显现;"放射医学协同创新中心"和"新型城镇化与社会治理协同创新中心"跻身江苏高校协同创新中心,国家级、省级、校级协同创新体系业已形成。

成果转化迈向深入。苏州大学科技园新孵化科技型企业47家,其中学校师生创办企业28家;苏州大学技术转移中心转让专利33项,构建了"联合政府搭台,牵线高校支撑,满足企业需求"的新型技术转移体系,在省科技厅绩效考评中获评"优秀"等级。此外,学校新建14家校地科研平台,直接为企业转型升级提供科技服务。

继续教育加快转型。在巩固党政干部培训、企业定向委培市场的同时,积极拓展国际合作和网络化教学,着力提升继续教育品牌知名度,全年继续教育收入突破1.48亿元,同比增长16%,学校被评为"江苏省高等教育自学考试先进集体"。

附属医院实现新发展。各附属医院医教研水平同步提升,附一院跻身"中国地级城市医院竞争力排行榜"首位;附一院平江新院、附儿院园区总院一期即将落成;苏州独墅湖医院(苏州大学医学中心)完成相关审批工作,进入深化设计阶段。

五、加强国际交流合作,国际化进程不断加快

国际交流规模稳步扩大。一方面,建立跨部门学生国际交流事务例会制度,完善国际交流管理运行机制;另一方面,积极争取国家留学基金委、江苏省政府出国(境)奖学金名额。2014年共接收各类留学生2 100多名,其中学历生750多名,留学生总数同比增长31%;1 300多名师生出国(境)参加学术交流和学习深造,同比增长34%。学校荣获全国"来华留学生教育先进集体"称号。

校际合作层次稳步提升。进一步深化与加拿大滑铁卢大学等知名高校的合作,开展本硕博联合培养等项目;与英国剑桥大学桑格研究所(Sanger)正式签约共建"剑桥—苏大基因组研究中心";与新加坡国立大学、加拿大麦克马斯特大学等国外大学签署全面合作协议,国际合作水平稳步提升。

海外办学取得新进展。老挝苏州大学设立了中文系、计算机系,校园建设加快推进;波特兰孔子学院成功举办了"成立十周年系列文化活动";积极落实"中非高校'20+20'合作项目",与尼日利亚拉格斯大学合作,建设中国学系并联合培养医学生。

六、坚持开源节流,资源使用效益稳步提升

多方筹集资金。2014年学校共获得各类收入25.63亿元。其中,教育财政拨款12.65亿元(含中央财政支持地方高校发展专项经费4 400万元、"2011计划"专项经费6 300万元、优势学科建设专项资金5 690万元、唐仲英医学研究院建设专项资金1 000万元、老挝苏州大学建设补助资金500万元);科研收入3.52亿元;医疗统筹补贴0.38亿元;教育事业收入5.75亿元(含学费、住宿费收入4.43亿元);教育发展基金会捐赠0.76亿元;独立学院上缴管理费收入0.64亿元,经营收入0.13亿元;其他各类收入1.80亿元。

保证重点支出。2014年学校各类支出总计24.88亿元。一是注重学校内涵建设,公用经费支出13.29亿元,其中,配合人才培养系统化改革,教学支出0.93亿元,图书设备支出0.18亿元;配合科研创新体系建设,科研支出2.59亿元;配合人才强校战略实施,师资队伍建设与人才引进支出1.63亿元;配合学科平台建设,"2011计划"、优势学科建设等支出1.08亿元、后勤保障支出1.26亿元。二是注重提高教职工收入水平,人员经费支出6.20亿元,其中在职人员工资福利支出6.02亿元(含绩效工资4.34亿元)。三是注重和谐校园建设,对个人和家庭补助支出4.67亿元,其中离休费0.26亿元、退休费2.04亿元、住房公积金和提租补贴1.20亿元、学生奖助学金0.94亿元。四是注重校园环境建设,基本建设经费支出0.62亿元。五是经营支出0.10亿元。

加强财务审计工作。加强财务预决算管理,逐步建立健全成本核算机制,认真落实整改"教育经费管理年"活动中发现的问题;发挥审计监督职能,加强对基建工程、仪器设备和图书教材等物资采购,特别是科研经费、专项经费的审计监督工作,确保经费使用规范、安全有效。

七、坚持民生为重,校园软硬环境持续改善

深化和谐校园建设。关注师生身心健康,积极开展师生体质健康测试、心理咨询辅导等工作,成功举办校运会、"校园马拉松"和"趣味运动会"等校园体育活动;开展学生宿舍楼内

浴室改造试点工作;严格按照上级文件规定,认真落实老同志的政治和生活待遇;稳步深化后勤社会化改革,妥善做好阳澄湖校区教职工融合发展工作。

推进节约型校园建设。深入贯彻落实中央"八项规定"有关精神,坚持勤俭办学,严格控制经费支出,完成"三公经费"和"行政包干经费"预期削减目标。按照分类管理、有偿使用的原则,制定出台《公用房管理暂行办法》以及党政办公、教学、科研、支撑等各类用房管理实施细则,稳步推进公用房、大型仪器设备等国有资产使用管理制度改革,盘活存量资源,优化资源配置,提高使用效率。完成网上办公系统升级,开发完成"你好苏大"手机客户端,集成教务、财务、后勤、学生、审批等多个平台,实现"一站式"掌上办公,有效节约师生办事时间成本,提高管理服务效率。

巩固平安校园建设。进一步完善"统一领导、分工明确、分级管理、责任到人"的大安全体系,进一步巩固人防、物防、技防、制度防"四位一体"的大防控体系,定期组织校园安全检查和安全隐患排查,有效做好校园突发事件的预防与应对工作;做好食品集中采供、"农校对接"工作,实现食品生产管理与卫生监督相分离,食堂生产安全有序;校医院有效落实"埃博拉疫情"防控方案和应急预案;苏大幼儿园通过了"江苏省优质幼儿园"复查验收工作。

加强文化校园建设。启动了天赐庄校区"东吴名人"肖像雕塑制作安置和《东吴名家》(百人系列)编撰工作;档案馆完成了《苏州大学大事记1900—2012》编撰工作和著名校友、原东吴大学法学院相关史料收集整理工作;博物馆加入"全国高校博物馆育人联盟"和"中国博物馆协会",社会影响力进一步扩大;图书馆科技查新和信息服务质量不断提升;出版社依托区域和学校资源,出版了一批精品力作;学校获得教育部高校校园文化建设优秀成果1项;涌现出了"江苏最美教师"孙国华、用生命诠释"医者仁心"的援陕医生史明等一批感人事迹。

各位代表、同志们,过去一年取得的成绩来之不易,这凝聚着全校师生的智慧和力量。在此,我代表学校向各位代表,并通过大家向全校师生表示衷心的感谢和崇高的敬意!

虽然学校改革与发展的成效显著,但与建设"国内一流、国际知名高水平研究型大学"的目标相比,学校还存在一些不足,主要表现在:一是办学投入依然不足,资金规模难以满足高水平研究型大学的办学需要;二是具有国际影响的创新成果还比较少,原始创新能力需要进一步提升;三是教师整体学术水平还不适应建设高水平研究型大学的要求,人才工作需要进一步加强;四是人才培养质量和国际竞争能力有待进一步提升,拔尖创新人才培养体系还需要进一步完善;五是学校内部治理结构和资源配置方式有待进一步优化,学院(部)自主发展能力需要进一步增强。这些问题和不足,是影响学校进一步上层次、上水平的"瓶颈",也是我们今后工作的着力点,必须采取更加有力的措施认真加以解决。

第二部分 2015年主要任务

一、基本思路

以邓小平理论、"三个代表"重要思想、科学发展观为指导,深入学习贯彻党的十八大、十八届三中、四中全会和习近平总书记系列重要讲话精神,全面回归大学本位,全面深化综合改革,全面推进依法治校,坚持走以质量提升为核心的内涵式发展道路,加快推进"国内一流、国际知名高水平研究型大学"建设进程,努力为国家和地方经济社会发展做出新的更大贡献。

二、重点工作

(一)科学制定"十三五"规划,加快一流大学建设

全面做好"十三五"发展规划。2015年是"十二五"规划收官之年,也是"十三五"规划制定之年。要以"十三五"规划制定为契机,全面系统总结"十二五"以来学校改革与发展的成绩和经验,深入分析新常态下学校事业发展所面临的机遇与挑战,汇聚全校师生智慧和力量,明确学校"十三五"乃至未来更长时期学校战略定位、发展目标、改革任务、发展举措,聚焦学校长远发展的重大问题和关键环节,集中力量解决改革发展重点、难点,科学处理好改革发展稳定、规模结构质量效益之间的关系,为学校"十三五"开好局、起好步奠定坚实的理论基础。

(二)深化教育综合改革,不断提升办学质量

统筹推进综合改革。在单项改革、局部改革有所突破的基础上,进一步加强顶层设计,全面深化人才培养模式、人事分配制度、学科平台建设、资源配置机制、校院办学体制等方面的综合改革,着力推进体制机制创新;统筹全局与局部、当前与长远、增量与存量、校内与校外等各种关系,全面汇聚深化学校改革、加快推进事业发展的强大力量。

牢固确立质量意识。质量是高等教育的生命线,要把提高办学质量放在学校事业发展更加突出的位置,努力培养高质量的人才,培育高质量的科研成果,提供高质量的社会服务,推动高质量的文化传承创新,在生源质量、师资质量、管理质量、文化质量等方面下足功夫,全面实施"教学质量""科研质量""管理质量"三大提升工程,逐步缩小与一流大学的差距。

坚持以人为本理念。坚持依靠师生,充分激发和释放师生的活力和潜力,把依靠教师办学和提高育人质量作为高校行政工作的出发点和落脚点;行政管理要为教学服务、为科研服务、为师生服务,积极为广大师生员工创造良好的工作、学习和生活环境,增强师生对学校的归属感与荣誉感。

创新人才培养机制。围绕立德树人的根本任务,全面深化教育教学改革,以课程改革为核心,健全教学质量评估和保障体系,探索建立科教协同育人机制,努力实现教学从"以教为主"向"以学为主"转变,从"课堂教学为主"向"课内外结合"转变,以"结果型评价为主"向"过程性评价为主"转变,增强学生学习兴趣和学习活力,培养独立人格、卓越能力、自由精神和社会责任"四位一体"的模范公民。

推进就业指导改革。全面做好本科生、研究生"职业生涯规划"辅导工作,完善相关课

程体系,提升队伍专业化、职业化水平;建立就业跟踪调研机制,为完善和提高教育质量提供信息支撑;加强学生创业教育,构建"第一课堂"与"第二课堂"协同互动的创业教育体系;逐步推进学院(部)学生职业发展中心建设,提高学生就业质量。

(三)坚持全面依法治校,建立现代大学制度

完善学校内部治理结构。以《苏州大学章程》施行为契机,进一步理顺学校与政府、社会的关系,明确学校举办者与大学的权利与义务;进一步完善"党委领导、校长负责、教授治学、民主管理"的学校法人治理结构和内部治理模式;进一步优化内部治理结构,厘清学术事务与行政事务的范畴与边界;进一步完善教代会相关制度,充分发挥其民主监督职能,逐步形成以学校章程为核心、与高水平研究型大学改革发展相适应的现代大学制度。

制定落实学术委员会章程。以《苏州大学学术委员会章程》制定为契机,重塑学术至上、师生治学的大学精神,全面保障学术委员会在教学、科研等学术事务中的作用,逐步形成学术权力与行政权力相对分离、相互配合的内部治理体系;尤其注重调动教授治学的主动性和积极性,充分保障教授在学术领域的"话语权"。

深化行政管理服务体制改革。按照"大部制"和"管办分离"的原则,进一步理顺相关职能部门的关系,进一步优化机构布局;合理确定管理服务单位的职责权限,规范工作流程,公开职责清单和服务项目清单,推进师生"一站式"服务;完善岗位承诺、首问责任、限时办结等制度,建立高效能、专业化的协同管理服务机制,努力营造与高水平研究型大学相匹配的服务软环境。

(四)坚持人才强校战略,提升师资建设水平

加强高层次人才队伍建设。大力引进拥有国际影响力的领军人才,储备具有国际竞争力的优秀年轻人才;继续完善并实施"校内特聘教授""东吴学者""东吴名医""东吴讲席教授"等人才资助项目;继续实施教师能力拓展计划,推进"博士化工程"和青年教师导师制度;继续实施教授学术休假、学术恢复等制度,鼓励教师出国(境)研修,加快人才队伍国际化进程。

深化人事管理制度改革。贯彻落实国家关于机关事业单位管理的各项新政策,进一步完善并规范公开招聘、人员聘用等制度,根据江苏省统一部署适时启动实施养老保险制度改革;积极探索建立教师岗位分类管理、评价制度;继续完善绩效工资改革方案、教师基本工作量制度以及科研绩效考核和奖励办法,转变教学科研评价偏重"数量"的倾向,将教师引导到提高教学、科研质量上来;建立科职干部轮岗机制,完善科级干部选拔和培养机制。

(五)推进国际合作交流,加快教育国际化进程

推进人才培养国际化。积极探索与国外一流大学、科研机构的合作交流模式,推进与国际知名大学的交流与合作,构建以学校为主导、学院(部)为主体、师生为主角的国际化学术交流新体系;将国际化人才培养目标融入人才培养的全过程,探索建立国内培养与国际交流衔接互通的开放式人才培养体系;拓展学生赴海外名校的研修渠道,加大对学生参与国际交流的支持力度,扩大学生海外学习交流规模。

发展来华留学生教育。进一步加强留学生招生宣传,加大全英文授课专业和课程开发建设力度;营造国际化校园文化,设立留学生奖学金,吸引优秀国际学生来校攻读学位;优化留学生结构,扩大学历留学生规模;加强来华留学本科生管理,完善留学生管理与服务体系,健全沟通机制,创建来华留学品牌。

推进海外教育项目。着力推进老挝苏州大学校园建设,推进波特兰州立大学孔子学院的持续发展,把孔子学院建设成国际交流合作的重要平台;落实与尼日利亚拉格斯大学合作项目,支持"大真大学苏州分校"发展。

(六)加大开放办学力度,争取多方办学资源

充分利用外部发展环境。加强与苏州市战略合作,大力实施"名城名校,融合发展"战略,积极探索"名城名校+X"校地融合发展模式,全面融入"苏南国家自主创新示范区"建设;努力推动省部、省市共建工作,继续加强与地方政府、行业协会、知名企业的合作。

加强对外交流与合作。根据自主办学的需要,建立以董事会、校友会为核心的社会参与办学机制,扩大决策民主,争取办学资源;创新教育基金会运行机制和管理模式,提高资金运行效益;保障社会公众对学校重大事项的知情权,及时主动回应社会关切,接受社会对学校办学质量的监督;推进与国际知名组织机构的交流与合作,融入全球知识创新体系。

(七)优化资源配置机制,提高支撑保障能力

推进节约型校园建设。继续坚持勤俭办学,严格控制经费支出,厉行节约、反对浪费,进一步压缩"三公经费""会议费""培训费"等支出;进一步健全公共资源的全成本核算和有偿使用机制,实行收、支两条线,继续推进公用房管理改革、推进大型仪器设备共享,提高公共资源使用效率;实施节能工程改造,建立节能目标任务管理和节能监管、考核奖惩制度,着力营造"崇尚节约、摒弃浪费"的校园文化氛围。

加强国有资产监督管理。完善国有资产统一归口管理体制,健全国有资产管理制度,加强对外投资管理;注重对学校合资、控股独立法人的管理与考核,保证国有资产健康安全运行;建立健全合同管理制度,加强固定资产管理,防止国有资产流失;进一步规范和严格执行招投标管理制度,推进招标采购工作制度化、规范化和科学化。

各位代表、同志们,今天的苏州大学,正迎着全面深化改革的春风,又一次站在了新的历史起点上。我坚信,只要我们以科学的思维和超前的战略眼光谋划未来,以高度的责任感和强烈的忧患意识抢抓机遇,以坚定的信心和顽强的拼搏精神应对挑战,以务实的作风和高昂的工作热情投身事业,就一定能够开创苏州大学发展新局面,创造更加辉煌美好的未来!

最后,预祝本次教代会圆满成功!祝各位代表、同志们身体健康、工作顺利、万事如意!谢谢大家!

严格践行"三严三实"
扎实推进高水平研究型大学建设
——校党委书记王卓君在"三严三实"专题党课暨专题教育部署会上的讲话

2015年5月22日

同志们：

在县处级以上领导干部中开展"三严三实"专题教育，是以习近平同志为总书记的党中央做出的重要部署，是今年党建工作的一项重要任务。4月21日，中央召开"三严三实"专题教育工作座谈会，刘云山同志出席会议并作重要讲话，对在县处级以上领导干部中开展"三严三实"专题教育做出安排部署。5月11日，省委召开全省"三严三实"专题教育动员大会，省委罗志军书记结合上党课对全省专题教育提出了明确要求。按照要求，各级党委书记要结合动员部署工作，带头讲一次专题党课，这是专题教育的关键动作，也是落实各级党委书记责任的具体要求。今天，我就"三严三实"这个主题，联系学校实际，结合自己的学习思考，和同志们作些交流。主要讲四个方面的问题。

一、深刻领会"三严三实"的丰富内涵和重要意义

党的十八大以来，习近平总书记围绕党要管党、从严治党发表了一系列重要讲话，提出了许多新思想新观点新论断，为新时期全面推进党的建设指明了方向。2014年全国"两会"期间，习近平总书记就加强作风建设提出"三严三实"，要求党员干部特别是领导干部要"严以修身、严以用权、严以律己，谋事要实、创业要实、做人要实"。之后，又先后四次在不同场合，就践行"三严三实"提出明确要求。"三严三实"是共产党人最基本的政治品格和做人准则，是党员干部的修身之本、为政之道、成事之要。学习、贯彻、践行"三严三实"是一项长期的重大政治任务，必须深化思想认识，进一步领会"三严三实"的丰富内涵和重大意义。

严以修身，就是要加强党性修养，坚定理想信念，提升道德境界，追求高尚情操，自觉远离低级趣味，自觉抵制歪风邪气。严以用权，就是要坚持用权为民，按规则、按制度行使权力，把权力关进制度的笼子里，任何时候都不搞特权、不以权谋私。严以律己，就是要心存敬畏、手握戒尺，慎独慎微、勤于自省，遵守党纪国法，做到为政清廉。谋事要实，就是要从实际出发谋划事业和工作，使政策、方案符合实际情况、符合客观规律、符合科学精神，不好高骛远，不脱离实际。创业要实，就是要脚踏实地、真抓实干，敢于担当责任，勇于直面矛盾，善于解决问题，努力创造经得起实践、人民、历史检验的实绩。做人要实，就是要对党、对组织、对

人民、对同志忠诚老实,做老实人、说老实话、干老实事,襟怀坦白,公道正派。

"三严三实"是一个完整的思想体系,相互联系、相辅相成、辩证统一,既有思想要求又有实践标准,体现了世界观和方法论的有机统一、"知"和"行"的有机统一、内在规律和外在约束的有机统一。其中,"三严"是内在要求,讲的是主观世界的改造,蕴含了马克思主义信仰、共产主义远大理想、中国特色社会主义共同理想等严肃的政治追求,完善组织生活、贯彻民主集中制等严格的组织原则,懂规矩、守底线、拒腐蚀、永不沾等严明的纪律要求。思想认识严起来了,行动和实践才能有科学的认识基础。"三实"是行为取向,讲的是客观世界的改造,蕴涵了一切从实际出发、理论联系实际、实事求是、在实践中检验真理和发展真理的思想路线,求真务实、尊重实践、注重实效的工作方法,忠诚老实、厚道朴实、认真踏实的处世态度。行为方式和行动务实了,"三严"的要求才能真正得到实践体现。

应该说,"三严三实"的提出,丰富和发展了党的建设理论,为从严管党、从严治党赋予了新的时代内涵,为新形势下加强党的建设、干部队伍建设和作风建设提供了重要遵循,为推动改革发展、提振精气神注入了强大动力,具有重大现实指导意义。

首先,"三严三实"是锤炼党性、强化宗旨的基本要求。党章明确规定:中国共产党党员是中国工人阶级的有共产主义觉悟的先锋战士。中国共产党党员必须全心全意为人民服务,不惜牺牲个人的一切,为实现共产主义事业而奋斗终生。中国共产党党员永远是劳动人民的普通一员,除了法律和政策规定范围内的个人利益和工作职权以外,所有共产党员都不得谋求任何私利和特权。当前,世情、国情、党情发生了深刻变化,经过60多年长期执政,各级领导班子和党员、干部队伍状况也发生了重大变化,党员干部队伍中要求不严、作风不实的问题较为突出。"三严三实"体现了共产党人的核心价值,科学回答了"为了谁、依靠谁、我是谁"这一根本政治立场问题,为党员干部修身做人、为官从政、干事创业提供了重要遵循,是党的性质宗旨对党员干部要求的进一步具体化。

其次,"三严三实"是党要管党、从严治党的当务之急。高校肩负着培养中国特色社会主义事业建设者和接班人的重大任务,加强和改进高校党的建设,是办好中国特色社会主义大学的根本保证。新的历史条件下,学校自身事业发展规模日益扩大、经济交往活动日益复杂,各级领导干部面临的精神懈怠、能力不足、脱离师生、消极腐败等危险的挑战更为严峻,高校意识形态等方面的问题也更加凸显。"三严三实"通过党员干部的自我约束和严明的纪律约束,实现思想建党和制度治党的紧密结合,为全面推进从严治党,保持党的先进性、纯洁性拓展了新的路径。作为教育工作者,我们的党员干部必须从思想深处清除与"三严三实"要求不适应、不符合的突出问题,不断强化政治意识、责任意识、阵地意识和底线意识,努力当好忠诚、干净、担当的标杆。

最后,"三严三实"是改革创新、推动发展的迫切需要。我们党干革命、搞建设、抓改革,从来都是为了解决中国的现实问题。习近平总书记指出,实现党的十八大确定的目标任务,关键在党、关键在人。对于苏大而言,之所以能在百十年的办学历程中培养出一批杰出人才,之所以能在最近十年的跨越发展中争先进位,其中的一个关键,就是学校始终秉承着"严"和"实"的优良作风。"严"既是贯彻民主集中制等严格的组织原则,是讲政治、懂规矩、守底线、拒腐蚀等严明的纪律要求,也是治学育人、为人师表的本质要求;"实"是忠诚老实、厚道朴实、认真踏实的处世态度,也是求真务实的精神、实事求是的科学作风。开展"三严三实"专题教育,就是要紧扣"严"和"实",在已有基础上再添把火、加把力,巩固和扩大党的群众路线教育实践活动成果，把作风建设的良好态势保持下去；就是要进一步明确规矩、严明纪律、强化约束，形成从严从实的氛围，进一步营造和保持风清气正的校园环境；就是要帮助党员干部弄清"何为严何为实、为何严为何实、如何严如何实"，提振党员干部的精气神，打造一支想干事、会干事、能干事、干成事的干部队伍，为早日实现学校建设高水平研究型大学的奋斗目标提供坚实保证。

二、认真查找和剖析"不严不实"的具体表现和严重危害

习近平总书记强调的"三严三实"，是着眼于解决作风方面的突出问题提出来的，具有很强的现实针对性。党的十八大以来，根据中央和省委部署要求，我们通过组织开展党的群众路线教育实践活动，持之以恒地抓作风、抓党建，取得了一定的实效，广大党员干部思想认识进一步提高、理想信念进一步坚定，工作作风进一步转变，有力推动了学校的改革发展。但同时，我们也清醒地认识到，对照"三严三实"的要求，我们不少干部，在涉及党性修养、权力行使、纪律规矩、做人做事等方面，或多或少、或轻或重存在着要求不严、作风不实的表现。

在修身方面，有的党员干部没有把牢世界观、人生观、价值观这个"总开关"，信念有所动摇、信仰有所迷失、宗旨意识有所淡薄，放松思想改造，参加党支部组织生活流于形式，谈心时重工作交流轻思想交流，开展批评与自我批评时有"好人主义"现象，甚至有表扬与自我表扬的情况。有的党员教师在课堂上信口开河，哗众取宠，一味地抱怨、一味地批判，传播不当甚至是有违党纪国法的言论，对青年学生造成了片面误导。

在用权方面，有的干部无视政治纪律和政治规矩，民主科学依法决策意识和能力不强，行事独断专行。有的借行政权力占用资源，忽视本职工作，忙于当评委，忙于追名逐利，忙于增加个人含金量。有的以行政命令干预教学教育管理，在考试、招生、推优、就业、招标等方面，也还存在着漏洞、问题。

在律己方面，有的党员干部胆子较大，什么话都敢说，什么地方都敢去，什么饭都敢吃，什么朋友都敢交，也有少量收受学生及家长以及相关单位的礼金、有价证券等财物；有的存在"人到码头船靠岸"心态，斗志消退、慵懒散漫；也有的存在着"有权不用、过期作废"的错误思想，抓紧最后的时间获取不正当的利益。

在谋事方面，有的党员干部考虑问题不从实际出发，不从学校长远发展考虑，不尊重教育规律，急功近利，重数量，重显示度，忽视质量提升与内涵发展，忽视工作的实效性与全面性。有的爱搞拍脑袋决策，考虑问题、做决策的过程中不能充分听取师生的意见和建议，不充分发挥专家学者的作用，不注意发挥集体的智慧和力量。有的甚至私心严重，处事不公，办事只凭个人好恶，只顾一己私利，而不顾师生利益，不顾学校的发展。

在创业方面，有的党员干部缺乏政治意识和责任担当，缺乏攻坚克难勇气，不作为、不担当，慵懒、推诿，习惯于见到矛盾推、遇到问题躲、碰到难事拖，缺乏事业心和责任感，作风漂浮，工作无长远目标，得过且过，存有侥幸心理。有的党员教师立德树人意识淡薄，教学敷衍，照本宣科，学风、教风浮躁，教学方法老套，不能根据学生的特点因材施教。有的学术不端，在科研工作中弄虚作假，不能真正聚焦真问题、做真学问，不能沉下心来坐冷板凳，有的违规使用科研经费以及滥用学术资源和学术影响。

在做人方面，有的党员干部对上级决策打折扣、搞变通，在政策执行时挑肥拣瘦，搞文字游戏，甚至有令不行、有禁不止。有的干部敷衍塞责、阳奉阴违、自行其是、言行不一，搞"两

张皮"。

"三严三实"是我们党伟大事业的重要保证,是广大党员干部修身、做人、用权、律己的基本遵循,干事、创业的行为准则。从善如登,从恶如崩,一旦偏离了这个基本准则,将给我们的学校、我们的事业、我们的社会、我们的国家带来严重的影响,甚至是祸患。从近几年揭露出来的窝案串案、塌方式腐败来看,可以说,"不严不实"作风是有传染性的,它感染了一些意志薄弱、党性不强的人,使他们原则丧失、纪律松懈。一旦这样的病菌迅速繁殖并蔓延开来,劣币驱逐良币,将严重破坏党的团结和统一,抹黑党的形象和权威,党组织的先进性和战斗力必将受到损害,干部队伍的正气和士气必将下降。

产生"不严不实"问题的根源是多方面的,从党员干部自身来说,主要包括以下三个方面的原因:

一是理想信念动摇。习近平总书记指出,"理想信念是共产党人的精神之'钙',没有理想信念,理想信念不坚定,精神上就会'缺钙',就会得'软骨病'"。一名党员干部,如果理想信念不坚定,不注重党性修养,放任自由、随波逐流,就容易在世界观、人生观、价值观上出问题,就容易丧失党性原则、丧失纪律观念,就容易滋生"不严不实"的各种问题。近年来曝光的腐败案件中,腐败分子在忏悔时无一例外地讲到,他们走向违法犯罪的根源,是理想信念出了问题。在领导岗位上时间久了,掌声、恭维纷至沓来,逐渐放松了自我修养的提高,理想信念被放到一边。各种案件深刻警示我们,理想信念一旦动摇,"不严不实"就随之而来,最终就可能导致腐化堕落。

二是群众观点淡化。近年来,通过开展党的群众路线教育实践活动,全校党员干部受到马克思主义群众观点的深刻教育,增进了同师生的感情、拉近了同师生的距离,贯彻党的群众路线的自觉性和坚定性明显增强。但作风建设是攻坚战,也是持久战,作风建设永远在路上,客观地说,全心全意为师生服务的宗旨意识并没有在每位党员干部心中牢固树立起来,以师生满意作为工作评判标准并没有在每一位党员干部心中扎下深根,做一点事情不怕师生不满意、就怕上级不知道,心里有些"小九九",把自己看重了,把师生看轻了。忘记一切为了师生,就会忘记踏实谋事创业;忘记一切依靠师生,就会忘记严格修身律己;忘记从师生中来、到师生中去,就会发生权力观、价值观的扭曲,就会把权力作为谋取个人私利的工具。

三是能力素质不强。近年来,随着学校干部队伍建设力度的持续加强,我校党员干部队伍的能力素质整体有了较大幅度的提高,知识更加丰富,观念更加先进,思路更加开阔。同时,大数据等信息技术的不断突破,我们可以运用的技术手段也极大地丰富。这为我们谋实策、出实招、办实事提供了软硬两方面的支撑。但不能忽视的是,依然有少数党员干部因循守旧,故步自封,躺在历史的功劳簿上,思想观念陈旧,法治意识、民主决策意识和改革创新意识不强,又不善于学习,不主动补课,工作按部就班、照抄照搬,满足现状、盲目乐观,工作缺乏热情、激情,不求有功但求无过。一名党员干部如果不注重学习,放弃对自我的改造,就会跟不上时代的发展,跟不上学校的节奏,就会出现"不严不实"的各种问题。全校党员特别是主要领导干部一定要结合实际,坚持从严要求,强化问题导向,真正把自己摆进去,深入查找"不严不实"的问题表现,认清危害、剖析根源,按照"三严三实"要求改进作风、提升自我。

三、以"三严三实"作风推动学校事业新发展

"三严三实"是协调推进"四个全面"战略布局的重要保证,是新时期党员干部作风形象的基本标准,对强化干部党性修养、深入推进新形势下党的建设和作风建设具有重要而深远的意义。全校党员干部要聚焦对党忠诚、个人干净、敢于担当,真正从思想上、工作上、作风上严起来、实起来,把"三严三实"要求体现到履职尽责、做人做事的方方面面。

1. 严以修身,不断加强党性修养。要自觉加强党性修养,主动提升道德境界,追求高尚情操,把坚定理想信念作为安身立命的主心骨、修身立业的压舱石,从思想深处解决好信仰信念的问题,把牢思想和行动的"总开关"。要进一步坚定宗旨意识,深入学习贯彻习近平总书记系列重要讲话精神,自觉与以习近平同志为总书记的党中央保持高度一致,要以焦裕禄、杨善洲和我们身边的先进典型如史明、孙国华、常德盛等为榜样,带头弘扬社会主义核心价值观,自觉增强使命意识,始终保持共产党人的政治本色。

2. 严以用权,切实做到公私分明。要树立正确的权力观,充分认识到权力的行使与责任担当是紧密相连的,有权必有责。要充分认识到师生员工满意是衡量权力行使的根本标准,要正确处理好公与私的关系,严格按规则、按制度、按法律用权,严格依程序办事,自觉适应在"放大镜、聚光灯"下行使权力,自觉与暗箱操作、公器私用等不良现象划清界限。要时刻对手中的权力心有所畏、言有所戒、行有所止,真正做到为师生用权,任何时候都不搞特权、不以权谋私,绝不允许以言代法、以权压法、徇私枉法。

3. 严以律己,始终保持敬畏之心。要做到慎初,在思想上时刻守住第一道防线,在行为上牢牢把住第一道"闸门",防线、闸门一旦被突破,问题就会越来越大,量变就可能导致质变。要做到慎独,摒弃"人不知"的侥幸,在任何时候、任何情况下都要保持清醒头脑,加强自我规范和约束,做到台上台下一个样、人前人后一个样。要做到慎微,管好小事小节,守住大行大德。要做到慎情,时刻牢记亲情里面有底线、感情面前有原则,讲亲情不能错位,重感情不能越界,要特别注重家风家教,管好家里人,管好身边人。

4. 谋事要实,坚持一切从实际出发。党员干部作为学校事业发展的骨干力量,在其位就要谋其政、尽其责,谋事干事,都必须遵循教育规律,坚持一切从学校的实际情况出发,从立德树人的根本任务出发。要坚持和发扬"从师生中来、到师生中去"的优良传统,牢固树立群众观点、扎实践行群众路线。要坚持深入实际、深入教学科研一线、深入班级宿舍实验室,坚持重心下移、关口前移、靠前指挥,多接地气,多倾听师生的意见和建议,加强调查研究,"不唯上、不唯书、只唯实",坚持民主科学依法决策,摒弃"长官意志"和"拍脑袋决策"。

5. 创业要实,争当改革促进者。以百年历史积淀为基础,经过"十一五""十二五"时期的跨越式发展,苏州大学已基本确立了在地方高校的领头羊地位,部分体现办学水平的重要指标甚至比肩一些教育部直属高水平大学。但同时,我们想再往前迈进一步是十分困难的,学校上层次、上水平面临诸多因素的制约,学校内部改革也越来越涉及复杂的内部关系和利益格局的调整,可以说是举步维艰。越是在发展形势复杂、改革困难加大、民生建设加码的情况下,越需要涌现一大批政治坚定、德才兼备、敢闯敢试的领导干部。广大党员干部一定要勤于探索、善于创新、敢于担当、勇于负责,杜绝假大空,力戒慵懒散拖不作为,要少一点老气横秋、暮气沉沉、畏首畏尾,少一点小富即安的守成心态,要多一点锐气、朝气和勇气,多一点争先进位的创业精神,以创造性的工作使各项改革部署从"最先一公里"快速起步,在"最

后一公里"落地生根,着力加强内涵建设,全面提高办学质量,真正将苏州大学办成一所备受内外部尊敬的高水平大学。

6. 做人要实,践行优良师德师风。要时刻牢记自己是一名大学教师,是从事教书育人工作的,这项工作来不得半点马虎,容不得半点虚假。要做胸怀坦荡、光明磊落的表率,真诚对待组织、真诚对待师生;要做公道正派、刚正不阿的表率,坚持党的事业第一、师生利益优先,不拿原则做交易,不因私利弃公道。要做诚实守信、表里如一的表率,行为世范、为人师表,带头践行社会主义核心价值观,自觉增强立德树人、教书育人的荣誉感、责任感和使命感。

四、确保"三严三实"专题教育抓出成效

开展"三严三实"专题教育,是党的群众路线教育实践活动的延展深化,是持续深入推进党的思想政治建设和作风建设的重要举措,是严肃党内政治生活、严明党的政治纪律和政治规矩的重要抓手。各党委、党工委要按照中央和省委的要求,切实增强责任感使命感,以饱满的热情和有力的举措做好这项工作,确保专题教育扎实有效推进。

1. 要准确把握总体要求。这次专题教育的主题十分鲜明,就是学习"三严三实"、践行"三严三实"。具体开展过程中要做到四个"突出"。一是突出问题导向。坚持问题导向,解决突出问题,是确保专题教育取得实效的关键。"三严三实"是针对党的思想政治建设和作风建设中的突出问题提出来的,专题教育也要针对问题来开展。这次专题教育,我们要聚焦问题、对准问题,把发现问题、解决问题作为出发点和落脚点,使专题教育的过程成为校正"不严不实"问题的过程。二是突出从严要求。"三严三实"核心在于"严"和"实",开展专题教育更要秉持严的要求、实的态度。中央提出这次专题教育要努力在深化"四风"整治、巩固和拓展党的群众路线教育实践活动成果上见实效,在守纪律讲规矩、营造良好发展氛围上见实效,在真抓实干、推动改革发展稳定上见实效。落实这"三个见实效",必须坚持严的标准、严的要求、严的措施,以严促深入、以严求实效。这次专题教育不分批次、不划阶段、不设环节,但并不意味着可以放松要求、降格以求。要发扬认真精神,紧密联系实际,认真谋划、精心实施,把各项工作做扎实、做细致、做到位。三是突出以上率下。各级领导干部要自觉树立标杆意识、表率意识,一级做给一级看,一级带着一级干。特别是党员校领导,各党委、党工委书记,更要当好示范,讲好党课,带头查找问题,带头开展批评和自我批评,带头抓好整改落实,推动学习研讨更加深入、党性分析更加深刻、整改问题更加彻底、立规执纪更加严格,带动专题教育有力有效开展。四是突出融入日常。这次专题教育不是一次活动,而是在教育实践活动基础上,融入领导干部经常性教育的一次探索实践。要把握常态化教育的特点,注重经常性教育的要求,不能用搞活动的办法来搞"三严三实"专题教育。要把专题教育与平时的"三会一课"、中心组学习、双周三政治学习、年度民主生活会、组织生活会等更好地结合起来,推动经常性学习教育突出主题、聚焦问题,具有实质性内容,取得实实在在效果。

2. 要扎实做好"关键动作"。中央、省委和学校的专题教育方案明确了方法举措,其中最核心的是要抓好"四个专题一个强化"。

一是紧密联系实际,讲好专题党课。以领导干部讲专题党课启动开局,是这次专题教育的一个创新。校院两级党组织主要负责人、机关部门和直属单位主要负责人带头讲"三严

三实"专题党课,发挥带学、促学作用。安排党课之前,要认真搞好调查研究,广泛征求师生群众意见,亲自动手撰写讲稿。党课内容要紧扣"三严三实"要求,联系本单位实际,联系党员干部思想、工作、生活和作风实际,要讲清楚"三严三实"的重大意义和丰富内涵,讲清楚"不严不实"的具体表现和严重危害,讲清楚落实"三严三实"的实践要求和实现路径。二是着眼于真学真懂,组织好专题学习研讨。开展专题教育,首要的是抓好学习教育、打牢思想基础。在个人自学基础上,学习研讨重点分三个专题开展,即专题一:严以修身,加强党性修养,坚定理想信念,把牢思想和行动的"总开关";专题二:严以律己,严守党的政治纪律和政治规矩,自觉做政治上的"明白人";专题三:严以用权,真抓实干,实实在在谋事创业做人,树立忠诚、干净、担当的新形象。要依托党委中心组学习和处级干部培训,深入学习习近平总书记系列重要讲话精神,学习党章和党的纪律规定,重点研读《习近平谈治国理政》《习近平关于党风廉政建设和反腐败斗争论述摘编》,读原著、学原文、悟原理。要结合党风廉政教育,用好中央纪委机关、中央组织部组织编写的《优秀领导干部先进事迹选编》《领导干部违纪违法典型案例警示录》,认真学习焦裕禄、杨善洲、沈浩、周广智、赵亚夫以及高校系统先进典型事迹,从周永康、薄熙来、徐才厚、令计划、苏荣等违纪违法案件中汲取教训。要结合本单位工作实际,每个专题安排2~3次互动式交流研讨,每次安排部分班子成员作交流发言,班子成员把自己摆进去、把职责摆进去、把实际思想和工作摆进去,自己撰写心得体会,做到踊跃发言、交流观点、分享体会、形成共识。处级以上领导干部要结合每个专题相应列出自身"不严不实"的问题清单,边学边查边改。三是组织好"三严三实"专题调研。要持续做好深化整改工作,按照校党委有关要求,始终坚持问题导向、实践导向,采取随机性调研、座谈交流、师生恳谈等多种形式,深入师生群众中开展调研征求意见,面对面听取广大师生对党的群众路线教育实践活动问题整改的评价,对存在"不严不实"问题的反映,对践行"三严三实"的意见建议,不能仅仅以办几件实事代替查找自身问题,要真正把问题和症结找到,把整改的方向和措施找到。四是开好专题民主生活会和组织生活会。今年年底到2016年1月,要以践行"三严三实"为主题召开专题民主生活会和组织生活会。要注重运用党的群众路线教育实践活动成功经验,会前,广泛征求意见建议,深入开展谈心谈话,按照"两对照三联系"的要求,认真对照党内规章制度、党的纪律、国家法律、党的优良传统和工作惯例,对照正反两方面典型,紧密联系个人思想、工作、生活和作风实际,联系个人成长进步经历,联系党的群众路线教育实践活动中个人整改措施落实情况,深入剖析"不严不实"问题,进行深刻的党性分析,撰写对照检查材料;会上,党委主要负责同志带头查摆问题、开展批评,班子成员逐一开展严肃认真的批评和自我批评。党员校领导要结合工作分工和有关联系点安排,参加和指导相关单位和部门领导班子专题民主生活会。五是强化整改落实和立规执纪。教育是为了解决问题,解决问题才是最好的教育。要按照《苏州大学党的群众路线教育实践活动后续工作处级单位一把手责任清单》要求,把深化党的群众路线教育实践活动后续整改作为"三严三实"专题教育的重要内容,坚持边学边查边改,进行专项整治,严格正风肃纪,以解决问题的成效、转变作风的成效、促进发展的成效取信于民。严格对照"两方案一计划"和个人整改清单,特别是中央21项、省委18项以及学校专项整治任务,不折不扣抓好落实、一条一条兑现承诺。对新查摆出的问题,校院两级党组织和机关部门、直属单位主要负责同志带头,对照问题清单,制定整改措施,逐个解决,逐个销号。把专项整治作为具体抓手,针对群众反映强烈、具有普遍性的"不严不实"突出问题,特别是为官不严、为官不实、为官不为等问题,集中时间、集中精力开展专项整治。建立整改跟踪督查机制,对"不严不实"问题比较严重的处级领导干部,要立足教育提高,由校党委主要负责同志及组织部门与其开展谈心谈话,点明问题,提出要求,促其改正。对群众意见大、不认真查摆问题、没有明显改进的,要结合后备干部专题调研、领导班子换届等,及时进行组织调整。对顶风违纪、边改边犯特别是不遵守政治纪律和政治规矩的,要依规依纪严肃处理。针对"不严不实"问题,围绕严肃党内政治生活、加强干部教育管理、加强权力运行制约监督等,进一步完善相关制度规定,抓好制度入脑入心,强化刚性执行,推动践行"三严三实"要求制度化、常态化、长效化。

3. 要从严抓好组织实施。一是落实领导责任。学校"三严三实"专题教育在校党委领导下开展,由党委组织部牵头组织实施,相关部门协同推进;各党委、党工委是抓好本单位专题教育的责任主体,要把专题教育作为重大政治任务,精心组织谋划,周密安排部署,扎实有效推进。各学院(部)主要负责人、机关各部门、各直属单位主要负责人要切实承担起第一责任人的责任,既带头接受教育,又进行具体指导,用心抓好重点工作,确保不走过场,取得实效。学校党委将把抓好专题教育情况作为各党委、党工委履行党建工作主体责任的重要任务,纳入基层党建工作考核的重要内容。二是强化督查指导。校党委将结合党的群众路线教育实践活动整改落实工作和巩固拓展活动成果情况专项检查,采取巡回检查、专项调研、随机抽查等多种形式,加强对专题教育的督促指导,推动专题教育层层压紧、层层落实。对组织不力、效果不好的,要严肃批评、严肃问责。三是加强宣传引导。要充分运用各类媒体,广泛宣传中央、省委和学校关于专题教育的重要精神和决策部署,宣传专题教育的工作进展、特色举措和实际成效,宣传好的经验、好的做法,为践行"三严三实"营造良好舆论氛围。四是注重统筹兼顾。坚持把开展"三严三实"专题教育与落实党的十八大和十八届三中、四中全会精神相结合,与做好"十二五"收官工作相结合,与谋划学校和各单位"十三五"发展、推进综合改革、完成本单位本部门重点工作相结合,做到专题教育与日常工作有机融合、相互促进,以各项事业取得的新成绩检验专题教育成果。

同志们,开展"三严三实"专题教育,是全面从严治党的重要举措和有力抓手。我们要紧紧围绕"四个全面"战略布局,围绕立德树人根本任务,以开展专题教育为契机,把"三严三实"真正落实到管党治党的全过程,落实到学校改革发展的全过程,推动全面从严治党迈上新台阶,推动学校事业迈上新台阶。全校党员干部要以"三严三实"为标杆,进一步统一思想、深化认识、激发自觉,争做忠诚、干净、担当的共产党人,为学校早日建成国内一流、国际知名高水平研究型大学贡献正能量!

关于党委常委会工作的报告

——校党委书记王卓君在校党委十一届十次全体会议上的报告

2015年8月31日

各位委员、同志们：

现在，受党委常委会的委托，我向大家报告2015年上半年党委常委会的主要工作。

一、以学习贯彻党的十八届三中、四中全会精神为引领，全面加强和改进党的建设

（一）以"四个全面"为根本遵循，加强学校领导班子办学治校能力建设

认真学习贯彻党的十八届三中、四中全会和习近平总书记系列重要讲话精神，通过中心组学习、专题辅导报告等方式，弘扬理论联系实际学风，着力抓好政治理论学习，切实将思想和行动统一到中央的各项要求上来，牢牢把握"四个全面"新要求，适应经济社会发展新常态，进一步提高领导班子和各级干部把握高等教育发展大势、驾驭复杂局面的能力和水平。成立学校"十三五"规划编制机构，组织全校上下广泛开展校内外调研和改革发展讨论，认真做好学校"十三五"规划和综合改革方案的编制起草工作。《苏州大学章程》经省教育厅核准正式颁布，成为依法治校的重要保证；制定《苏州大学学术委员会章程》，选举产生新一届校学术委员会委员，逐步建立健全以学术委员会为核心的学术管理体系；重新修订《苏州大学教职工代表大会实施办法》，依法落实教代会参与学校民主管理、民主监督职权，不断完善党委领导、校长负责、教授治学、民主管理的内部治理结构。

（二）坚持科学选人用人，加强高素质干部队伍建设

严格按照习近平总书记提出的"20字"好干部标准和"三严三实"要求，认真执行《苏州大学处级干部选拔任用工作条例（修订稿）》规定的原则和程序，选优配强干部，为学校事业发展提供坚强组织保证。半年来，共选拔提任22名处级干部，其中正处职9人、副处职12人、正处级非领导职务干部1人；完成了25名试用期满处级领导干部的述职、民主测评等考察工作以及外国语学院、计算机科学与技术学院、王健法学院、社会学院、医学部公共卫生学院、政治与公共管理学院等6个学院行政领导班子换届工作。积极举办处级干部学习习近平总书记系列重要讲话精神专题培训班，在组织干部校外挂职锻炼的基础上探索开展处级后备干部校内挂职交流工作，切实提升了处级干部和后备干部的综合素质和实际工作能力。协助地方组织部门完成了第七批科技镇长团成员的考核工作，向省委组织部推荐、选派了

14名第八批科技镇长团成员,顺利完成了对口支援中西部高校和长三角高校校领导来校挂职工作。高标准严要求组织开展全校处级干部个人有关事项报告工作、抽查核实工作以及干部档案专项审核工作。

(三)坚持固本强基,推进基层党组织和党员队伍建设

认真制订院级党委换届选举工作实施方案,进一步规范院级党委换届选举工作,发扬党内民主,强化基层组织建设,顺利完成了8个党委换届选举工作。组织开展服务型党组织建设年系列活动,围绕服务改革、服务发展、服务师生、服务社会,开展"我为苏大深化改革建言献策""担重任,敢为先,推动发展做贡献""寻访服务之星,讲述精彩故事""先锋引领,服务社会"等活动,共征集到改革意见建议628条,各基层党委、党工委推荐"促发展、亮举措"31项,重点资助11支党员志愿服务团队开展暑期社会实践活动。有力推进发展党员双质量工程,创新开展发展党员工作结对互查、交流共建活动,上半年全校共发展党员629人。1个基层党委获评江苏高校2013—2014年党建工作创新奖,2个党日活动项目获评全省高校最佳党日活动方案。

(四)坚持立德树人,加强思想政治教育和校园文化建设

不断健全完善党委统一领导、党政工团齐抓共管、党委宣传部门牵头协调、有关部门和院(部)共同参与的宣传思想工作机制,积极培育和践行社会主义核心价值观,通过继续抓好学位授予仪式、优良学风班建设评选、研究生科技文化节等常规活动,以及认真组织开展学习宣传贯彻习近平总书记系列重要讲话精神"四进四信"活动,不断提升思想政治教育的针对性和实效性;结合纪念中国人民抗日战争暨世界反法西斯战争胜利七十周年,在全校范围内开展以"铭记历史、缅怀先烈、珍爱和平、开创未来"为主题的系列活动,引导全校师生把抗战精神和爱国热情转化为推动学校发展的强大动力。切实打造校园文化建设品牌,深入组织开展王晓军精神文明奖评选表彰、宣传报道等工作,获评教育部第八届全国高校校园文化建设优秀成果一等奖;持续推进苏州大学传统文化工作坊建设,入围全国高校"礼敬中华优秀传统文化"特色展示项目榜首;扎实推进青年志愿者工作,34名志愿者入选研究生支教团、西部计划和苏北计划,432名志愿者参与第53届世界乒乓球锦标赛志愿者工作。学校被授予"全国无偿献血促进奖";1名教师和1位学生分获"2014江苏省高校辅导员年度人物"和"2014江苏省大学生年度人物"提名奖。

(五)坚持从严治党,全面加强党风廉政建设和作风效能建设

根据上级的统一要求和部署,认真组织开展"三严三实"专题教育,围绕"四个专题一个强化",校院两级党组织主要负责人、机关部门和直属单位主要负责人带头讲好"三严三实"专题党课,扎实开展专题学习研讨和专题调研,突出"严"和"实"的要求,认真查摆不严不实问题,进一步巩固和拓展党的群众路线教育实践活动成果。深入学习贯彻十八届中纪委五次全会精神以及习近平总书记关于党风廉政建设和反腐败斗争的重要讲话精神,制定《苏州大学关于落实党风廉政建设党委主体责任、纪委监督责任的实施意见》《苏州大学关于贯彻落实中共中央〈建立健全惩治和预防腐败体系2013—2017年工作规划〉的实施意见》,落实党风廉政建设党委主体责任和纪委监督责任,进一步加强惩治和预防腐败体系建设,着力形成作风建设新常态。根据上级要求,结合学校实际,对学校纪检、监察、审计机构设置进行调整,突出纪检监察工作主业,完善内部审计体制机制。强化监督执纪问责,紧紧围绕落实中央八项规定精神和新修订的《苏州大学机关作风效能建设考评办法(试行)》等作风建设的实施意见,把握关键节点,抓常、抓细。组织召开了全校党风廉政建设工作会议,与各二级单位主要负责人签订了《2015年党风廉政建设责任书》,形成上下贯通、层层负责的工作格局。加强对基建、招投标、招生工作、人事招聘、科研经费和专项资金使用的监督,保持惩治腐败的高压态势,上半年,调查审理违纪案件1起,处分违纪党员干部1人。

二、以内涵建设为根本,不断提升办学质量和水平

(一)深入推进教育教学改革,着力提升人才培养质量

深入推进本科教学改革。稳步实施以课程改革为核心的教学改革,扎实推进"苏大课程"建设项目,启动"苏大课程2015－3I工程"的申报建设工作,完成2015年通识教育课程、新生研讨课、微课程、全英文教学示范课等申报、评审、反馈、整改、立项等工作,不断丰富课程类型和课程资源,通过嵌入学校"课程建设与改革"的推进成果,做好2015级本科人才培养方案的修订与完善工作。进一步加强专业建设和改革力度,"综合性大学本硕一体化'实践反思型'高中教师培养实践研究"获批卓越"中学教师"教育培养项目;汉语言文学、数学与应用数学、纳米材料与技术、体育教育、计算机科学与技术、临床医学、纺织工程等7个专业获江苏省品牌专业建设一期项目立项建设,立项建设数与南京大学、东南大学并列全省第一。进一步健全教学质量保障体系和质量监控体系,正式启动本科教学状态数据库的建设工作和临床医学专业国家专业认证的申请工作,认真开展5个学院(部)6个工科专业的工程类国家专业认证和全校师范类专业省级专业认证的筹备工作。积极探索文化育人、实践育人、资助育人新模式,书院制本科人才培养模式改革成效显著。文正学院、应用技术学院持续探索、实践高素质应用型本科人才培养模式,成效显著。

深化研究生招生模式改革,积极稳妥探索硕士"预录取"制度及博士"申请—考核"招生制度,不断优化生源结构;进一步推进博士生导师招生资格认定和动态上岗制度,推进博士生导师资格向博士生导师岗位的转变,进一步完善研究生招生指标分配办法。狠抓研究生培养过程管理,完成研究生教育质量指导委员会换届选举工作,制定督导委员会工作条例;深入推进研究生教学质量年建设工作,完成研究生课程建设方案,优势学科及江苏省序列学科纳入试点建设。积极推进研究生教育国际化进程,扎实做好"建设高水平大学公派留学"工作,38名研究生被国家留学基金委公派出国(境)。

(二)持续推进人才强校战略,师资队伍整体实力进一步增强

继续加大高端人才引进力度,上半年,共引进教学科研人员42人,其中具有正高职称人员10人(含特聘教授4人),海外回国人员17人,外籍专家4人;继续以柔性引进形式聘用海内外知名专家和学者,上半年,共聘用讲座教授9人,兼职教授、客座教授27人。切实加强师资队伍培养力度,积极开展国家、省、市各类人才工程申报建设工作,深入实施"东吴学者计划"。大力推进师资队伍国际化进程,深化与境外一流高校(科研机构)的合作研究,制定《苏州大学与国(境)外学术机构合作培养博士后研究人员管理办法》,促进学校专职科研队伍建设,13名博士后研究人员获中国博士后科学基金第八批特别资助,取得历史最好成绩。

(三)系统谋划一流学科建设,学科建设与管理水平进一步提升

紧扣国家"一流大学与一流学科建设"计划,按照"把握方向、认清差距、汇聚共识、乘势而上"的总要求,全面梳理学科结构,分析学科现状,系统谋划学校一流学科建设。规范做

好江苏高校优势学科建设工程二期项目建设管理工作,完成全校47个一级学科硕士点年报信息填报工作及7个一级学科硕士点评估工作。做好学位授权点动态调整工作,自主撤销农业昆虫与害虫防治二级学科硕士点,增列建筑学一级学科硕士点。根据有关工作要求和学校实际,单独组建马克思主义学院,马克思主义理论学科获批省重点学科立项建设。

(四)坚定实施顶天立地战略,科学研究实力进一步增强

面向国家重大战略和地方发展需求,瞄准科技发展前沿,积极整合学校科研基础与优势,着力提升开展重大原创性研究、解决重大科学问题和关键技术的能力。自然科学方面,主动适应国家科技体制机制改革,精心组织项目申报,国家级科研项目申报数再创新高,获国家自然科学基金资助项目数301项,位列全国高校第19位,其中,"杰青"4项,排名并列全国高校第8位,"优青"5项,各类重点项目9项;1篇论文在 Science 杂志发表。进一步加强科研平台及团队的培育、建设力度,积极推进江苏省与国防科工局共建苏州大学,争取国家对我校国防科技创新平台以及国防科学研究更大的支持力度;积极推进国家重点实验室、国家发改委国家地方联合工程实验室、中国—埃及可再生能源国家联合实验室等科研平台申报工作,成立苏州大学转化医学研究院。充分发挥苏州大学张家港工业技术研究院国际专利绿色通道的作用,上半年累计申请PCT专利15项,同比增长70%。人文社会科学方面,注重发挥"驻院研究团队"的作用,进一步重视并加强项目的结项管理,不断增强科研质量意识、原创意识和国际化意识,上半年获各类纵向委托项目、横向项目109项,其中国家社科基金重点项目4项;1篇调研报告入选《教育部简报(高校智库专刊)》,1个团队获批为江苏省高校社科优秀创新团队,在SSCI、A&HCI来源期刊、奖励期刊(Top Journal)上发表论文数以及被《新华文摘》《中国社会科学文摘》转载论文数较往年同期有较大幅度增长。

(五)深化政产学研合作,协同创新和服务经济社会发展能力进一步提升

协同创新中心建设稳步推进,国务院副总理刘延东视察苏州纳米科技协同创新中心,充分肯定了中心在纳米人才培养、服务纳米产业发展等方面所取得的成绩;江苏省体育局与学校共建的江苏体育产业发展协同创新中心正式揭牌成立。大力推进产学研用合作项目和平台建设,完成苏州创新研究院建设方案,策划举办了"科技行—走进苏大"暨苏州大学第二届科技开放日活动,达成合作意向236个,促进了一批产学研合作项目的落地。策划新建了6家校企共建科研平台,获建设经费600万元,成功申报江苏省高校知识产权管理规范试点单位。"东吴智库"获批成为"江苏高校哲学社会科学重点研究基地",2篇调研报告获苏州市委主要领导批示,国际问题研究所入选"'一带一路'智库联盟理事会"理事单位。附属儿童医院(总院)启用开诊,各附属医院医教研水平稳步提升。

三、全面统筹兼顾,营造内和外协的发展氛围

(一)坚持开放融合,对外影响力进一步提升

1. 推进开放办学。深化校地合作,受苏州市委办委托制订《苏州市人民政府—苏州大学关于全面推进名城名校融合发展的实施方案》并进入征求意见阶段。完善董事会、校友会和基金会等综合服务平台,"校友之家"正式运行,成功举办第二届校友返校日活动。根据学校继续教育事业发展需要,将成人教育学院更名为继续教育学院,推进继续教育信息化建设和网络课程建设,学校继续教育品牌知名度进一步提升。积极开展对口支援拉萨师范专科学校、贵州医科大学、淮阴师范学院,援建宿迁学院和扶贫工作,新建两所惠寒小学。

2. 扩大国际交流合作。深入推进国际化战略,积极组织各类国际合作交流项目,成立剑桥—苏大基因组资源中心,成为全球四大镜像中心之一;与新加坡国立大学、爱尔兰皇家医学院、俄亥俄州立大学、尼日利亚拉格斯大学、台湾清华大学、中央大学等境外高校、机构签署合作协议。上半年共接收外国留学生1 850人,其中本科学历教育留学生638人,硕博研究生留学生100人,留学生教育层次逐步提高。认真做好教育部对"我校与英国曼彻斯特大学合作举办纺织工程本科教育项目"评估的各项准备工作。老挝苏州大学作为教育先行军,积极融入国家"一带一路"战略。

3. 加大对外宣传力度。抓住有利时机,寻求国家建设、学校发展和媒体需求的契合点,以老挝苏州大学办学、高校辅导员队伍建设、王晓军精神弘扬、书院制人才培养、创新创业探索等题材为宣传重点,积极开展宣传工作,在中央电视台、《光明日报》《中国教育报》《中国科学报》等重要媒体进行了深度重点报道。上半年共在各类媒体发表稿件500余篇,其中国家级媒体100余篇。

(二)坚持以人为本,服务支撑保障机制进一步完善

1. 推进节约型校园建设。进一步加强学校公用房、大型仪器设备等资源的优化配置和规范管理,完成了教学科研用房及产业商业用房的审核、调整等相关工作,盘活存量资源,促进学校资源配置和使用效率不断提高。推进会计委派制,实行全面预算管理,合理配置资源,提高资金使用效率和效益。强化招投标管理,促进招标采购制度化规范化,加强科研经费和专项经费管理,强化预算执行动态监控机制。全面推进天赐庄校区浴室进宿舍改造,完成天赐庄校区古建筑屋顶清扫、留学生宿舍空调安装等综合治理工程,逐步推进学生网上事务中心和教师网上事务中心建设。

2. 深化和谐校园建设。积极推进学校信息公开,重视教代会提案和学生议校平台议案的处理和落实。支持各民主党派及统一战线群众组织开展活动,畅通民主监督和建言献策渠道。以学生工作法治化建设为主线,建立健全学生事务管理的制度规范体系、学生民主参与体系、学生权利救济体系、突发事件预警和处置体系。不断加强学生职业生涯规划辅导工作,积极拓展就业渠道,构建全方位的毕业生创就业社会服务网络。关注师生身心健康,积极开展各类心理咨询辅导,首次组队参加全国大学生阳光体育乒乓球比赛并荣获一等奖。严格按照上级文件规定,认真落实离退休老同志的政治和生活待遇。切实做好阳澄湖校区教职工融合发展工作。

3. 强化平安校园建设。认真落实校园管理综合治理的各项措施,继续探索人防、技防、设施防、制度防"四位一体"的大防控体系的建设。强化安全指挥中心建设,加强校园公共区域的巡查和内部协作,健全突发事件预警机制,着力提升预防、发现、控制和处置案(事)件的能力。推进保密工作规范化建设,强化保密队伍教育管理。进一步加强基建维修、实验室、膳食、交通和消防安全等的监督检查。

4. 重视学校文化传承创新。图书馆联合文学院开展了"书本里的孝道百行,传承中的文化魅力"读书节活动,圆满完成持续数年的全国古籍普查工作,图书馆建筑分馆揭牌成立。档案馆完成了东吴大学法学院档案缩微胶卷的数字化工作,利用馆藏档案资料制作孙乐文、文乃史照片集以及《文乃史自传手稿》。博物馆推进三维虚拟博物馆建设,精心筹划举办有影响力的特色展览。出版社策划组织弘扬主旋律、有影响力、有深度的重点选题以及具有区域和学校特色的图书选题,精品力作不断推陈出新。

各位委员、同志们,以上这些办学成绩的取得,离不开包括离退休老同志在内的全校师生员工的共同努力,在此,我代表党委常委会向各位委员和广大师生员工,对常委会工作的大力支持表示诚挚的谢意,向所有为学校事业发展付出辛劳和智慧的同志们,致以崇高的敬意!

在总结成绩的同时,我们也清醒地认识到,学校办学还存在着诸多的困难,进一步发展还面临着严峻的挑战,主要是:加强和改进党的建设,尤其是新常态下高校党建工作如何进一步围绕中心出实效还需深入探索;落实全面从严治党,落实党风廉政建设主体责任和监督责任还没有完全到位,各级领导干部的自律意识、责任意识和廉政风险防控的力度需进一步加强;现代大学制度建设尚需进一步完善,尤其是需要通过深化综合改革来破除体制机制障碍、解决深层次的矛盾;突出人才培养的核心地位,健全人才培养质量保障体系,切实提高人才培养质量的任务还很艰巨;学校高峰高原学科数量不多,竞争力有待进一步提高,青年拔尖人才储备不足,科研创新体制及评价机制还有待进一步完善,科技成果向现实生产力转化有待推进;学校办学资源瓶颈的现实紧迫性依然十分突出,办学支撑条件与校园文化氛围有待进一步改善;等等,都需要我们在今后的工作中花大力气去加以解决。

下半年,党委常委会将在党的十八届三中、四中和五中全会精神的指引下,深入学习贯彻习近平总书记系列重要讲话精神,认真谋划"十三五"发展蓝图和综合改革方案,完善学校内部治理体系,激发各种办学要素活力,着力提高人才培养、科学研究、社会服务和学校内部治理的质量,努力将学校事业发展推向一个新的高度,以优异的成绩全面完成"十二五"既定目标,为即将到来"十三五"事业发展打下更加坚实的基础。

衷心希望各位委员、同志们对党委常委会的工作提出宝贵意见和建议,帮助我们把工作做得更好。

关于党委常委会工作的报告

——校党委书记王卓君在校党委十一届十一次全体会议上的报告

2016 年 2 月 21 日

各位委员、同志们：

现在，受党委常委会的委托，我向大家报告2015年度党委常委会的主要工作。

一年来，党委常委会按照"抓住方向、把握大局、推动改革、建设队伍、凝聚人心、协调各方"的工作理念，团结和带领全校师生员工，认真围绕立德树人的根本要求，狠抓教育教学质量，切实推动内涵建设，突出管党治党主业，扎实谋划"十三五"，学校事业保持了快速和谐发展的良好势头，"十二五"建设实现圆满收官。

一、以中央和省委全会精神为引领，全面加强和改进党的建设

（一）以"四个全面"战略布局为统领，加强领导班子能力建设

认真学习贯彻党的十八届三中、四中、五中全会和习近平总书记系列重要讲话精神，认真学习贯彻江苏省委十二届十一次全会精神，通过中心组学习、专题辅导报告、在线学习等方式，着力抓好政治理论学习，切实将思想和行动统一到中央的各项要求上来，领导班子和各级干部把握高等教育发展大势、驾驭复杂局面的能力和水平进一步提升，贯彻"五大发展理念"的自觉性和主动性进一步增强。成立学校"十三五"规划编制机构，成功召开学校第四次发展战略研讨会，科学谋划学校"十三五"规划和综合改革方案。积极推进《苏州大学章程》《苏州大学学术委员会章程》的实施工作，认真贯彻落实党委领导下的校长负责制，选举产生新一届校学术委员会委员，逐步建立健全以学术委员会为核心的学术管理体系。修订《苏州大学教职工代表大会实施办法》，认真做好统一战线工作，切实加强民主党派基层组织建设，充分发挥教代会、民主党派组织及学生代表组织等在学校事业发展中的重要作用，不断完善党委领导、校长负责、教授治学、民主管理的内部治理结构。

（二）坚持问题导向，组织开展好"三严三实"专题教育

严格按照中央和省委的统一部署，结合学校实际，在全校处级以上领导干部中认真开展"三严三实"专题教育，进一步巩固和拓展党的群众路线教育实践活动成果。把"三严三实"专题教育作为"一把手"工程，成立"三严三实"专题教育协调小组，制订并规范实施专题教育实施方案。紧密联系学校改革发展实际讲好专题党课，打牢专题教育思想基础，校党委书记、党员校领导、院级党（工）委书记、机关部门和群直单位主要负责人（支部书记）等先后在相应范围内上专题党课。着眼真学真懂组织好专题学习研讨，明确学习内容，突出学习重

点,用好正反两面镜子,校党委理论学习中心组认真开展了6个专题的学习研讨,院级党组织按照学习研讨方案的要求集中学习研讨303次。坚持问题导向、实践导向,认真开展好专题调研,校领导班子成员累计开展校内外调研368次,走访党员群众464人次,开展民生体验103次;处级领导干部累计调研1 174次。贯彻整风精神,认真召开民主生活会和组织生活会,抓好深化学习研讨成果、听取意见、谈心谈话、对照检查等各个环节,深入开展批评与自我批评,全校院级党组织和全部处级单位都认真组织召开了民主生活会,582个党支部召开了专题组织生活会。强化整改落实和立规执纪,按照"整改有目标、推进有措施、落实有责任、完成有时限"的"四有"要求,各级领导班子认真制订整改方案、专项整改措施和制度建设计划,明确了时间表和责任人,党员领导干部分别制定了个人整改措施,专题教育靠后阶段的工作稳步推进。

(三)坚持科学选人,加强高素质干部队伍建设

按照上级开展"一报告两评议"工作的要求,我代表常委会向全委会报告2015年度干部选拔任用情况,请各位委员进行民主评议。

2015年,党委常委会紧紧围绕"深化学校综合改革和创建国内一流、国际知名高水平研究型大学"大局,把"三严三实"贯穿干部选拔任用全过程,从严从实坚持原则、执行标准、规范程序、遵守纪律,大力选拔信念坚定、服务师生、勤政务实、敢于担当、清正廉洁的好干部。

1. 切实发挥党委领导和把关作用。坚持党管干部原则,落实学校党委在选人用人上的主体责任、党委书记第一责任人责任、纪委监督责任和组织部门考察责任,切实把好人选的政治关、作风关、能力关、廉洁关。坚持正确用人导向和选任标准,以政德过硬、工作实绩、群众公认论英雄,注重选拔优秀年轻干部、女干部、党外干部,用好各年龄段干部,真正把政治强、懂专业、愿奉献、善管理、敢担当、作风正的优秀干部选出来、用起来。

2. 严格执行"四必"规定和选任程序。贯彻落实中央有关干部选任工作新要求,严格执行"四必"规定:干部档案"凡提必审"、个人有关事项报告"凡提必核"、纪检监察部门意见"凡提必听"、线索具体的信访举报"凡提必查",防止"带病提拔"。严格执行省委组织部关于干部选任工作全程纪实要求,规范干部选任所有程序和环节。一是严把条件资格审核关。按照《苏州大学处级干部选拔任用工作条例》要求,严格选拔任用的基本条件和具体资格。二是严把动议提名关。在党委常委会讨论之前,组织部对拟选拔任用干部的职位、条件、范围、方式、程序等提出初步建议,交由干部工作小组充分讨论、沟通,形成选人用人工作方案后提交常委会审定。三是严把民主推荐关。采取民主推荐、民主测评、实地考察、个别谈话等方法,认真做好民主推荐工作,切实提高民主推荐的有效性和考察结果的真实性、可靠性。四是严把讨论决定关。在讨论干部任免时,坚决做到群众公认度不高的不上会,考察不充分的不上会,"四必"审核不过关的不上会,酝酿不充分的不上会;坚持常委明确表态、坚持常委会无记名票决,切实做到常委会集体决定。

3. 注重选优配强中层正职和增强班子整体功能。中层干部是"关键少数",中层正职是"关键中的关键",学校党委能够按照政治素质过硬、驾驭全局能力强、善于抓班子带队伍的要求,选好配强机关部门和学院(部)党政正职,在人选的配备上,不搞论资排辈、平衡照顾,综合考虑年龄、经历、专长、性格等方面的匹配,实现优势互补、气质相容。能够把优化中层领导班子结构、增强整体功能作为重要着力点,坚持老中青相结合的梯次配备,充分考虑人选成熟度和岗位匹配度,注重领导班子专业化水平,切实保证班子整体质量。

4. 坚决落实"四权"和选任民主。落实群众"知情权",坚持在民主推荐考察前把推荐的职位、条件、范围、考察目的与任务等内容与相关单位进行沟通和征求意见,让教职工先知情,再推荐;坚持考察预告制,给教职工充分发表意见的时间和渠道。落实群众"参与权",所有干部提任,都必须在一定范围进行民主推荐,明确告知教职工推荐范围、条件、程序、做法等。落实群众"选择权",充分尊重教职工意愿,在民主推荐中做到多数人不同意推荐的不作为提名考察对象。落实群众"监督权",将选拔任用的每个环节都公开,特别是在考察阶段,能够广泛听取教职工的意见,确保选人用人在阳光下运行。

一年来,共选拔任用处级干部41名,包括正处级领导职务干部16名、副处级领导职务干部25名;女干部10名;党外干部4名。共对32名处级领导职务干部进行了试用期满考察,完成了9个学院行政领导班子换届工作。

(四)坚持严实标准,加强党组织和党员队伍建设

强化基层党组织整体功能,狠抓基层党组织管党治党主体责任落实,持续增强基层党组织的政治意识、责任意识和主业意识。认真制订院级党委换届选举工作实施方案,进一步规范院级党委换届选举工作,指导19个院级党委完成换届工作。组织开展服务型党组织建设年系列活动,围绕服务改革、服务发展、服务师生、服务社会,开展"我为苏大深化改革建言献策""担重任,敢为先,推动发展做贡献""寻访服务之星,讲述精彩故事""先锋引领,服务社会"等系列活动。稳步推进党员发展"双质量"工程,严格做好党员发展工作,全年共发展党员1 382人,其中教职工党员55人、学生党员1 327人,新党员质量和发展党员工作质量实现双提升。充分发挥党代表在学校管理、干部选拔等方面的作用。突出过程管理,党校工作规范化、信息化建设得到有效推进。1个基层党委获评江苏高校党建工作创新奖,2个党日活动方案获评全省高校最佳党日活动方案。

(五)坚持立德树人,加强思想政治教育和精神文明建设

进一步健全完善党委统一领导、党政工团齐抓共管、党委宣传部门牵头协调、有关部门和院(部)共同参与的宣传思想工作机制。单独组建马克思主义学院,设立"苏州大学思想政治教育中青年优秀人才支持计划",1名教师获评江苏省高校辅导员年度人物;成立苏州大学新媒体中心,进一步抓好学校官方微博、微信建设,举办首届学生网络文化节,一年来在中央电视台、新华社、《光明日报》《中国教育报》等重要媒体发表新闻200余篇(条),深度展示学校建设和发展成绩。牢牢把握学校意识形态工作领导权,切实加强对论坛、讲座,以及网络舆情应对工作等的规范化管理,妥善处置涉及学校的媒体舆情事件。积极培育和践行社会主义核心价值观,组织开展学习宣传贯彻习近平总书记系列重要讲话精神"四进四信"活动,高标准组织开展好学位授予仪式、优良学风班建设评选、研究生科技文化节等活动,充分发挥离退休老同志的重要作用,3个团支部获评全国高校"践行社会主义核心价值观"示范团支部,王晓军精神文明奖评选表彰工作获评教育部第八届全国高校校园文化建设优秀成果一等奖,传统文化工作坊建设位列全国高校"礼敬中华优秀传统文化"特色展示项目榜首,1个项目获评全国高校"礼敬中华优秀传统文化"示范项目。结合纪念中国人民抗日战争暨世界反法西斯战争胜利七十周年,在全校范围内开展以"铭记历史、缅怀先烈、珍爱和平、开创未来"为主题的系列活动,认真组织开展好军事训练和国防教育,22名同学应征入伍,国旗班在全省高校国旗班比武大赛中荣获一等奖。扎实推进青年志愿者工作,33名志愿者入选研究生支教团、西部计划和苏北计划,学校被授予"全国无偿献血促进奖"。

（六）坚持全面从严治党，加强党风廉政和作风效能建设

深入贯彻落实中央、省、市反腐倡廉工作会议精神，围绕学校中心工作，坚持"标本兼治、综合治理、惩防并举、注重预防"的方针，坚定不移地抓好党风廉政建设和反腐败工作的各项任务。认真落实党风廉政建设主体责任，把党风廉政建设和反腐败工作作为领导班子和干部队伍建设的重中之重，纳入工作重要议题和年度整体工作目标，统一研究部署、统一组织实施、统一检查考核，确保任务落实。根据上级要求，结合学校实际，对纪检、监察和审计机构设置进行调整。党委领导班子主要负责人切实履行第一责任人的职责，对全校党风廉政建设和反腐败工作负总责。领导班子其他成员切实履行好"一岗双责"和责任追究制度，对分管范围内的党风廉政建设负直接领导责任。组织召开了全校党风廉政建设工作会议，与各二级单位主要负责人签订了《2015年党风廉政建设责任书》，形成上下贯通、层层负责的工作格局。重视加强制度建设，扎紧织密制度笼子，制定《苏州大学关于贯彻落实中共中央〈建立健全惩治和预防腐败体系2013—2017年工作规划〉的实施意见》《苏州大学关于落实党风廉政建设党委主体责任、纪委监督责任的实施意见》，坚持完善干部任前公示制度、领导干部上岗廉政谈话和领导干部关爱约谈、诫勉谈话制度；严格执行党员干部个人有关事项报告制度和收入报告制度、领导干部年度考核和述职述廉制度，建立党员干部廉政档案，健全党内监督自律机制；实施经济责任审计制度，坚持中层干部离任审计。持续加强对广大党员干部、重点岗位工作人员、重大科研项目和优势学科项目负责人、学术带头人等的法制教育和廉政教育，增强法制观念，强化廉洁意识；始终坚持正面典型教育与警示教育相结合，以示范教育鼓舞人心，以警示教育震撼人心。强化廉政风险防控机制，推行党风廉政预警机制，加强对腐败易发的重点领域和关键环节的监督力度，重视做好信访举报工作。纪委切实履行党风廉政建设的监督责任，深入落实"转职能、转方式、转作风"要求，运用好监督执纪的"四种形态"，全年共约谈领导干部10多人次，继续与市检察院开展共建，加强对学校基本建设工程和有关附属医院新院建设中的预防职务犯罪工作指导。根据《中国共产党纪律处分条例》的有关规定，2015年审结违纪案件1起，处分违纪党员干部1人。持之以恒落实中央八项规定和省委十项规定精神，抓好《党政机关厉行节约反对浪费条例》等规章制度的执行与落实，规范"三公"支出，推进学校党政办公用房核定调整工作和产业商业用房专项清查工作，修订实施《苏州大学机关作风效能建设考评办法》，切实推动机关部门进一步增强服务意识，优化工作作风。

二、以提升内涵、狠抓质量为着力点，推动学校事业保持良好发展势头

（一）稳步推进教育教学改革，提高人才培养质量取得新进展

进一步深化自主招生，合理优化本科生招生计划的区域结构，本科生源质量稳步提高。系统实施以课程改革为核心的本科教学改革，扎实推进"苏大课程"建设项目，在人才培养方案中首次嵌入通识教育课程，逐步构建起与高水平研究型大学建设目标相适应的本科课程结构与课程资源体系。进一步加强专业建设、改革与认证工作，汉语言文学、数学与应用数学、纳米材料与技术、体育教育、计算机科学与技术、临床医学、纺织工程等7个专业获得江苏高校品牌专业建设工程立项建设，卓越"中学教师"教育培养项目获批江苏省卓越教育教改项目立项建设，护理学专业顺利通过教育部专业认证。认真做好本科教学状态数据库的建设工作，进一步建立健全教学质量保障体系和质量监控体系。充分发挥教师教学发

中心的平台作用,进一步提升教师教学能力,1件作品获第二届全国高校微课教学比赛一等奖。成立苏州大学创新创业教育改革领导小组及学生创新创业教育中心,扎实推进"苏州大学本科生学术研究资助计划",57个项目获得2015年"本科教学工程"国家级大学生创新创业训练计划项目立项,1个创业项目入选第八届全国大学生创新创业年会,2支队伍获得2015年全国大学生电子设计竞赛一等奖,实现我校在该项赛事上一等奖零的突破,在第十四届全国"挑战杯"竞赛中再次捧得"优胜杯"。国家试点学院、敬文书院、唐文治书院高素质创新人才培养体系进一步完善,文正学院、应用技术学院高素质应用型人才培养成效显著。

深化研究生招生制度改革,推进"申请—考核制",完善硕士生推免、硕博连读等实施办法,不断提高招生质量,学校获江苏省研究生"优秀招生单位"称号。狠抓研究生培养环节和过程管理,深入开展"2015研究生教学质量年"活动,启动研究生课程建设试点工作,深化"医教协同"临床医学研究生培养改革,成立苏州大学研究生教育督查与指导委员会,引入第三方评估加强研究生培养的外部监控,严格执行学位个人申请制和答辩申请三级审核制度;作为中国科协、教育部确定的11家试点高校之一,积极组织开展"科学道德和学风建设宣讲教育案例教学"试点工作。以"江苏省研究生培养创新工程"为抓手,深入实施"卓越人才培养计划",不断提高研究生科研创新能力和实践能力,新增江苏省研究生工作站49家。积极推进研究生教育国际化进程,构建国家、学科、学校、导师"四位一体"的研究生教育国际化工作体系,研究生出国(境)访学留学比例大幅提高,国(境)外博士研究生联合培养工作进展顺利。

(二)坚持培养和引进相结合,高水平教师队伍建设再上新台阶

加大高端人才和优秀青年人才的引进力度,全年共引进教学科研人员125人,1位院士及其团队正式加盟我校。国家、省、市各类人才工程申报建设工作取得新成效,1位教授入选"千人计划",8位教授入选"青年千人计划",4人入选"江苏特聘教授",5人获"333工程"科研项目资助,8人入选江苏省"六大人才高峰",7人入选"江苏省双创人才",3个团队入选"江苏省双创团队",15人入选"江苏省双创博士","双创计划"三项入围数均位列全省高校榜首。稳步推进人才队伍国际化战略、教师岗位分类管理改革试点工作。《苏州大学与国(境)外学术机构联合聘用博士后研究人员管理办法》正式出台。20人入选学校第四批"东吴学者计划"。

(三)加强学科布局和规划,一流学科建设进入新征程

围绕《统筹推进世界一流大学和一流学科建设总体方案》,组织编写《苏州大学学科自我评估报告和发展规划》,认真做好动态跟踪学校学科排名和大学排名数据统计分析工作,及时召开了学校"双一流"建设通报会,进一步系统梳理学科结构,分析学科发展现状,认清差距,找准方向,汇聚共识。积极推进学位授权点合格评估和自我评估工作,11个专业学位点通过全国专业学位教指委合格评估,10个"十二五"省重点学科通过考核验收。认真做好学位点动态调整和学科自主设置工作,新增省重点学科1个、一级学科硕士学位授权点1个。5位教授当选第七届国务院学位委员会学科评议组成员。

(四)坚定实施顶天立地战略,科研创新迈向新高端

在自然科学方面,获国家自然科学基金资助项目数315项,位列全国高校第19位,继续蝉联全国地方高校首位,其中国家杰出青年科学基金项目4项,排名全国第7,优秀青年科学基金项目5项,排名全国第14,首次获得国家重大科学仪器研制项目1项;获批科技部863课题和星火计划项目各1项;全年到账科研经费达到4.83亿元。获批国家发展与改革委员会国家地方联合工程实验室1项,实现零的突破。"表现不俗的论文占比较高的高校排名"再次位列全国高校榜首,1篇论文荣获"中国百篇最具影响国际学术论文",以苏州大学为第一单位在 Science 上发表论文1篇,2位教授入选2015年全球高被引科学家名录,Nature Index(自然指数)在全国科研机构中排名第14位。

在人文社科方面,获得国家社科项目26项、省部级项目31项,其中国家社科基金重大项目1项、重点项目5项。新增江苏高校哲学社会科学重点研究基地1个,江苏高校哲学社会科学优秀创新团队1个,人文社会科学院、马克思主义学院被命名首批江苏省中国特色社会主义理论体系研究基地。1篇研究成果入选国家社科基金《成果要报》并提交国家领导人参阅,1篇报告入选中国侨联《侨情专报》,7项成果获教育部第七届高等学校科学研究优秀成果奖(人文社会科学),其中二等奖3项、三等奖4项,获奖总数和各等级获奖数均创历史新高。

(五)突出政产学研用协作,服务区域经济社会发展开拓新空间

国家2011协同创新中心、江苏高校协同创新中心着力深化内涵建设,积极探索以"重大协同创新任务"为牵引的科研创新模式;江苏体育产业发展协同创新中心正式成立。"名城名校融合发展"战略进入项目对接阶段,"两院一库一中心"建设稳步推进。技术转移中心创新服务模式,发起成立"江苏省技术转移联盟",辛庄产业化基地、张浦科技服务驿站等服务平台相继建成。国家大学科技园平台建设进一步加强,新引进科技型中小企业40家,成功举办第二届"苏州创新领袖训练营",主导成立校内众创空间——六维空间,通安分园进入前期规划。儿童药研究开发与技术转移中心、苏州大学相城机器人与智能装备研究院等相继成立。"东吴智库"成功举办"对话苏州发展"(2015·共谋苏州"十三五")、《光明日报》国学对话、中国新型城镇化国际论坛首发论坛等重要活动,系列研究成果受到省、市领导的重视,荣获2015年度全国社科联创建新型智库先进单位。附属医院医教研水平稳步提升,附属第一医院平江新院、附属儿童医院园区总院正式启用。积极参与并着力推进精准扶贫工作,选派教师参加第八批科技镇长团,做好贵州医科大学、淮阴师范学院、拉萨师范专科学校等对口援建工作,新建2所惠寒学校,探索并实践"互联网+"的公益新模式。

(六)深入实施国际化战略,国际合作交流增添新内容

推进与加拿大滑铁卢大学全方位深层次合作,与爱尔兰皇家外科医学院、加拿大渥太华大学、美国杜兰大学、日本早稻田大学等国际知名高校签署合作协议,校际合作层次有力提升。积极组织各类国际合作交流项目,与英国曼彻斯特大学合作举办的纺织工程专业本科学历教育项目顺利通过教育部的评估,被中国教育国际交流协会评为"中美1-2-1人才培养计划"创新人才培养实验基地院校。落实"留学江苏行动计划",做好加拿大滑铁卢大学CO-OP项目,加强与第三方教育机构在留学生招生和教学方面的合作,全年接收外国留学生2 100余名,大真大学苏州分校成立十周年庆典系列活动顺利举办。借力"一带一路",老挝苏州大学发展迎来新机遇,新校区主楼建设顺利启动。

三、以高水平大学建设为牵引,进一步提升服务保障能力

(一)创新供给模式,着力提升公共服务能力

以创建省平安校园示范校为抓手,进一步巩固完善"统一领导、分工明确、分级管理、责任到人"的大安全体系和"人防、物防、技防、制度防"四位一体的大防控体系。探索实施"互联网+"的校园服务新模式,师生网上事务中心、互动直播教室和视频会议系统等建设稳步推进,图书馆、档案馆、博物馆资源引进与数字化建设成效明显,档案馆获评"江苏省高校档案工作先进集体"称号。搭建"校友帮你"平台和"创业后援团",重点做好一批境内外公益基金会的联系与服务工作。工程训练中心积极推进由基础性实验教学中心向综合性实验教学中心转型,分析测试中心围绕高水平共享平台建设目标积极整合调整优化组织结构。出版社继续推出一批精品力作,食堂、医院、幼儿园的服务质量与服务水平稳步提升。

(二)坚持以人为本,有力落实民生工程

进一步完善助学管理机制和"奖、助、贷、勤、补、减"六位一体的立体化资助工作体系,积极探索"校企合作"资助育人新模式,学校连续五年被授予"江苏省学生资助工作先进单位"称号。积极构建全方位的毕业生创就业社会服务网络,重视并拓展校地、校企合作,加强就业信息网和手机APP开发建设,全年发布招聘招考信息2 300余条,组织校内大型招聘会22场。关注师生身心健康,积极开展各类心理咨询辅导,成功举办校运会、学生体质健康测试、校园马拉松以及高雅艺术进校园等文体活动。严格按照上级文件规定,认真筹备在职人员基本工资调整和养老保险改革工作,严格落实离退休老同志的政治和生活待遇。妥善做好阳澄湖校区教职工融合发展工作。完成高铁新城教师公寓房型设计、内部认购登记工作。

(三)整合优化资源,改善支撑保障条件

有序推进公用房有偿使用改革,整合并进一步完善仪器设备采购平台,积极参与苏州市大型科学仪器设施共享平台及苏州工业园区公共服务平台建设。实施会计委派制度,实现"收单式"报账,建立重大财政专项"月通报"制度,动态监控专项经费的预算执行进度,资金使用效率与效益不断提高。扩大培训中心、干部教育基地布局,获批"国家级专业技术人员继续教育基地",非学历教育(培训)规模接近8万人次。院士楼、轨道学院大楼、恩玲学生活动中心首期工程等相继建成,金工车间、新能源大楼、大口径光栅实验室等改造项目有序推进。

各位委员、同志们,2015年是学校"十二五"发展收官之年,在包括离退休老同志在内的全校师生员工的共同努力下,学校"十二五"规划的主要任务指标都得以顺利完成,有些指标甚至是超额完成,从而为我们实现高水平研究型大学的奋斗目标奠定了扎实的基础。在此,我代表党委常委会向各位委员和广大师生员工,对常委会工作的大力支持表示诚挚的谢意,向所有为学校事业发展付出辛劳和智慧的同志们,致以崇高的敬意!

在总结成绩的同时,我们也清醒地认识到,学校办学还存在着诸多的困难,进一步发展还面临着严峻的挑战,主要是:提高教育教学质量的保障机制和动力机制还需进一步完善;服务国家和地方经济社会发展的贡献度和显示度不高;学校事业快速发展与办学经费不足的矛盾依然突出;建设符合时代要求新的苏州大学文化精神体系以及建立良好的学校文化

品位和教职员工的文化品位还有待进一步探索,等等,都需要我们在今后的工作中花大力气去加以解决。

2016年,党委常委会将在党的十八届五中全会和习近平总书记系列重要讲话精神的指引下,深入贯彻"创新、协调、绿色、开放、共享"五大发展理念,认真规划好学校"十三五"改革发展事业,进一步提高教育教学质量,切实深化内涵建设,进一步提高管党治党主业意识,不断巩固扩大"三严三实"专题教育成果,努力为学校"十三五"发展开好局、起好步!

衷心希望各位委员、同志们对党委常委会的工作提出宝贵意见和建议,帮助我们把工作做得更好。

2015年大事记

1月

2日　　　△新教育研究院揭牌仪式暨新生命教育研讨会在红楼217会议室举行。

4日　　　△学校印发《苏州大学安全管理暂行规定》《苏州大学门卫管理规定》（修订）、《苏州大学消防安全管理规定》（2014年修订）、《苏州大学校园交通安全管理规定》（修订）、《关于下达2014年省级前瞻性研究专项资金项目和经费的通知》《关于下达2014年省级自然科学基金（青年科技人才专项资金）项目和经费的通知》《关于下达2014年度省级软科学研究专项项目和经费的通知》。

5日　　　△苏州工业园区—苏州大学全面合作第七次工作会议在学校天赐庄校区图书馆举行。

　　　　　△2015年国家社科基金项目申报推进会在红楼115室举行。

6日　　　△深化苏州市城市综合服务标准化试点工作会议暨苏州市公共服务标准化研究中心成立揭牌仪式在红楼学术报告厅举行。

7日　　　△2015年度离休干部迎春茶话会在东吴饭店大礼堂举办。

　　　　　△苏州市委常委、工业园区工委书记王翔一行至学校苏州纳米科技协同创新中心调研。

　　　　　△苏州市副市长王鸿声一行至文正学院调研。

　　　　　△苏州市"三星半导体杯"软件和信息技术专业人才大赛颁奖典礼在学校天赐庄校区图书馆五楼学术报告厅举行。

　　　　　△苏大教服（东吴）2014—2015年度奖助金颁发仪式暨第七届走进后勤总结会在天赐庄校区红楼会议中心举行。

8日　　　△经研究决定，成立中国共产党苏州大学敬文书院委员会（不具行政级别），书记由敬文书院副院长兼任。撤销中国共产党苏州大学敬文书院支部委员会。

　　　　　△学校体育学院与苏州市教育局联合举办的苏州市中小学学校体育发展论坛在天赐庄校区敬贤堂举行。

　　　　　△学校首届支教课程设计大赛决赛在天赐庄校区物理科技楼举行。

9日　　　△经研究决定，敬文书院设立学生事务中心、团委，均为正科级建制；医学部内设的发展办公室更名为国际交流与发展办公室，增设1名副主任（正科职）。

　　　　　△经研究决定，对苏州市独墅湖医院（苏州大学医学中心）筹建领导小组、筹建工作小组和筹建专家咨询小组的成员进行调整：

（一）苏州市独墅湖医院（苏州大学医学中心）筹建领导小组

组　长：朱秀林

副组长：蒋星红　葛建一

（二）苏州市独墅湖医院（苏州大学医学中心）筹建工作小组

组　长：蒋星红　葛建一

副组长：王晓东　缪丽燕

（三）苏州市独墅湖医院（苏州大学医学中心）筹建专家咨询小组

沈振亚　杨惠林　刘春风　吴德沛　黄建安　周菊英

△2014年度国家科学技术奖励大会在北京人民大会堂召开，学校科研成果"可控结构吸附材料构建及控制油类污染物的关键技术"获国家技术发明二等奖，材料与化学化工学部路建美教授作为获奖代表参加了本次会议。

△学校交响乐团在独墅湖校区音乐厅首次演出。

△7日至9日，首届苏州大学—爱尔兰都柏林圣三一学院纳米技术双边学术研讨会（The 1st Bilateral Workshop on Nanotechnology Between Soochow University and Trinity College Dublin）在纳米科学技术学院举行。

△学校324个项目获国家自然科学基金资助项目资助，资助总经费18 575.7万元。

12日　△2014年科研工作总结大会在天赐庄校区敬贤堂举行。

△学校印发《关于表彰2014年"苏州大学全日制普通本科招生宣传工作优秀个人"的决定》。

△《中国文学批评》杂志创刊号组稿会议在苏州大学举行。

△东吴智库研究员、政治与公共管理学院方世南教授的调研报告《以苏州法治型党组织建设推动基层治理法制化思考》刊发在苏州市人民政府研究室主编的《调研通报》（增刊）第一期上。

15日　△校党委在天赐庄校区红楼会议中心201会议室举行统一战线迎新年茶话会。

△江苏省外国留学生教育管理研究会2014年年会在学校学术报告厅举行。

16日　△江苏省体育局—苏州大学战略合作推进会在天赐庄校区红楼会议中心217会议室举行。双方签署战略合作框架协议。同时江苏体育产业发展协同创新中心宣布揭牌成立，中心设在苏州大学。

△苏州市委常委、宣传部部长蔡丽新莅临学校调研。

△学校与常州新誉集团就轨道交通产学研工作开展全方位对接。

△学校考核领导小组组织对基层党建工作（党校工作）、学生工作进行了全面的检查和考核。

20日　△经研究决定，对苏州大学教育发展基金会理事会、监事会组织成员进行调整：

理　事　长：王卓君

副理事长：朱秀林　田晓明

　　　　　　秘　书　长：赵　阳
　　　　　　副秘书长：张　洁　张海洋
　　　　△ 经研究决定，对苏州大学校友会理事会组成人员进行换届调整：
　　　　　　名誉会长：李政道
　　　　　　会　　长：朱秀林
　　　　　　副 会 长：王卓君　田晓明　江作军　蒋星红
　　　　　　秘　书　长：赵　阳
　　　　　　副秘书长：张　洁　张海洋
　　　　△ 根据《苏州大学本科外国留学生学籍管理以及毕业和学位授予的若干规定》，经院（部）审核、校学位评定委员会审定，决定授予 ZAINAB AMJAD 等 3 名外国留学本科毕业生学士学位。
　　　　△ 根据《苏州大学高等教育自学考试本科毕业生学士学位授予工作实施细则（修订稿）》，经院（部）审核、校学位评定委员会审定，决定于 2014 年 12 月授予高扬等 2 127 名高等教育自学考试本科毕业生学士学位。
　　　　△ 2014 年度党建工作总结交流会在天赐庄校区红楼 115 会议室举行。

21 日　　　△ 全球第三例、华东首例神经再生胶原支架复合间充质干细胞治疗脊髓损伤病例在学校附一院完成。

22 日　　　△ 根据《苏州大学成人高等教育本科毕业生学士学位授予工作实施细则（修订稿）》，经院（部）审核、校学位评定委员会审定，决定于 2014 年 12 月授予李明章等 1 218 名成人高等教育本科毕业生学士学位。
　　　　△ 学校获"2014 年度全省教育信息工作先进单位"称号。
　　　　△ 学校继续教育工作年度总结会议在博教楼一楼会议室举行。

23 日　　　△ 2014 年本科教学工作总结大会在天赐庄校区敬贤堂举行。
　　　　△ 苏州大学汉语及汉语应用研究中心与海门市委宣传部校地合作项目"媒体语言研究"结题报告会在海门市举行。

27 日　　　△ 学校印发《苏州大学教学科研用房管理实施细则（试行）》《苏州大学支撑服务用房管理实施细则（试行）》《关于公布 2014 年度苏州大学高校省级重点实验室开放课题的通知》。

28 日　　　△ 省委老干部局调研组莅临学校调研离退休工作。
　　　　△ 学校研究生院第二届研究生教育质量指导委员会座谈会在天赐庄校区红楼会议中心 217 会议室举行。

29 日　　　△ 学校和江苏阳光集团共建的江苏省企业研究生工作站在阳光集团举行揭牌仪式。

30 日　　　△ 学校印发《苏州大学关于落实党风廉政建设党委主体责任、纪委监督责任的实施意见》《苏州大学关于贯彻落实中共中央〈建立健全惩治和预防腐败体系 2013—2017 年工作规划〉的实施意见》《关于下达苏州市 2014 年第八批科技发展计划（纳米专项）项目和经费的通知》《关于下达苏州市 2014 年第十批科技发展计划（工业应用基础研究）项目及经费的通知》《关于下达苏州市 2014 年第十一批科技发展计划（医疗器械与新医药专项）第一批项目及经费的通知》《关于下达苏州市 2014 年第十二批科技发展计划（科技支撑计划·社会发展）项目及经费的通知》《关于下达苏州市 2014 年第十三批科技发展计划（科技支撑计划·农业）第一批项目及经费的通知》《关于下达苏州市 2014 年第十四批科技发展计划（应用基础研究计划·农业）第一批项目及经费的通知》《关于下达苏州市 2014 年第十五批科技发展计划（应用基础研究·医疗卫生）项目及经费的通知》《关于下达苏州市 2014 年度第三十一批科技发展计划（软科学研究）项目及经费的通知》。

1月

△ "评弹才子"黄异庵遗孀向学校博物馆捐赠书画作品。

△ 民进苏州大学委员会获全国先进基层组织称号。

△ 学校获江苏省学生军训工作先进单位称号。

△ 中共江苏省委宣传部、江苏省卫生和计划生育委员会授予史明同志江苏省"最美医生"荣誉称号。

△ 学校人工心脏研究所科研团队成功入选 2014 年中德合作科研项目。

△ 学校附一院骨科成功实施江苏省首例脊柱外科机器人手术。

△ 学校政治与公共管理学院院长、东吴智库首席专家、江苏省新型城镇化与社会治理协同创新中心主任金太军教授的调研报告《以法治化、社会化和信息化为重点 提高平安中国建设现代化水平》入选教育部《高校智库专刊》。

△ 学校艺术学院和韩国大邱大学造型艺术学院共同发起的"2014 国际交流作品展暨学术论坛"开幕仪式在独墅湖校区举行。

△ 学校神经科学研究所华盖民教授在脊髓肌肉萎缩症研究中取得重大突破。

△ 学校团委被评为 2014 年度全省共青团工作先进单位。

△《Algebra Colloquium（代数集刊）》连续三年入选"中国国际影响力优秀学术期刊"。

2月

2日

△ 新加坡国立大学常务副校长兼教务长陈永财率团访问学校并签署了校际合作备忘录。

3日

△ 经研究决定，撤销纪监审办公室，保留监察处、审计处、纪委办公室。其中，监察处、审计处为正处级建制，纪委办公室为副处级建制。

纪委、监察处合署办公，人员编制 13 人。监察处设处长 1 名，由纪委副书记兼任，设副处长 1 名；纪委办公室设主任 1 名。纪委、监察处内设综合科、纪检监察一科、纪检监察二科。

审计处人员编制 12 人。设处长 1 名,副处长 1 名,内设综合审计科、财务审计科、工程审计科。

△ 江苏省委副书记、苏州市委书记石泰峰一行赴学校物理与光电·能源学部能源学院调研,并专程看望能源学院名誉院长刘忠范院士。

5 日　△ 学校学习贯彻落实国家科技体制改革座谈会在天赐庄校区红楼会议中心举行。

6 日　△ 学校印发《关于下达苏州市 2014 年第七批科技发展计划(科技合作计划)项目及经费的通知》。

11 日　△ 学校 8 位教授入围国家第十一批"千人计划"青年人才。

△《苏州大学关于贯彻落实中共中央〈建立健全惩治和预防腐败体系 2013—2017 年工作规划〉的实施意见》业经校十一届党委第 84 次常委会讨论通过。

△《苏州大学关于落实党风廉政建设党委主体责任、纪委监督责任的实施意见》业经校十一届党委第 84 次常委会讨论通过。

12 日　△ 校长办公室印发《关于下达 2014 年"2011 计划"中央财政专项资金的通知》。

13 日　△ 校党委书记王卓君,党委副书记、校长朱秀林一行至苏州大学张家港工业技术研究院调研,并与张家港市委书记姚林荣、市委副书记、市长朱立凡等进行座谈,共商校地合作。

2 月　△ 学校 13 位学者进入 2014 年中国高被引学者(Most Cited Chinese Researchers)榜单。

△ "苏州大学中国传统文化工作坊"入围全国高校"礼敬中华优秀传统文化"特色展示项目。该项目还同时获得了 2014 年江苏省高校校园文化建设优秀成果二等奖和苏州市宣传思想文化工作创新成果奖。

△ 我校 FUNSOM 研究院康振辉教授课题组在 *Science* 杂志发表论文,这也是学校科研人员在该杂志发表的首篇自然科学类学术论文。

3 月

1 日　△ 校党委十一届九次全体会议在天赐庄校区敬贤堂举行,校领导班子及成员述职述德述廉大会于同日随后举行。

2 日　△ 学校印发《苏州大学 2015 年度工作要点》《关于党委常委会工作的报告》。

△ 学校东吴艺术团的原创群舞《迎接明天》和东吴剧社的原创短剧《低头之间》获全国第四届大学生艺术展演非专业组一等奖和优秀创作奖。舞

蹈《迎接明天》代表江苏高校参加了本届大艺展闭幕式演出。

4日　　△ 学校印发《苏州大学专业学位研究生指导教师评聘办法》。

6日　　△ 经研究决定,成立"苏州大学'十三五'改革发展规划编制工作领导小组"和"苏州大学'十三五'改革发展规划编制起草工作小组":

一、苏州大学"十三五"改革发展规划编制工作领导小组

组　　长：王卓君　朱秀林

二、苏州大学"十三五"改革发展规划编制起草工作小组

组　　长：袁银男

副组长：夏东民,任　平

△ 由国家新闻出版广电总局正式批复的全英文期刊《语言与符号学研究》(Language & Semiotic Studies)创刊工作会议在子实堂会议室举行。

9日　　2日至9日,医学部潘晓宇同学参加国际医学生联合会年会。

△ 美国劳伦斯伯克利国家实验室主任 Paul Alivisatos 教授受聘学校名誉教授仪式暨报告会在独墅湖影剧院举行。

10日　　△ 美国圣约翰大学法学院院长 Simons 一行访问学校王健法学院并签署合作备忘录。

11日　　△ 2015年党风廉政建设工作会议在天赐庄校区敬贤堂举行。

△ 学校印发《苏州大学机关作风效能建设考评办法(试行)》。

△ 学校获评全省教育系统新媒体宣传综合力十强。

12日　　△ 2015年科技目标责任书签订仪式在天赐庄校区红楼会议中心举行。

13日　　△ 学校举行学生工作研讨会。

△ 2015年度首期"名师讲坛"在天赐庄校区敬贤堂开讲,校党委书记、博士生导师王卓君教授应邀作《漫谈文化品位与教师素养》的专题报告。

14日　　△ 江苏体育产业协同创新中心理事会成立大会暨2015年工作会议在天赐庄校区红楼会议中心举行。

15日　　△ 苏州大学—苏州市总工会成人高等教育2015级校企合作班开学典礼在天赐庄校区学术报告厅举行。

16日　　△ 2015 NEW"FORM"国际平面设计探索展(苏州站)开幕式在学校艺术学院601展厅举行。

△ 美国汉纳国际传媒集团 CEO 许志敏博士一行访问学校凤凰传媒学院并签署战略合作协议。

17日　　△ 瑞典东约特兰省省长尼尔森女士率访问团访问学校。

△ 第四届江苏高校辅导员职业能力大赛(苏州大学基地)复赛举行。

18日　　△ 苏州大学机关青年联谊会成立大会在天赐庄校区敬贤堂举行。

△ 学校与全国第一所"惠寒"分校——河北省冀州市小寨乡第四小学的"惠寒"奖学金续签仪式在苏州大学国家大学科技园举行。

19日　　△ 经研究决定,成立苏州大学干部人事档案专项审核工作领导小组：

组　　长：王卓君　朱秀林

副组长：邓　敏　刘　标

领导小组下设办公室,邓敏、刘标同志兼任办公室主任,周玉玲、闫礼芝同志兼任办公室副主任。

20日 △"江苏省新型城镇化与社会治理协同创新中心张家港重点基地"揭牌仪式在张家港市举行。

24日 △学校印发《苏州大学"十三五"改革发展规划编制工作方案》。

25日 △学校"十三五"规划编制工作动员大会在天赐庄校区敬贤堂举行。

△学校学习全国"两会"精神学习报告会在天赐庄校区敬贤堂举行。

△由校团委、校学生科协联合苏州新东方学校共同举办的2015年苏州大学学习工作坊开班仪式暨"走向未来"考研复习指导与高分分享会于独墅湖校区炳麟图书馆学术报告厅举行。

△嫦娥五号总设计师、中国空间科学与深空探测首席专家、中国科学院叶培建院士莅临学校作专题报告。

△中国教育后勤协会2015年会长办公会议和专家委员会工作会议在天赐庄校区学术报告厅举行。

26日 △学校印发《苏州大学外国留学生管理规定》。

27日 △经研究决定,成立学校"纺织工程"专业本科教育项目的迎评工作领导小组:

组　长:朱秀林

副组长:蒋星红

"纺织工程"专业本科教育项目迎评工作领导小组下设办公室,办公室组成如下:

主　任:黄　兴

副主任:潘志娟　王剑敏

△学校印发《关于开展苏州大学2015年处级干部培训暨深入学习十八届四中全会和习近平总书记系列讲话精神专题培训的通知》。

28日 △由学校学生工作部(处)和敬文书院共同举办的"苏州大学敬文书院办学成果汇报会"在天赐庄校区图书馆五楼学术报告厅举行。

△根据《教育部关于公布2014年度普通高等学校本科专业备案或审批结果的通知》(教高函〔2015〕2号)精神,学校申报的运动康复、秘书学、网络与新媒体、历史建筑保护工程等4个本科专业经教育部备案,可自2015年开始招生。

30日 △学校与美国俄亥俄州立大学签订联合培养博士研究生协议书仪式在天赐庄校区红楼会议中心101室举行。

31日 △文正学院发展战略研讨会在文正学院学生活动中心举行。

△学校在"2014年度《复印报刊资料》转载学术论文指数排名"中位列转载量第17位,综合指数排名第17。

3月 △学校功能纳米与软物质研究院(FUNSOM)廖良生教授应邀担任国际著名期刊 *Applied Physics Letters* 杂志副主编。

△学校王尧、张晓宏教授成功当选2013、2014年度"长江学者"特聘

△ 学校的"星儿计划·自闭症儿童教育支持与服务"被评为江苏省十佳青年志愿服务项目,李红玉、徐伟、张陈烨等三名同学被评为江苏省优秀青年志愿者,材料与化学化工学部团委、金螳螂建筑与城市环境学院团委被评为江苏省青年志愿服务行动组织奖。

△ 学校骨科研究所青年教师潘国庆博士的研究项目"Molecular Imprinting Mediated Regulation of Cell Behavior and Related Biomedical Applications",获欧盟"Horizon—2020"科研规划之"玛丽·斯克沃多夫斯卡—居里"行动计划(MSCA)资助,项目编号:658953-MIP4CELL,资助金额为18.5万欧元。

△ 学校2015年无偿献血工作会议在天赐庄校区红楼217会议室举行。

△ 张文来水墨画展开幕仪式暨张文来兼职教授受聘仪式在学校艺术学院601幢一楼展厅举行。

△ 医学部王晗教授课题组揭示生物钟调节注意力缺陷多动症(ADHD)发病新机制。

4月

1日 △ 苏州大学EE校企合作联盟2015年会暨苏州电子信息类人才专题研讨会在电子信息楼107会议室举行。

3日 △ 国家工业和信息化部副部长毛伟明一行来学校调研。

5日 △ 经研究决定,对苏州大学本科专业建设委员会成员进行调整:
主任委员:朱秀林

7日 △ 经研究决定,成立苏州大学—东港股份有限公司物联网(RFID)技术工程研究中心,该中心为学校与地方合作共建科研平台,挂靠计算机科学与技术学院,聘任陆伟中、彭彪为中心主任,查伟忠为中心常务副主任。

△ 微软亚洲研究院与计算机科学与技术学院合作共建的学生社团——苏州大学微软学生俱乐部成立暨揭牌仪式于天赐庄校区学术报告厅举行。

△ 学校在天赐庄校区学术报告厅举行推进教育国际化工作会议。

8日 △ 学校第二次研究生事务联席会议在天赐庄校区红楼会议中心201室举行。

△ 学校国际问题研究所成为"'一带一路'智库联盟理事会"理事单位。

9日 △ 学校印发《苏州大学党的群众路线教育实践活动后续工作处级单位一把手责任清单》。

△ 爱尔兰皇家外科医学院校长(首席执行官)Cathal Kelly 教授,爱尔兰皇家科学院院士、爱尔兰皇家外科医学院教授 John L. Waddington 以及 Helena Kelly 博士一行三人访问学校,并签署合作协议。

10 日　　△ 8 日至 10 日,学校七届一次教职工代表大会暨第十三次工会会员代表大会在天赐庄校区敬贤堂举行。

△ 2015 年苏州大学社会主义核心价值观校园明辨会暨第十四届辩论赛决赛在天赐庄校区敬贤堂举行。

△ 沙钢钢铁学院卓越工程师专家委员会暨发展咨询委员会成立大会在北校区工科楼 701 室举行,委员会第一次会议在工科楼 704 室举行。

12 日　　△ 学校足球队入围全国校园足球总决赛。

13 日　　△ 学校实施对口支持淮阴师范学院教师教学发展专项工作启动仪式在天赐庄校区红楼会议中心举行。

△ 校党委书记王卓君、校长朱秀林率校"十三五"规划编制工作领导小组全体成员,赴南京大学、东南大学调研。

15 日　　△ 中共苏州市委研究室主任韩卫兵一行至东吴智库调研。

△ 苏州大学第五届大学生电影节开幕式暨第二十二届北京大学生电影节苏州大学分会场开幕式在独墅湖影剧院一号放映厅举行。

16 日　　△ 学校印发《苏州大学关于外国留学本科生教学管理及毕业、学位授予的若干规定》。

△ 苏州大学剑桥—苏大基因组资源中心揭牌仪式在医学部放射医学与防护学院会议室举行。

△ 应用技术学院入选"教育部—中兴通讯 ICT 产教融合创新基地"首批合作院校。

△ 学校 MOOC 在"学堂在线"正式开课。

△ 2014 年度苏州大学省级重点实验室(江苏省先进光学制造技术重点实验室)公开对外发布开放课题项目指南。

17 日　　△ 学校印发《苏州大学推荐优秀应届本科毕业生免试攻读硕士学位研究生工作实施办法(修订稿)》。

△ 由学校与尼日利亚拉格斯大学合作建设的拉格斯大学中国学专业首届学生开学典礼在东教楼 212 教室举行。

20 日　　△ 经研究决定,将无锡亿仁肿瘤医院增列为"苏州大学附属肿瘤医院",该医院为学校非直属附属医院。

21 日　　△ 苏州大学和普世华康江苏医疗技术有限公司举行合作签字仪式,共同建设"苏州大学—普瑞迈德精准医学重点实验室"。

22 日　　△ 智利驻上海总领事馆总领事安明远(Rodrigo Acros)先生访问学校。

△ 护理学院"十三五"护理学科论证会在天赐庄校区维正楼三楼学术报告厅举行。

23 日　　△ 学校印发《苏州大学学术委员会章程》。

△ 印度驻沪总领事史耐恩(Naveen Srivastava)先生及领事潘胜(Vijay

Bhatia)先生访问学校。

△ 学校文学院陈国安老师入选《中国教育报》"2014年度推动读书十大人物"。

24日

△ 20日至24日,由省委教育工委主办、学校承办的第二十四期全省高校院(系)党政负责人培训班在学校举行。

△ 中共中央政治局委员、国务院副总理刘延东莅临独墅湖校区,视察苏州纳米科技协同创新中心、纳米科学学院和功能纳米与软物质研究院。

△ 苏州大学纳米科学技术学院与加拿大多伦多大学森林学系签订博士联合培养合作协议。

25日

△ 中共苏州大学委员会批复《关于中共苏州大学敬文书院委员会选举结果的报告》及《关于中共苏州大学敬文书院委员会委员分工的报告》。

△ 23日至25日,由国际乒乓球联合会授权,中国乒乓球协会、中国体育科学学会、第53届世界乒乓球锦标赛组委会主办,学校承办的第14届国际乒联科学大会暨第5届持拍类运动科学大会在天赐庄校区举行。

26日

△ 中国城市科学研究会国家标准《绿色校园评价标准》第三次工作会议在学校举行。

△ 以"创客时代·智慧未来"为主题的苏州大学第十二届研究生学术科技文化节在天赐庄校区红楼学术报告厅开幕。

△ 第53届世乒赛标志设计师艺术学院张大鲁教授及设计团队出席世乒赛纪念邮资明信片首发仪式。

27日

△ 本科教学基本状态数据库建设部门协调会在天赐庄校区红楼217会议室举行。

△ "苏州大学第三届(电信杯)校园安全小品大赛"在独墅湖校区601音乐厅举办。

△ 苏州高新区通安镇人民政府与苏州大学签订合作框架协议。

28日

△ 经研究决定,成立"第14届国际乒联体育科学大会暨第5届持拍类运动科学大会"校内组织委员会:

主　任:朱秀林

副主任:田晓明

执行副主任:王家宏

同时成立办公室、会务组、宣传组、安保组、接待组、材料组、志愿者组。

30日

△ 经研究决定,成人教育学院更名为继续教育学院,继续教育学院与继续教育处实行"两块牌子、一套班子"的运行模式,继续教育学院院长、副院长分别由继续教育处处长、副处长兼任。继续教育处综合科增设副科长1名,负责协调、处理继续教育学院的日常事务。

△ 经研究决定,对学校安全工作委员会进行调整:

主　任:朱秀林

副主任:袁银男　江作军　杨一心

△ 学校印发《关于加强马克思主义学院建设的实施意见》。

4月	△ 由苏州大学附属理想眼科医院、美国 Endooptics 公司和国际眼外伤协会联合成立的"理想国际眼外伤救助基金"举行发布仪式，宣告正式成立。
	△ 吴永发等专家对古城保护的建议获江苏省委副书记、苏州市委书记石泰峰重要批示，要求"在古城保护工作中充分发挥专家的作用，完善专家评估、论证机制，不断提高古城保护工作的科学化水平"。
	△ 学校获"2014年度江苏省教育宣传工作先进单位"称号。
	△ 学校学报哲社版二次文献转载居全国高校学报第2位。

5月

6日	△ 中共苏州大学委员会批复《关于苏州大学第十三届工会委员会和经费审查委员会选举结果的报告》及《关于苏州大学第七届教职工代表大会执委会及各专门工作委员会选举结果的报告》。
7日	△ 学校获"2014年度江苏省实验动物管理先进单位"称号。
9日	△ 8日至9日，由中国心理学会普通心理和实验心理专业委员会主办、学校承办、江苏省心理学会协办的"中国心理学会普通心理和实验心理专业委员会2015年学术大会"在学校举行。
10日	△ 9日至10日，由江苏省病理生理学会主办、学校承办、南京医科大学协办的"江苏省病理生理学会第二次代表大会暨学术研讨会"在学校举行。
12日	△ 学校印发《苏州大学研究生教育督查与指导委员会工作条例》。
13日	△ 学校印发《苏州大学教职工代表大会实施办法》。
	△ 学校2015年度安全工作会议在天赐庄校区敬贤堂举行。
	△《光明日报》国学版、文学遗产版与学校共同主办，东吴国学院和东吴智库承办的第一场《光明日报》国学对话系列活动在天赐庄校区学术报告厅举行。
15日	△ 学校印发《〈苏州大学章程〉实施方案》《苏州大学学术委员会委员推荐遴选工作方案》《苏州大学章程》。
	△ 经研究决定，成立校学术委员会秘书处，负责处理学术委员会的日常事务。秘书处人员编制暂定3名，设秘书长1名，干事2名。校学术委员会可根据工作需要设兼职副秘书长若干名。
	△ 学校举行深刻领会"四个全面"战略思想报告会。
16日	△ 2015年苏大校友返校日系列活动举行。
	△ 政治与公共管理学院举行学院二十周年发展论坛。
17日	△ 经研究决定，成立苏州大学学术委员会筹备工作小组：

组　　长：熊思东

18 日　　△ 经研究决定，成立苏州大学对外投资管理工作领导小组：

组　　长：袁银男

副组长：陈一星　杨一心

△ 苏州大学侨联青年委员会成立大会在东吴饭店第一会议室举行。

△ 16 日至 18 日，学校秦立强教授在第十二届全国营养科学大会上获杰出青年奖。

19 日　　△ 17 日至 19 日，全国高等师范院校财务管理研究会五届四次常务理事会会议在学校举行。

△ 由文学院、工业园区宣传（精神文明）办公室、工业园区文联联合举办的"新加坡华文作家在地书写研讨会暨采风活动"开幕仪式在文综楼 1003－5339 举行。

△ 机关科职干部第三期"无领导小组讨论"培训圆满结束。

20 日　　△ 2015 年隆力奇圆梦助学金捐赠仪式暨隆力奇爱心学社成立大会在学校举行。

△ 旅日爱国书画家魏来五道书画作品捐赠仪式在学校博物馆举行。

△ 苏州大学第三十次学生代表大会在天赐庄校区敬贤堂举行。

21 日　　△ 学校印发《关于在处级以上领导干部中开展"三严三实"专题教育实施方案》《苏州大学研究生就业指导工作管理办法（试行）》。

△ 经研究决定，成立"苏州大学研究生就业指导工作委员会"：

主　　任：王卓君　朱秀林

副主任：江作军　熊思东

△ 学校 2015 年核安全文化宣传贯彻活动在独墅湖校区医学部四楼报告厅举行。

22 日　　△ 经研究决定，成立苏州大学转化医学研究院，为正处级建制。设院长 1 名，行政副院长（作为处级干部管理）1 名，内设办公室，设办公室主任（正科职）1 名。同时，撤销苏州大学转化医学研究中心。

△ 学校"三严三实"专题党课暨专题教育部署会议在天赐庄校区敬贤堂举行。

23 日　　△ 苏州大学第五次学生社团代表大会在天赐庄校区敬贤堂举行。

24 日　　△ 经研究决定，成立苏州大学放射肿瘤治疗学研究所，为校级非实体性科研机构，挂靠附属第二医院，聘任田野教授为该研究所所长。

26 日　　△ 江苏省哲学社会科学界联合会党组成员、副主席徐之顺一行来学校东吴智库调研。

27 日　　△ 经研究决定，成立苏州大学骨质疏松症诊疗技术研究所，为校级非实体性科研机构，挂靠附属第二医院，聘任徐又佳教授为该研究所所长。

28 日　　△ 中共苏州大学委员会批复《关于中共苏州大学外国语学院委员会选举结果的报告》及《关于中共苏州大学外国语学院委员会委员分工的报告》。

△ 中共苏州大学委员会批复《关于中共苏州大学计算机科学与技术学

院委员会选举结果的报告》及《关于中共苏州大学计算机科学与技术学院委员会委员分工的报告》。

△ 中共苏州大学委员会批复《关于中共苏州大学医学部药学院委员会选举结果的报告》及《关于中共苏州大学医学部药学院委员会委员分工的报告》。

△ 国家发展和改革委员会发布了《关于 2014 年度国家地方联合工程研究中心(工程实验室)的批复》(发改高技〔2015〕581 号),学校申报的"新型功能高分子材料国家地方联合工程实验室"获国家发改委正式批准建设。

△ 中国红十字会副会长、中国红十字基金会理事长郭长江一行莅临学校调研。

△ 学校苏南地区大学生心理健康教育研究中心获评"大学生心理健康教育工作优秀机构"。

29 日　　△ 苏州大学交响乐团 2015 年度第二场音乐会在独墅湖校区音乐厅上演。

△ 苏州大学与昆山市人民政府签署产学研全面合作协议。

△ 28 日至 29 日,江苏省高校学报研究会第八届理事会文科分会常务理事(扩大)会议在学校举行。

30 日　　△ 尼日利亚驻上海总领事馆总领事阿里·欧西尼(Amb. ALI OCHE-NI)率团访问学校。

△ "金岩控股"第十届苏州大学炫舞之星舞蹈大赛在独墅湖影剧院举行。

31 日　　△ 苏州大学 2015 年"创意无极限"大学生暑期社会实践创意大赛决赛在独墅湖校区炳麟图书馆学术报告厅举行。

△ 学校阳光乒乓球队获第六届全国大学生阳光体育乒乓球比赛一等奖。

△ 苏州大学第九届大学生校园心理剧大赛在天赐庄校区敬贤堂和独墅湖赛区医学楼四楼学术报告厅同时举行。

5 月　　△ 由总部位于英国伦敦的 QS(Quacquarelli Symonds)教育集团主持的 2015 年最新"QS 世界大学学科排名"正式发布。学校化学学科成功入选进入 2015"QS 世界大学学科排名"前 400 名。

△ 应美国化学会邀请,学校材料与化学化工学部钟志远教授于今年 3 月起正式担任美国化学会期刊《生物大分子》(Biomacromolecules)副主编。

△ 由学校主办的全英文国际学术期刊 Language and Semiotic Studies(《语言与符号学研究》)创刊号正式出版。

△ 2015 年沙钢奖教奖(助)学基金理事会会议在沙钢钢铁学院会议室举行。

△ 2015 年苏州大学"大学生青年马克思主义者培养工程"精英人才计划启动仪式暨第一次集中授课在天赐庄校区图书馆五楼报告厅举行。

△ 2015 年苏州大学"青马工程"精英人才计划启动。

△ 第53届世乒赛组委会志愿者工作部向学校发来感谢信。

6月

1日　　△ 位于苏州工业园区钟南街92号的苏州大学附属儿童医院（总院）正式启用。

△ 5月31日至6月1日，学校啦啦操队获全国啦啦操锦标赛第三名。

2日　　△ 学校黎春虹老师、徐伟同学分别获2014年"江苏高校辅导员年度人物"称号及"江苏省大学生年度人物"提名奖。

3日　　△ 经研究决定，将"苏州大学金螳螂建筑与城市环境学院"更名为"苏州大学金螳螂建筑学院"。

△ 苏州大学2013—2014学年三星奖学金颁奖典礼在天赐庄校区红楼会议中心举行。

△ 由中国青少年发展基金会和友邦保险主办，江苏省青少年发展基金会、苏州大学承办，英超托特纳姆热刺足球俱乐部特别支持的友邦希望工程快乐足球项目启动仪式在学校举行。

△ 江苏省教育厅高水平运动队建设工作调研专家组一行六人莅临学校调研。

4日　　△ 经研究决定，将"中国共产党苏州大学金螳螂建筑与城市环境学院委员会"名称变更为"中国共产党苏州大学金螳螂建筑学院委员会"。

△ 学校第三次研究生事务联席会议在天赐庄校区红楼会议中心217室举行。

△ 学校前身东吴大学首任校长孙乐文（David L. Anderson）的外孙女婿Gary Opdahl等一行访问学校。

5日　　△ 学校举行"十三五"规划调研情况汇总暨务虚会。

9日　　△ 苏州市委常委、军分区司令员杨晋大校一行莅临学校指导工作。

△ 艺术学院2015年毕业设计作品展演暨美麟毕业设计奖学金颁奖仪式在独墅湖校区艺术学院601号楼举行。

10日　　△ 对口支持淮阴师范学院工作交流会在天赐庄校区红楼会议中心201室举行。

△ 江苏省教育硕士培养工作专题研讨会在天赐庄校区红楼会议中心115会议室举行。

△ 唐文治书院2015届本科生毕业典礼举行。

△ 苏州大学图书馆建筑分馆在金螳螂建筑学院揭牌成立。

△ 苏州大学东吴证券奖教金、奖学金、助学金颁发仪式在东吴证券大

厦举行。

11日　　△经研究决定,成立苏州大学能量转换材料与物理研究中心,为校级非实体性科研机构,挂靠物理与光电·能源学部,聘任李亮教授为该中心主任。

△经研究决定,苏州大学张家港工业技术研究院为正处级建制,设院长1名,为正处职;副院长2名,为副处职。江苏苏大投资有限公司不设行政建制,设董事长1名(正处职),总经理1名(副处职)。

△学校前身东吴大学第三任校长文乃史先生长孙Francis Nance先生和夫人、次孙Walter Nance先生、曾孙女Ellen Nance和Anna W. Bliss女士一行访问学校,并为文乃史雕像揭幕。

12日　　△学校被国家卫生计生委、中国红十字会总会、中国人民解放军总后勤卫生部授予"全国无偿献血促进奖"。

△美国塞勒姆州立大学校长穆佩莎(Patricia Maguire Meservey)率团访问学校。

△党外人士座谈会在天赐庄校区红楼会议中心201室举行。

13日　　△敬文书院2015届学生毕业典礼在天赐庄校区钟楼礼堂举行。

△第三届"公民社会建设与法制中国论坛"暨"城镇化推进与公民社会"学术研讨会在王健法学院举行。

15日　　△金螳螂建筑学院王琼教授在2015创基金·四校四导师·实验教学课题中获责任导师贡献奖,汤恒亮老师获优秀指导教师奖,三位同学分获二、三等奖及佳作奖。

△学校附一院吴德沛教授团队在中法血液学高峰论坛上获"圣安东尼—EBMT(欧洲血液与骨髓移植协会)成就奖"。

16日　　△著名创意书画家徐志康向学校博物馆捐赠书法作品。

△学校2015届校友联络员聘任仪式在天赐庄校区学术报告厅举行。

17日　　△学校2015年本科招生宣传工作会议在天赐庄校区图书馆学术报告厅举行。

△苏州大学2013—2014学年周大福奖学金颁奖仪式在天赐庄校区红楼207会议室举行。

18日　　△中共苏州大学委员会批复《关于中共苏州大学应用技术学院委员会选举结果的报告》及《关于中共苏州大学应用技术学院委员会委员分工的报告》。

△中共苏州大学委员会批复《关于中共苏州大学图书馆委员会选举结果的报告》及《关于中共苏州大学图书馆委员会委员分工的报告》。

△中共苏州大学委员会批复《关于中共苏州大学体育学院委员会选举结果的报告》及《关于中共苏州大学体育学院委员会委员分工的报告》。

△根据《中华人民共和国学位条例》及《苏州大学硕士、博士学位授予工作细则》,经第八届校学位评定委员会分学部第十八次会议讨论,决定授予2015届第一批全日制研究生鲍士将等19人哲学硕士学位,方凯等26人

经济学硕士学位,陈曼曼等104人法学硕士学位,高彦等114人教育学硕士学位,薛文文等124人文学硕士学位,方欣等21人历史学硕士学位,狄燕等367人理学硕士学位,刘红梅等358人工学硕士学位,李枷霖等20人农学硕士学位,王瑶等335人医学硕士学位,查爱欢等84人管理学硕士学位,陈虹等51人艺术学硕士学位;

决定授予专业学位研究生季家骏等31人金融硕士学位,尹梦田等9人应用统计硕士学位,胡帅等5人税务硕士学位,蔡思成等7人国际商务硕士学位,范明春等123人法律硕士学位,王菁等38人社会工作硕士学位,王华等77人教育硕士学位,陈高如等31人体育硕士学位,郭倩倩等66人汉语国际教育硕士学位,刘旭等31人应用心理硕士学位,王佳佳等42人翻译硕士学位,许思思等30人新闻与传播硕士学位,虞天成等161人工程硕士学位,马征雁等9人农业推广硕士学位,黄月香等315人临床医学硕士学位,沈明亚等20人公共卫生硕士学位,范祥元等14人药学硕士学位,邵裕洪等187人工商管理硕士学位,陈璧丽等106人公共管理硕士学位,凌辰等45人会计硕士学位,潘学等51人艺术硕士学位;

决定授予同等学力人员沈珍海法学硕士学位,宗胜蓝教育学硕士学位,李宏明等124人医学硕士学位,钱寅峰等13人管理学硕士学位。

△ 根据《中华人民共和国学位条例》及《苏州大学硕士、博士学位授予工作细则》,经第八届校学位评定委员会综合学部第十八次会议讨论,决定授予2015届第一批全日制研究生杨再勇等2人哲学博士学位,姜帆等2人经济学博士学位,杨建春等16人法学博士学位,李金航等17人教育学博士学位,林齐倩等21人文学博士学位,张敏等2人历史学博士学位,李昕等50人理学博士学位,何志勇等27人工学博士学位,宋学宏等5人农学博士学位,孙焕建等59人医学博士学位,蒋薇薇等2人管理学博士学位;授予专业学位研究生张素青等45人临床医学博士学位。

△ 美国国务院关键语言奖学金项目苏州学院开学典礼在天赐庄校区第四教室开幕。

△ 苏州大学杜子威医学奖学金颁奖典礼在独墅湖校区炳麟图书馆825会议室举行。

19日　△ 17日至19日,江苏省高校辅导员示范培训项目"高校学生突发事件预防与应对"专题研修班在学校举办。

△ 阮长耿院士获首届世界华人血栓与止血大会"终身成就奖"。

20日　△ 学校体育学院与应用技术学院在南通市海安县北凌中心小学举行了苏州大学惠寒奖学金签约、惠寒书屋捐赠与惠寒学校的揭牌仪式。

21日　△ 学校2015届研究生毕业晚会暨第十二届研究生学术科技文化节闭幕式在独墅湖校区一期601音乐厅举行。

23日　△ 苏州大学—滑铁卢大学—苏州工业园区联合办学和科研协作第四届理事会在独墅湖校区纳米学院909号楼A厅会议室举行。

△ 22日至23日,学校2015届本科生学士学位授予仪式先后在独墅湖

校区音乐学院音乐厅和天赐庄校区敬贤堂举行。

△ 王健法学院与新疆乌鲁木齐市中级人民法院签署合作协议。

24 日 △ 学校 2015 届博士、硕士研究生毕业典礼暨学位授予仪式分别在天赐庄校区钟楼小礼堂和存菊堂举行。

△ 2015 年苏州大学研究生支教团、西部计划、苏北计划出征仪式在天赐庄校区红楼会议中心举行。

△ 苏州大学艺术研究院书法篆刻中心揭牌仪式暨作品邀请展开幕式在天赐庄校区博物馆举行。

25 日 △ 学校印发《苏州大学新一届学术委员会委员网络投票选举办法》。

27 日 △ 著名史学家柴德赓弟子周国伟的家属向学校捐赠了 880 余册珍贵古籍。

6 月 △ 学校功能纳米与软物质研究院(FUNSOM)刘庄教授受邀成为 Fellow of the Royal Society of Chemistry(FRSC,中译名：英国皇家化学会会士)。

△ 学校《烈士精神二十载薪火相传 良好风尚东吴蔚然成风——苏州大学以"王晓军精神文明奖"为抓手推进校园精神文明建设》获第八届全国高校校园文化建设优秀成果一等奖。

△ 学校 ACM 集训队获中国大学生程序设计竞赛银牌两枚、铜牌两枚。

△ 图灵奖得主、康奈尔大学计算机系教授 John E. Hopcroft 博士受聘为学校客座教授。

△ 学校计算机科学与技术学院参赛队获全国高校云计算应用创新大赛二等奖。

△ 学校 2015 年处级干部培训暨深入学习十八届四中全会和习近平总书记系列讲话精神专题培训完成。

△ 学校何云成同学获美国乔治梅森大学计算机学院杰出学术成就奖。

△ 数学科学学院学生在"华东杯"数学建模竞赛中获一等奖 1 项,三等奖 2 项。

7 月

1 日 △ 学校纪念中国共产党成立 94 周年专题座谈会在天赐庄校区红楼会议中心举行。

2 日 △ 中共苏州大学委员会批复《关于中共苏州大学王健法学院委员会选举结果的报告》及《关于中共苏州大学王健法学院委员会委员分工的报告》。

△ 校党委理论学习中心组进行"三严三实"专题教育第一次集中学习研讨。

5日 △学校和中国科学院苏州纳米技术与纳米仿生研究所联合成立的功能纳米材料与器件重点实验室揭牌仪式在独墅湖校区炳麟图书馆学术报告厅举行。

6日 △学校印发《苏州大学2015年本科生迎新工作安排》。

8日 △校国旗班开班仪式在文辉楼220室举行。

9日 △学校印发《苏州大学2015年研究生迎新工作安排》。
△校党委理论学习中心组进行"三严三实"专题教育第二次集中学习研讨。

10日 △加拿大皇家科学院院士王玉田教授受聘为学校讲座教授,受聘仪式在神经科学研究所会议室举行。
△学校举行网络进阶式课程质量标准建设研讨会。
△无锡亿仁肿瘤医院正式挂牌成为苏州大学附属肿瘤医院。

11日 △体育学院张华同学在第二十八届世界大学生夏季运动会跆拳道女子62公斤级比赛中获得冠军。

13日 △2015年全国高校思想政治理论课骨干教师社会实践研修活动江苏组启动仪式在天赐庄校区红楼115会议室举行。
△苏州大学2015年暑期社会实践出征仪式暨苏州市市级机关首届大学生实习计划启动仪式在天赐庄校区红楼学术报告厅举行。
△学校"十三五"规划编制起草工作小组会议在阳澄湖校区举行。

16日 △2015年全国"基础数学"研究生暑期学校开学典礼在天赐庄校区天元讲堂举行。
△苏州大学—西安大略大学同步辐射联合研究中心第三节国际同步辐射技术研讨会在加拿大西安大略大学举行。

18日 △根据《苏州大学普通高等教育本科毕业生学士学位授予工作实施细则(修订稿)》,经院(部)审核、校学位评定委员会审定,决定授予王伟哲等7 421名2015届普通高等教育全日制本科毕业生学士学位。
△经研究决定,成立苏州大学研究生教育督查与指导委员会:
主任委员:方世南
副主任委员:黄辛隐 杨建平 张克勤
△15日至18日,由国家自然科学基金委员会和李国鼎科技发展基金会主办,苏州大学功能纳米与软物质研究院(FUNSOM)承办的"海峡两岸光电材料学术研讨会"在苏州举行。

19日 △根据《苏州大学高等教育自学考试本科毕业生学士学位授予工作实施细则(修订稿)》,经院(部)审核、校学位评定委员会审定,决定于2015年6月授予张怡红等451名高等教育自学考试本科毕业生学士学位。

20日 △根据《苏州大学双学位专业管理规定(修订稿)》,经院(部)审核、校学位评定委员会审定,决定授予汤琴等263名同学双学位专业学士学位。

21日 △省教育厅党组成员、省委教育工委副书记潘漫一行来学校调研,检查"三严三实"专题教育开展情况。

22日	△ 根据《苏州大学成人高等教育本科毕业生学士学位授予工作实施细则（修订稿）》，经院（部）审核、校学位评定委员会审定，决定于2015年6月授予骆雪青等1 662名成人高等教育本科毕业生学士学位。
	△ 根据《苏州大学关于外国留学本科生教学管理及毕业、学位授予的若干规定》，经院（部）审核、校学位评定委员会审定，决定授予Sithideth Thirasack等82名外国留学本科毕业生学士学位。
25日	△ 20日至25日，由苏州大学、江苏省苏州地方税务局主办的苏州地税·苏州大学"东吴杯"第四届全国中学生辩论赛在学校举行。
	△ 第二届苏州大学创新领袖训练营——"2015苏州创新创业论坛"在学校独墅湖校区炳麟图书馆举行。
26日	△ 第13届中国大学生广告艺术节在北京梅地亚中心举行，学校凤凰传媒学院学生获中国大学生广告艺术节全场最佳制作奖和学院奖金奖双项大奖。
30日	△ 苏州市政协主席高雪坤一行来到苏大附属理想眼科医院进行调研视察。
7月	△ 材料与化学化工学部陈晓东教授获国际食品工程领域IAEF终身成就奖。
	△ 学校获批国家级专业技术人员继续教育基地。
	△ 学校与珠坑中心小学举行了苏州大学惠寒奖学金签约、惠寒书屋捐赠与惠寒学校的揭牌仪式。
	△ 省"三严三实"专题教育调研检查组莅临学校调研检查。
	△ 学校举行附属肿瘤医院合作推进座谈会。

8月

1日	△ 国家"973计划"青年科学家专题项目"视网膜多模态医学影响处理与分析及其应用基础研究"中期总结会在天赐庄校区红楼会议中心举行。
	△ 国家科技部基础研究管理中心闫金定处长一行调研考察苏州大学纳米科学技术学院。
3日	△ 苏州大学与上海恒健生物技术有限公司在上海举行合作签约仪式，成立儿童药研究开发与技术转移中心。
8日	△ 阿联酋青年大使代表团访问学校。
16日	△ 首届国际大学生新媒体节暨新媒体原创作品大赛在学校举行。
22日	△ 17日至22日，江苏省高校新任辅导员岗前培训在学校举行。
28日	△ 苏州大学附属第一医院平江院区正式启用。

31 日　　　　△ 校党委十一届十次全体会议在天赐庄校区敬贤堂举行。

　　　　　　　△ 29 日至 31 日,学校第四次发展战略研讨会在天赐庄校区敬贤堂举行。

8 月　　　　△ 苏州大学与上海恒健生物技术有限公司儿童药研究开发与技术转移中心投资建设签约仪式在上海举行。

　　　　　　　△ 数学科学学院讲师、统计学专业 2012 级博士生顾莉洁获得国际数理统计学会(Institute of Mathematical Statistics,IMS)颁发的 2015 IMS Travel Award。

　　　　　　　△ 学校朱炳元教授主持项目获国家社科基金重大项目立项。

9 月

2 日　　　　△ 纪念中国人民抗日战争暨世界反法西斯战争胜利七十周年座谈会暨纪念章颁发仪式在天赐庄校区红楼会议中心 217 会议室举行。

4 日　　　　△ 3 日至 4 日,"纪念东吴法学百年国际学术研讨会"在王健法学院举行。

5 日　　　　△ 经研究决定,成立临床医学硕士专业学位研究生培养指导委员会:
主任委员:
熊思东　苏州大学副校长兼研究生院院长
副主任委员:
郎建平　苏州大学研究生院常务副院长
卜　秋　苏州市卫生和计划生育委员会副主任(正处级)
翟俊生　苏州市发展和改革委员会副主任
周文蓉　苏州市人力资源和社会保障局副局长

　　　　　　　△ 第十届学术委员会第一次全体会议在红楼会议中心举行。

6 日　　　　△ 美国加州州立大学圣贝纳迪诺分校校长 Tomas D. Morales 博士一行访问学校。

7 日　　　　△ 省委书记罗志军调研学校成果产业化并慰问教师。

　　　　　　　△ 南京军区司令员蔡英挺上将一行参观考察苏州纳米科技协同创新中心。

8 日　　　　△ 学校印发《关于党委常委会工作的报告》。

9 日　　　　△ 2015 年入伍大学生欢送会在法学院会议室举行。

　　　　　　　△ 学校举行研究生教育督查与指导委员会成立大会暨第一次全体会议。

　　　　　　　△ 学校品牌专业建设工作推进会在天赐庄校区红楼会议中心 217 会议

室举行。

△ 苏州大学临床医学硕士专业学位研究生培养指导委员会成立大会暨第一次全体会议在天赐庄校区红楼会议中心举行。

10 日　　△ 学校印发《苏州大学 2015 年度工作要点（补充部分）》。

△ 国家科技部高新司副司长曹国英一行调研纳米科学技术学院

11 日　　△ 中国教育审计学会 2015 年学术交流会在学校举行。

△ 纺织与服装工程学院潘姝雯老师获评"江苏省十佳服装设计师"。

14 日　　△ 学校印发《2015—2016 学年度第一学期双周三下午政治学习和组织活动安排表》。

△ 经研究决定，将现挂靠招生就业处的学生职业生涯规划辅导中心更名为学生创新创业教育中心，并调整挂靠至学生工作部（处）。

学生创新创业教育中心设主任 1 名，由学生工作部（处）处长兼任；设专职副主任 1 名（副处职），兼任学生工作部（处）副处长；设兼职副主任若干名，分别由教务部、招生就业处、研究生院（党委研究生工作部）、科学技术与产业部、人文社会科学学院、团委等部门负责人兼任；设正科职干事 1 名。学生创新创业教育中心专职人员编制暂定 3 名。

15 日　　△ 由江苏省教育厅主办，学校艺术教育中心与苏州国画院共同承办的 2015 年江苏省高雅艺术进校园活动"新吴门画派"中国画作品展览在江苏省淮阴师范学院举行。

16 日　　△ 经研究决定，成立苏州大学第九届本科教学督导委员会：

主任委员：戴苏明

副主任委员：黄　震　汪光先　杨亚安

17 日　　△ 16 日至 17 日，学校 2015 级本科生军训动员大会分别在天赐庄校区、独墅湖校区、文正学院、阳澄湖校区和应用技术学院举行。

△ 全国人大教科文卫委员会调研组一行莅临学校调研。

18 日　　△ 杜子威博士将珍藏的典籍 1 000 多册捐赠给苏州大学文正学院，捐赠仪式及"中日文化比较"演讲在独墅湖报告厅举行。

19 日　　△ 中国心理学会社区心理学专业委员会（筹）主办，苏州大学教育学院、江苏省心理学会社区心理学专委会、苏州市心理学会承办的首届学术会议在天赐庄校区敬贤堂举行。

20 日　　△ 金螳螂建筑学院成立十周年发展论坛暨 2015 年全国高等学校建筑设计优秀教案和教学成果评选开幕式在建筑学院学术交流中心二楼梦溪厅举行。

△ 19 日至 20 日，"梦想开始的地方"2015 年苏州大学迎新生文艺演出在天赐庄校区存菊堂举行。

21 日　　△ 经研究决定，对苏州大学体育运动委员会委员进行调整：

主　任：江作军

副主任：王安列　周　毅　陈晓强　雍　明

△ 学校星儿关爱协会入选第四届中国公益慈善百强项目。

△ 经研究决定,学校设立法律事务办公室,挂靠校长办公室,人员编制3名。法律事务办公室设主任1名,由校长办公室副主任兼任;设副主任1名,为正科职。教师教学发展中心设立办公室,人员编制2名。中心设办公室主任1名,为正科职。

△ 校党委理论学习中心组举行"三严三实"专题教育第三次学习研讨。

△ 苏州大学隆力奇留学生奖学金计划签约启动仪式在天赐庄校区红楼会议中心201会议室举行。

△ 国家科技部高新司材料处副处长孟徽赴苏州大学纳米科学技术学院调研考察。

25日

△ 学校主办、苏州市哲学社会科学界联合会协办、苏州大学东吴智库承办的《对话苏州发展》"2015·共谋苏州'十三五'"活动在天赐庄校区图书馆举行。江苏省委书记、苏州市委书记石泰峰,市委副书记、市长周乃翔等市领导,苏州大学党委书记王卓君,党委副书记、校长朱秀林及来自新加坡、北京大学、上海交通大学、同济大学、苏州大学等的专家教授参加了活动。

△ 第九届本科教学督导委员会成立大会暨第一次全体会议在凌云楼517室举行。

26日

△ 北京大学教授、博士生导师、城市与区域规划研究所所长、方极城市规划院院长李金恒教授做客学校东吴智库,并受聘为东吴智库顾问。

△ 24日至26日,2015年江苏高校辅导员示范培训项目"大学生心理健康普测应用与心理问题应对策略"专题培训在学校举办。

△ 苏州大学升级重点实验室"江苏先进机器人技术重点实验室"顺利通过验收。

27日

△ 学校国旗班获"江苏省普通高等学校国旗班比武"一等奖。

28日

△ 经研究决定,对苏州大学校史丛刊编审委员会人员组成进行调整:

主　任:王卓君　朱秀林

副主任:田晓明

△ 著名光子晶体之父、加拿大皇家科学院院士Sajeev John讲座教授受聘仪式在物理科技楼101室举行。

△ 学校讲座教授John L. Brash教授被授予"苏州市荣誉市民"称号。

△ 校党委理论学习中心组举行"三严三实"专题教育第四次学习研讨。

29日

△ "'缅怀历史　祝福祖国'纪念抗战胜利七十周年暨庆祝新中国成立六十六周年机关合唱比赛"在天赐庄校区敬贤堂举行。

9月

△ 学校获"江苏省学生资助工作先进单位"称号。

△ 学校306个2015年国家自然科学基金项目获资助,其中优秀青年科学基金项目5项、重点项目6项、重点国际(地区)合作研究项目2项、面上项目136项、青年科学基金项目141项、重大研究计划项目2项、联合基金项目3项、外国青年学者研究基金项目4项、国际(地区)合作与交流项目2项获得资助。

△ 学校计算机科学与技术学院参赛队在中国大学生软件服务外包大赛中获二、三等奖。

△ 学校九位老师在第二届全国高校微课教学比赛中分获二、三等奖及优秀奖。

△ 学校入选汤森路透制药领域全球最具影响力科研机构。

△ 学校在2015年全国大学生电子设计竞赛中共有2支队伍获全国一等奖、2支队伍获全国二等奖,1支队伍获江苏省一等奖、11支队伍获江苏省二等奖。

△ 学校医学部开展首批国际医学生SCOPE、SCORE交流项。

△ 学校大学生创新创业成果入选第八届全国大学生创新创业年会。

△ 江苏高校辅导员示范培训项目"大学生心理健康普测及其应对"在学校举办。

△ 第十七届全国机器人锦标赛暨第六届国际仿人机器人奥林匹克大赛中,学校获双人舞蹈项目冠军,四人舞蹈、单人舞蹈、单杠、体操等项目的一、二、三等奖共9个奖项。

10月

9日　△ 2016年国家自然科学基金申报启动会暨首场报告会在独墅湖校区炳麟图书馆学术报告厅举行。

△ 苏州大学与呼伦贝尔市人民医院签署关于建立教学医院的协议。

11日　△ 中国民主促进会苏州大学第四次代表大会在东校区凌云楼会议室举行,选举产生了新一届委员会,选举钱振明为主任委员。

△ 10日至11日,学校马克思主义学院方世南教授和石镇平副教授出席首届世界马克思主义大会。

12日　△ 英国切斯特大学校长蒂姆·惠勒率该校商务研究院院长费尔·哈利斯等一行访问学校。

△ 学校骨科研究所杨磊教授领衔的微灵纳智能骨科材料团队在中国创新创业大赛中获团队组全国第二名。

13日　△ 学校印发《苏州大学维修改造项目管理办法(试行)》。

△ 经研究决定,成立苏州大学国际骨转化医学联合研究中心,为校级非实体性科研机构,挂靠骨科研究所,聘任杨惠林教授、Thomas J. Webster教授为该中心主任,杨磊教授为该中心副主任。

14日　△ 中国历史文化名城(苏州)研究院揭牌仪式在金螳螂建筑学院举行。

△ 苏州市科学技术局、苏州大学、苏州市电子学会联合举办,超威半导体技术(中国)有限公司赞助的 2015 年苏州地区高校"AMD 杯"电子设计竞赛颁奖典礼在学校学术报告厅举行。

△ "青春在实践中闪光"苏州大学 2015 年暑期社会实践成果汇报交流会分别在天赐庄校区、独墅湖校区和阳澄湖校区举行。

15 日　△ 学校离退休老同志集体祝寿会在东吴饭店三楼宴会厅举行。

△ 苏州大学学生发展训练营开营仪式在北区工科楼 206 教室举行。

16 日　△ 苏州大学国际骨转化医学联合研究中心揭牌仪式在附属第一医院平江院区举行。

△ 韩国大真大学苏州分校成立十周年庆典仪式在天赐庄校区敬贤堂举行。

△ 江苏省档案技能实训基地签约授牌仪式在炳麟图书馆举行。

18 日　△ 17 日至 18 日,由中国康复医学会体育保健康复专业委员会、教育部普通高校体育教学指导委员会理论组联合主办、苏州大学承办的"2015 全国体育保健康复学术会议暨全国高校运动康复专业学生技能大赛"在学校举行。

△ 苏州大学 2015 级新生安全知识竞赛决赛在天赐庄校区红楼学术报告厅举行。

20 日　△ 学校印发《苏州大学学术委员会议事规则(试行)》。

21 日　△ 20 日至 21 日,学校东吴商学院、台湾东吴大学商学院、东吴证券股份有限公司联合主办的"2015 年海峡两岸财经与商学研讨会"在学校举行。

△ 17 日至 21 日,由中国化学会高分子学科委员会主办、苏州大学承办的全国高分子学术论文报告会在苏州工业园区国际博览中心举行。

△ 苏州市癌症分子遗传学重点实验室顺利通过验收。

23 日　△ 经研究决定,成立苏州大学创新创业教育改革领导小组:

组　长:朱秀林

常务副组长:江作军

副组长:蒋星红　熊思东

领导小组下设学生创新创业课程改革工作组、学生创新创业实践工作组、学生创新创业平台建设工作组、学生创新创业师资建设工作组四个专项工作组。

△ 苏州大学 2015 年董事、校友、直属单位校园专场招聘会在独墅湖校区二期 A05 幢三楼招聘大厅举行。

△ 应用技术学院与昆山市校地对接专场活动举行。

25 日　△ 2013 年江苏省教改重中之重和重点项目鉴定验收会议在天赐庄校区红楼 201 会议室举行,学校此次申请鉴定验收的 3 个项目均获通过。

△ 苏州大学青岛校友会成立大会在青岛举行。

26 日　△ 学校印发《苏州大学学位评定委员会章程》。

△ 学校对口支援淮阴师范学院青年教师教学研修开班仪式在天赐庄

校区红楼会议中心举行。
△ 美国俄亥俄州立大学校长 Michael V. Drake 博士一行访问学校。
△ 保卫处在天赐庄校区敬文图书馆进行消防疏散演练活动。
△ 陈卫昌同志出任学校副校长。

28日　△ 学校印发《苏州大学与国（境）外学术机构联合聘用博士后研究人员管理办法》。
△ 江苏省外国留学生教育管理研究会2015年理事大会在学校学术报告厅举行。
△ 苏州市教育工会高校片工作会议在学校凌云楼901会议室举行。

29日　△ 爱尔兰都柏林圣三一学院校长 Patrick Prendergast 教授一行访问学校。

30日　△ 学校与中粮营养健康研究院战略合作及共建联合研发中心协议签署仪式在材料与化学化工学部化工与环境工程学院举行。
△ 29日至30日，第三届苏州国际医学影像研讨会在天赐庄校区天元讲堂举行。
△ 校党委理论学习中心组举行"三严三实"专题教育第五次学习研讨。
△ 28日至30日，中美首届同步辐射技术及能源科学双边学术研讨会在功能纳米与软物质研究院成功举行。
△ 学校唐荣老师在第三届全国音乐分析学学会学术研讨会发表论文并获二等奖。

31日　△ 30日至31日，学校第五十三届学生体育运动会闭幕式在东校区田径场举行。

10月　△ 附儿院丁欣医生获评"全国医德标兵"。
△ 苏州大学—常熟阿特斯阳光电力科技有限公司工作站和苏州大学—苏州信息产品检测中心工作站入选2015年省优秀研究生工作站。
△ 学校7人入选"双创人才"，3个团队入选"双创团队"，15人入选"双创博士"。
△ 以"奋斗的青春最美丽"为主题的苏州大学研究生支教团交流分享会在天赐庄校区红楼201会议室举行。
△ 学校 FUNSOM 研究院李述汤院士、刘庄教授入选2015年全球高引用科学家。
△ 学校在2015年大学生电子设计竞赛中获全国一等奖。
△ 学校材料科学专业 US News 世界排名第70位。

11 月

1 日
△ 第三届"紫金·人民文学之星"颁奖仪式在天赐庄校区红楼会议中心学术报告厅举行。
△ 10月31日至11月1日,学校承办的教育部物理学类专业教学指导委员会第七次工作会议在天赐庄校区红楼会议中心217会议室举行。
△ 学校举办第九届"苏大天宫杯·创青春"苏州大学大学生创业大赛。
△ 10月30日至11月1日,由中国药理学会神经精神药理学专业委员会主办,苏州大学药学院、江苏省重大神经精神疾病诊疗技术研究重点实验室、江苏省药理学会联合承办的中国神经精神药理学高层学术论坛在学校举办。

3 日
△ 加拿大安大略省11所大学校长访问学校,学校加入江苏—安省大学合作联盟。

5 日
△ 生涯教育联盟(在京高校·苏州大学)2015年年会在学校举行。
△ 1日至5日,由美国光学协会、苏州大学功能纳米与软物质研究院主办的2015光、能源和环境国际会议在学校举行。

7 日
△ 学校"十三五"规划编制起草工作小组会议在王健法学院B201会议室举行。
△ 教育部高等学校纺织类专业教学指导委员会与中国纺织服装教育学会联合主办,学校和上海远恒电子工程有限公司联合承办的第五届全国大学生外贸跟单(纺织)职业能力大赛在学校举行。
△ 6日至7日,导师学院第六期导师培训班在天元大讲堂举办。
△ 6日至7日,江苏省放射医学协同创新中心第二次理事会暨2015推进会举行。

8 日
△ 6日至8日,中国化学会主办,学校材料与化学化工学部、中国化学会有机分析专业委员会承办的中国化学会第七届全国分子手性学术研讨会在苏州举行。
△ 5日至8日,"第六届当代语言国际圆桌会议"(The 6th CASS-IL International Round-table Linguistics)在外国语学院举行。

9 日
△ 学校附属第三医院(常州市第一人民医院)、中国科学院上海生命科学研究院、上海交通大学医学院健康研究所、苏州大学等单位联合主办的第六届"Cell Death & Disease"组织微环境与疾病国际研讨会在真儒大厦会议厅举行。
△ 由南通市科技局、南通国家高新区、南通纺织丝绸产业技术研究院

共同举办的"纺织丝绸产业创新创业专场"活动暨江苏省产业技术研究院纺织丝绸技术研究所(南通纺织丝绸产业技术研究院)揭牌仪式在南通高新区举行。

△苏州大学研究生支教团宣讲会在独墅湖校区606-6403举行。

10日 △经研究决定,成立苏州大学知识产权管理委员会:

主　任:朱秀林

副主任:路建美

△根据《国务院学位委员会关于下达2015年动态调整撤销和增列的学位授权点名单的通知》(学位〔2015〕41号),学校动态调整增列"建筑学"(一级学科硕士点)、撤销"农业昆虫与害虫防治"(二级学科硕士点)的申请获得了批准。

△8日至11日,由中国神经科学学会和苏州大学主办的第六届亚洲疼痛研讨会在苏州举行。

△王嘉廉基金会成立者王嘉廉先生访问王健法学院。

11日 △中信银行苏州分行助学金捐赠仪式在天赐庄校区红楼会议中心201会议室举行。

△苏州大学第二十二期辅导员沙龙分别在独墅湖校区302栋2101、2103教室和北校区工科楼310、208教室举行。

△苏州大学相城机器人与智能装备研究院正式揭牌成立。苏州大学与相城经济技术开发区签订了"共建苏州大学相城机器人与智能装备研究院合作协议"。

△U-run 2015苏州大学校园马拉松志愿服务启动。

13日 △11日至13日,省委教育工委主办、学校承办的第三期全省高校教职工党支部书记示范培训班在学校举办。

14日 △由中国妇幼保健协会主办,苏州大学、苏州市发展和改革委员会、上海张江普汇转化医学研究院承办的2015中国儿童药高层论坛在苏州举行。

△由苏州大学、苏州高新区管委会、苏州知识产权局共同主办,苏州大学、苏州知识产权研究院、苏州大学王健法学院承办,江苏省高级人民法院特别支持的第二节太湖知识产权论坛在苏州高新区管委会正式开幕。

15日 △14日至15日,中国社会科学院法学研究所主办,学校王健法学院协办的"司法改革与独立审判研讨会"在苏州举行。

18日 △学校举办2015年秋季生物医药卫生类大型招聘会。

19日 △学校印发《苏州大学处级领导班子和处级领导职务干部年度考核实施办法》。

△三星(中国)投资有限公司与苏州大学关于继续设立"苏州大学三星奖学金"的协议签署。

△江苏省特种医学优势学科推进会举行。

20日 △学校在第十四届全国"挑战杯"竞赛中获"优胜杯"。

△学校选送选手在第十二届江苏省高校大学生物理及实验科技作品

创新竞赛中获一等奖 1 项、二等奖 3 项和三等奖 4 项。

21 日　　△ 学校 2015 年度国家社科基金项目开题报告会在红楼 201 会议室举行。

△ 由学校马克思主义学院朱炳元教授主持承担的国家社会科学基金重大项目"'四个全面'战略布局研究"开题论证会在天赐庄校区红楼会议中心 217 室举行。

△ 20 日至 21 日,国家重大科学仪器设备开发专项"工业物料成分实时在线检测仪器的开发和应用"2015 年度第二次工作会议举行。

22 日　　△ 21 日至 22 日,2005 年诺贝尔化学奖得主之一、美国加州理工学院教授 Robert H. Grubbs 访问学校,并做学术报告。

23 日　　△ 22 日至 23 日,2015 年"东吴"法医学高峰论坛暨苏州大学法医学专业教育十五周年、鉴定中心成立十周年学术活动在独墅湖校区举行。

24 日　　△ 苏州大学优良学风班表彰暨创建工作宣讲会在天赐庄校区敬贤堂举行。

△ 外国留学生教育发展专题研讨会在天赐庄校区怡远楼举行。

△ 学校获 2015 年研究生"优秀招生单位"称号。

△ 在中国纺织工业联合会主办,纺织之光科技教育基金会协办的"纺织之光 2015 年度中国纺织工业联合会科技教育奖励大会"上,学校师生获教学成果二等奖 1 项、二等奖 2 项、三等奖 8 项,另有 2 名教师获教师奖,15 名本科生和研究生获学生奖。

26 日　　△ 学校第二十四届周氏教育科研奖、第十五届周氏音乐奖项颁奖典礼在 601 号楼音乐厅举行。

27 日　　△ 学校获 2015 年全国暑期社会实践活动"优秀单位"称号。

△ 学校计算机科学与技术学院首届"图灵班"开班仪式暨首次咨询委员会会议在理工楼 504 举行。

△ 学校"十三五"规划编制工作领导小组会议在天赐庄校区红楼 217 会议室举行。

28 日　　△ 由江苏省教育厅主办、江苏省高校招生就业指导服务中心承办、学校和江苏昆山花桥经济开发区管委会共同协办的"花桥国际商务城杯"江苏省第十届大学生职业规划总决赛在天赐庄校区举行。

△ "第五届中国非物质文化遗产·东吴论坛"在学校天赐庄校区图书馆学术报告厅开幕。

29 日　　△ 28 日至 29 日,江苏省法学会社会法学研究会 2015 年年会暨和谐劳动关系法治建设全国专家对话会在王健法学院举行。

△ 28 日至 29 日,精准医学时代的生物信息学与系统生物学研讨会暨转化医学信息学专家组成立大会在学校举行。

△ 学校与苏州智家健康管理有限公司联合共建的"苏大智家智慧医养研究所"签约、揭牌及受聘仪式在理工楼 503 会议室举行。

30 日　　△ 校党委理论学习中心组举行"三严三实"专题教育第六次学习研讨。

11月

△ 学校人工心脏研究所尹成科老师获国际旋转血泵协会颁发的青年学者奖（Young Researcher Scholarship）。

△ 东吴智库获"全国社科联创建新型智库先进单位"称号。

△ 学校与英国卡迪夫大学（Cardiff University）签署发展协议，合作开展"1+1+1"双硕士项目。

△ 学校与韩国韩瑞大学签署合作交流协议书，两校将开展建筑学科博士课程联合培养"2+1"项目、本科双学位"3+2"项目、短期研修项目和互相派遣教师交流等活动。

△ 全国著名经济学家、福建师范大学原校长、校友、原无锡国专1949届毕业生陈征教授向学校档案馆捐赠著作20余种。

△ 学校学报编辑部获江苏省文化产业引导资金项目资助。

△ 学校学报编辑部康敬奎编审被评为江苏省新闻出版行业领军人才。

△ 学校附一院在中国顶级医院排行榜中位居第43名。

△ 数学科学学院学生在第七届全国大学生数学竞赛（江苏赛区）中获数学专业组一等奖4名，二等奖7名，三等奖13名。

12月

1日 △ 中科院苏州生物医学工程技术研究所与苏州大学全面合作建立"康复工程技术联合研发中心"签约仪式在苏州大学电子信息学院举行。

2日 △ 苏州大学新媒体工作推进会暨首届学生网络文化节表彰会在独墅湖校区炳麟图书馆学术报告厅举行。

3日 △ 江苏省实验动物协会主办，学校实验动物中心、苏州市实验动物协会联合承办的第二十七届江苏省高校、科研院所实验动物科学管理学术研讨会暨长三角动物实验外包服务高层论坛在西交利物浦国际会议中心举办。

4日 △ 学校举行党的十八届五中全会和省委十二届十一次全会精神宣讲报告会。

△ 苏州大学2015年税务同心助学金发放仪式在学生工作部（处）107会议室举行。

△ 苏州大学、陕西团省委、蓝田团县委联合举办的"惠寒·兰花草"暖冬行动——蓝田县关爱留守儿童捐赠仪式在苏州大学第十六所惠寒学校蓝田县张家坪九年制学校举行。

5日 △ 由凤凰传媒学院、东吴智库联合举办的"新媒体与社会治理国际学术研讨会"在苏州举行。

6日　　　△ 由江苏省文化厅和曼谷中国文化中心主办、苏州大学艺术学院承办、江苏省演艺集团协办的"精彩江苏·丝路情韵——中国江苏传统服饰秀"在泰国首都曼谷首演。

　　　　△ 王健法学院获第九届红十字国际人道法英文模拟法庭竞赛一等奖。

　　　　△ 由清华大学法学院公法研究中心与苏州大学王健法学院联合举办的"中国道路交通安全法律发展研讨会"在王健法学院举行。

8日　　　△ 苏州市神经精神疾病研究重点实验室顺利通过验收。

10日　　△ 西班牙格拉纳达大学副校长 Dorothy Kelly 教授及该校孔子学院院长、著名汉学家 Alicia Relinque Eleta 教授访问学校。

　　　　△ 学校党委书记王卓君和老挝苏州大学副校长汪解先出席老挝苏州大学主楼开工仪式，并携代表团成员参加破土仪式。

　　　　△ 2015 江苏省老年病预防与转化医学重点实验室学术年会及学术委员会会议在独墅湖校区杏林会议室举行。

11日　　△ 9 日至 11 日，江苏省副省长张雷率领江苏省友好代表团访问老挝苏州大学。

　　　　△ 11 日至 14 日，蒋星红副校长率团参加在台湾新竹清华大学举办的"莙政基金"管理委员会第十七次会议。

　　　　△ 学校文学院被评为"第十届苏州市阅读节先进单位"。

12日　　△ 2015 年度江苏省法学会法学教育研究会年会暨"依法治国与法学教育"论坛在王健法学院举行。

13日　　△ 学校护理学专业通过国家教育部的专业认证。

　　　　△ 全球创业周"创业课堂"全国校园巡讲苏州大学站举行。

15日　　△ 苏州大学 2015 年学生标兵宣讲团"宣讲周"活动闭幕式暨第 14 场报告会在天赐庄校区敬贤堂举行。

16日　　△ 经研究决定，调整学校高职教育教学指导委员会组成人员：

　　　　主　　任：蒋星红

　　　　副主任：周　毅　傅菊芬

　　　　秘书长：朱　跃

　　　　教学指导委员会秘书处设在应用技术学院。

　　　　△ 学校党委组织举行"三严三实"专题座谈会。

　　　　△ 苏州大学 2014—2015 学年三井住友银行奖学金颁奖典礼在天赐庄校区红楼 201 会议室举行。

　　　　△ 第十四届"挑战杯"全国大学生课外学术科技作品竞赛参赛工作总结交流大会在王健法学院 B201 会议室举行。

17日　　△ 中共苏州大学委员会批复《关于中共苏州大学医学部放射医学与防护学院委员会选举结果的报告》及《关于中共苏州大学医学部放射医学与防护学院委员会委员分工的报告》。

　　　　△ 中共苏州大学委员会批复《关于中共苏州大学物理与光电·能源学部物理科学与技术学院委员会选举结果的报告》及《关于中共苏州大学物理

与光电·能源学部物理科学与技术学院委员会委员分工的报告》。

△中共苏州大学委员会批复《关于中共苏州大学物理与光电·能源学部能源学院委员会选举结果的报告》及《关于中共苏州大学物理与光电·能源学部能源学院委员会委员分工的报告》。

△中共苏州大学委员会批复《关于中共苏州大学物理与光电·能源学部光电信息科学与工程学院委员会选举结果的报告》及《关于中共苏州大学物理与光电·能源学部光电信息科学与工程学院委员会委员分工的报告》。

△中共苏州大学委员会批复《关于中共苏州大学唐仲英医学研究院委员会选举结果的报告》及《关于中共苏州大学唐仲英医学研究院委员会委员分工的报告》。

△中共苏州大学委员会批复《关于中共苏大教服公司委员会选举结果的报告》及《关于中共苏大教服公司委员会委员分工的报告》。

△学校印发《苏州大学网络舆情应对处置预案》《苏州大学思想政治教育中青年优秀人才支持计划实施办法》《苏州大学关于加强网络舆情应对处置工作的若干意见》。

△第五次研究生事务联席会在天赐庄校区红楼会议中心217会议室举行。

△学校艺术教育中心主任吴磊教授当选江苏钢琴学会副会长兼秘书长。

18日 △临床医学专业认证第一次工作协调会在天赐庄校区红楼217会议室举行。

20日 △民革苏州大学基层委员会成立暨代表大会在东校区凌云楼举行,选举马卫中为民革苏州大学基层委员会主委。

△"一键联杯"苏州大学2015年青年演说家决赛于天赐庄校区敬贤堂举行。

△18日至20日,苏州大学老挝—大湄公河次区域(GMS)国家研究第二届高层论坛暨GMS国家与"一带一路"建设学术研讨会在苏州举行。

21日 △学校印发《苏州大学自费来华留学生收费管理办法》。

△学校获中国教育后勤协会学生公寓工作优秀成果一等奖。

22日 △21日至22日,江苏省哲学社会科学界第九届学术大会·学术聚焦专场暨江苏新型智库发展高层论坛在天赐庄校区红楼学术报告厅举行。

23日 △苏州大学2015—2016学年"暖心行动"启动仪式暨寒衣发放仪式在天赐庄校区红楼217会议室举行。

24日 △中共苏州大学委员会批复《关于中共苏州大学纳米科学技术学院委员会选举结果的报告》及《关于中共苏州大学纳米科学技术学院委员会委员分工的报告》。

△中共苏州大学委员会批复《关于中共苏州大学凤凰传媒学院委员会选举结果的报告》及《关于中共苏州大学凤凰传媒学院委员会委员分工的报告》。

△ 22日至24日,学校举办2015年度退休教职工迎新年游艺会。

△ 苏州大学2014—2015学年住友电工集团奖学金颁奖仪式在天赐庄校区红楼217室举行。

25日 △ 学校举办外籍专家、教师"庆圣诞、迎新年"新春招待会。

△ 学校举办第十四届学生宿舍文化节闭幕式暨颁奖晚会。

26日 △ 苏州大学第七届高职教育教学指导委员会大会在应用技术学院F102会议室举行。

△ 全国基础医学形态实验室主任联席会理事扩大会议在天赐庄校区红楼217会议室举行。

△ 中国民主建国会苏州大学支部换届会议在凌云楼903会议室举行,叶元土当选主任委员。

△ "十二五"国家级规划教材《医学免疫学(第3版)》编委会会议在苏州大学基础医学与生物科学学院举行。

27日 △ 苏州大学党委宣传部、共青团苏州大学委员会、东吴书画研究院和传统文化工作坊四家单位主办,苏州大学学生会承办的苏州大学第十五届学生书画摄影大赛表彰大会在天赐庄校区学术报告会举行。

28日 △ 根据《中华人民共和国学位条例》及《苏州大学硕士、博士学位授予工作细则》,经第八届校学位评定委员会分学部第十九次会议讨论,决定授予2015届第二批全日制研究生周晴丽等2人法学硕士学位,李冰文学硕士学位,端悦涛等24人理学硕士学位,邵新华等14人工学硕士学位,黄封博等8人医学硕士学位,毛予等2人艺术学硕士学位;

决定授予专业学位研究生陆小涛等102人法律硕士学位,彭宇英等208人教育硕士学位,梁懿等83人体育硕士学位,马宇飞等2人应用心理硕士学位,艾华强等179人工程硕士学位,陆一枫等2人临床医学硕士学位,徐振兴等62人公共卫生硕士学位,段欠欠等2人药学硕士学位,蔡涛等63人工商管理硕士学位,庞俊等91人公共管理硕士学位,卞卉会计硕士学位,沈燕华等53人艺术硕士学位;

决定授予同等学力人员陈景艳经济学硕士学位,于谦等3人法学硕士学位,苗华等22人教育学硕士学位,高杨等125人医学硕士学位,徐克选等3人管理学硕士学位。

△ 根据《中华人民共和国学位条例》及《苏州大学硕士、博士学位授予工作细则》,经第八届校学位评定委员会综合学部第十九次会议讨论,决定授予2015届第二批全日制研究生张悦哲学博士学位,高涓等2人经济学博士学位,张莹等4人法学博士学位,刘江岳等5人教育学博士学位,何薇等10人文学博士学位,何伟等3人历史学博士学位,蒋领等8人理学博士学位,钱国林等8人工学博士学位,王彬彬等2人农学博士学位,周桓等27人医学博士学位,夏彬等2人管理学博士学位;授予专业学位研究生王庆庆等27人临床医学博士学位。

△ 苏州大学第二届"惠寒"支教课程设计大赛决赛在苏州大学"惠寒"

分校苏州市东冉学校举行。

△ 音乐学院和艺术教育中心在天赐庄校区存菊堂联合举办了"刘雪庵作品音乐会暨2016年新年晚会"。

29日　　△ 苏州市姑苏区东冉学校第三十届校园文化艺术节暨苏州大学"惠寒"奖学金颁奖仪式在东冉学校举行。

△ 2015年本科生辅导员助理工作总结交流会在学生工作部（处）107会议室举行。

30日　　△ 第九届"苏大天宫杯""创青春"苏州大学大学生创业大赛决赛在天赐庄校区红楼学术报告厅举行。

△ 由苏州市书法家协会、苏州市美术家协会、苏州大学出版社和学校博物馆共同主办的"天赐翰墨——姑苏七君迎新作品展"开展暨作品捐赠仪式在学校博物馆举行。

31日　　△ 学校印发《苏州大学内部审计工作规定（暂行）》《苏州大学领导干部经济责任审计办法（暂行）》《苏州大学科研经费审计办法（暂行）》《苏州大学建设工程项目竣工结算审计办法（暂行）》《苏州大学基本建设工程项目施工过程跟踪审计办法（暂行）》《苏州大学基本建设工程项目财务决算审计办法（暂行）》。

△ 苏州大学与江苏佰家丽新材料科技有限公司签署在苏州大学设立"佰家丽设计奖"的协议。

12月　　△ 苏州大学第十七届研究生支教团座谈会在西安市蓝田县举行。

△ 学校材料与化学化工学部钟志远教授成功入选2015年国家百千万人才工程，并被授予"有突出贡献中青年专家"称号。

△ 学校7项成果获教育部第七届高等学校科学研究优秀成果奖（人文社会科学）奖励。

△ 学校"书本里的孝道百行，传承中的文化魅力——苏州大学18年读书活动老品牌唱新主题"获评教育部第二届全国高校"礼敬中华优秀传统文化"示范项目。

2015年，学校录取本科生6 266人，硕士研究生3 277人，博士生349人。

各类机构设置、机构负责人及有关人员名单

苏州大学党群系统机构设置

苏州大学党群系统机构设置一览表

序号	党群部门、党委、党工委名称		所属科室名称	备 注
1	中共苏州大学委员会			
2	中共苏州大学纪律检查委员会			
3	党委办公室	合署办公	综合科	
			文秘科	
	规划与政策研究室		机要科	
4	纪监审办公室		综合科	2015年2月3日撤销
			纪检监察科	
			工程审计科	
			财务审计科	
	纪委监察处	合署办公	综合科	2015年2月3日成立
			纪检监察一科	
			纪检监察二科	
5	党委组织部	合署办公	干部科	
	党校			
	社会主义学院		组织科	
	党代表联络办			
6	党委宣传部		理论教育科	
			宣传文化科	
			舆情科	
7	党委统战部			
8	保卫部(处)		综合科	
			调查研究科	
			消防科	
			校园安全指挥中心	
			校本部治安科	
			东校区治安科	
			北校区治安科	
			独墅湖校区治安科	
			阳澄湖校区治安科	

续表

序号	党群部门、党委、党工委名称		所属科室名称	备注
9	学生工作部(处)	合署办公	综合科	
	人武部		思想教育科	
			学生资助管理中心	
10	离退休工作部(处)		综合科	
			离休科	
			退休科	
11	机关党工委			
12	群团与直属单位党工委			
13	党委研究生工作部			与研究生院合署办公
14	苏大教育服务投资发展有限公司党委			
15	后勤党委			
16	阳澄湖校区党委			
17	离休党工委			
18	工会		综合科	
			联络部	
19	团委		组织宣传部	
			创新实践部	
20	图书馆党委			
21	文学院党委			
22	凤凰传媒学院党委			
23	社会学院党委			
24	政治与公共管理学院党委			
25	东吴商学院(财经学院) 东吴证券金融学院党委			
26	王健法学院党委			
27	外国语学院党委			
28	教育学院党委			
29	艺术学院党委			
30	音乐学院党委			

续表

序号	党群部门、党委、党工委名称	所属科室名称	备 注
31	体育学院党委		
32	数学科学学院党委		
33	物理与光电·能源学部党工委		
34	物理与光电·能源学部物理科学与技术学院党委		
35	物理与光电·能源学部光电信息科学与工程学院党委		
36	物理与光电·能源学部能源学院党委		
37	材料与化学化工学部党委		
38	纺织与服装工程学院党委		
39	计算机科学与技术学院党委		
40	电子信息学院党委		
41	机电工程学院党委		
42	医学部党工委		
43	医学部基础医学与生物科学学院党委		
44	医学部放射医学与防护学院党委		
45	医学部公共卫生学院党委		
46	医学部药学院党委		
47	医学部护理学院党委		
48	医学部第一临床医学院党委		
49	医学部第二临床医学院党委		
50	医学部儿科临床医学院党委		
51	金螳螂建筑学院党委		2015年6月4日由金螳螂建筑与城市环境学院党委更名
52	城市轨道交通学院党委		
53	纳米科学技术学院党委		
54	敬文书院党委		2015年1月8日成立
55	文正学院党委		
56	附属第一医院党委		
57	附属第二医院党委		
58	附属儿童医院党委		

苏州大学行政系统、直属单位机构设置

苏州大学行政系统机构设置一览表

序号	行政部门、学院(系)名称		所属科室名称	备注
1	苏州大学			
2	校长办公室	合署办公	综合科	
			文秘科	
	对外联络接待办公室		信息科	
			接待科	
	法律事务办公室			2015年9月21日成立 挂靠校长办公室
3	发展委员会办公室		联络发展部	
			校友部	
			基金会(董事会)管理部(综合科)	
4	新闻中心			与党委宣传部合署办公
5	教务部	综合办公室		
		教学运行处	学籍管理科	
			课程与考试科	
			专业设置与实践教学科	
			通识教育与大类培养科	
		教学质量与资源管理处	教学质量管理科	
			教学资源管理科	
		教学改革与研究处	教学与改革科	
			特色(创新)培养科	
			科研训练与对外交流科	
	教师教学发展中心		办公室	2015年9月21日设立 挂靠教务部

续表

序号	行政部门、学院(系)名称	所属科室名称	备注
6	招生就业处	综合科	
		招生科	
		学生就业指导科	
		宣传与信息管理科	
7	审计处	综合审计科	2015年2月3日成立
		财务审计科	
		工程审计科	
8	科学技术与产业部		
	综合办公室		
	科学技术处	项目管理办公室	
		平台建设办公室	
		成果与知识产权办公室	
		项目计划办公室	
	军工处(军工保密办公室)	军工科技管理办公室	
		军工监管办公室	
	科技产业处(国家大学科技园管理中心)	地方合作办公室	
		科技园管理办公室	
		产业管理办公室	
	"2011计划"办公室		挂靠科学技术与产业部
9	人文社会科学院	综合管理办公室	
		项目管理办公室	
		基地建设办公室	
		成果管理办公室	
		社会服务办公室	
10	国有资产与实验室管理处	综合科	
		产权与产业管理科	
		设备管理科	
		实验室管理科	
		招标管理科	
		实验材料供应中心	
		办公物资供应中心	

续表

序号	行政部门、学院(系)名称	所属科室名称		备 注
11	人事处	综合科		
		人才开发办公室		
		博士后工作管理办公室		
		人事科		
		师资科		
		劳动工资科		
		人事信息与档案管理科		
12	研究生院	综合办公室		
		招生办公室		
		培养办公室	教学管理科	
			质量监控与评估科	
			国际交流科	
		研究生管理办公室	教育与管理科	
			就业指导科	
	学科建设办公室			
	"211工程"建设办公室			挂靠研究生院
	学位评定委员会办公室	学位管理科		
		导师管理科		
	导师学院			挂靠研究生院
13	保卫处(部)	综合科		
		调查研究科		
		消防科		
		校园安全指挥中心		
		本部治安科		
		东校区治安科		
		北校区治安科		
		独墅湖校区治安科		
		阳澄湖校区治安科		

续表

序号	行政部门、学院(系)名称		所属科室名称	备注
14	学生工作处(部)		综合科	
			思想教育科	
			学生资助管理中心	
			学生社区事务中心	
	学生创新创业教育中心			2015年10月14日由学生职业生涯规划辅导中心更名 挂靠学生工作部(处)
15	国际合作交流处(海外教育学院) (两块牌子、一套班子)	合署办公	综合科	
			外事科	
			学生交流科	
			留学生管理科	
			国际合作项目管理科	
	港澳台办公室			挂靠国际合作交流处
16	离退休工作处(部)		综合科	
			离休科	
			退休科	
17	财务处		综合科	
			会计科	
			预算管理科	
			收费管理科	
			稽核科	
			专项经费管理科	
			基建财务科	
			科研经费管理科	
			会计委派科	
18	继续教育处(继续教育学院)		综合科	
			成人学历教育科	
			网络教育科	2015年4月30日由成人教育学院更名
			自学考试科	
			培训科	

续表

序号	行政部门、学院(系)名称	所属科室名称	备注
19	后勤管理处	综合科	
		校产管理科	
		维修管理科	
		医保与计划生育管理科	
		计划管理科	
		信息管理科	
		校园管理科	
		能源管理科	
		项目管理科	
		幼儿园	
		膳食管理科	
		基本建设与维修改造工程管理委员会综合办公室	
		阳澄湖校区后勤管理与服务中心	
	宿舍管理办公室		挂靠后勤管理处
	校医院		挂靠后勤管理处
20	阳澄湖校区管理委员会		
21	江苏苏大投资有限公司	苏州中核华东辐照有限公司	2015年6月11日发文（不设行政建制）
		苏州明世光学有限公司	
		苏大视光配镜中心	
		苏州华绸科技有限公司	
		苏州苏大赛尔免疫生物技术有限公司	
		苏州苏大雷克科技有限公司	
		苏州苏豪生物材料科技有限公司	
		江苏苏州大学科技创业园有限公司	

续表

序号	行政部门、学院(系)名称	所属科室名称	备注
21	江苏苏大投资有限公司	苏州苏大维格数码光学有限公司	2015年6月11日发文（不设行政建制）
		苏州凯罗尔手性化学有限公司	
		苏州苏大卫生与环境工程有限公司	
22	出版社有限公司（简称"出版社"）	社长办公室	
		总编办公室	
		出版科	
		财务科	
		营销部	
		读者服务部	
		数字出版部	
		审读与质检中心	
		高教策划部	
		职教策划部	
		基教策划部	
		大众策划部	
		音乐策划部	
		书稿加工中心	
23	学报编辑部	办公室	
		哲学社会科学版	
		代数集刊	
		法学版	
		教育科学版	
		Language & Semiotic Studies(语言与符号学研究)	

续表

序号	行政部门、学院(系)名称	所属科室名称	备注
24	档案馆	办公室	
		文书档案室	
		科技档案室	
		教学档案室	
		技术管理室	
25	博物馆	办公室	
		开放信息部	
		保管陈列部	
26	图书馆	办公室	
		系统技术部	
		公共服务部	
		信息咨询部	
		文献建设部	
		阳澄湖馆读者服务部	
		本部馆读者服务部	
		敬文馆读者服务部	
		炳麟馆读者服务部	
		古籍特藏部	
		数字化建设部	
		教育部科技查新站	
27	分析测试中心		
28	信息化建设与管理中心	办公室	
29	工程训练中心		
30	艺术教育中心(正处级建制)		
31	文学院		
32	凤凰传媒学院		
33	社会学院		
34	政治与公共管理学院		
35	马克思主义学院		2015年4月30日成立
36	东吴商学院(财经学院) 东吴证券金融学院		

续表

序号	行政部门、学院(系)名称	所属科室名称	备 注
37	王健法学院		
38	外国语学院		
39	教育学院		
40	艺术学院		
41	音乐学院		
42	体育学院		
43	数学科学学院		
44	物理与光电·能源学部	综合办公室	
		教务办公室	
		科研办公室	
		学科建设办公室	
		对外合作办公室	
		实验室与资产管理办公室	
		学生工作办公室	
45	物理与光电·能源学部物理科学与技术学院		
46	物理与光电·能源学部光电信息科学与工程学院		
47	物理与光电·能源学部能源学院		
48	材料与化学化工学部	综合办公室	
		教学办公室	
		学科建设办公室	
		学生工作办公室	
		对外合作办公室	
		实验室管理办公室	
		科研管理办公室	
49	纳米科学技术学院		
50	纺织与服装工程学院		

续表

序号	行政部门、学院(系)名称	所属科室名称	备注
51	计算机科学与技术学院		
52	电子信息学院		
53	机电工程学院		
54	沙钢钢铁学院		
55	医学部	党务行政管理办公室	
		教学办公室	
		临床教学质量办公室	
		学生工作办公室	
		科研办公室	
		实验中心	
		实验动物中心	
		研究生办公室	
		国际交流与发展办公室	2015年1月9日由发展办公室更名
56	医学部基础医学与生物科学学院		
57	医学部放射医学与防护学院		
58	医学部公共卫生学院		
59	医学部药学院		
60	医学部护理学院		
61	医学部第一临床医学院		
62	医学部第二临床医学院		
63	医学部儿科临床医学院		
64	金螳螂建筑学院		2015年6月4日由金螳螂建筑与城市环境学院更名
65	城市轨道交通学院		
66	敬文书院	学生事务中心	2015年1月9日设立
		团委	

续表

序号	行政部门、学院（系）名称	所属科室名称	备注
67	唐文治书院（简称文治书院）		
68	应用技术学院		
69	文正学院		
70	老挝苏州大学	综合办公室	合署办公
		教学与学生事务办公室	
		招生与就业办公室	
		人力资源与财务管理办公室	
		校园建设与管理办公室	
71	附属第一医院		
72	临床医学研究院（正处级建制）		挂靠附属第一医院
73	附属第二医院		
74	附属儿童医院		
75	学术委员会秘书处		2015年5月15日成立

注：根据苏大人〔2013〕85号文件通知，学院内设办公室，以及根据各单位教学工作、科研工作、学科建设等实际情况设立科级建制办公室，报学校机构编制委员会办公室审核并经学校批准后实施。

苏州大学中层及以上干部名单

1. 校领导

    党委书记：王卓君
    校　　长：朱秀林
    党委副书记：朱秀林
    　　　　　高祖林
    　　　　　江作军
    副校长：袁银男（正校级）
    　　　　路建美
    　　　　田晓明
    　　　　陈一星
    　　　　熊思东
    　　　　江作军
    　　　　杨一心
    　　　　蒋星红
    　　　　陈卫昌　　　　　　　　　　　　2015年9月任
    校长助理：浦文倜
    　　　　　王家宏　　　　　　　　　　　2015年7月免
    　　　　　张晓宏

2. 校级调研员

    正校级：夏东民
    　　　　任　平

3. 纪律检查委员会

    书　记：高祖林
    副书记：施亚东

4. 党委办公室

  主　任：张国华
  副主任：姚　炜
     茅海燕
     查晓东
  副调研员：马龙剑

  规划与政策研究室（与党委办公室合署办公）
  主　任：张国华（兼）
  副主任：姚　炜（兼）

5. 纪监审办公室（2015.2 撤销，保留监察处、审计处、纪委办公室，苏大委〔2015〕6 号）

主　任：施亚东	2015 年 3 月免
副主任：徐映荃	2015 年 4 月免
鲍　卫	2015 年 4 月免

  监察处

处　长：施亚东	2015 年 3 月任
副处长：徐映荃	2015 年 3 月任

  纪委办公室

主　任：陶培之	2015 年 3 月任
正处级纪检员：袁晓通	
高　玲	
鲍　卫	2015 年 4 月任
副处级纪检员：夏西冰	2015 年 9 月免
王苏平	
戴璇颖	
陈德斌	
陈　敏	
调研员：肖平	

6. 审计处

处　长：孙琪华	2015 年 3 月任
副处长：李　华	2015 年 3 月任

7. 党委组织部

部　　长：邓　敏
副部长：周玉玲
　　　　王成奎
副处级组织员：李全义
　　　　　　　刘　慧

党　校（与党委组织部合署办公）
校　　长：王卓君（兼）
常务副校长：薛　凡

党代表联络办（与党委组织部合署办公）
主　　任：李全义

8. 党委宣传部

部　　长：陈进华
常务副部长：孙宁华　　　　　　　　　　　　2015年5月任
副部长：孙宁华　　　　　　　　　　　　　　2015年5月免
　　　　吴　江

新闻中心（与党委宣传部合署办公）
主　　任：陈进华（兼）
副主任：冯　一
　　　　孙宁华（兼）　　　　　　　　　　　2015年5月免

9. 党委统战部

部　　长：吴建明
副部长：刘海平
调研员：张雪根　　　　　　　　　　　　　　2015年5月免

10. 保卫部（处）

部（处）长：霍跃进
副部（处）长：黄水林（调研员）
　　　　　　　刘　风

　　　　　　陈晓刚
　　调研员：曹培培　　　　　　　　　　　　　　　2015年9月免
　　副调研员：严家江
　　　　　　周伟虎
　　　　　　虞心德
　　　　　　范肖锋　　　　　　　　　　　　　　　2015年1月任
　　　　　　　　　　　　　　　　　　　　　　　　2015年7月降为正科级

11. 学生工作部(处)

　　部(处)长：陈晓强
　　副部(处)长：陈　平(调研员)
　　　　　　　董召勤
　　　　　　　段永锋
　　　　　　　黄文军(兼)　　　　　　　　　　　　2015年10月任

学生创新创业教育中心[由职业生涯规划辅导中心更名,挂靠学生工作部(处),苏大委[2015]45号,2015.10]
　　主　任：陈晓强(兼)　　　　　　　　　　　　2015年10月任
　　副主任：黄文军　　　　　　　　　　　　　　2015年10月任
　　　　　　张振宇(兼)　　　　　　　　　　　　2015年10月任
　　　　　　王　清(兼)　　　　　　　　　　　　2015年10月任
　　　　　　俞伟清(兼)　　　　　　　　　　　　2015年10月任
　　　　　　仇国阳(兼)　　　　　　　　　　　　2015年10月任
　　　　　　林　萍(兼)　　　　　　　　　　　　2015年10月任
　　　　　　徐美华(兼)　　　　　　　　　　　　2015年10月任

人武部[与学生工作部(处)合署办公]
　　部　长：邓国林
　　副调研员：张镇华

12. 离休党工委

　　书　记：余宏明
　　副书记：秦和鸣
　　　　　　史有才(调研员)

离退休工作部(处)
　　部(处)长：余宏明

副部(处)长：史有才
　　　　　　　周佳晔
　　副调研员：石　健

13. 机关党工委

　　书　记：周玉玲
　　副书记：唐宇宏　　　　　　　　　　　　　　2015年12月去世

14. 群团与直属单位党工委

　　书　记：徐群祥
　　副书记：陈向民
　　调研员：蒋剑平　　　　　　　　　　　　　　2015年11月免
　　副调研员：刘炳喜

15. 校工会

　　主　席：王安列
　　副主席：冒维东
　　　　　　陈　洁
　　调研员：陈亦红
　　副调研员：谢　玲　　　　　　　　　　　　　2015年6月免
　　　　　　谢　健
　　　　　　张筱明

16. 校团委

　　书　记：肖甫青
　　副书记：肖甫青
　　　　　　程晓军　　　　　　　　　　　　　　2015年3月免
　　　　　　朱　今
　　　　　　徐美华　　　　　　　　　　　　　　2015年4月任
　　　　　　孙　磊　　　　　　　　　　　　　　2015年4月任

17. 校长办公室

　　主　任：曹　健
　　副主任：吴小春

陈　美
吴　鹏　　　　　　　　　　　　　　　　　2015年1月任

对外联络接待办公室（与校长办公室合署办公）
主　任：曹　健（兼）
副主任：吉　伟
　　　　薛　辉（兼）
　　　　沈振亚（兼）　　　　　　　　　　　2015年11月免
　　　　刘　标（兼）
调研员：孙建娅

法律事务办公室（2015.9成立，挂靠校长办公室，苏大人〔2015〕140号）
主　任：吴　鹏（兼）　　　　　　　　　　　2015年10月任

18. 发展委员会办公室

主　任：赵　阳
副主任：张　洁　　　　　　　　　　　　　　2015年3月免
　　　　张海洋
副调研员：王培钢
　　　　　刘志敏

19. 教务部

部　长：周　毅
副部长：钱振明　　　　　　　　　　　　　　2015年4月免
　　　　倪沛红（兼）

综合办公室
主　任：杨　柳

教学运行处
处　长：周　毅
副处长：陆　丽
　　　　刘方涛

教学质量与资源管理处
处　长：晏世雷
副处长：冯志华

教学改革与研究处
处　　长：王剑敏
副处长：张振宇
调研员：洪国云　　　　　　　　　　　　　　2015年9月免
副调研员：于竞红
　　　　　蒲曼莉

20. 招生就业处

处　　长：马卫中
副处长：王　清
　　　　翟惠生

学生职业生涯规划辅导中心（挂靠招生就业处）（2015.10更名为学生创新创业教育中心，挂靠学生工作部（处），苏大委〔2015〕45号）
主　　任：马卫中（兼）　　　　　　　　　　2015年10月免
副主任：黄文军　　　　　　　　　　　　　2015年10月免

21. 科学技术与产业部

部　　长：路建美（兼）
常务副部长：朱巧明
副部长：龚学锋（兼）

综合办公室
主　　任：刘海燕

科学技术处
处　　长：郁秋亚
副处长：钱福良
　　　　邹贵付
　　　　张志红

军工处（军工保密办公室）
处　　长：许继芳
副处长：赵一强

军工保密办公室
主　　任：路建美（兼）

常务副主任：许继芳（兼）
副主任：赵一强
　　　　茅海燕（兼）

科技产业处（国家大学科技园管理中心）
处　　长（主　任）：蒋敬东　　　　　　　　　　　2015 年 10 月免
副处长（副主任）：仇国阳
　　　　　　　　糜志雄
副处长：周　村（兼）

"2011 计划"办公室（挂靠科学技术与产业部）
主　　任：
副主任：唐建新
　　　　钱福良（兼）

22. 人文社会科学院

院　　长：田晓明（兼）
常务副院长：母小勇
副院长：林　萍
　　　　余敏江

综合办公室
主　　任：尚　书

中国特色城镇化研究中心
主　　任：胡玉鸿
副主任：徐维英

23. 国有资产与实验室管理处

处　　长：陈永清
副处长：魏永前
　　　　仇玉山
　　　　陈中华
　　　　刘丽琴
副调研员：夏永林

国有资产管理委员会办公室(设立于国有资产与实验室管理处)
主　任：陈永清(兼)

24. 人事处

处　长：刘　标
副处长：王云杰
　　　　何　峰
　　　　闫礼芝

25. 研究生院

院　长：熊思东(兼)
常务副院长：郎建平
副院长：钱振明　　　　　　　　　　　　　　　　　2015年4月任

综合办公室
主　任：王杰祥

招生办公室
主　任：章晓莉

培养办公室
主　任：蔡远利

研究生管理办公室
主　任：俞伟清

党委研究生工作部
部　长：宁正法

学位评定委员会办公室(挂靠研究生院)
主　任：郎建平(兼)
副主任：金薇吟

学科建设办公室、"211工程"办公室(挂靠研究生院)
主　任：沈明荣
副主任：刘　京

导师学院
　　院　　长：熊思东（兼）
　　副院长：郎建平（兼）

26. 国际合作交流处（海外教育学院）

　　处（院）长：黄　兴
　　副处（院）长：陆惠星
　　　　　　　　袁　晶
　　　　　　　　高明强
　　副处长：谭玉坤（兼）　　　　　　　　　　2015 年 4 月免
　　调研员：刘宇琴

港澳台办公室（挂靠国际合作交流处）
　　主　　任：黄　兴（兼）
　　副主任：茹　翔

27. 财务处

　　处　　长：盛惠良
　　副处长：孙琪华　　　　　　　　　　　　2015 年 3 月免
　　　　　　姚永明
　　　　　　朱　彦
　　　　　　姚红美　　　　　　　　　　　　2015 年 10 月任
　　副调研员：马智英
　　　　　　　葛　军

28. 继续教育处（成人教育学院）

　　处　　长：缪世林
　　副处长：吴建军（调研员）
　　　　　　王　健
　　　　　　胡龙华
　　副调研员：赵小苓
　　　　　　　沈文英
　　　　　　　王建凯（2014—2015 省委帮扶工作队队员，享受副处级领导职务干部待遇）

29. 后勤党委

书　记：黄志斌
副书记：顾志勇

后勤管理处
处　长：李　翔
副处长：顾明高
　　　　范肖锋　　　　　　　　　　　　2015 年 1 月免
　　　　王凤英
　　　　丁　瑶
　　　　顾建忠
副调研员：沈雅英　　　　　　　　　　　2015 年 9 月免
　　　　　王振明
　　　　　庄建英
　　　　　朱火金　　　　　　　　　　　2015 年 4 月免
　　　　　蒋安平
　　　　　朱剑峰（保留副处职待遇）

学生宿舍管理办公室（挂靠后勤管理处）
主　任：顾明高（兼）

校医院（挂靠后勤管理处）
院　长：杨秀丽
副调研员：李克夏

30. 阳澄湖校区管理委员会

党委书记：
党委副书记：曹金元（兼副主任）
主　任：浦文佩
副主任：王加华
　　　　邵剑平
　　　　曹　健（兼）

31. 图书馆

党委书记：周建屏

馆　　长：唐忠明
副馆长：周建屏（兼）
　　　　石明芳
　　　　李　峰
　　　　徐　燕

32. 档案馆

馆　　长：钱万里
副调研员：蔡月芬　　　　　　　　　　　　　　2015 年 5 月免

33. 博物馆

馆　　长：张朋川（兼）
常务副馆长：黄维娟（副处职，调研员）
副馆长：廖　军（兼）

34. 分析测试中心

主　　任：张　勇

35. 工程训练中心

主　　任：谢志余
调研员：卢　伟

36. 信息化建设与管理中心

主　　任：张　庆　　　　　　　　　　　　　　2015 年 7 月任
副主任：张　庆（主持工作）　　　　　　　　　2015 年 7 月免
　　　　黄　平
　　　　陆剑江
调研员：杨季文　　　　　　　　　　　　　　　2015 年 6 月任
副调研员：汤晶缨

37. 艺术教育中心

主　　任：吴　磊
副主任：宋海英

38. 东吴饭店

  调研员：张荣华
  副调研员：何卫星

39. 张家港工业技术研究院

  院　　长：龚学锋　　　　　　　　　　2015年6月任
  常务副院长：龚学锋　　　　　　　　　2015年6月免
  副院长：孙海鹰
  　　　　王季魁

40. 知识产权研究院

  院　　长：胡玉鸿
  副院长：朱春霞

41. 文学院

  党委书记：王六一　　　　　　　　　　2015年1月免
  　　　　　逄成华　　　　　　　　　　2015年1月任
  党委副书记：张　健（兼副院长）　　　2015年3月任
  院　　长：王　尧
  副院长：逄成华　　　　　　　　　　　2015年1月免
  　　　　李　勇
  　　　　季　进
  　　　　张　洁　　　　　　　　　　　2015年3月任
  调研员：王六一　　　　　　　　　　　2015年1月任

42. 凤凰传媒学院

  党委书记：于毓蓝
  党委副书记：常青伟（兼副院长）
  院　　长：陈　龙
  执行院长：潘公侠
  副院长：陈　龙
  　　　　谷　鹏
  　　　　徐　冉

43. 社会学院

    党委书记：刘志明
    党委副书记：董　娜（兼副院长）
    院　　长：王卫平
    副院长：郑　庚
          高　峰
    副调研员：夏敏杰

44. 政治与公共管理学院

党委书记：张才君	2015年6月免
邢光晟	2015年7月任
党委副书记：邢光晟（兼副院长）	2015年7月免
尹婷婷（兼副院长）	2015年10月任
院　　长：金太军	
副院长：车玉玲	2015年7月免
姜建成（兼）	2015年7月免
潘晓珍	
钮立新	2015年7月免
吉文灿	2015年7月任
副调研员：钮立新	2015年7月任

45. 马克思主义学院（马克思主义学院党委于2015.4成立，苏大委〔2015〕19号）

党委书记：张才君	2015年6月任
院　　长：姜建成	2015年7月免
田芝健	2015年7月任
副院长：许冠亭	2015年7月任

46. 教育学院

    党委书记：蒋晓虹
    党委副书记：张　芸（兼副院长）
    院　　长：许庆豫
    副院长：陈炳亮
          冯成志
    副调研员：王　青

苏南地区大学生心理健康教育研究中心
　　办公室主任：许庆豫
　　办公室副主任：王　静（副处职，调研员）

47. 东吴商学院（财经学院）　东吴证券金融学院

　　党委书记：陈晓强　　　　　　　　　　2015年3月免
　　　　　　　王永山　　　　　　　　　　2015年3月任
　　党委副书记：唐文跃（兼副院长）
　　院　　长：
　　副院长：陆少杰（调研员）
　　　　　　袁建新
　　　　　　孙文基
　　　　　　任少华（兼）

48. 王健法学院

　　党委书记：胡亚球　　　　　　　　　　2015年7月不再提名
　　　　　　　周国华　　　　　　　　　　2015年7月当选
　　党委副书记：陆　岸（兼副院长）
　　院　　长：胡玉鸿
　　副院长：黄学贤　　　　　　　　　　　2015年6月免
　　　　　　周国华（调研员）　　　　　　2015年11月免
　　　　　　方新军　　　　　　　　　　　2015年6月任
　　　　　　严　俊　　　　　　　　　　　2015年11月任
　　副调研员：钱春芸

49. 外国语学院

　　党委书记：王　欣　　　　　　　　　　2015年3月任
　　党委副书记：胡海峰（兼副院长）
　　院　　长：王腊宝
　　副院长：孙倚娜（正处级）
　　　　　　刘海鸿
　　　　　　朱新福
　　副调研员：刘亚东
　　　　　　赵　红

50. 金螳螂建筑学院(由金螳螂建筑与城市环境学院更名,苏大〔2015〕16号,2015年6月)

  党委书记:查佐明
  党委副书记:陈国凤(兼副院长)
  院　　长:吴永发
  副院长:茆汉成
     雷　诚
     王　琼(兼)
     张文英(兼)

51. 数学科学学院

  党委书记:金　中
  党委副书记:蒋青芳(兼副院长)
  名誉院长:姜礼尚
  院　　长:曹永罗
  副院长:秦文新
     史恩慧
     潘洪亮

52. 物理与光电·能源学部

  党工委书记:刘　枫
  党工委副书记:沙丹丹
  主　　任:马余强
  执行主任:王钦华
  副主任:陈林森
     高　雷
     陶　智
     郑洪河
  调研员:韩良军
  副调研员:董浩然
     汝坤林

物理与光电·能源学部物理科学与技术学院
  党委书记:吴雪梅
  院　　长:高　雷
  副院长:刘　军

赖 耘

物理与光电·能源学部光电信息科学与工程学院
党委书记：孙德芬　　　　　　　　　　　　　　　2015 年 4 月任
院　　长：王钦华
副院长：李孝峰

物理与光电·能源学部能源学院
党委书记：陶　智
名誉院长：刘忠范
院　　长：郑洪河
副院长：郑军伟

高技术产业研究院
院　　长：陈林森

53. 材料与化学化工学部

党委书记：严冬生
党委副书记：王美珠(兼副主任)
主　　任：陈　红
副主任：戴礼兴
　　　　姚建林
　　　　姚英明
　　　　吴　铎
副调研员：胡培荣　　　　　　　　　　　　　　　2015.3 免

54. 纳米科学技术学院

党委书记：季　晶
院　　长：李述汤
副院长：孙旭辉(兼)

55. 计算机科学与技术学院

党委书记：胡新华
党委副书记：沈云彩(兼副院长)
院　　长：杨季文　　　　　　　　　　　　　　　2015 年 5 月免
　　　　　李凡长　　　　　　　　　　　　　　　2015 年 5 月任

副院长：朱艳琴　　　　　　　　　　　　　　2015年5月免
　　　　陆伟中
　　　　李凡长　　　　　　　　　　　　　　2015年5月免
　　　　凌　云
　　　　张　民　　　　　　　　　　　　　　2015年5月任
　　　　赵　雷　　　　　　　　　　　　　　2015年5月任

56. 电子信息学院

党委书记：杨礼富
党委副书记：袁冬梅（兼副院长）　　　　　　2015年5月免
　　　　　　黄远丰
名誉院长：潘君骅
院　　长：赵鹤鸣
副院长：刘学观　　　　　　　　　　　　　　2015年11月免
　　　　马国平
　　　　胡剑凌　　　　　　　　　　　　　　2015年11月任
副调研员：刁爱清

57. 机电工程学院

党委书记：王永山　　　　　　　　　　　　　2015年3月免
　　　　　刘鲁庆　　　　　　　　　　　　　2015年4月任
党委副书记：刘鲁庆（兼副院长）　　　　　　2015年4月免
　　　　　　王振华（兼副院长）　　　　　　2015年7月任
　　　　　　赵　峰
院　　长：孙立宁
副院长：钮秀山
　　　　尤凤翔
　　　　徐汇音
　　　　陈　瑶
　　　　陈再良

58. 沙钢钢铁学院

党委书记：王永山　　　　　　　　　　　　　2015年3月免
　　　　　宋清华　　　　　　　　　　　　　2015年4月任
党委副书记：宋清华（兼副院长）　　　　　　2015年4月免
院　　长：董元篪

副院长：钟胜奎

59. 纺织与服装工程学院

党委书记：孙庆民
党委副书记：潘爱华(兼副院长)
院　　长：陈国强　　　　　　　　　　　2015年11月免
　　　　　潘志娟　　　　　　　　　　　2015年11月任
副 院 长：潘志娟　　　　　　　　　　　2015年11月免
　　　　　严　俊　　　　　　　　　　　2015年11月免
　　　　　周正华(兼)　　　　　　　　　2015年1月免
　　　　　王祥荣　　　　　　　　　　　2015年11月任
　　　　　关晋平　　　　　　　　　　　2015年11月任
　　　　　孟　凯(兼)　　　　　　　　　2015年11月任
副调研员：司　伟
　　　　　周正华　　　　　　　　　　　2015年1月任

现代丝绸国家工程实验室
执行主任：陈国强
副主任：裔洪根

南通纺织研究院
常务副院长：周正华　　　　　　　　　　2015年1月免
　　　　　　孟　凯　　　　　　　　　　2015年1月任

60. 城市轨道交通学院

党委书记：杨　清
党委副书记：阴　浩(兼副院长)
　　　　　　丁新红
　　　　　　田　雷
名誉院长：王　炜
院　　长：朱忠奎
副 院 长：戴佩良(调研员)
　　　　　李晓村
　　　　　蒋志良
　　　　　肖为周
副调研员：金菊华

61. 体育学院

　　党委书记：朱建刚
　　党委副书记：李伟文（兼副院长）
　　院　　长：陆阿明
　　副院长：雍　明
　　　　　　陶玉流
　　　　　　王全法
　　副调研员：朱　慧
　　　　　　刘卫民　　　　　　　　　　　　　　2015年6月去世

62. 艺术学院

　　党委书记：李超德
　　党委副书记：陶培之（兼副院长）　　　　　　2015年3月免
　　　　　　　程晓军（兼副院长）　　　　　　2015年3月任
　　名誉院长：张道一
　　院　　长：田晓明（兼）
　　副院长：顾德学
　　　　　　钱孟尧
　　　　　　王泽猛

63. 音乐学院

　　党委书记：孙德芬　　　　　　　　　　　　　2015年4月免
　　党委副书记：洪　晔（主持工作）　　　　　　2015年4月任
　　　　　　　胡晓玲（兼副院长）
　　院　　长：吴和坤
　　副院长：刘跃华
　　　　　　居　民

64. 医学部

　　党工委书记：邹学海
　　党工委副书记：解　燕
　　　　　　　　黎春虹
　　　　　　　　姜海燕（兼）
　　名誉主任：阮长耿

　　　　　杜子威
主　任：吴庆宇
常务副主任：黄　瑞
副主任：龚　政
　　　　徐小乐
　　　　夏超明
　　　　田启明

调研员：戴荣明
副调研员：温洪波（援藏，享受副处级领导职务干部待遇）　　2015年1月免
　　　　　施建亚

办公室主任：席拥军
教学办公室主任：钟　慧
科研办公室主任：徐小乐
研究生办公室主任：夏超明

国际交流与发展办公室（由发展办公室更名，苏大人〔2015〕54号，2015年1月）
主任：徐　娴
学生工作办公室主任：黎春虹　　　　　　　　　　　　　2015年1月免
　　　　　　　　　温洪波　　　　　　　　　　　　　　2015年1月任
临床教学质量管理办公室主任：唐　军

实验中心
主　任：陈乳胤
副主任：孟华敏（副调研员）

实验动物中心
主　任：

65. 医学部基础医学与生物科学学院

党委书记：王尔东
院　长：高晓明
副院长：戈志强
　　　　杨雪珍

66. 医学部放射医学与防护学院

党委书记：曹建平

院　　长：柴之芳
副院长：许玉杰

67. 医学部公共卫生学院

党委书记：芮秀文　　　　　　　　　　　　2015年10月任
党委副书记：芮秀文（主持工作）　　　　　2015年10月免
院　　长：张永红
副院长：徐　勇　　　　　　　　　　　　　2015年7月免
　　　　张增利　　　　　　　　　　　　　2015年7月任
副调研员：钟宏良

68. 医学部药学院

党委书记：龚　政
副理事长：顾振纶
院　　长：镇学初
副院长：江维鹏
　　　　黄小波

69. 医学部护理学院

党委书记：姜海燕　　　　　　　　　　　　2015年4月免
　　　　　沈志清　　　　　　　　　　　　2015年4月任
院　　长：李惠玲
副院长：王海芳
　　　　蒋银芬（兼）
　　　　阚玉英（兼）
调研员：姜海燕　　　　　　　　　　　　　2015年4月任

70. 敬文书院（敬文书院党委于2015.1成立，不具行政级别，苏大委组〔2015〕1号）

党委书记：王剑敏　　　　　　　　　　　　2015年4月当选
名誉院长：朱恩馀
院　　长：罗时进
副院长：王剑敏

71. 唐仲英医学研究院

党委书记：叶明昌
院　　长：吴庆宇

神经科学研究所
所　　长：刘春风
副所长：姚建萍

骨科研究所
所　　长：杨惠林
副所长：杭雪花

心血管病研究所
所　　长：沈振亚
副所长：殷为民

呼吸疾病研究所
所　　长：黄建安
副所长：

造血干细胞移植研究所
所　　长：吴德沛
副所长：

转化医学研究院（2015.5成立，苏大委〔2015〕32号）
院　　长：时玉舫　　　　　　　　　　　　2015年11月任
行政副院长：陈永井　　　　　　　　　　　2015年11月任

72. 文正学院

党委书记：徐子良　　　　　　　　　　　　2015年12月免
党委副书记：仲　宏（保留正处职待遇）　　2015年12月主持工作
院　　长：吴昌政
副院长：施盛威
　　　　蒋　峰（调研员）
　　　　袁昌兵
　　　　赵小和（保留正处职待遇）

调研员：宋晓萍
副调研员：杜　明
　　　　　钱伟超
　　　　　唐凤珍
　　　　　蔡　琳
　　　　　黄　新

73. 应用技术学院

党委书记：薛　辉
院　　长：傅菊芬
副院长：朱　跃
　　　　陈建军
副调研员：张　卫
　　　　　王苏红

74. 老挝苏州大学

校　　长：朱秀林（兼）
副校长：谭玉坤　　　　　　　　　　　　2015年4月任
校长助理：谭玉坤　　　　　　　　　　　2015年4月免
　　　　　王　栋　　　　　　　　　　　2015年10月任

综合办公室
副主任：陈　美（主持工作）　　　　　　2015年2月免

教学与学生事务管理办公室
主　任：倪沛红

招生与就业办公室
主　任：倪沛红（兼）

校园建设与管理办公室
副主任：顾建忠（主持工作）　　　　　　2015年3月免
副调研员：薛　晋

75. 社会服务系（宿迁学院）

主　任：吴奇俊　　　　　　　　　　　　2015年10月去世

76. 学报编辑部

主　　任：康敬奎
副主任：江　波

77. 出版社有限公司

社　　长：张建初
总编辑：沈海牧
副调研员：王建珍

78. 附属第一医院

党委书记：侯建全	2015年4月免
陈卫昌	2015年4月任
党委副书记：徐亚英	2015年4月免
陈　赞（兼纪委书记）	
丁春忠	2015年4月任
院　　长：侯建全	
常务副院长：杨建平	2015年4月免
副院长：钱海鑫（兼）	2015年4月免
陈卫昌（兼）	2015年4月免
沈学伍	
陈　亮	
缪丽燕	
时玉舫	
方　琪	2015年5月任
刘济生	2015年5月任
总会计师：贡能富	
党委办公室主任：黄恺文（调研员）	
人事处处长：丁春忠（保留副处职待遇）	
调研员：吴爱勤	
副调研员：徐亚英	2015年4月任
欧阳琴	
许　津	
郭亚男	2015年5月免
曲常青	2015年10月免
黄建新	2015年1月免

刘济生 2015年5月免
洪建娣

医学部第一临床医学院
院　　长：陈卫昌 2015年4月免
副院长：胡春洪

临床医学研究院
院　　长：钱海鑫 2015年4月免
　　　　　杨惠林 2015年5月任
常务副院长：侯建全 2015年4月免
副院长：杨惠林 2015年5月免
　　　　吴德沛
　　　　沈振亚 2015年11月免
　　　　杨向军
　　　　黄建安 2015年5月任

79. 附属第二医院（核工业总医院）

党委书记：王少雄
党委副书记：姜　忠
　　　　　　张国庆（兼纪委书记）
院　　长：姜　忠
常务副院长：孙光夏 2015年3月任
副院长：王少雄
　　　　刘春风
　　　　孙光夏 2015年3月免
　　　　徐　博
　　　　孙亦晖
总会计师：魏钦海

医学部第二临床医学院
院　　长：姜　忠（兼）
常务副院长：刘春风（兼）

80. 附属儿童医院

党委书记：卢祖元
党委副书记：王晓东（兼纪委书记） 2015年7月免

　　　　　　邱　鸣（兼纪委书记）　　　　　　　　2015年7月任
院　　长：冯　星
副院长：汪　健
　　　　　田健美
　　　　　邱　鸣　　　　　　　　　　　　　　　2015年7月免
　　　　　吕海涛　　　　　　　　　　　　　　　2015年7月任
调研员：刘高金
　　　　　朱建兴
副调研员：唐叶枫
　　　　　　阚玉英

医学部儿科临床医学院
院　　长：王晓东

医学中心（苏州市独墅湖医院）
主　任（院长）：王晓东　　　　　　　　　　　　2015年2月任

81. 医学部第三临床医学院

院　　长：何小舟（兼）
副院长：吴昌平（兼）

82. 苏州苏大教育服务投资发展有限公司

总经理：韦曙和
副总经理：陈爱萍（调研员）
　　　　　吴小霞（调研员）

苏州苏大教育服务投资发展有限公司党委
书　　记：陈爱萍（兼）
副书记：王丽晓

83. 苏州大学附属苏州工业园区娄葑中学党支部

李建军（正处级）
注：根据苏大委〔2004〕28号文件的精神，学校事业编制人员在被公司借用期间，学校保留其原身份和职级。

84. 江苏苏大投资有限公司

董事长：蒋敬东　　　　　　　　　　　　　2015 年 10 月任
总经理：陈彦艳　　　　　　　　　　　　　2015 年 10 月任

苏州大学工会委员会及各分工会主席名单

一、苏州大学工会委员会名单（按姓氏笔画为序）

主　　席：王安列
副主席：冒维东　陈　洁
委　　员：王丽晓　王国卿　王建军　邓国林　田　飞　朱利平
　　　　　庄建英　刘文杰　刘亚东　刘炳喜　孙　涌　杜　明
　　　　　李正伟　李丽红　李建祥　何　为　张友九　邵名望
　　　　　茆汉成　金菊华　金慧敏　胡明宇　闻振卫　奚启超
　　　　　眭建华　崔京浩

二、苏州大学各分工会主席名单

机关分工会：邓国林
群团与直属单位分工会：刘炳喜
后勤管理处分工会：庄建英
阳澄湖校区分工会：张筱明
图书馆分工会：李正伟
苏州苏大教育服务投资发展有限公司分工会：王丽晓
文学院分工会：王建军
凤凰传播学院分工会：胡明宇
社会学院分工会：夏敏杰
政治与公共管理学院分工会：李丽红
教育学院分工会：阎　力、付亦宁（2015年12月换届）
东吴商学院（财经学院）　东吴证券金融学院分工会：俞雪华
王健法学院分工会：上官丕亮（2015年1月换届）
外国语学院分工会：刘亚东（2015年6月换届）
金螳螂建筑学院分工会：茆汉成、郭明友（2015年4月换届）
数学科学学院分工会：闻振卫
物理与光电·能源学部分工会：朱利平
材料与化学化工学部分工会：沈理明
纳米科学技术学院分工会：邵名望

计算机科学与技术学院分工会：孙　涌
电子信息学院分工会：金慧敏
机电工程学院分工会：刘文杰
沙钢钢铁学院分工会：宋滨娜（2015年6月成立）
纺织与服装工程学院分工会：眭建华、周正华（2015年5月换届）
城市轨道交通学院分工会：金菊华
体育学院分工会：奚启超
艺术学院分工会：张天星
音乐学院分工会：田　飞
医学部分工会：戴建英
医学部基础医学与生物科学学院分工会：王国卿
医学部放射医学与防护学院分工会：张友九
医学部公共卫生学院分工会：李建祥
医学部药学院分工会：崔京浩
文正学院分工会：杜　明
应用技术学院分工会：何　为

苏州大学共青团组织干部名单

（院部团委书记以上）

校团委

  书　记：肖甫青
  副书记：程晓军　　　　　　　　　　　　2015年3月免
  　　　　朱　今
  　　　　徐美华　　　　　　　　　　　　2015年4月任
  　　　　孙　磊　　　　　　　　　　　　2015年4月任

研究生团工委

  书　记：严　明

校部团总支

  书　记：袁　洁（兼）
  副书记：刘春雷（兼）

群团与直属单位团总支

  书　记：张　昊（兼）

阳澄湖校区团委

  书　记：陈　晶

图书馆直属团支部

  书　记：丁长荣（兼）

文学院团委

  书　记：胡　萱
  副书记：赵　曜

凤凰传媒学院团委

  书　记：宋　智

社会学院团委

  书　记：郝　珺

政治与公共管理学院团委

  书　记：尹婷婷　　　　　　　　　　　　2015 年 10 月免
  　　　　甄　勇　　　　　　　　　　　　2015 年 11 月任

教育学院团委

  书　记：陈贝贝

东吴商学院（财经学院）　东吴证券金融学院团委

  书　记：丁良超
  副书记：黄　河

王健法学院团委

  书　记：孙　磊　　　　　　　　　　　　2015 年 4 月免

外国语学院团委

  书　记：薛　曦
  副书记：黄　鹏　　　　　　　　　　　　2015 年 7 月免

金螳螂建筑学院团委

  副书记：徐　娜（主持工作）

数学科学学院团委

  书　记：彭晓蓓　　　　　　　　　　　　　　2015年1月免
  副书记：周　扬（主持工作）

物理科学与技术学院　能源学院团委

  书　记：张振华
  副书记：陈　天　　　　　　　　　　　　　　2015年6月任

材料与化学化工学部团委

  书　记：黄郁健

纳米科学技术学院团委

  书　记：蔡梦婷　　　　　　　　　　　　　　无科职

计算机科学与技术学院团委

  书　记：邝泉声　　　　　　　　　　　　　　2015年9月任

电子信息学院团委

  书　记：朱颖康　　　　　　　　　　　　　　2015年4月免
  副书记：李　莹（主持工作）

机电工程学院、沙钢钢铁学院团委

  书　记：黄宗杰
  副书记：李丽红

纺织与服装工程学院团委

  书 记：马书明
  副书记：刘 海

城市轨道交通学院团委

  书 记：钱成一
  副书记：崔苏妍   2015年12月免

体育学院团委

  书 记：丁海峰

艺术学院团委

  书 记：虞 岚
  副书记：卢海粟

音乐学院团委

  副书记：张 晶（主持工作）

医学部团委

  书 记：解 笑
  副书记：郑 蕾   2015年9月免
       舒洪灶
       胡 洋
       屠雯静
       王昌伟   2015年9月任

敬文书院团委

  书 记：孟玲玲（兼）   2015年1月免
      黄冠平   2015年1月任

文正学院团委

  书　记：祁素萍
  副书记：孙兰镇　　　　　　　　　　2015年11月免
     　袁　艳　　　　　　　　　　2015年11月免
     　何　玉　　　　　　　　　　2015年11月任
     　吴旖旎　　　　　　　　　　2015年11月任
     　魏秋江　　　　　　　　　　2015年11月任

应用技术学院团委

  书　记：张　宗
  副书记：洪林宝　　　　　　　　　　2014年5月免
     　夏　青
     　燕　君　　　　　　　　　　2014年5月免
     　严永伟　　　　　　　　　　2014年5月任
     　刘　洪　　　　　　　　　　2014年5月任

附属第一医院团委

  书　记：田一星

附属第二医院团委

  副书记：胡明娅（主持工作）

附属儿童医院团委

  书　记：时秋芳
  副书记：张兵兵
     　金太伟

苏州大学有关人员在各级人民代表大会、政治协商委员会、民主党派、归国华侨联合会、台属联谊会、无党派知识分子联谊会担任代表、委员名单

全国、省、市、区人大代表

第十二届全国人大代表	钱海鑫
第十二届江苏省人大代表	戴洁 兰青
第十五届苏州市人大常委会副主任	钱海鑫
第十五届苏州市人大常委	钱海鑫 马卫中 黄学贤 邢春根 吴磊
第十五届苏州市人大代表	钱海鑫 马卫中 黄学贤 邢春根 吴磊
	姜为民 王德山 路建美 杨一心
姑苏区第一届人大常委	尤海章
姑苏区第一届人大代表	尤海章 吴雨平 戚海涓 刘海燕 陆明
	傅菊芬 朱谦 李晓强 陈红霞 杨季文
	葛建一 崔京浩 钱孟尧 吴昌政 姜忠
	冯星
相城区第三届人大代表	浦文倜

全国、省、市、区政协委员

第十二届全国政协委员	熊思东
第十一届江苏省政协委员	曹永罗 周幽心 赵鹤鸣 金太军 陈林森
	朱秀林
第十三届苏州市政协副主席	赵鹤鸣
第十三届苏州市政协常委	赵鹤鸣 傅菊芬 叶元土 钱振明 王宜怀
	杨同其 李亚东 陈红霞 马亚中
第十三届苏州市政协委员	陈永珍 钱玉英 傅菊芬 田野 沈振亚
	冯志华 叶元土 钱振明 姜竹松 明志君
	夏春林 袁牧 王宜怀 杨同其 徐建英
	陆士奇 赵鹤鸣 张永泉 李亚东 陈红霞

	金太军	王俊华	许 星	陆 芹	季 伟	浦金贤
	文万信	马亚中	王腊宝	刘跃华	陶新华	陈 红
	李晓明	吴建明				
姑苏区第一届政协常委	刘 海	朱学新	杨俊华	王加俊	董启榕	
姑苏区第一届政协委员	刘 海	朱学新	杨俊华	王加俊	董启榕	李明忠
	王文利	郭盛仁	吴 倩	张力元	陈爱萍	

在全国、省、市各民主党派组织任职

民革十届苏州市委副主委	马卫中			
民革十届苏州市委常委	姚传德			
民革十届苏州市委委员	刘 海			
民盟十一届江苏省委副主委	熊思东			
民盟十一届江苏省委委员	曹永罗			
民盟十二届苏州市委副主委	黄学贤			
民盟十二届苏州市委常委	傅菊芬			
民盟十二届苏州市委委员	冯志华	姜为民	田 野	戈志强
民建八届江苏省委委员	叶元土			
民建十三届苏州市委常委	叶元土			
民进十三届中央委员	吴永发			
民进七届安徽省委副主委	吴永发			
民进九届江苏省委委员	姜竹松			
民进十届苏州市委副主委	钱振明			
民进十届苏州市委常委	明志君			
民进十届苏州市委委员	王伟明	夏春林	吴玲芳	蒋庭波
农工十一届江苏省委委员	邢春根	周幽心		
农工十二届苏州市委副主委	周幽心	邢春根		
农工十二届苏州市委常委	王宜怀			
农工十二届苏州市委委员	刘继贤	杨同其	倪才方	李建国
致公党五届江苏省委常委	赵鹤鸣			
致公党五届江苏省委委员	吴 磊			
致公党五届苏州市委主委	赵鹤鸣			
致公党五届苏州市委副主委	吴 磊			
致公党五届苏州市委委员	张永泉			
九三学社十三届中央委员	钱海鑫			
九三学社七届江苏省委副主委	钱海鑫			
九三学社七届江苏省委委员	金太军			
九三学社九届苏州市委主委	钱海鑫			
九三学社九届苏州市委副主委	戴 洁	陈林森		
九三学社九届苏州市委常委	李亚东	王俊华		

| 九三学社九届苏州市委委员 | 许 星 陈红霞 季 伟 文万信 陆 芹 顾宗江 浦金贤 |

在省、市台属联谊会及归国华侨、无党派知识分子联谊会任职

江苏省台属联谊会第五届理事	张宏成
苏州市台属联谊会第五届常务理事	张宏成 张 凝
苏州市台属联谊会第五届理事	王文沛
江苏省侨联第六届委员	沈振亚
苏州市侨联第八届常委	沈振亚
苏州市侨联第八届委员	张志琳 王振欣
苏州市侨青会副会长	王振欣
苏州市无党派知识分子联谊会副会长	高晓明

在校各民主党派基层组织和校归国华侨联合会、台属联谊会、归国学者联谊会、无党派知识分子联谊会任职

民革苏州大学基层委员会
　　主 委　　马卫中
　　副主委　　姚传德　刘 海
　　委 员　　陈卫东　吴雨平　谢思明　石 沙　李 艺　施华珍
　　　　　　戚海涓　薛华勇　薛玉坤

民盟苏州大学委员会
　　主 委　　黄学贤
　　副主委　　曹永罗　冯志华　戈志强　姜为民　李明忠　田 野
　　　　　　朱 斌　朱 谦
　　委 员　　王俊敏　田海林　朱桂荣　郭凌川　陶 金　龚建平
　　秘书长　　周 宣
　　副秘书长　钟慎斌

民建苏州大学支部
　　主 委　　叶元土
　　副主委　　郑晓玲　杨 哲　沈 能
　　委 员　　陈志强　周雯娟　张乐帅

民进苏州大学委员会
　　主 委　　钱振明
　　副主委　　夏春林　姜竹松　吴玲芳　蒋庭波　刘 庄
　　委 员　　马中红　孙茂民　吴小春　张纪平　张学农　明志君
　　　　　　金 涛
　　秘书长　　孙茂民
　　副秘书长　尚贵华　赵石言

农工苏州大学委员会

	主　委	王宜怀				
	副主委	周幽心	倪才方			
	委　员	刘一之	陆士奇	徐建英	王春雷	尤海章	郭盛仁

致公党苏州大学委员会

	主　委	吴　磊			
	副主委	张永泉	薛　群		
	委　员	王加俊	陈志伟	徐苏丹	詹月红

九三学社苏州大学委员会

	主　委	金太军				
	副主委	文万信	陈红霞	浦金贤	王德山	
	委　员	李亚东	季　伟	陆　芹	黄　坚	朱雪珍	金成昌
	秘书长	王　艳				

苏州大学归国华侨联合会

	名誉主席	陆匡宙	顾振纶			
	主　席	沈振亚				
	副主席	张昌陆	詹月红	张志琳	倪沛红	王钦华
	秘书长	倪沛红				
	委　员	吴雪映	席于玫	姚　祥	叶守恩	王振欣	陈　方
		徐苏丹	黄　源	沈百荣	徐艳辉	李　斌

苏州大学台属联谊会

	名誉会长	周　岱				
	会　长	张宏成				
	副会长	王文沛	廖　军	李以明	陈作章	
	理　事	彭大真	徐秀雯	金秀珏	沈园园	金璐曼	周金良
		张　凝	吴　荃			

苏州大学归国学者联谊会

	顾　问	王卓君	白　伦	张学光		
	名誉会长	熊思东	蒋星红			
	会　长	王腊宝				
	副会长	朗建平	沈振亚	王卫平	汪一鸣	
	秘书长	刘海平	王　鼎			
	常务理事	陈宇岳	贡成良	秦正红	高　雷	冯志华	王　鼎

苏州大学无党派知识分子联谊会

	会　长	高晓明				
	副会长	杨季文	郁秋亚	刘跃华	杨旭辉	
	秘书长	刘海平	苏　雄			
	理　事	刘　文	孙　萌	李凡长	吴荣先	吴翼伟	陈　瑶
		金薇吟	钮美娥	俞雪华	姚林泉	徐艳辉	郭辉萍
		屠一锋	梁君林	黄毅生	傅戈燕	董启榕	

苏州大学有关人员在校外机构任职名单

苏州大学有关人员在校外机构任职名单一览表

(据2015年不完全统计,按院部排列、按姓氏笔画排序)

姓　名	机　构　名　称　及　职　务
1. 文学院	
马亚中	中国韵文学会副会长
	江苏省古代文学学会副会长
王　宁	中国艺术人类学理事
	中国俗文学学会理事
	中国戏曲学会理事
王　尧	江苏省当代文学研究会副会长
	江苏省作家协会副主席
王建军	江苏省语言学会常务理事
	江苏省中华成语研究会副会长
王福利	中国乐府学会常务理事
方汉文	国际比较文学学会ISCSC中国分会主席
	中国比较文学学会理事
	江苏省比较文学学会副主席
刘锋杰	中国文艺理论学会常务理事
汤哲声	中国俗文学学会常务理事
	中国武侠研究会副会长
	江苏省现代文学学会副会长
汪卫东	中国鲁迅研究会理事
	江苏省鲁迅研究会副会长

续表

姓 名	机 构 名 称 及 职 务
杨旭辉	中国骈文学会常务理事
季 进	国际中国学研究会理事
	中国比较文学学会理事
	中国青年学术委员会副主任
	江苏省当代文学学会副秘书长
罗时进	东亚学术文化交流会首任会长
	中国明代文学学会理事
	中国唐代文学学会副会长
曹 炜	中国词汇学研究会理事
	中国修辞学会常务理事
徐国源	中国俗文学学会理事
	江苏省写作学会副会长
钱锡生	中国词学会理事
	中国词学研究会常务理事
黄 轶	中国南社研究会副秘书长
	中国现代文学研究会第十二届理事会理事
	江苏省当代文学研究会常务理事
鲁枢元	联合国教科文组织人与生物圈计划中国委员会委员
	中国文艺理论学会副会长
	中国作家协会理论批评委员会委员
2. 凤凰传媒学院	
马中红	中国人才研究会青年人才专业委员会常务理事
	中国公共关系学会理事
	中国广告与传媒发展史研究委员会常务理事
王 静	中国新闻史广告与传媒发展研究会理事
	中国广告教育研究会常务理事
王玉明	中国电影文学学会理事

续表

姓 名	机 构 名 称 及 职 务
陈 一	中国高等院校影视学会青年研究会常务理事
陈 龙	教育部广播影视专业教学指导委员会委员
	中国传播学研究会理事
	江苏传媒艺术研究会副会长
杜志红	中国高校影视学会微电影专业委员会理事
张 健	中国高等教育学会新闻学与传播学专业委员会理事
	中国新闻传播思想史研究会常务理事
杨新敏	中国新媒体研究会理事
倪祥保	中国高等教育影视教育专业委员会理事
	中国电影家协会委员
	中国电视艺术家协会委员
	中国电影评论学会委员
	长三角地区高校影视戏剧研究会常务理事
	江苏传媒艺术研究会常务理事
曾一果	中国视听传播学会常务理事
	江苏省传媒艺术研究会常务理事
董 博	世界经济论坛全球杰出青年基金会董事
3. 社会学院	
王卫平	教育部高校历史学科教学指导委员会委员
	中国地方志协会学术委员会委员
	中国社会史学会常务理事
	中国经济史学会理事
	中国太平天国史研究会常务理事
	江苏省历史学会常务理事
	江苏省太平天国史学会副会长
	江苏省农史学会副会长
	江苏省经济史学会副会长
	江苏省地域文化研究会副会长

续表

姓　名	机　构　名　称　及　职　务
朱从兵	中国太平天国史研究会副秘书长
	中国近现代史史料学会理事
	江苏省太平天国史研究会副秘书长
池子华	中国红十字会十届理事会理事
	中国太平天国史研究会常务理事
	中国会党史研究会理事
	中国社会史学会理事
	江苏省太平天国史学会副秘书长
吴建华	中国社会史学会常务理事
余同元	国际健康健美长寿学学会常务理事
	中国朱元璋研究会副会长
	中国范仲淹研究会理事
	中国近现代史史料学会理事
	中国明史学会理事
	江苏省郑和研究会常务理事
张　明	中国社会思想研究会理事
	中国社会学会理事
	江苏省社会学会副会长
张照余	教育部档案学科教学指导委员会委员
	中国档案学会基础理论委员会委员
	中国档案学会常务理事
金卫星	中国美国史研究会常务理事
	江苏省世界史学会副会长
周　毅	中国档案学会基础理论委员会委员
姚传德	中国日本史学会理事
	民革中央孙中山研究会理事

续表

姓 名	机 构 名 称 及 职 务
高 峰	中国社会学会理事
	中国社会工作教育学会常务理事
	中国城市社会学会理事
	江苏省邓小平理论研究会常务理事
	江苏省社会学会常务理事
臧知非	中国秦汉史研究会副会长
	中国农民战争史研究会副会长
	江苏省项羽研究会副会长
	江苏省高校历史教学研究会秘书长
魏向东	江苏省旅游学会副会长

4. 政治与公共管理学院

姓 名	机 构 名 称 及 职 务
王俊华	中国卫生法学学会理事
叶继红	中国科学学与科技政策研究会理事
	中国社会学会移民专业委员会理事
庄友刚	中国人学学会理事
	全国价值学学会理事
	江苏省哲学学会常务理事
李继堂	中国自然辩证法研究会物理学哲学专业委员会委员
乔耀章	中国行政管理学学会理事
	中国政治学会理事
	江苏省政治学会副会长
朱光磊	中华孔子学会阳明学研究会理事
金太军	全国政策科学研究会副会长
	中国政治学会理事
	中国行政管理学会理事
	江苏省政治学会副会长
	江苏省机构编制改革研究会副会长

续表

姓 名	机 构 名 称 及 职 务
杨思基	中国马克思主义哲学史学会理事
周可真	中国哲学史学会理事
	中国企业管理学会常务理事
施从美	江苏省机构编制管理研究会副秘书长
钮菊生	国家"一带一路"智库联盟合作理事会理事
	中国国际关系学会理事
	全国高校国际政治研究会常务理事
韩焕忠	中国伦理学会宗教伦理分会常务理事
蒋国保	国际儒学联合会、中国哲学史学会理事
	中华孔子学会、中国现代哲学研究会常务理事
	中国孔子学会阳明学研究会、江苏省儒学会副会长

5. 马克思主义学院

姓 名	机 构 名 称 及 职 务
方世南	中国人学学会常务理事
	中国马克思主义哲学史学会理事
	中国环境保护部环境文化促进会理论干事
姜建成	江苏省高校思想政治理论课教学指导委员会副主任
	江苏省邓小平理论研究会常务理事

6. 教育学院

姓 名	机 构 名 称 及 职 务
母小勇	中国教育学会课程专业委员会理事
	中国教育学会科学教育分会理事
	江苏省高等教育学会教师教育分会常务理事
吴继霞	全国人格心理学会专业委员会委员
	江苏省心理学会心理学教学工作委员会副主任
	江苏省心理学会社区心理学专业委员会副主任
刘电芝	全国人格心理学会专业委员会委员
	中国教育心理学会专业委员会副会长
	中国心理学会理事

续表

姓　名	机 构 名 称 及 职 务
刘电芝	江苏省心理学会社区心理学专业委员会(筹)会长
	江苏省心理学会常务理事
张　明	教育部心理学教学指导委员会委员
	中国心理学会普通心理和实验心理专业委员会副主任
	中国心理学会心理学教学工作委员会副主任
	中国教育学会脑科学与教育研究分会理事
	中国心理学会理事
	江苏省心理学会常务理事
赵蒙成	中国教育学会课程专业委员会理事
周　川	中国高等教育学会常务理事
	全国高等教育学研究会常务理事
	全国院校研究会副理事长
黄启兵	中国高等教育学会高等教育学专业委员会理事
范庭卫	中国教育学会杨贤江教育思想研究分会常务理事
	中国心理学会理论心理学与中国心理学史专业委员会理事
陶新华	中国心理卫生协会团体心理治疗委员会常任理事
	中国心理学会临床与咨询心理学注册系统委员
	美国EAP学会中国分会理事
	江苏省心理卫生协会常务理事
崔玉平	中国教育学会教育经济学分会副理事长
	江苏省高等教育学会教育经济学分会副理事长
	江苏省教育学会教育管理学分会常务理事
曹永国	中国教育学会中青年理论工作者分会理事
彭彩霞	中华炎黄文化研究会童蒙文化专业委员会理事
彭彦琴	中国心理学会理论心理学与中国心理学史专业委员会理事

续表

姓名	机构名称及职务
童辉杰	国际中华应用心理学会常务理事
	中国社会心理学会常务理事
	江苏省社会心理学会副会长

7. 东吴商学院(财经学院) 东吴证券金融学院

姓名	机构名称及职务
王则斌	教育部工商管理类专业教学指导委员会委员
张雪芬	中国会计学会政府及非营利组织会计专业委员会委员
沈能	中国软科学研究会理事
罗正英	中国软科学研究会理事
	中国会计评论理事会理事
俞雪华	江苏省价格协会常务理事
袁建新	江苏省外国经济学说研究会副会长

8. 王健法学院

姓名	机构名称及职务
丁建安	中国社会法学研究会理事
卜璐	中国国际私法学会理事
上官丕亮	中国法学会比较法学研究会理事
	中国法学会宪法学研究会理事
	江苏省法学会廉政法制研究会常务理事
王克稳	中国法学会行政法学研究会常务理事
	中国水利研究会水法专业委员会副主任委员
	江苏省行政法学研究会副会长
方新军	中国民法学研究会理事
	江苏省法学会民法学研究会常务理事
方潇	江苏省法学会法律史研究会副秘书长
艾永明	教育部法学教育指导委员会委员
	中国法律史学会常务理事
	江苏省法学会法律史研究会会长
冯嘉	江苏省法学会生态法学研究会常务理事

续表

姓　名	机　构　名　称　及　职　务
史浩明	中国民法学研究会理事
	江苏省法学会民法学研究会副会长
	江苏省商法学研究会常务理事
朱　谦	中国法学会环境法研究会常务理事
	中国环境科学学会环境法分会副会长
	江苏省生态法学研究会副会长
	江苏省环境资源法学研究会副会长
刘思萱	江苏省商法学会常务理事
孙国平	中国社会法研究会理事
	江苏省社会法研究会常务理事
孙　莉	中国法学会法理学研究会理事
	中国行为法学会理事
	中国法学会立法学研究会理事
	中国法学会比较法学研究会理事
	江苏省法学会法理学、宪法学研究会副会长
李洪欣	中国犯罪学研究会理事
	全国外法史研究会理事
	中国廉政法治研究会理事
李小伟	中国版权协会理事
李晓明	国际刑法学协会中国分会理事
	中国犯罪学研究会常务理事
	中国刑法学研究会预防犯罪专业委员会副主任
	中国青少年犯罪研究会犯罪学基础理论专业委员会常务理事
	中国预防犯罪专业委员会副主任
	中国监察学会金融检察专业委员会理事
	中国未成年人法制教育专业委员会副主任
	江苏省刑法学研究会副会长

续表

姓 名	机 构 名 称 及 职 务
沈同仙	中国法学会社会法学研究会理事、副秘书长
	江苏省经济法研究会副会长
	江苏省法学会社会法学研究会副会长
张成敏	中国逻辑学会法律逻辑专业委员会副会长
	江苏省刑事诉讼法研究会副会长
	江苏省法学会检察学研究会常务理事
张 鹏	江苏省农村法制学会常务理事
张永泉	中国民事诉讼法学研究会常务理事
	江苏省民事诉讼法学研究会常务理事
张利民	中国法学会国际私法学研究会理事
	江苏省国际法学会副会长
陈立虎	中国国际经济法学会常务理事
	中国法学会 WTO 法研究会理事
庞 凌	江苏省法理学与宪法学研究会副秘书长
胡玉鸿	国家司法考试命题委员会委员
	中国法学会法理学研究会理事
	江苏省法学会法理学、宪法学研究会副会长
	江苏省法学会副会长
胡亚球	中国民事诉讼法学研究会常务理事
	中国法学教育研究会理事
	江苏省民事诉讼法研究会副会长
	江苏省法学会检察学研究会副会长
赵艳敏	中国法学会世界贸易组织法研究会理事
黄学贤	中国法学会宪法学研究会理事
	中国法学会行政法学研究会理事
	江苏省行政法学研究会副会长
	江苏省法学会港澳台法律研究会副会长

续表

姓　名	机　构　名　称　及　职　务
章志远	中国法学会行政法学研究会理事
程雪阳	江苏省农村法制协会常务理事
董炳和	中国法学会知识产权研究会理事
	江苏省法学会知识产权法学研究会副会长

9. 外国语学院

姓　名	机　构　名　称　及　职　务
王　军	中国认知语言学研究会常务理事
	中国语言与符号学研究会常务理事
	江苏省外国语言学会副会长兼副秘书长
王　宏	中国文化典籍翻译研究会副会长
	中国比较文学学会翻译研究会常务理事
	江苏省翻译协会常务理事
王腊宝	教育部外语教学指导委员会委员
	中国语言与符号学研究会副会长
	全国外国文学学会英语文学研究分会副会长
	中国澳大利亚研究会副会长
	江苏省高校外语教学研究会副会长
	江苏省外国文学学会副会长
	江苏省翻译协会副会长
王　宇	中国英语教学研究会语音专业委员会理事
朴明淑	韩国口碑文学研究会国际理事
朱新福	全国外国文学学会英语文学研究分会理事
	全国美国文学研究会常务理事
	江苏省外国文学学会常务理事
孙倚娜	教育部大学外语教学指导委员会委员
	江苏省外语教学研究会常务理事
陆　洵	全国法语教学研究会理事
	全国法国文学研究会理事

续表

姓　名	机　构　名　称　及　职　务
赵爱国	中国俄语教学研究会常务理事
	中国语言与符号学研究会常务理事
	中国俄罗斯东欧中亚学会常务理事
高鹏飞	中国日语教学研究会江苏省分会副会长
高永晨	国际和中国跨文化交际研究学会委员
徐　卫	日中对比语言学会中国分会理事
袁　影	世界汉语修辞学会理事
顾佩娅	中国英语教学研究会教师教育与发展专业委员会常务理事
	中国英语教学研究会计算机辅助外语教学专业委员会副主任委员
	中国教育学会外语教学专业委员会委员
贾冠杰	全国教育语言学研究会常务理事
	全国二语习得研究会理事
	全国语言教育研究会常务理事
	全国神经语言学研究会副会长
10. 金螳螂建筑学院	
王　琼	中国饭店协会设计装饰专业委员会常务理事
	中国建筑学会室内设计分会第六届理事会理事
	中国建筑装饰协会设计委员会副主任委员
	江苏省勘察设计协会建筑装饰及环境艺术设计专业委员会副主任委员
吴永发	全国高等学校建筑学专业指导委员会委员
	中国绿色建筑专业委员会绿色校园学组副组长
查佐明	中国村社发展促进会大学生村官专家委员会委员
11. 数学科学学院	
唐　煜	中国数学会均匀设计分会理事
殷剑兴	中国组合与图论学会常务理事、秘书长

续表

姓 名	机 构 名 称 及 职 务
曹永罗	中国数学会常务理事
	江苏省数学会副理事长

12. 物理与光电·能源学部

姓 名	机 构 名 称 及 职 务
马扣祥	全国电池材料标准化技术委员会秘书长
	中国电池工业协会技术委员会秘书长
汝坤林	全国原电池标准化技术委员会委员
金 苗	全国电池材料标准化技术委员会委员
狄国庆	全国电磁学教学委员会常务理事
顾济华	江苏省物理学会副理事长
宋瑛林	宇航学会光电子专业委员会委员
沈明荣	中国材料研究会理事
沈为民	中国宇航学会空间遥感专业委员会副主任委员
	中国光学学会红外、光电器件专业委员会委员
余景池	中国光学学会先进光学制造分会副主任委员
	中国空间光学学会委员
陈林森	全国纳米技术标准化技术委员会委员
	中国光学学会全息与光信息处理专业委员会主任
	中国民营科技企业家协会副会长
	国家微纳加工与制造产业创新战略联盟副理事长
吴建宏	中国光学学会光电技术专业委员会委员
郑军伟	全国电池材料标准化技术委员会副主任
	中国电池工业协会副理事长
袁 孝	中国光学学会激光专业委员会委员
钱 煜	中国光学学会光学测试专业委员会委员
	中国宇航学会空间遥感专业委员会委员
晏世雷	江苏省物理学会副秘书长
陶 洪	中国教育学会物理教学专业委员会理事

续表

姓　名	机构名称及职务
魏　琪	江苏省工程热物理协会常务理事

13. 材料与化学化工学部

姓　名	机构名称及职务
邓安平	中国化学会有机分析专业委员会委员
	中国仪器仪表学会化学传感器专业委员会委员
白同春	中国化学会化学热力学和热分析专业委员会委员
陈　红	英国皇家化学学会会士
	中国生物材料学会第一届理事会理事
	中国化学会第二十九届理事会理事
	中国生物材料学会青年委员会第一届委员会常务委员
	江苏省化学化工学会第十一届理事会常务理事
	江苏省化学化工学会第十一届理事会高分子化学与物理专业委员会主任委员
陈晓东	中国颗粒学会理事会理事
沈理明	江苏省教育学会化学教学专业委员会第五届理事会副理事长
李永舫	中国化学会常务理事
	英国皇家化学会会士
肖　杰	中国颗粒学会青年理事
郎建平	中国化学会无机化学学科委员会委员
	中国化学会晶体化学专业委员会委员
	第五届中国晶体学会理事
姚建林	中国物理学会光散射专业委员会委员、副主任
戴礼兴	中国仪器仪表学位仪表功能材料分会理事会常务理事

14. 纳米科学技术学院

姓　名	机构名称及职务
孙旭辉	中国物理学会同步辐射专业委员会常务委员
刘　庄	中国材料学会纳米材料与器件分会理事
	中国化学会纳米化学分会委员、副秘书长
	中国生物物理学会纳米生物物理专业委员会委员
李有勇	中国化学会计算化学委员会委员

续表

姓名	机构名称及职务
张晓宏	中国科学院理化技术研究所科技委员会委员
康振辉	中国材料研究学会纳米材料与器件分会理事
15. 计算机科学与技术学院	
马小虎	江苏省计算机学会 CAD&CG 专业委员会副主任
王宜怀	中国软件行业协会嵌入式系统分会理事
	江苏省计算机学会嵌入式专业委员会常务副主任
王进	中国计算机学会互联网专业委员会委员
	中国计算机学会普适计算专业委员会委员
	中国计算机学会网络与数据通信专业委员会委员
朱巧明	中国计算机学会理事
	中国计算机学会系统软件专业委员会委员
	中国计算机学会电子政务与办公自动化专业委员会委员
刘全	中国计算机学会委员
	全国石油和化学工业信息技术委员会委员
朱艳琴	全国计算机继续教育研究会江苏委员会理事
李寿山	中国中文信息学会青年工作委员会委员
	中国中文信息学会社会媒体处理专业委员会委员
	中国计算机学会委员
李凡长	中国计算机学会理论计算机科学专业委员会委员
	中国计算机学会人工智能与模式识别专业委员会委员
	中国人工智能学会理事
	中国人工智能学会粗糙集与软计算专业委员会常务委员
	中国人工智能学会知识工程专业委员会委员
	中国人工智能学会智能系统工程专业委员会委员
	中国人工智能学会机器学习专业委员会常务委员
	中国人工智能学会机器感知与虚拟现实专业委员会委员
	江苏省计算机学会人工智能专业委员会副主任委员

续表

姓 名	机构名称及职务
张广泉	中国计算机学会软件工程专业委员会委员
	中国计算机学会系统软件专业委员会委员
	中国计算机学会理论计算机科学专业委员会委员
	中国计算机学会协同计算专业委员会委员
	中国计算机学会形式化方法专业委员会委员
	全国高等学校计算机教育研究会理事
	江苏省计算机学会软件与教育专业委员会委员
张 莉	中国人工智能学会机器学习专业委员会委员
	中国人工智能学会粗糙集与软计算专业委员会委员
	江苏省计算机学会理事会青年工作委员会副主任
张 民	中国人工智能学会理事
张志强	全国高等院校计算机基础教育研究会理工专业委员会委员
陈文亮	中国中文信息学会青年工作委员会委员
季 怡	中国图像图形学会虚拟现实专业委员会委员
杨季文	江苏省计算机学会体系结构专业委员会副主任
	江苏省计算机学会高性能计算专业委员会副主任委员
周晓方	中国计算机学会大数据专业委员会委员
	江苏省计算机学会大数据专业委员会副主任
周国栋	中国计算机学会中文信息技术专业委员会副主任委员
赵 雷	中国人工智能学会智能服务专业委员会委员
	江苏省计算机学院计算机教育专业委员会副主任委员
洪 宇	中国中文信息学会青年工作委员会委员
钟宝江	中国人工智能学会机器学习专业委员会委员
徐汀荣	中国高等院校计算机教育研究会理事
	中国微型计算机应用协会理事
黄 河	中国计算机学会无线传感网络专业委员会委员

续表

姓 名	机 构 名 称 及 职 务
熊德意	中国中文信息学会青年工作委员会委员
	中国中文信息学会信息检索专业委员会通讯委员
	中国计算机学会中文信息技术专业委员会通讯委员
樊建席	中国计算机学会理论计算机科学专业委员会委员

15. 电子信息学院

姓 名	机 构 名 称 及 职 务
王明湘	IEEE 南京分部电子器件－固态电路联合分会副主席
刘学观	中国通信学会电磁兼容委员会委员
	高等学校电磁场教学与教材研究会委员
沈百荣	中国运筹学会计算系统生物学分会副理事长
	中国医药生物技术协会、生物医学信息技术分会理事
	中国生物化学与分子生物学会分子系统生物学专业委员会委员
	中国细胞生物学学会功能基因组信息学与系统生物学分会常务委员
	江苏省医学会医学信息学分会主任委员
沈纲祥	IEEE 光与无线网络集成(FiWi)技术委员会秘书
	亚洲光通讯会议(ACP)光网络分会 TPC 主席
	江苏省通信学会光通信与线路专业委员会副主任委员
赵鹤鸣	全国信息与电子学科研究生教育委员会委员
	全国信号处理学会委员
	中国人工智能学会神经网络与计算智能专业委员会委员
	江苏省电子学会常务理事
	江苏省电子学会 SMT 专业委员会主任委员

16. 机电工程学院

姓 名	机 构 名 称 及 职 务
石世宏	中国计量测试学会理事
	中国机械工程学会特种加工分会常务理事
孙立宁	中国微米纳米技术学会常务理事
	中国机械工程学会微纳米制造技术分会副主任委员

续表

姓　名	机 构 名 称 及 职 务
孙立宁	中国自动化学会机器人委员会副主任
	中国仪器仪表学会微纳器件与系统技术分会副理事长
	全国微机电技术标准化技术委员会主任
	全国自动化系统与集成标准化技术委员会主任
	全国医用机器人标准化技术委员会工作组组长
郭旭红	江苏省工程图学会常务副理事
陈立国	中国微米纳米技术协会国际合作与交流工作委员会委员
	中国仪器仪表学会微纳器件与系统分会理事
陈长军	中国光学学会激光加工委员会委员
	中国宇航学会光电技术委员会委员
	中国腐蚀与防护学会涂料涂装及表面防护委员会委员
	中国硅酸盐学会测试技术分会理事
	中国表面工程学会青年委员会委员
	中国表面工程学会委员
	中国表面改性技术委员会委员
	全国增材制造技术彼岸准委员会委员
陈　瑶	全国材料新技术发展研究会常务理事
傅戈雁	江苏省机械工程学会常务理事
	江苏省特种加工分会常务理事
17. 纺织与服装工程学院	
白　伦	中国茧丝绸产业公共服务体系丝绸工业科技转化平台专家委员会主任
陈国强	国务院学位委员会第六届学科评议组委员
	中国印染专业委员会秘书
	中国丝绸协会副会长
胡征宇	中国丝绸协会缫丝分会理事
赵建平	教育部轻工专业指导委员会委员
	中国丝绸学会印染专业委员会秘书长
	中国印染协会理事

续表

姓 名	机 构 名 称 及 职 务
18. 城市轨道交通学院	
陈 甦	江苏省岩土工程与力学学会常务理事
19. 体育学院	
王家宏	全国高等学校体育教学指导委员会委员、技术学科组组长
	全国学校体育专业委员会副理事长
	全国高等教学学会学术委员会委员
	全国体育专业学位研究生教育指导委员会委员
	国家社会科学基金学科评审组专家委员
	中国篮球协会科研委员会副主席
	中国大学生体育协会篮球分会副主席
	中国大学生体育协会网球分会副主席
	中国体育科学学会社会体育科学分会副主任
	江苏省高等教育学会高校体育研究会、江苏省体育科学学会高校体育专业委员会名誉理事长
	江苏省教育学会第七届理事会体育专业委员会理事长
	江苏省体育教育指导委员会副主任委员
	江苏省跆拳道协会副主席
	江苏省篮球协会副主席
吴明方	江苏省体育科学学会运动医学专业委员会副主任委员
李 龙	国家武术研究院青年学者工作委员会委员
张 林	North America Medical Education Foundation 常务理事
	全国高校运动人体科学专业委员会常务委员
	中国体育科学学会运动生理与生化学会委员
	中国体育科学学会运动医学委员会委员
	中国生理学会运动生理学专业委员会委员
	中国老年学会骨质疏松学会理事
	中国保健学会骨与关节病学会理事

续表

姓　名	机　构　名　称　及　职　务
张　林	江苏省生物医学工程学会常务理事
	江苏省运动医学工程专业委员会主任委员
	江苏省运动生理与生化学会副主任委员
陆阿明	中国体育科学学会运动生物力学分会委员
	中国高等教育学会体育专业委员会教师教育研究会副理事长
	江苏省体育科学学会运动生物力学分会副主任
邰崇禧	全国高等院校体育教学训练研究会副理事长
	全国高校田径理论研究会委员
	江苏省田径运动协会副主席
罗时铭	东北亚体育运动史学会理事
	中国体育科学学会体育史分会常务委员
	江苏省体育科学学会体育管理专业委员会主任委员
陶玉流	中国大学生体育协会篮球分会科研委员会副主任
	中国高等教育学会体育专业委员会理事
雍　明	江苏省体育科学学会体育产业分会副主任委员
熊　焰	中国体育科学学会运动训练学专业委员会委员

20. 艺术学院

姓　名	机　构　名　称　及　职　务
许　星	中国服装设计师协会学术委员会委员
	中国服装设计师协会理事
刘　佳	中国文化部青联美术工作委员会副秘书长
	中华全国青年联合委员会委员
李　明	中国民俗学会理事
李超德	全国艺术专业学位研究生教育指导委员会委员
	教育部设计学专业指导委员会委员
	教育部美术类专业指导委员会委员
	中国流行色协会色彩教育委员会副主任
	上海国际时尚联合会副会长

续表

姓 名	机 构 名 称 及 职 务
李超德	中国服装设计师协会副主席
	亚洲时尚联合会中国委员会理事
	教育部高校美术教学指导委员会委员
	教育部纺织服装专业指导委员会、服装教学指导委员会委员、副主任
	中国美术家协会服装艺委会副主任
	教育部服装表演专业指导委员会主任
沈建国	中国工艺美术学会雕塑专业委员会委员
张大鲁	中国包装联合会设计委员会委员
张朋川	中国工艺美术学会理论委员会常务理事
皇甫菊含	教育部高等学校高职高专表演艺术类专业教学指导委员会副主任
	中国纺织教育协会时装表演艺术委员会副秘书长
徐海鸥	中国科普作家协会副秘书长
姜竹松	中国流行色协会教育委员会委员
雍自鸿	中国流行色协会教育委员会委员

21. 音乐学院

刘跃华	中国声乐家协会副主席
冒小瑛	中国教育学会音乐教育专业委员会委员

22. 医学部基础医学与生物科学学院

王国卿	中国中西医结合学会时间生物医学专业委员会秘书长
叶元土	中国水产学会水产动物营养与饲料专业委员会副主任委员
	中国畜牧兽医学会动物营养分会理事
	全国饲料工业标准化技术委员会水产饲料分技术委员会委员
	江苏省动物营养研究会副会长
吴士良	中国生物化学与分子生物学会复合糖专业委员会常务委员
	中国生物化学与分子生物学会医学分会理事
	江苏省生物化学与分子生物学会副理事长
吴开云	中国解剖学会人体解剖学专业委员会委员

续表

姓　名	机　构　名　称　及　职　务
邱玉华	中国病理生理学会第七届免疫专业委员会委员
沈颂东	中国藻类学会常务理事兼副秘书长
沈卫德	中国蚕学会常务理事
	江苏省蚕学会副理事长
贡成良	中国蚕学会病理学组副主任委员
	江苏省蚕学会常务理事、病理学组主任委员
张焕相	中国细胞生物学学会理事
	江苏省细胞与发育生物学学会副理事长
	江苏省生物技术协会副理事长
张洪涛	中国细胞生物学学会理事
陈永珍	中国解剖学会组织胚胎学专业委员会委员
	中国细胞生物学学会医学细胞生物学分会理事
徐世清	中国中西医结合学会时间生物医学专业委员会常务委员
	江苏省昆虫学会常务理事
凌去非	江苏省水产学会常务理事
夏超明	中国动物学会寄生虫学专业委员会理事
	江苏省预防医学会寄生虫学专业委员会副主任委员
夏春林	江苏省解剖学会副理事长
高晓明	江苏省免疫学会常务理事
诸葛洪祥	中国预防医学会寄生虫学分会常务理事
黄　瑞	中国微生物学会理事
	江苏省微生物学会常务理事、学术委员会副主任、医学微生物学专业委员会主任委员
	江苏省微生物与免疫学会常务理事
黄鹤忠	中国海洋生物工程研究会常务理事
谢可鸣	江苏省病理生理学会副理事长

续表

姓　名	机　构　名　称　及　职　务
傅文青	中国心理卫生协会心理咨询与治疗专业委员会委员
	中国高教学会医学心理学分会理事
	中国心理学医学心理学分会理事
缪竞诚	中国微生物学会干扰素专业委员会委员

23. 医学部放射医学与防护学院

姓　名	机　构　名　称　及　职　务
王叕叫	中国核学会核化学与放射化学分会环境放射化学专业委员会委员
文万信	国家卫生标准委员会放射卫生标准专业委员会委员
	中国核仪器行业协会理事
	中国辐射防护学会理事
	中国核学会辐射物理学会理事
许玉杰	全国核能标准化技术委员会放射性同位素分技术委员会委员
	中国核学会同位素分会委员
	中国核工业教育学会副理事长
	中国毒理学会放射毒理专业委员会委员
	中国生物物理学会第十届辐射与环境专业委员会委员
孙　亮	中华预防医学会放射卫生专业委员会青年委员会常务委员
刘芬菊	中国核学会辐射研究与辐射工艺学会常务委员
华道本	中国核学会辐射研究与应用分会理事
	中国核学会核化学与放射化学分会环境放射化学专业委员会委员
	中国生物物理学会辐射与环境专业委员会委员
张友九	中国核学会同位素分会委员
	中国核学会核化学与放射化学分会委员
	中国同位素与辐射加工行业协会同位素专业委员会副主任委员
张保国	教育部高等学校教学指导委员会(核科学与工程)委员
	中国核物理学会理事
周如鸿	美国科学促进会会士
	美国物理学会会士

续表

姓　名	机　构　名　称　及　职　务
周光明	中国生物物理学会第十届辐射与环境专业委员会委员
	江苏省毒理学会放射毒理专业委员会主任委员
涂　彧	中国辐射防护学会天然辐射防护分会理事
	中华预防医学会放射卫生专业委员会常务委员
	江苏省预防医学会放射卫生与防护委员会副主任委员
柴之芳	基金委重大研究计划"先进核裂变能的燃料增殖和嬗变"专家组副组长
	中国核学会常务理事
	英国皇家化学会会士（Fellow）
	International Committee of Nuclear Analytical Methods in Life Sciences, Member
	International Committee of Modern Trends in Activation Analysis, Member
崔凤梅	中华预防医学会自由基预防医学专业委员会委员
	中华医学会放射医学与防护学会青年委员
第五娟	中国核学会核化学与放射化学分会环境放射化学专业委员会委员
曹建平	中国卫生监督协会放射卫生专业委员会常务委员
	中国毒理学会常务委员
	中国生物物理学会辐射与环境专业委员会副主任委员
	中国毒理学会放射毒理专业委员会副主任委员
	中华医学会放射医学与防护学分会常务委员
	中华预防医学会放射卫生专业委员会常务委员
	江苏省预防医学会放射医学与防护专业委员会副主任委员
	江苏省核学会常务理事
24. 医学部公共卫生学院	
马亚娜	中华预防医学会卫生事业管理分会青年委员会委员
田海林	中国环境科学学会环境医学与健康分会委员
安　艳	中国环境诱变剂学会活性氧生物学效应专业委员会委员
张永红	教育部预防医学与公共卫生教育指导委员会委员
	江苏省预防医学会流行病学专业委员会副主任委员

续表

姓　名	机　构　名　称　及　职　务
张永红	中华预防医学会心脏病预防控制专业委员会常务委员
	中华预防医学会公共卫生教育分会委员
	江苏省预防医学会流行病学专业委员会副主任委员
张增利	中国毒理学会放射毒理专业委员会委员
	中国毒理学会免疫毒理专业委员会委员
	中国骨质疏松学会常务委员
张　洁	中国毒理学会生殖毒理学专业委员会委员
	中国毒理学会神经毒理学专业委员会委员
	中国中西医结合学会时间生物医学专业委员会秘书
	江苏省预防医学会卫生毒理学专业委员会青年委员会副主任委员
李建祥	中国毒理学会生化与分子毒理学专业委员会委员
	中国环境诱变剂学会第五届致癌专业委员会委员
李红美	中国卫生信息学卫生统计学会青年委员
陈　涛	中国动物学会细胞与分子显微技术专业委员会委员
沈月平	中国卫生信息学卫生统计学会青年委员
肖　卫	全国卫生管理与教育协会理事
	中华医学会劳动卫生与职业病分会理事
徐　勇	中华预防医学会儿少卫生专业委员会委员
	国家爱卫办专家委员会委员
	国家CDC应急培训专家委员会委员
	卫生部卫生标准委员会委员
	江苏省儿少卫生学会副主任委员
高　歌	中国现场统计研究会生物与医学统计分会副主任委员
	中国现场统计研究会常务委员
	中国卫生信息学会统计理论方法分会常务委员
	中华预防医学会社会医学分会委员

续表

姓 名	机构名称及职务
秦立强	中国研究型医院学会营养医学专业委员会常务委员
	江苏省营养学会常务理事
曹 毅	中国毒理学会遗传毒理学专业委员会委员
	中国毒理学会神经毒理学专业委员会委员
	中国生物物理学会电磁生物学专业委员会委员
	江苏省毒理学会常务理事
童 建	中国中西医结合学会时间生物医学专业委员会名誉主任委员
	中国高等教育学会理事
	中国核学会理事
	江苏省毒理学会副理事长
	江苏省诱变剂学会副理事长
董 晨	中华医学会医学病毒学分会青年委员会委员
	江苏省预防医学会微生物检验专业委员会常务委员
滕国兴	江苏省地方病协会常务委员

25. 医学部药学院

姓 名	机构名称及职务
王光辉	中国神经科学学会理事
	中国神经科学学会胶质细胞分会副主任委员
	中国细胞生物学会神经细胞生物学分会副主任委员
毛新良	中国药理学会生化与分子药理专业委员会委员
	中国药理学会抗炎与免疫药理专业委员会委员
刘江云	世界中医药学会联合会中药新药创制专业委员会理事
李笑然	中国中医药文献学研究会常务理事
汪维鹏	中国高等教育学会医学教育专业委员会药学教育研究会理事
	江苏省执业药师协会常务理事
张慧灵	中国药理学会来华留学生(医学)教学专业委员会常务委员
张洪建	中国药理学会药物代谢专业委员会理事

续表

姓 名	机 构 名 称 及 职 务
张学农	世界中医药学会联合会中药新剂型专业委员会常务理事
	江苏省药学会药剂学会副主任委员
陈大为	中华中医药学会制剂专业委员会副主任委员
	世界中医药学会联合会中药新剂型专业委员会副会长
	中国中药研究促进会中药制剂分会副主任
	中国新医药博士论坛联谊会理事
杨世林	亚太传统医药网专家组执委会主席
	中国中医药研究促进会常务副会长
	中国中医药信息研究会新药开发专业委员会主任
	中国GAP学会副会长
	中国中医药学会理事
	中国实验动物学会常务理事
	中国实验动物学会青年科技协会主任
	中国中药协会常务理事
	中国保健科技协会理事
杨 红	世界中医药学会联合会中药药剂专业委员会理事
崔京浩	世界中医药学会联合会中药新型专业委员会常务理事、副秘书长
秦正红	中国药理学会理事
	中国老年学会衰老与抗衰老学术委员会副主任
	中国药理学会生化与分子药理学会委员
	中国神经科学学会神经精神药理学会委员
唐丽华	江苏药学会常务理事
谢梅林	江苏省药理学会常务理事
	江苏省药理学会中药药理专业委员会副主任委员
梁中琴	江苏省药理学会教学委员会副主任委员
镇学初	中国药理学会神经精神药理学会副主任委员
	中国神经科学学会理事

续表

姓 名	机 构 名 称 及 职 务
镇学初	江苏省药理学会副理事长

26. 医学部护理学院

姓 名	机 构 名 称 及 职 务
王方星	中国生命关怀协会人文护理专业委员会委员兼秘书
王海芳	中华护理学会护理管理委员会专家委员
	江苏省护理学会护理管理委员会副主任委员
李惠玲	中国医院协会护理管理专业委员会委员
	中华医学会骨科学分会第十届委员会护理学组副组长
	江苏省健康教育专业委员会主任委员
	江苏省护理学会常务理事
	江苏省护理学会副理事长
蒋银芬	江苏省护理学会外科护理专业委员会副主任委员
阐玉英	江苏省护理学会儿科专业委员会副主任委员
	江苏省中西医结合学会护理专业委员会副主任委员
薛小玲	江苏省护理学会常务理事
钮美娥	江苏省护理教育专业委员会主任委员

27. 附属第一医院

姓 名	机 构 名 称 及 职 务
马海涛	江苏省医学会胸外科学分会第一届委员会副主任委员
王 中	江苏省医学会神经外科学分会第八届委员会副主任委员
	江苏省抗癫痫协会第一届理事会常务理事
车建丽	江苏省针灸学会临床专业委员会常务委员
	江苏省针灸学会第五届临床专业委员会常务委员
方 琪	江苏省医学会神经病学分会第九届委员会副主任委员
	中华医学会神经病学分会第五届委员会青年委员会委员
	江苏省医学会微循环学分会第五届委员会副主任委员
	江苏省医学会微循环学分会第六届委员会主任委员
甘建和	中华医学会感染病学分会第八届委员会肝衰竭与人工肝专业学组副组长
	中华医学会肝病学分会第七届委员会委员

续表

姓　名	机　构　名　称　及　职　务
甘建和	江苏省医学会感染病学分会第八届委员会副主任委员、候任主任委员
	江苏省中西医结合学会新世纪第五届肝病专业委员会副主任委员
	江苏省中医药学会肝病专业委员会常务委员
兰光华	江苏省中西医结合学会精神卫生分会副主任委员
	江苏省中西医结合学会心身医学与精神卫生专业委员会副主任委员
卢国元	江苏省医学会肾脏病学分会第八届委员会副主任委员
	江苏省医学会肾脏病学分会第七届委员会常务委员
	江苏省医师协会第二届肾脏科医师分会常务委员
邓迎苏	江苏省中西医结合学会风湿病专业委员会常务委员
成兴波	江苏省医学会糖尿病学分会第三届委员会副主任委员
	江苏省医师协会第二届糖尿病学医师分会副主任委员
刘济生	江苏省医学会耳鼻咽喉科分会第八届委员会副主任委员
刘　健	中华口腔医学会第一届全科口腔医学专业委员会青年委员
许春芳	江苏省医学会消化内镜学分会第五届委员会副主任委员
	江苏省中医药学会脾胃病专业委员会常务委员
阮长耿	中华医学会血液学分会第七届委员会血栓止血学组组长
	中华医学会血液学分会第九届委员会荣誉主任委员
	江苏省医学会血液学分会第七届委员会名誉主任委员
	江苏省医学会第九届理事会副会长
乔美珍	中华预防医学会医院感染控制分会第四届委员会委员
	江苏省医院协会医院感染管理专业委员会副主任委员
许春芳	江苏省医学会消化内镜学分会第五届委员会副主任委员
孙俊英	江苏省医学会骨科学分会骨关节学组副组长
孙爱宁	江苏省医学会血液学分会第七届委员会副主任委员
杨惠林	国际脊柱功能重建学会中国分会(CCSAS)副主席
	中国康复医学会脊柱脊髓损伤专业委员会第六届委员会常务委员

续表

姓　名	机构名称及职务
杨惠林	中国健康促进基金会骨病救助专项基金管理专家委员会委员
	中华医学会骨科学分会第八届委员会脊柱外科专业学组副组长
	中华医学会骨科学分会第九届委员会常务委员
	中华医学会骨科学分会第九届委员会微创外科学组副组长
	江苏省医学会骨科学分会第三届创伤学组组长
	江苏省医学会第九届理事会常务理事
	江苏省康复医学会脊柱脊髓损伤专业委员会副主任委员
	江苏省医学会骨科学分会第三届脊柱学组副组长
	江苏省医学会骨科学分会第八届委员会前任主任委员
杨向军	世界中医药学会络病专业委员会理事
	中国生物医学工程学会心率分会常务委员
	江苏省医学会心血管病学分会第七届委员会副主任委员
	江苏省医学会心电生理与起搏分会第一届委员会副主任委员
杨同其	第五届华裔骨科学会关节外科分会理事
杨子良	江苏省中医药学会医疗美容分会常务委员
杨振贤	江苏省医学会影像技术分会第五届委员会副主任委员
	江苏省中西医结合学会影像技术专业委员会荣誉副主任委员
杨卫新	江苏省医学会物理医学与康复医学分会第七届委员会副主任委员
	江苏省康复医学会第四届委员会副会长
	江苏省医学会物理医学与康复医学分会第八届委员会候任主任委员
杨俊华	中国医师协会心血管内科医师分会超声心动图工作委员会委员
	中国医学影像研究会血管浅表器官委员会委员
	中国超声医学工程学会超声心动图专业委员会委员
	江苏省医学会超声医学分会第二届超声心动图学组副组长
杨建平	江苏省医学会第九届理事会常务理事
	江苏省医学会麻醉学分会第八届委员会副主任委员
	江苏省医学会麻醉学分会第九届委员会候任主任委员

续表

姓　名	机 构 名 称 及 职 务
何广胜	中华医学会血液学分会第八届委员会红细胞疾病学组秘书
何　怀	江苏省康复医学会第三届委员会治疗专业委员会常务委员
何　军	中华骨髓库第六届专家委员会委员
吴翼伟	中华医学会核医学分会第八届委员会临床专业学组组长
吴翼伟	江苏省核学会第七届理事会常务理事
吴翼伟	江苏省核学会核医学专业委员会副主任委员
吴翼伟	江苏省核医学医师分会第一届委员会常务委员
吴　琛	江苏省针灸学会急诊专业委员会常务委员
吴爱勤	全国高等学校医学数字教材建设指导委员会委员
吴爱勤	中华医学会心身医学分会第四届委员会副主任委员
吴爱勤	中华医学会心身医学分会第五届委员会主任委员
吴爱勤	江苏省医学会心身与行为医学分会第六届委员会名誉主任委员
吴爱勤	江苏省医学会精神病学分会第八届委员会副主任委员
吴爱勤	江苏省医院协会精神病医院分会委员会常务委员
吴德沛	中国医师协会全国医师定期考核血液科专业编辑委员会副主任委员
吴德沛	中国医师协会血液科医师第二届委员会副会长
吴德沛	中华医学会血液学分会第七届委员会造血干细胞应用学组副组长
吴德沛	中华医学会血液学分会第八届委员会委员兼副秘书长
吴德沛	中华骨髓库第五届专家委员会委员
吴德沛	中华医学会血液学分会第九届委员会副主任委员
吴德沛	江苏省医学会内科学分会第六届委员会副主任委员
吴德沛	江苏省医学会血液学分会第七届委员会前任主任委员
吴德沛	江苏省医师协会第一届血液科医师分会主任委员
沈宗姬	江苏省医学会妇产科学分会第八届委员会副主任委员
沈宗姬	江苏省中西医结合学会第三届生殖医学分会常务委员
沈振亚	全国细胞科技应用管理专业委员会委员
沈振亚	中国医药教育协会第三届理事会常务理事、副会长

续表

姓名	机构名称及职务
沈振亚	中华医学会医学工程学分会干细胞工程专业委员会副主任委员
	中华医学会组织修复与再生分会第一届委员会副主任委员
	江苏省医学会心血管外科学分会第一届委员会主任委员
	江苏省医学会胸心血管外科学分会第七届委员会副主任委员
沈海林	全国高等医学教育学会医学影像学教育分会理事
	中国抗癌协会神经肿瘤专业委员会第三届委员会委员
	江苏省计量测试学会医学计量专业委员会副主任委员
	江苏省医学会放射学分会第八届委员会磁共振学组副组长
张学光	中华医学会微生物与免疫学分会第八届委员会委员
	江苏省医学会微生物与免疫学分会第七届委员会名誉主任委员
张世明	中国脑血管病外科专家委员会（第二届）副主任委员
	江苏省神经外科医师分会第二届委员会常务委员
张洪涛	江苏省医学会骨科学分会第七届委员会足踝外科学组副组长
张玮	中华医学会核医学分会第八届委员会临床专业学组秘书
	中华医学会核医学分会第九届委员会功能显像学组秘书
	中华医学会核医学分会第十届委员会委员
	江苏省医师协会第二届核医学医师分会副主任委员
	江苏省核学会第七届理事会副秘书长
	江苏省核学会第七届理事会核医学专业委员会副主任
	江苏省医学会核医学分会第七届委员会副主任委员
张玲	江苏省中医药学会肾病专业委员会常务委员
张光波	中华医学会微生物学与免疫学分会第九届委员会青年委员
李惠玲	世界中联护理专业委员会第一届理事会常务理事兼副秘书长
	世界中医药学会联合会护理专业委员会常务理事兼副秘书长
	全国中医药高等教育学会护理教育研究会第二届理事会理事
	中华医学会骨科学分会第九届委员会护理学组副组长
	中华医学会骨科学分会第十届委员会护理学组副组长

续表

姓 名	机 构 名 称 及 职 务
李惠玲	中国医院协会护理管理专业委员会委员
	江苏省医院协会医院护理管理专业委员会副主任委员
李建中	江苏省中医药学会老年医学专业委员会副主任委员
李 莉	中国康复医学会电诊断专业委员会第三届委员会委员
	江苏省康复医学会教育专业委员会常务委员
李德春	江苏省医学会外科学分会第三届营养外科专业学组副组长
李声宏	江苏省医院协会血液净化中心分会常务委员
肖根生	江苏省医学会耳鼻喉科学分会第七届委员会副主任委员
陆士奇	中国人道救援医学学会第一届委员会委员
	江苏省中西医结合学会新世纪第五届急症医学专业委员会副主任委员
陆培荣	江苏省医学会眼科学分会第八届委员会副主任委员
	江苏省医学会眼科学分会第九届委员会副主任委员
	江苏省中西医结合学会新世纪第五届眼科专业委员会常务委员
	江苏省中医药学会眼科分会常务委员
陈 文	江苏省医学会精神病学分会第八届委员会会诊联络精神医学组副组长
陈子兴	中华医学会血液学分会第七届委员会实验诊断学组副组长
	中华医学会医学细胞生物学分会第三届委员会委员
	中国医药生物技术协会医药生物技术临床应用专业委员会委员
陈卫昌	中华医学会消化病学分会第九届委员会委员
	江苏省医学会消化病学分会第八届委员会副主任委员
陈志伟	江苏省中医药学会风湿病专业委员会常务委员
	江苏省中西医结合学会风湿病专业委员会副主任委员
陈友国	江苏省中西医结合学会新世纪第五届妇产科专业委员会常务委员
陈爱平	江苏省中医药学会肾病专业委员会常务委员
	江苏省中医药学会基础理论与文献研究专业委员会常务委员

续表

姓　名	机构名称及职务
陈苏宁	中华医学会血液学分会第八届委员会青年委员会委员
	中国病理生理学会实验血液学专业委员会第七届委员会委员
陈　亮	江苏省医学会医学科学研究分会第六届委员会常务委员
茅彩萍	江苏省医学会生殖医学分会第一届委员会副主任委员
金　钧	江苏省医学会重症医学分会第二届委员会常务委员
武　剑	江苏省中西医结合学会新世纪第五届风湿病专业委员会常务委员
周　莉	中国医师协会第二届营养医师专业委员会常务委员
周菊英	中华医学会放射医学与防护学分会第九届委员会委员
	江苏省医学会放射肿瘤治疗学分会第八届委员会候任主任委员
	江苏省核学会第七届理事会放射治疗专业委员会副主任
胡春洪	中国生物物理学会分子影像学专业委员会第一届委员
	江苏省医学会放射学分会第九届委员会副主任委员
	江苏省医学会放射学分会第一届心胸乳腺学组组长
	江苏省医师协会第二届放射医师分会副主任委员
胡建铭	江苏省中医药学会妇科分会常务委员
侯建全	中华医学会泌尿外科学分会第九届委员会委员
	中国性学会性医学专业委员会常务委员
	江苏省医学会泌尿外科学会第九届委员会副主任委员
	江苏省医学会第九届理事会常务理事
	江苏省医学会医学科学研究分会第五届委员会副主任委员
查月琴	江苏省声学学会第六届理事会医学超声学专业委员会副主任委员
	江苏省超声医学工程学会常务理事
赵　宏	江苏省中西医结合学会大肠肛门病专业委员会常务委员
费　梅	江苏省针灸学会耳针专业委员会常务委员
唐天驷	中国康复医学会脊柱脊髓损伤专业委员会第二届微创脊柱外科学组名誉主任委员
	江苏省医学会骨科学分会第八届委员会名誉主任委员

续表

姓 名	机 构 名 称 及 职 务
倪才方	中国医师协会全国医师定期考核介入放射专业编辑委员会委员
	江苏省医学会介入医学分会第一届委员会副主任委员
浦金贤	江苏省医学会男科学分会第六届委员会常务委员
高颖娟	中国卫生信息学会第二届医院统计专业委员会常务委员
郭 亮	中国医学影像技术研究会放射学分会委员
郭凌川	江苏省医学会病理学分会第九届委员会副主任委员
顾美华	江苏省中医药学会风湿病专业委员会常务委员
顾国浩	中华医学会检验医学分会临床微生物学专家委员会委员
	江苏省医学会微生物与免疫学分会第七届委员会副主任委员
	江苏省医学会检验学分会第八届委员会副主任委员
	江苏省医学会医学检验学分会第九届委员会副主任委员
	江苏省医院临床检验管理专业委员会副主任委员
钱海鑫	江苏省医学会外科学分会第七届委员会副主任委员
	江苏省医学会外科学分会第一届肝脏外科学组副组长
钱齐宏	江苏省中西医结合学会新世纪第五届皮肤科专业委员会常务委员
	江苏省中医药学会皮肤科分会常务委员
	江苏省医学会激光医学分会第一届委员会副主任委员
桑士标	江苏省医学会核医学分会第八届委员会副主任委员
徐 峰	江苏省医学会创伤医学分会第一届委员会副主任委员
徐建英	江苏省中医药学会妇科分会常务委员
陶 敏	中国抗癌协会大肠专业委员会第四届委员会常务委员
	中国临床肿瘤学会第四届执行委员会（CSCO）委员
	中国临床肿瘤学会肝癌专家委员会（CSCO）委员
	中国临床肿瘤学会肿瘤营养治疗专家委员会（CSCO）委员
	中国老年学学会第一届老年肿瘤专业委员会委员
	中国生物医学工程学会肿瘤分子靶向治疗专业委员会委员
	中国临床肿瘤学会黑色素瘤专家委员会委员

续表

姓　名	机　构　名　称　及　职　务
陶　敏	江苏省抗癌协会第四届理事会常务理事
	江苏省医学会肿瘤学分会第六届委员会肺肿瘤学组组长
	江苏省医学会肿瘤化疗与生物治疗分会第三届委员会常务委员
	江苏省中西医结合学会新世纪第五届肿瘤专业委员会常务委员
袁苏徐	江苏省中医药学会肿瘤专业委员会常务委员
黄建安	江苏省医学会呼吸病学分会第二届肺部肿瘤及内镜学组组长
	江苏省医学会呼吸病学分会第八届委员会副主任委员
夏　飞	中国医学影像技术研究会超声分会妇产科专业委员会委员
	中华预防医学会出生缺陷预防与控制专业委员会产前超声诊断学组委员
	江苏省医学会超声医学分会第七届委员会超声妇产学组副组长
章　斌	中华医学会核医学分会第九届委员会青年委员会委员
	中华医学会核医学分会第十届委员会青年委员
凌春华	江苏省中西医结合学会新世纪第五届呼吸系统专业委员会副主任委员
董万利	中西医结合医师分会第二届神经病学专家委员会常务委员
	江苏省医学会神经病学分会第八届委员会脑血管病学组副组长
	江苏省中西医结合学会新世纪第五届脑病专业委员会常务委员
	江苏省中西医结合学会新世纪第五届疼痛专业委员会副主任委员
温端改	江苏省医学会泌尿外科学会第八届委员会名誉主任委员
程宗琦	江苏省中医药学会药学专业委员会常务委员
惠　杰	中国医药生物技术协会心电学技术分会委员
	中国医学装备协会第二届医学装备计量测试专业委员会常务委员
	中国新电食管心脏电生理学组副主任
	江苏省计量测试学会医学计量专业委员会副主任委员
惠品晶	卫生部脑卒中筛查与防治工程全国中青年专家委员会委员
	中国老年学学会心脑血管病专业委员会第三届委员会常务委员
惠建华	江苏省中西医结合学会口腔疾病专业委员会荣誉副主任委员
葛自力	江苏省中西医结合学会口腔疾病专业委员会常务委员

续表

姓 名	机 构 名 称 及 职 务
谢道海	江苏省医学会数字医学分会第一届委员会副主任委员
嵇富海	江苏省医学会麻醉学分会第九届委员会常务委员
缪丽燕	中国医院协会药事管理专业委员会第三届委员
	中国医学装备协会药房装备与技术专业委员会副主任委员
	中国药理学会第十届理事会理事
	中国药理学会药物临床试验专业委员会常务委员
	中国药理学会药物监测研究专业委员会常务委员
	中国药学会第五届医院药学会专业委员会委员
	江苏省药学会第七届医院药学专业委员会副主任委员
	江苏省药师协会第一届理事会副理事长
	江苏省临床药理学会专业委员会副主任委员
	江苏省医学会临床药学分会第一届委员会副主任委员
	江苏省中医药学会药剂管理专业委员会常务委员
熊佩华	江苏省中西医结合学会新世纪第五届肾病专业委员会副主任委员
	江苏省中西医结合学会第七届理事会常务理事
	江苏省中医药学会内科分会常务委员
薛 群	国际神经修复协会(第二届)委员会委员
	中国医师协会神经修复学专业委员会第一届委员会委员
薛小玲	中国妇幼保健协会"助产专业专家委员会"副主任委员
38. 附属第二医院	
王培吉	国际矫形与创伤外科学会SICOT中国部足踝外科学会第一届委员会委员
	亚太重建显微外科联盟中国部常务委员
	中国康协肢残委员会创伤骨科副主任委员
	中国医师协会手外科医师分会第一届委员会委员
	中华医学会手外科学分会第八届华东地区学术委员会常务委员
	中华医学会显微外科学分会第九届委员会常务委员
王红霞	中国图书馆学会医院图书馆委员会第六届委员会委员

续表

姓 名	机 构 名 称 及 职 务
王灌忠	江苏省医学会第六届影像技术专业委员会副主任委员
	中华医学会影像技术分会第七届委员会乳腺摄影学组委员
田 野	江苏省医学会放射肿瘤治疗专业委员会主任委员
兰 青	江苏省医师协会第二届神经外科医师分会主任委员
	江苏省医学会第八届神经外科学分会主任委员
	中国神经科学学会神经肿瘤分会第一届委员会常务委员
	中国医师协会神经外科医师分会第四届委员会神经肿瘤专家委员会委员
	中国医师协会神经外科医师分会第四届委员会专科医师考核委员会委员
	中国医药生物技术协会计算机辅助外科技术分会委员
	中华医学会神经外科学分会第七届委员会常务委员
	中华医学会神经外科分会脑血管病学组副组长
朱 卿	中华医学会神经外科学分会第七届委员会神经介入学组委员
	中国抗衰老促进会神经系统疾病专业委员会委员
桑宏飞	中国医师协会腔内血管学专业委员会主动脉瘤专家委员会委员
	中国微循环学会周围血管疾病专业委员会静脉曲张学组委员
	中国老年学学会老年医学委员会血管专家委员会委员
阳东荣	江苏省医学会男科学分会常务委员
江 波	中国康复医学会修复重建外科专业委员会第七届青年委员会委员
庄志祥	江苏省生物技术协会第七届理事会常务理事
	首届中国研究型医院学会生物治疗学专业委员会常务委员
刘春风	中国抗癫痫协会理事
	中国睡眠研究会睡眠障碍专业委员会常务委员
	中国医师协会神经内科医师分会委员
	中国卒中学会第一届理事会理事
	华东六省一市第六届神经病学协作委员会委员
	中华医学会老年医学分会老年神经病学组委员
	中华医学会神经病学分会帕金森病及运动障碍学组委员

续表

姓　名	机　构　名　称　及　职　务
刘春风	中华医学会神经病学分会委员
	江苏省医学会第九届神经病学分会候任主任委员
	江苏省医师协会第九届内科医师分会候任主任委员
刘玉龙	中华医学会放射医学与防护学分会第十届委员会委员
	第七届国家卫生标准委员会放射卫生标准专业委员会委员
	江苏省核学会第八届理事会常务理事
	江苏省预防医学会第六届放射医学与防护专业委员会副主任委员
	江苏省预防医学会放射医学与防护专业委员会副主任委员
刘励军	江苏省预防医学会卫生应急专业委员会院内应急专业学组副组长
	江苏省医学会第二届重症医学分会常务委员
朱雅群	中国老年学学会老年肿瘤专业委员会放射治疗分会常务委员
李承龙	中国医师协会腔内血管学专业委员会研究与转化专家委员会第一届委员
陈建昌	江苏省医学会第六届微循环分会副主任委员
	中华中医药学会络病分会委员
陈　静	中国老年保健协会老年痴呆及相关疾病专业委员会第四届委员会青年委员
陈列松	中华医学会放射肿瘤治疗学医学分会放射治疗学组委员
张　弘	中国妇幼保健协会生育保健专业委员会委员
张明霞	中华预防医学会医院感染控制分会第四届委员会青年委员会委员
	中华预防医学会医院感染控制分会第四届委员会血源性感染与呼吸道委员
张国庆	中华中医药学会感染病分会副主任委员
邱菁华	中华医学会急诊医学分会第八届委员会中毒学组委员
杜　鸿	中国微生物学会医学微生物学与免疫学专委会青年学组常务委员
陆朝晖	江苏省医学会高压氧医学分会主委
沈钧康	江苏省医学会放射学分会磁共振学组副组长
	中华医学会第十四届放射学分会磁共振专业委员会腹部学组委员
	中华医学会放射学分会第十届委员会磁共振学组委员
范建林	江苏省口腔医学会第一届牙周病学专业委员会常务委员

续表

姓 名	机 构 名 称 及 职 务
赵合庆	中国抗癫痫协会第三届理事会理事
胡 吉	江苏省中西医结合学会新世纪第五届内分泌专业委员会副主任委员
施 辛	中国医师协会皮肤科医师分会第四届委员会变态反应(过敏)亚专业委员
	中国医师协会皮肤科医师分会第四届委员会定期考核工作委员会委员
	中国医师协会皮肤科医师分会第四届委员会规范化治疗工作委员会委员
	中国中西医结合学会皮肤性病学专业委员会环境与职业性皮肤病学组副组长
	中国中西医结合学会皮肤性病学专业委员会性病学组委员
施敏骅	江苏省医学会呼吸病学分会肺癌学组副组长
徐又佳	中国医师协会骨科医师分会骨质疏松工作委员会委员
	中华医学会第五届骨质疏松和骨矿盐疾病分会常务委员
	中华医学会骨科学分会第十届委员会骨质疏松学组委员
	江苏省医学会第三届骨质疏松和骨矿盐疾病分会主委
徐国旭	第一届中国中西医结合学会眼科专业委员会玻璃体视网膜病协作组委员
	江苏省中西医结合学会眼科专业委员会白内障青光眼病学组组长
钱爱民	中国医师协会腔内血管学专业委员会下肢动脉疾病专家委员会第一届委员
曹忠胜	中国医疗保健国际交流促进会耳鼻咽喉头颈外科分会第一届委员
	中国中西医结合耳鼻咽喉科专业委员会变态反应专家委员会委员
靳 勇	国家肿瘤微创治疗产业技术创新战略联盟专家委员会常务委员
	江苏省妇幼保健协会妇产介入专业委员会第一届委员会副主任委员
	首届中国研究型医院学会介入医学专业委员会委员
	中国抗癌协会肿瘤微创治疗专业委员会肺癌微创综合治疗分会第一届委员
	中国医师协会腔内血管学专业委员会肿瘤血管学专家委员会第一届委员
谢 红	江苏省中西医结合学会新世纪第一届麻醉专业委员会副主任委员
董 军	中国抗癌协会神经肿瘤专业委员会第四届委员会
	江苏省医学会第八届神经外科学分会青年委员会副主任委员
蒋 震	中华医学会第十届放射学分会磁共振专业委员会头颈学组委员
傅晋翔	江苏省抗癌协会血液肿瘤专业委员会骨髓瘤专业组副组长

续表

姓 名	机 构 名 称 及 职 务
熊康平	中国睡眠研究会青年工作委员会第一届青年委员
29. 附属儿童医院	
丁云芳	亚洲微生物与免疫学支原体学会委员
	中华医学会微生物与免疫学分会支原体、衣原体学组委员
王晓东	中华医学会小儿外科学分会青年委员会副主任委员
	中华医学会小儿外科学会骨科学组委员
	江苏省中西医结合学会骨伤科专业委员会副主任委员
王 诚	中国药学会医院专业委员会儿科药学专业组委员兼秘书
卢 俊	中国抗癌协会小儿肿瘤专业委员会青年委员会委员
田健美	中华医学会儿科学分会感染学组委员
冯 星	中华医学会儿科学分会常务委员
	中华医学会儿科学分会新生儿学组副组长
	江苏省医学会常务理事
	江苏省医院协会儿童医院分会副主任委员
古桂雄	中国妇幼保健协会儿童早期发展专业委员会副主任委员
	中华医学会儿科学分会儿童保健学组委员
	中华预防医学会儿童保健分会副主任委员
	江苏省医学会儿科学分会儿童保健学组副组长
	江苏省中西医结合学会精神卫生专业委员会常务委员
孙庆林	中华医学会小儿外科学分会第七届委员会肝胆外科专业学组委员
	中华医学会小儿外科学分会第七届委员会内镜外科专业学组委员
	江苏省中西医结合学会大肠肛门病分会常务委员
	江苏省医学会小儿外科学分会副主任委员
刘殿玉	江苏省中西医结合学会儿科分会常务委员
刘高金	江苏省康复医学会儿童康复专业委员会常务委员
吕海涛	中华医学会儿科学分会第十六届委员会青年委员会委员
	中华医学会儿科学分会第十六届委员会心血管学组委员

续表

姓 名	机 构 名 称 及 职 务
吕海涛	江苏省医学会儿科学分会副主任委员
	江苏省医学会医学信息分会副主任委员
朱雪明	中华医学会病理学组分会第十一届委员会儿科学组委员
	中国抗癌协会小儿肿瘤专业委员会委员
汤继宏	江苏省抗癫痫协会第一届理事会常务理事
李晓忠	中国医师协会儿科医师分会儿童风湿免疫专业委员会常务委员
	中华医学会儿科学分会肾脏学组委员
	江苏省医学会儿科学分会肾脏学组副组长
李岩	中华医学会儿科学分会神经学组委员
	中国抗癫痫协会第一届理事会理事
	江苏省抗癫痫协会第一届理事会副会长
	江苏省康复医学会儿童专业委员会副主任委员
	江苏省医学会儿科学分会小儿神经学组组长
汪健	中华医学会小儿外科学分会委员
	中华医学会肠外肠内营养分会委员
	中华医学会小儿外科学分会新生儿学组副组长
	中国抗癌协会小儿肿瘤专业委员会委员
	第四届中国医师协会儿童健康专业委员会常务委员
	江苏省医学会小儿外科学分会主任委员
	江苏省抗癌协会小儿肿瘤专业委员会主任委员
	江苏省中西医结合学会外科专业委员会常务委员
严文华	江苏省医学会儿科学分会心血管学组副组长
	江苏省中西医结合学会心血管分会常务委员
张锡庆	江苏省医学会小儿外科学分会名誉主任委员
张芳	中国生命关怀协会人文护理专业委员会委员
张亚	江苏省中西医结合学会实验医学专业委员会常务委员
张瑞宣	江苏省中西医结合委员会儿科分会副主任委员

续表

姓　名	机　构　名　称　及　职　务
吴嘉伟	江苏省医学会麻醉学分会小儿麻醉学组副组长
何海龙	中国抗癌协会小儿肿瘤专业委员会委员
肖志辉	江苏省医学会围产医学分会副主任委员
陈临琪	中华医学会儿科学分会遗传代谢内分泌学组委员
	江苏省医学会儿科学分会小儿内分泌学组副组长
武庆斌	中华医学会儿科学分会消化学组委员
	中华医学会消化病学分会第十届委员会儿科消化协作组委员
	中华医学会消化病学分会第十届委员会微生态协作组委员
	中华预防医学会微生态学分会儿科学组副组长
	江苏省医学会儿科学分会消化感染组组长
	江苏省中西医结合学会消化系统专业委员会常务委员
周　珉	江苏省中西医结合学会影像诊断专业委员会常务委员
周　云	中华医学会小儿外科学分会小儿泌尿外科专业学组委员
	江苏省中西医结合学会外科分会常务委员
季　伟	中华医学会儿科学分会免疫学组委员
	江苏省医学会儿科学分会呼吸学组副组长
封其华	江苏省中西医结合学会风湿病分会常务委员
胡绍燕	中华医学会儿科学分会血液学组委员
	中华医学会儿科学分会临床药理学组委员
	江苏省医学会儿科学分会委员小儿血液学组组长
郝创利	中国哮喘联盟委员
	中华医学会儿科学分会第十六届呼吸学组委员
	中华医学会变态反应分会委员
	江苏省医学会变态反应学分会副主任委员
顾　琴	江苏省康复医学会儿童专业委员会常务委员
徐洪军	中华小儿心血管协会委员
徐永根	江苏省医学会胸心血管外科分会第七届委员会先心外科学组副组长

续表

姓 名	机 构 名 称 及 职 务
倪 宏	中华医学会行为医学分会青年委员会秘书长
	中国微循环学会理事
	江苏省康复学会儿童康复专业委员会常务委员
阐玉英	中国生命关怀协会人文护理专业委员会委员
	江苏省中西医结合学会护理专业委员会副主任委员
盛 茂	江苏省医学会放射学分会儿科学组副组长
谢敏慧	江苏省医学会儿科学分会小儿急救学组副组长
潘 健	江苏省免疫学会第二届青年工作委员会常务委员

30. 机关与其他部门

姓 名	机 构 名 称 及 职 务
马卫中	中国近代文学学会副会长
	中国南社与柳亚子研究会副会长
邓国林	江苏省高等教育学会国防教育研究分会副秘书长
	中国高等教育协会国防教育研究分会理事
	江苏省高校国防教育指导委员会委员
华人德	中国书法家协会隶书专业委员会副主任
	中央文史研究馆书画院研究员
吴培华	中国图书评论学会常务理事
	江苏省编辑学会副会长
张 庆	江苏省高等学校教育技术研究会网络技术专业委员会副理事长
	江苏省高等学校教育技术研究会第八届理事会副秘书长
张建初	中国出版协会理事
	中国教育会计学会理事
	江苏省印刷协会常务理事
陈永清	江苏省高校实验室研究会第六届副理事长
陈进华	中国青年伦理学会副会长
陈兴昌	江苏省发行协会常务理事

续表

姓 名	机 构 名 称 及 职 务
周建屏	全国纺织服装信息研究会副理事长
	江苏省图书馆学会常务理事
	江苏省图书馆学会建筑与设备专业委员会副主任
陆剑江	中国高等教育学会教育信息化分会第五届理事会理事
耿曙生	中国大学版协维权工作委员会理事
	江苏省钱币协会常务理事
	江苏省版权协会常务理事
钱万里	江苏省高校档案研究会常务理事
康敬奎	江苏省高等学校学报研究会第八届理事会理事长
高 敏	江苏省出版工作者协会常务理事
	江苏省印刷协会副会长
盛惠良	中国教育会计学会地方综合大学分会常务理事
	中国教育会计学会高等师范院校分会常务理事、副秘书长
	江苏省教育会计学会常务理事、副秘书长
	江苏省教育会计学会高校苏南片分会常务副会长
谢志余	华东高校工程训练教学学会副理事长兼秘书长
	华东高校金属工艺教学研究会副理事长兼秘书长
	江苏省高校金属工艺教学研究会副理事长
霍跃进	中国高教保卫学会联络部副部长
	江苏省高等教育学会保卫学研究委员会副理事长

党政常设非编制机构

苏州市独墅湖医院(苏州大学医学中心)筹建领导小组

苏大〔2015〕1号　2015年1月9日

组　　长：朱秀林
副组长：蒋星红　葛建一
成　　员：熊思东　杨一心　曹　健　刘　标　盛惠良　李　翔

苏州市独墅湖医院(苏州大学医学中心)筹建工作小组

苏大〔2015〕1号　2015年1月9日

组　　长：蒋星红　葛建一
副组长：王晓东　缪丽燕
成　　员：吴庆宇　曹　健　刘　标　盛惠良　李　翔　龚　政　曹建平　朱　彦
　　　　　唐中斌　杨　杰
秘　　书：杨志卿

苏州市独墅湖医院(苏州大学医学中心)筹建专家咨询小组

苏大〔2015〕1号　2015年1月9日

沈振亚　杨惠林　刘春风　吴德沛　黄建安　周菊英

苏州大学"十三五"改革发展规划编制工作领导小组

苏大委〔2015〕10号　2015年3月6日

一、苏州大学"十三五"改革发展规划编制工作领导小组
组　　长：王卓君　朱秀林
成　　员：袁银男　路建美　田晓明　陈一星　高祖林　熊思东　江作军　杨一心
　　　　　蒋星红　夏东民　任　平　邓　敏　浦文佩　王家宏　张晓宏　张国华
　　　　　曹　健

二、苏州大学"十三五"改革发展规划编制起草工作小组
组　　长：袁银男
副组长：夏东民　任　平
成　　员：张国华　曹　健　施亚东　周玉玲　陈进华　赵　阳　刘　标　盛惠良
　　　　　周　毅　马卫中　陈晓强　郎建平　沈明荣　朱巧明　母小勇　陈永清
　　　　　缪世林　黄　兴　李　翔　张　庆

秘　书：姚　炜　吴　鹏

苏州大学处级干部人事档案专项审核工作领导小组

苏大委组〔2015〕10号　2015年3月19日

组　长：王卓君　朱秀林
副组长：邓　敏　刘　标
成　员：徐昳荃　周玉玲　闫礼芝　陈晓刚

领导小组下设办公室，邓敏、刘标同志兼任办公室主任，周玉玲、闫礼芝同志兼任办公室副主任。

"第14届国际乒联体育科学大会暨第5届持拍类运动科学大会"校内组织委员

苏大〔2015〕9号　2015年4月16日

一、组织委员会名单
主　任：朱秀林
副主任：田晓明
执行副主任：王家宏
委　员：曹　健　陈进华　黄　兴　盛惠良　母小勇
　　　　李　翔　霍跃进　朱建刚　肖甫青　吴　磊
秘书长：陆阿明
二、工作组
办公室：陆阿明　姚永明　吉　伟　吴　鹏　宋海英　石　沙
会务组：朱建刚　丁　瑶　陶玉流　尚　书　郭明凯
宣传组：孙宁华　李伟文　丁　姗
安保组：黄水林　顾明高　沈红明　魏垂涛　梁　亮
接待组：雍　明　王凤英　王全法　张鑫华　杨　雪　王光阁
材料组：陶玉流　刘卫东　王　妍
志愿者组：朱　今　丁海峰

苏州大学安全工作委员会

苏大〔2015〕13号　2015年4月30日

主　任：朱秀林
副主任：袁银男　江作军　杨一心
委　员：党委办公室、校长办公室、党委宣传部、人事处、财务处、教务部、学生工作部
　　　　（处）、研究生院、科学技术与产业部、人文社会科学院、国有资产与实验室管
　　　　理处、继续教育处、国际交流合作处、保卫部（处）、后勤管理处、信息化建设与
　　　　管理中心等部门主要负责人及各学院（部）院长（主任）。

安全工作委员会办公室设在保卫部（处），霍跃进同志兼任办公室主任。

苏州大学学术委员会筹备工作小组

苏大〔2015〕14号　2015年5月17日

组　　长：熊思东

成　　员：王　尧、胡玉鸿，人事处、教务部、研究生院、科学技术与产业部、人文社会科学院、学科建设办公室、监察处等部门主要负责人。

苏州大学对外投资管理工作领导小组

苏大委〔2015〕27号　2015年5月18日

组　　长：袁银男

副组长：陈一星　杨一心

成　　员：校长办公室、监察处、审计处、人事处、财务处、科技产业处、国有资产与实验室管理处、后勤管理处等部门主要负责人

苏州大学第十届学术委员会

苏大〔2015〕19号　2015年9月5日

主任委员：王　尧

副主任委员：廖良生　周　毅　朱巧明　郎建平　金太军　徐广银

一、学科建设委员会

廖良生　沈明荣　马亚中　李　亮　陈国强　路建美　戴克胜

二、人才队伍建设委员会

王　尧　孙立宁　马余强　王卫平　田晓明　刘　庄　苏　雄

三、教学委员会

周　毅　黄毅生　王　军　贡成良　李超德　吴　涛
张　明　张　健　周国栋　俞一彪　蒋星红

四、科学研究委员会

朱巧明　母小勇　王腊宝　方世南　何苏丹　钟志远　袁　孝

五、研究生教育委员会

郎建平　周可真　田　野　张克勤　赵增耀　曹永罗　蔡阳健

六、学术道德与学术仲裁委员会

金太军　黄学贤　严　锋　李晓忠　陈　琛

七、伦理委员会

徐广银　汪一鸣　万小兵　王国祥　宋言奇

注：各专门委员会中，排名前两位的分别为该专门委员会的主任委员、副主任委员。

苏州大学体育运动委员会委员

苏大〔2015〕20号　2015年9月21日

主　　任：江作军

副主任：王安列　周　毅　陈晓强　雍　明

委　　员：马卫中　王全法　王　政　王剑敏　王美珠　王振华　邢光晟　阴　浩

李伟文　肖甫青　沙丹丹　沈云彩　宋清华　张　卫　张　芸　张　健
陆　岸　陈进华　陈国凤　季　晶　周亦瑾　胡晓玲　胡海峰　蒋青芳
袁昌兵　袁　晶　钱志强　徐建荣　唐文跃　黄远丰　黄志斌　曹　健
盛惠良　常青伟　董　娜　程晓军　黎春虹　潘爱华　霍跃进

办公室主任：王全法　陈　洁
办公室秘书：钱志强　方亚婷

苏州大学创新创业教育改革领导小组

苏大〔2015〕22号　　2015年10月22日

组　　长：朱秀林
常务副组长：江作军
副 组 长：蒋星红　熊思东
成　　员：教务部、招生就业处、学生工作部（处）、研究生院（党委研究生工作部）、科学技术与产业部、团委、人事处、财务处、人文社会科学院、后勤管理处等部门主要负责人。

领导小组下设四个专项工作组：
1. 学生创新创业课程改革工作组
成员：教务部、研究生院等部门负责人。
2. 学生创新创业实践工作组
成员：团委、教务部、招生就业处、学生工作部（处）、党委研究生工作部等部门负责人。
3. 学生创新创业平台建设工作组
成员：科学技术与产业部、人文社会科学院、招生就业处、团委、后勤管理处、工程训练中心等部门负责人。
4. 学生创新创业师资建设工作组
成员：人事处、财务处、科学技术与产业部、人文社会科学院等部门负责人。

2015年苏州大学及各地方校友会主要负责人情况

一、苏州大学第四届理事会成员

名誉会长：李政道
会　　长：朱秀林
副 会 长：王卓君　田晓明　江作军　蒋星红
秘 书 长：赵　阳
副秘书长：张　洁　张海洋
常务理事：（按姓氏笔画为序）
　　　　马卫中　王卓君　王家宏　邓　敏　田晓明　宁正法　朱秀林
　　　　江作军　肖甫青　吴建明　张　洁　张国华　张海洋　陈进华
　　　　陈晓强　周建屏　赵　阳　钱万里　黄　兴　黄维娟　曹　健
　　　　蒋星红　缪世林
理　　事：（按姓氏笔画为序）
　　　　马卫中　王卓君　王家宏　邓　敏　石福熙　田晓明　白　伦
　　　　宁正法　朱秀林　江作军　肖甫青　吴建明　沈关生　沈雷洪
　　　　张　洁　张国华　张学光　张海洋　陈少英　陈进华　陈晓强
　　　　林　冈　杭晓平　金琇珏　周建屏　赵　阳　秦和鸣　顾圣成
　　　　顾念祖　钱万里　钱培德　徐回祥　徐惠德　黄　兴　黄维娟
　　　　曹　健　蒋星红　缪世林　薛　辉

二、苏州大学校友会各学院（部）分会

文学院
　会　长：张　健
　秘书长：纪金平

凤凰传媒学院
　会　长：于毓蓝
　秘书长：常青伟

社会学院
会　长：刘志明
秘书长：郑　庚

政治与公共管理学院
会　长：张才君
秘书长：骆聘三

教育学院
会　长：蒋晓虹
秘书长：王　青

东吴商学院（财经学院）　东吴证券金融学院
会　长：陆少杰
秘书长：李　季

王健法学院
会　长：胡亚球
秘书长：沙盛中

外国语学院
会　长：胡海峰
秘书长：蒋莲艳

金螳螂建筑学院
会　长：查佐明
秘书长：陈国凤

数学科学学院
会　长：曹永罗
秘书长：陈富军

物理与光电·能源学部
会　长：刘　枫
秘书长：朱利平

材料与化学化工学部
会　长：陈　红
秘书长：王美珠

纳米科学技术学院
会　长：孙旭辉
秘书长：周迎春

计算机科学与技术学院
会　长：杨季文
秘书长：沈云彩

电子信息学院
会　长：赵鹤鸣
秘书长：马国平

机电工程学院　沙钢钢铁学院
会　长：王永山
秘书长：刘鲁庆

纺织与服装工程学院
会　长：孙庆民
秘书长：司　伟

城市轨道交通学院
会　长：杨　清
秘书长：阴　浩

体育学院
会　长：陆阿明
秘书长：张鑫华

艺术学院
会　长：钱孟尧
秘书长：束霞平

海外教育学院
会　长：黄　兴
秘书长：谭玉坤

医学部
会　长：田启明
秘书长：徐　娴

医学部基础医学与生物科学学院
会　长：戈志强
秘书长：朱　旻

医学部放射医学与防护学院
会　长：许玉杰
秘书长：朱本兴

医学部公共卫生学院
会　长：张永红
秘书长：钟宏良

医学部药学院
会　长：镇学初
秘书长：黄小波

医学部护理学院
会　长：姜海燕
秘书长：钮美娥

应用技术学院
会　长：陈建军
秘书长：李恩秀

文正学院
会　长：徐子良
秘书长：王　森

老挝苏州大学
会　长：汪解先
秘书长：薛　晋

音乐学院
会　长：孙德芬
秘书长：顾志勇

敬文书院
会　长：罗时进
秘书长：柯　征

三、苏州大学各地方校友会

校友会	职务	姓名	单位
北美校友会	会长	肖鹏	波士顿眼耳鼻喉医院麻醉科
新疆校友会	会长	张自力	乌鲁木齐市科协
陕西校友会	会长	刘曼丽	陕西省纺织协会
	秘书长	张志安	陕西德鑫隆物资贸易有限公司
广东校友会	会长	柯惠琪	广东省丝绸纺织集团
	秘书长	张秀萍	广州医学院附属肿瘤医院放疗科
苏州校友会	会长	王少东	苏州市委党委
	秘书长	程华国	苏州市人力资源和社会保障局
日本校友会	会长	郭试瑜	日本昭和大学医学部教授、中国留日同学总会
	秘书长	杨涛	日本日立电线株式会社
四川校友会	会长	陈祥平	四川省丝绸科学研究院
	秘书长	刘季平	四川省丝绸科学研究院
山东校友会	会长	高亚军	山东省丝绸集团总公司
	秘书长	何斌	山东广润丝绸有限公司
北京校友会	会长	何加正	邻里中国网
	秘书长	陈昌文	现代教育出版社教育教材分社
上海校友会	会长	熊月之	上海社会科学院
	秘书长	余建新	上海市纺织集团公司党校(退休)
辽宁校友会	会长	于有生	辽宁省丹东丝绸公司
	秘书长	张夏	辽宁辽东学院高职教育处
南京校友会	会长	葛韶华	原江苏省委宣传部、省老龄协会
	秘书长	陈建刚	江苏省委研究室
盐城校友会	会长	谷汉先	盐城市教育局(退休)
	秘书长	盛同新	原盐城市政府接待办(退休)
淮安校友会	会长	荀德麟	淮安市政协、市地方志办公室
	秘书长	秦宁生	淮安市委党校
镇江校友会	会长	尹卫东	句容市市委
	秘书长	徐萍	镇江市人大常委会
广西校友会	会长	刘炽雄	南宁振宁资产经营公司工业投资公司
	秘书长	邓新荣	广西质检院
扬州校友会	会长	颜志林	扬州市文广新局
	秘书长	周彪	扬州市老干部活动中心
江西校友会	会长	刘琴远	南昌解放军第94医院肛肠外科
	秘书长	郭斌	南昌大学二附院骨科
常熟校友会	会长	殷东明	常熟市教育局
	秘书长	顾伟光	原江苏省常熟中学

徐州校友会	会　长	刘　相	原徐州市人大
	秘书长	宋农村	徐州工程学院
南通校友会	会　长	娄炳南	原南通市人大党组(退休)
	秘书长	景　迅	南通市人大研究室
吴江校友会	会　长	张　莹	原吴江市市委、吴江市行政管理学会
	秘书长	朱金兆	吴江区卫生局
无锡校友会	会　长	周解清	无锡市人大常委会(退休)
	秘书长	任明兴	原无锡市滨湖区城市管理局(退休)
常州校友会	会　长	冯国平	原常州纺织与服装职业技术学院
	秘书长	李沛然	常州市人民政府、市级机关事务管理局
连云港校友会	会　长	钱　进	连云港师范高等专科学校
	秘书长	龚建华	连云港市委、市委市政府督查组办公室
泰州校友会	会　长	周书国	原泰州市政协、市委统战部(退休)
	秘书长	曹学赋	泰州市人大常委会教科文卫工作委员会
太仓校友会	会　长	邱震德	太仓市政协
	秘书长	陈　伟	原太仓市委党校
内蒙古校友会	会　长	红　胜	内蒙古锡林郭勒职业学院(退休)
	秘书长	吴和平	内蒙古锡林郭勒盟医院
浙江校友会	会　长	李建华	浙江万事利集团
	秘书长	周　颖	浙江丝绸科技有限公司
安徽校友会	会　长	陶文瑞	安徽省天彩丝绸有限公司
	秘书长	张　颖	安徽省天彩丝绸有限公司综合处
张家港校友会	会　长	钱学仁	原张家港市政协
	秘书长	张明国	张家港市政府
湖北校友会	会　长	朱细秋	湖北省武汉女子监狱工厂
	秘书长	王克作	湖北省纤维制品检测中心
湖南校友会	会　长	彭卫平	长沙市第三人民医院老年医学科
	秘书长	刘卫平	中铁建电气化局四公司
甘肃校友会	会　长	张义江	兰州石化总医院
	秘书长	米泰宇	兰州市第二人民医院普外科
天津校友会	会　长	崔笑飞	天津市经济技术开发区人民检察院
	秘书长	孟令慧	天津市电信公司四分公司
山西校友会	会　长	常学奇	中国辐射防护研究院
	秘书长	赵向南	《山西日报》政法部
重庆校友会	会　长	梁列峰	原西南大学纺织服装学院
	秘书长	张　玲	重庆市纤维织品检验所
福建校友会	会　长	苏庆灿	厦门眼科中心
	秘书长	叶　玲	中国农业银行厦门市分行个人业务处
河北校友会	会　长	刘立文	中国联通河北省分公司

	秘书长	石 嵘	石家庄市医疗保险管理中心运管五处
宿迁校友会	会 长	贡光治	宿迁市政协、市教育督导室(退休)
	秘书长	刘立新	宿迁市政府办公室
爱尔兰校友会	会 长	汪江淮	UCC 医学院外科学教研室
	秘书长	陈 刚	都柏林大学附属医院临床外科研究室
英国校友会	会 长	叶 兰	英国威尔士大学
	秘书长	卜庆修	QUB 法学院
法国校友会	会 长	陆肇阳	蒙彼利埃大学医学院血液研究所
黑龙江校友会	会 长	冯 军	哈医大肿瘤医院
	秘书长	邵玉彬	哈尔滨绢纺厂(退休)
河南校友会	会 长	李晓春	河南工程学院
	秘书长	陶建民	河南农业大学教务处
新西兰校友会	会 长	王小选	奥克兰 Brand Works 公司
	秘书长	范士林	新西兰华文文化沙龙
云南校友会	会 长	余化霖	昆明医学院第一附属医院微创神经外科
澳大利亚校友会	会 长	陈宝南	阿德莱德大学医学院
	秘书长	殷建林	悉尼大学医学院
贵州校友会	会 长	赵继勇	贵州省遵义市红花岗区科技局
	秘书长	李 钦	遵义市红花岗区财政局政府采购科
海南校友会	会 长	孙 武	海口市科学技术工业信息化局信息化处
	秘书长	魏承敬	海南千家乐贸易有限公司
德国校友会	会 长	王文利	德国布伦瑞克工业大学高级访问学者,苏州大学纺织服装学院
印度校友会	会 长	Kartikeya Chaturvedi	CHATURVEDI HOSPITAL NAGPUR
	秘书长	Mohit Parekh	MEDANTA HOSPITAL DELHI
青岛校友会	会 长	张声远	青岛科技大学艺术学院艺术设计系
	秘书长	栾强军	青岛汇邦家纺有限公司

院（部）简介

文 学 院

一、概况

学院拥有汉语言文学(师范)、汉语言文学(基地)、汉语国际教育、秘书学4个本科专业(专业方向),设古代文学教研室、现当代文学教研室、文艺学教研室、比较文学与世界文学教研室、语言学教研室和文秘教研室,同时还设有比较文学研究中心、明清诗文研究中心、通俗文学研究中心、国际合作交流中心及文学研究所等学术科研机构。目前,学院拥有1个国家文科基础学科人才培养和科学研究基地,1个国家特色专业,1个博士后流动站。博士生导师27人,硕士生导师47人。

设有中国语言文学一级学科博士点,在中国古代文学、中国现当代文学、文艺学、语言学与应用语言学、汉语言文字学、比较文学与世界文学、中国通俗文学研究、戏剧影视文学等10个方向招收博士研究生和硕士研究生,同时在美学、课程与教学(语文)等方向招收硕士生,在学科教学(语文)教育硕士点和汉语国际教育专业招收专业硕士研究生。中国现当代文学、中国古代文学和文艺学分别为江苏省重点学科,中国语言文学一级学科为江苏省国家级重点学科培育点。汉语言文学专业为江苏省品牌专业和国家特色专业建设点,学科基础课程多为省级以上优秀课程,《中国现当代文学》为国家精品课程。

二、教学工作

1. 采取有力措施实施人才发展战略,将师资队伍建设重点放在中青年教师队伍建设上,做好学术骨干和青年教师的引进工作。加强骨干学科带头人的培养工作,依托中文一级学科,培养国内有影响的学术骨干专家。王尧教授获评教育部"长江学者"特聘教授。

2. 通过联合举办学术会议、教学活动和海外进修等办法,拓宽教师的国际视野,支持教师到世界一流大学访学。2015年有4名教师参加了教育部组织的"马工程"课程培训,1名教师参加了国家汉办组织的汉语国际教育教师培训。3名教师到海外访学,1名教师到境外进行合作研究。这些活动对提升教师队伍的业务水平起到积极作用。姜晓老师的《语境》、张珊老师的《史记的创作主旨》和姚尧老师的《社会文化变革与词义演变——以"寺庙"为例》在江苏省微课竞赛中分获一、二、三等奖。姜晓老师的《语境》还获得全国微课比赛三等奖。

3. 推进省重点专业建设的项目化管理,将各项建设任务分解为不同的教学改革项目,在学院进行公开招标,动员文学院全体教师积极参与专业建设。中国语言文学专业获评江苏省品牌专业,在品牌专业建设任务书中明确设置了"汉语言文学专业师资队伍结构调整与优化""汉语言文学专业教师的国际视野培养""汉语言文学专业拔尖人才与教学名师培养""汉语言文学专业教师的教学能力与综合素养提升""汉语言文学专业教师的教学能力与综合素养提升""驻校作家制度与课堂教学模式的创新"六项建设任务。

三、科研工作

整合资源,突出重点,统筹兼顾,做好各学科协调发展的建设工作。

1. 汉语言文学被列为江苏省品牌专业。

2. 王尧教授的论文《论中国当代文学史的"过渡状态"——以 1975—1983 年为中心》获教育部第七届高等学校科学研究优秀成果奖二等奖;王锺陵教授的著作《二十世纪中西文论史》获华东地区优秀著作一等奖;徐国源教授的论文《转型发展视域下的太仓加快文创产业发展研究》获江苏省社科联"社科应用研究精品工程"优秀成果奖等。

3. 新增国家社科项目 1 项,省部级项目 4 项,市厅级项目 2 项;著作 18 部;核心期刊论文 99 篇,其中一类核心期刊论文 18 篇,学校奖励期刊论文 4 篇,多篇文章被《新华文摘》《人大复印资料》转载。

四、学院特色与重大事件

学院坚持科学发展方向,弘扬求真务实精神,倡导以人为本理念,始终努力创建和谐院系,并积极响应学校国际化发展的号召,拓展国际合作与交流。充分发挥"苏州汉语国际教育网"和"海外汉学研究中心网站"及学院网站的作用,加强学院的对外联络工作,加强与国内外高校的学术交流,继续办好"海外汉学研究系列学术讲座"等高水平的学术讲座,承办和主办国内国际学术会议,提升学院的国际知名度。

1. 5 月 31 日至 7 月 26 日,香港教育学院中国语文教育荣誉学士普通话沉浸项目 37 名同学来学院沉浸学习,文学院为他们量身定制了中国传统文化类的课程。

2. 学院举办中国传统文化工作坊系列讲座、海外汉学研究系列讲座、文学院学术报告等重要的学术讲座 30 余场次。

3. 6 月 17 日至 8 月 15 日,美国国务院关键语言全额奖学金项目留学生 29 名,美国俄亥俄州立大学语言旗舰项目留学生 10 名,法国东方语言文化大学和格勒三大的留学生在学院学习语言文化。留学生的规模和学院国际化办学的进程进一步加大。

4. 香港中文大学进修学院两次共选派 65 名同学来校开展主题为"士人文化考察之旅"的学习活动。

5. 尼日利亚拉格斯大学中国学专业开班,首期 19 名留学生来校学习。

6. 中国传统文化工作坊又推新项目"姑苏讲堂",以中国传统文化与苏州的日常生活为主题,开展系列讲座。工作坊入围全国高校"礼敬中华优秀传统文化"特色展示项目榜首,获得 2014 年江苏省高校校园文化建设优秀成果二等奖和苏州市宣传思想文化工作创新成果奖。依托传统文化工作坊的学生社团——苏州大学中国传统文化传承协会被团中央评为全国百家优秀国学社团。目前,工作坊正在积极申报 2015 年度全省共青团工作创新创优成果奖,读书节开幕式情景剧《中华礼仪之美》被团中央评为 2015 年全国优秀国学教育文艺作品;持续开展了 18 年之久的"读书节"活动被评为教育部第二届"礼敬中华优秀传统文化"示范项目。

(黄晓辉)

凤凰传媒学院

一、学院概况

凤凰传媒学院现有二级学科博士点1个：媒介文化与产业，涵盖传媒与文化产业研究、传媒与大众文化研究、新媒介研究三个研究方向；一级学科硕士点2个：新闻传播学、戏剧与影视学；专业硕士学位点2个：新闻与传播、出版。本科专业与方向共6个：新闻学、广告学、广播电视新闻学、播音与主持艺术、网络与新媒体、广告学（会展方向）。新闻学现为学校特色专业，新闻传播学为校级优秀课程群，新闻学概论、广告设计为校级精品课程。

学院现有在校全日制学生1 600余人，其中本科生830余人，硕士、博士研究生160人；各类成人教育学生750余人。

学院在职教职工近60人，其中，教授10人（含博士生导师6人）、副教授14人；拥有江苏省"333工程"青年科技带头人1人，江苏省"青蓝工程"中青年学术带头人1人，江苏省"青蓝工程"优秀青年骨干教师2人，东吴中青年学者1人，姑苏宣传文化领军人才1人、教育部、中宣部新闻媒体机构与高校教师互聘"千人计划"1人。聘请了3位讲座教授和30余位海内外知名的新闻传播学者和业界人士担任学院的兼职教授或兼职导师。

学院建有江苏省省级实验教学示范中心——传媒与文学实验教学中心，拥有摄影棚、大型演播厅、录音棚、电视节目制作室、报刊编辑实验室、播音主持语言实验室、电视摄像实验室、计算机图文设计实验室、电视鉴赏实验室、非线性编辑实验室、动漫游戏制作实验室和数码艺术工作室、影视艺术工作室、网络与新媒体工作室、新媒体实验室、创客总部等。在新华日报报业集团、苏州广播电视总台等各类新闻媒体和广告公司建立了20余个大学生创新创业教育实践基地，在政府部门和传媒单位建立了14个研究生工作站。每年举办苏州大学生电影节暨北京大学生电影节分会场活动和国际大学生新媒体节，定期聘请学界知名学者和业界资深人士来校举办专场讲座。

二、教学工作

2015年，学院4门课程获批2015年通识教育课程立项，2门课程获批新生研讨课，2门课程获微课立项，1人获高等教育教改研究课题和教学成果奖培育项目立项，1门课程成为网络进阶课程，1个系列教材获2015年校精品教材立项，2门课程获批2014—2015学年第二学期过程化考核改革试点课程，3门课程获批2015—2016学年第一学期过程化考核改革试点课程。发表5篇教改论文。创立官方微信公众号"中外新闻传播学文摘"，借助该平台开展研究生教学改革，实施"学术与实践活动"课程，既提高了研究生的专业水平，又锻炼了研究生的实践能力。

学院设立官方微信公众号"i传媒"，传播效果良好。学院整合学生微信平台，成立了学生新媒体集团,学院学生自发创建个人微信公众号19个。学院注重以竞促学,本科生参与国家级、省级、校级科研项目共43项,其中,国家级大学生创新训练计划项目2项,省级大学生创新训练计划项目2项,莙政基金项目1项;1篇本科生毕业论文获江苏省本科优秀毕业论文三等奖,6篇获评校级优秀论文;5名本科生被评为优秀实习生;1名老师荣获优秀论文指导老师、1名老师荣获优秀实习指导老师;本科生共发表论文17篇。博士生1项课题获江苏省2015年度普通高校研究生科研创新计划项目省立省助,1项获省立校助;硕士生1项课题获江苏省2015年度普通高校研究生实践创新计划项目省立省助,3项课题获江苏省2015年度普通高校研究生实践创新计划项目省立校助;研究生共发表30余篇论文。

三、学科建设与科研工作

1. 科研项目与成果

成立了"苏州大学新媒体研究院"。2015年,学院教师获国家级一般项目1项、省部级一般项目1项、市厅级一般项目10项、横向科研项目21项;发表二类核心以上论文20余篇,出版专著近10部,获得各级奖励10余项。

2. 国内外学术交流情况

与美国密苏里大学新闻学院签署本科双学位联合培养等项目意向书;与美国汉纳国际传媒集团签署协议,支持学院自媒体中心建设;与英国切斯特大学开展合作,推进暑期班和硕士班项目。2015年度,1名老师赴台湾世新大学访问交流,7名研究生赴台湾世新大学交流学习,1名研究生赴美国威斯康星大学麦迪逊分校交流学习,本科生出国(境)交流人数为35人。2015届毕业生出国(境)为30人,升学出国率为30.48%。

学院建立了传媒工作坊,设立了以"传媒与当代文化"为主题的系列沙龙活动,分"我在读书会""我在学人茶座""我在教学沙龙"三个板块。与上海交通大学媒体技术学院等多个院系开展了学术交流和项目合作,举办了"新媒体与社会治理"国际学术研讨会和"经验与想象:作为一种知识形态的新闻传播学"学术研讨会,邀请清华大学郭镇之教授,浙江大学邵培仁教授,新闻传播思想史研究会会长、中国传媒大学陈卫星教授等知名学者参加;新媒体与青年文化研究中心举办了"新媒介与青年文化"第二期工作坊活动——社会科学研究中的量化方法探究,邀请美国威斯康星大学麦迪逊分校传播艺术系潘忠党教授来院讲座;另外还邀请了英国拉夫堡大学社会学系默多克教授、中国台湾世新大学林承宇博士、中国人民大学新闻学院刘海龙副教授、上海电视台纪实频道王牌栏目《大师》制片兼总编导王韧先生等国内外知名专家学者和业界精英来学院做学术报告近30场,营造了良好的学术氛围。

四、学院重大事项

2015年1月25日,美国密苏里大学新闻学院与凤凰传媒学院签署本科双学位联合培养等项目意向书。

2015年3月5日,英国切斯特大学与凤凰传媒学院签署合作意向书。

2015年3月16日,美国汉纳国际传媒公司与凤凰传媒学院签署战略合作协议。

2015年3月23日,苏州大学聘任美国德州汉纳国际传媒集团CEO许志敏博士为讲座教授。

2015年3月28日,网络与新媒体专业获批。

2015年6月26日,凤凰传媒学院"现代传播学系列丛书"入选2015年校级精品教材。

2015年8月4日,苏州大学新媒体研究院成立,挂靠凤凰传媒学院。

2015年9月18日,苏州市安全技术防范行业协会和凤凰传媒学院签订共建合作协议。

2015年10月31日,凤凰传媒学院当选中国新闻史学会广告与传媒发展史研究委员会常务理事单位。

2015年12月4—6日,凤凰传媒学院举办"新媒体与社会治理"国际学术研讨会。

(黄艳凤)

社 会 学 院

一、概况

社会学院是苏州大学下属的二级学院之一。其前身可以追溯到东吴大学时期。1953年江苏师范学院设立历史专修科,1955年著名历史学家柴德赓教授受命创建历史学系,1995年历史学系更名为社会学院。

学院现设历史学系、档案与电子政务系(含档案学、图书馆学、信息资源管理)、社会学与社会工作系(含社会学、社会工作)、旅游管理系、劳动与社会保障系共5个系、8个本科专业。学院现有中国史一级学科博士点,历史学博士后流动站和中国史、世界史、社会学、图书情报与档案管理4个一级学科硕士点;中国近现代史、专门史、世界史、社会学、中国古代史、档案学、情报学、社会保障、旅游管理等9个二级学科硕士点以及学科教学(历史)、社会工作2个专业硕士学位点。中国史是江苏省一级重点学科,历史学是江苏省品牌专业,档案学是国家级特色专业。江苏省人文社科重点研究基地"吴文化研究基地"、江苏红十字运动研究基地以及苏州大学(苏州市)人口研究所、苏州大学吴文化国际研究中心、社会与发展研究所等省、校级科研机构附设于本院。

学院现有教职工100人,其中专任教师83人。学院具有副高以上技术职务者50人(教授25人,副教授25人),正、副教授占专任教师比例60.2%;有博士生导师10人,硕士生导师44人。学院还聘任多位国内外著名的专家学者为兼职教授。

二、教学工作

2015年,1门课程获教育部第七批精品视频公开课,1人获全国高校教学微课比赛优秀奖;1人获2015年周氏教育科研奖优秀奖,2人获苏州大学交行奖教金;20项获"苏大课程2015-3I工程"立项;1人获苏州大学第十四届青年教师课堂教学竞赛三等奖。2015年度学院教师出版及参与编写了23部专著、教材,3项获市厅级优秀成果奖一、二、三等奖,2项获苏州大学2015年高等教育教学改革研究项目立项课题。新立项国家级大学生创新创业训练计划项目4项,江苏省大学生创新创业训练计划项目5项,苏州大学大学生创新创业训练计划项目4项,"莙政基金"项目1项。

三、科研与学术交流

1. 国家社科基金项目获得突破:在国家社科基金项目的申报方面,我院取得重点项目1项,青年项目1项。
2. 发表论文情况:在一类权威期刊发表论文8篇,二、三类以上核心刊物发表论文60余篇。
3. 承担国家、省部级、市厅级科研项目近30项,获得各项奖励近10项。

(包 军)

政治与公共管理学院

一、概况

政治与公共管理学院办学历史悠久,最早可追溯到20世纪20年代东吴大学创办的政治学科(东吴政治学)。

学院现有2个一级学科博士授权点,2个一级学科博士后流动站,4个一级硕士学位授予点和公共管理硕士(MPA)一级专业硕士授予点以及16个二级硕士点;"地方政府与社会管理"为江苏省首期优势学科,"政治学"为江苏省二期优势学科;哲学为江苏省一级重点学科。以政治学为主要学科支撑的"新型城镇化与社会治理"是江苏省2011协同创新中心,也是我校文科唯一的省级协同创新中心;学院还拥有江苏高校国际问题研究中心"老挝—大湄公河次区域国家研究中心"等十多个省级或校级研究院、所、中心,基本形成了研究型学院的发展态势。

学院下设哲学、公共管理、管理科学3个系科,共有9个本科专业与本科专业方向。教职工107人,其中专业教师93人,教授27人,副教授43人,讲师23人。教师具有博士学位的占80%以上,在27名教授中,二级教授、三级教授数量居全校文科院系以及江苏高校同类院系前列。金太军教授是苏大首位教育部"长江学者"特聘教授。目前在读全日制本科生1 400多人,各类研究生(博士、硕士、专业学位)1 000多人。

二、教学工作

1. 本科生教学工作

2015年,1位教师获苏州大学交行教学奖;2位教师获苏州大学教学先进个人;1位教师获省高校微课教学比赛本科组二等奖;1位教师获省社科应用研究精品工程奖二等奖;1位教师获省社科应用研究精品工程奖一等奖。教材建设方面,1位教师获得江苏省重点教材立项。课程建设方面,2015年学院教授积极为本科生开设、讲授专业课和新生研讨课。25位教授为本科生开设了64门次各类课程;42位副教授为本科生开设了96门次各类课程。2015年学院新增2门全校通识选修课,"宗教与世界文化"获得苏州大学2015年通识教育课程改革项目。

2. 研究生教学工作

研究生教学注重理论联系实际,师生有效互动。每年根据学科建设和学生需要,积极进行学科专业基础课程调整。

在学生科研方面,获2015年全国第十四届"挑战杯"一等奖、二等奖各一项;第十五届苏州大学"挑战杯"8个团队获得特等奖,4个团队获得一等奖,17个团队获得二等奖,18个团队获得三等奖;第十七批大学生课外学术科研基金项目重大项目立项3个,重点项目立项

4个,一般项目立项 79 个;学院研究生在省级及以上期刊发表论文 146 余篇,其中核心期刊 25 篇;获江苏省优秀博士论文 1 篇,优秀硕士学位论文 1 篇,苏州大学优秀博士论文 2 篇,苏州大学优秀硕士论文 1 篇。

三、科研工作与学术交流

在学科和科研方面,主办或承办了第十五届全国俄罗斯哲学研讨会、江浙沪皖三省一市政治学会 2015 长三角新型城镇化与社会治理创新学术研讨会、两岸哲学论坛、第五届城市哲学论坛、长三角中国哲学博士点论坛、苏州大学老挝—大湄公河次区域(GMS)国家研究第二届高层论坛暨 GMS 国家与"一带一路"建设学术研讨会等会议,举办了 13 场学术讲座。2015 年,学院科研继续保持喜人发展态势,新增纵向课题 23 项,其中国家社科重点项目 2 项,国家社科一般项目 2 项,面上项目 1 项,省社科重点项目 1 项;横向课题 12 项;核心期刊论文,包括 SSCI 等收录论文 144 篇;各级各类报告批示 31 篇;出版专著 20 篇;科研成果获奖 8 项;出版教材 9 部。

在国际交流合作方面,有 60 多人次赴欧美等国家进行访学、出席学术会议,并与美国阿肯色大学、韩国蔚山大学、台湾东吴大学等高校开展学术交流以及联合培养工作。学院 4 位老师分别赴美国、英国、荷兰、中国台湾等国家和地区进行访学。学院也积极加大学生的短期或长期访学,国际化程度不断提高。

四、学院特色和重大事项

2015 年 4 月 16 日,学院召开 20 周年院庆筹备之校企合作共谋学院发展座谈会。学院著名校友、学院领导参会。

2015 年 5 月 12 日,美国阿肯色州立大学约翰一行 22 人在 606#317 会议室举行为期一周访学的开学典礼。

2015 年 5 月 16 日,学院举行了建院 20 周年院庆,重新对学院的历史进行了梳理,对学院 20 年来的工作成绩进行了总结,并广泛联系校友、院友共谋学院创新发展。各届校友、校外兄弟学院、校内院系、本科生、研究生代表 250 余人参加发展论坛。

2015 年 7 月 20 日,学校印发《关于加强马克思主义学院建设的实施意见》。马克思主义学院成立为单独的二级学院。学校任命张才君为马克思主义学院党委书记,免去其政治与公共管理学院党委书记一职。任命邢光晟为政治与公共管理学院党委书记,试用期一年。钮立新为副调研员。

(曾永安)

马克思主义学院

一、概况

2011年3月9日,苏州大学成立马克思主义学院。2015年4月30日,学校决定按照教育部要求单独设置马克思主义学院,成为直属于学校的二级学院,承担全校学生的思想政治理论课教学任务,承担马克思主义理论学科建设及研究生培养工作,承担马克思主义理论与实践科学研究等任务。

学院秉承学校办学理念,依托学校优势资源,始终贯彻学校发展战略,以建设与一流苏州大学相适应的马克思主义学院和马克思主义理论学科为目标,努力把马克思主义学院建设成为马克思主义理论人才培养和思想政治理论课教育基地,成为有影响的马克思主义理论科学研究与成果产出基地,成为有马克思主义理论学科特色和苏南区域实践支撑的智库服务与应用转化基地,为促进社会经济发展和党的建设做出新的贡献。

学院现有专任思想政治理论课教师46名,其中有教授9名,副教授29名,讲师8名,有博士生导师6名,硕士生导师21名。为全校本科生开设"马克思主义基本原理概论""毛泽东思想和中国特色社会主义理论体系概论""中国近现代史纲要""思想道德修养与法律基础""形势与政策"等思想政治理论课;为全校硕士生、博士生开设"中国特色社会主义理论与实践研究""马克思主义与社会科学方法论""自然辩证法""中国马克思主义与当代"等课程,形成了马克思主义理论教学体系。

学院现有课程教学论(政治教育)、马克思主义基本原理、思想政治教育硕士点;马克思主义基本原理、思想政治教育博士点;学科教学(思想政治教育)专业学位点;马克思主义理论博士后流动站。2015年5月,马克思主义理论学科获批江苏省重点建设学科。

二、科研

学院科研服务成效明显。近年来,在马克思主义社会发展理论、中国特色社会主义理论与苏南发展实践、社会主义核心价值体系与人的全面发展、近现代史基本问题等研究领域,主持国家社科基金重大项目1项,重点项目2项,主持并完成国家社科基金项目5项,正在主持国家社科基金项目4项、省社科基金项目8项、省人文社科项目26项。

(刘慧婷)

教育学院

一、学院概况

教育学院目前下设教育学系、心理学系、教育技术学系3个系,现有教职工86人,在校本科生410人,研究生438人。主要研究所与实验室有教育科学研究院、高等教育研究所、应用心理学研究所、苏南地区大学生心理健康教育研究中心、教育科学研究中心、教育与心理综合实验室(中央与地方高校共建)、苏州大学心理与教师教育实验教学中心(江苏省高校实验教学示范中心)和认知与行为科研研究中心。学科点与专业方向包括教育学一级学科博士后流动站、高等教育学博士点、教育学一级学科硕士点、心理学一级学科硕士点、教育硕士专业学位授权点、应用心理学专业学位授权点、教育学本科专业、应用心理学本科专业、教育技术学本科专业以及教育学和应用心理学本科第二学士学位教育。学院已形成了从本科到博士的完整的人才培养序列,并长期承担全国骨干教师培训、江苏省骨干教师培训、教育与心理职业技能培训等继续教育。

二、教学工作

1. 本科生教学工作

完成每个学期三次教学信息反馈和学期期中教学检查、双学位培养方案及2015级人才培养方案的修订、本科生转专业工作细则以及优秀本科生的研究生推免工作和自主选拔录取等。严格执行学校规定的教学检查和听课制度,得到全院教师的大力支持。

首批参加本科生导师制的2011级43名同学中,15人成为中共党员,1人成为苏州大学莙政学者,1人被评为江苏省优秀学生干部,1人被评为苏州大学2014年标兵,1人在高级核心期刊发表学术论文,2人获得2014年江苏省大学生数字媒体作品竞赛二等奖,2人分别获得苏州市心理学会2014年学术研讨会优秀论文二、三等奖,15人分别获得苏州大学第十四届"挑战杯"大学生课外学术科技作品竞赛一、二、三等奖,9人被推免至浙江大学、北京师范大学、华东师范大学、苏州大学、西南大学、陕西师范大学攻读硕士研究生,6人考取南京大学、北京师范大学、苏州大学硕士研究生。本科生导师制在人才培养方面优势尽显,学院将继续整合资源,充分利用导师制管理平台,加强导师制的实施和管理工作。

教育学院2015年度获"苏大课程2015-3I工程":通识教育课程改革项目1项、新生研讨课项目1项;2015年江苏省高校微课教学比赛二等奖1人。2015年苏州大学交行教学奖1人。苏州大学第十二次江苏省高等教育科学研究优秀成果奖三等奖1人。获苏州大学第十四届青年教师课堂教学竞赛三等奖1名。校级优秀实习生2名、优秀实习小组1名。学院教学改革主要围绕重能力、强基础通过增加课堂内外的实践活动和强化学科基础知识的教学入手,同时与卓越中学教师的培养紧密挂钩,探索教育新政下人才培养模式和目标驱动型实践教学模式以及特级教师专业发展特质。

2. 研究生教学工作

2015年度学院共招收学术型硕士生47名,博士研究生9名,全日制专业性硕士生42名,在职专业型硕士生45名;本年度毕业学术型硕士生58名,博士研究生13名,全日制专业硕士生34名,在职专业型硕士生47名,同等学力获硕士学位者23人。

2015年获省优秀硕士论文1篇;省学位论文抽检2人,未出现不合格论文。1篇博士论文获中国高等教育学会优秀论文提名奖。

新增校级研究生工作站1项;苏州大学2015度专业学位硕士案例教材建设立项1项,校研究生课程建设研究课题立项。

2015年研究生在各级各类杂志发表论文127篇,以独立作者或第一作者发表86篇,其中核心期刊20篇,以独立作者或第一作者发表10篇;北图核心期刊14篇,以独立作者或第一作者发表5篇;参与申报省部级以上科研项目15人次。研究生提交会议论文16篇,获奖4篇。成功申报2015年度"江苏省研究生科研创新计划项目和实践创新计划项目"共10项,结题"江苏省研究生创新计划"13项;30份作品参加苏州大学第十六届"挑战杯"大学生课外学术科技作品竞赛;赴台湾高校交流学生5名,赴日本立命馆大学短期学习2名,接受台北市立大学交换生1名。

2015年学院毕业研究生就业率达到92.08%,参加学校活动获2次优秀组织奖、2项道德风尚奖、1个亚军、2个优胜奖等。

三、学科建设与科研工作

1. 科研项目及成果

2015年度,教育学院获得全国高校人文社会科学奖二等奖1项,其他奖项3项,成功申报国家自然科学基金项目和国家社科青年基金项目各1项,厅级项目3项,横向项目14项,出版专著12部,在学校指定核心期刊发表论文92篇,向政府提供政策咨询建议并被采纳17项。

成功申报江苏省卓越教师培养计划项目"本项一体化实践反思型教师培养",并完成相关工作方案和实施计划的制订,成功申报教育硕士(职业技术教育领域)培养试点资格,完成江苏省重点学科教育学(培育点)"十二五"验收工作,完成教育学一级学科硕士点评估报告工作,完成心理学一级学科硕士点评估报告工作,完成应用心理学专业硕士点评估报告工作。

2. 国内外学术交流情况

2015年度,学院邀请了美国波士顿麻州大学、德国伊尔梅瑙工业大学、日本立命馆大学、日本花园大学、加拿大多伦多大学、香港中文大学、台湾台南大学、台湾世新大学和境内多所著名院校学者来学院交流访问,来访学者共为师生作专题学术报告15场,其中台湾台南大学黄藿教授在学院访问1周,面向老师和学生开出了系列讲座,丰富了校际交流的形式和内容。

四、学院重大事项

获得江苏省高校基层党建工作创新奖。

获批江苏省"卓越教师培养项目:本硕一体化实践反思型教师培养"项目。联合应用技术学院,成功申请"职业技术教育硕士领域培养试点"单位。晋升3名教授,2名副教授。3位老师境外学习,引进优秀博士2名。

（王 青）

东吴商学院（财经学院）
东吴证券金融学院

一、概况

苏州大学东吴商学院（财经学院）成立于1985年6月，是经江苏省人民政府批准，由江苏省财政厅参与直接投资建设的经济管理类学院，也是苏州大学建立最早的二级学院。2002年更名为苏州大学商学院。2010年4月，苏州大学与东吴证券股份有限公司签订协议共建苏州大学商学院，更名为苏州大学东吴商学院。

学院下设经济系、财政系、金融系、经贸系、工商管理系、会计系、电子商务系7个系科；乡镇经济研究所、世界经济研究所、财务与会计研究所3个研究所和企业创新和发展研究中心、MBA中心。学院现有博士后流动站2个（应用经济学、工商管理），一级博士授权点1个（应用经济学），二级博士授权点4个（金融学、财政学、区域经济学、企业管理学），硕士点15个[金融学、财政学、企业管理、世界经济、区域经济、政治经济学、产业经济学、国际贸易、会计学、农业经济管理、工商管理硕士（MBA）、会计专业硕士、金融专业硕士、税务专业硕士、国际商务专业硕士]，学院拥有金融学、财政学、会计学、经济学、工商管理、财务管理、电子商务、国际经济与贸易、市场营销9个本科专业和国际会计（CGA）专业方向；2011年经国家教育部批准开设"金融学（中外合作）"本科专业。金融学为省级重点学科、省级品牌专业，会计学专业为省级特色专业，工商管理类专业为省级重点专业（类）。

学院现有教职工166人，其中教师136人，教授28人，副教授74人，博士生导师13人，取得博士学位和正在攻读博士学位的教师68人，享受国务院特殊津贴的专家2人，入选教育部新世纪优秀人才计划1人，省"333工程"培养对象4人，东吴学者高层次人才计划1人，省"青蓝工程"培养对象中青年学术带头人3人。并聘请国内外30多名专家、学者为兼职教授。目前在读全日制本科生近2 400人，二学位学生400多人，在籍博士、硕士研究生1 000多人。

二、教学工作

1. 本科生教学工作

强化教学改革，提升教学质量，积极拓展国际化教学领域。

对各专业教学计划进行全面修订，进一步明确专业培养目标和要求；中外合作办学金融学专业成功申报省高水平示范性建设工程（项目）。获学校捐赠类教学奖3项（建行奖2位，交行奖1位）；获校青年教师课堂教学竞赛一等奖1人、二等奖1人；江苏省微课教学比赛三等奖1项；省级教改课题2项顺利结项，新增1项省级教改课题；先后签订校级本科生实习基地20个,加强学生课外实践教学。

2. 研究生教学工作

学院加强研究生培养中各环节的管理工作,提高研究生培养质量,规范管理,推进思想政治教育、提升科技创新能力、增强实际动手能力、促进研究生全面成长。获得校级研究生精品课程1项,省级研究生创新计划1项。获评校优秀硕士论文1篇。

学院注重提高MBA的办学质量,加强内涵建设,进一步提升苏大MBA的竞争力和知名度。2015年继续推进教学方案改革,加强选修课程建设,邀请知名专家丰富MBA大讲堂;在推动案例教学方面,学院组织了第二届MBA案例精英赛,并组两个队参加了南京区域赛,取得好的成绩。在实践教学方面,将MBA课堂延伸到企业现场,加强了企业管理理论与实际工作的密切结合。

三、科学研究与学术交流

1. 科研项目及成果

2015年学院科研项目取得较好成绩,获得国家自然科学基金4项,其中青年项目1项,面上项目3项;国家社科基金青年项目1项;教育部基地重大项目1项;到账科研经费约537万元(纵向到账297万元,横向到账240万元)。

学院教师共发表三类期刊以上的学术论文54篇,其中TOP期刊3篇,一类11篇,二类27篇,国际期刊收录20篇(SSCI 9篇,SCI 4篇,EI 7篇),获得各类科研奖励20多项。

2. 海内外学术交流情况

继续邀请国内外知名专家学者作学术讲座;与维多利亚大学、法商联盟、雷恩商学院、澳大利亚莫纳什大学、邦德大学等高校进行交流合作;组织14名教师暑假期间到台湾东吴大学参加学术会议,10名教师到国(境)外进修。

(李 季)

王健法学院

一、概况

苏州大学王健法学院其前身为蜚声海内外的东吴大学法学院,于1915年9月由美籍律师查尔斯·兰金创办,培养了吴经熊、盛振为、丘汉平、孙晓楼、王伯琦、杨兆龙、李浩培、倪征噢、潘汉典等一大批法学大师,当时饮誉海内外,有"南东吴,北朝阳"之称。1952年院系调整时,东吴大学改办为江苏师范学院,法学院随之并入他校;1982年经国务院批准改名为苏州大学,同时恢复法学教育,设法律系;1986年扩建为法学院。2000年,原东吴大学法学院校友王健先生捐巨资支持法学院建设,苏州大学法学院更名为苏州大学王健法学院。

学院现有教职工87人。其中专任教师69人。教师中有教授25名,副教授27名;博士生导师11人,硕士生导师46人。目前在校各类学生近三千人。

学院分别于1993年和1998年获得硕士、博士学位授予权,法学教育体系完备。本科设有法学专业和知识产权专业,拥有法学一级学科硕士点及法学一级学科博士学位授予权。目前在法学理论等10个二级学科硕士点招收学术型硕士研究生;在法学理论等8个二级学科博士点招收博士研究生。学院拥有法学一级学科博士后流动站。

苏州大学法学学科为江苏省序列重点学科。学院拥有江苏省高等学校哲学社会科学重点研究基地——"公法研究中心",并建有江苏省知识产权(苏州大学)培训基地、苏州大学知识产权研究院。创办了《苏州大学学报(法学版)》,创刊仅一年的《苏州大学学报(法学版)》在全国高等院校主办的学报排名中,全文转载率排名列全国各学报第50位。

王健法学楼建筑面积16 000平方米,设有中式、西式模拟法庭、国际学术会议厅等,同时为教授配备独立的研究室。图书馆面积3 600平方米,现有藏书7万余册,中外文期刊600多种,可检索的电子图书30多万种,并在收藏、保留港台地区法学期刊、图书方面具有特色。

自1982年以来,法学院已为全国培养博士生、硕士生、本科生、专科生等各类层次的专门人才15 000余人,成为重要的法学人才培养基地,许多校友已成为国家政法部门和法学教育的中坚力量。

二、教学工作

1. 本科生教学工作

2015年共招收本科学生149人,双学位学生130人,教改班3人。完成508名本科生论文答辩工作(包含法学院、文正学院、宿迁学院及双学位学生)。新增微课1门、新生研讨课1门、过程化考核课程1门、常规选修课1门。获苏州大学"十三五"省品牌专业培育项目,学院教师积极参与教改研究,10人次获得立项。本科测评率99%;测评结果为90.64分,名列全校第7位。

2. 研究生教学工作

2015年共招收博士研究生7人，各类全日制硕士研究生171人。完成199名各级各类研究生的论文答辩工作。成功举办"第九届研究生论文发布会暨第五届青年教师论文发布会"和"王健法学院第二届科研方法系列学术研讨会"，为研究生提升科研水平和写作技巧搭建了良好的平台。

三、学科建设与科研工作

1. 科研项目及成果

2015年度获国家社科基金项目5项（重点项目3项）；省部级项目16项。2015年师生共在CLSCI刊物上发表论文27篇，核心期刊论文82篇，其中一类权威核心刊物6篇；出版专著6部、译著1部、教材1部；获教育部第七届高等学校优秀成果奖三等奖1项。有2名教师分别获第四批苏州大学"东吴学者计划"的第一层次人才项目资助和第二层次人才项目资助。

2. 国内外学术交流情况

学院共举办学术会议10多个、学术讲座30多起。其中为纪念东吴法学院建院百年，于9月3日至4日成功举办的"纪念东吴法学百年国际学术研讨会"，极大地扩大了法学院在国内外的学术影响。与美国圣约翰、英国班戈大学签署合作协议，为学生提供了更广阔的学习空间。

四、学院特色与重大事项

2015.1.16 在2013—2014年基层党建工作考核评比中，王健法学院获得党建工作"创新奖"和学生工作"特色奖"，陆岸副书记获学生工作"先进个人"称号。

2015.6 据中国法学创新网的最新统计，2014年王健法学院在CLSCI上发表论文36篇，论文总发数和他发数均位居全国第9，从而实现了连续三年进入全国法学院前10位的目标。

2015.6 王健法学院行政换届工作顺利完成，继续聘任胡玉鸿院长为王健法学院院长、周国华为副院长，聘任方新军为副院长（试用期一年），黄学贤不再担任副院长职务。

2015.6.13 第三届"公民社会建设与法治中国论坛"暨"城镇化推进与公民社会"学术研讨会在王健法学院顺利举行。

2015.7.1 中共王健法学院委员会党委换届党员大会顺利举行。会议选举产生了由胡玉鸿、周国华、陆岸、方新军、上官丕亮、张成敏、张利民等7人组成的新一届委员会。由周国华任新一届党委书记、陆岸为副书记。

2015.9.3—4 "纪念东吴法学百年国际学术研讨会"在王健法学院举行。来自北京大学、清华大学等著名法律院校的专家以及美国法律界代表及校友共300余人参加了本次会议。王嘉廉基金会主席王嘉廉先生也受邀出席了会议。研讨会吸引了新闻媒体的广泛关注，社会各界好评如潮，百年历史的苏州大学王健法学院再次成为人们关注的焦点。

2015.10.22—25 "王健法学院第二届科研方法系列学术研讨会"在学院中式模拟法庭隆重举行，北京大学陈瑞华教授、薛军教授，中国政法大学舒国滢教授，中南大学法学院谢晖教授为王健法学院师生献上了精彩纷呈的讲座。

2015.11.10　王嘉廉基金会主席王嘉廉先生再次来访王健法学院,双方就如何进行学院建设与基金使用进行了充分交流。

2015.12.6　王健法学院荣获第九届红十字国际人道法英文模拟法庭竞赛一等奖。

（肖丽娟）

外国语学院

一、概况

学院现有在职教职工246名,其中教授20余名,副教授73名,博士生导师10名,硕士生导师45名;学院现设英、日、俄、法、韩、德、西班牙等7个语种、8个专业(含翻译)。英语专业为江苏省特色专业;俄语(俄英双语)专业为苏州大学特色专业。2012年,英语专业被命名为江苏省"十二五"高等学校重点专业。学院所属英语语言文学学科连续在"九五""十五""十一五"期间被评为江苏省重点学科,2003年始设博士学位点。2010年,外国语言文学学科获批一级学科博士点(目前下设英语语言专业、俄语语言专业、外国语言学及应用语言学和翻译学等4个二级学科博士点)和一级学科硕士点[下设英语语言文学、外国语言学与应用语言学、翻译学、俄语语言文学、日语语言文学、教育专业学位、翻译专业学位(口译及笔译)等二级学科硕士点]。2011年,外国语言文学一级学科为江苏省重点学科。学科现设博士后流动站,常年对外招收博士后研究人员。学院现有全日制本科专业在校生1100多名,各类在读博、硕士研究生近400名。

学院现设8个专业系和1个大学外语部,同时设有苏州大学英语语言研究所(校级)、苏州大学典籍翻译研究中心(校级)、苏州大学语言与符号学研究中心(校级)、澳大利亚研究中心、外国文学研究所、语言学研究所、翻译研究所、计算机辅助外语教学研究所、外语教学研究所等研究机构。学院现为中国语言与符号学研究会秘书处挂靠单位。

二、教学工作

1. 本科生教学工作

2015年,英语专业入选苏州大学"十三五"省品牌专业培育项目,建设规划开始进入实施阶段。与此同时,学院开始着手筹建本院第八个语种专业。

学院积极探索教学改革,英语专业积极策划了对本科高年级部分课程进行微调,集中一批有经验的老师,将第五学期的英文写作课改造成体系性、知识性的高水平课程。面向本科新生连续八次举办外国语学院英语专业本科学习指导系列讲座。学院在学校的2014—2015学年第一学期本科课程网络教学质量测评中取得了较好的成绩,参加网络测评的学生为全校2012—2014级本科生,外国语学院的测评结果为91.33分,在全校26个院系中排名第6。专业课的老师平均分为92.52分。

1位教师主持的教育部来华留学生品牌课程结项完成;2位教师获2015苏州大学江苏省教改立项重点课题(以"三个引领"为核心的英语专业人才培养校级构建);《中华文明与地方文化》获2015年省修订重点建设教材;4名教师获2015苏州大学高等教育教改项目;"基于微课群建设的大学英语教学效果研究"和英语专业教改项目被推荐申报省级教改课

题;《中华文明与地方文化英文导读》入选省级精品教材。

2015年,法语系团队在全国高校法语电子教案比赛中夺冠。翻译系和大学外语部的微课作品在第一届"中国外语微课大赛"中分别获得江苏省赛区二等奖和三等奖;1位教师获江苏省青年教师讲课比赛二等奖;2位教师获江苏省微课比赛一等奖,2位教师获三等奖;2位教师在由教育部全国高校教师网络培训中心主办的第二届全国高校微课教学比赛决赛中分获三等奖和优秀奖;1位教师获周氏教育科研奖(教学一等奖),1位教师获周氏教育科研奖(科研优胜奖);3位教师获2015苏州大学交行奖;2位教师获建行奖;1位教师在苏州大学第十四届青年教师课堂教学竞赛中获二等奖;3位教师校级教改项目结项通过。

2. 研究生教学工作

2015年,新录取硕士研究生89人,2014级教育硕士(58人)入学,新录取博士研究生8人。

学院以优异的成绩顺利通过了全国翻译专业学位研究生教指委组织的全国范围的MTI教育检查。

学院1名同学获得全额留学基金资助赴圣彼得堡国立大学公费攻读博士学位。2名同学获校级优秀博硕士论文奖;3名博士后先后出站;1名博士生的苏州大学优秀博士论文选题结项,6名同学的江苏省研究生科研创新计划结项(其中1名优秀,其余5名合格);1名博士生申请并获得2016—2017学年度中美富布赖特联合培养博士生项目出国留学人员资助。1名博士生获省研究生创新课题。12名同学获苏州大学2014—2015优秀奖学金;2名同学获朱敬文奖学金;2名同学获朱敬文助学金。

三、科研工作

1. 科研项目及成果

《澳大利亚文学批评史》入选国家社科文库。杨彩梅、黄芝、张玲和袁影老师获得国家社科基金项目,法语系的陆询老师获2015国家社科基金后期项目资助,黄爱军和朱新福又获教育部人文社会科学项目;黄爱军获教育部第八批博士后特别研究基金;邵宝等7位教师获得教育厅项目。

日文系施晖教授的国家项目顺利结项,杨彩梅获教育部人文社会科学优秀成果三等奖。

学院设置 Language and Semiotic Studies(《语言与符号学研究》)杂志编辑部,成立学院第三个校级研究中心——语言与符号学研究中心。

2. 学术交流和对外合作

2015年,继续拓展对外学术交流,支持教师外出参加各类各级学术活动;邀请一大批中外著名学者来学院讲学。

学院先后成功举办"形式与功能:国际语言学大会""当代语言学国际圆桌会议"和"全国翻译研究战略论坛",协助安徽大学外国语学院办好"2015语言与符号学研究会"的专题会议,圆满协助园区软件外包学院组织了苏州高校外语教学研究会年会活动。与智利驻上海总领馆合作举办纪念智利女诗人米斯特拉尔(Gabriela Mistral)获诺贝尔文学奖70周年活动及征文颁奖活动。

学院邀请清华大学杨小璐教授,日本花园大学丹治光浩副校长、华裔日本语专家于康教授,法国让·莫奈大学大卫·吉尔杜教授、York St John大学的 Chris Hall 和 Helen Sauntson,

北京大学西葡语系范晔,外交部前大使汤柏生,清华大学原外语系主任、现全国文体学研究会会长刘世生教授,南京大学蔡新乐教授,外交部西班牙语专业黄志良大使,上外束定芳和许余龙教授,吉林大学外国语学院院长周异夫教授,中国社科院外文所知名学者、法国文学会会长吴岳添教授以及广东外语外贸大学的欧阳护华、美国 Binghanton 大学的华裔美国著名歌唱家张泓来学院讲学;下半年邀请澳大利亚 Monash 大学文学院的语言学家 Farzad Sharifian,韩国安明哲和金乾坤教授,智利驻上海总领事安明远先生(Rodrigo Arcos),解放军国际关系学院的李建波教授,北京外国语大学日语系教授、博士生导师周维宏教授,加拿大滑铁卢大学华裔作家李彦,加拿大 UBC 的孙浪,澳大利亚的 David Reeve,德国剧作家乌尔里克·叙哈(Ulrike Syha),台湾学者刘光能教授,西班牙莱里达大学教授 Javier Terrado,美国威斯康星大学(Madison)张洪明教授来学院讲学;学院讲座教授罗国祥教授也应邀为法语系师生做讲座。

教师外出参加国内外学术会议 60 多人次。

学院继续与联合国的文件翻译合作,圆满完成所有翻译任务;继续推动与英美合作大学的互访和交流;与韩国外国语大学正式签署合作协议。

四、学院特色及重大事项

(1)成立 Language and Semiotic Studies(《语言与符号学研究》)编辑部,圆满完成创刊和 2015 年前四期的编辑和出版工作,优质的用稿质量和国际化的编辑水平给国内外专家留下了深刻的印象。年内,刊物正式入编中国知网,英文网页建成并上传,微信公众号开始运行。

(2)王腊宝教授的《澳大利亚文学批评史》入选国家社科文库。施晖教授的国家项目以良好的成绩结项。杨彩梅获教育部人文社会科学优秀成果三等奖。新增国家社科基金项目 5 项,其中包括杨彩梅、黄芝、张玲和袁影老师的一般和青年项目 4 项与陆询老师和后期项目资助 1 项;此外,黄爱军和朱新福获教育部人文社会科学项目 2 项;黄爱军获教育部第八批博士后特别研究基金 1 项。

(3)学院以全国第一名的成绩顺利通过了全国翻译专业学位研究生教指委组织的全国范围的 MTI 教育检查。

(4)在 2015"外研社杯"全国英语演讲和全国英语写作比赛中,我校学生连续获得优异成绩,其中曹哲韡同学获得全国英语演讲比赛一等奖,阮雨禾获全国英语写作比赛二等奖。

(5)本院博士生徐舒仪申请并获得 2016—2017 学年度中美富布赖特(Fulbright)联合培养博士生项目出国留学人员资助;蔺金凤获国家公派留学基金赴俄罗斯攻读博士学位研究生。

(6)学院本科生在专业四级考试中取得佳绩,2013 级西班牙语专业 25 名学生在专四考试中获得 24 个优秀的成绩;俄语 2013 级 25 名学生参加专四考试,16 人获得优秀。

(7)语言学团队与园区仁爱学校合作,共建研究生工作站。

(8)国际化教学获得新进展,王宏教授主持的"教育部来华留学生英文品牌课程"(中国传统文化)结项完成;学院第二位外籍博士研究生罗马克(王宏教授指导)入学。

(蒋莲艳)

金螳螂建筑学院

一、学院概况

学院前身是创建于2005年5月的苏州大学城市科学学院。2007年年底,苏州大学与苏州金螳螂建筑装饰股份有限公司合作共建苏州大学金螳螂建筑学院(公办性质不变)。

学院设有建筑学(含室内设计方向)、城乡规划、风景园林(含植物应用与设计方向)、历史建筑保护工程4个本科专业,设有1个二级学科博士点(建筑与城市环境设计及其理论)、2个一级学科硕士点(建筑学、风景园林学)、1个二级学科硕士点(城乡规划与环境设计)、1个专业学位硕士点(风景园林),另在艺术设计(专业学位)硕士点下设有建筑与城市专业设计研究方向。

学院现有在校全日制本科生650人、硕士113人、博士研究生5人。有78名教职工,专业教师60人。专任教师中具有博士学位或博士学位在读教师占68.3%;有国外工作、学习经历的教师有30人,占50%;具有高级职称的有29人,占48.3%。

学院的发展定位和目标:以工科为基础,以建筑类为主导,以设计为特色,各专业协调发展;通过差异化的发展道路和"产、学、研"齐头并进的发展模式,发展成为国际化、职业化的高水平设计学院。

二、教学工作

1. 本科生教学工作

在第二届全国高校微课教学比赛中,"建筑物夜景照明"荣获一等奖。在江苏省高校微课教学比赛中,1人获省一等奖、1人获省三等奖。在2015年全国高等学校建筑设计优秀教案和优秀作业评选中,1人获评优秀教案,2份学生作业获评全国优秀作业。在《中国建筑教育》"清润奖"大学生论文竞赛中,3篇论文获奖(本科组共评获奖论文24篇)。在第十三届全国高等院校建筑与环境设计专业学生美术作品大奖赛中,学生美术作品分别获得一等奖1项,二等奖2项,三等奖1项,优秀奖2项,3人获优秀奖指导教师奖。在2015全国高等学校城乡规划学科专业指导委员会主办的城市设计和社会综合实践调研作业评优中,获2项佳作奖。在2015第七届创基金·四校四导师·实验教学课题暨中国建筑装饰卓越人才计划奖终期评选中,1人获责任导师贡献奖,1人获优秀指导教师奖,3名学生分获二等奖、三等奖和佳作奖。在由中国绿色建筑协会主办的第五届全国绿色建筑设计竞赛暨世界大学生绿色建筑课程设计竞赛中,学生作品获三等奖1项、优秀奖2项。

《建筑类设计人才"1+3"培养新模式的探索与实践》获得2014年苏州大学教学成果奖一等奖。学院获校2015年教学成果奖培育项目立项1项,获校级教改立项资助2项。1人获交行教学奖,1人获建行教学奖,1人获建行管理奖,1人获得校级青年教师课堂教学竞赛三等奖。5篇毕业设计（论文）评为校优秀毕业设计（论文），1个毕业设计小组获校优秀毕业设计团队，2名教师获校毕业设计（论文）优秀指导教师（含外聘教师1名）。学院新增历史建筑保护工程专业（工学）。学院获大学生创新计划7项：国家级2项，省级2项，校级3项。1人获莙政学者项目。

2. 学科建设与研究生培养

各学科共招收博士研究生1名、硕士研究生47名（含西部支教计划1人）。风景园林学一级学科参加省级学科评估，学科点建设受到了同行专家好评。学生境外研学频率高，华梦熙、蒋丹青、丁晗3位同学赴意大利多莫斯设计学院攻读第二学位；曾友、顾翘楚2位同学分别赴台湾科技大学、台湾成功大学访学。曾友、方珍珍2位同学赴匈牙利佩奇大学作短期访学。设计类研究生已经连续三年与境外大学联合开放设计工作坊设计工作，取得了良好的效果；学术讲座被纳入研究生教学体系，计算学分并要求学生提交听讲心得。重视研究生科研与创新，博士研究生王鹤获批1项省部级科研项目；硕士研究生方珍珍（排名第2）、刘刊（排名第3）各获得授权发明专利1项；荣侠、王海涛等11名博士、硕士研究生参与并成功申报了6项国家自然科学基金项目；李枷霖同学的硕士论文荣获苏州大学优秀论文。2015年度硕士研究生就业率100%。

三、科学研究与学术交流

1. 科学研究项目与成果

6位教师成功申报国家自然科学基金项目，首次获得军工横向课题。全年学院共获得国家级、省部级、市厅级纵向科研项目23项，年度到账经费168.6万元；横向课题20项（其中新增15项），年度到账经费206万元。发表各类论文97篇，其中三大检索期刊论文7篇、核刊论文40篇、普刊论文30篇；出版专著1部、译著1部、参编教材3部；安徽省科技进步三等奖1人次，江苏省建筑创作一等奖1人次，江苏省建筑创作三等奖2人次，中国建筑装饰协会设计奖金奖、银奖、优秀奖各1人次。知识产权20项（其中发明专利3项）。

2. 国内外学术交流情况

注重国内外学术交流与互动。学院设立建筑学院十周年院庆系列讲座"信义讲堂"，在学术交流中心成功举办了22场高水平学术讲座，包括院士、设计大师、学术名家、明星设计师等四大系列，涵盖建筑、规划、风景园林所有学科，以打造国内顶尖学术系列讲座为主旨。多场高水平讲座的成功举办，不仅表现出业内人士对学院院庆的热烈祝贺，而且彰显出学院强大的号召力和影响力。

为培养建筑、规划等专业优秀本科生、研究生，2015年，学院与英国卡迪夫大学（Cardiff University）、韩国韩瑞大学分别签署了发展协议，分别合作开展"1＋1＋1"双硕士项目、建筑学科博士课程联合培养"2＋1"项目、本科双学位"3＋2"项目、短期研修项目和互相派遣教师交流等活动。这两个合作协议的签署，也是继2014年与意大利多莫斯学院合作培养建筑类研究生之后的又一重要举措。

四、学院重大事项

2015年4月，学院申报的历史建筑保护工程专业获得教育部批准，于2016年开始招生。

2015年4月24日至28日,2015创基金·四校四导师·实验教学课题中期汇报暨中国建筑装饰卓越人才计划奖在学校成功举办。

2015年4月29日,经省教育厅和省科技厅审核授牌,由学院牵头的苏州大学和苏州园林发展股份有限公司共建的江苏省企业研究生工作站以及学院与该公司共建的"苏州市香山帮古建营造技艺工程技术研究中心"举行揭牌仪式。

2015年6月3日,苏州大学决定将"苏州大学金螳螂建筑与城市环境学院"更名为"苏州大学金螳螂建筑学院"。

2015年6月10日,苏州大学图书馆建筑分馆在金螳螂建筑学院正式揭牌,成为苏州大学图书馆在校内设立的首个学科分馆。

2015年7月,学院70多名师生由金螳螂装饰股份有限公司出资赴法国、意大利、香港地区、澳门地区研修。

2015年9月20日,金螳螂建筑学院成立十周年发展论坛暨2015年全国高等学校建筑设计优秀教案和教学成果评选活动在学院学术交流中心成功举行。借院庆契机,学院教学实验大楼装饰改造一新,彰显设计学院特色;在苏州信义置业房产经纪有限公司的倾情支持下,学院设立"信义讲堂";微电影《我们的青春梦想永不散场》成功首映;《苏州大学建筑类设计人才教学实践及成果》完稿并于年底由苏州大学出版社正式出版;《建筑·十年——金螳螂建筑学院发展纪实(2005—2015)》编写成书。

2015年9月,学院成功申报了6项国家自然科学基金项目。

2015年10月14日,中国历史文化名城(苏州)研究院在学院揭牌成立。

2015年,"建筑学"一级学科硕士点动态调整增列成功。11月10日,国务院学位委员会下发了《国务院学位委员会关于下达2015年动态调整撤销和增列的学位授权点名单的通知》(学位〔2015〕41号),学校动态调整增列"建筑学"(一级学科硕士点)的申请获得了批准。该学位点的增列成功,在学院发展史上具有里程碑的意义,有助于推动学院主干学科的人才培养。

2015年11月,学院正式出台《设计主干课程教学综合改革方案》。

2015年12月9日,学院第四次团员代表大会、学生代表大会、科协代表大会、社联代表大会(简称"四代会")在学术交流中心胜利召开。

(陈 星)

数学科学学院

一、概况

数学科学学院创建于1952年。现有数学一级学科博士、硕士学位授予点(下设基础数学、应用数学、计算数学、概率论与数理统计、运筹学与控制论、数学教育6个二级学科博士、硕士点),统计学一级学科博士、硕士学位授予点(下设数理统计、应用概率、金融风险管理、生物统计、经济统计5个二级学科博士、硕士点);应用统计、金融工程、学科教育(数学)3个专业硕士学位点;设有数学和统计学博士后流动站以及全国省属高校中唯一的国家理科基础科学研究和教学人才培养基地(数学);数学、统计学均为江苏省一级重点学科;数学与应用数学为"211"重点建设学科。数学学科在2012年教育部(学位与研究生教育发展中心)学科评估中排全国数学学科第20名。

学院现有教职工135人,其中专任教师115人,教授34人,博士生导师23人,副教授53人。专任教师中有83人具有博士学位。现有国家"千人计划"1人,国家级教学名师奖获得者1人,国家自然科学杰出青年基金获得者1人,国家自然科学优秀青年获得者1人,全国优秀教师2人,国家级有突出贡献的中青年专家3人,享受国务院政府特殊津贴8人,教育部新世纪优秀人才2人,江苏省教学名师1人,江苏省"特聘教授"1人,江苏省"双创人才"2人,省级有突出贡献的中青年专家2人,江苏省"333工程"青年骨干教师2人,江苏省"青蓝工程"骨干教师4人,江苏省"青蓝工程"学术带头人1人,江苏省普通高校优秀青年骨干教师4人。作为国际组合设计领域的领军人物之一的朱烈教授,获得了2004年度国际组合数学终生成就奖——"欧拉奖",亦是第一位获此殊荣的华人科学家。

学院下设数学与应用数学(基地、师范)、信息与计算科学、金融数学、统计学4个本科专业。截止到2015年年底,在校博士生34人,硕士生224人(其中教育硕士54人),本科生777人。

二、教学工作

1. 本科生教学工作

2015年,学院以课程建设与改革为核心,进一步推进本科教学质量工程建设,深化本科人才培养模式的革新。通过加强制度建设,完善排课程序,开展专业数学与公共数学分层次教学,优化过程化考核,严格阅卷程序和成绩管理来提升教学质量;通过积极开展教师培训,完善本科生导师和助教制度,提升教学水平;通过开设基地读书班、师范专业基本功强化班、信息专业数据挖掘小组提升学生专业核心竞争力;通过开拓建立社会实践基地、点面结合组织专业社会实践提升学生专业实践能力;通过组织建模培训、数学竞赛辅导、莙政学者申报、大学生创新性实验计划申报提升学生的专业竞赛和科研水平。

2015年，数学与应用数学获评江苏省品牌专业。2015年度学院共开设3门新生研讨课、录播课程13门。出版教材2本，分别是杨松林主编的《文科数学》和游宏、顾燕编写的《简明线性代数》。教改项目结题1项，立项2个。最近，学院在积极组织教师参加微课、慕课以及翻转课堂的信息化教学的尝试。获苏州大学交行教学集体奖、个人奖、苏州大学建行奖各1项。

学院积极做实招生宣传和就业引导服务工作，本科生源良好，年度本科生就业率96.48%。

2. 研究生教学工作

学院重视研究生培养质量，通过系列举措完成研究生教育改革创新，在招生模式、培养过程、民主管理上都狠抓规范，获得了良好的效果：2012级统计学博士研究生顾莉洁获国际数理统计学会颁发的2015 IMS Travel Award；5人获得了江苏省科研创新计划；2人获得了江苏省研究生实践计划；2名研究生获得2015年国家建设高水平大学公派研究生资格；3名研究生获得"2015年苏州大学研究生参加国际学术会议资助"；获得"苏州大学优秀博士学位论文""苏州大学优秀硕士论文"各一。2015年，74名研究生毕业，就业率95.95%，在全校38家研究生培养单位中名列前茅。

学院与厦门大学数科院共同承担举办了全国"基础数学"研究生暑期学校，该项目由国家自然科学基金委数学天元专项资金资助。

三、学科建设与科研工作

1. 科研项目及成果

2015年数学科学学院共获得国家自然科学基金11项，其中面上项目6项，青年基金项目4项，天元基金项目1项；获得江苏省自然科学基金面上项目1项，青年基金项目1项，江苏省高校自然科学基金2项。

本年度数学科学学院共发表论文74篇，其中SCI(E)一、二区论文18篇，SSCI论文1篇，论文质量稳步攀升。学院教师、博士生多次在国际顶级刊物上发表高质量论文。

2. 国内外学术交流情况

通过组织青年教师学术研究汇报会，组织多次学术会议，邀请国内外专家学术报告123次，营造学术科研氛围，开阔教师的学术视野，激发学术灵感，一方面领略了校外学术精英的睿智和风采，另一方面也展示了学院学科实力和科研成果。

四、学院重大事项

2015年1月，学院召开2014年度学术年会；2015年3月26日至27日曼大三位教授来学院交流；2015年5月17日，学院召开金融数学工作研讨会；2015年6月，学院数学与应用数学专业获评江苏省品牌专业；2015年5月，新加坡国立大学的老师来学院讲学并招生；2015年6月，学院制定《关于〈数学科学学院管理及教辅人员绩效考核实施办法〉的补充规定》；2015年7月14日至8月13日，全国"基础数学"暑期学校在学校成功举办；顾莉洁老师获得国际数理统计学会（Institute of Mathematical Statistics，IMS）颁发的2015 IMS Travel Award；2015年10月，学院获"2015年度苏州大学交行教学奖（集体奖）"。

（陈富军）

物理与光电·能源学部

一、学部概况

苏州大学物理与光电·能源学部2014年由苏州大学原物理科学与技术学院·能源学院、现代光学技术研究所、信息光学工程研究所、化学电源研究所等学术机构组建而成。原物理科学与技术学院·能源学院前身为东吴大学物理系，创建于1914年，是苏州大学历史最为悠久的院系之一。

学部现有物理科学与技术学院、光电信息科学与工程学院、能源学院、高技术产业研究院、现代光学技术研究所、信息光学工程研究所和化学电源研究所等学院和学术机构，苏州大学软凝聚态物理及交叉研究中心、苏州大学能量转换材料与物理研究中心挂靠学部。现有在校研究生400多名，本科生1 000多名；教职工268名，其中院士2名，中组部"千人计划"入选者1名，长江学者1名，杰青2名，优青5名，青年千人9名，青年"973"首席专家1名，教育部优秀人才2名，江苏省双创人才6名，江苏省特聘教授4名。全体教职工中具有高级职称的有147名，具有博士学位的有153名。

学部现有国家一级重点学科培育建设点1个：光学工程；省一级重点学科1个：光学工程；江苏省优势学科1个：微纳光学；博士后流动站2个：物理学、光学工程；2个一级学科博士点：物理学、光学工程；6个二级学科博士点：凝聚态物理、等离子物理、光学、软凝聚态物理、新能源科学与工程、光学工程；8个硕士点：物理学、材料物理与化学、光学工程、检测技术与自动化装置、光学工程（工程硕士）、学科教学（物理）、课程与教学论、新能源科学与工程；8个本科专业：物理学、物理学（师范）、电子信息科学与技术、光电信息科学与工程、测控技术与仪器、能源与动力工程、新能源材料与器件、新能源材料与器件（中外合作）；国家级实验教学示范中心：物理实验教学中心；国家特色专业及"十二五"重点专业：物理学；国家级教学团队：基础物理（实验）教学团队；省级实验教学示范中心：新能源材料与器件实验教学中心。

学部拥有省部级重点实验室5个：省部共建教育部现代光学技术重点实验室、江苏省薄膜材料重点实验室、江苏省现代光学技术重点实验室、江苏省先进光学制造技术重点实验室、工业（化学电源）产品质量控制和技术评价实验室；省部级工程研究中心2个：数码激光成像与显示教育部工程研究中心、江苏省数码激光成像与显示工程技术中心；国家及省部级公共服务平台5个：国家中小企业公共服务示范平台、轻工行业中小企业公共服务示范平台、江苏省化学电源公共技术服务中心、江苏省化学电源公共技术服务创新平台、江苏省动力电池及材料创新服务平台；国家级检验检测中心2个：国家化学电源产品质量监督检验中心、解放军总装备部南方军用电池试验检测中心；国家级标准委员会2个：全国原电池标准化技术委员会、全国电池材料标准化技术委员会；国家地方联合工程中心1个（联合共建）：数码激光成像与显示国家地方联合工程中心。

学部历来重视学生专业学习兴趣的激发和创新能力的培养。历届学生在全国"挑战杯"课外科技作品竞赛、全国电子设计竞赛、江苏省高校物理与实验科技作品创新等竞赛中均取得优异成绩。各专业就业面广,就业情况好,毕业生实际就业率达98%以上。学部积极探索精英化、国际化教育培养模式,选拔开设物理学国际班,打造卓越英才。学部坚持开放的办学理念,积极开展国际学术交流与合作,先后与美国、加拿大、德国、日本、新加坡等国家及香港、台湾等地区的高校、科研机构建立了广泛的交流与长期的合作关系。

二、教学工作

1. 本科生教学工作

(1) 重视教学改革与开展国际化办学。重视教学研究与教学改革,积极组织参与新课程及教学改革等项目申报,如"苏大课程2015-3I 工程"项目申报,学部全英文授课示范课获批3门、微课程(群)获批2门、通识教育课程获批1门;获苏州大学教改项目2项。同时为调动学部教师积极参与本科教材建设与教学成果奖申报,学部于10月下旬开展了关于自编讲义、教学成果奖培育申报工作,并产生了6个培养项目。在改革考试、考核环节方面,共有12门课程实行了过程化考试。

在国际化办学方面,学部全面贯彻学校国际化战略,整合学部的优质办学资源,积极与加拿大维多利亚大学、滑铁卢大学、新加坡国立大学等国际友好院校建立战略合作关系。学部已经形成了一个国际班、一个国际化专业、三个国际合作交流项目的国际化教育的局面。

(2) 丰富教学资源、深化质量管理。学部非常重视教学资源的建设工作,在教务部的主导下,学部积极参与课程资源建设工作,精选学部的成熟的主要课程进行全程录像,丰富网络资源,使学生在课外时间随时复习或预习所学课程,并且在合适的时间对社会开放,发挥教育的社会服务功能。一年来,学部有9门课程拥有了全程录像。

教学质量是人才培养的关键,为了及时准确地掌握教师的教学情况,也为了了解学生的学习情况,学部选择了品学兼优的学生作为信息员,并聘请具有丰富教学经验的身体硬朗的退休老教师作为教学督导员。经常搜集日常课堂教学情况,做到有问题随时解决,并定期召开学生座谈会,充分听取学生对教学及其管理的意见和建议。

(3) 注重教师队伍建设、重视教师技能培训。为提高青年教师的教学能力和责任意识,学部组织开展公开课观摩活动、青年教师授课竞赛等活动,并在校级青年教师授课竞赛获二等奖2项、三等奖1项,在省"上好一堂课"竞赛中获二等奖2项,省微课教学比赛中获二等奖1项。

(4) 支持和鼓励学部教师开发和创建微信授课应用平台。学部教师在普通物理实验课程和量子力学课中采用该平台进行教学,学生通过这个平台可以课前看相关资料、点名、课堂发言、课后交作业、递交实验结果等。

(5) 教师教学研究项目及获奖。学部引导鼓励大学生积极参与科学研究、技术开发和社会实践等创新创业活动,不断提高大学生的创新创业能力。在2015年大学生创新实验计划项目申报中,获得国家级1项,省级5项,校级4项,"莙政基金"项目1项;在江苏省第十二届大学生物理及实验科技创新作品竞赛中获得一等奖1项、二等奖3项、三等奖4项,优秀指导教师4人并获优秀团体奖;组织学生参加全国大学生物理技能大赛,获得二等奖1项,三等奖1项;组织学生参加第六届"蓝桥杯"全国软件和信息技术专业人才大赛,获二等奖1项,优秀奖1项。此外,还获得苏州大学大学生创新创业优秀成果奖3项。本科毕业设计论文也取得优异成绩,学部共获省优秀论文一等奖1项。

2. 研究生教学工作

(1)招生制度改革持续推进,招生规模继续突破。在学部领导和各位老师的共同努力下,招生规模继续突破。2015年各类研究生总数189人,招生人数逐年增长,总人数比2014年度增长14.8%。

(2)优化培养模式,提高培养质量。积极组织动员研究生和导师申报各类课题、项目。本年度获江苏省研究生培养创新工程项目7项、专业学位硕士案例教材建设项目1项、研究生课程建设课题3项、江苏省优秀工作站1家(苏州大学共2家)、新增苏州大学校级工作站1家。

(3)加强学术交流,优化人才国际化培养模式。2015年有5名博士研究生成功申请到国家留学基金委联合培养博士项目,研究生参加国际学术会议50余人次。学部陶洪教授指导的学生毛卓飞获得全国教育硕士专业学位优秀论文,陈焕阳教授指导的学生徐亚东获得江苏省优秀博士论文,侯波教授指导的学生顾辰东获得江苏省优秀硕士论文。

三、科研项目及成果

近年来先后承担了国家"973"和"863"项目、总装备部、教育部、国家和江苏省自然科学基金等一大批科研项目。2015年度获国家自然科学基金26项,省部级项目13项和市厅级项目5项,纵向经费超2 550万元,横向经费超470万元,军工项目经费超3 940万元。在科研奖励方面,郑洪河教授团队和浦东林团队分别获得江苏省科学技术奖二等奖。学术论文方面,2015年共发表SCI学术论文247篇,其中SCI一区论文75篇,SCI二区论文81篇,特别是在 Nature 子刊 Nature Photonics 上发表高水平学术论文1篇。学部获得2015年度苏州大学军工科研最佳进步奖。

学部积极开展学术交流工作,先后邀请海内外高水平专家100余名来学部交流合作,并做学术报告,并成功承办了两场大型国际会议:苏州大学—滑铁卢双边交流学术会议、软凝聚态物理活性物质国际会议。与苏大维格和苏州大学联合承办了中国3D产业联盟的"中国3D触控显示创新产业链协同发展"研讨会;承办了2015中国光学学会全息与光信息处理专委会年会;完成了与美国DAYTON大学在苏州工业园区合作举办"International Workshop on Thin-films for Elelctronics, Electro-Optics, Energy and Sensors"国际研讨会;与南京师范大学、南京邮电大学、江苏师范大学、玉林师范大学等相关院系进行了工作交流。

四、学部重大事项

根据工作实际需要,2015年5月学部党工委的9个在职教工党支部开展了换届和调整工作。2015年10月,学部党工委将党费、党支部工作专项经费按比例划拨至三个学院分党委;2015年12月,学部党工委下属的三个学院党委先后召开党员大会,胜利完成了党委委员选举工作。

2015年,在学校职能部门的指导和帮助下,学部联合加拿大维多利亚大学成功申报了中外合作办学专业——新能源材料与器件专业,并从2015年开始招生。

(朱利平)

材料与化学化工学部

一、学部概况

材料与化学化工学部由苏州大学原化学化工学院和原材料工程学院的材料学科合并组建而成。原化学化工学院历史悠久，源远流长，其前身是创建于1914年的东吴大学化学系，它的创始人是东吴大学第一位理科教师、美国生物学家祁天锡教授（美国范德比尔特大学硕士研究生毕业）和东吴大学第一位化学教师、美国化学家龚士博士（1913年来自美国范德比尔特大学）。1917年，龚士博士指导的两名研究生获得化学硕士学位，他们是中国高校授予的第一批硕士学位的研究生。材料学科有近40年办学历史，目前已成为国内重要的材料科学研究和人才培养基地之一。

学部涵盖化学、材料科学与工程、化学工程与技术、环境科学与工程4个一级学科，拥有化学、材料科学与工程、化学工程与技术3个博士后流动站，化学、材料科学与工程2个一级学科博士点以及应用化学等9个二级学科博士点授予权。化学一级学科为江苏省重点学科和江苏省一级学科国家重点学科培育建设点，无机化学和有机化学为江苏省重点学科，材料科学与技术、绿色化学与化工过程是江苏高校优势学科建设项目。学部设有化学、应用化学、化学教育、化学工程与工艺、环境工程、无机非金属材料与工程、材料科学与工程、高分子材料与工程、材料化学、功能材料等10个本科专业，其中化学专业为江苏省高等学校品牌专业，化学工程与工艺专业为江苏省高等学校特色专业，化学实验教学中心为江苏省实验示范中心。

学部拥有新型功能高分子材料国家地方联合工程实验室、江苏省有机合成重点实验室、江苏省先进功能高分子材料设计及应用重点实验室、江苏省新型高分子功能材料工程实验室、江苏省节能环保材料测试与技术服务中心、全国石油化工行业导向生物医用功能的高分子材料设计与合成重点实验室、全国石油和化工行业有机废水吸附治理及其资源化重点实验室、苏州市环保吸附材料与技术重点实验室、苏州市健康化学与分子诊断重点实验室、苏州市大分子设计与精密合成重点实验室、苏州市绿色化工实验室、苏州大学分子设计与器件重点实验室、苏州大学化工创新重点实验室、苏州大学生物医用高分子材料重点实验室、苏州大学大分子与生物表界面重点实验室、苏州大学绿色高分子工程和催化技术实验室、苏州大学先进树脂基复合材料重点实验室、苏州大学手性化学实验室和苏州大学先进光电材料重点实验室等科研平台。

学部下设化学学院、材料科学与工程学院、化工与环境工程学院和实验教学中心、测试中心。化学学院下设无机化学系、有机化学系、分析化学系、物理化学系、公共化学与教育系；材料科学与工程学院下设高分子科学与工程系、材料科学与工程系。学部在职教职员工244人，其中教授95人，副教授65人；中科院院士1人，澳大利亚工程院院士、新西兰皇家科学院院士1人,国家"千人计划"入选者1人,"长江学者"特聘教授1人,国家杰出青年基金获得者4人,国家"青年千人计划"入选者10人,国家优秀青年基金获得者3人,"百千万人才工程"2人,教育部"新世纪优秀人才支持计划"入选者4人,江苏省"双创人才"7人,江苏省特聘教授8人。目前在校本科生、研究生总人数已达2 100余人。

二、教学工作

1. 本科生教学工作

学部以学生发展为中心,推动"厚基础,宽口径"的培养模式,进一步优化本科生培养方案,强化教学规范和人才培养的关键环节,推进教学质量工程建设。

2015年度化学专业被遴选为江苏省品牌专业培育点,4门课程被遴选为新生研讨课,3门课程获全英文教学示范课程立项,2门课程获选为苏州大学通识课程改革建设项目,"仪器分析"实验实现了网络化交互式教学。获全国微课教学比赛活动二等奖1项,获江苏省微课教学比赛二、三等奖各1项。2篇本科毕业论文获得江苏省优秀毕业设计(论文)三等奖,1个团队获评江苏省优秀毕业设计(论文)团队;7篇本科毕业论文获评苏州大学优秀毕业论文,3名指导教师获评苏州大学本科毕业论文优秀指导教师。2名本科生被遴选为"莙政学者"。获得国家级大学生创新创业训练计划项目2项,省级重点项目2项,省级指导项目1项,校级项目8项。1篇本科生的学术论文获得2015年苏州大学大学生创新创业优秀成果奖。

2. 研究生教学工作

学部强化研究生培养过程管理,多途径多举措培养创新型拔尖人才。通过完善研究生招生办法,增强优质生源的吸引力度。实行严格的招生制度,在复试录取过程中推行阳光工程,确保招生录取工作的公平、公正、公开,并接受广大师生的监督。2015年学部招生平台共招收硕士研究生280人,其中推免生28人。招收45人攻读博士学位,其中直博学生37人,录取总人数和直博人数创历史新高。招收专业学位硕士研究生51人。

加强研究生学位论文评审工作,保障研究生论文质量,注重培养成效。强调导师作为研究生培养的第一责任人,对研究生论文全面负责。建立更加科学、合理的学位论文评审制度,采用盲审和送审相结合的方式自主评审,开展学位论文查阅工作,考核研究生的科研成果与学位论文的关联性,强调研究生的科研成果须在学位论文中有所体现。2015届研究生共有279人毕业,就业率95.34%。

2015年度以研究生为第一作者在JACS,Angew.,Adv. Mat.等TOP期刊发表高水平论文10余篇。有3名博士和5名硕士获得"苏州大学优秀博士(硕士)学位论文"奖,1名博士和1名硕士获"江苏省2015年度优秀博士(硕士)学位论文"奖,12名研究生获得2015年度"江苏省研究生培养创新工程"立项,其中3名博士获省级立项资助,9名硕士研究生获校级立项资助。获批建立"江苏省2015年度研究生工作站"2项,8人获批"江苏省产业教授"。

三、学科建设与科研工作

2015年最新《QS世界大学学科排名》发布,化学学科进入世界大学前400位的学科,这意味着该学科已迈进顶尖学科行列。2015年12月Nature Index最新排名,化学学科排名世界第50,国内排名第16,是前30名中唯一的一所非"985"高校。

1. 科研项目及成果

2015年学部成功获批新型功能高分子材料国家地方联合工程实验室,1个科研团队获2015年度中国石油和化学工业联合会创新团队奖,获批2015年度江苏高校优秀科技创新团队1个。1位教授入选创新人才推进计划中青年科技创新领军人才。《一种改性双马来酰亚胺树脂的制备方法》获第十七届中国专利优秀奖。2015年度建立校企科研平台5个。

学部2015年度共发表SCI论文500余篇,其中在JACS,Angew.,Adv. Mat.等TOP期刊发表高水平论文10余篇。获批国家自然科学基金27项,其中重点项目1项、优青项目1项、面上项目17项、青年基金8项,霍英东教育基金会高等院校青年教师基金1项,江苏省科技厅项目10项,江苏省高校项目及苏州市科技计划项目8项,纵向项目总经费达2 260万元多。到账横向总经费807万元,军工项目经费350万元。授权专利89项,专利转化11件。

2. 国内外学术交流情况

学部承办了2015年全国高分子学术论文报告会(与会人数近3 000人)、第十一届中美华人化学教授论坛、第二届国际化工前沿(苏州)研讨会、中欧离子液体双边会议、第七届全国分子手性学术研讨会、第五届苏州大学功能配位材料设计论坛、第一届有机化学与药物化学前沿论坛、第二届厦门大学—苏州大学化工基础研究研讨会等国内外学术会议。来自美国、俄罗斯、日本、荷兰、加拿大等国家的专家学者到学部交流访问达50人次,有3名教师赴海外研修,34人次出国(境)参加国际学术会议。组织学术报告100余场,邀请了2005年诺贝尔化学奖得主之一、美国加州理工学院Robert H. Grubbs教授,中国工程院院士曲久辉教授等国内外知名专家和学者,同时也开启了学部课题组之间、教授之间的学术交流活动。

四、重大事项

(1) 材料与化学化工学部于2015年3月正式获批新型功能高分子材料国家地方联合工程实验室,实现国家级平台零的突破。

(2) 材料与化学化工学部于2015年10月17日至21日在苏州国际博览中心承办了"2015年全国高分子学术论文报告会"。

(3) 材料与化学化工学部于2015年9月成立国际合作创新中心,旨在推进国际化战略的实施,进一步营造国际化氛围,拓展国际交流合作渠道,促进与海外一流高校、研究所及一流学者的合作,产生一流的科研成果,提升学部整体办学实力和国际竞争力。

(蔡 琪)

纳米科学技术学院

一、学院概况

苏州大学纳米科学技术学院成立于2010年12月,是苏州大学、苏州工业园区政府和加拿大滑铁卢大学携手共建的一所高起点、国际化的新型学院,坐落于风景秀美、设施一流的苏州大学独墅湖校区。2011年10月,学院成功获批为教育部首批设立的17所"试点学院"之一,成为高等教育体制机制改革特区之一。

纳米科学技术学院是根据国家产业转型升级和苏州工业园区大力发展纳米产业的需求,依托苏州大学功能纳米与软物质研究院(FUNSOM)、材料与化学化工学部等学院(部)雄厚的科研和师资基础组建的国内第一家以培养纳米专业人才为主要目标的公办二级学院。目前,学院和2008年成立的苏州大学功能纳米与软物质研究院、2011年成立的苏州大学—滑铁卢大学纳米技术联合研究院构建了教学、科研、产业化"三位一体"的组织形式,为学院集聚科技、知识、人才、产业等多方面的资源提供了有利的条件,形成了从本科生至硕士研究生、博士研究生全系列的纳米专业人才培养体系。学院现有学生722名,其中博士生78名、硕士生318名、本科生414名,另有博士后24名。

学院由世界著名纳米与光电子材料学家、中国科学院院士、发展中国家科学院院士李述汤教授担任院长,由加拿大皇家科学院院士、滑铁卢大学纳米技术研究院执行院长亚瑟·卡堤(Dr. Arthur Carty)担任名誉院长。同时,学院凝聚了一支学术声望高、专业理论水平扎实、实践教学经验丰富的精英师资队伍。学院现有教职工90人,其中特聘教授30人、特聘副教授4人、教授4人、副教授9人、英语语言中心外籍教师5人。在这支队伍中,有中科院院士1人、中组部"千人计划"2人、"青年千人计划"9人、教育部"长江学者奖励计划"特聘教授1人、国家自然科学基金委"杰出青年"基金获得者2人、科技部"国家中青年科技创新领军人才"1人、人保部"高层次留学人才回国资助对象"1人、中国化学会青年化学奖2人、"863计划"首席科学家2人、青年"973计划"首席科学家3人等。此外,学院组建了阵容强大的学术支撑团队。学术委员会专家由21人组成,其中17人为院士。同时还聘请了国内外40余名著名学者担任学院的名誉教授、国际顾问、讲座教授或客座教授。

二、教学工作

1. 本科生教学工作

为进一步推动创新人才培养,学院在课程设置、教学方法、实践实训基地建设等方面进行了多种形式的改革和探索。在课程体系设置上,进一步强化核心课程和专业特色课程,突出能力型课程,并注重课程之间的融会贯通。在教学方法上,进一步运用启发式、探究式教学,加强锻炼学生的科研、协作、创新等各方面能力。

在实践实训基地建设方面,学生实习采用校内外结合进行。对内通过进入导师课题组,逐步参与导师的纳米科技相关课题。今后将继续增设院级科研课题,鼓励更多的学生以团队形式参与课题,提升其学术实践能力。对外除校内实习基地外,学院已与方晟、雷泰医疗、华威特、华泽、百益倍垦等苏州地区的高科技发展有限公司建立了良好的协作关系,上述几家公司已成为我院长期稳定的实习单位。2013—2015年已输送200多位学生去这些单位实习、参观。今后将重点加强实习实训基地建设,同时,将依托"苏州纳米科技协同创新中心"继续拓展3~5个校外实习/实训基地,此外,将增设2位(共3位)优秀的青年教师为本科生进行分方向的实习/实训指导。通过校内外互补,保证了实习计划的顺利进行,实习效果理想。

另外,学院共聘请了9位纳米科技领域的高新技术企业负责人为本科生的"企业导师",今后企业导师将加强对学生的创业指导,结合自己的创业经验为学生讲授国内外先进的创业理念;鼓励以导师的"大产业"带动创业学生的"小产业",通过业务往来实现双赢。

通过师生的共同努力,学院2015年度在教学方面取得了可喜的成果。学院于2015年获批江苏省高校品牌专业建设工程一期项目(A类)。

教师方面:康振辉老师主编并已出版的全英文教材 Chemistry in Nanocatalysis("十二五"江苏省高等学校重点教材)已在本科教学中使用。2015年教师发表教改论文核心1篇,其他3篇,获教学竞赛奖1人,校级教学名师3人,青年教师授课竞赛获奖4人。同时理论与实际相结合,把研究成果运用于教学实践中,提高人才培养质量。本院教师和管理人员积极参与教学改革研究和人才培养模式的研究,积极申报各级教学改革项目,申报校级教改课题5项,校级在线课程建设1项,获校级教学成果奖1项。

学生方面:入围第十四届全国大学生"挑战杯"竞赛省级选拔赛3个;在第十四届全国"挑战杯"竞赛中获得一等奖1项、二等奖2项;获得数学、英语等其他各类奖项19个;君政学者2项;国家级或省级大学生创新创业训练计划项目5项;校级各类项目37项;本科生以第一作者或共同作者发表SCI文章共计2篇;本科生专利发明(已公示)2项。

2. 研究生教学工作

在研究生课程方面,为了配合国家试点学院改革的相关工作,2015年研究院进一步完善跨学科的培养方案,并与本科生教学实行了课程共享、学分互认新举措,从而提高整体学院学生培养的综合水平。

研究生科研成果不断,学院研究生在导师的指导下,2015年度,以第一作者发表SCI论文212篇,一区论文123篇,影响因子大于10的论文33篇,研究生参与的获批授权发明专利13项。2015年学院有7名博士生、9名硕士生获得了研究生国家奖学金,1名博士生获评江苏省优秀博士学位论文。学院研究生还荣获第十四届"挑战杯"全国大学生课外学术科技作品竞赛一等奖1项,二等奖1项,其中一等奖奖项是全国研究生参与的"挑战杯"奖项中有且唯一的最高荣誉奖。

为激励和培养优秀学生,学院继续推进"优博论文培养计划",2015年度共有3名博士生获得该计划的支持。

学院特别重视对学生国际化视野的扩展。2015年度,学院研究生近50人次以国家留学基金资助或以联合培养的方式前往香港地区、美国、加拿大等境外的高校攻读博士学位或进行学术交流。

三、科学研究和学术交流

1. 科研项目及成果

2015年以苏州大学为第一单位共发表SCI论文236篇，一区论文123篇，二区论文75篇，影响因子大于10的论文41篇，其中1篇论文被国际顶级学术期刊 Science 收录，这是学院也是学校科研人员在该杂志发表的首篇自然科学类学术论文，另有1篇论文被 Nature Communications 收录；2篇论文是 Web of Science 数据库中2015年中国科研人员以中国为第一单位发表的SCI论文中，目前已被引频次最高的前两篇；4人入选"2015年中国高被引用学者名录"，2人入选"2015年全球高引用科学家名录"。研究院获批各类纵向科研项目47项，其中国家级项目28项，含国家自然科学基金重点项目1项、国家自然科学基金重大科研仪器研制项目1项、国家自然科学基金重点国际（地区）合作与交流项目12项、国家自然科学基金创新研究群体科学基金1项等。申请专利45项；授权知识产权14项。

2. 国（境）内外学术交流情况

2015年，学院主承办了7次学术会议，分别是苏州大学—爱尔兰都柏林圣三一学院首届纳米技术双边研讨会、"同步辐射技术在高压材料科学中的应用"专题研习会、苏州大学—滑铁卢大学—苏州工业园区联合办学和科研协作第四届理事会、海峡两岸光电材料学术研讨会、苏州大学—西安大略大学同步辐射研究中心第三届国际同步辐射技术研讨会、中美首届同步辐射技术及能源科学双边学术研讨会和2015光、能源与环境国际会议。在日常交流方面，学院与加拿大西安大略的同步辐射联合研究中心的工作有了进一步的实质发展，包括开展了2次中心成员会议及1次国际学术研讨会；39人次教授互访；资助学生共14人次前往加拿大光源、台湾光源等高校或科技机构开展实验或交流学习；在中心的推动下，两校成功签订了"苏州大学—中国科学技术大学国家同步辐射实验室关于共建软X射线能源材料光束线和实验站的协议"，并就具体的线站建设合同细节进行了商定。苏州大学—滑铁卢大学纳米技术联合研究院持续推进产业化工作，启动了第三批双方合作研究项目。2015年学院与加拿大滑铁卢大学、西安大略大学、魁北克大学国立科学研究院、德国柏林洪堡大学、爱尔兰都柏林圣三一学院的联合培养项目也有了新发展，共有7人参加"2+2"博士联合培养项目；接受Co-op本科交流生7人；学校本科生中3人参加"2+2"本科联合培养项目；6人参加"3+1+1"本硕联合培养；13人获得教育部留学基金委或江苏省省政府出国资助项目。另有40余人次（学生）参与了各层次的国际会议、短期交流、实验访问等诸多国际交流活动。

四、重大事项

2015年2月，康振辉教授课题组、李述汤院士、Yeshayahu Lifshitz教授合作以苏州大学为第一署名单位在 Science 杂志上发表关于高效光催化电解水的研究工作。这是学校科研人员在 Science 这一国际顶级学术期刊上发表的首篇自然科学类学术论文。

2015年4月，中共中央政治局委员、国务院副总理刘延东视察苏州纳米科技协同创新中心、纳米科学技术学院和功能纳米与软物质研究院。

2015年7月,苏州大学纳米科学技术学院和中国科学院苏州纳米技术与纳米仿生研究所联合成立的功能纳米材料与器件重点实验室举行揭牌仪式。

2015年9月,南京军区司令员蔡英挺上将一行参观考察苏州纳米科技协同创新中心、纳米科学技术学院和功能纳米与软物质研究院。

(刘雅婧)

计算机科学与技术学院

一、学院概况

苏州大学计算机专业开设于1984年,2002年正式成立苏州大学计算机科学与技术学院。经过三十多年的建设与发展,学院形成了从本科、硕士到博士的完整高级创新性人才培养体系,已成为长三角区域高级信息技术人才培养的重要基地。

学院现有计算机科学与技术、软件工程2个一级学科博士点,计算机科学与技术、软件工程、管理科学与工程3个一级学科硕士点,计算机技术、软件工程2个专业学位硕士点,计算机科学与技术、软件工程2个博士后流动站,计算机科学与技术、软件工程2个江苏省一级重点学科,计算机信息技术处理江苏省重点实验室。学院现设计算机科学与技术(江苏省品牌专业,江苏省重点专业)、软件工程(国家特色专业建设点及教育部"卓越工程师教育培养计划"专业,江苏省重点专业)、网络工程(江苏省重点专业)、物联网工程(江苏省重点专业,国家首批战略性新兴产业相关专业)、信息管理与信息系统、软件工程(嵌入式软件人才培养)6个本科专业。目前,学院共有全日制学生1 700余人,其中本科生近1 400人、硕士研究生270余人、博士研究生29人。

学院现有教职工156人,其中教授26人,副教授55人,博士生导师13人,硕士生导师40余人。教师中有"国家千人计划专家"1人、"国家杰出青年科学基金"获得者1人、"国家级有突出贡献的专家"2人、江苏省高校教学名师1人、多人次获得江苏省"青蓝工程"学术带头人和"333高层次人才工程"中青年科学技术带头人等称号。

学院教学科研条件先进、实践环节渠道多。现有包括计算机与信息技术国家级实验教学示范中心、"苏州大学—方正国际软件有限公司"国家级工程实践教育中心、苏州大学瑞翼移动互联网应用研发中心、中科院电子所苏州分中心在内的校内外实践与带薪实习基地40余家,学院图书资料丰富、实验器材完备先进。

二、教学工作

1. 本科生教学工作

学院秉承"宽口径、厚基础、重实践"的人才培养理念,结合地方综合性重点大学的办学特色,以培养高素质应用型创新人才为宗旨,以课外科技项目为载体,促进教学和科研相互融合。通过不断完善校企合作形式,学院形成了多模式校企合作的实践教学特色,先后与方正国际软件有限公司等50余家企业联合建立了校外实践教育基地。其中,"苏州大学—方正国际软件有限公司工程实践教育中心"被教育部批准为国家级大学生校外实践教育基地;同时积极推进"卓越人才教育培养计划"、本科生"双导师"建设,实现教学和社会需求的双向互补。

计算机科学与技术专业被正式立项为江苏省品牌建设专业,目前,学院正按照任务书的要求,积极推进品牌专业、卓越计划、新兴战略型专业的各项建设工作,在教学资源、教学理念、教学方法、质量保障体系、实验环境建设等方面进行了一系列改革,有效地提升了学院本科人才培养的质量。2015年,学院新增6门课程入选学校3I工程体系,2部教材分获省级重点教材和校级精品教材,获批省级高等教育教改研究立项课题1项,校教学成果二等奖1项。

通过全面调研,认真总结本科生全员导师制工作开展一年以来的情况,继续在2015级中开展相关工作。同时,在总结近年来学院人才培养经验和广泛调研国内外重点高校创新人才培养措施的基础上,学院从2015级开始,每年选拔35名左右的学生组建"图灵班",并邀请国内有关院士、杰出青年、长江学者等专家组建了图灵班咨询委员会。图灵班将启用富有创新特色的培养方案,师资主要由学院资深教授、国内外知名专家、国际知名企业技术骨干组成,以此推动计算机类创新人才的培养,从而扩大学院人才培养的影响力。

依托国家实验教学示范中心,新建完成机器视觉创新实验室和物联网应用创新实验室两个创新性实验平台并正式投入使用,成为本科教学中相关课程实验的重要补充。学校立项的实验教学改革一期项目均已顺利结题,相关成果已体现到实验教学工作中,实验教学平台对于教学的辅助提升功能进一步得到彰显。

2. 研究生教学工作

通过调整导师招收推免生的相关规定,大幅提升学院推免生的录取数量,从而使研究生生源质量大幅提升。狠抓研究生培养过程管理,不断提高研究生科研创新能力和实践能力。2015年学院招生1名联合培养博士研究生,研究生新获11项省普通高校研究生科研创新计划,新增2个省级研究生工作站,2篇毕业论文分获省级优秀博士论文和优秀硕士论文,实现了学院省优秀博士论文零的突破。在全体研究生导师和有关教育管理教师的共同努力下,2015年学院研究生就业率达到100%,就业质量和就业层次明显提升。

三、科学研究与学术交流

1. 科研项目及成果

学院非常重视各类科技项目的申报工作,并注重影响力的提升。2015年学院获批国家杰出青年基金项目1项,实现零的突破;面上项目(含青年项目)共12项(青年4项),教育部第58批中国博士后项目1项,省自然基金项目2项,省高校自然科学基金重大项目1项,面上项目2项;出版专著4部;高质量论文数量显著增加,全年新增SCI检索论文34篇,其中一区1篇,二区9篇,三、四区24篇,CCF A类论文16篇,B类论文20篇,C类论文40篇;获得授权发明专利17项,实用新型发明专利10项,新增软件著作权163项。

针对苏州市产业需求,学院和苏州市科技局、校科学技术与产业部联合,成功举办了"科技行——走进苏大"暨苏州大学第二届科技开放日活动,吸引了30余家企业与10余名教师参加,双方在交流中寻求科研、人才培养等领域的合作机会,实现校企合作由个人行为向组织行为转变、短期项目合作向长效稳定合作的转变。2015年学院新增100万元人民币以上的校企合作平台项目4项,有效提升了学院服务社会的能力和影响力。积极参与江苏省软件新技术与产业化协同中心建设工作,完成了三年中期检查。

2. 国内外学术交流情况

大力支持老师赴海外研修和参加高水平的学术交流活动;切实鼓励研究生参与国际交

流,提高研究生科研热情,提升学院影响力,2位学生获批国家公派出国(境)留学;全年出国(境)参加学术会议的教师超过30人次;全年共邀请含图灵奖获得者John Hopcroft先生和5位院士在内的62位海内外专家来学院访问讲学,开拓了师生的学术视野。

四、学院重大事项

计算机科学与技术专业已正式立项为江苏省品牌专业。

以"挑战杯"竞赛为龙头,学院组织学生积极参加各类学科竞赛,共获得了56项省级以上奖励,其中国家级12项,省级44项。有3名在校本科生成功创办"苏州倡予公司信息科技有限公司"。

学院成立的苏州星儿关爱协会获"江苏省十佳志愿服务项目"及"苏州市青年公益领袖计划优秀团队"称号,团队负责人获"江苏省大学生年度人物提名奖"。

2015年学院获批国家杰出青年基金项目1项,实现零的突破;学院新增100万元人民币以上的校企合作平台项目4项,有效提升了学院服务社会的能力和影响力。

ACM国际大学生程序设计大赛有重大突破,共获得银牌3块、铜牌3块。

(俞莉莹)

电子信息学院

一、学院概况

电子信息学院始建于 1987 年的苏州大学工学院电子工程系,随着学科发展和规模扩大,2002 年 7 月更名为电子信息学院。

学院覆盖 2 个一级学科:信息与通信工程和电子科学与技术;现有 2 个博士点:信号与信息处理和生物医学电子信息工程;2 个一级学科硕士点:信息与通信工程和电子科学与技术;6 个硕士点:通信与信息系统、信号与信息处理、微电子与固体电子学、电路与系统、电磁场与微波技术、物理电子学;2 个专业硕士学位点(工程硕士点):电子与通信工程、集成电路工程。其中"电子与通信工程"为国家卓越工程师培养试点学科,建立了"信息与通信工程"博士后流动站。

现有电子信息工程、信息工程、通信工程、微电子科学与工程、电子科学与技术、集成电路设计与集成系统 6 个本科专业,其中信息工程、通信工程、电子信息工程和微电子科学与工程被列为"十二五"江苏省高等学校重点专业,通信工程为江苏省特色专业(2011 年被确定为省卓越工程师培养试点专业),微电子科学与工程为校特色专业。

现有在职教职工 109 人,其中中组部"千人计划"专家 1 人,"青年千人计划"专家 1 人,"973 青年科学家" 1 人、国家"优青" 1 人,江苏省"杰青" 1 人,江苏省"双创计划"专家 2 人,中科院"百人计划"专家 1 人,博士生导师 12 人,硕士生导师 30 多人,教授 14 人,副教授 46 人,有专任教师 86 人,具有博士学位的教师比例达 60.5%,另有外聘院士 3 人,讲座教授 7 人,兼职教师 10 余人。学院现有全日制本科生 1 169 人,全日制硕士、博士研究生 225 人。

学院拥有电工电子实验教学省级示范中心和"生物医学电子技术""射频与微波毫米波"两个苏州市重点实验室,与 214 所共建了"江苏省 MEMS 工程技术研究中心";建有通信、信号信息处理、微纳电子等相关领域的 9 个科研机构,在芯片设计、电路与系统设计、通信网络设计以及生物医学信息处理等领域具有较强的研发能力。学院建有光纤通信、程控交换、数字通信、无线通信辐射测试、电子测量、嵌入式教学实验系统(ARM)、电子设计自动化 EDA(与美国 Xilinx 公司联合建有高速 FPGA 图像处理实验室、与 Altium 公司建有联合实验室)、数字信号处理 DSP(与美国著名 TI 公司联合建立)、集成电路设计与测试(与美国著名公司 Cadence 联合建立)、半导体器件分析等专业实验室。

二、教学工作

1. 本科生教学工作

学院积极推进课程建设,2015 年度开设了 4 门新生研讨课,成功申报 3 门通识课程、1 门微课程(群),获批江苏高校省级外国留学生英文授课精品课程建设 1 门;完成 5 门专业课程的录播任务;32班次实施了过程化考试试点;出版教材1部。

通信工程专业成功申请工程教育专业认证;完成并通过传感网技术专业学士学位授予权评审;完成"十二五"重点专业建设的收官工作;完成2015级本科培养方案的微调以适应工程教育专业认证的需要。成功申请教育部—企业产学合作专业综合改革2项;获江苏省高校微课教学比赛三等奖1项,获得江苏省高等教育科学研究优秀成果三等奖1项。

学院注重创新实践培养,2015年度新建弱信号检测与分析创新实验室和电子综合创新实验室;坚持24小时开放实验室制度;完善了竞赛培训基地和理顺竞赛管理机制,2015年学院学生参加全国大学生电子设计大赛取得重大突破,获国家一等奖2项、二等奖2项。

学院以著政学者、大创计划、学科竞赛、课外科研训练等四大载体提升学生科研能力;第一届本科生科研能力提升计划项目顺利结题,第二届19个项目顺利启动;本科生共计发表论文4篇,其中国际会议2篇,SCI 1篇,中文核心期刊1篇。顺利完成了2012级卓工班的实施工作、2013级2个专业卓工班的选拔工作;与金龙海格联合培养的第2批汽车电子班顺利完成;与科沃斯的合作育人模式得到稳定推进。

2. 研究生教学工作

2015年,学院新建江苏省企业研究生工作站3个;获江苏省研究生创新项目6项,获评江苏省优秀硕士论文2篇、苏州大学优秀硕士论文1篇。研究生在国际著名学术刊物IEEE发表了7篇高水平论文。

三、学科建设与科研工作

1. 科研项目及成果

2015年,学院与兵器214所等单位联合申报总装项目2项,获国家自然科学基金面上项目2项,省自然科学基金项目1项,省高校自然科学基金项目3项,苏州市科技支撑计划项目3项,横向项目23项,科研经费超过1 000万元。授权发明专利12项,软件著作权13项,实用新型专利14项。2015年学院教师发表论文117篇,其中核心期刊126篇,在国际著名学术刊物IEEE上发表10篇论文,学院覆盖的2个一级学科均在国际权威刊物上展示了高水平的成果。另外,2014年学院教师发表的论文中有50篇被SCI(E)、EI、ISTP收录。

2. 国内外学术交流情况

学院在加强教学及科研工作的同时注重国内外的学术交流活动,邀请了传感技术国家重点实验室主任、中科院上海微系统与信息技术研究所李昕欣研究员,北京邮电大学陶小峰教授,美国爱荷华大学Milan Sonka教授等国内外四十多位知名专家学者来院为师生做学术报告,承办了2015第三届苏州国际医学影像研讨会。学院多位教师分别前往加拿大滑铁卢大学、美国匹斯堡大学等多所国外高校交流访问,开展合作研究。

四、学院重大事项

2015年1月,江苏省MEMS工程技术研究中心共建单位暨江苏省研究工作站揭牌仪式成功举行。

2015年4月,苏州大学EE校企合作联盟2015年会暨苏州电子信息类人才专题研讨会隆重举行。

2015年8月,国家"973计划"青年科学家专题项目"视网膜多模态医学影像处理与分析及其应用基础研究"中期总结会召开。

2015年10月,学院学生在2015年全国大学生电子设计竞赛中取得历史性突破,获得全国一等奖2项、二等奖2项。

2015年10月,第三届苏州国际医学影像研讨会成功举行。

（刁爱清）

机电工程学院

一、学院概况

机电工程学院是苏州大学建院较早、实力较强的工科学院之一，其前身是始建于1977年的苏州丝绸工学院机电系，1978年、1980年分别设置"纺织机械""工业电气自动化"本科专业，1978年开始招收硕士研究生。1997年7月，苏州丝绸工学院并入苏州大学，原苏州丝绸工学院机电系与原苏州大学工学院合并重组成立新的苏州大学工学院。随着办学形势的发展，1999年年底，苏州大学工学院划分成机电系、电子系、计算机系等3个独立系，2001年，苏州大学机电系更名为苏州大学机电工程学院。2012年南京铁道职业技术学院苏州校区机械系、控制系并入苏州大学机电工程学院。

学院现有教职工167人，专任教师132人，在岗正高职23人、副高职74人。其中博士生导师9人，硕士生导师53人，在站博士后人员25人，教授和副教授占专任教师总人数的73%，专任教师中具有博士和硕士学位的人数比例达88%。拥有中组部第六批"千人计划"1人，中组部第五批"青年千人计划"1人，长江学者特聘教授、国家杰出青年科学基金获得者、"863计划"专家1人，教育部"新世纪优秀人才支持计划"1人，享受国务院政府津贴2人，江苏省"333高层次人才培养工程"培养对象第一层次1人、第三层次2人，江苏省有突出贡献中青年专家1人，江苏省高层次创新创业人才引进计划3人，江苏省杰出青年基金获得者1人，江苏省青蓝工程中青年学术带头人1人，江苏省六大人才高峰行动计划3人，江苏省"双创人才计划"4人，苏州大学特聘教授6人。获得科技部先进机器人技术重点领域创新团队、江苏省创新团队等称号。学院还聘请了卢秉恒、孙钰、席宁、李文荣、福田敏男、吴忠俊、李伟、刘涛、高学山、奚廷斐、宋世鹏、付东山、郁秋霞等多名国内外知名学者和企业家为讲座教授、兼职教授或产业教授。

学院现有激光制造工程、数字化纺织与装备技术、智能机器人技术3个二级学科博士点。拥有机械工程、仪器科学与技术2个一级学科硕士点以及控制理论与控制工程、工业工程2个二级学科硕士点；拥有机械工程、控制工程2个工程硕士点。现有机械工程、机械电子工程、电气工程及其自动化、工业工程、材料成型及控制工程5个本科专业，其中"机械工程"专业通过省级特色专业验收；电气工程及其自动化专业入选教育部第三批"卓越工程师教育培养计划"专业；"机械类专业"（机械工程、机械电子工程、材料成型及控制工程）为江苏省"十二五"高等学校重点建设专业。形成了新型纺织技术与装备、激光加工与表面技术、超精密加工与检测技术、机械系统动力学及控制、信息检测与处理技术、传感与测控技术等具有特色的研究方向，并开发了生物制造、智能机器人和微纳制造等新的研究方向。目前在校全日制本科生1 000多名，在校研究生600多名。

学院建有苏州大学先进制造技术研究院、生物制造研究中心、机器人与微系统研究中心、现代机械设计与制造中心、激光制造技术研究所、人工心脏研究所、苏大—张家港工业技术研究院先进制造技术工程中心和2011纳米协同创新中心—纳米机电制造工程中心等科研平台。2015年成立"智能装备系统控制研究所",设立"苏州大学—爱博诺德医疗器械研究所"与"智能制造与系统联合实验室"。学院下设机械工程系、自动化工程系、工业工程系等3个系和1个院级中心实验室。院中心实验室含机械基础实验室、先进制造技术实验室、激光加工与快速成型实验室、动态测试与分析实验室、微机电与生物芯片实验室、人因工程实验室、物流工程实验室、SMT实验室、电机拖动实验室、PLC控制实验室、创新设计实验室、生物制造实验室、机器人实验室和微纳制造实验室等,其中先进机器人技术实验室为江苏省重点实验室,机械基础实验室为江苏省高等学校实验教学示范中心,先进制造技术实验室为苏州市重点实验室,SMT实验室的设施条件位于国内高校同类实验室前列。

在国家大力推动创新驱动、转型升级、智能制造和"中国制造2025"的发展战略形势下,2015年11月,学院与苏州相城经济开发区合作成立了苏州大学相城机器人与智能装备研究院,组建以机器人与智能装备技术研发、成果转化及孵化、人才集聚与培养等产学研公共服务平台,为打造有前沿特色、有竞争力的学科专业,孵化和培育创新型企业,提供技术、人才、运营及管理支持,为学院发展提供教学、科研与社会服务的实体性协同创新平台。

学院继承与发扬"厚基础、重实践、求创新"的办学传统,以能力培养为目标,融入现代设计、现代技术理念,着力进行学科专业课程体系改革,培养出的学生具有扎实的学科基础和宽厚的专业知识,动手能力及创新能力强。长期以来应届学生就业率名列学校前茅,应届毕业生年底就业率近100%,学生在全国大学生课外学术科技作品竞赛、机械创新设计大赛、电子设计大赛以及机器人大赛等学科竞赛中屡获大奖。学生团队连续获得第十二届、第十三届"挑战杯"全国大学生课外科技作品竞赛特等奖和一等奖,"医疗康复机器人团队"获2014年团中央"大学生小平科技创新团队"称号。

学院近年来积极开展对外交流与合作,与英国、德国、日本、法国、加拿大等多个国家和地区的大学建立了长期稳定的交流关系,开展教师进修和学生交流等合作项目;与江南嘉捷(SJEC)、东南电梯(DNDT)、旭电(伟创力)(Flextronics)、捷普(JABIL)、江苏新美星(NEWAMSTAR)、无锡格莱德等众多知名企业建立合作关系,成立共建实验室和学生实践基地,为学生的学习和发展提供更广阔的空间。

二、教学工作

1. 本科生教学工作

电气工程及其自动化专业"卓越工程师"项目继续推进,同时该专业申请工程教育专业认证,申请被受理。学院成立基层教学组织,各系分别组建了专业建设团队和课程教学团队,并明确了具体的职责。教师编写教材2部,1部教材评选为2015年苏州大学精品教材并推荐申报省级重点教材立项建设。校级教改课题结题2项,申请立项2项。获苏州大学教学成果奖培育项目1项,获得2014年度苏州大学教学成果奖1项。共5名教师在公开刊物发表教学研究论文5篇。1名教师获交行奖教金。

2. 研究生教学工作

完成江苏省教育评估院对学院仪器科学与技术硕士学位授权一级学科点评估;进一步修订研究生国家奖学金、学业奖学金评定办法;积极引导研究生博学、创新的学术氛围。

2015年录取博士研究生6名、硕士研究生66名、工程硕士研究生100名,毕业各类研究生104名,新建苏州大学企业研究生工作站7个。获江苏省硕士学位优秀论文1篇。获2015年度高等学校研究生培养创新工程项目1项。

三、科学研究与学术交流

1. 科研项目及成果

2015年,学院在研项目105项,到账金额2 484.007万元。授权专利120项,发表SCI论文38篇,EI论文68篇,出版论著6部。获"江苏省轻工协会科技进步奖二等奖"1项和国际旋转血泵协会颁发的青年学者奖。获国家自然科学基金11项,国家高技术发展计划("863计划")子课题9项,科技部科技支撑1项,江苏省自然科学基金面上2项、青年基金项目5项,江苏省产学研联合创新基金1项,省科技支撑项目1项,省高校自然基金3项,市应用基础计划1项,中国博士后基金6项。荣获苏州大学2015年度"综合科技最佳进步奖""产学研合作最佳进步奖"。

2. 国内外学术交流情况

2015年,学院教职工参加国内外会议进行学术交流访问70余人次,其中孙立宁教授参加全国微机电技术标准化技术委员会二届一次会议暨换届大会,石世宏、傅戈雁教授参加全国特种加工学术年会,冯志华教授参加2015中国力学大会,陈琛教授、徐博翎教授等赴美国参加人工脏器协会(ASAIO)第61届年会。

2015年,学院教师出国访问、参加国际会议20人次,同新加坡国立大学苏州工业园区研究院合作成立"智能制造与系统联合实验室";与德国亚琛工业大学、都柏林大学、日本工学院大学、Kuka公司等初步商讨合作事宜。邀请海外专家学者来访交流、合作科研15人次,其中芬兰坦佩雷理工大学Hirvonen Juha博士、德国亚琛工业大学Fiete Bohning博士等来学院进行合作研究,美国圣路易斯华盛顿大学Phillip Gould教授来学院开设短期"弹性力学"课程;邀请新加坡国立大学喻豪永教授、日本名古屋大学福田敏男教授、德国利兹固体物理研究所Oliver G Shmite教授、美国路易威尔大学吴忠俊教授等海内外专家来院做讲学报告。

四、学院重大事项

2015年1月,召开学院"十三五"发展规划研讨会,成立学院"十三五"改革发展规划编制工作领导小组和学院"十三五"改革发展规划编制起草工作小组,从多方开展调研,科学制定学院"十三五"发展规划。

2015年1月,与新加坡国立大学苏州工业园区研究院合作成立"智能制造与系统联合实验室",促进国际化交流与合作。

2015年4月28日,国务院副总理刘延东视察机器人与微系统研究中心和人工心脏研究所研究进展,刘延东充分肯定学校在机器人和人工心脏研究方面所取得的创新成果,并鼓励继续坚持自主创新与成果转化道路,实现向国际领先技术水平的迈进。

2015年9月,由机器人与微系统研究中心承担的省级重点实验室建设项目"江苏省先进机器人技术重点实验室"顺利通过验收。

2015年11月,与苏州相城经济开发区合作组建苏州大学相城机器人与智能装备研究院,打造以机器人与智能装备技术研发、成果转化及孵化、人才集聚与培养的产学研公共服务平台,为深入发掘专业特色,打造前沿特色、有竞争力的学科专业,提供技术、人才、运营及管理支持,孵化和培育创新型企业,为学院提供教学、科研与社会服务的实体性协同创新平台。

2015年,学院引进了英国考文垂大学金国庆博士,聘任飞利浦公司医疗保健事业部发展战略经理Sean J Cheng博士为学校兼职教授,聘请香港城市大学机械及生物医学工程系主任孙东教授为学校客座教授。王永光、陈瑶获江苏省轻工协会科技进步奖二等奖,冯原入选2015年度江苏省"双创博士",尹成科获国际旋转血泵协会青年学者奖。高强、王传洋、陈长军3位青年教师晋升为教授,师资结构整体得到优化。学院获苏州大学2015年度"综合科技最佳进步奖""产学研合作最佳进步奖"。

院长孙立宁获2015年度"苏州市科技创新创业市长奖"。

(姜 曼)

沙钢钢铁学院

一、学院概况

苏州大学沙钢钢铁学院于2010年5月18日正式成立,是苏州大学和沙钢集团强强联合、实行校企合作办学的新型学院。学院下设冶金工程、金属材料工程2个系,1个院级实验中心,以及冶金资源综合利用、高性能材料冶金制备技术、冶金过程检测与控制等3个研究所。学院在校党委、校行政的正确领导下,经过五年来的努力,建成了本科、硕士、博士完整的人才培养体系,并于2015年迎来了学院首届毕业生,取得了毕业率和就业率双100%的可喜成绩,在人才培养、教学科研、队伍建设、学科建设、服务地方等各个方面均取得了显著的成绩。

二、教学工作

1. 健全制度,规范管理并严格执行

学院教学委员会和督导组严格把关教学规范,组织师生定期学习并严格执行学校管理文件规定。严格执行新开课、开新课试讲制度,学院教授全部参与本科生授课。

2. 顶层设计,创新实践,全员参与教学研究和改革

(1) 在实习过程中实施"师生混合编队"的模式,由富有经验的专业教师带队,将教师编入学生队伍之中,与学生共同实习、共同生活,有效提高了教师的工程实践能力和卓越工程师意识。

(2) 率先在校外工程实践教学基地开设"铁水预处理"和"连铸铸钢"两门课程实践教学,采用课堂授课与现场授课相结合的方式,通过创新教学方法提高工程实践能力。

(3) 学院支持鼓励全体教师参加学校组织的各类教学竞赛,鼓励教师参加学校各类课程改革项目申报工作,教学改革参与率100%。

3. 校内示范中心和校外实习基地建设成绩显著

(1) 学院获批"江苏省冶金工程实践教育示范中心",并以此为契机全面提升实验中心和教学平台建设水平,共规划校内外建筑面积6 500平方米,仪器设备985台套,可开设实验课程30门,242项实验,逐步实现全方位开放,切实加强学生实践、创新能力的培养。

(2) 拓宽校企合作途径,与华润制钢共建"冶金材料工程实践教学基地",为学生提供就业实习平台,提高实践能力,为企业储备人才和技术力量。与沙钢研究院进行交流对接,实现协同发展。

2015年学院教学成果斐然,共获得省级教改项目1项,校级教学成果二等奖1项,校级教学成果奖培育项目1项,校级教改项目2项,校级教改课题结题2项,学校3I全英语教学课程2门,新生研讨课1门;发表教改论文6篇;获全国高校微课教学比赛二等奖1项,江苏

省首届微课教学比赛一等奖、二等奖各1项,教师授课学生网评优良率100%。

三、科研工作与学术交流

学院高度重视科研工作的推进,2015年共获得科研项目13项,其中国家级5项,省部级5项,市厅级1项,横向课题2项,总经费到账近400万元,实现了国家自然科学基金面上项目和经费总额两个突破。发表高水平学术论文40篇,申请发明专利5项。建成了以扫描电镜和XRD等大型分析测试设备为代表的学科建设平台,能满足学院科学研究和教学的需要。

学院重视学术交流和国际化,已与日本东京大学、英国伯明翰大学、瑞典皇家工学院、澳大利亚新南威尔士大学建立定期访问机制意向,同时邀请国内外知名学者担任兼职教授并来学院交流讲学,开阔师生视野,提高学院在行业领域的知名度和影响力。

四、学院重大事项

(1)成立沙钢钢铁学院卓越工程师专家委员会暨发展咨询委员会。中国金属学会副理事长兼秘书长赵沛教授、北京科技大学原校长徐金梧教授、沙钢集团常务董事、常务副书记陈晓东教授等业界知名专家受聘为咨询委员,2015年4月召开了成立大会暨第一次会议,研究规划学院的建设与发展,2015年8月在沙钢召开了学院"十三五"规划专题研讨会。

(2)制定了学院"十三五"发展规划。确定了"以学科建设为龙头,队伍建设为根本,人才培养为核心,大力推进人才强院和国际化战略,整合资源,凝聚特色,营造氛围,全面提升办学水平和办学效益,将学院建成高水平、有特色、国内知名且在国际上有一定影响力的钢铁学院"的指导思想和实现"学院由教学研究型向研究教学型的转变,冶金工程学科在全国本领域排名进入前十位,金属材料工程专业要形成自身特色,在全国本领域中具有一定知名度"的总体目标。

(管 淼)

纺织与服装工程学院

一、概况

纺织与服装工程学院(兼丝绸科学研究院)成立于2008年7月,由原材料工程学院按纺织科学与工程一级学科单独组建而成。至2015年年底,学院设有纺织工程系、轻化工程系、服装设计与工程系及非织造材料与工程系,并设有丝绸科学研究院、现代丝绸国家工程实验室、国家纺织产业创新支撑平台、江苏省产业技术研究院纺织丝绸技术研究所、江苏省丝绸技术公共服务平台、江苏省纺织印染节能减排清洁生产工程研究中心、丝绸工程江苏省重点实验室、苏州市生物组织工程材料与技术重点实验室、苏州市丝绸文物测试与复制技术重点实验室、苏州大学纺织经济信息研究所、院总实验室、《现代丝绸科学与技术》编辑部、纺织与服装设计国家级实验教学示范中心、纺织服装省级实验教学中心等科研及教学平台。纺织工程是国家重点学科,江苏省省级重点学科和品牌专业,江苏省优势特色学科。学院现有一级学科博士点1个(纺织科学与工程),二级博士点4个(纺织工程、纺织材料与纺织品设计、纺织化学与染整工程、服装工程与设计),硕士点4个(纺织工程、纺织材料与纺织品设计、纺织化学与染整工程、服装工程与设计),纺织工程领域工程硕士点1个,高校教师在职攻读硕士学位专业硕士点4个(纺织工程、纺织材料与纺织品设计、纺织化学与染整工程、服装工程与设计),纺织科学与工程博士后流动站。学院现有教职员工106名,其中专任教师72名,实验技术人员18名。专任教师中,教授32名,副教授27名,博士学位获得者60名,占专任教师总数的83%。国家引进海外高层次人才"千人计划"3名。学院在仪征化纤股份公司和江苏吴中集团设有2个江苏省产学研联合研究生培养基地。至2015年年底,学院在册全日制本科生1 197人,博士、硕士研究生323人,在职专业学位硕士研究生35人。

二、教学工作

1. 本科生教学工作

学院高度重视本科教学,修订了2015级本科人才培养方案;召开了纺织工程教育部卓越工程师总结大会,对首届纺织工程卓越工程计划的实施情况进行了全面的总结。申报了纺织工程江苏省品牌专业并获批,纺织工程专业排名达到全国前三。"纤维皇后——丝绸文化与产品"获批教育部精品视频公开课;获批苏州大学第三批精品开放课程1门,校级通识选修课2门、新生研讨课1门;获批纺织服装教育学会"十三五"部委级规划教材计划20部;出版教材1部,苏州大学精品教材1部。8个项目申报纺织工业联合会2015年度教学成果奖,其中二等奖2项。建立了纺织与服装工程学院全英文教学平台(http://course.mn-info.cn/),把微信教学应用于精品视频公开课教学中(微信号:scwhycp),翻转课堂教学模式渗透日常教学工作中。国家级大学生创新实验计划4项,创业类校企合作项目6项,校级1项。纺织与服装国家虚拟仿真实验教学中心等国家级省级教学质量工程项目顺利推进。本科人才实践创新获佳绩,1项大学生创新创业成果入选第八届全国大学生创新创业年会;在首届江苏省"互联网+"大学生创新创业大赛暨首届中国"互联网+"大学生创新创业大赛江苏省选拔赛中获得三等奖1项;在第五届全国大学生外贸跟单(纺织)职业能力大赛中获得本科组团体一等奖1项、个人一等奖2项、个人二等奖1项,优秀指导教师奖2项,在43支参赛队伍中名列第2,取得历史最好成绩;在第六届全国大学生"立达杯"纱线暨面料设计大赛中获得一等奖1项、二等奖2项、三等奖2项、优胜奖2项;在第三届"金三发杯"全国非织造产品设计与应用大赛中获得三等奖1项;在苏州大学第九届"苏大天宫杯"大学生创业计划竞赛中获得特等奖2项、二等奖5项、三等奖2项和优秀组织奖;在苏州大学第十五届"挑战杯"大学生课外学术科技作品竞赛中获特等奖2项、一等奖4项、二等奖12项、三等奖25项和优胜杯;2015年苏州大学大学生移动互联网创业大赛获二等奖1项;发表论文19篇,其中本科生为第一作者的15篇,核心期刊6篇,EI收录2篇;学生与教师共同申请国家发明专利7项,实用新型专利4项,其中本科生为第一申报人的有6项。

2. 研究生教学工作

学院设置纺织工程、纺织材料与纺织品设计、纺织化学与染整工程、服装设计与工程4个全日制硕士、博士点,研究生培养水平有提升。2015届共有博士毕业生8人,硕士毕业生95人,盲审及答辩通过率均为100%,学术型硕士论文的盲审优秀率28.4%,博士论文盲审优秀率26.6%。明津法博士的博士学位论文获得"第四届王善元全国纺织科学与工程一级学科优秀博士学位论文创新教育奖励基金",获校优秀博士论文1篇,校优秀硕士论文2篇。加大就业指导服务力度,共接待30余家招聘单位,研究生就业率为93.4%。注重研究生综合素质能力的培养,加强与兄弟高校研究生的学术文化交流,4月份主办了第八届江浙沪地区纺织学科研究生学术文化交流会。2015年度70余名研究生分别参加了2015中国纺织学术年会、江苏省生态纺织研究生学术论坛、上海"国际纺织"研究生暑期学校、全国印染行业节能环保年会、澳大利亚第十三届亚洲纺织会议等。

三、学科建设与科研工作

1. 学科建设、科研项目及成果

学院积极组织各类基金申报,获得国家自然基金和省自然基金等纵向项目17项(到账经费517万元),获横向项目19项(到账经费212万元);获得中国纺织工业联合会等省级以上科技成果奖4项;论文被SCI、EI、ISTP收录200余篇,中文核心期刊论文86篇。申请专利104项,获得专利授权130项。

2. 科技合作及社会服务

加强产学研服务平台建设,努力扩大在行业内的影响力和话语权。江苏省产业技术研究院纺织丝绸技术研究所召开了首届理事会,各项工作顺利推进。完成了研发大楼的装修设计方案;制定并实施了纵向、横向科研项目管理办法,专利奖励与资助管理办法,财务报销,私车公用等各类制度;引进了2名具有博士学位的人才,目前研究院各类专职人员达到10人;成立了南通市纺织丝绸产业技术创新联盟,举办了纺织丝绸产业创新专场活动、纺织丝绸技术研究所揭牌仪式、"互联网+纺织丝绸"专题研讨会等活动;通过研究院对接,独立或联合企业申请各类纵向项目11项,已公示8项,除去后补助项目共计经费达200多万元;签约横向项目9项,共计经费300多万元;以研究院为第一单位申请专利15项;孵化企业1家,研究院占10%股份,折合资本30万元;建立纺织大数据联合研发中心、轻纺服装智能装备联合研发中心,共签约经费400万元。现代丝绸国家工程实验室加强了实验室内部管理和日常管理,推动了丝绸产品评价检测中心的建设,开展了丝绸行业技术标准的研究与制定工作,完成了2014年商务部茧丝绸产业公共服务体系建设;开展现代丝绸数字化纺织技术、蚕丝的生态加工技术、新型蚕丝纤维材料的开发技术等方向的研究,形成标志性成果5项,获省部级以上科技成果奖3项,解决了2项行业共性关键技术;依托科研成果,拓展了2家科技公司的生产规模。

加强实验室管理,提升服务教学科研水平。完成了承担的本科实验教学的教学任务;通过人员培训和能力验证的手段,提升实验室人员的测试水平和管理水平,现代丝绸国家工程实验室(苏州)评价检测中心通过了中国合格认证委员会(CNAS)的现场监督评审;同时,提高实验室设备的利用效率和测试项目的对外开放,实验室的对外测试程度有了较大的提高。

四、学院特色与重大事件

纺织与服装工程学院坚持以制度建设为保障,提升学院工作的科学化和规范化水平。学院完成了领导班子的换届,重新调整了学院"学术分委员会""学位分委员会""实验室管理委员会""学院绩效分配领导小组"等人员组成。

国际化人才培养是学院的特色。2015届毕业生中有29人赴国外知名大学深造,16名同学成功申请全球排名前100高校。13名同学获国家留学基金委优秀本科生项目资助,赴英国曼彻斯特大学交流10个月,21名同学成功申请"2+2交流项目"赴英国曼彻斯特大学学习,目前在曼彻斯特大学交流学生总数为48人,1名同学成功申请江苏—加拿大安大略省交流项目赴安大略省艺术设计学院交流。在校本科生参加半年以上交流学习的占2012级和2013级学生比例为8.7%;学院选派了4名学生到英国剑桥大学学习两周,同时选派24名优秀学生到新加坡国立大学等进行短期学术交流;获得苏州大学国际交流奖学金46人次,其中全额奖1人、一等奖3人、二等奖9人、三等奖4人、优秀奖29人。

(司 伟)

城市轨道交通学院

一、概况

城市轨道交通学院是学校坚持地方性综合大学为地方经济建设服务发展理念,顺应中国现代化建设,特别是现代化城市发展的趋势,为适应长三角地区,尤其是苏州城市轨道交通建设的发展需要,在苏州市政府的支持下,于2008年5月成立的一所应用性工科学院。学院成立八年多来,充分利用苏州大学强大的教学资源和苏州市得天独厚的区域优势,以服务社会发展为目标,以学科建设为龙头,以师资队伍建设为重点,以实验室建设为基础,不断开拓创新,重点建设和发展城市轨道交通相关专业,力争成为全国地方高校城市轨道交通专业的领头羊。

学院拥有智能交通科学与技术博士点和车辆工程、测试计量技术与仪器、管理科学与工程(运输管理)3个硕士点,现有在校博士生8名,全日制硕士生82名。设有交通运输、车辆工程、工程管理、轨道交通信号与控制、电气工程与智能控制、建筑环境与能源应用工程等6个本科专业,现有全日制本科生总计1 237人。

学院下设土木与环境调控工程系、交通运输工程系、车辆工程系、信号与控制工程系。近年来,学院先后组建了苏州市轨道交通关键技术重点实验室、苏州市轨道交通装备与安全重点实验室、苏州大学交通工程研究中心、智能结构与系统研究所、车辆工程研究所、交通运输研究所、地下工程研究所、建筑环境与安全研究所等8个校院级科研机构和科研平台。

学院目前拥有专任教师92人,其中正高职9人,博士生导师7人,硕士生导师25人。教师中拥有博士学位51人。师资专业领域涉及交通工程、工程力学、交通规划、通信信号、电气控制、车辆工程和土木工程等。

学院实验室现有3 000平方米场地。建有省级教学实践中心——江苏省轨道交通实践教育中心,下设以车辆与轨道电气、交通运输规划与运营、列车运行控制、地下工程等为核心内容的教学实验室;学院有原铁道部苏州大学铁路电力机车司机培训基地和国家节能型空调实训基地。

二、科研及对外交流与合作

1. 科研

学院2015年获得国家自然科学基金5项,省级科研项目4项,承接了服务地方社会的纵向或横向课题20多项,上年度到账项目经费近1 000万元。学院与国内多家著名交通院校和科研院所建立了紧密的教学科研合作关系,为学科建设和人才培养奠定了坚实的基础。

2. 对外交流与合作

对外合作进展顺利,与韩国又松大学"2+2"项目继续实施,共有六批学生赴韩参加为期2年的学习,已有4届学生完成学业,获得中韩双学位。与韩国又松大学进一步合作,力推"中日韩三国学生短期夏令营交流"项目。

三、特色和重大事项

1. 特色

学院坚持"育人为本,德育为先,能力为重,全面发展"的教育理念,以"优化内涵、彰显特色、提高质量、创建品牌"为办学目标,按照知识、能力、素质协调发展的人才培养要求,以学生创新意识和实践综合能力的培养为核心,以培养能力强、复合型高级工程技术人才为宗旨,以轨道交通运输为特色,培养基础厚、素质高、后劲足的轨道交通创新性工程应用与研究型专业人才。

2. 重大事项

经第七批省科技镇长团武进团牵线搭桥,我院与新誉集团产学研专题对接活动于2015年1月16日在新誉集团举行。苏州大学副校长袁银男教授带领城市轨道交通学院轨道交通相关专业的教授、博士等骨干教师一行10人走进新誉集团。

2015年10月29日下午,在苏州大学阳澄湖校区行政楼300会议室,隆重举行了苏州大学城市轨道交通学院江苏省产业教授聘任仪式暨江苏省优秀研究生工作站表彰会,苏州大学研究生院副院长钱振明,研究生院培养办公室主任蔡远利,研究生院培养办公室质量监控与评估科科长徐晓明,此次受聘的江苏省产业教授张剑锋,产业教授、省优秀研究生工作站负责人扈罗全,城市轨道交通学院院长朱忠奎及学院导师代表和研究生代表60余人参加了本次聘任仪式暨表彰会。仪式由学院党委书记杨清主持。

2015年11月20日,城市轨道交通学院2016届毕业生专场招聘会在阳澄湖校区第一教学楼A楼举行,苏州市轨道交通集团有限公司运营分公司,无锡地铁集团有限公司,苏州工业园区嘉合环境技术工程有限公司等14家企业组织了现场招聘。此次招聘面向城市轨道交通学院2016届全体毕业生,吸引了众多同学的关注,300余名同学积极投入此次招聘中。

机器人领域国际会议IEEE ROBIO 2015于2015年12月6日至9日在珠海召开。学院机器视觉课题组杨剑宇老师和硕士研究生徐浩然同学的论文"A Hybrid Descriptor for Shape Matching and Object Recognition"在该会议上发表并做口头报告。该论文提出了一种新的基于轮廓的形状描述方法,采用混合不变量描述来提取图像的全局和局部的显著特征,应用于基于视觉的目标识别。学院是该论文署名第一单位。经评审,该文章获得此次大会的最佳大会论文提名(共5篇文章获得该提名,另外4篇分别来自清华大学、北京大学、澳大利亚昆士兰大学和意大利博洛尼亚大学)。

(吴可杨)

体育学院

一、概况

体育学院至今已有近 90 年的办学历史。1924 年东吴大学始办体育专修科,1926 年招收本科生,1952 年院系调整时创办体育系,1997 年改建为体育学院。学院现有体育学博士后流动站和体育学一级学科博士点、体育学一级学科硕士点、体育硕士专业学位授权点和体育教育、运动人体科学、运动康复、民族传统体育和运动训练等 5 个本科专业;设有体育教育训练学研究中心,运动科学研究中心,体育文化与奥林匹克研究中心,武术与民族传统体育研究中心等 4 个研究中心;体育系,运动训练系,运动人体科学系,民族传统体育系,社会体育部,公共体育部等 6 个系、部;拥有"国家体育总局体育社会科学重点研究基地""机能评定与体能训练"重点实验室和"江苏省体育产业协同创新中心"。体育教育训练学是江苏省重点学科、国家重点学科培育点;体育教育专业是江苏省普通高校品牌专业;运动人体科学专业是江苏省特色专业。学院同时设有国家体育总局体育文化科研基地、国际奥委会确认为奥林匹克研究合作伙伴、中国篮球文化研究中心、国家皮划艇队科研基地、奥星田径俱乐部等机构。

学院现有教职工 140 名,其中教授 15 名,副教授 59 名,讲师 38 名;有国务院学位委员会体育学科评议组成员 1 名,全国模范教师 1 名,博士生导师 8 名,硕士生导师 43 名;国际级裁判 3 名,国家级裁判 10 名;另有柔性引进、兼职、客座教授 20 余名。

二、教学工作

1. 本科生教学工作

2015 年度,招收本科生 177 名。教学工作中,抓管理、重建设,落实提升本科教学质量工作;加大投入,做在平时,注重学生实践能力的提高;加强教学就业实践基地建设,提高学生就业率。

公共体育教学积极实施改革。公体部绩效不断深化体育教学改革,坚持以培养学生体育兴趣、锻炼能力和习惯为课程教学目标,以突出健身、淡化竞技和着眼未来为教改方向,注重实际、讲究实效,在选项课教学、课外体育俱乐部等方面继续进行改革和实践,完善结构优化体系。充分利用现有的场地器材和人力资源,最大限度地满足学生的学习需求。在完成教学工作的同时,继续推进课外体育俱乐部的工作,取得了较好的效果。

2015 年度 2 位教师获得交行奖教金;2 位教师获得苏州大学第十四届青年教师教学竞赛三等奖。在"全国高校运动康复专业学生技能大赛"中荣获团体总分二等奖,1 人获个人总分二等奖、2 人获三等奖的好成绩,2 位教师分别获优秀领队奖和优秀指导教师奖,并授予优秀组织奖。体育教育专业获省高校足球联盟技能比赛一等奖。田径教研室成功开展了与南京师范大学及泰州学院的教学技能交流比赛。2012级体育教育专业本科生陈萍同学在"2014年江苏省第四届师范生教学基本功大赛艺体组(体育教育)专业组比赛"中获二等奖。

2. 研究生教学工作

2015年度,学院招收博士研究生4名,硕士研究生81名,2014级体育硕士专业学位学员129名。完成2015届博士、硕士研究生的论文答辩、档案整理和离校工作,2015年共毕业博士9名,硕士84名,在职硕士86名;50人次的研究生参与国内外学术会议。获评江苏省优秀硕士论文1篇,获评苏州大学优秀博士论文1篇;获得研究生培养创新工程项目4项。

研究生培养强化国际意识,拓宽国际视野。2015年度4名硕士生赴台北市立大学进行为期半年的交流学习;1名博士生赴加拿大进行为期1年的访学;1名博士生赴韩国参加了国际学术会议。

三、科研工作

2015年度,学院教师和研究生共发表核心期刊学术论文73篇(其中一类核心期刊论文4篇,二类核心期刊论文30篇,三类核心期刊36篇,北图期刊论文3篇);出版学术专著4部,主编、副主编教材3部;获得实用新型专利7项;共获国家级研究项目2项(国家社科一般项目2项);获得省部级研究项目6项(其中省部级重点项目1项,一般项目5项);获得市厅级研究项目12项;纵向委托项目11项,到账科研总经费达到64万元。获得江苏省第十三届哲学社会科学优秀成果奖3项、其他市厅级科研成果奖9项。资助教师和研究生参加国内外会议40余人次,其中7名研究生参加第十届全国体育科学大会并做专题报告,13名研究生作了墙报交流;1名研究生获得"江苏省第三届体育学研究生教育创新论坛"优秀论文特等奖,7名研究生获得优秀论文一等奖。组织"体育学院教授系列学术讲座"8次,邀请专家举办学术讲座15次。承办了"第14届国际乒联科学大会暨第5届持拍类运动科学大会""2015全国体育保健康复学术会议暨全国高校运动康复专业学生技能大赛"等大型学术会议。

四、学院特色及重大事件

2015年,学院顺利完成院党委的选举换届工作,产生了学院新一届党委。积极开展丰富的党日活动:"做一名德艺双修的专业武术教师"主题研讨党日活动;"1314我们在一起"户外拓展主题党日活动,"寻找身边最美的人"系列党日活动,"凝爱小分队",不断给学院各项工作积聚和传递正能量,为学院各项工作的顺利开展奠定了基础。其中"凝爱小分队"获评苏州大学2015年"王晓军精神"先进集体。

学院承办了全国高等学校"十二五"国家级规划教材《排球》统稿会议;江苏体育产业协同创新中心理事会成立暨第一次理事会议;2015年"十二五"国家级规划教材《球类运动——篮球》编写组第三次工作会议;第14届国际乒联体育科学大会暨第5届持拍类运动科学大会;体育教育专业联盟工作会议;2015全国体育保健康复学会会议暨全国高校运动康复专业学生技能大赛;全国体育专业硕士授权点专项评估(华东组)工作会议;江苏学生体协工作组会议;城市体育服务综合体研究开题报告会暨城市体育服务综合体建设研讨会议。举办各类论坛、学术讲座十多场。

(张鑫华)

艺术学院

一、概况

艺术学院始建于1960年,经过几代人的不懈努力与奋斗,现已发展为师资力量雄厚、专业方向比较齐全的综合性艺术院系。艺术学院现有在职教职工121人,专任教师94人,博士生导师5人,硕士生导师42人,教授24人,副教授27人,海外专家3人,江苏省教学名师1人,具有博士学历人员19人。学院还聘请了多名国内外著名画家、设计师担任讲座教授、客座教授、兼职教授。目前在校博士研究生、硕士研究生、本科生和成人教育学生约3 750人。学院拥有产品设计、服饰与配饰设计(含时装表演与服装设计)、视觉传达设计、环境设计、美术学(美术教育、插画)、数字媒体艺术、艺术设计学等7个专业;拥有艺术研究院、非物质文化遗产研究中心等2个校级研究机构;拥有良好的实验设施,设有计算机、陶艺、染织、服装、数字动画、版画等实验室和工作室,纺织与服装设计实验中心为国家级实验教学示范中心,艺术设计实验教学中心为江苏省实验教学示范中心;拥有设计学一级学科博士授予权和博士后科研流动站;拥有设计学、美术学、艺术学理论等3个一级学科硕士授予权以及艺术硕士(MFA)和工程硕士专业学位授予权。2010年,艺术学被批准为江苏省首批优势学科建设项目;2014年,设计学再次被批准为江苏省第二批优势学科建设项目。艺术设计专业现为教育部、财政部批准的全国艺术教育类人才培养模式创新实践区、江苏省品牌专业、江苏省"十二五"高等学校重点专业建设点。多年来,学院培养了马可、吴简婴、王新元、赵伟国、邱昊、逄增梅等一大批优秀的艺术与设计人才,毕业生遍及海内外。

二、教学工作

以"十二五"江苏省高等学校重点专业建设为契机,推动专业建设及人才培养工作,人才培养成效明显。2015届应届本科毕业生毕业率为90%,学位授予率为89%,截止到2015年12月,就业率为91%,赴国内外高校攻读硕士学位人数为21人,占毕业生总数的10.08%。2015年,学院再度获得中国国际大学生时装周人才培养成果奖和2015年度中国时装设计育人奖,在国内外同行中产生了广泛影响;鼓励广大学生积极参加国际、国内专业竞赛,不断锻炼学生的实际专业能力。据统计,共有100多人次获全国各级类比赛奖项,获得市厅级以上奖项共计70余项,成功申报大学生科研项目10余项。教学交流活动频繁,教学成果显著。学院开展学术教研活动23项,国内外十多家高校同行来院交流互访;成功签订1项中法国际交流培养协议和3项校企合作项目,多维度构建艺术人才培育空间;通过"3I"工程课程体系的建设,学院涌现出多门优秀的课程项目,陈正俊、胡天璇、王言升、周孟圆等一批中青年骨干教师在课程改革与教法创新方面进行了积极有效的探索。2015年"纺织之光"中国纺织工业联合会纺织高等教育教学成果奖评审传来捷报,学院许星团队《服装设计卓越人才培养模式探索与创新》成果获得教学成果最高奖一等奖、李正团队《服装设计卓越人才培养模式探索与创新》、张蓓蓓团队《文化创意产业背景下高校复合型服装人才培养模式改革与实践》获得教学成果三等奖,李正老师获得纺织之光教师奖,杨桂英等5名同学获得纺织之光学生奖。此次教学奖的获奖级别和获奖人数均为学院近年来最多的一年。此外,王岩老师与纺织与服装工程学院联合申报省级教改项目1项,周孟圆老师的微课视频成功进入江苏省高校微课程比赛遴选。此外,2015年度学院教学测评结果全校排名第3,这是同学们对学院本科教学质量认可的直接体现。

开展江苏省重点学科研究生课程改革工作;如期完成博士与硕士招生、开题、中期检查、论文内外审、答辩及展览等工作;成功申报"专业学位硕士案例教材建设"拟资助项目1项;推进研究生日常教学改革,下半年还就研究生课程改革专题召开导师座谈会;制定并实施《艺术学院研究生优秀毕业论文及创作评选细则》,首次开展评选研究生毕业设计、论文学院奖活动,取得一定的效果;努力克服研究生中专业差异、学费悬殊、班级成绩不平衡、科研种类繁多等困难,妥善做好各类奖助学金及先进荣誉评定工作;推进研究生科技文化节系列活动,开展了学院特色的产品推广、创客讲座等专场活动,赢得校内外师生一致好评;针对研究生的廉洁文化作品创作活动也得到了同学们的积极响应,取得了优异的成绩。研究生学术氛围及校园文化建设有所改善。各类研究生科研项目申报喜获丰收,其中江苏省普通高校专业学位研究生创新计划项目12项,江苏省学术硕士创新计划项目5项;成功举办研究生个人展2次;老挝留学生完成学业,授予学位;鼓励研究生赴海外学习,1名研究生赴海外留学就读双学位;1名研究生赴海外继续攻读学位;4名研究生赴台湾高校访学。据统计,研究生参展及获奖近百项。

三、科学研究与学术交流

2015年学院2位教师获得国家社科艺术学项目(毛秋瑾、束霞平);成功举办了"东吴论坛"非物质文化遗产暨中国服装设计师协会学术年会学术会议以及"走向现代的女装"从马面裙到旗袍服饰展;学院多位教师参加全国各类大赛活动,取得丰硕成果;组织邀请国内外名家来院开办主题学术讲座多次。同时艺术研究院得到了进一步充实与发展,在原先的基础上调整为艺术设计研究所、工艺美术研究所、东方艺术研究所、美术创作中心(东坊艺术中心)、染织与服饰文化研究中心、书法篆刻中心等,增聘任卢朗、姜竹松、袁牧、沈爱凤、许星等人为研究院副院长。各研究中心及研究所开展了丰富多彩的学术活动。

一年来,开展了与瑞士、德国、法国、意大利、韩国等国家与地区的海外高校交流与合作,先后与法国上阿尔萨斯大学副校长国际交流特使Laurence·SCHACHER女士、国际纺织纤维学会主席Dominique·C. ADOLPHE先生、德国奥芬巴赫设计学院视觉传达学院院长克劳斯·海瑟教授等商讨了合作事宜,并与法国图卢兹大学艺术学院签订合作办学协议;先后邀请了瑞士国际著名设计师Sabina Oberholzer(AGI)& Renato Tagli,意大利中意设计协会主席沙锋及副主席陆佳伊,世界著名公共艺术家、雕塑家、美国麻省理工视觉艺术中心研究员、北卡罗来纳州立大学终身教授比利·李,乌克兰著名服饰时尚设计师、乌克兰驻中国大使馆文化参赞及新闻发言人安吉拉·列那女士,德国国际艺术家团体Paradox的五位成员,清华大学环境系主任张月,米兰理工学院教授罗卡,德国奥芬巴赫设计学院视觉传达学院院长克劳斯·海瑟教授,首都师范大学美术学院李中扬教授,法国图卢兹大学艺术学院guy教授,华东师范大学艺术学院美术系主任谭根雄教授,牛顿商学院——香港时尚交流学院吴波院长,新疆艺术研究所研究员、中国丝绸之路研究中心理事长周莆葆教授,著名学者杨巨平教授,著名画家吕吉人先生等国内外学者来院讲学;先后举办了"2014 国际交流作品展暨学术论坛"、2015·NEW"FORM"国际平面设计探索展(苏州站)、ASIA NEXT 2015 亚洲海报前卫实验设计展系列活动、2015 首届中国粉画艺术节国际粉画论坛、"第五届中国非物质文化遗产·东吴论坛""精彩江苏、丝路情韵——中国江苏传统服饰秀"赴泰国演出活动、以"丝路花雨醉书香"为主题的中国丝绸特色服装展演亮相江苏书展中心舞台。先后与许多家国内院校进行了学术交流与合作。

四、重大事项

(1) 1 月 5 日,由学院和韩国大邱大学造型艺术学院共同发起的"2014 国际交流作品展暨学术论坛"开幕仪式在独墅湖校区隆重举行。

(2) 3 月 16 日上午,2015·NEW"FORM"国际平面设计探索展(苏州站)开幕式在学院 601 号楼展厅举行。

(3) 3 月 24 日,张文来水墨画展开幕仪式暨张文来兼职教授受聘仪式日前在学院 601 幢一楼展厅隆重举行。

(4) 4 月 26 日,苏州世界乒乓球锦标赛开幕,第 53 届世乒赛国际乒联博物馆巡展启动、中国乒乓球博物馆藏品征集启动暨世乒赛纪念邮资明信片首发仪式在苏州国际博览中心世乒赛场馆隆重举行。本届世乒赛标志设计师——学院张大鲁教授,以及本届世乒赛吉祥物设计师——学院研究生武源、马晓晴同学应邀出席活动并进行现场签售。签售场面火爆,广受好评,十万枚邮资明信片销售一空。

(5) 7 月 16 日,在第五届江苏书展开幕式上,学院服装艺术系组队在徐州云龙湖畔举行了两场以"丝路花雨醉书香"为主题的中国丝绸特色服装展演亮相江苏书展中心舞台,为现场读者带来不一样的"悦睹"体验。

(6) 9 月 21 日,ASIA NEXT 2015 亚洲海报前卫实验设计展系列活动在学院 601 号楼展厅成功举办。

(7) 10 月 21 日下午,2015 首届中国粉画艺术节国际粉画论坛在苏州大学炳麟学术报告厅举行。来自中国、法国、美国、墨西哥等国家的粉画艺术家出席了论坛。

(8) 11 月 28 日上午,"第五届中国非物质文化遗产·东吴论坛"在学校天赐庄校区图书馆学术报告厅正式开幕。本次论坛的研讨活动分为"非物质文化遗产论坛"和中国服装设计师协会、中国美协服装艺委会"服饰文化专题学术年会"两大板块。28 日下午,两场论坛研讨活动在苏州大学独墅湖校区炳麟图书馆报告厅和 604 号楼环境艺术工作室开展。

(9) 12 月 6—7 日,由江苏省文化厅与曼谷中国文化中心主办、苏州大学艺术学院承办的"精彩江苏·丝路情韵——中国江苏传统服饰秀"在泰国首都曼谷连演两场,大获成功。

(10) 12 月 7 日,法国图卢兹大学艺术学院盖伊教授(GUY LECERF)一行来学院交流访问,并与学院签订了合作意向。

(束霞平)

音乐学院

一、学院概况

音乐学院成立于2012年10月18日,目前学院拥有音乐与舞蹈学一级学科硕士点,音乐表演、作曲与作曲技术理论和音乐教育3个本科专业。音乐表演专业于学院成立后开设,现有专任教师27名,其中器乐教师21人,涵盖了16个器乐演奏方向,包括钢琴、小提琴、中提琴、大提琴、低音提琴、竖琴、古典吉他、长笛、双簧管、单簧管、巴松管、萨克斯、圆号、小号、长号、打击乐;作曲、理论、音乐史学类教师6人,主要从事作曲以及音乐理论、西方音乐史学、民族音乐学的研究。作曲与作曲技术理论专业建立于2016年。音乐教育专业原属艺术学院,学院成立后并入,现有专任教师13名。学院现有全日制研究生31名,在职研究生11人,本科生228名,国际生(含港澳台)12名。

二、教学工作

1. 本科生教学工作

加强英文教学,与国际接轨,推广音乐表演专业采用中英双语教学的培养模式。学院二年级双簧管专业杨亿楠同学被2016年亚洲青年管弦乐团录取。围绕学院"培养具有全面艺术修养的音乐专业人才"的理念,学院在本科生的课程设置中加入了特色课程"经典阅读"。此门课向学生介绍西方艺术发展历史以及东西方哲学和思潮,这在中国所有音乐学院中是首创。

2. 研究生教学工作

2015年,3名教师增列为学术性学位硕士研究生指导教师。2015届研究生就业率达到100%。

2015年,1名研究生获得"国家奖学金";1名研究生获得"优秀毕业生"称号。2015年,学院有2人参加国际学术会议并全部获得学校的国际会议资助。

三、学科建设与科研工作

1. 科研项目及成果

科研成果显著,在期刊杂志上发表论文35篇,其中学生发表论文有11篇,教师发表省级论文有18篇,核心期刊论文有6篇。获得科研成果奖11项,其中国家级有7项,吴磊老师获得全国第四届大学生艺术展演活动高校艺术教育科研论文二等奖,省级有2项,校级有2项。刘彦玲教授与刘跃华教授获得2015年高等教育科学研究优秀成果三等奖。2015年共有5位老师获得省市级项目资助基金,其中张尧老师的本特松复调技法研究及其教学应用获得省教育厅基金资助项目。

2. 国内外学术交流情况

2015年,学院保持了与美国巴德学院的良好合作关系,将学生送到巴德学院参加交流项目。6月,音乐学院接待了来自尼日利亚拉格斯代表团,就教育模式、运行管理、学科设置、招生情况、师资力量、国际合作项目等方面进行了深入的探讨交流。12月,吴和坤院长与另外两位史学和理论教授赴香港大学参加国际音乐史学学术会议,吴院长在会议上发表演说,音乐学院办学理念和师资力量受到来自世界各地的学者的关注。学院有2位研究生参加国际学术会议,全部获得学校的国际会议资助,其中吴圆融同学赴哈萨克斯坦参加国际传统音乐学会(ICTM)第四十三届东亚音乐研讨会,并发表论文;严雯婷同学赴香港大学参加世界最大型音乐论坛中的2015国际音乐学会(IMS)并发表论文。部分导师也根据自身的科研方向,指导研究生参加国际学术会议,进而提高了学生的国际学术交流水平,培养其适应经济全球化发展和国际竞争的能力。2015年暑假期间,我院钢琴教授Elise Yun、Angela Cholakyan、长笛教授Clara Novakova等带领20多位学生赴西班牙、意大利、德国、捷克等国家参加音乐节。2015年共有14批次的教员赴境外参加各项音乐节和国际会议。学院2位作曲教师的作品在美国、中国台湾等3个音乐节上演出;4位理论教师的论文入选国际会议,并在美国、澳大利亚、瑞士以及中国台湾、香港地区等地的会议上宣读;打击乐教师参加了在意大利举办的打击乐比赛并且获奖。

四、学院重大事项

2015年,学院邀请国内外音乐家、专家学者到学院举办学术讲座、大师课和音乐会共计37场,包括音乐会17场、大师课9场、讲座11场,其中博物馆下午茶音乐会、上海音乐厅演出、交响音乐会系列等获得了广泛关注。邀请中央音乐学院贾国平教授、李金星教授开班大师课与音乐会。此外,学院还与雅马哈钢琴公司达成协议,每年开设钢琴专业学生奖学金比赛活动。这些艺术、学术活动促进了学生对音乐专业学习的进一步认识,推动了本院教师之间以及苏大其他学院的教员和学生与音乐学院之间的相互交流,促进了学院学术氛围的提升。

(梁　爽)

医 学 部

一、概况

苏州大学医学部其前身可追溯到张謇先生创立于1912年的南通医学专门学校,1957年迁址苏州后更名为苏州医学院,隶属核工业部;2000年并入苏州大学,于2008年组建医学部。附属医院始于1883年创建的博习医院。生命科学教育可追溯到创办于1901年的东吴大学生物学系及始建于1903年的苏州蚕桑专科学校。

秉继"祈通中西,以宏慈善"的良训,医学部传承了悠久的办学历史,积淀了深厚的文化底蕴,不断加大教学改革力度,注重理论与实践相结合,培养了一大批创新型医药和生物科学高层次人才,杰出校友遍布海内外。

作为国内创办最早的医学院校之一,医学部首批获得博士学位授予权。目前拥有博士后流动站6个,一级学科博士点6个,一级学科专业学位博士点1个,二级学科博士学位点60个;一级学科硕士点10个,二级学科硕士学位点76个,专业学位硕士点6个;有国家级重点学科3个,国家级重点临床专科8个,国防科工委重点学科2个,省优势学科5个;现有博士生导师281名,硕士生导师1 004名。

作为教育部卓越医生培养计划首批试点高校,医学部现有本科专业15个,其中有国家级特色专业建设点1个,江苏省品牌专业1个,江苏省特色专业3个,江苏省重点专业1个。附属医院共17所,其中直属附属医院3所,教学实习点100多个;生物类校外实习基地18个,药学类校外实习点10余个。

医学部现有在校生近9 000名,其中本科生近5 000名,硕士生近3 000名(含专业学位),博士生300余名,海外留学生500余名,以及各类继续教育学生近万名。

医学部现有教职工788人,三家直属附属医院具有教学职称的教师1 224人。其中院士3人,中组部"千人计划"获得者3人,"千人计划"青年人才获得者10人,国家"杰青基金"获得者9人,"优青基金"获得者5人,教育部"长江学者奖励计划"特聘教授2人,国务院学位评定委员会学科评议组成员4人等。现有教育部创新团队2个,教育部工程技术研究中心1个,江苏省"创新团队计划"引进团队3个,江苏高校协同创新中心2个,江苏高等学校优秀科技创新团队1个,省部级重点实验室7个,省级科技公共服务平台1个以及市厅级重点实验室和公共服务平台17个。

医学部积极开展国际学术交流与合作,先后与美国、英国、法国、德国、日本、韩国、澳大利亚、新加坡等国家及香港、台湾等地区的高校、科研机构建立了广泛的交流与长期合作关系。

医学部将继续以坚实的人文传统为依托,以学科建设为龙头,致力于创新性人才培养、高水平科学研究,不断追求卓越,引领杏林清风,塑造医学典范。

二、教学工作

(一) 本科生教学工作

1. 加强本科质量工程建设,提升本科人才培养质量

负责全日制本科生 15 个专业、留学生 1 个专业、自学助考生 3 个专业、共计 6 503 名学生的日常教学管理与运行工作。积极推动课程考核过程化改革,参加过程化考核的课程共计 77 门。积极推动录播课程建设,录播课程共计 22 门。顺利完成转专业、推免、教改班学生等的遴选和面试工作。举办"医学部教学团队与课程建设研讨会",推进下一阶段医学人才培养模式改革工作。组织 2013 年学部"本科教学工程"项目结题验收工作。

护理学专业通过国家教育部专业认证。在首届全国护理专业本科临床护理技能大赛中获团队优秀奖。

2015 年本科质量工程建设方面取得可喜成绩。① 国家级:获第二届全国高校微课教学比赛二等奖 1 项,优秀奖 1 项。② 省级:获江苏省高校品牌专业建设工程一期项目 1 项(临床医学);获江苏省高等学校实验示范中心 1 项(护理学学科综合训练中心);获江苏高校省级外国留学生英文授课精品课程 2 门(神经生物学、生物化学);江苏省重点教材立项 2 项[医学生物化学与分子生物学(第 3 版)、放射影像技能学];获江苏省高等教育教改立项研究课题 2 项:重点 1 项,一般 1 项;获江苏省高校微课教学比赛一等奖 1 项,二等奖 5 项,三等奖 2 项。③ 校级:获苏州大学精品开放课程 1 门(辐射与健康);获苏州大学精品教材 2 门[放射卫生学、机能实验学(双语教材)];获"苏大课程 2015 – 3I 工程"项目 49 项;全英文示范课程 6 项,微课程 7 项,通识教育课程 13 项,新生研讨课 23 项;获苏州大学高等教育教改立项研究课题 8 项。

2. 积极配合推进教育国际化

监控 2014 级、2015 级临床医学专业全英语教学开展情况,发现问题及时沟通、解决。为国际医学生联合会的运行做好服务工作,包括导师遴选、外国学生临床实习安排等。为与"爱尔兰皇家外科医学院"互换交流做好服务工作,包括学生遴选、奖学金评定等。

3. 加强实践教学环节与课外科研活动的管理与监控,着力培养富有创新精神与实践能力的高素质人才

加强对实践教学环节的管理与监控,保证实验课程、毕业论文、毕业临床技能培养的规范与质量。2015 年,获省优论文 2 篇,校优论文 11 篇。

精心组织学生课外科研活动项目的申请,加强对项目进展情况的监控与管理,从而保证医学部获大学生科研项目的数量与质量。2015 年,新增大学生创新实验计划项目 37 项,其中国家级 11 项,省级 9 项;新增"莙政基金"项目 8 项;获苏州大学大学生创新创业优秀成果奖 1 项。

4. 积极探索临床与基础教学融合新模式,推动医学教学改革

首次组织基础医学院解剖教研室和基础整合课程的任课老师和第一、第二、儿科临床医学院的老师集体备课,共同讨论有关临床和基础课程整合事宜,课程包括五年制和七年制卓越医师班的局部解剖学课程、卓越医师班整合课程医学基础 1 和首届全英班生化课程,教学成效显著。

首次组织 2015 级五年制临床医学专业卓越医师班的 30 名新生进入附二院肿瘤科进行

见习体验,实施早期接触科研、早期接触临床、早期接触社会的"三早教育",为探索培养医学拔尖创新人才的教学新模式开辟了道路。

5. 严格管理,加强监督,提高临床实习见习质量

新的实习大纲投入使用。上半年联合相关临床学院完成了医学类各专业的实习大纲修订和整合编辑工作,内容主要增加了社区医疗机构和精神病院(所)的相关实习内容。2011届学生已开始使用。

完成了2011级、2012级共611名医学生的实习下点的动员和安排工作,以及和2010级毕业生的上下点交接工作。联合学工办加强对医学类学生课堂教学、各实习医院的见习实习带教的巡视工作,有效监控各实习医院带教质量。

完成医学类五年制和七年制二级轮转过程的理论考试和技能操作考试等相关工作。完成各实习基地2011级、2012级实习生的出科理论和出科操作考试工作。

组织参加第六届全国高等医学院校大学生临床技能竞赛。赛后及时总结经验,制订方案组织第七届临床技能大赛培训工作。

组织第一、第二和儿科临床学院完成了修订卫计委在学校举行的卫生监督员培训班的培训教材和讲义。

6. 积极准备2016年临床医学专业认证

完成教育部临床医学专业认证网上申报工作,获准于2016年接受教育部临床医学专业认证。根据临床医学专业认证要求,已完成草拟认证工作方案、汇编宣传动员手册、组织第三方评价、完善相关管理制度、分解建设任务等准备工作。

教学办组织设立"课外研学学分",推动学生自主学习能力培养;购置全英文教学数据库(Access Medicine、USMLEasy),完善教学资源建设;完善学生考核评价方式与考试结果分析,引入考易题库及网络考试评价系统,提供学生课外自我考核平台。

临教办联合第一、第二临床学院成功申报一项教学管理专项教改课题。办公室人员先后去北京、徐州培训考察和学习,根据相关材料目录,整合各附属医院的教学材料、提交临床教学的自评报告、督促实习医院为认证做好准备。

(二) 研究生教学工作

1. 加强研究生日常管理工作,推进研究生培养质量

加强研究生培养管理的日常工作,2015年度学部实行了在一级学科层面上进行复试双向选拔工作。2015年医学部(前期)招收全日制硕士研究生335人,博士研究生74名,在职人员专业学位共124人。留学生3名博士研究生,2名硕士研究生。共审核前期5个学院及3个科研机构各类毕业研究生475人,整理毕业生的学位和学籍档案,并按要求发放毕业证书和学位证书。2015年医学部(前期)共授予博士学位57人,各类硕士学位452人,留学生11人。

2015年论文盲审共有314人次,558本论文分送全国18所高校及科研院所。46名博士论文盲审,其中1人二次送审不合格,不能参加答辩;268名盲审硕士论文中有全日制1人和同等学力3人各有1票不合格,不能参加答辩。获评江苏省优秀博士论文2篇(导师:刘海燕、张永红),优秀硕士论文2篇(导师:何苏丹、曹勇军、郭亮、张学农)。获评苏州大学优秀博士论文5篇,优秀硕士论文5篇。

2. 筑实研究生培养平台,培养成效显著进步

2015年申报并获批江苏省企业研究生工作站5家。组织申报2015年度"江苏省研究生培养创新工程"工作,获批研究生科研创新计划项目25项,教改课题1项。获批专业学位硕士案例教材建设3项。医学部(前期)2015年度"江苏省研究生科研创新计划"项目结题验收工作33项,"优秀博士学位论文选题立项资助项目"研究课题结题验收工作5项,全部通过。2014年度立项的卓越研究生培养计划项目中期检查1项,2013年度立项的卓越研究生培养计划项目结题验收11项。医学部(前期)研究生毕业申请学位共发表SCI论文203篇,其中一区10篇,二区50篇。加强研究生的学术规范管理工作,每学期组织1次抽检研究生实验记录186人,全部合格。沈爱英老师2015年获得中国学位与研究生教育学会农林工作委员会授予的"2014年度研究生教育管理先进工作者"称号。

三、科学研究与学术交流

(一)科研项目与成果

(1)科研经费总量继续保持稳定增长。2015年度医学部共获得立项支持的各级各类纵向科研项目249项,纵向项目科研经费10 935万元。其中国家级项目172项,经费9 832.5万元;省部级项目28项,经费939.5万元;市厅级项目39项,经费163万元。横向项目经费1 278.4万元,获批团队平台经费900万元。科研经费总量达1.31亿。

(2)获批国家级项目类别实现新突破。2015年获批国家自然科学基金杰出青年基金1项(全校4项)、优秀青年基金1项(全校5项)、重点项目4项(全校6项)、重大国际合作项目1项(全校2项)、重大研究计划培育项目2项;863项目课题1项。

(3)国家自然科学基金面上和青年基金资助保持稳定水平。2015年度获批国家自然科学基金项目169项,较2014年增长1.8%,占学校的54.34%(全校计311项);总经费9 628万元,占学校的50.4%(全校共计19 094万元),创历史新高;在基金委新政背景下,医学部面上(77项,5 444万元)和青年(80项,1 783万元)基金资助均保持稳定水平。

(4)省部及市厅级项目继续保持较高资助率。2015年获批省杰出青年基金1项、省自然基金23项。另外获批省教育厅项目资助18项,其中重大项目1项;获批苏州市科技局项目21项。

(5)论文发表在量的基础上继续显现质的提升。2015年学部共发表SCI论文908篇(第一单位),较去年增长24.6%,基中一区论文61篇(较去年增长64.9%),二区论文200篇(较去年增长36.1%);根据Web of Science检索数据(截止到2015年12月31日),2015年医学部共发表1 598篇(其中一区178篇,二区362篇),根据最新NI(1 October 2014—30 September 2015)检索,医学部生命科学类论文共24篇,总WFC为10.17,全国排名第22名(比去年同期前进2位)。

(6)科研成果产出颇丰,知识产权、科技奖励继续呈现进步态势。2015年共申报专利190项(较去年增长24.2%),授权122项;共获得省部级奖励10项,其中一等奖3项,二等奖3项,三等奖4项。

(7)平台、团队建设推进有新发展。时玉舫、徐广银、罗宗平三个创新团队获批江苏省"双创计划"团队;高晓明任负责人的"免疫识别与免疫应答机制的应用基础研究"教育部创新团队验收优秀;张洪涛任负责人的"苏州市癌症分子遗传学重点实验室"通过验收。推进

成立两个校级非实体性科研机构。

（8）产业化工作推进有新成效。2015年实现知识产权转化（让）3项；洽谈、签署2项校企合作共建平台（每个平台由企业注资100万元），分别为"苏州大学—泗洪县人民医院分子病理学实验室""苏州大学—普瑞迈德精准医学重点实验室"。

（二）国内外学术交流情况

（1）4月16日，苏州大学剑桥—苏大基因组资源中心揭牌仪式在医学部放射医学与防护学院会议室举行。英国贸易总署、英国驻上海总领事馆副总领事Julia Smyth，英国驻上海总领事馆高级科技创新官员Bronte Zhang，英国贸易总署、英国驻上海总领事馆官员Jo Liu，英国剑桥大学桑格研究所名誉主任Allan Bradley、高级主管Bill Skarnes，中国国际科技交流中心副主任邢继俊、欧洲处处长董克勤，国家遗传工程小鼠资源库主任高翔，中国科学院广州生物医药与健康研究院院长裴端卿，江苏省科学技术厅国际合作处调研员李旭勤，苏州市科技局国际合作交流处副处长顾嵩，学校校长朱秀林、副校长路建美，剑桥—苏大基因组资源中心主任徐璎、教授张文胜以及相关部门负责人出席会议。会议由医学部主任吴庆宇主持。

（2）5月23—26日，美国东北俄亥俄医科大学副校长、药学院院长Charles Taylor教授和Sergio Garcia教授一行访问苏州大学。学校国际合作交流处处长黄兴、医学部常务副主任黄瑞、药学院院长镇学初等有关领导热情接待了代表团一行。

（3）6月19日，在第25届国际血栓与止血大会召开前夕，首届世界华人血栓与止血大会在加拿大多伦多举行。国际血栓与止血学会现任主席Dr. Sam Schulman出席并致开幕词。学校阮长耿院士以其在血栓与止血领域的杰出贡献，获颁"终身成就奖"。

（4）9月15—16日，江苏省重大神经精神疾病诊疗技术研究重点实验室、苏州大学树华神经退行性疾病研究中心主任、药学院院长镇学初教授，邀请约翰霍普金斯大学神经生物学教研室主任、巴尔的摩亨廷顿氏病中心主任Christopher A. Ross教授，德克萨斯大学圣安东尼奥健康科学中心药理学系主任Alan Frazer教授以及匹兹堡大学Anthony Grace教授等3位神经科学领域国际著名科学家来学校交流访问。

（5）11月8—10日，由中国神经科学学会和苏州大学主办的第六届亚洲疼痛研讨会（The 6th Asian Pain Symposium，APS 2015）在苏州金陵观园国际酒店盛大召开，来自韩国、日本、新加坡、美国、加拿大、中国台湾和大陆等数个国家和地区的180余名科研工作者参加了本次研讨会。在大会秘书长、苏州大学神经与生理教研系主任陶金教授的主持下，本次研讨会大会主席、苏州大学神经科学研究所副所长徐广银教授首先致开幕词，欢迎各位专家和学者的到来；日本兵库医科大学Koichi Noguchi教授和复旦大学赵志奇教授也应邀为大会开幕致辞。

四、学部重大事项

（1）1月28日，医学部2014年度工作总结表彰大会在独墅湖校区炳麟图书馆学术报告厅隆重举行。出席大会的有校党委书记王卓君，中国工程院院士阮长耿教授，副校长路建美、熊思东、蒋星红，教务部教学改革与研究处处长王剑敏和科学技术与产业部科学技术处处长郁秋亚等。医学部教职员工参加了会议，会议由医学部党工委书记邹学海主持。

（2）3月20日，学部在医学楼四楼学术报告厅举办了"两会"精神学习报告会。邀请全国政协委员、苏州大学副校长熊思东教授作专题报告。报告会由学部党工委书记邹学海主持。

（3）4月2日，苏大〔2015〕12号文件：将无锡亿仁肿瘤医院增列为我校非直属附属医院。

（4）5月11—15日，江苏省实验动物管理委员会对2014年度全省实验动物工作先进单位和个人进行了表彰。苏州大学荣获江苏省实验动物管理先进单位。

（5）"三严三实"专题教育系列活动。6月10日，医学部党工委在医学楼四楼学术报告厅举行了"三严三实"专题教育活动，医学部党工委书记邹学海做题为《把"三严三实"要求落实到医学部管理服务、教学科研、社会服务和学生成才实践中》的专题党课。6月18日，医学部党工委在炳麟图书馆825会议室召开中心组学习扩大会议。邀请中国法学会行政法学研究会常务理事、江苏省法学会行政法学研究会副会长、民盟苏州市委副主委、苏大王健法学院副院长黄学贤教授做题为《现代行政程序的基本原则与制度》的专题讲座。10月29日，医学部党工委在独墅湖校区公教楼302号楼2206室举办教工党支部书记培训学习会，邀请校党委组织部副部长王成奎做专题讲座。医学部党工委和各学院（中心）党委书记、直属党总支书记、教工支部书记参加了会议。12月2日，医学部在校本部红楼学术报告厅举办专题党课，由我校党委书记王卓君做题为《把握新形势 谋划十三五》的专题报告。医学部各学院及三家直属附属医院党政领导、系（科）主任及教师代表参加了会议。12月24日，医学部举办民主党派座谈会。12月25日，医学部党工委召开民主生活会。

（6）8月3日，为进一步推进儿童药研究开发与技术转移中心建设，苏州大学与上海恒健生物技术有限公司在上海举行合作协议签约仪式。苏州大学校长朱秀林、上海恒健生物技术有限公司法人代表兼董事长王贻锘分别代表双方签署了协议。

（7）11月22—23日，2015年"东吴"法医学高峰论坛暨苏州大学法医学专业教育十五周年、鉴定中心成立十周年学术活动在独墅湖校区举行。来自全国法医学专业院校、公安、检察院、法院、鉴定机构等200多位代表出席了论坛。

（8）11月，苏州大学护理学专业顺利通过国家教育部的专业认证，这是我校第一个通过教育部专业认证的专业。

（9）12月4日，由江苏省实验动物协会主办，学校实验动物中心和苏州市实验动物协会联合承办的第二十七届江苏省高校、科研院所实验动物科学管理学术研讨会暨长三角动物实验外包服务高层论坛在西交利物浦国际会议中心举办。苏州大学副校长袁银男、中国食品药品检定研究院所长贺争鸣、江苏省科技厅条件处凌家俭博士以及医学部常务副主任黄瑞等领导出席开幕式。

（姜雪琴）

医学部基础医学与生物科学学院

一、学院概况

苏州大学医学部基础医学与生物科学学院于2008年初由基础医学系和生命科学学院合并组建而成。学院下设12个系,8个校级研究院(所)。

学院现有教职工215人,其中教授43人、副教授76人、讲师55人;具博士学位者139人;博士生导师27人、硕士生导师56人;杰出青年基金获得者2人、教育部长江学者1人、教育部新世纪优秀人才计划获得者2人、农业部岗位科学家3人、江苏省"高层次创新创业人才引进计划"资助者3人、江苏省"333工程"培养对象9人、江苏省"青蓝工程"培养对象12人。另外,学院还聘请刘富友教授(英国皇家科学院院士、英国格拉斯哥大学教授)、赵国屏教授(中国科学院院士)、Peter Delves 教授(英国UCL副院长)及卢斌峰教授(美国匹兹堡大学终身教授)等为学院的讲/客座教授。

学院承担临床医学、医学影像学、护理学、口腔医学、医学检验、放射医学、预防医学、药学、中药学等专业本科生、研究生及留学生基础课程20余门的教学任务,全面负责法医学、生物科学、生物技术、食品质量与安全、生物信息学以及生物技术(免疫工程)等本科专业(含方向)的建设任务。目前已建成国家级双语教学示范课程2门、省级精品课程1门、江苏省品牌特色专业和国防科工委重点建设专业点1个、省级实验教学示范中心2个。

学院负责基础医学、生物学、畜牧学三个一级学科建设工作。现有博士后流动站2个(基础医学、畜牧学)、一级学科博士点1个(基础医学)、二级学科博士点10个;一级学科硕士点3个、二级学科硕士点23个;在读研究生640余人。

学院拥有江苏省一级学科重点学科1个(基础医学)、一级学科重点学科培育点1个(畜牧学)、二级学科重点学科2个(免疫学、特种经济动物饲养);教育部长江学者和创新团队发展计划"创新团队"1个(带头人:高晓明);江苏省重点实验室4个(江苏省干细胞研究重点实验室、江苏省水产动物营养重点实验室、江苏省干细胞与生物医用材料省部共建重点实验室、江苏省感染免疫重点实验室);苏州市重点实验室(苏州市疼痛基础研究与临床治疗重点实验室、苏州市蚕丝生物技术实验室、苏州市癌症分子遗传学重点实验室)3个。同时,学院积极参与国家"211工程"重点学科建设1个、共建国家"211工程"重点建设实验室1个。

近年来,学院促进学科交叉,加强国内外的学术交流与合作,提升学科内涵,获批科研项目层次不断提升,重点重大项目取得突破,科研成果不断丰富。承担科技部重大专项、"973计划"、"863计划"、国家自然基金重大和面上项目等,每年立项省部级以上项目40余项,发表SCI论文100余篇,授权专利60余项。

学院秉承"养天地正气,法古今完人"的校训精神,坚持"教学科研并重、基础应用结合"

的理念,以人才培养为中心,加强教学质量管理与改革,努力培养基础扎实、综合素质好、实践能力强的医学及生物学专门人才。

二、教学工作

1. 本科生教学工作

2015年,学院继续做好课程建设与教学管理工作,努力探索科教融合培养创新人才的新途径。

学院共承担课程222门(共449个班),26 074学时。继续推进医学教学改革,尝试在七年制卓越班组成新的教学团队,更好地开展卓越班教学。组织全英文教学团队,为学部开设全英文教学班做好准备。本科生导师制、班主任协会工作不断推进,落实生物科学相关专业的导师制,发挥专业教师对学生学习的指导作用。通过班主任协会加强班主任之间的工作交流,进一步发挥好专业教师在学生管理、指导学习方面的作用。

积极组织教师参加各类微课竞赛,获得较好成绩:获第二届全国高校微课教学比赛二等奖、优秀奖各1名;第二届全国高校(医学类)微课教学比赛一等奖1名;第一届全国高校(生物类)微课比赛一等奖1名,二等奖2名,三等奖1名及专项奖2项,苏州大学获优秀组织奖;江苏省高校微课教学比赛一等奖1名,二等奖2名;2015年苏州大学大学生创新创业优秀成果奖(优秀论文奖)1名;2015年周氏教育科研奖教学奖优秀奖1名,苏州大学2015年交行教学奖2名,建行奖教金1名。学院组织开展青年教师教学竞赛,2名推荐教师参加苏州大学青年教师教学竞赛,均获二等奖。

教学改革是学院提高人才培养质量的重要手段,学院积极组织申报各级各类教改项目及大学生创新项目。2015年,学院共获得"苏大课程2015-3I工程"项目之"新生研讨课"项目1项;"通识教育课程"项目7项;"全英文教学示范课程"项目3项;"微课群"项目4项;苏州大学高等教育教改研究课题6项;2015年国家级大学生创新创业训练计划立项项目4项;江苏省大学生创新创业训练计划项目8项;苏州大学"莙政基金"项目1项;苏州大学校级大学生创新创业训练计划项目5项;设立江苏高校省级外国留学生英文授课精品课程2门;2015年江苏省重点教材立项建设项目1项;苏州大学2015年教学成果奖培育项目1项。

学院与中科院武汉病毒所联合开办的"高尚荫菁英班"在教学、科研方面的合作进展顺利,病毒所的教授在学院开设病毒学课程获得好评。

2. 研究生教学工作

今年学院共招收博士研究生12人,硕士研究生93人,在职专业学位研究生30人。共毕业研究生154人,其中授予学历博士学位21人,学历硕士学位101人,农业推广、生物教育专业硕士学位19人,同等学力硕士学位13人。获评苏州大学优硕论文2篇;获江苏省研究生科研创新计划项目3项(其中博士生2项、硕士生1项);其他校级奖励72项。

为提高科研工作质量,学院精心设计制作的精装实验记录本自2015年5月1日起正式启用,《实验记录规范》条例也同步实施。学院组织了研究生实验记录规范化培训活动,请特聘教授为研究生进行实验记录培训,加强实验记录的管理有利于养成严谨的科研作风,使大家成为遵守科研规范的科学者。

三、科学研究与学术交流

1. 科研项目及成果

学院积极组织教师申报国家级、省部级和市厅级项目。2015年获批国家自然科学基金杰青1项、重点项目1项、面上项目13项、青年基金项目8项;继2013年国家级重点、重大项目追加经费11项("863"合作项目4项、"973"项目2项、农业部科学家岗位3项、科技部星火计划1项、"十二五"农村领域国家科技计划1项)。中青年博士教师获省部级项目立项13项;市厅级项目9项。民口纵向项目到账总经费超过2 370万元,横向经费为238万余元。

学院教职工2015年共发表SCI论文107篇,其中一区论文11篇,二区论文31篇,三、四区论文65篇;授权知识产权57项。李兵教授获全国纺织青年科技创新领军人才奖;宋学宏副教授获得苏州市科技进步奖1项;其余作为合作单位参与获得各类省部级市厅级奖励2项。学院王雪峰老师在 *Cancer Cell* 上发表研究论文,国家自然科学基金委网站首页"基金要闻"以《重点国际合作研究在肿瘤免疫领域取得新进展》为题对此成果进行了报道。

2. 学术交流

学院注重学术交流,2015年度共举办院长论坛及学术讲座30余次,主办及承办了江苏省病理生理学会第二次代表大会暨学术研讨会、"代谢与疾病"学术研讨会、苏州大学"东吴"法医学高峰论坛、全国基础医学形态学实验室主任联席会理事扩大会议及中国生理学会心血管生理学学术研讨会等多次大型学术交流会议。共有3名教师公派出国留学进修,约30人次出国(境)参加学术会议及交流。

四、学院重大事项

(1) 2015年4月15日,江苏省人民政府公布了关于2014年度江苏省科学技术奖励的决定(苏政发〔2015〕3号),我院张洪涛教授课题组榜上有名,课题组主持完成的"基于TGF-β/SMAD通路的非小细胞肺癌遗传学与表观遗传学研究"喜获江苏省科学技术二等奖。

(2) 2015年5月9—10日,由江苏省病理生理学会主办、苏州大学基础医学与生物科学学院承办、南京医科大学协办的"江苏省病理生理学会第二次代表大会暨学术研讨会"在我校召开。

(3) 2015年8月23日,学院李建明老师获国家自然科学基金杰出青年基金。陶陆阳老师获得国家自然科学基金重点课题,为近年来重大突破。

(4) 2015年11月22—23日,2015年"东吴"法医学高峰论坛暨苏州大学法医学专业教育十五周年、鉴定中心成立十周年学术活动在独墅湖校区举行。来自全国法医学专业院校、公安、检察院、法院、鉴定机构等200多位代表出席了论坛。本次论坛既涉及宏观层面的策略布局,又包含了法医学技术应用的新进展,不仅加强了法医学专业人才之间的互动,为法医学理论研究与实践操作搭建了交流协作的平台,同时进一步提升了学校法医学专业和司法鉴定中心的影响力,对提高学校法医学科建设水平具有十分重要的意义。

(5) 2015年11月24日,2015年度中国纺织工业联合会科技教育奖励大会在北京人民大会堂举行,学院李兵教授获得全国纺织青年科技创新领军人才称号。

(朱 旻)

医学部放射医学与防护学院

一、学院概况

放射医学与防护学院前身是创建于1964年隶属于原核工业部的苏州医学院放射医学系。经过五十多年的建设,已成为适应国防、核事业发展战略需求,培养放射医学专业人才和开展放射医学科学研究的主要教学、科研基地。

放射医学是我国该领域唯一的国家重点学科,同时也是江苏省和国防科工委重点学科及"211工程"重点建设学科,具有鲜明"核"特色的优势学科。拥有江苏省放射医学与防护重点实验室,教学团队多次被授予省部级优秀学科梯队,2009年获得教育部长江学者和创新团队发展计划"创新团队"资助建设,于2012年顺利通过教育部验收。2011年成立放射医学与防护学院后,成为目前国内高等院校中唯一一个专门从事放射医学与防护人才培养的学院。2011年获得江苏省高校优势学科建设工程"特种医学"一期建设项目,2014年获得二期建设项目,2014年获得"放射医学"江苏高校协同创新中心,极大地推动了放射医学国家重点学科建设。

二、教学工作

1. 本科生教学工作

放射医学专业是国家特色专业建设点、江苏省特色专业和苏州大学品牌专业。放射医学专业已形成从本科到博士后乃至就业后继续教育的完整培养体系。

2015年,学院组织了"放射医学专业建设"研讨会,研讨如何提高放射医学专业学生培养质量和教学水平。

放射医学专业获批成为江苏省品牌专业培育点,希望经过三年建设,成为江苏省品牌专业,成为我国乃至国际上著名的放射医学人才培养基地,培养创新型放射医学复合人才,以适应国家核能和核技术应用飞速发展的需求。

放射医学MOOC(慕课)建设工作经过近一年的筹备,在学校教务部的大力支持下,世纪超星信息技术公司MOOC制作团队的编导、摄像等技术指导下,学院参与放射医学MOOC的教师精心编辑脚本,于2015年5月顺利开机拍摄。第一期拍摄课程为"放射医学概论"和"放射生物学"。目前"放射生物学"已完成20余个知识点的拍摄;"放射医学概论"完成了10余个知识点的拍摄。放射医学系列课程的MOOC拍摄是为了通过网络平台让更多的学生及放射医学相关人员共享放射医学教学资源,普及放射医学专业知识,提升放射医学服务行业的能力。

2015年度学院共开设课程38门,约2 620学时;增开新生研讨课8门;全英文教学示范课程1门;大学生创新创业训练计划立项项目:国家级3项、省级5项、校级5项;苏州大学精品教材1门——放射卫生学;"莙政基金"项目1项;2015年苏州大学高等教育教学改革课题立项研究项目1项;"十三五"省品牌专业培育项目1项——放射医学;苏州大学第三批校级精品开放课程(网络进阶式课程)1门——辐射与健康。2008级临床医学(放射医学方向)(七年制)5名同学经二级轮转完成论文答辩顺利毕业并取得硕士学位。2010级放射医学专业学生65人顺利毕业并取得学士学位。

学院与江苏华益科技有限公司达成了协议,设立苏州大学医学部放射医学与防护学院"华益科技"优秀本科生奖学金。

2. 研究生教学工作

以协同创新为纽带,推动我国放射医学专业人才从本科到博士乃至终身教育的培养系统地形成。完成2015年研究生招生工作;共招博士10人,其中硕博连读4人,直博1人,申请考核1人;硕士研究生41人。博士毕业7人,授予博士学位6人;硕士毕业22人,授予硕士学位20人,2015年学院毕业研究生的就业率为100%。2015年学院举办了第二届放射医学夏令营,取得了成功。

泰和诚医疗集团有限公司投入资金,对品学兼优的放射医学研究生进行嘉奖。6月6日,举行第三届苏州大学放射医学及交叉学科(RAD-X)研究生奖学金、首届"泰和诚"苏州大学放射医学优秀研究生奖学金颁奖典礼。

三、科学研究与学术交流

1. 科研项目及成果

学院各团队在做好现有课题研究的同时,继续抓好国家自然科学基金、江苏省自然科学基金、江苏省高校自然科学基金项目等基金的申报工作。获国家自然科学面上和青年基金18项,批准率为40%;2015年1项基金委重大仪器子课题和3项基金委重点合作基金获准,我院这4项合作基金共获得800万元以上的经费,总计2015年的竞争性经费约为3670万元,比2014年增加约500万元。2015年发表的SCI论文为148篇,数量与去年相当,但质量有明显提高。2015年申请专利20项,授权专利8项,比2014年有较大增长。

学院在研发合作和成果转化方面势头良好。与大基医疗、华益、超敏、达胜等的合作稳步向前;与浙江省肿瘤医院、解放军117医院、100医院、无锡亿仁医院等多家医院建立了程度不同的合作关系。尤其是与大基医疗集团的合作,其旗下的无锡亿仁医院改名为"苏州大学附属肿瘤医院",又建立了苏大大基质子重离子工程中心。

2. 国内外学术交流情况

学院搭建了全方位、国际化的合作交流平台,与国际原子能机构(IAEA)、国际辐射防护委员会(ICRP)等国际组织保持密切联系,与美、德、日、法、加等国建立了人员互访和合作研究渠道;同时积极与国内放射医学主要科研教学机构联系与合作,促进放射医学与防护事业的进步与发展。

学院积极承办重要学术会议:① 2015年4月26日至28日承办第三届分子影像与纳米医学国际学术研讨会;本次研讨会的主题是"分子影像与纳米医学",旨在从基础科学的角度认识纳米技术在分子影像领域的应用。会议邀请了美国埃默里大学Lily Yang教授、中科院院士江雷、慕尼黑大学Jochen Feldmann教授、斯坦福大学分子影像中心Zhen Cheng教授以及学院李桢教授等国内外知名专家做大会报告,为学院师生提供学习交流平台,拓展师生的学术视野,扩大放射医学的国际影响力。② 合作组织了"锕系材料科学技术"香山会议。

组织了年度放射医学战略研讨会以及各团队的发展研讨会。组织了江苏省放射医学与防护重点实验室学术委员会会议;召开了放射医学协同创新中心理事会暨学术交流会。

邀请美国科学院院士、美国国立健康研究院终身教授杨薇博士,美国 University of Idaho 强游教授,美国 MicroSurfaces, Inc. Athena Guo 教授,新加坡国立大学姚少钦教授,南京军区南京总医院医学影像科主任卢光明,中国科学院上海应用物理研究所放射化学与工程技术部、百人计划研究员龚昱,同济大学高等研究院暨化学系特聘研究员费泓涵,中国科学院合肥物质科学研究院研究员韩伟,中国石油大学(华东)生物工程与技术中心教授徐海等来学院做报告,进行学术交流。日常学术活动和报告已做到常态化。

与美国哥伦比亚大学合作,建立了苏州大学和哥伦比亚大学放射生物学卫星实验室。

四、学院重大事项

(1)加强教师队伍建设,新增"千人计划"1 人(周如鸿),"青年千人"3 人(李桢、史海斌、李瑞宾)通过评审并已经公示,1 位获国家优秀青年(张舒羽)。李伟峰获省双创计划人才,杨燕美获省双创博士称号。

(2)新增"国家核事故应急协调委员会—核应急医学救援培训基地"。

2015 年 4 月 28 日,国家核事故应急协调委员会在北京解放军军事医学科学院举行授牌授旗仪式,为首批 8 个国家级核应急专业技术支持中心、25 支救援分队和 3 个培训基地进行授牌授旗。学院作为 3 个国家核应急医学救援培训基地的依托单位之一参加了授牌仪式。

(3)8 月 26 日,学院"丙级放射性实验室"通过了放射性开放实验室升级环评和专家评审,已成功升级为乙级放射性实验室,并加装了辐射检测门禁系统。

(4)与美国哥伦比亚大学合作,建立了苏州大学和哥伦比亚大学放射生物学卫星实验室。

(5)2015 年 4 月 26—28 日,承办第三届分子影像与纳米医学国际学术研讨会,本次研讨会的主题是"分子影像与纳米医学",旨在从基础科学的角度认识纳米技术在分子影像领域的应用。

(6)2015 年 12 月 16 日进行学院党委换届选举,曹建平、许玉杰、刘芬菊、孙亮、易剑当选党委委员。

(朱本兴)

医学部公共卫生学院

一、学院概况

公共卫生学院是在原苏州医学院1964年创建的卫生学系基础上发展而形成的,1985年筹建预防医学系,1986年经国家教委批准招收第一批五年制预防医学专业学生。目前,学院已发展成为国内公共卫生与预防医学的主要教学、科研和人才培养基地之一。公共卫生与预防医学专业已形成从本科到博士后及就业后继续教育的完整培养体系。

学院现有教职工56人,其中教授12名,副教授26名,博士生导师8名,硕士生导师29名。设有预防医学五年制本科专业,为"苏州大学特色专业",开设主要专业课程有流行病学、卫生统计学、职业卫生与职业医学、环境卫生学、卫生毒理学、营养与食品卫生学、卫生化学、儿少卫生学、健康教育学、卫生监督学、社会医学与卫生事业管理等。目前,在校研究生135人,在校本科生227人,公共卫生硕士(MPH)265人。

学院拥有江苏省老年病预防与转化医学重点实验室、苏州市电磁辐射防护重点实验室、苏州市出口化工产品检测与评估公共技术服务平台、苏州市健康城市研究所以及校级卫生发展研究中心。

学院积极开展国内外学术交流与合作,与美国哈佛大学医学院、杜兰大学、哥伦比亚大学、肯特大学、加拿大萨斯喀彻温大学等建立密切合作关系。目前,学院与美国杜兰大学已签订"4+2"联合培养本科—研究生的计划并已有一名同学实际参与了该项计划。

学院重视实验实践环节建设,中心实验室的面积达3 000多平方米,教学科研设备先进。此外,建设了一批与公共卫生紧密相关的,以疾病预防与控制中心、卫生监督所、卫生与环境保护部门等为主体的教学实习基地,形成了一套完整的教学、实习和实践体系,有利于培养学生的专业素质与实践能力。

学院坚持"依法治院、质量强院、合作兴院"的理念,通过开设"公卫大讲堂",推行本科生导师制,引领学生实现"上医治未病"的人生理想。近年来,预防医学本科毕业生供不应求,具有较强的就业竞争力,读研率和就业率名列前茅。

二、教学工作

1. 本科生教学工作

(1) 为响应学校国际化战略的实施,进一步加快教学国际化步伐,学院加大与美国杜兰大学的合作,签订了本硕连读"4+2"合作办学协议,即苏州大学本科通过五年制的学习可获得预防医学学士学位,同时可赴美国杜兰大学公共卫生和热带医学学院攻读公共卫生硕士学位(MPH),该计划填补了医学领域(本科办学)的空白。为推进该计划的实施,学院于12月11日在学部范围举行了一次宣讲活动,目前已有一名同学报名参与该项目(2011级预防医学石梦瑶)。

（2）继续贯彻落实学校关于"回归大学本位,提高办学质量"的精神,学院共安排了11次公卫大讲堂活动,共有1 100多人次参加;共组织6次开放实验活动,参加同学150余人次;198位同学参加了38位导师为他们设计的开放课题。

（3）完成了本科生3 880学时的理论课、468学时的实验课共4 348学时的教学工作。完成了2010级预防医学专业49名学生的毕业实习、毕业课题和毕业论文答辩工作,1名本科毕业生获校级优秀论文奖。

（4）获得校青年教改项目1项,通识教育改革项目1项,新生研讨课程项目4项。2015年度研究生课程建设课题2项立项（其中重点项目1项）。2015年度专业学位硕士案例教材建设2项立项。2015年度取得青年教师课堂教学竞赛三等奖1人次;2名教师获得交行教学奖。

2. 研究生教学工作

完成了硕士、博士、公共卫生专业硕士学位（MPH）课程519学时的教学工作。29名学术型硕士、11名全日制专业学位硕士和4名博士完成毕业论文答辩并毕业,71名在职MPH的学员也顺利通过论文答辩并毕业。研究生盲审通过率100%,其中学术型硕士论文的盲审优秀率40%、博士论文盲审优秀率35%,论文抽检全部合格。学位授予率100%。招收MPH学员81名。培养的社会医学专业斯里兰卡籍的硕士研究生（Sumudu Dharmarathne）2015年6月顺利毕业。共录取普通全日制研究生41人（其中博士研究生4人,学术型硕士研究生28人,全日制专业学位硕士研究生9人）。在职专业学位研究生81人。接收推免生3人（均为本校生源）。招收了印度尼西亚籍博士研究生（2015级 ywy1205 Khemayanto Hidayat 营养卫生与食品卫生专业）1名。访学交流生1名同学（刘利芝 20134247027）赴日本国立放射线医学综合研究所交流。

三、学科建设和科研工作

学科建设和科研工作有新突破,顺利通过由人力资源和社会保障部、全国博士后管理委员会组织的2015年博士后流动站综合评估工作,获良好评定成绩。

1. 科研项目及成果

（1）学院获国家自然科学基金项目9项（经费579.4万元）,江苏省自然科学基金青年项目2项（经费40万元）;国家博士后基金特别资助项目1项（经费15万元）;横向课题18项（经费120万元）。

（2）学院发表SCI论文70篇,其中1篇入选2014年中国百篇最具影响国际学术论文。该文的研究结论已正式编入2014年修订的《中国脑血管病防治指南》。获专利授权14项。获中国人民解放军科学技术进步奖二等奖2项、江苏省科技进步奖三等奖1项、江苏省轻工业部科技进步三等奖1项、获江苏省预防医学会科技进步三等奖1项、获苏州市科技进步三等奖1项。1位教师获第十二届全国营养科学大会杰出青年奖1项。1位教师获江苏省科协首席专家。学院获校研究生工作创新奖,获医学部主任特别奖。

2. 国内外学术交流情况

（1）2015年7月5—11日,学院成功举办第三届杜兰大学—苏州大学"Clinical and Translational Research Methods"高级培训班。此次学校和美国杜兰大学合作举办国际高水平的培训班,进一步增进了两校的友谊,推动了双方进一步的合作和发展,是学校国际化战略实施过程中的重要成果。

（2）学院于2015年12月10日成功举办"2015江苏省老年病预防与转化医学重点实验室学术年会及学术委员会会议"。会议回顾了省级重点实验1年来的工作，2015年获得国家级项目16项，发表SCI论文68篇，获得授权专利15篇，主编专著2部，荣获省级优秀博士学位论文1篇，与会专家对"十三五"期间重点实验室的研究方向进行了研讨。

（3）2015年12月25—30日，学院成功举办"精准医学与贝叶斯统计方法高级培训班"，本次培训班邀请了来自美国阿拉巴玛大学伯明翰分校的易能君教授作为主讲人，将聚焦精准医学的热点，结合恶性肿瘤、慢性病临床和生物信息学高维数据介绍构建复杂统计预测、预后模型的相关理论和统计方法，以及如何运用R等语言及软件包分析国际上流行的肿瘤临床和生物信息学数据库。

（4）学院在成功举行中国中西医学会时间生物医学专业委员会第二届常委会的基础上，于2015年10月31日至11月3日在成都成功主办了"生命的节律——协同、创新、卓越、驱动时间生物医学发展"会议。大会邀请到18位国内外著名时间生物医学学者进行了最新研究进展的专题报告，同时分享了15位由中国睡眠研究会资助的青年学者交流报告，大会收录研究论文共计95篇，100余人参会。

（5）学院于2015年10月28日举行苏州硒谷科技有限公司—苏州大学医学部公共卫生学院共建的功能农业营养与安全联合实验室揭牌仪式。

（6）学院与姑苏区疾控中心联合举行省研究生工作站共建方案研讨会，研讨会得到了姑苏区政府和医学部领导的高度重视，双方就该共建方案进行了深入探讨，期望双方合作能深度融合，积极推进产学研合作，将合作的相关事项真正落到实处，充分发挥研究生工作站在提高研究生培养质量、加强科学研究等方面的作用，真正实现合作共赢的目标。2015年新增苏州大学研究生工作站3家（句容市疾病预防控制中心、苏州药明康德新药开发股份有限公司、苏州硒谷科技有限公司）。

（7）学院与护理学院联合举行研究生"学术沙龙"活动，系列沙龙活动能够使两院的研究生在交流中提升自我，在学习中加强本领，在锻炼中提高素质，最终达到共同成长和共同进步的目的。

四、学院重大事项

顺利完成了学院行政换届工作。

（钟宏良）

医学部药学院

一、学院概况

苏州大学药学院是一所立足国家学术前沿，致力于新药研究、优秀药学人才培养的研究型学院。

学院拥有药学一级学科博士学位授权点、药学一级学科硕士学位授权点、药学专业硕士和工程硕士（制药工程领域）学位授权点，拥有药学博士后科研流动站。建有1个省级重点实验室、2个市级重点实验室、1个校级研究所和1个校级新药研发中心。药学学科为江苏省高校优势学科建设工程一期项目支撑学科。设有3个系、3个本科专业，拥有1个省级学科综合训练中心，1门教育部来华留学英语品牌授课课程。2015年，"药理学与毒理学"全球ESI排名继续保持前1%，位次快速提升；成功入选汤森路透《开放的未来：2015全球创新报告》全球制药领域"最具影响力科研机构"，名列第7；联合多家单位共同筹建了国内首个儿童药研发基地，新的学科特色正逐步形成。

现有教职工97人，专任教师82人，其中教授26人、副教授37人、讲师17人；博士生导师19人，硕士生导师44人。在校学生937人。

二、教学工作

1. 本科生教学工作

在保障日常教学工作平稳有序基础上，学院紧紧围绕提高人才质量，切实推动教学改革，取得了突破性的成绩：2015年学院教师承担教改项目2项，编写教材8部（国家规划教材1部），发表教学论文18篇。指导国家级大学生创新创业训练计划项目立项2项，江苏省高等学校大学生实践创新训练计划项目立项1项，苏州大学大学生创新创业训练计划项目立项3项，"莙政学者"基金研修课题1项。获省微课比赛（本科组）二等奖1项；校第十四届青年教师课堂竞赛一等奖1项；苏州大学2014年交行教学奖2项。本科生毕业论文在江苏省普通高等学校本专科毕业设计（论文）评优中分获一、二等奖各1项；课程建设卓有成效，现有4门通识教育课程，4门新生研讨课。

此外，药学综合训练中心运转良好，组织编写和出版了全国第一本药学本科生综训教材《药学学科综合训练教程》（人卫版）。药学全英文教学班改革全面铺开，已实现了从大一新生中就开始进行全英文教育。

2. 研究生培养工作

学院高度重视研究生培养工作，扎实推进研究生培养创新工程。2015年12月举行药学院第五届研究生学术论坛。论坛邀请了中国药科大学和中国科学院上海药物研究所的两位知名教授做特邀报告。共有15名不同专业的研究生做了学术报告，展示了70份学术墙报。35名表现优异的研究生获得"中联化学制药"奖学金,奖金总额25 000元。

2015年"江苏省研究生培养创新工程"项目评审中,学院获得1项江苏省2014年度普通高校研究生实践创新计划项目,2项江苏省2015年度普通高校研究生科研创新计划项目,1个江苏省2015年度研究生教育教学改革研究与实践课题,1篇硕士学位论文获评江苏省优秀硕士学位论文。新设2个江苏省研究生工作站,此外新增1个苏州大学研究生工作站。目前共有江苏省研究生工作站11个,苏州大学研究生工作站9个,努力在产学研合作中为研究生培养搭建新的平台。

三、学科建设与科研工作

1. 科研项目及成果

2015年,学院获得国家级科研项目14项(其中面上项目8项,青年项目6项),省部级科研项目5项,市厅级科研项目5项。年度立项纵向科研项目经费1 036.64万元。全年累计发表论文169篇(SCI/EI/ISTP三大检索源期刊论文125篇,其中影响因子5.0以上的论文32篇)。申请发明专利37项,授权专利19项。

2. 国内外学术交流情况

2015年,学院承办了中国神经精神药理学高层论坛;举办了小型"神经科学国际前沿学术论坛";邀请国际著名科学家Alan Frazer教授等来自国内外知名高校的20余名学者来访交流;聘请西奈山伊坎医学院Jian Jin教授为客座教授。与爱尔兰皇家外科医学院签署合作协议;正式启动与爱尔兰皇家外科医学院本科生短期交流项目;美国东北俄亥俄医科大学代表团访问学院并洽谈合作意向。

2015年,学院与爱尔兰皇家外科医学院共同申请的欧盟"Eramus +"项目(资助金额8万欧元)获得批准,是苏州大学获得的首个该类型的国际合作项目。

四、学院重大事项

2月2日,秦正红教授入选由国际著名科学技术出版商Elsevier发布的"2014年中国高被引学者(Most Cited Chinese Researchers)榜单"。

4月9日,爱尔兰皇家外科医学院校长(首席执行官)Cathal Kelly教授、爱尔兰皇家科学院院士、爱尔兰皇家外科医学院教授John L. Waddington以及Helena Kelly博士访问学院,并签订合作协议。

4月22日,学校与中国妇幼保健协会、上海张江普汇转化医学研究院、上海恒健生物技术有限公司签订"创建儿童药研究开发与技术转移中心战略合作协议"。

6月28日,启动与爱尔兰皇家外科医学院药学院的暑期交流研修项目。

10月30日,与爱尔兰皇家外科医学院签订欧盟"Erasums +"项目协议书。

10月,陆叶老师的微课"聪明的叶子"获2015年江苏省高校微课教学比赛本科组二等奖。

12月31日,学院被命名为"2015—2019江苏省科普教育基地"。

(彭 蓓)

医学部护理学院

一、学院概况

苏州大学医学部护理学院1985年开始成人护理学专升本教育,1997年建立护理系,1999年开始本科招生,2008年成立护理学院。现为一级学科博士、硕士学位授权点,江苏省重点学科、江苏省特色专业、江苏省护理学会副理事长、苏州市护理学会理事长单位,临床护理为国家级重点专科。1999年开设以心血管专科护理为特色的五年制护理本科教育,2009年改为四年制护理本科教育。学院是"江浙沪闽研究生导师沙龙"发起单位和"华夏地区高等护理教育联盟"组建院校之一。2015年通过国家教育部专业认证并获评江苏省实验示范中心。

学院从2014年开始筹建护理人文学、基础护理学、临床护理学及社区护理学四个系,下设护理人文、内科护理学、外科护理学、急危重症护理学、第一临床护理、护理学基础、第二临床护理、妇儿护理学、社区护理学、第三临床护理10个教研室和1个护理学实践技能中心。实践技能中心设有生命支持中心实验室、健康评估实验室、母婴护理实验室、康复护理实验室及全真模拟病房、中医养生实验室等并配置国内先进的多媒体互动教学实验系统和仿真护理教学模型,已达到国内先进水平。另外,该中心也是江苏省专科护士、苏州市卫生局、苏州大学、护理学会及海外留学生培训基地。学院现有临床直属附属医院3家及上海、常州等实习基地6家,均为江、浙、沪地区实力雄厚的三级甲等医院。

建院以来,始终坚持"质量建院,人才强院,创新活院,特色兴院"的办学理念,先后开设了"博习讲堂""名著赏析""人文素质积分卡""早期临床体验""慢病管理讲座""暑期海外夏令营"等课外活动课程,引入学校人文、艺术、教育、公共卫生学院等其他学科名师来院讲学,以人文和专业兴趣引导学生早期培育专业人文底蕴、情感和素养,培养自主学习能力。同时为本科生配备由学院资深教师、临床护理专家和优秀研究生担任的导师,以培养适应护理学发展需求的"厚理论、硬技术、善关怀、强胜任"的特色护理人才为目标,为社会输送了大批护理精英人才。历届毕业生就业率均达100%。

2013年,学院为贯彻《国家中长期教育改革和发展规划纲要》提出的"卓越医师教育培养计划",进一步落实"面向贫困地区定向招生计划"精神,培养适应西部地区经济及医疗护理需求的卓越护理人才,将新招收的2013级西部地区专项计划人才培养为"卓越护理教改班",建立起"临床优秀护士担任全程导师",低年级通过增加健康管理、早期临床体验等专业启蒙课程培养学生的职业兴趣,高年级通过模拟仿真环境的小班化教学、尝试CBL导向的医护结合急救技能强化培训及以护理程序为基础的核心能力评价的渐进、开放式教学,培养适合西部地区及护理岗位发展需求的"厚理论、硬技术、善关怀、强胜任"的卓越护理人才。

目前学院已与英国女王大学、台湾慈济技术学院签署了合作培养协议,每年邀请美、英、日、港澳台等知名专家来校为本科生进行专题讲学、开设工作坊并通过每年一届的"国际护理会议"为在校学生和毕业校友提供学习交流平台,还选送优秀本科生赴英国女王大学、日本、中国台湾进行学习、交流和深造。

二、教学工作

苏州大学2013年医学教育教学改革立项研究项目重点项目《医护合作模式在急危重症临床决策能力培养中的实践探索》,一般项目《"同伴辅学"在本科护生〈基础护理学〉课程教学中的应用》《伤不起的胸痛》《网络探究式学习在〈心血管护理学〉中的应用研究》《以〈护理人文修养〉课程改革为导向之护生职业情感启蒙教育》于今年顺利结题。

召开第十四届"护理教学质量持续改进委员会"会议。苏大附一院、附二院、附儿院、附三院(常州一院)、上海交通大学附属第六人民医院、上海同济大学附属十院等护理学院实习基地的护理部领导和总带教老师出席了会议。会上对根据护理学专业资格认证的实习基地准备进行了讨论,各实习单位就自己在临床护生综合能力培养的教学方法进行了交流。会议实现了"护理教学质量持续改进委员会"的宗旨,对进一步加强学校与医院、医院与医院之间的交流与合作搭建了良好平台,对促进护理本科专业建设,提高人才培养质量起到了重要的推动作用。

继续加强对教研室的统筹管理。多次检查教学规章制度执行情况、教学档案整理、收集情况,教研室主任听课记录、教师的备课笔记及教案等。结果显示:教研室能按照规章制度完成职责,做到制度落实,管理规范,教学秩序良好。

继续贯彻、实施集体备课、新教师预试讲制度及青年教师学习性听课制度。本学期共有院领导、督导、教研室主任检查性听课36人次,有200多名青年教师参加学习性听课,并开展了青年教师学习性听课交流会等活动。

三、科研工作与学术交流

按照学校科研处的要求,认真、积极组织每一次课题和每一个奖项的申报工作。在组织过程中,注重发挥各教师研究特长,关注教师科研工作积累,有的放矢,提高申报质量。2015年获得国家自然科学基金资助课题1项;江苏省自然科学基金资助课题1项,苏州大学青年教师基金资助项目1项,苏州市科技局项目3项。发表论文24篇,其中SCI 4篇,北图核心4篇,统计源期刊16篇;获专利授权14项,其中发明型4项,实用新型专利10项。

学院新一届班子注重高层次人才的引进,海纳百川、兼容并蓄,借助国内相关学科优势人才资源,在学校和学部支持下,聘请了北京大学护理学院孙宏玉教授、上海交通大学护理学院执行院长章雅青教授、南京中医药大学副校长徐桂华教授、美国科学院院士Joyce J. Fitzpatrick和美国护理科学院院士、香港理工大学医疗及社会科学院副院长黄金月担任学院客座教授,为护理学院搭建了高层次的育人平台。通过学术讲座、科研合作、咨询交流等方式,不断促进护理学科又好又快发展。

此外,加强骨干师资队伍的自身培育和建设,学院以各种方式、多种渠道对不同层次的教师进行培养及培训,如提高学历、国内交流等,共有近10人次前往德国以及台湾地区、贵阳、昆明、北京、重庆、广州等地进行学术交流,既提高了师资队伍素质,也扩大了学院的影响力和知名度。

四、学院重大事项

（1）12月,国家教育部护理教学指导委员会在前期调研考察我院护理学科发展的基础上,全票通过苏州大学护理学院专业认证,这是苏州大学首个通过教育专业认证的学科。

（2）学科实验平台建设大跨步,2015年学院实验技能中心获批省级示范实验中心。

（3）荣获首届全国护理专业本科临床护理技能大赛优秀奖。

（4）邀请各方专家,召开"十三五"规划论证会。为制定"十三五"规划,学院在前期调研的基础上,邀请中华护理学会常务理事长刘华平、江苏省护理学会理事长张镇静等国内著名护理专家和主管部门负责人,专门召开"十三五"护理学科论证会。护理专家与护理管理者围绕着"十三五"期间护理学科发展趋势,学科与系、教研室的关系,二级学科定位与研究方向的关系,APN人才培养模式以及卓越护理人才的培养等五个方面献言献策,为学院发展"会诊把脉"。

（王方星）

敬文书院

概况

为积极推进人才培养改革,探索高等教育大众化条件下的高素质创新人才培养模式,苏州大学借鉴剑桥、哈佛、耶鲁等国外著名大学"住宿学院制"以及香港中文大学"书院制"等管理模式,结合学校实际情况,于2011年6月成立了全校首个以香港爱国实业家朱敬文先生名字命名的书院——敬文书院(英译为 C. W. Chu College, Soochow University)(以下简称"书院")。

书院以"育人为本、德育为先、个性培养、全面发展"为理念,弘扬"为国储材,自助助人"的敬文精神,倡导"明德至善、博学笃行"的院风,以培养具有人文情怀、创造精神的研究型、国际化、高素质创新人才为目标,汇聚不同学科专业背景的学生和导师,共建一个师生亲密互动的学习、生活共同体。

书院现有四届学生407名,有常任导师6名、学业导师90名、助理导师9名、社区导师1名。学校每年从天赐庄校区相关学院的本科申请者中选拔优秀学生加盟书院。学生们来自文理工不同学科背景,每间宿舍由不同专业的学生入住,每一个被选拔进书院的学生都有着双重身份,既隶属于敬文书院,同时也是所在专业学院的学生。书院鼓励不同专业背景的学生互相学习交流,也鼓励学生主动与本专业的学生相伴学习思考,促进学生的个性拓展和全面发展。

书院院舍坐落于粉墙黛瓦、绿树葱郁、方塔傲立、古韵悠然的本部校园东北部的一隅。目前主要由南苑楼、北苑楼、内苑楼三幢楼宇组成。书院作为一个学者的家园,有着园林式的院落环境,彰显"贴近、亲和、交融"的育人氛围,导师室、办公室与学生宿舍"同位化、近距离",同时设置图书馆、咖啡吧、谈心室、自修室、演习室、钢琴房、健身房、洗衣房、共膳居等,便于将学生的学习和生活融为一体。

通识教育

书院通过精心设计通识教育课程,倡导全人教育理念,鼓励学生认识专业以外的领域,拓宽学生的知识视野,培养学生的人文素养与科学精神,使之成为具有健全人格和高度责任感的社会公民。书院邀请和组织校内外名家开设了系统化通识教育课程,主要包括经典会通、文化传承、艺术审美、创新探索等内容,每一位书院学生必须修读一定学分的通识教育课程方能毕业。由此,书院教育打破了传统教育中科学教育与人文教育分割的格局,彰显了既重学科、重专业,又重人文、重情智的特色。

导师制

书院实行全程全员导师制。常任导师、社区导师、助理导师常驻书院办公,部分导师与学生同住,与学生零距离接触,为学生的成长成才提供全天候、个性化的指导和服务。此外,学业导师作为书院导师队伍的核心力量,由学校选聘教学工作突出、研究能力较强、具有高级职称或博士学位的优秀在职教师、退休教师担任。公共基础课学业导师常驻书院推行"小班化、个性化"的辅导;其余学业导师每两周至少与学生互动一次,在大学适应、课程学习、生涯规划、课外阅读、文献查阅、论文写作、学科竞赛、科研项目、就业创业等方面为学生做有效而切实的指导,帮助学生增进知识、提高素养、培养人文情怀。通过导师制的有效实施,书院教育打破了传统教育中渐行渐远的师生关系,重构了亲密互动、教学相长、和谐相容的新型师生关系。

核心计划

书院整合国内外、校内外优势资源,全面实施科技人文融通计划、生涯发展辅导计划、领导力培育计划等核心计划。在科技人文融通计划中,书院将隐性教育和显性教育相结合,鼓励学生文理渗透、专业互补,互相启发、创新思路;通过开设敬文讲堂,推行好书悦读计划,实施第二外语启蒙计划等方案,全面提升学生综合素质。在生涯发展辅导计划中,书院以人人参与课题项目推动学术创新为突破口,在课程辅导、考研、出国、就业、创业、生涯发展等方面为学生提供有针对性的指导和服务。在领导力培育计划中,书院通过创新学生组织架构,创新学生活动模式,全面提升学生自我管理、自我服务、自我教育的能力;同时将学生送至国际名校,开设领导力培育课程,从而挖掘学生潜力,提升其未来发展的竞争力。

研究型人才培养

书院通过"3I(Interdisciplinary·Inquiry·Innovation)工程"项目,推动基于全体学生的研究。得益于此,在苏州大学大学生课外学术科研基金资助项目中,书院学生共成功申报了99个项目;有19名学生入选苏州大学"莙政学者";有98人次参与国家级、省级大学生创新创业训练计划;40人次在国家级、省级的创业计划大赛和学科竞赛中获奖;50人次在省级以上学术刊物发表论文,表现突出。这一项目,在培养学生批判性思维、提高分析思维能力、创新能力,成就培养研究型人才方面发挥了重要作用。

国际化人才培养

目前书院已经有近50%的学生获得海外研修的机会,分别前往美国哈佛大学、耶鲁大学、斯坦福大学、杜克大学,英国牛津大学、剑桥大学、伦敦政治经济学院、曼彻斯特大学,澳大利亚邦德大学,新加坡南洋理工大学,香港中文大学等众多国际名校研修交流、留学深造。书院与英国剑桥大学、美国俄亥俄州立大学、日本创价大学、香港中文大学也分别建立了长期合作交流机制,国际化人才培养的机制臻于成熟。

首届毕业生就业升学成果喜人

书院2015届毕业生中,近30%的学生成功保送研究生;40%的学生成功报考国内清华大学、复旦大学等"985高校"研究生以及英国帝国理工大学、加拿大滑铁卢大学、香港中文大学等世界名校研究生;就业的学生也深受用人单位欢迎。学生取向多维,视野拓宽,境界提高。每一位书院毕业生均获得校长颁发的象征着特殊资历和荣誉的"苏州大学荣誉学生"证书。

(孟玲玲)

唐文治书院

为进一步推进苏州大学"卓越人文学者教育培养计划",苏州大学借鉴剑桥大学、哈佛大学等国外著名大学的书院制,参照西方文理学院的本科培养模式,于2011年成立了"唐文治书院"(简称"文治书院")。书院以著名教育家唐文治先生(1865—1954)的名字命名,建立全新的研究型教学模式,探索本科教育和研究生教育的有机结合,体现现代大学制度的基本精神,突出民主办学、敬畏学术、教学相长、自我发展的特征,以培养复合型、学术型的高端文科人才为目标。目前书院已招收5届学生,学生人数106人。

1. 全新的培养方案,培养高端文科人才

文治书院优化配置教学科研资源,设计了全新的人才培养方案与教学计划,培养复合型与学术型文科人才。课程设置打通文史哲,回到文史哲专业的基本面,回到中国文化的"原典",强调经典研读,从传统出发并对传统进行创造性的转换,以现代的立场阐释经典。除部分通识课程外,主体课程都是单独编班授课。

文治书院采取教授联合授课的方式,聘请一流师资担任教学任务,并延聘海内外著名教授主持常设性的讲座课程,哈佛大学的李欧梵教授、台湾大学的张小虹教授、捷克查理大学的罗然(Olga Lomová)教授、德国海德堡大学的瓦格纳(Rudolf Wagner)教授等都亲自为书院学生授课。

文治书院注重发挥学生的学习自主性,训练学生处理和研究问题的动手能力,除课堂教学外,特别重视阅读、讨论、作业等环节,部分课程采取以学生为主体的专题报告、课题讨论等方式,强调学生自主性的发挥。第一学年特别设置每周十节的英语课,强化英语训练,提升学生英语的听说读写能力。

2. 独特的管理模式,营造卓越学习环境

文治书院从2015级文史哲三个专业的新生中,择优选拔30名学生进入唐文治书院。书院录取之后学生学籍即转入书院,由书院集中管理。

在生活方面,文治书院将实行集中住宿制度,学生享有相对独立、十分优越的住宿条件,男女生宿舍区各有专门的活动中心、阅览中心、生活间等设施。书院还聘请专职教师与学生们一起食宿,更好地为书院学子提供服务。

在学习方面,每一届学生均拥有固定的教室,享有优先获得各类奖助学金、各类课外科研项目的机会,学校对书院给予了特别的优惠,各类项目学生参与比例高达80%以上。书院还设立专项资金资助学生的学术交流活动,并推荐部分优秀生到海外一流大学研修。

3. 强大的师资阵容,培养学生良好习惯

文治书院以高薪聘请文史哲一流师资为书院学生授课,以小班授课、小班研讨为特色,师生之间互通无间。同时,文治书院实施全程导师制,由书院选聘具有高级职称或博士学位的文史哲专业优秀教师担任学生四年的学业导师。学业导师会定期与自己所带的学生进行学术交流与探讨,为学生的学业发展给予最直接的指导。书院为每一级学生选聘了一名班主任,负责引导学生养成良好的学习习惯和健康的生活方式。书院还配备了一名专职辅导员,负责学生的思想政治工作和管理工作。这样三位一体的师资阵容,从学术上、生活上以及日常管理上为学生们带来全方位的保障,引导学生们扬帆远航。

4. 丰富的教学资源,搭建学生成长平台

文治书院有自己固定的教室、会议室、学术沙龙、海外客座教授研究室以及"文治读书角"等场所。文治书院学生不仅可以借阅学校图书馆的各类藏书,还可以自由借阅文学院、社会学院和政治与公共管理学院的图书。"文治读书角"还特别为书院的学生配备了大量的藏书,尤其是经史子集类的必读书,完全可以满足学生的学习需求。书院正在组织编撰大型的"唐文治书院经典导读丛书",形塑学生纯正的人文素养与人文关怀。书院大力鼓励与资助学生举办各类读书沙龙、文化参访、郊游踏青、社团组织、暑期社会实践活动等,大大丰富了学生的业余生活,拓展了学生的社会视野。由学生主编的《文治学刊》已成为展示学生风采、沟通师生交流的开放园地。所有这些,都为学生的成长提供了极好的平台。

(季 进)

文正学院

一、学院（部）概况

苏州大学文正学院是在我国高等教育大变革、大发展背景下应运而生的。她是苏州大学积极推进教育创新、大胆探索和实践高等教育多元化发展新路径的产物。学院在1998年12月经江苏省教育委员会批准成立，时为公有民办二级学院，并于2005年获准改办为独立学院。2012年8月，经省政府批准，学院在省内独立学院中率先由民办非企业登记为事业法人单位。

学院将改革创新作为事业前进的指导思想，将尊重学生的个性发展作为教育教学的基本前提，将多元化人才培养作为坚定不移的中心工作，充分依托苏州大学的优质资源以及长三角地区的区位优势，为经济社会发展输送优秀的应用型本科人才。

学院在校生万余人，设置经济系、法政系、文学系、外语系等12个系科，现设有43个本科专业（含方向），涵盖法学、文学、经济学、管理学、理学、工学、艺术学等多个学科；教育教学设施完备，功能齐全，建设标准高，使用效果好；顺应数字化潮流，借力信息化建设，智能化校园建设取得阶段成果，校园管理创新成效显著。

二、教学工作

2015年共有40个专业、2 374名同学参加毕业论文答辩，其中包括4个专转本专业的首批毕业生208名。毕业论文答辩一次通过率99.07%，同时产生学院优秀论文53篇，优秀团队创作1篇。2015届毕业生人数共计2 593人，毕业人数2 363人，毕业率91.13%；授予学士学位人数2 113人，学士学位授予率81.49%。受理并认定1 955张各类学生技能证书选修课程学分。2015届毕业生中共有168名学生进入国内外各高校继续深造，考研率近7%。

在电子信息工程系等三个系试点开展自有师资建设工作，首聘引进自有教师16名，其中专业负责人11名（含3名系主任），公共课负责人1名，专业骨干教师3名，实验指导教师1名。在专业建设与教学研究方面，进一步明确专业定位与特色，与母体寻求差异化发展，尊重学生个性发展，开启人才培养方案修订与自编教材建设工作。

着力加强学生教学信息员的管理及教学督导监测信息定期常态化反馈，形成工作周报制度。建立教学督导联系班级工作制度，积极开展导学和课外学术科研指导活动。建立试卷核查新机制，对期末考试试卷命题质量及阅卷规范程度进行核查反馈。积极开展公共课教学研讨，进一步完善过程性考核方案，邀请优秀教师进行示范公开课，邀请外校教师出卷，试点教考分离，检验教学真质量。

结合学院专业布局和应用型人才培养需求，遴选苏州市工商档案管理中心、常州机场集团有限公司、苏州市轨道交通集团有限公司运营分公司等十三家优质企事业单位举行实践教学基地签约授牌仪式。

创新在线学习渠道。邀请相关专业优秀教师,完成录制"微积分""大学英语""普通物理"等课程教学视频,开辟网络课堂板块,供学生自主学习。组织优秀教师参加全省高校微课比赛,上报5项参赛作品,获二等奖1项,三等奖2项。"现代社交与礼仪"慕课课程受全国东西部高校联盟收录推广,被数十所高校选用。

2015年,学院学生在省级以上学科竞赛中累计获奖178人次,其中国家级竞赛奖项26人次,省级竞赛奖项152人次。江苏省大学生实践创新训练计划立项15项,涉及学生49人;苏州大学课外学术科研基金立项57项,涉及学生228人。

激励教师科研立项与教学竞赛,申报苏州大学校级教改项目2项,省教改项目1项。做好学院2012年高等教育改革立项研究课题结项工作,启动2015年教改立项工作,批准立项24项,其中重点项目8项,一般项目16项。组织教师申报江苏省高校自然科学研究项目并获得立项。举办文正学院第六届教师课堂教学竞赛,参赛教师人数和水平都比往年有所提升。

组织参加各类大学生创新创业竞赛,全年共组织参赛队30余支,参加各类赛事20余项。先后荣获苏州大学第二届大学生公益创业大赛三等奖、苏州市大学生创新创业大赛三等奖、"苏大天宫杯""创青春"苏州大学大学生创业大赛一等奖等荣誉。市人社局、市财政局专程实地考察并对学院创业园工作高度赞扬,给予创业园建设和省优项目专项扶持22万元奖励。2015年学生初次就业率为81.57%,年终协议就业率为97.27%,初次就业率首次突破80%大关,两项数据均为历史新高。

三、合作交流

2015年,学院聘请日本语外教2名,中外合作办学外教8名,金融教改实验班英语课程外教2名、英语强化班外教6名,开展各项常规课程教学和课外辅导。全年新签订友好交流合作协议8项,新增校际交流项目3项。与中美高校教育文化交流协会签订合作协议,完成普渡大学盖莱默校区"3+1+直升"硕士项目的预备课程及行程服务。3名同学荣获"1+2+1"中美人才培养计划优秀毕业生称号。

2015年各类出国(境)留学学生145人次。其中双学位7人、校际交换学生36人、短期研修68人、友好学校升学17人、协助学生自行联系17人。全年共接待来自美国、加拿大、日本、韩国等国外大学以及澳门、台湾地区高等学校代表团到访30批次62人,学生交流团4批次94人。

四、学院重大事项

1月7日,苏州市副市长王鸿声率队一行14人来访我院,就学生服务中心项目建设进行调研。苏州大学党委书记、文正学院理事会理事长王卓君及学院相关院领导随同调研。

1月16日,学院召开全体教职工大会,苏州大学党委书记、文正学院理事会理事长王卓君宣布了学院新一届行政领导班子的任命决定。吴昌政同志任院长;施盛威、蒋峰、袁昌兵同志任副院长。

3月3日,江苏省教育厅正式发文批准学院开展"中美人才培养计划双学位项目实验班

（教改实验班）"试点项目。本项目由学院和中教国际教育交流中心、美国州立大学与学院协会合作举办。

3月31日,学院发展战略研讨会在学生活动中心召开。苏州大学党委书记、文正学院理事会理事长王卓君出席会议并做重要讲话。会议由院党委书记徐子良主持。院长吴昌政、施盛威及副院长袁昌兵分别以"理清思路　明确任务　共谋发展任务""以专业建设为核心　强内涵　育人才""本立道生——统一思想凝心聚力构建学生成长成才服务新体系"做主题发言。

4月23日,学院实践教学基地签约授牌仪式在学生活动中心隆重举行。苏州市工商档案管理中心等十三家企事业单位代表参加了本次仪式。陈永生等16位行业企事业单位专家被授予实践教学兼职教师聘书。

9月22日,江苏省教育评估院副院长袁益民、项目主任李峻峰以及南京信息工程大学滨江学院副院长耿焕同一行专家来访我院,对电气工程及其自动化专业开展专业建设抽检预访工作。

11月27日,学院第一届第二次教职工代表大会在学生活动中心顺利举行。经无记名投票,《苏州大学文正学院先进工作者评选条例(草案)》获全票通过。大会还就《苏州大学文正学院"十三五"发展规划(草案)》予以讨论并原则通过。

12月1日,在外交部新闻司就"第四次中国—中东欧国家领导人会晤"志愿服务活动致有关方面的感谢信中,对学院周晴晴等26名志愿者的"优秀表现和辛勤付出"予以点名表扬。

12月12日,学院与苏州银行专项人才合作培养签约仪式在学生活动中心举行。仪式上双方签字并交换协议文本,并共同为"苏州银行专项人才培养基地"和"苏州大学文正学院教学基地"揭牌。

（刘　言）

应用技术学院

一、学院概况

苏州大学应用技术学院(Applied Technology College of Soochow University)位于中国第一水乡——周庄古镇旅游区2公里处,距苏州大学独墅湖校区20公里,毗邻苏州工业园区、昆山经济技术开发区、花桥国际商务城和吴江高新技术开发区。校园环境优美,空气清新,设施一流,体现了"小桥、流水、书院"的建筑风格,是莘莘学子理想的求学场所。学院占地580亩,总建筑面积20多万平方米。其中教学楼约5.3万平方米;实训楼约3万平方米,校内实验实训室50多个;图书馆约1.1万平方米;学生公寓约9.4万平方米;食堂约1万平方米;大学生活动中心约0.3万平方米;运动场地约3万平方米。

学院成立于1997年11月,2005年改制为由国家"211工程"重点建设高校、江苏省省属重点综合性大学——苏州大学举办的本科层次的独立学院,拥有全国独立学院中首家国家职业技能鉴定所、首批教育部批准中外合作办学项目、首批教育硕士(职业技术教育)专业学位研究生教育试点单位,拥有江苏省独立学院中首家江苏省国际服务外包人才培训基地、首家获批的现代职教体系建设试点项目和省自然科学基金青年杰出项目。学院现设有工学部、服装艺术系、旅游系、经贸系、外语系、财会系、1个国家职业技能鉴定所、1个应用技术教育研究所、1个研究生工作站,共有31个本科专业,涵盖文学、理学、工学、经济学、管理学、艺术学六个学科门类,在校生7 300多人,担任各类课程的教师中高级职称者约占70%,"双师型"专业教师占80%以上。

学院秉承、发扬苏州大学百年办学传统,坚持以"能力为本创特色",学院以学生为本、学生以能力为本的办学理念,改革、创新、奋斗十多年,形成了依托行业、强化应用、开放办学、高效管理的办学特色。校政企深度合作,产学研用相融通,"双师型"教师、实景性教学、双证制毕业。由社会各界和高校百余名专家组成的专业教学指导委员会,在学院专业设置、师资聘请、教学计划审定、实习基地提供、学生就业指导、就业推荐等方面出谋出力,成为学院办学的重要依托。

学院始终坚持以培养高层次应用型人才为宗旨,坚持"加强理论,注重应用,强化实践,学以致用"的人才培养模式,依托苏州大学雄厚的师资力量和本院的骨干教师,利用灵活的办学机制,在加强基础理论教育的同时,突出学生实践能力与现场综合处理问题能力的培养。近五年,学生在各级专业和技能大赛中荣获国家级奖30多项、省级奖200多项。学院毕业生就业率连年超过96%,多次荣获"苏州大学就业工作先进集体"称号,毕业生质量得到了用人单位的一致好评。

学院积极拓展国际交流,已与美国、英国、德国、韩国、日本等国的高校开展办学交流和项目合作,提供优秀学生出国交流,攻读双学位。

近年来,学院积极把握国家引导一批普通本科高校向应用技术型高校转型的战略机遇,深化与苏南国家自主创新示范区"三核多区两中心"的合作,成功获批加入应用技术大学联盟,入选首批教育部—中兴通讯ICT产教融合创新基地院校,成功当选中国校企协同产学研创新联盟理事单位,多渠道、多模式探索高层次应用型人才培养的有效途径,力争办成特色鲜明的高水平应用技术大学。

二、教学工作

进一步推进教育教学改革。通过开展"应用型本科高校转型升级及教学改革实践"研修班培训,落实课程过程化管理,持续推进中职与本科衔接培养试点项目,并顺利完成江苏省服装类专业"3+4"分段培养课程体系建设项目结题鉴定工作。

全面提高专业建设水平。不断完善各专业人才培养方案,逐步调整、完善专业结构,成功申报并获批机械设计制造及其自动化专业;成功承办全省首届独立学院专业建设与抽检工作研讨会,并顺利完成电气工程及其自动化专业的评估工作;积极搭建创新平台,获批国家首批教育(职业技术教育)硕士培养试点单位、江苏省电子商务人才培养项目(唯一一家独立学院)、苏州大学研究生工作站。

大力加强师资队伍建设。与昆山市委组织部对接,完成特聘专家座谈会,建立了特聘教授信息库;落实新进教师教学培训、企业挂职锻炼、现代教育技术培训、组织教师参加省微课大赛、组织申报教改科研项目等工作。

提升教学管理与服务水平。创新思路,完善完全学分制下的网上跨年级、跨专业选课;加强毕业论文的指导与核查,2015年,学院有7位老师被评为校级优秀论文指导老师,23篇论文被评为校级优秀论文,一个论文团队被评为校级优秀团队,1位老师指导的毕业论文获省三等奖;全面做好学生双学位工作、国际化人才合作培养工作,为学生提供优质服务。

三、科学研究与学术交流

1. 科研项目及成果

2015年,学院教师成功申报省基金项目6项,省高校自然科学基金项目3项,省哲学社会科学项目3项,苏州市社科联项目1项,苏州市微课建设项目4项,苏州市教学成果奖3项,教师发表核心论文30多篇,普通期刊论文80多篇;学院成功获批2015—2020教育部—中兴通讯ICT产教融合创新基地项目、2015年软件服务外包类嵌入式培养项目——"软件工程(嵌入式培养)"专业项目。

2. 国内外学术交流情况

与美国、英国、韩国、日本等19所大学签订了合作协议,实行"1+2+1""2+2""3+1"等本科合作模式以及"3+1+1本硕连读"合作培养模式。2014年起,经教育部批准的中外合作办学项目"物联网工程"专业开始招生。

四、重大事项

(1)2015年3月,经教育部学科发展与专业设置专家委员会评议,学院将增设"机械设计制造及其自动化"专业,学位授予门类为工学。

(2)2015年3月,应用技术大学联盟专家来学院考察,5月,学院通过考核顺利加入应用技术大学联盟。

（3）2015年4月，学院成功入选2015—2020年教育部—中兴通讯产教融合创新基地首批合作院校。

（4）2015年6月，学院作为牵头院校继续申报的中等职业教育与本科教育"3+4"分段培养项目的2个专业再次顺利获批，计划2015年招收215名学生，比2014年增加20个计划。

（5）2015年6月，昆山市委书记徐惠民率市委办、经信委、教育局相关负责人以及周庄镇党委书记赵坤元、镇长唐翱等领导赴学院考察调研，并召开调研座谈会。

（6）2015年10月，学院与苏州大学共同申报教育硕士（职业技术教育）专业学位研究生教育试点单位喜获成功，这是继去年学院获批苏州大学研究生工作站之后，学院职业技术教育研究生培养工作的重要里程碑。

（7）2015年10月，学院与昆山市校地对接专场活动成功举行，苏州市副市长、昆山市委书记徐惠民，昆山市人民政府副市长江皓，苏州大学党委书记王卓君，学院理事会理事长徐卫球，院长傅菊芬，党委书记薛辉出席活动。昆山市各区镇、相关部门领导，科技镇长团全体成员，在昆其他高校主要领导、苏州大学相关部门负责人及学院领导、特聘教授、师生代表等300余人参加了专场活动。

（8）2015年12月，学院成功当选为中国校企协同产学研创新联盟理事单位；苏州大学第七届高职教育教学指导委员会大会在学院成功召开。

（姜　帅）

老挝苏州大学

老挝苏州大学是老挝政府批准设立的第一所外资大学,也是中国政府批准设立的第一所境外大学,校址位于老挝首都万象市。

学校分别于2012年、2013年先后获得老挝教育主管部门批准建立国际经济与贸易、国际金融、中国语言、计算机科学与技术4个本科专业。

老挝苏州大学参照中国高校标准和模式,举办全日制本科四年学历教育,专业、课程设置和教学计划均参照苏州大学的标准并兼顾老挝教育部规定制定,完成学业并成绩合格的学生授予老挝教育部核准的老挝苏州大学毕业文凭和学位证书。

目前本科教育实行"1+3"培养模式,第一学年完成八门老挝通识课程和汉语课程,第二学年起赴苏州大学学习,完成学业,考试合格,可同时获得苏州大学毕业文凭和学位证书。

截止到2015年年底,已招收4届本科学生。

为满足老挝民众学习汉语的社会需求,学校开展了汉语培训,并经中国国家汉办批准,设立了汉语水平考试(HSK)考点。

(薛　晋)

附属医院简介

苏州大学附属第一医院

一、概况

苏州大学附属第一医院始创于1883年（清光绪九年），时称"博习医院"，1954年6月易名为苏州市第一人民医院，1957年成为苏州医学院附属医院，2000年苏州医学院并入苏州大学，医院更名为苏州大学附属第一医院。1994年医院通过江苏省首批卫生部三级甲等医院评审，并成为苏南地区医疗指导中心。2013年10月，医院以优异成绩通过新一轮三级医院评审，被江苏省卫生厅再次确认为三级甲等医院。医院系江苏省卫生厅直属的集医疗、教学、科研、预防为一体的综合性医院，并被设为卫生部国际紧急救援网络中心医院，2012年被确认为江苏省省级综合性紧急医学救援基地，苏州大学第一临床医学院、护理学院设在医院，江苏省血液研究所、江苏省临床免疫研究所挂靠在医院。

医院本部坐落于古城区东部十梓街188号，占地面积64 960平方米；医院南区（人民路地块、竹辉路地块、沧浪宾馆地块）占地面积93 754平方米；规划中的平江新院坐落在苏州城北平江新城内，占地面积约201.9亩，核定床位3 000张，将分两期建设，其中一期规划床位1 200张，建筑面积20.16万平方米；二期规划床位1 800张，建筑面积21.84万平方米。

2015年是实施"十二五"规划的最后一年，也是苏州公立医院改革试点进入实质性阶段之年。一年来，医院在省卫计委和大学的正确领导下，以优异的成绩通过了大型医院巡查，荣获苏州市文明单位、省卫计委综合目标管理考核优胜奖，在2014年中国地级城市医院100强排行榜中继续雄踞榜首，并在首次中国顶级医院排行榜中名列第43位。

二、医疗工作

2015年，医院完成诊疗总量279.1万人次，同比增加9.5%；出院9.4万人次，同比增加15.0%；手术2.9万例，同比增加12.0%；平均住院日8.3天，同比下降0.3天；实现总收入34.4亿元，同比增长18.3%。

三、教学工作

围绕大学"回归本位，提高办学质量"的战略要求，坚持"以学生为中心、以教师为主体"的教学思路，以加强临床技能实践教学为抓手，全面夯实学生理论基础，注重训练学生临床思维。2015全年完成47个班级的教学任务，其中理论教学7 264学时，见习带教13 142学时，共计20 406学时，圆满完成了研究生招生、教学管理、就业指导等工作。

四、科研、人才、学术交流工作

医院成功举办院士论坛暨院士工作站揭牌仪式，邀请到5位院士来院分享学科建设理念,给医院学科发展带来新思路。2015年,医院获得国家自然科学基金48项,其中重点项目2项,重大国际合作项目1项,省市各级各类其他科研项目60项,共获得资助经费4 000余万元,数量和质量都再创新高;获得各类科技奖励48项,其中中华医学科技二等奖1项,江苏省科学技术一等奖1项,高等学校研究优秀成果一等奖2项,发表北图核心期刊和统计源期刊论文440篇,SCIE论文201篇。

2015年,医院举办专场招聘会10场,录取毕业生共计572人,其中博士生42人、硕士生117人。增列专业学位博士生导师22名,专业学位硕士生导师19名。2个团队入选省"双创团队",3位人才入选省"双创人才",1人入选省"双创博士";做好学会任职工作,目前任省级以上副主委人员42人,人才梯队不断优化,是医院声誉度提高的重要所在。

继续做好国家住院医师规范化培训基地和全科医生临床培养基地工作,认真抓好研究生、进修生的管理,做好医务人员外出进修学习、学术会议交流。全年共组织院内培训讲座50场,邀请院外专家讲座26场,针对中层干部的培训讲座9场。获批国家级继续教育项目47项,省级继续教育项目30项。派出进修人员28名,接受进修人员397名,赴境外参加学术交流约120人次。

五、平江新院运行

2015年8月28日,医院平江院区一期工程竣工,历时四年多建设的平江院区正式投入启用,随着新院区的启用,医院一院两区、同步运行的格局开始形成,真正实现资源共享,服务升级。为保障搬迁工作的顺利进行,各部门围绕安全、有效、平稳的工作目标,深入科室调研,从细节入手,认真研究,仔细分析,充分准备,快速应对,确保患者在新老院区及搬迁过程中的一切安全。截至12月1日,心脏大血管外科完成搬迁,意味着医院一期搬迁工程全部结束,18个科室、30个病区正式对外开放。平江院区的成功搬迁被苏州市委、市政府评定为2015年度"十大民心工程"之一,必将进一步拓展优质医疗资源的服务半径,更好地为地区健康保驾护航。

2016年是实施"十三五"规划的开局之年,也是全面深化医药价格改革的攻坚之年,做好2016年的工作,对医院今后的发展至关重要。医院将在省卫计委和苏州大学的正确领导下,以"名城名院"为目标,探索符合医院实际的改革发展思路、方法,做好技术、人才、学科和品牌的升级,推进各项工作再上新台阶。

(郜 翀)

苏州大学附属第二医院

一、概况

苏州大学附属第二医院，又名核工业总医院、苏州市第六人民医院、中法友好医院，创建于1988年12月30日，由中国核工业集团公司前身中国核工业部投资兴建。医院系部属综合性教学医院，集医疗、教学、科研、预防为一体，师资和科研力量雄厚，医疗设备先进。医院被设为中国核工业辐射损伤医学应急中心、秦山核电核事故应急医疗中心、苏州市创伤抢救中心、苏州大学医学部第二临床医学院，并设有苏州大学神经科学研究所、苏州大学放射肿瘤治疗学研究所、苏州大学骨质疏松症诊疗技术研究所。2002年11月被国家核事故应急办公室列为国家级核事故应急后援单位。医院以优异成绩通过省卫生厅三级医院评审，2011年12月被江苏省卫生厅确定为三级甲等医院；多次获苏州市文明单位及江苏省文明单位等荣誉称号，并被命名为省级"平安医院"。医院坐落于苏州市三香路1055号，占地面积7.6万平方米，现建筑面积17.5万余平方米，职工人数2 072名，其中卫技专业人员1 984名，核定床位数1 345张。

二、医疗工作

医院特色：神经外科微创锁孔手术技术国内领先；普外科在国内较早开展腹腔镜手术，现已成为卫生部内镜专业技术培训基地；放射治疗科在省内率先以精准治疗的理念开展各类恶性肿瘤的治疗，疗效省内领先；关节镜、胸腔镜、宫腔镜等腔镜微创诊治技术成为常态。在加强现有学科的基础上，创特色补空白。创建血管外科、整形美容外科，填补苏州地区空白；建立手足外科，改写苏州大型综合医院没有手足外科的历史；影像诊断科、病理科为苏州市质量控制中心牵头单位。

2015年主要医疗工作情况：2015年门急诊人数1 553 551人次，比上年同期增长2.42%；出院55 345人次，比上年同期增长1.56%；病床使用率96.30%，床位周转次数41.5次/年；平均住院日8.5天，较去年下降0.1天；年住院手术例数23 559，术前住院日3天。

2015年6月，医院作为国家核应急医学救援分队，以"时空压缩、异地同步"的方式在苏州参加"神盾—2015"国家核应急联合演习，医院被国家核应急办评为演习先进单位。

三、教学工作

苏州大学附属第二医院由教学办公室、科教处、护理部三个部门分别承担相应的教学管理工作。医院设有内、外、诊断、外总、妇产、神经病、中医、眼、耳鼻喉、口、影像、放射损伤临床、放射治疗、核医学、医学检验、护理、医院管理等19个教研室。

医院教学办公室负责苏州大学医学部第二临床医学院临床教学管理工作。2015年,全院共完成国内学生79门课程教学任务(包含理论3 073学时、见习带教13 512学时),留学生7门课程教学任务(包含理论404学时、见习带教2 032学时),同时接受各类实习生209名。持续完善PBL教学,年内安排课程10次,涉及4个案例。成功申报教学改革研究课题立项5项,其中1项省级课题,并结题1项,另外获得校级教学成果奖1项。

护理部设有苏州大学护理学院的护理教研室,2015年完成教学任务450课时;参与苏州卫生职业技术学院校合作教学,完成教学任务800课时。接收来自苏州大学、大连大学、扬州大学广陵学院、苏州卫生职业技术学院、江苏护理学院等8个院校的本科(大专)实习生175人,接收苏州卫生职业技术学院临床见习约200人次;接收外院进修护士49名。组织安排全院护理业务学习40场次,参加人员共计2 950人次;安排见习期护士业务培训11场次,培训758人次;安排实习护士业务培训12场次,参加人员约1 350人次。分片区指导和考核年轻护士临床工作能力877人次。完成工作3年内护士轮转30人次,安排2013级护士院内进修(急诊急救)10人次;安排PICC门诊、输液室"百针计划轮转"40人次。

医院设有临床医学博士后流动站,临床医学一级学科博士学位点。2015年医院新增博导11名,硕导10名;共有硕导111名,博导28名;共招收196名研究生,其中博士生66名,硕士生130名。医院申请并举办国家级继续教育项目19项、省级继续教育项目17项,市级继续教育项目30项。

四、科研与学术活动

2015年,医院获新立项课题81项,其中国家自然基金12项,江苏省自然基金4项;省高校自然基金项目2项;省卫生厅科研项目5项。2015年度医院获得各级各类奖项30项,其中省部级奖项具体如下:中核集团科技三等奖1项;中华医学科技奖三等奖1项;江苏省卫生厅新技术引进奖7项。2015年度医院发表SCI论文194篇,其中一区9篇、二区28篇;中华核心论文110篇。

(张　莉)

苏州大学附属儿童医院

一、概况

苏州大学附属儿童医院建于1959年，在原苏州医学院附属第一医院儿科基础上独立组建。经过五十余年的发展，现已成为一所集医疗、教学、科研、预防为一体的三级甲等综合性儿童医院，隶属于江苏省卫生厅。有总院和景德路两个院区。总院占地面积近6万平方米，一期工程建筑面积13.3万平方米。景德路院区占地面积1.8万平方米，建筑面积4.5万平方米。核定床位1 500张，实际开放床位1 003张。现有职工1 388名，其中卫生专业技术人员1 211名。

医院连续五年获得省卫生计生委综合目标考核优胜奖。2015年度获2012—2014年度苏州市"文明单位""模范教工之家"等称号。团委被确定为江苏省五四红旗团委创建单位；"生命之路"（新生儿转运）、"千名医生走基层"志愿服务活动获苏州市优质服务品牌，其中"千名医生走基层"还获评"苏州慈善奖——最具影响力公益慈善项目"；小丁青年志愿者营获得2013—2014年度苏州市卫生计生系统"十佳青年志愿者服务队"。医院员工获"全国医德标兵"、江苏省"百名医德之星"、苏州市"十大杰出青年"等荣誉称号。

二、医疗工作

2015年，全院完成门急诊总量173万余人次（总院59万余人次，景德路院区114万余人次），同比增长14.9%；出院病人4.18万人次（总院1.54万人次，景德路院区2.64万人次），完成手术近1万例，受医院搬迁影响，出院病人数和手术例数均基本与去年持平。医院检验科和医学影像科成功申报为市临床重点专科，新申报33项医疗技术准入，通过了骨科关节镜技术等二类技术现场审核；医院被评为江苏省儿科类紧急医学救援基地，承担起全省危急重症儿童的紧急救援任务。成功举办首届江苏省儿科危重症专科护士培训，18名顺利毕业。

三、教学工作

新增学术性博导3名，学术性硕导3名。18名教师出国（境）进修学习。积极开展招生宣传工作，共招收研究生92名，其中临床博士39名。毕业研究生59名，首次培养的2名海外研究生顺利毕业。本年度荣获江苏省高校研究生创新计划项目7项；荣获江苏省优秀学位论文1篇。成功招收了45名儿科方向本科生，继续实施"一对一导师制"培养。全年共完成本科生理论课时1 086学时，见习课时324学时。共接纳实习生323人，其中海外实习生74人。在2011级卓越医师班"生殖与发育"课程中尝试模块教学；在儿科学课程组中进行《小儿内科学》《小儿外科学》部分章节的PBL教学。"儿童保健学·精要"获评全国大学素质教育优秀通选课;"Paediatrics"获评苏大全英文教学示范课程项目。获苏州大学第十三届青年教师课堂教学竞赛二等奖;获苏州大学"交行教学奖"1项。

四、科研、学术交流情况

2015年获国家自然科学基金18项(其中引进博士转入1项);省部级科研项目12项,市厅级科研项目33项,市科教兴卫项目9项;全年获得科研经费1 792.7万元。科研成果方面,获省厅级奖项9项,市级9项。全院公开发表论文217篇,获授权专利15项。2015年,医院小儿内科学、小儿外科学被列为苏州市小儿内科临床医学中心、苏州市小儿精准外科临床医学中心(建设项目),小儿心血管病学和感染性疾病学增列为苏州市重点学科;新增苏州市肾脏免疫重点实验室。

2015年,医院1人被列入苏州市姑苏"领军人才";2人被列入苏州市姑苏"重点人才",1人被列入省"双创博士"(首次);2人获省"333工程项目"资助。出国研修6人;6人成功申报江苏省政府留学奖学金资助项目(全省平均通过率36%)。因总院启用和工作培养需要,新增科室负责人、护理单元负责人、职能科室负责人助理各5名。根据医院人事需求,2015年新增职工140人,其中医师人员中硕士以上占72.3%。

五、总院启用及运行情况

作为苏州市市委市政府的实事工程,经过4年的建设期,总院于2015年六一儿童节启用,总投资8.48亿元(不含医疗设备)。医院搬迁工作有序开展,保障患者安全。成立搬迁领导小组和工作小组,从医院需求、科室特点和患者安全的角度出发,制订了详细的搬迁计划,并进行模拟演练,确保各个环节有序衔接。搬迁工作共持续45天,10个病区顺利搬迁,共转运病人158人。整个过程平稳、有序、安全。

摸索"一体两院"运行规律,创新医院发展。总院启用后,医院实际开放床位达到了1 003张,两个院区最高门、急诊量达到6 800人次。面对突增的工作量和"一体两院"模式下面临的各种新问题,医院不断摸索运行规律,创造性地解决问题,保证医疗工作稳定,尽量满足患儿需求。顺利通过省卫生计生委新增执业地点的现场验收。

(马新星)

表彰与奖励

2015年度学校、部门获校级以上表彰或奖励情况

2015年度学校、部门获校级以上表彰或奖励情况一览表

受表彰、奖励的集体	被授予的荣誉称号与奖励	表彰、奖励的单位与时间
苏州大学	第十四届"挑战杯"中航工业全国大学生课外学术科技作品竞赛校级优秀组织奖	第十四届"挑战杯"全国大学生课外学术科技作品竞赛组委会 2015.11
苏州大学	2014年度江苏省教育宣传工作先进单位	江苏省教育厅 2015.4
苏州大学	江苏省普通高等学校国旗班比武一等奖	江苏省教育厅、江苏省军区司令部 2015.11
苏州大学	江苏省普通高等学校军训成果汇报大会光盘评比三等奖	江苏省教育厅、江苏省军区司令部 2015.11
苏州大学	江苏省高校档案工作先进集体	江苏省档案局、江苏省教育厅 2015.12
苏州大学	2014年全省大中学生培育和践行社会主义核心价值观先进单位	共青团江苏省委 2015.1
苏州大学	2014年度江苏省PU平台建设应用先锋高校	共青团江苏省委 2015.3
团委	2014年度中国大学生"与信仰对话 飞Young中国梦"系列活动高校团委优秀组织奖	团中央 2015.12
附属第二医院第四党支部	中核宝原资产控股公司先进基层党组织	中核宝原资产控股公司党委 2015.1
附属第二医院	2014年度业绩突出贡献奖	中核集团公司党组 2015.1
附属第二医院	2014年度中核控股业绩突出贡献奖	中核控股 2015.2
附属第二医院	中核控股2014年度先进单位	中核控股 2015.2

续表

受表彰、奖励的集体	被授予的荣誉称号与奖励	表彰、奖励的单位与时间
附属第二医院工会	全国模范职工之家	中华全国总工会 2015.12
团委	2014年江苏省大中专学生志愿者暑期文化科技卫生"三下乡"社会实践活动先进单位	江苏省委宣传部、江苏省文明办、江苏省教育厅、共青团江苏省委、江苏省学联 2015.1
团委	2015年江苏省大中专学生志愿者暑期文化科技卫生"三下乡"社会实践活动先进单位	江苏省委宣传部、江苏省文明办、江苏省教育厅、共青团江苏省委、江苏省学联 2015.12
团委	2015年"抗战记忆"全省大学生暑期实践专项活动优秀组织奖	江苏省委宣传部、江苏省文明办、江苏省教育厅、共青团江苏省委、江苏省学联 2015.12
教育学院党委	2013—2014年度高校"党建工作创新奖"二等奖	江苏省委教育工委 2015.6
附属第一医院重症护理团队 附属第二医院重症医学科A区护理组 附属儿童医院新生儿科护理组	江苏省卫生计生系统护理专业"巾帼文明岗"	江苏省卫生和计划生育委员会、江苏省妇联 2015.5
附属第一医院 附属儿童医院	2015年直属单位综合目标管理责任制考核优胜奖	江苏省卫生和计划生育委员会 2016.1
附属儿童医院儿外科创新团队	科教兴卫工程优秀医学创新团队	江苏省卫生和计划生育委员会 2016.2
附属第一医院团委	2014年度江苏省五四红旗团委	共青团江苏省委 2015.4
团委	2014年度全省共青团工作先进单位	共青团江苏省委 2015.1
出版社	2012—2014年度苏州市文明单位标兵	苏州市委、苏州市政府 2015.10
附属第一医院 附属第二医院	2012—2014年度苏州市文明单位	苏州市精神文明建设委员会等 2015.9
纺织与服装工程学院 材料与化学化工学部	2014年本科教学工作综合考评优秀奖	苏州大学 2015.1

续表

受表彰、奖励的集体	被授予的荣誉称号与奖励	表彰、奖励的单位与时间
金螳螂建筑学院	2014年本科教学工作综合考评专业建设质量奖	苏州大学　　　　2015.1
凤凰传媒学院	2014年本科教学工作综合考评课程建设推进奖	
计算机科学与技术学院	2014年本科教学工作综合考评实验教学示范奖	
外国语学院	2014年本科教学工作综合考评教改教研成果奖	
东吴商学院(财经学院)东吴证券金融学院	2014年本科教学工作综合考评人才培养贡献奖	
艺术学院	2014年本科教学工作综合考评年度卓越创新奖	
功能纳米与软物质研究院 电子信息学院	2014年度科技工作先进单位(科技项目最佳进步奖)	苏州大学　　　　2015.1
沙钢钢铁学院 功能纳米与软物质研究院	2014年度科技工作先进单位(学术论文最佳进步奖)	
计算机科学与技术学院 材料与化学化工学部	2014年度科技工作先进单位(科技奖励最佳进步奖)	
城市轨道交通学院 机电工程学院	2014年度科技工作先进单位(知识产权最佳进步奖)	
纺织与服装工程学院 机电工程学院	2014年度科技工作先进单位(产学研合作最佳进步奖)	
物理与光电·能源学部 材料与化学化工学部	2014年度科技工作先进单位(军工科研最佳进步奖)	
机电工程学院 功能纳米与软物质研究院	2014年度科技工作先进单位(综合科技最佳进步奖)	
医学部	2014年度科技工作先进单位(突出贡献奖)	
材料与化学化工学部	2014年度科技工作先进单位(最佳组织奖)	

续表

受表彰、奖励的集体	被授予的荣誉称号与奖励	表彰、奖励的单位与时间	
政治与公共管理学院	2014年度人文社科科研工作先进单位(科研项目贡献奖)	苏州大学	2015.1
政治与公共管理学院	2014年度人文社科科研工作先进单位(科研成果贡献奖)		
东吴智库 王健法学院	2014年度人文社科科研工作先进单位(科研服务地方贡献奖)		
外国语学院	2014年度人文社科科研工作先进单位(科研项目最佳进步奖)		
教育学院	2014年度人文社科科研工作先进单位(科研成果最佳进步奖)		
文学院	2014年度人文社科科研工作先进单位(科研工作组织奖)		
材料与化学化工学部 物理与光电·能源学部 王健法学院 文学院	2014年研究生工作综合考评优秀奖	苏州大学	2015.1
纳米科学技术学院(功能纳米与软物质研究院) 纺织与服装工程学院	2014年研究生工作综合考评特色奖		
数学科学学院	2015年交行教学奖获奖集体	苏州大学	2015.11

2015年度教职工获校级以上表彰或奖励情况

2015年度教职工获校级以上表彰或奖励情况一览表

受表彰者姓名	被授予的荣誉称号与奖励	表彰、奖励的单位与时间
丁　欣	全国医德标兵	全国教科文卫体工会、国家卫生和计划生育委员会　2015.9
史　明	中国核工业集团党组"最美中核人"敬业之美	中核工业集团公司党组　2015.1
王　宇	先进基层党组织优秀党务工作者	中核宝原资产控股公司党委　2015.1
史　明　王　英	先进基层党组织优秀共产党员	
姜　忠	2014年度先进工作者	中核控股　2015.2
黄　强	中核集团公司离退休干部先进个人	中核集团公司　2015.7
胡明娅	2014年度优秀共青团干部	共青团中核集团公司委员会　2015.4
胡明娅	2014年度中央企业优秀共青团干部	中央企业团工委　2015.4
刘　庄	第十四届"挑战杯"中航工业全国大学生课外学术科技作品竞赛优秀指导老师	第十四届"挑战杯"全国大学生课外学术科技作品竞赛组委会　2015.11
陈　红	江苏留学回国先进个人	江苏省委组织部、江苏省人力资源和社会保障厅　2015.10
史　明	江苏省敬业奉献模范	江苏省文明办　2015.9
吴建明	江苏省优秀统战干部	江苏省委统战部　2015.9
钦春英	江苏省高校档案工作先进个人	江苏省档案局、江苏省教育厅　2015.12
昝金生	南京军区普通高校军事理论课教学比赛第二名	江苏省军区司令部、江苏省教育厅　2015.6

续表

受表彰者姓名	被授予的荣誉称号与奖励	表彰、奖励的单位与时间
陈贝贝　高玉萍　沈鞠明 黄建洪　黄郁健　李卓卓 张　宗	2015年江苏省大中专学生志愿者暑期文化科技卫生"三下乡"社会实践活动先进工作者	江苏省委宣传部、江苏省文明办、江苏省教育厅、共青团江苏省委、江苏省学联 2015.12
冯　星　陈勇兵　彭根大	第二届江苏省"百名医德之星"	江苏省委宣传部、江苏省文明办、江苏省卫生和计划生育委员会　2014.12
王玉宇　程孝惠　张文燕	江苏省卫生计生系统护理专业"巾帼建功标兵"	江苏省卫生和计划生育委员会、江苏省妇联　2015.5
徐　萍	全省普通高校新任职专武干部集训优秀学员	江苏省军区学生军训工作办公室、江苏省教育厅学校国防教育办公室　2015.4
朱　今	2014年度江苏省优秀共青团干部	共青团江苏省委　2015.4
侯建全　王翠华	2012—2014年度苏州市全国文明城市建设长效管理工作先进个人	苏州市委、苏州市政府 2015.2
王丽燕	2012—2015年苏州市档案工作先进个人	苏州市委、苏州市政府 2016.2
廖良生　童本沁　胡绍燕	苏州市劳动模范	苏州市政府　2015.4
孙立宁	2015年度苏州市科技创新创业市长奖	苏州市政府　2016.1
徐昳荃	2014年度苏州市文明家庭标兵	苏州市精神文明建设指导委员会办公室等　2015.6
王杭州	2015年度苏州市道德模范、精神文明建设十佳新人	苏州市精神文明建设指导委员会　2016.1
何苏丹　李　亮	2015年度苏州十佳魅力科技人物	苏州市人才工作领导小组办公室、苏州市委宣传部等 2016.1
鲁枢元　张朋川　金太军 王家宏	2014年度人文社科科研工作先进个人（个人杰出贡献奖）	苏州大学　2015.1
崔建忠　崔小春　龚明辉 顾济华　胡晓玲　纪金平 李　青　凌兴宏　陆　岸 缪爱国　钱继云　陶　智 俞仁琰　赵　曜	2014年"苏州大学全日制普通本科招生宣传工作优秀个人"	苏州大学　2015.1

续表

受表彰者姓名	被授予的荣誉称号与奖励	表彰、奖励的单位与时间	
邓 敏	2014年度苏州大学王晓军精神文明奖先进个人	苏州大学	2015.6
陈华兵 陈焕阳 曾一果	2015年周氏教育科研奖（科研优异奖）	苏州大学	2015.11
沈纲祥 张洪涛 宋 璐	2015年周氏教育科研奖（科研优秀奖）		
田 野 季利均 施 晖	2015年周氏教育科研奖（科研优胜奖）		
王国卿 许宜申 杨志红	2015年周氏教育科研奖（教学优秀奖）		
王 飞 王 鹭 邬 青	2015年周氏教育科研奖（教学优胜奖）		
茆汉成 资 虹 靳 葛	2015年周氏教育科研奖（卓越管理奖）		
陶家骏 谷 鹏 王俊敏 高丽华 章小波 赵蒙成 茆晓颖 权小锋 丁咪咪 左步雷 宋晔辉 谈建中 王志国 桑芝芳 方 亮 赵 蓓 王会芳 谢洪德 郭 芸 王宜怀 曹洪龙 盛小明 王国和 蒋孝锋 关晋平 杨昌锦 郑建颖 王荷英 于庆川 张大鲁 孙雄华 成中芹 马亚娜 陆 叶 杜 鸿 庄文卓 聂继华 王晓东	2015年交行教学奖获奖个人	苏州大学	2015.11
金太军 刘 庄 王俊华 王宜怀 吴雪梅 朱巧明 廖良生 张 桥	苏州大学教学先进个人	苏州大学	2015.12
黄晓辉 黄艳凤 顾林枝 马竞飞 王永山 王 波 金 中 袁海泉 徐小平 汪顺义 刘 阳 郁连国 戴佩良 顾德学 吴德建	2015年"苏州大学全日制普通本科招生宣传工作优秀个人"	苏州大学	2015.12

2015年度学生集体、个人获校级以上表彰或奖励情况

2015年度学生集体、个人获校级以上表彰或奖励情况一览表

受表彰、奖励的集体、个人	被授予的荣誉称号与奖励	表彰、奖励的单位与时间
南京青奥会实践服务团 "医行大别山"实践团队 "惠寒关爱'兰花草'"陕西支教团队 "星儿计划"——关爱自闭症儿童实践团队 2014"爱·黔行"贵州支教团队	2014年江苏省大中专学生志愿者暑期文化科技卫生"三下乡"社会实践活动优秀团队	江苏省委宣传部、江苏省文明办、江苏省教育厅 2015.1
"惠寒关爱'兰花草'"陕西支教团队	2014年江苏省大中专学生志愿者暑期文化科技卫生"三下乡"社会实践活动十佳风尚奖	
"Info民事"实践团队 科学商店团队 美国唐仲英基金会苏大爱心学社华东唐氏爱心社固镇支教团队 第六届江苏省青年绿色营——绿行姑苏，探寻古城下的生命之源团队 "绿丝带"防沙护林实践团 心连心江西支教帮扶团队 "爱·黔行"贵州支教团队	2015年江苏省大中专学生志愿者暑期文化科技卫生"三下乡"社会实践活动优秀团队	江苏省委宣传部、江苏省文明办、江苏省教育厅 2015.12
纪念抗战胜利七十周年寻访调研与版画创作实践团队	2015年"抗战记忆"全省大学生暑期实践专项活动优秀团队	江苏省委宣传部、江苏省文明办、江苏省教育厅、共青团江苏省委、江苏省学联 2015.12
2012级临床医学（本硕连读）（2）班团支部	2014年度江苏省五四红旗团支部	共青团江苏省委　　2015.4

续表

受表彰、奖励的集体、个人	被授予的荣誉称号与奖励	表彰、奖励的单位与时间
2012级信息资源管理班团支部	2015年度全省大中专学校活力团支部	共青团江苏省委　　2015.8
2012级信息资源管理班团支部	2015年度全省大中专学校人气团支部	
团委研究生支教团 文学院东吴剧社 体育学院"凝爱"助残小分队	2014年度苏州大学王晓军精神文明奖先进集体	苏州大学　　　　　2015.6
顾博文　苏韵获　张国富	第十四届"挑战杯"中航工业全国大学生课外学术科技作品竞赛一等奖	团中央、全国科协、教育部、全国学联、广东省政府 　　　　　　　　2015.11
陈倩　梁超　谌佳文	第十四届"挑战杯"中航工业全国大学生课外学术科技作品竞赛一等奖	
徐琪　王习习　张琰 祁竹莉　陈昊	第十四届"挑战杯"中航工业全国大学生课外学术科技作品竞赛二等奖	
汤洵　吴福鹏　张倩楠 王晨晨	第十四届"挑战杯"中航工业全国大学生课外学术科技作品竞赛二等奖	
贾荣媛　田润　王小宁 钱涵佳　王心韵	第十四届"挑战杯"中航工业全国大学生课外学术科技作品竞赛二等奖	
吉飞　王思雯　洑益军 顾宏亮	第十四届"挑战杯"中航工业全国大学生课外学术科技作品竞赛二等奖	
顾博文　苏韵获　张国富 李清华	第十四届"挑战杯"江苏省大学生课外学术科技作品竞赛暨全国竞赛江苏省选拔赛特等奖	共青团江苏省委、江苏省科协、江苏省教育厅、江苏省学联 　　　　　　　　2015.6

续表

受表彰、奖励的集体、个人	被授予的荣誉称号与奖励	表彰、奖励的单位与时间
徐琪 王习习 张琰 祁竹莉 陈昊	第十四届"挑战杯"江苏省大学生课外学术科技作品竞赛暨全国竞赛江苏省选拔赛一等奖	共青团江苏省委、江苏省科协、江苏省教育厅、江苏省学联 2015.6
吉飞 洑益军 王思雯 顾宏亮	第十四届"挑战杯"江苏省大学生课外学术科技作品竞赛暨全国竞赛江苏省选拔赛一等奖	
陈倩 梁超 谭佳文	第十四届"挑战杯"江苏省大学生课外学术科技作品竞赛暨全国竞赛江苏省选拔赛一等奖	
汤洵 吴福鹏 马杰 张倩楠	第十四届"挑战杯"江苏省大学生课外学术科技作品竞赛暨全国竞赛江苏省选拔赛二等奖	共青团江苏省委、江苏省科协、江苏省教育厅、江苏省学联 2015.6
贾荣媛 王小宁 钱涵佳 王心韵 田润	第十四届"挑战杯"江苏省大学生课外学术科技作品竞赛暨全国竞赛江苏省选拔赛二等奖	
李斯宁 高佳玉 朱亚东 吴颖	第十四届"挑战杯"江苏省大学生课外学术科技作品竞赛暨全国竞赛江苏省选拔赛三等奖	
杨国兵 刘丽云 达培燕 张倩倩 石志刚 陈文文	第十四届"挑战杯"江苏省大学生课外学术科技作品竞赛暨全国竞赛江苏省选拔赛三等奖	共青团江苏省委、江苏省科协、江苏省教育厅、江苏省学联 2015.6
许峰川	第十四届"挑战杯"江苏省大学生课外学术科技作品竞赛暨全国竞赛江苏省选拔赛三等奖	
殷祝平 任敬霞 张淑敏 王小莹 夏婷婷	第十四届"挑战杯"江苏省大学生课外学术科技作品竞赛暨全国竞赛江苏省选拔赛三等奖	

续表

受表彰、奖励的集体、个人	被授予的荣誉称号与奖励	表彰、奖励的单位与时间
胡 彪	2015年江苏省大中专学生志愿者暑期文化科技卫生"三下乡"社会实践活动十佳风尚奖	江苏省委宣传部、江苏省文明办、江苏省教育厅、共青团江苏省委、江苏省学联　2015.12
荀跃武　陈　颖　马惠荣 贺　帆　胡　彪　王境鸿 花　雨	2015年江苏省大中专学生志愿者暑期文化科技卫生"三下乡"社会实践活动先进个人	江苏省委宣传部、江苏省文明办、江苏省教育厅、共青团江苏省委、江苏省学联　2015.12
花　雨　朱羽烨	2015年"抗战记忆"全省大学生暑期实践专项活动先进个人	江苏省委宣传部、江苏省文明办、江苏省教育厅、共青团江苏省委、江苏省学联　2015.12
徐　伟	2014年江苏省大学生"校园青春榜样"	共青团江苏省委、江苏省教育厅、江苏省学联　2015.1
史　悠　智毓贤	2014年度江苏省优秀共青团员	共青团江苏省委　2015.4
李少凯　汤　英	2015年度全省大中专学校魅力团支书	共青团江苏省委　2015.8
汤　英	2015年度全省大中专学校人气团支书	
王彤彤　戴鹏飞　徐　伟 庄　炜	2014年度苏州大学王晓军精神文明奖先进个人	苏州大学　2015.6

2015年度江苏省普通高校省级三好学生、优秀学生干部和先进班集体名单

一、省三好学生(13人)

　　刘丽君　田海翼　朱　慧　彭　静　朱欣醉　沈　慧　李婷婷
　　庄　圣　俞佳丽　蔡春杰　谌佳文　张　娜　闻　武

二、省优秀学生干部(28人)

　　杨　珂　徐文娟　陆雨楠　唐璐华　张占威　徐思远　孟　珍
　　王珏帆　杭颖婕　智毓贤　龚　晨　姜丽君　王佳俊　李佳怡
　　许新颜　芮文婷　高晓钰　黄敏捷　陈　希　金祖睿　李竹林
　　刘振远　陆　珀　陆裕华　孙晓晴　徐光美　赵　伟　郑　星

三、省先进班集体(16 个)

文学院	2012 级汉语言文学(基地)班
社会学院	2012 级信息资源管理班
东吴商学院(财经学院) 东吴证券金融学院	2012 级金融 1 班
王健法学院	2012 级法学 3 班
外国语学院	2012 级朝鲜语班
教育学院	2012 级应用心理学班
体育学院	2012 级体育教育班
数学科学学院	2012 级数学与应用数学(师范)班
物理与光电·能源学部	2012 级光信息与科学技术班
材料与化学化工学部	2012 级化学工程与工艺班
纺织与服装工程学院	2012 级轻化工程班
计算机科学与技术学院	2012 级信息管理与信息系统班
电子信息学院	2011 级电子信息工程班
机电工程学院	2012 级电气工程与自动化班
医学部	2012 级临床医学(本硕连读)2 班
金螳螂建筑学院	2011 级城市园艺班

苏州大学 2014—2015 学年校级三好标兵、优秀学生干部标兵、先进班集体名单

一、校级三好学生标兵(29 人)

文学院	江涵婷
凤凰传媒学院	张 淼
社会学院	戚成超
政治与公共管理学院	董晨雪
东吴商学院(财经学院) 东吴证券金融学院	陈 叠 张苏斌
王健法学院	雷 蕾
外国语学院	徐婧颖
教育学院	周 琦
艺术学院	李东屿
音乐学院	张静爽
体育学院	袁家浩
数学科学学院	何玮钰
物理与光电·能源学部	邱渔骋
材料与化学化工学部	朱百全
纳米科学技术学院	张思琪
纺织与服装工程学院	周露露

计算机科学与技术学院	张玲玉
电子信息学院	刘伊君
机电工程学院	孙宝勇
沙钢钢铁学院	郭瑞琪
医学部	朱业张　戴　媛　左乔竹 丁佳琦　朱　轶
金螳螂建筑学院	欧阳秀琴
城市轨道交通学院	张傲霜
唐文治书院	莫　涯

二、校级优秀学生干部标兵(26人)

文学院	金韫之
凤凰传媒学院	周晨姿
社会学院	蓝天雨
政治与公共管理学院	肖　双
东吴商学院(财经学院)　东吴证券金融学院	邵　蔚　刘子辉
外国语学院	李　涵
教育学院	李　莉
艺术学院	史秀海
音乐学院	黄铭豪
体育学院	徐　欣
数学科学学院	司业佳
物理与光电·能源学部	田　润
材料与化学化工学部	王境鸿
纳米科学技术学院	李娇娇
纺织与服装工程学院	夏婷婷
计算机科学与技术学院	贾梦迪
电子信息学院	季荣华
机电工程学院	吴颖文
沙钢钢铁学院	郭瑞琪
医学部	陈晓芳　郑涵曦　殳　洁　孙　壮
金螳螂建筑学院	沈小年
城市轨道交通学院	龙晓云

三、校级先进班集体(28个)

文学院	2013级师范2班
凤凰传媒学院	2013级新闻班
社会学院	2013级社会工作班
政治与公共管理学院	2012级哲学班

东吴商学院	2013级会计班
	2013级国际会计班
王健法学院	2013级法学1班
外国语学院	2013级英语2班
艺术学院	2013级艺术设计学班
教育学院	2013级应用心理学班
体育学院	2013级武术与民族传统体育班
音乐学院	2013级音乐教育班
数学科学学院	2013级数学与应用数学(师范)班
物理与光电·能源学部	2012级光信息科学与技术班
材料与化学化工学部	2013级化学强化班
纳米科学技术学院	2013级纳米材料与技术1班
纺织与服装工程学院	2013级服装设计与工程班
计算机科学与技术学院	2013软件工程班
电子信息学院	2013级电子科学与技术班
机电工程学院	2013级电气工程及其自动化班
沙钢钢铁学院	2012级冶金工程班
医学部	2011级预防医学班
	2012级生物技术(免疫工程)班
	2012级临床七年2班
	2013级临床七年卓越医师班
金螳螂建筑学院	2013级建筑学班
城市轨道交通学院	2012级通信工程(城市轨道交通通信信号)班
唐文治书院	2013级汉语言基地班

苏州大学2014—2015学年三好学生名单

文学院(18人)

金韫之	江涵婷	马嘉雯	邢佳玥	魏肖楠	杨珂	夏晶晶
范梦怡	李梦洁	吴桓宇	王斌	李月兰	李金龙	王慧萍
衣俊达	吉文丹	薛蓉	金梦			

凤凰传媒学院(17人)

袁洁	鲍莹菊	刘婧君	闫思彤	张依	匡晓燕	邵巧露
吴昱萱	施丹丽	周晨姿	刘蓉	徐星星	张淼	李彦
陈涵宇	袁源	宋悦				

社会学院(20人)

| 李雪 | 康琳 | 徐颖 | 黄青 | 陆逸凡 | 裘惠麟 | 蓝天雨 |

毛铭　　漆浩　　代鹏芳　　朱妤　　刘祎蓝　　金雁　　殷柯柯
陆旻雯　王雄志　戚成超　　程洋源　薛楠　　　周悦

政治与公共管理学院(30人)

马天宇　　孙红　　　张晨妍　　谷晓艺　　单晶晶　　赵家燕　　陈鸣珠
金晔　　　赵聪颖　　李文婧　　张高雅　　吴可欣　　陈玟妤　　朱云丽
史可欣　　杨畅　　　骆宣庆　　马子希　　肖双　　　陈文文　　张咪咪
黄刚　　　董晨雪　　刘雪娇　　唐诺亚　　范依炜　　陆梦怡　　郭枫
朱江　　　华峰

东吴商学院(财经学院) 东吴证券金融学院(57人)

冯润禾　　吴婷婷　　杨沂　　　顾淳　　　袁怡玲　　王雯岚　　肖叶岚
杨亚琴　　陈丽颖　　顾瀚驰　　郭芮　　　朱万苏　　刘蒙　　　龙红霞
王瀚锋　　薛雨晴　　周宗迪　　陈一亮　　王泽南　　孙进　　　胡鏊
顾志豪　　彭雪溶　　陈舒曼　　肖悦　　　刘田田　　陈煜　　　徐金花
倪维　　　周成斌　　邵蔚　　　冯锦琰　　李蔡琪　　陶宁旭　　周嗣超
陈叠　　　王巧　　　王秋香　　叶学群　　秦思雨　　杨沁灵　　赵华男
刘子辉　　周玥　　　赵倩　　　陆晔芊　　李颖　　　陆亦洲　　刘驰
贺熙　　　周玲林　　居璐　　　王茜　　　陈怿华　　王唯润　　张苏斌
季晓佳

王健法学院(15人)

孟晶　　　李欣玥　　崔晶　　　赵倩雯　　褚础　　　程向文　　唐静
季烨　　　杨梦倩　　雷蕾　　　王伊妮　　徐嘉艺　　宋杰亭　　陈子媛
龚钰

外国语学院(24人)

韦芳　　　张珏　　　王星明　　徐婧颖　　李涵　　　徐璐莹　　杜若琳
吴珏蓉　　徐悦　　　沙广聪　　章早园　　王柯蕾　　张晓今　　蒋琴
岳晨　　　王雪婷　　吴莹　　　杨曼滢　　沈宵　　　管婷　　　杜康泽
王大鹏　　冯舒琴　　周灵燕

教育学院(9人)

周琦　　　陈云云　　蒋月清　　焦郁　　　李斯钰　　李莉　　　杨佳欣
黄毓琦　　潘虹

艺术学院(19人)

黄涛　　　倪天姿　　刘贤悦　　杨冰心　　董桂芳　　史秀海　　张韵
曾华倩　　查沁怡　　赵雯婷　　顾航菲　　彭博　　　姚宜玮　　吴虞

李东屿　　高　佳　　武雅婷　　耿　谦　　梁宝莹

音乐学院(5名)

　　王晨璐　　王　雨　　梁心慧　　吴梦楚　　张静爽

体育学院(15人)

　　孟　琪　　任园园　　徐思远　　余　燕　　严静怡　　王庭晔　　周丽芳
　　陈　爽　　张　磊　　张素雯　　杨　桃　　贾皓雨　　袁家浩　　张绪松
　　徐　欣

数学科学学院(17人)

　　张　圣　　李　睿　　姜　姗　　何玮钰　　孟　珍　　陈静燕　　黄紫薇
　　司业佳　　王雅慧　　王丽君　　吴　妮　　季　滢　　陈　潇　　倪　亿
　　王子初　　李晓雯　　相　鑫

物理与光电·能源学部(23人)

　　戴舒诣　　孙绪福　　孙文卿　　聂伊婕　　田　润　　李润丰　　林　喆
　　王斌龙　　张景越　　李　莉　　张　娜　　邓先春　　王　涵　　林　炜
　　邱渔骋　　高振雅　　陈　超　　刘　源　　邵　越　　王　凯　　戴　成
　　戴祖建　　徐维泰

材料与化学化工学部(29人)

　　徐鹏耀　　金国庆　　徐梦贺　　毕翔宇　　倪宇欣　　许妙苗　　罗　妍
　　朱百全　　陈子璇　　黄佳磊　　朱玛璠　　戴以恒　　余晓波　　谢妮芳
　　冯如妍　　唐慧霞　　温慧娟　　马鑫波　　何加钦　　张乐川　　陈　婳
　　吴　曦　　于利坤　　杨　沫　　冯思荻　　黄　涛　　周新月　　王境鸿
　　石杨杨

纳米科学技术学院(9人)

　　张思琪　　谌佳文　　封　扬　　苏鼎凯　　李娇娇　　秦政源　　王舒颜
　　翁　瀚　　李天琪

纺织与服装工程学院(26人)

　　吴施颖　　李佳怡　　宫鲁蜀　　何书语　　张　姝　　毛　莉　　王跃洋
　　廖杏梅　　胡梦娟　　周露露　　刘　群　　何正洋　　孙世静　　范语婷
　　王忱桢　　张　昕　　籍丹廷　　王小莹　　姚坤圮　　郑方方　　夏婷婷
　　何一鸣　　祁振华　　胡柯豪　　向　虔　　张维泼

计算机科学与技术学院(28人)

　　岳林枫　　张珍茹　　许赛君　　何正球　　魏　通　　黄彤彤　　刘苏文

张炜承	徐悠然	张文凌	汪笑宇	龚 晨	崔盼盼	马 璇
王欢明	贾梦迪	李伟芳	李 颖	张玲玉	顾昱丰	李嘉琦
徐维涛	施杨煜	胡智慧	孙 伟	丁庆祝	张 朦	马惠荣

电子信息学院(27人)

潘安乐	元 帅	郭 权	孙思聪	刘云晴	孙忠茂	姚莹飞
江佳慧	胡 健	周 沛	刘胜利	姜思泉	宋培滢	王 凯
赵春蕾	苟文豪	乐晨俊	陈梦迟	陈 慧	季荣华	刘晨秀
施若其	卞诗航	黄 颖	彭云祯	黄文麒	刘伊君	

机电工程学院(22人)

帅 俊	尤红曙	朱阳洋	乔 阳	李琛琛	杨成明	朱 凯
刘 泽	倪 婧	吴颖文	吴青松	孙宏健	赵新维	王佳俊
陈 霄	毛 东	傅胜军	张 祥	芮 进	沈 鑫	孙宝勇
张 宣						

沙钢钢铁学院(7人)

曾盼林	费 嘉	李云祥	郝月莹	左昌坚	葛 彬	郭瑞琪

医学部(161人)

刘小草	张 贝	姜伟杰	杨 瑜	侯梦滢	陈 琳	刘芊乔
周紫薇	徐舒怡	袁 媛	朱业张	陈晓芳	韩慧莹	刘帅洲
谢志颖	郭成祥	奚倩兰	孙小桐	闻 珺	陈秋帆	张曹旭
胡俊逸	钱焱霞	宗 秋	戴 媛	赵静婷	高海鸥	陆静波
汪 燕	左乔竹	王莉彦	周金英	丁佳琦	孙 馨	罗 琪
张 烨	胡爱雁	姬俊燕	吴璐瑶	王若沁	郑涵曦	宋晓玥
史佳林	丁佳涵	邹雨桐	吴 博	金家慷	陈 澍	宋 康
侯亚信	王 慧	杨汝薇	张佳楠	刘 昊	刘楚灵	李佳席
董笑然	曹 悦	庄 圣	蒋淑慧	徐剑豪	丁 鹏	徐 菲
骆亦佳	张 琳	李赵继	朱 轶	冯羽昕	张一健	茹煜华
李 菲	张 冕	秦子涵	闫家辉	李雪锴	郭康丽	李新丽
任重远	徐文倩	徐 岚	陈妍心	王森泰	戴 崟	李紫翔
韩怡然	汪月书	姜羽婷	韩燕荣	汪 冰	江 婷	王天宇
乔叶军	盛建英	沈 洁	朱朦朦	吕 艺	孙 岳	常 悦
王梦悦	王震宇	刘高欣	曹小萌	刘梦瑶	张 晴	刘司南
王 嫚	谢文娟	周洪琴	朱安颖	崔静雯	赵绿扬	孙 典
王璐璐	张 仪	张淑贤	黄 秀	殳 洁	薛 源	张朵妤
刘 玲	王 钰	杨舒画	刘 洋	曾 娅	文钧森	贾慧敏
张露露	孙 壮	李小敏	周丹丹	张樱子	温冬香	陈怡琳

马旗联	张子钰	谭蓓	张楠	姚敏	周伊婷	袁探微
岳萍	楼娇珊	赵佳月	缪彤彤	朱梦	倪瑶	仇沁晓
冯安萍	崔晓燕	陈利清	梁晴	许群	张卿义	陈志忠
王晨曦	陈东来	翟云云	陈倩萍	张志昱	葛隽	卞薇洁

金螳螂建筑学院(14人)

| 谢伟斌 | 徐清清 | 邹玥 | 张钰 | 李朝琪 | 汪盈颖 | 沈小年 |
| 常贝 | 钱力鑫 | 杜金莹 | 卓玛琪 | 李嘉欣 | 董素彤 | 欧阳秀琴 |

城市轨道交通学院(25人)

徐瑞龙	沈子涵	沈嘉丽	韩亚男	高明瑶	单昭	张宇
王心宇	马腾	刘芯汝	曹丽丹	许佳伦	徐文	龙晓云
陶磊	李启迪	汪后云	陆中秋	张傲霜	朱婷	曹金城
陆强	曹莲	薛睿	徐新晨			

唐文治书院(8名)

| 卢千航 | 潘伟峰 | 杨潇潇 | 莫涯 | 陈梦佩 | 史峻嘉 | 张子涵 |
| 刘妍 | | | | | | |

2013—2014学年苏州大学优良学风班、优良学风示范班名单

一、优良学风示范班(8个)

王健法学院	2012级法学3班
材料与化学化工学部	2012级强化班
计算机科学与技术学院	2011级物联网班
机电工程学院	2011级工业工程班
医学部	2011级临床医学(卓越教改班)
	2011级医学影像学
敬文书院	2012级笃行班
唐文治书院	2012级

二、优良学风班(52个)

文学院	2011级汉语言文学基地班
	2012级汉语言文学基地班
	2013级汉语言文学师范1班
凤凰传媒学院	2012级广告学(会展)班
社会学院	2012级历史学(师范)班
	2013级信息资源管理班
政治与公共管理学院	2012级哲学班

	2013级公共事业管理班
东吴商学院(财经学院)东吴证券金融学院	2011级财务管理班
	2011级CGA班
	2011级工商管理班
	2012级工商管理班
	2013级CGA班
王健法学院	2012级法学3班
外国语学院	2012级英语学术班
教育学院	2012级应用心理学班
	2013级英语二班
艺术学院	2013级艺术设计学班
音乐学院	2013级音乐教育班
体育学院	2013级运动人体科学班
数学科学学院	2012级数学与应用数学师范班
	2013级数学与应用数学师范班
物理与光电·能源学部	2011级物理学(师范班)
	2012级光信息与科学技术班
	2013级物理学国际班
材料与化学化工学部	2011级强化班
	2012级强化班
	2013级强化班
纳米科学技术学院	2012级纳米材料与技术1班
	2013级纳米材料与技术1班
纺织与服装工程学院	2011级纺织工程(国际)
	2013级服装设计与工程
计算机科学与技术学院	2011计算机科学与技术班
	2011级物联网班
	2012级计算机科学与技术班
电子信息学院	2011级电子信息工程
机电工程学院	2011级工业工程班
沙钢钢铁学院	2011级冶金工程班
医学部	2010级临床医学1班
	2011级临床医学(卓越教改班)
	2011级医学影像学
	2012级生物技术(免疫工程)
	2012级临床医学(本硕连读)1班
	2012级临床医学(卓越教改班)
	2013级临床医学(本硕连读)(卓越教改班)

金螳螂建筑学院	2011级园林（城市园林）班
	2013级建筑班
城市轨道交通学院	2012级通信工程班
敬文书院	2012级至善班
	2012级笃行班
唐文治书院	2012级
	2013级

2014—2015学年苏州大学研究生学术标兵名单

文学院
  许 丽
社会学院
  牛 玉
政治与公共管理学院
  余国志
数学科学学院
  王江艳
物理与光电·能源学部
  徐 林
材料与化学化工学部
  王来兵
纺织与服装工程学院
  陈柔羲
功能纳米与软物质研究院
  董慧龙
医学部药学院
  夏 琴
城市轨道交通学院
  樊 薇

2014—2015 学年苏州大学优秀研究生干部名单

文学院(3人)

    居婷婷   王慧君   汪　澄

凤凰传媒学院(2人)

    俞　欢   严洁蕾

社会学院(2人)

    黄　晨   吉顺权

政治与公共管理学院(4人)

    刘溢春   徐至寒   窦玉菁   卢明哲

东吴商学院(财经学院)　东吴证券金融学院(4人)

    周晶晶   袁肖肖   丁预立   胡　菊

王健法学院(5人)

    徐函修   茹　翼   徐新佳   张焕然   林　婷

外国语学院(2人)

    李田梅   赵　倩

教育学院(3人)

    汤荷花   茅佳欢   邓婉婷

艺术学院(3人)

    王林清   李巧彬   郑奕骏

体育学院(2人)

    韩　政   买凡瑞

数学科学学院(2人)

    许荣好   卞钰祥

物理与光电·能源学部(4人)

    陆裕华   范荣磊   周海彬   包　悦

材料与化学化工学部(8人)
  李端秀 姚威 赵鑫 周乾豪 刘天飞 胡慧 顾天怡
  鲍清

纺织与服装工程学院(3人)
  张芃 张松楠 孙晓旭

功能纳米与软物质研究院(3人)
  欧清东 周玉 高苏宁

计算机科学与技术学院(3人)
  范宁宁 刘曙曙 蔡磊鑫

电子信息学院(2人)
  王亚萍 陈枢茜

机电工程学院(2人)
  于亚萍 陈恺

医学部基础医学与生物科学学院(6人)
  胡淑鸿 彭侃 陈亚军 贾章榕 龙威 杨斯迪

医学部放射医学与防护学院(1人)
  樊文慧

医学部公共卫生学院(1人)
  谢芳霏

医学部药学院(3人)
  王文娟 曹悦 顾睿南

医学部护理学院(1人)
  王濯

金螳螂建筑学院(1人)
  方珍珍

城市轨道交通学院(1人)
  胡嘉玲

金融工程研究中心(1人)

　　李春辉

附属第一医院(7人)

　　郝光宇　　仇俊毅　　郗　焜　　肖　丹　　张欣欣　　金月红　　沈　浩

附属第二医院(4人)

　　林苏滨　　马丽婧　　朱俊佳　　彭敔亮

附属第三医院(1人)

　　王丽东

附属儿童医院(1人)

　　胡　斌

2014—2015学年苏州大学优秀研究生名单

文学院(8人)

　　刘腾腾　　黄佩佩　　刘　湘　　颜　霜　　张兰兰　　姚玉婷　　张立冰
　　谭明月

凤凰传媒学院(3人)

　　颜　欢　　臧　婧　　於嘉伟

社会学院(5人)

　　牛　玉　　李欣栩　　王良桢　　程德年　　张芯子琪

政治与公共管理学院(6人)

　　余国志　　周婷婷　　祁竹莉　　吴常歌　　平燕红　　程纬光

东吴商学院(财经学院)东吴证券金融学院(9人)

　　胥茜娅　　徐伊莹　　张　艳　　张红蕊　　孙晓晴　　李竹林　　刘蔚然
　　周　红　　曹　妍

王健法学院(11人)

　　卢　怡　　顾　程　　戴文娜　　陈丽君　　王　睿　　张牧遥　　安　冉
　　张　尧　　江小燕　　钱　麟　　姚晓辉

外国语学院(5人)

陶伟　王凤　程颖洁　许斐然　李雪霞

教育学院(5人)

李凤玮　查癸森　李露菲　黄建平　韩婧

艺术学院(6人)

荣侠　胡小燕　毕墨代　花雨　陆秋澄　谢婧

音乐学院(1人)

吴佳丽

体育学院(6人)

刘蕊　毛晓锟　王敏　周亚婷　付冰　毋张明

数学科学学院(4人)

王江艳　王瑾　许丽娟　徐晖

物理与光电·能源学部(9人)

黄杨　王艳　刘婷婷　伏洋洋　徐林　侍智伟　翟雄飞
易庆华　尚爱雪

材料与化学化工学部(16人)

冯贤　杨韦康　潘静静　沈亚利　吴阳　郑洋　张红梅
宾端　陆双龙　朱海光　薛璐璐　褚雪强　郭坤　孙秀慧
陆玉婷　浦银富

纺织与服装工程学院(6人)

王晨　葛明政　杨慕莹　戚玉　袁艳华　晏叶

功能纳米与软物质研究院(8人)

董慧龙　李灏　杨标　刘腾　陈敬德　宋雪娇　刘瑞远
陈磊

计算机科学与技术学院(6人)

王晶晶　吴扬　王超超　卢星凝　陶志伟　顾倜

电子信息学院(5人)

栗新伟　王超　师雪姣　朱敏　吕加兵

机电工程学院(5人)

  周小华 侍晓丽 唐秋明 王 挺 李嘉楠

医学部基础医学与生物科学学院(12人)

  王海燕 张 云 曹 彦 朱 敏 倪 敏 张 英 王利霞
  李凡池 曹婷婷 梅 雨 宋 媛 张平安

医学部放射医学与防护学院(1人)

  刘 伟

医学部公共卫生学院(3人)

  刘 艳 卞超蓉 朱晓炜

医学部药学院(6人)

  夏 琴 顾宗林 王小玉 陆娇娇 段欠欠 易 琳

医学部护理学院(1人)

  刘 璐

金螳螂建筑学院(2人)

  鄢思琪 徐凯旋

城市轨道交通学院(1人)

  胡大盟

金融工程研究中心(2人)

  周 祥 冯玉杰

附属第一医院(14人)

  曲 琦 黄宝丽 袁 斌 杨侃侃 屠 清 孙妍珺 孙 晗
  梁 林 沈 梦 熊慧姊 王 涛 张林林 闫 彬 陈彦君

附属第二医院(8人)

  杜晓龙 吕 玲 金晓梅 顾 俊 蔡洪华 赵 英 李爱青
  李秀洁

附属第三医院(2人)

  李园园 古智文

附属儿童医院(3人)

  唐韩云 卞馨妮 孙 辉

上海第六人民医院(1人)

  万 青

上海肺科医院(1人)

  李满会

上海东方肝胆医院(1人)

  倪庆强

中国人民解放军第二炮兵总医院(1人)

  安 琪

2014—2015学年苏州大学优秀毕业研究生名单

文学院(21人)

柳士军	孙雨晨	徐 文	王 丹	潘 莉	王姚姚	公荣伟
曹 茜	蒋晨彧	金晓慧	戴鸿飞	龚 晓	刘宙彤	陈逢玥
马 骁	孙思邈	辛亭亭	赵 颖	卢江琳	邱燕青	江艺萌

凤凰传媒学院(9人)

崔冬梅	王旻诗	赵 丹	郭晓丹	朱 壹	钱毓蓓	宋姝琳
杭 羽	赵 振					

社会学院(14人)

郭少丹	陈曼曼	张旻蕊	秦 婷	洪 松	史献浩	钱 佳
李丽洁	杭亚杨	石 磊	温 荣	杨 帆	朱 桦	顾露露

政治与公共管理学院(34人)

吕承文	吕国旭	宋兵超	张国梁	郑善文	于轩栋	朱明俐
胡 石	韩 雪	佘明薇	江之源	鹿 斌	邱苗苗	张 驰
陈当澳	方 伟	洪丹丹	李 静	刘 进	骆聘三	梅 嘉
钱 海	秦 乐	邱 峰	孙妍智	田 园	王一乐	闻闰寅
徐建楠	杨桃桃	张 鑫	赵井高	李杨琳	高 峰	

东吴商学院(财经学院) 东吴证券金融学院(49人)

张彬琳　胡大海　王静远　孔　旭　张诗雯　胡　玮　施　耀
徐晗丹　杨　亚　盛培宏　殷　悦　安　伟　宫为天　汤　华
邢璐倩　尹　杰　张　勇　陈德状　高　燕　姜　华　李　明
连　治　林姣丽　刘　莹　陆　铭　吕媛媛　施　磊　陶　莉
王灿森　王兴旺　许文东　鄢红光　杨俊峥　印向红　朱　伟
吴声君　陈云洁　高　超　金　娇　罗　娜　李文浩　贾　宸
张　梅　张　瑷　朱凌燕　缪婷婷　赵　倩　王　睿　团诗豪

王健法学院(29人)

尚　闯　董税涛　谢舒晔　吴　琪　李　慧　李少汝　王衍举
韩苏佳　王妮妮　李慧娟　孟强龙　詹　婷　帅　红　尹晓丹
刘　杨　许少华　张培培　张少坤　张　莺　陆宇豪　常　扬
刘　禹　王贞仪　李奇才　陆培源　胡　庆　晁梦茹　李　丹
丁天立

外国语学院(14人)

朱　玲　严莉莉　蔺金凤　彭　芃　邵　林　张　菁　周　良
周蓉蓉　朱小粉　王佳佳　徐乔杨　郭　沙　刘梦迪　叶　青

教育学院(15人)

刘礼艳　黄　顾　乔占泽　汤　燕　杨　帆　姜欣瑶　王　可
魏冰思　张　译　夏之晨　王　富　孙秀娟　董筱文　陆飞宇
王豪玉

艺术学院(15人)

徐飞扬　牛　津　宋晓楠　王　巧　王一会　王　雨　武　源
季　凡　舒婷婷　方心怡　随逍笑　龚伊林　马晓晴　袁欣亚
周　鹤

音乐学院(1人)

成林鸿

体育学院(14人)

孙晋海　李　梦　张道鑫　张　鹏　安　迪　王　靖　刘丹婷
周　清　刘加宏　钱万万　袁金凤　刘苏贤　张越凡　张纬国

数学科学学院(11人)

顾莉洁　邱　崇　伊士超　毋丽丽　池倩倩　吴海松　吕　剑
徐春霞　吴海龙　陆炎亭　季敏杰

物理与光电·能源学部(20人)

张永涛　郭　浩　李伟伟　吴高锋　安瑞利　郭雅洁　何海杰
江文华　卢凡亮　孙　艺　王岩岩　许正星　薛　鹏　贠娇娇
翟鹏飞　赵　阳　杨振荣　王　淼　杨阵海　王　磊

材料与化学化工学部(38人)

朱同浩　翟春阳　钟伊南　王佳庆　曹佳佳　程　浩　崔玉琳
杜　鹏　杜向阳　范维刚　高　峰　顾瑜尉　黄育德　李瑞萍
刘春梅　缪佳涛　王　芳　王飞群　王慧文　王　黔　吴心怡
姚　望　张　婧　訾　由　戴兴欣　丁明强　焦一成　王童星
韦　玮　吴华乔　吴　英　周秀峰　季卫东　黎静雯　刘　武
陆蔡健　檀　梅　邢庆健

纺织与服装工程学院(18人)

刘　雨　尤仁传　孔海燕　席丽媛　张海兰　张伟伟　陈长洁
刘洪莹　刘立杰　王　欢　王　群　陈　婷　顾品荧　吴超杰
吴　林　臧　雄　周宇阳　周海媚

功能纳米与软物质研究院(12人)

丁　磊　刘长海　钟旖菱　沈明云　孙慧涌　张　庆　孙艳秋
季晓媛　韩育志　唐　迪　王　柳　袁忠诚

计算机科学与技术学院(14人)

高　阳　谢忠明　薛云霞　杨雪蓉　丁春涛　刘欢欢　严为绒
刘　乐　王琴琴　夏佩佩　施　伟　曹　晋　李冬晴　陈仕超

电子信息学院(12人)

倪燕华　王佳佳　冯春海　高　丽　巫文蔚　谢丹彭　杨志梅
黄燕飞　魏玉震　沙　君　赵萍萍　卢韦华

机电工程学院(11人)

葛尊彪　李其龙　钱　成　王　宇　袁　飞　朱军辉　陆佳佳
李　健　邱德义　雷　鸣　胡佳娟

医学部基础医学与生物科学学院(25人)

  周俊松 朱　琳 王惠荟 林丹丹 袁　娜 董　涛 袁文成
  李　巍 刘恒江 朱霞霞 王启龙 徐　徐 翟金晓 王　姝
  朱　莹 朱远见 胡　真 高芳洁 李广豪 王娟娟 申广辉
  袁　波 孟　梅 岳影星 杨　萍

医学部放射医学与防护学院(4人)

  陈　娜 王孝娃 徐　静 袁小鹏

医学部公共卫生学院(6人)

  王大朋 戴琳琳 海　波 解惠坚 徐　娟 齐娜娜

医学部药学院(18人)

  胡　文 管俊杰 韩昆昆 董奎勇 蒋　潇 刘石惠 宋　恒
  郭　苗 施丽丽 唐　蓉 曹丽娟 刘　彬 倪敬书 孙美玲
  吴　静 李　沄 朱晓音 杨　涛

医学部护理学院(1人)

  阮爱超

金螳螂建筑学院(2人)

  李枷霖 陈　驰

城市轨道交通学院(1人)

  樊　薇

金融工程研究中心(5人)

  王之博 陈懿嘉 陈　娱 刘晴晴 潘　慧

系统生物学研究中心(1人)

  王　婧

附属第一医院(36人)

  颜灵芝 张学锋 查国春 张志炜 施　鑫 陈思文 丁智慧
  王　欣 李　波 孙佳佳 张　杰 张　凯 李　淼 韩　野
  寇忠阳 袁仁顺 李学涛 汪　洋 陈晓春 王运良 黄海平
  金　迪 梁　瑾 刘　亮 桂晓敏 潘芝娟 周金懿 马晓霖
  黄　周 汪智文 沈　亮 陈腾飞 沈　晗 吴世乐 田风选

杨　超

附属第二医院(25人)

朱　江　　沈光思　　刘　沙　　谢佳明　　高芦燕　　陈园园　　杜华平
李晓静　　舒海洋　　潘冬梅　　陈伟健　　史高龙　　王　啸　　徐　勇
代光成　　高德康　　吴金鼎　　赵东亮　　陈　怡　　缪江芳　　郑　媛
王前亮　　白　云　　徐　瑞　　谢玉环

附属第三医院(3人)

邹红军　　张　莉　　包万员

附属第四医院(2人)

张彬彬　　范艳玲

附属儿童医院(6人)

蔡艳艳　　李梦霞　　张新星　　李春杰　　王　震　　郑德菲

上海第六人民医院(4人)

张　蓉　　严雪冰　　宋维伟　　杨梅丽

上海肺科医院(1人)

冯　迪

上海东方肝胆医院(1人)

张　龙

中国人民解放军第二炮兵总医院(1人)

武　龙

苏州大学2015届优秀本科毕业生名单

文学院(23人)

王梦甜　　朱少君　　蒋秋云　　陆亚桢　　王　雪　　包　婧　　景如月
沈茜岚　　杨　帆　　吴诗蕊　　缪君妍　　闫思含　　许思睿　　孙　薇
陈晶晶　　薛述方　　朱佳瑜　　付　慧　　顾成欢　　洪晓彤　　朱花蕾
许钇宸　　邓　珏

凤凰传媒学院(19人)

徐文娟　　谭皓华　　刘晓芸　　刘嘉雯　　陈席元　　王　彤　　陆　笑

| 仲凡凡 | 王玉婷 | 徐铭洁 | 李铭玉 | 赵星晨 | 陈雅琴 | 李怡君 |
| 蒋佳文 | 冯晓晓 | 谢心怡 | 韩雪 | 王丹 | | |

社会学院(34人)

吴立群	王逸伦	侯如晋	袁海洋	朱强	华钦菡	杨艺彬
徐静	伞文枰	汪澄川	蔡梦玲	万凯莉	夏璐婷	魏臻
潘晓慧	尹航	王锴	蒋秋水	姚忆婷	孙一松	濮文静
陈靖东	陈晓梅	胡昕	刘智	龚夕亭	唐姣姣	陈婷婷
王成玥	张燕超	邰洁	邢洁	秦菲	平衡	

政治与公共管理学院(32人)

尤敏	钱枫	支琳琳	邓宁宁	张岑怡	陆雨楠	潘伟佳
刘冰冰	田海翼	王倩颖	吴珍珍	陈亚琼	薛君	赵雪
王晓芳	朱敏	杨国兵	贾琼	吴怡	赵荷	郑如心
周梦佳	王思宇	陈晓莉	周宇凡	徐蕴	杨漫雪	杨然
陈炼	张凯丽	程炜	毛煜茗			

东吴商学院(财经学院) 东吴证券金融学院(81人)

储瑶	顾丽	徐天霞	徐易佳	戴建菲	孙楚秋	何梦丹
万一扬	潘东方	于书慧	顾坚	张令仪	乔恒玥	沈童
缪云	张婷	王歆怡	李天一	沈晓彤	龚纯	祁含
许开玲	赵静	徐天娇	任天懿	陆喻心	张艺垚	吴宇
丁颖斐	陆奕豪	孙启晨	黄晓晓	唐子捷	支敏怡	尤绮
邹赟	江星岚	徐轶雯	徐冬君	马玉	王淑雯	龚紫兰
王丹	朱华清	刘小芹	姚佳丽	戴丹华	陈璇	毛王鑫
孙硕勋	李晓菁	任加敏	吴栋杰	李露旻	顾坦虹	赵安静
王金铭	毛伟	朱晨婕	马越	冯晓露	王晓敏	陈盛芝
史雯	贾邵颖	苏畅	刘天然	丁荻	丁淑君	孙若谦
朱习习	张红杰	沈雅婧	陈程	贺文婕	陈蕊	蒋艺
陈依静	庞翼兰	崔铎	庄妍			

王健法学院(20人)

朱琰婷	刘琼	俞黎芳	应童	姚丽静	刘晓惠	庄婷
李梦玉	盛伟荣	张晓媛	唐思佳	于娟	彭紫依	王敏
李成星	陆亚萌	杨初易	吴诗琪	潘昀茜	王凯	

外国语学院(19人)

| 唐巧 | 宋玉健 | 周丽 | 殷怡 | 杨俊悦 | 秦子雁 | 葛盛晓 |
| 刘世磊 | 李一丹 | 刘凌颖 | 程一 | 李孟琦 | 杨叶 | 陈丹丹 |

朱凌燕　侯姝　刘颖　张晴　张超杰

教育学院(10人)

林文静　周圆　曹欣蕾　曹莹　叶露　徐文玥　蒋彦
耿婕　乔侨　顾梦婷

艺术学院(26人)

周媛　黄信　廖跃春　莫诗龙　杜芳芳　郭梦丹　杜云鹤
宋清芸　唐婉婷　朱逸云　彭静　叶哲敏　张存惠　徐炜倩
谢环　胡彩月　申知灵　王丹　段苏凌　李德志　袁思雨
潘珍之　刘可新　骆江萍　张潘婷　范梦雪

音乐学院(4人)

黄敏捷　刘叶露　姚若培　朱一丹

体育学院(21人)

郭倩　王卓君　赵颖　廉银　沈婷婷　刘仁凤　王翔
陆游　申鑫欣　陆韬　赵雨阳　姜欣　张海涛　史昊田
刘丹　王娇　徐丹琪　贾婷婷　张晓瑜　张思凡　宋季杰

数学科学学院(18人)

顾靖　孙雨澜　唐静　施嘉华　彭依宁　陈呈　赵阳
赵宇飞　任婧怡　王珅　唐慧　杨青　周文娟　文柯
赵烁　杨倩　花卉　姜雨昕

物理与光电·能源学部(32人)

吴磊　陈莉　陶金　尤剑　朱虹　邵雅婷　戴欣
金志强　范美勇　赵陈晨　王强　张燕南　徐敏娟　郑琦
张凯　卞秀　王焱　顾园园　苏颖　徐叶昕　袁传学
满亮　徐鉴鉴　胡金萍　李永辉　张炜虎　乔磊　周金秋
徐梁瑜　付月　钟丽乔　王章俊

材料与化学化工学部(13人)

陶杨青　杨超　夏爱游　成雪峰　杨培培　薛辉　韩含
翁城　薛荣明　张小宝　巢宇　闫亚明　叶永鑫

纳米科学技术学院(4人)

方寒冰　陈昱延　吴赟　刘宇

纺织与服装工程学院(24人)

沈家力　董继萍　董　梦　何　茜　高　扬　殷祝平　朱梦佳
曹晋慧　尹梓鋆　李莎莎　张　范　朱鹏飞　赵丹丽　王小琴
沈娅梅　胡恒辉　柴雪健　李富鹏　周　宓　陆　侥　梅锦秋
吴　琪　刘　慧　王宇阳

计算机科学与技术学院(40人)

蒋　婷　张博华　冯丝雨　徐陈燕　张　瑜　王雪川　翟倩倩
陈　鹏　陈德鹏　季　冲　屠　舒　陈滢宇　王　颖　姜奇奇
余守文　罗元国　朱章龙　周　琪　蒋丽娜　顾　诚　史小倩
席越昕　袁仕东　蔡　玉　张天晗　崔正玮　何云成　夏光耀
潘　枥　陈佳豪　王益民　邹斌豪　孙国庆　朱　洋　程雯艳
徐一凡　李嘉伟　韦倩芳　钱　敏　蔡一诚

电子信息学院(27人)

秦祎繁　陶　翔　武燕文　田荣倩　姚　笑　王霞玲　朱　门
朱秀木　宋哲恒　曹　毅　金亚梅　徐　焱　施立鑫　王展雄
张　亚　施以鹏　王丽敏　杜佳慧　张倩玉　东　飞　赵　阳
肖家文　朱亚楠　顾立豪　茅胜荣　王益新　肖晓晴

机电工程学院(24人)

王　旭　周松华　黄蔚灵　高雨芹　于凤杰　林佳宏　王雅琼
王　园　李成喜　李福旺　刘维超　吉　鹏　钱天云　彭华臣
沈一路　张　峰　王　杰　沙美娟　李晓燕　金　亮　史涵秀
杨世君　陆文虎　王洪涛

沙钢钢铁学院(5人)

刘文婷　赵晶晶　李婷婷　石少楠　韦　桂

医学部(113人)

陈冬梅　孔　月　左学勇　邹晟怡　谈丹琳　杨　鹏　许京亚
蒋林华　周小刚　赵　婷　金　宏　杨诗悦　胡竞成　石海霞
胡　林　刘　茜　刘京京　李俊妍　顾季春　王振宇　陈迪康
黄莹雪　林秋琪　吉　芃　马一菡　周　慧　谢伊瑜　严子懿
罗军超　阎梦潇　王言秋　藏欢欢　朱　婕　唐陈月　胡馨雨
韩琳琳　潘静颖　王一婷　徐　娟　屠晓芳　林汉成　崔恒力
王飞飞　潘　瑶　沈蕾蕾　杨义文　刘贝贝　冒　炜　余佳佳
缪敏慧　丛　林　段会娟　戴敏佳　徐佳蕾　李　硕　郑　燕

徐香云	丁小凤	谢　欣	杨　微	黄浅漪	陈柯旭	朱　琳
吴　成	项　楠	丁　森	朱正保	仇　静	张　茹	姜婷婷
陈非儿	易玉兰	高修奎	侯　燚	曹　丹	李婷婷	周　培
王　超	江艾蕊	王　合	周如苑	璩　良	俞佳丽	伊淑平
吴代武	杨　帆	何　捷	张顶梅	周已筠	李　龙	李华善
汪　洋	乔于洋	汪　媛	尹红然	沈　峰	戎银秀	李恩芹
李　芳	徐雅慧	黄宇飞	董芊芊	王　微	罗欢欢	申　琳
聂　云	赵莉梦	陈敏吉	吴振云	邹　焱	杨　颖	吕淑娇
刘　梅

金螳螂建筑学院(11人)

| 丁　洁 | 陈　蔚 | 黄建勇 | 冯玉青 | 李凌霄 | 杜　杨 | 姚绍强 |
| 肖　笛 | 陆陈丹阳 | 徐　莉 | 周　吉 |

城市轨道交通学院(36人)

王　瑛	苏　君	赵亚军	吴泠希	高晓钰	姬筱琛	刘　蕊
张海滨	代莎莎	祁玉梅	汤天珠	史炳伟	李皓燃	陈丽君
洪亦非	王艳阳	吴靖怡	卞　楠	周　游	王　傑	徐　波
金学健	邢倩荷	曹昊春	郭雨露	王　伟	马学亮	朱文艳
刘　健	戴雨蔚	陆鹏飞	蔡春杰	顾腾飞	杨越思	邵　将
李晶晶

苏州大学 2014—2015 学年各学院（部）获捐赠奖学金发放情况

制表：苏州大学学生工作处　　　　　　　　　　　　　　　单位：元

序号	学院(部)名称	捐赠奖
1	文学院	43 000
2	凤凰传媒学院	61 000
3	政治与公共管理学院	85 000
4	社会学院	55 000
5	教育学院	23 000
6	外国语学院	73 600
7	艺术学院	41 000
8	体育学院	46 000
9	数学科学学院	41 000
10	物理与光电·能源学部	81 000
11	材料与化学化工学部	100 000
12	东吴商学院(财经学院)	364 800
13	王健法学院	42 200
14	计算机科学与技术学院	68 000
15	电子信息学院	61 500
16	机电工程学院	230 500
17	沙钢钢铁学院	21 000

续表

序号	学院(部)名称	捐赠奖
18	纺织与服装工程学院	104 000
19	医学部	286 500
20	金螳螂建筑学院	34 000
21	城市轨道交通学院	88 000
22	纳米科学技术学院	27 500
23	音乐学院	11 000
24	唐文治书院	5 000
	合　计	1 993 600

重要资料及统计

办 学 规 模

教学单位情况

教学单位一览表

文学院		
凤凰传媒学院		
社会学院		
政治与公共管理学院		
马克思主义学院		
东吴商学院（财经学院）	东吴证券金融学院	
王健法学院		
外国语学院		
教育学院		
艺术学院		
音乐学院		
体育学院		
数学科学学院		
物理与光电·能源学部	物理科学与技术学院	
	光电信息科学与工程学院	
	能源学院	
材料与化学化工学部		
纳米科学技术学院		
纺织与服装工程学院		
计算机科学与技术学院		

续表

	电子信息学院
	机电工程学院
	沙钢钢铁学院
医　学　部	基础医学与生物科学学院
	放射医学与防护学院
	药学院
	护理学院
	第一临床医学院
	第二临床医学院
	儿科临床医学院
	第三临床学院
	金螳螂建筑学院
	城市轨道交通学院
	敬文书院
	唐文治书院
	应用技术学院
	文正学院
	海外教育学院
	老挝苏州大学
	继续教育学院

成教医学教学点情况

成教医学教学点一览表

医学教学点名称	专业名称
宜兴卫生职工中等专业学校	临床医学
	护理学
张家港卫生进修学校	临床医学
	药学
	护理学

续表

医学教学点名称	专业名称
昆山市健康促进中心	临床医学
	护理学
	药学
太仓健康促进中心	临床医学
	护理学
	预防医学
	医学检验
常熟职业教育中心校	临床医学
	护理学
南通卫生高等职业技术学校	护理学
	药学
武进职业教育中心校	临床医学
	护理学
	预防医学
	医学影像学
	药学
常州卫生学校	护理学
金坛市卫生进修学校	临床医学
	护理学
溧阳卫生进修学校	临床医学
	护理学
镇江卫生学校	护理学
盐城卫生职业技术学院	护理学
	医学影像学

全校各类学生在校人数情况

全校各类学生在校人数一览表

类　别		人　数
研究生	硕士研究生	13 119
	博士研究生	1 749
全日制本科生		26 236
外国留学生		2 882
成教	函授生	2 304
	业余	11 349
	脱产	0
合计		57 639

研究生毕业、入学和在校人数情况

2015年研究生毕业、入学和在校人数一览表

	毕业生数	授学位数	招生数	在校研究生数
	合计	合计	合计	合计
博士生	277	347	349	1 749
硕士生	3 061	4 287	3 277	13 119
总计	3 338	4 634	3 626	14 868

全日制本科学生毕业、入学和在校人数情况

全日制本科学生毕业、入学和在校人数一览表

	毕业生数	招生数	在校学生数
	本科	本科	本科
总计	5 992	6 266	26 236

注：全日制本科毕业生数为实际毕业人数。

成人学历教育学生毕业、在读人数情况

成人学历教育学生毕业、在读人数一览表

	在读学生数			毕业生数		
	合计	本科	专科	合计	本科	专科
合计	13 653	13 653	0	4 957	4 957	0

注：此表中成人学历教育学生数未包括自学考试学生。

2015年各类外国留学生人数情况

2015年各类外国留学生人数情况一览表

总人数	男	女	国家、地区数	高级进修生	普通进修生	本科生	硕士生	博士生	短期生
2 882	1 153	1 729	63	1	1 769	691	89	19	313

全日制各类在校学生的比率情况

全日制各类在校学生的比率

类别	合计（人）	占学生总数的比例（%）
研究生	14 868	33.80
本科生	26 236	59.65
外国留学生	2 882	6.55
总计	43 986	100

注：总计中不含成人教育学生。

成人学历教育在校生情况表

合计	在校生数		
	函授	业余	脱产
13 653	2 304	11 349	0

注：此表中成人学历教育学生数未包括自学考试学生。

2015 年毕业的研究生、本专科（含成人学历教育、含结业）学生名单

2015 年毕业的博士研究生名单

文学院

中国古代文学(3 人)
  何 湘 王靖懿 孙雨晨

中国现当代文学(2 人)
  王敏玲 秦良杰

中国通俗文学研究(1 人)
  朱全定

汉语言文字学(2 人)
  王 丹 何 薇

语言学及应用语言学(1 人)
  林齐倩

中国通俗文学(1 人)
  张 琳

比较文学与世界文学(4 人)
  马 宾 柳士军 徐 文 黄文凯

文艺学(5人)
　　周红莉　尹传兰　刘玉梅　刘　浏　莫先武

凤凰传媒学院

媒介文化(1人)
　　韩素梅

社会学院

中国近现代史(5人)
　　张　敏　梁　旻　张　燕　刘泓泉　王　安

中国史(1人)
　　郭少丹

政治与公共管理学院

马克思主义哲学(2人)
　　赵景阳　张　悦

马克思主义基本原理(1人)
　　杨建春

政治学理论(10人)
　　潘晓珍　王　栋　张雨暄　吕承文　杨　健　张　莹　柏　雪
　　唐玉青　岳　炜　顾茜茜

思想政治教育(2人)
　　江晓萍　孙庆民

东吴商学院(财经学院)　东吴证券金融学院

金融学(5人)
　　姜　帆　钱　燕　庄昭森　鲁　莹　陈经政

企业管理(3人)
　　蒋薇薇　陈晓峰　夏　彬

财政学(1人)
　　高　涓

王健法学院

宪法学与行政法学(11人)
　　孙国平　雷　娟　皋华萍　周爱春　陈　仪　王　菁　刘　斌
　　欧阳君君　王灵波　汪秋慧　朱　今

外国语学院

英语语言文学(4人)
　　王　劼　李维滨　朱　玲　荣月婷

教育学院

高等教育学(11人)
　　刘　轩　刘海涛　张立娟　杨海波　刘礼艳　黄　颀　孙卫华
　　夏　焰　马小芸　秦安兰　毕　新

艺术学院

设计艺术学(6人)
　　张　庆　顾　颖　李　雁　吴　震　彭志文　徐志华

体育学院

体育教育训练学(7人)
　　孟令刚　陆小黑　张长念　孙晋海　王红雨　张大志　杨海庆

体育学(2人)
　　戴志鹏　李　梦

数学科学学院

基础数学(5人)
　　吴吟吟　唐　娜　黄利忠　邱　崇　王学蕾

应用数学(5人)
　　李　昕　李明超　陈　东　戴培培　蒋　领

计算数学(1人)
　　伊士超

概率论与数理统计(1人)
　　顾莉洁

金融工程研究中心

金融数学(1人)
　　葛　磊

物理与光电·能源学部

光学(4人)
　　周　皓　　张永涛　　吴高锋　　吴倩楠

光学工程(3人)
　　何志勇　　封建胜　　钱国林

凝聚态物理(6人)
　　王婷婷　　张海燕　　吴阳江　　翟明星　　董尧君　　李伟伟

材料与化学化工学部

无机化学(1人)
　　李端秀

有机化学(6人)
　　朱同浩　　付　蕾　　卜荣成　　黄晓飞　　王　超　　周少方

物理化学(4人)
　　陆永涛　　翟春阳　　任芳芳　　明　海

应用化学(2人)
　　王佳庆　　庄　浩

高分子化学与物理(6人)
　　王海蓉　　石秀娟　　蒋红娟　　王　蕾　　钟伊南　　张传勇

分析化学(1人)
　　明　亮

材料学(3人)
　　谌香秀　　张慧娟　　李　鑫

功能纳米与软物质研究院

材料学(1人)
　　蔡　倩

化学生物学(4人)
　　钟旖菱　沈明云　孙慧涌　冯良珠

凝聚态物理(4人)
　　张云芳　丁　磊　许美凤　周　雷

无机化学(3人)
　　刘长海　张平平　刘　娟

纺织与服装工程学院

纺织工程(7人)
　　吴惠英　刘桂阳　刘　雨　尤仁传　盛卫琴　张　雄　熊佳庆

服装设计与工程(2人)
　　陶　晨　匡才远

纺织材料与纺织品设计(4人)
　　孔海燕　窦　皓　黄晓卫　张晓夏

纺织化学与染整工程(2人)
　　郑成辉　李时伟

计算机科学与技术学院

计算机应用技术(6人)
　　杨元峰　黄昊晶　李艳翠　尤澜涛　邹博伟　朱晓旭

计算机科学与技术(2人)
　　王　喜　王中卿

电子信息学院

信号与信息处理(3人)
　　张静亚　崔翠梅　李　雷

医学部基础医学与生物科学学院

人体解剖与组织胚胎学(1人)
  施金洪

病原生物学(2人)
  康乃馨 孙晓雷

免疫学(10人)
  瞿秋霞 周 斌 黄海涛 陈陆俊 邹建炫 林丹丹 孔 永
  梁含思 贺晓燕 张荣华

特种经济动物饲养(7人)
  宋学宏 殷为民 张晓丽 郭 睿 朱 琳 王 欢 王彬彬

法医学(1人)
  张经硕

病理学与病理生理学(1人)
  曹志飞

基因组医学(3人)
  雷 哲 张淑青 杨海平

医学神经生物学(1人)
  张弘弘

医学细胞生物学(6人)
  徐晓静 杨思俊 周俊松 袁 娜 王惠荟 杨 飞

医学生物化学(2人)
  尹甲伟 陶惠泉

医学部公共卫生学院

流行病与卫生统计学(3人)
  于 波 周 慧 彭 浩

卫生毒理学(1人)
  王大朋

医学部放射医学与防护学院

放射医学(7人)
　　秦颂兵　　邓胜明　　陈　娜　　法逸华　　马长升　　徐晓婷　　周晓峰

医学部药学院

药剂学(1人)
　　胡　文

药理学(9人)
　　陈晶磊　　吴　锋　　陈　重　　管俊杰　　韩昆昆　　虞燕霞　　张　岩
　　吴　坚　　赵　瑞

附属第一医院

内科学(12人)
　　郭小芙　　吴丽丽　　颜灵芝　　陈小娟　　马珍妮　　殷　杰　　钱晓东
　　李佳明　　平娜娜　　丁　超　　何雪峰　　张德庆

外科学(6人)
　　邹　俊　　王松华　　张学锋　　查国春　　张志炜　　高　凌

胚胎生理与围产基础医学(1人)
　　李　娜

附属第二医院

外科学(16人)
　　宦　坚　　佘　昶　　惠品晶　　戎建杰　　朱　江　　沈光思　　胡　楠
　　谢佳明　　陈　波　　曹建方　　刘晓龙　　王中勇　　马孝明　　钟丰云
　　龚伟达　　俞　晨

神经病学(1人)
　　刘　沙

肿瘤学(1人)
　　孙　锐

附属第三医院

外科学(1人)
　　郑　璐

附属儿童医院

儿科学(1人)
  金 华

中国人民解放军第二炮兵总医院

内科学(1人)
  叶 熊

上海第六人民医院

内科学(1人)
  蒋伏松

系统生物学研究中心

系统生物学(3人)
  杨 洋 周建红 张文宇

2015年毕业的硕士研究生名单

文学院

中国语言文学(51人)
邓 楚	公荣伟	胡闽苏	罗娟红	郑 玲	周青青	朱 昱
曹 茜	董 笑	冯 肖	蒋晨彧	李 尤	刘欣然	毛新荣
苏晶晶	王士云	胡艳秋	金晓慧	廖瑞昀	陈 达	戴鸿飞
杜翠云	龚 晓	江 洁	雷 雯	刘会月	刘信蔚	刘宙彤
穆皓洲	王 石	许玲玲	杨雨晨	于幼兮	陈逢玥	杜 程
耿艳艳	鞠 美	李筱祎	马 骁	梅静静	孙思邈	王清洁
王小波	夏 晶	辛亭亭	徐星星	余慧娴	张宝银	周雨婷
顾明义	张 翼					

中国现当代文学(1人)
  李 冰

课程与教学论(2人)
  高 彦 王姚姚

美学(6人)
  鲍士将 曹言慧 耿雪莹 潘 莉 徐 蓉 周姗姗

戏剧戏曲学(1人)
　　薛文文

凤凰传媒学院

传播学(4人)
　　林庆松　　傅新民　　江珮嘉　　赖庆伟

戏剧与影视学(7人)
　　陈　虹　　陈文婷　　陈正伟　　郭晓丹　　张筱筠　　张馨元　　朱　壹

新闻传播学(21人)
　　陈陆欢　　陈思曼　　崔冬梅　　侯　悦　　李　虹　　陆哲斌　　吕彬心
　　马薇妮　　齐晶晶　　史鹏英　　史双绚　　王旻诗　　吴乐韵　　熊　宁
　　徐　清　　詹莉波　　赵　丹　　周　航　　吴云赞　　吕晓雯　　陆国杰

社会学院

旅游管理(4人)
　　查爱欢　　钱　佳　　袁青霞　　张　远

社会保障(5人)
　　高智慧　　洪　艳　　郁小杰　　徐蓓蕾　　徐　璁

社会学(6人)
　　陈曼曼　　季鹏飞　　李晓颖　　刘　曼　　伊　刚　　张旻蕊

世界史(7人)
　　陈　纯　　陈　馨　　董梅娜　　李欢欢　　罗　夷　　唐泽政　　周　娟

图书情报与档案管理(8人)
　　李　健　　李　雯　　吴孝仙　　余亚荣　　杭亚杨　　陆　琳　　石　磊
　　杨　帆

图书情报与档案管理(档案学)(1人)
　　李丽洁

中国史(14人)
　　方　欣　　黎蕖妍　　秦　婷　　王云鹤　　朱玲丽　　戴　娟　　洪　松
　　阚晨霞　　彭腾飞　　王同灿　　徐文娟　　葛　琦　　史献浩　　朱煜洁

政治与公共管理学院

公共管理(23人)
巢　飞　　陈蓓蕾　　郭子涵　　华　晨　　江之源　　孔晓琳　　李　忠
刘　超　　刘　晨　　刘小乔　　卢梦翔　　鹿　斌　　孙亚栋　　王菊琴
吴　帅　　肖　娜　　杨心怡　　张　驰　　张弘毅　　郑素晓　　钟金铭
周　鹏　　黄　杰

公共管理(社会医学与卫生事业管理)(2人)
邱苗苗　　周　琳

公共管理(行政管理)(4人)
李　炎　　梁　宵　　舒　遥　　赵晶晶

管理科学与工程(2人)
宛　丽　　朱宋娟

伦理学(1人)
姜天鹤

马克思主义基本原理(10人)
胡　石　　刘　冬　　刘庆申　　苏恩孟　　肖　姗　　杨丽娟　　赵　玲
朱海利　　朱婷婷　　王　嵩

思想政治教育(7人)
董雅琪　　冯　娜　　韩　雪　　佘明薇　　张景风　　张雪萍　　周晴丽

哲学(12人)
刘亚琴　　刘　铮　　吕国旭　　司　慧　　宋兵超　　王　华　　王　洁
夏　露　　易中亚　　张国梁　　赵　静　　郑善文

政治学(9人)
陈　岑　　宫世能　　金　文　　李小龙　　林海宏　　徐濛潋　　于　骁
于轩栋　　朱明俐

政治学(国际关系)(1人)
王　欢

东吴商学院(财经学院) 东吴证券金融学院

工商管理(17人)
曹菡　方雅莉　封亚　高霞　钱婷婷　王建平　徐艳洁
周秀园　安伟　冯丹静　宫为天　金盼　李密华　刘为
汤华　邢璐倩　尹杰

工商管理(会计学)(2人)
孙振华　王名翔

会计学(1人)
凌潇

农业经济管理(1人)
张勇

世界经济(2人)
杜美霞　徐志海

应用经济学(22人)
胡大海　季龙　王静远　吴荣平　丁玮　杜佳霖　刘纪勇
孔旭　苏爱岩　杨恬恬　张诗雯　胡玮　李小瑜　施耀
王非易　王盼盼　徐晗丹　杨亚　周南　盛培宏　殷悦
李舒言

政治经济学(2人)
方凯　张彬琳

王健法学院

法学(40人)
董税涛　沈梦夏　谢舒晔　徐轶　张春梅　李强　李文婷
刘建文　王勇　武彩霞　陆茸　周丰　李少汝　米天戈
王衍举　杨灿　茹意　周洁　陈丹　李夏　刘泽雨
刘珍　秦恒娟　王妮妮　陈名胜　陈玉领　江晓丹　李慧娟
吕方圆　孟强龙　孙琪　谭东立　吴守花　颜竹芹　周欣桐
陈紫雯　葛依然　帅红兰　徐中卿　严永亮

法学(法学理论)(2人)
王春雷　吴琪

法学(国际法学)(5人)
　　李　慧　　柳栋亮　　王安妮　　杨　昕　　张　舒

法学(环境与资源保护法学)(1人)
　　钱　誉

法学(经济法学)(4人)
　　王越飞　　王　韵　　吴海霞　　朱　颂

法学(民商法学)(7人)
　　范凌杰　　韩苏佳　　李惠敏　　时惠敏　　孙庭玉　　汪　丽　　王月华

法学(诉讼法学)(3人)
　　蒋　寻　　马　林　　石晶晶

法学(宪法学与行政法学)(4人)
　　黄　璐　　刘芳宇　　詹　婷　　赵泊然

法学(刑法学)(2人)
　　范一夫　　张天涯

法学(知识产权法学)(3人)
　　黎晓静　　孙慧华　　尹晓丹

民商法学(1人)
　　黄淑棻

刑法学(1人)
　　尚　闯

外国语学院

俄语语言文学(5人)
　　陈　娜　　华乔乔　　蔺金凤　　徐静昕　　赵燕斌

日语语言文学(6人)
　　毛　敏　　彭　芃　　王　莹　　谢　越　　郑　琪　　周　婷

外国语言学及应用语言学(18人)
　　陈彬彬　　陈琦群　　陈亚丽　　郭志敏　　林宏彬　　刘晴晴　　邵　林

沈　萌　　　王　妞　　　徐骊君　　　闫　涵　　　于　婷　　　张　菁　　　周　良
　　周蓉蓉　　　朱　彤　　　朱小粉　　　唐　鑫

英语语言文学(17人)
　　蔡昕叶　　　李会霞　　　李腾佳　　　李小华　　　刘湘杭　　　牛晨红　　　沈　琳
　　宋双双　　　孙　慧　　　孙小沛　　　王亚星　　　吴　鸿　　　伍　媚　　　徐文艳
　　严莉莉　　　於云川　　　周晓慧

教育学院

发展与教育心理学(1人)
　　张剑心

基础心理学(1人)
　　李红玉

教育经济与管理(5人)
　　吴雨倩　　　蔡亚奇　　　董筱文　　　许宗艳　　　李　翔

教育学(17人)
　　刘倩倩　　　刘卫琴　　　蓝　叶　　　刘治都　　　乔占泽　　　汤　燕　　　王慧玲
　　杨　帆　　　朱洪娇　　　范竹青　　　董长旭　　　王绪堂　　　陈薇薇　　　杜爱华
　　高　倩　　　张盐亚　　　段昌红

教育学(高等教育学)(1人)
　　吴　歌

教育学(教育技术学)(1人)
　　熊明珠

教育学(学前教育学)(2人)
　　姜欣瑶　　　马　霞

心理学(25人)
　　姜　华　　　林俊杰　　　路　立　　　沈亦丰　　　王　可　　　魏冰思　　　张译云
　　傅青青　　　王玉佩　　　夏之晨　　　李瑞平　　　周良凯　　　笪丹丹　　　杜珍琳
　　李　蓉　　　刘淑芳　　　马亚芬　　　宋　烨　　　曾祥华　　　张　蕾　　　高传俊
　　卢志巍　　　孙秀娟　　　孙竹丽　　　郁巧玲

心理学(心理咨询与辅导)(3人)
　　孙新梅　　王　富　　张志刚

心理学(组织管理心理学)(1人)
　　肖君宜

应用心理学(1人)
　　姜　波

艺术学院

美术学(5人)
　　曹亚婷　　方　琳　　李光蕾　　徐飞扬　　赵昌婷

设计学(35人)
　　陈　静　　付　腾　　洪　娜　　李欣忆　　罗淑娇　　牛　津　　彭思思
　　齐　洋　　申　璐　　施　静　　宋　冉　　宋晓楠　　王海凤　　王　巧
　　王一会　　王　雨　　武　源　　薛方宁　　杨　珩　　杨　欢　　杨　阳
　　杨　赟　　余康睿　　张　萌　　张天佑　　张　尧　　赵天宜　　陈　硕
　　管　楠　　郭亚楠　　潘瑞雪　　薛　丹　　周　宇　　毛　予　　熊　丽

艺术学理论(1人)
　　胡　婕

音乐与舞蹈学(5人)
　　成林鸿　　程敬乔　　瞿　昙　　张　净　　周海龙

体育学院

体育教育训练学(1人)
　　张荣硕

体育学(44人)
　　陈连朋　　李　聪　　李劼晟　　张　鹏　　黄　足　　贾瑞方　　李　霖
　　林　宇　　刘凡凡　　聂志敏　　史岩哲　　王安全　　王婷婷　　吴　艳
　　徐　晓　　杨蒙蒙　　杨　栩　　袁　彬　　朱伟伟　　祝利忠　　李岫阳
　　刘丹婷　　刘思岑　　吕　波　　沙艳文　　石伟伟　　王　涛　　张如磊
　　张晓微　　周　驰　　周　清　　左飞龙　　焦建洲　　孔祥伦　　李金元
　　刘加宏　　刘　情　　钱万万　　汤婷婷　　许京锋　　袁金凤　　张晓斐
　　章雨威　　宗增增

体育学(民族传统体育学)(2人)
　　韩　政　　张道鑫

体育学(体育教育训练学)(6人)
　　安　迪　　代红芸　　刘　浩　　王　靖　　徐　悦　　郑腾腾

体育学(运动人体科学)(2人)
　　陈　媛　　周诗卉

数学科学学院

数学(36人)
　　狄　燕　　丁明渲　　何强勇　　雷　达　　李　荣　　马莉莹　　侍　凤
　　田　佳　　魏晓奇　　毋丽丽　　吴绘绘　　肖华清　　陈莉莉　　池倩倩
　　李文全　　梁宝权　　吴海松　　张　科　　曹茂宏　　丁佳音　　丁　延
　　吕　剑　　孙　欣　　顾　金　　李鹏恒　　李　云　　沈林生　　时玉增
　　宋国杰　　王　凯　　王艳娜　　吴万楼　　徐春霞　　张　琳　　朱大红
　　邹　瑞

统计学(11人)
　　蔡　利　　方绍桢　　高　鹏　　季园园　　蒋静文　　李　静　　秦　夏
　　邵飞飞　　吴海龙　　徐　惠　　朱玉杰

金融工程研究中心

金融数学(5人)
　　程　康　　何洪华　　王之博　　吴　穷　　赵海朋

物理与光电·能源学部

材料物理与化学(6人)
　　刘红梅　　南　峰　　孙雪梅　　王忆松　　杨振荣　　张　震

光学工程(22人)
　　潮　慧　　何舜宇　　胡孟孟　　李　林　　李瑞彬　　刘麟跃　　史柴源
　　宋文宝　　孙　雯　　万文强　　王科鹏　　王　淼　　王　岩　　许立雄
　　杨　斌　　杨阵海　　张　柯　　张禧照　　张先营　　赵　静　　周　鹏
　　周　阳

检测技术与自动化装置(11人)
　　程　凯　　龚冬梅　　顾玲玲　　胡　超　　蒋晓慧　　李　权　　施　恩
　　夏　冰　　张　超　　周　华　　邵新华

课程与教学论(2人)
　　郭　浩　　解问鼎

凝聚态物理(1人)
　　芮龙飞

物理学(49人)
　　安瑞利　　曹　芳　　陈　洁　　陈　雷　　崔　焱　　杜　鹏　　郭雅浩
　　何海杰　　季　冬　　贾纪平　　江文华　　姜刘洋　　李建江　　李　勇
　　刘　辰　　刘　通　　刘　晓　　刘　毅　　卢凡亮　　卢晓丰　　卢　鑫
　　倪开灶　　宋平元　　孙　艺　　邵芳芳　　田　发　　王　宛　　王　伟
　　王晓凤　　王　鑫　　王续杨　　王岩岩　　文林芳　　吴明智　　吴巍巍
　　徐　龙　　许正星　　薛　鹏　　杨中华　　负娇娇　　翟鹏飞　　张晓琨
　　赵　阳　　朱子任　　杨　浩　　蔡　瑞　　端悦涛　　李应天　　梁雪辉

材料与化学化工学部

材料科学与工程(55人)
　　蔡　霞　　陈红菲　　陈　杰　　崔　钰　　戴兴欣　　丁明强　　范良芳
　　关　莹　　何刘成　　姜秀停　　焦一成　　刘　欢　　刘　威　　刘　珍
　　陆　超　　马　勇　　毛新波　　秦　琳　　邱殿銮　　桑云森　　宋迎雪
　　孙逸尘　　陶正旭　　田　叶　　田　哲　　万瑛博　　王京魁　　王　胜
　　王　帅　　王童星　　王晓燕　　王　颖　　王远震　　王　越　　王蕴姝
　　韦　玮　　吴大钊　　吴华乔　　吴　英　　姚斯嘉　　叶　峰　　翟银枫
　　张　培　　张　骞　　张　尹　　周　丽　　周秀峰　　周　璇　　朱小玲
　　朱艳菁　　曹婷婷　　蒋志俊　　李　翔　　陆文韬　　徐丞龙

化学(125人)
　　曹佳佳　　陈蓓蓓　　陈　浩　　陈丽娟　　陈培培　　陈　祥　　陈　云
　　程　浩　　崔玉琳　　杜　鹏　　杜向阳　　范维刚　　方吴伟　　方贤仕
　　高　峰　　高　雅　　葛　恬　　顾为凯　　顾瑜尉　　郭兵兵　　郭　蕾
　　郭艳菲　　何　华　　洪玉标　　侯逢文　　胡进发　　胡伟业　　黄育德
　　基亮亮　　蒋　斌　　蒋　琳　　蒋妍妍　　孔令配　　李　飞　　李明心
　　李　齐　　李乾华　　李瑞萍　　李　晓　　梁雨岚　　刘春梅　　刘　丹
　　刘德福　　刘金娜　　刘　奎　　卢　平　　陆新谋　　吕纯宁　　栾亚菲
　　马亚辉　　缪佳涛　　欧阳勇剑　　潘金音　　潘园园　　彭婷婷　　彭　杨
　　亓海啸　　钱　琛　　邱　钿　　任　锴　　阮桂玉　　沈为春　　孙璐璐
　　孙亚东　　汤庆会　　万忠明　　王　芳　　王飞群　　王慧文　　王　林
　　王　鹏　　王　黔　　王　晴　　王　茹　　王　炜　　王晓晶　　王兴荣
　　卫燕琪　　翁华怡　　吴　静　　吴　俊　　吴心怡　　吴怡亭　　吴毅杰

武　军	肖长彬	肖　洋	谢静波	徐　娜	徐玉姣	许晓前
薛剑飞	严　礼	杨素苛	杨　婷	姚　望	于　兰	于　怡
袁丹丹	臧　颖	曾　超	曾梦丹	张　婧	张娟娟	张　娜
张庆庆	张绍云	张　帅	赵晶晶	郑凌云	周　宇	周　媛
訾　由	蒋　军	陈　爽	褚文娅	单玉琴	韩珊珊	韩　真
黄福实	姜丹妮	姜捷文	解存飞	魏双花	张周晔	

化学工程与技术(43人)

陈　静	陈　强	褚慧春	丁开国	杜　军	顾凤楼	季卫东
江顺钦	蒋桥龙	黎静雯	李苍霞	李世超	李双双	刘鸿章
刘　武	陆蔡健	陆　伟	罗　斌	毛　燕	莫　斌	檀　梅
唐丹丹	王世兴	吴晶晶	吴　潇	谢　娟	邢庆健	闫希亮
殷静雪	袁　超	张　锋	张　慧	张　伟	张又豪	张振宇
朱争光	杨晓菲	冯　晓	李根举	刘明慧	梅素娟	施海峰
王海波						

课程与教学论(1人)

王　婷

功能纳米与软物质研究院

材料科学与工程(28人)

常建兵	范丽巍	方　骁	龚　超	韩育志	季文彬	李传熙
刘衿因	柳　渊	阮开群	谭朋利	唐　迪	田柏顺	王　会
王　柳	王　琪	王　荣	王卫卫	谢浩俊	许巧静	杨　柳
袁忠诚	赵冠旗	朱　瀛	诸　燕	马中生	王继伟	张一萍

化学(23人)

陈彩云	郝媛媛	黄兴强	孔维倩	李　敏	李　倩	欧清东
石华丽	孙艳秋	徐忠杰	叶　敏	于彩桐	袁　建	袁晓冬
张　洁	张业欣	张昭磊	周　磊	陈　雪	党雪洁	罗银婵
徐晓娟	张彩琴					

凝聚态物理(1人)

金　越

生物学(7人)

关　妍	季晓媛	钱孝鑫	宋崇喜	张　骞	汪　婷	王勇惠

物理学(13 人)
　　梁　舰　　沐浩然　　潘欢欢　　乔　虹　　申学礼　　孙亚香　　王乾坤
　　王荣斌　　夏周慧　　张　庆　　周　宇　　祖丰硕　　张精宇

纺织与服装工程学院

纺织科学与工程(57 人)
　　别诗宇　　刁水华　　黄冬徽　　李俊娟　　骆井万　　陶　玥　　王晓飞
　　席丽媛　　徐静梅　　张海兰　　张伟伟　　陈长洁　　代晓玲　　顾　静
　　何莉莉　　李　静　　刘洪莹　　刘立杰　　罗婷婷　　裴娅珍　　施　颖
　　汪小亮　　余艳妮　　王　欢　　王　群　　苑　婧　　岳　静　　张　芳
　　张珊珊　　赵焕荣　　边小佩　　陈　婷　　顾品荧　　李路影　　陆明艳
　　王丽文　　王婷婷　　文小洁　　吴冬燕　　俞　璐　　张　芃　　毕　力
　　陈　锋　　高　梅　　刘作平　　苗赛男　　孙　兵　　魏晓晨　　吴超杰
　　吴　露　　杨　涛　　殷珉扬　　余莹莹　　曾　科　　张　维　　周玉俊
　　庄亚丽

纺织科学与工程(纺织化学与染整工程)(8 人)
　　孙建春　　王丹静　　吴　林　　熊　梦　　臧　雄　　张　伟　　周宇阳
　　朱　强

计算机科学与技术学院

管理科学与工程(6 人)
　　白瑞瑞　　李承超　　刘　乐　　王琴琴　　夏佩佩　　周　徐

计算机科学与技术(30 人)
　　柏　祥　　柴叶生　　陈亚轩　　储　燕　　丁　彬　　高　伟　　高　阳
　　顾会光　　韩　蕊　　何华冰　　李　生　　史新峰　　舒佳根　　王彩霞
　　王　杰　　王丽珍　　王　露　　谢忠明　　徐海辉　　许　晴　　薛云霞
　　杨　萌　　杨　希　　杨雪蓉　　姚　凤　　张启明　　张哲来　　郑林峰
　　郑　新　　朱　畅

计算机应用技术(1 人)
　　郑海彬

软件工程(15 人)
　　包　兴　　戴军强　　丁春涛　　房俊恒　　焦　阳　　刘欢欢　　刘袁柳
　　施梦宇　　王婷婷　　徐成凯　　严　晨　　严为绒　　姚婷婷　　赵梦梦
　　朱苏阳

电子信息学院

电子科学与技术(9人)
顾 艺　韩胜男　吕勇建　倪燕华　彭 超　王佳佳　徐 杰
周洁云　周 铭

信息与通信工程(25人)
卞正国　车滢霞　董滕云　冯春海　高 丽　顾家茂　吉 纯
鞠 薇　刘骏文　刘元山　莫 侠　施 亚　万宫玺　王蒙蒙
王用成　王泽勋　巫文蔚　谢丹彭　杨 建　杨志梅　袁 鑫
郑芳芳　周 烜　朱丹丹　朱志风

机电工程学院

机械电子工程(1人)
陶海斌

机械工程(33人)
陈 亮　范泽峰　葛尊彪　杭小琳　何 钧　洪云波　雷定中
李其龙　李 洋　刘 星　陆春意　吕 婷　罗 健　孟伟栋
钱 成　沙海天　邵珠帅　沈姣姣　陶 斐　陶 庆　汪 明
王 宇　相占凤　徐德洋　许 辉　杨 轼　易子凯　袁 飞
张倩茹　赵晔婷　朱军辉　苏佳楠　张晓刚

控制理论与控制工程(8人)
陈建生　高 萍　葛翠翠　顾曙光　陆佳佳　王 清　张 惠
张 微

仪器科学与技术(1人)
钱逸铭

系统生物学研究中心

系统生物学(6人)
孙占东　汪 邈　王 晶　王 婧　朱雨捷　宗 慧

医学部基础医学与生物科学学院

免疫学(2人)
居林玲　张 明

细胞生物学(2人)
　　魏晓光　　储　蔓

病理学与病理生理学(5人)
　　曹　丹　　何晓顺　　雷美玲　　李秀明　　黄封博

病原生物学(5人)
　　秦　园　　王　婷　　燕　婧　　赵　波　　朱远见

动物学(3人)
　　宁洪艳　　杨书婷　　张银山

发育生物学(4人)
　　刘恒江　　王　璐　　周　竹　　朱文娟

法医学(5人)
　　王　瑶　　胡　真　　刘冬梅　　罗　斌　　孟欢欢

课程与教学论(1人)
　　邹　烨

免疫学(37人)
　　董盼盼　　付雪杰　　何　峰　　姜　珍　　李　帅　　刘　可　　强健坤
　　宋　莉　　王　远　　王芸芸　　文　雯　　尤欣然　　张　标　　周春艳
　　白亚丹　　高芳洁　　高照伟　　何　丽　　李广豪　　刘永浩　　孙　迪
　　王娟娟　　谢茂荣　　姜丽翠　　李晓晨　　朱　莹　　申广辉　　陈　思
　　陈子健　　董　宁　　樊向梅　　和　运　　王　超　　吴曼丽　　闫　茹
　　万方方　　须彦睿

人体解剖与组织胚胎学(1人)
　　付星卉

神经生物学(8人)
　　马艳霞　　吴　昊　　徐英秀　　袁　波　　张晓宇　　郭晓波　　李　成
　　刘　辉

生理学(2人)
　　董　涛　　王　丹

生态学(3人)
　　何　月　　王　俊　　张　皓

生物化学与分子生物学(22人)
　　陈玉莹　　李甲璐　　杜　杰　　黄继磊　　江　月　　王启龙　　王四妹
　　徐　徐　　于美云　　翟金晓　　张　苹　　张　曦　　陈　丹　　高爱迪
　　李亚芬　　连雪琪　　孟　梅　　孙丽丽　　岳影星　　赵文俊　　杜龙生
　　刘　超

生物物理学(3人)
　　盛　蕾　　王　姝　　赵金鸽

水产养殖(5人)
　　陈科全　　何沅滨　　黄雨薇　　王　敏　　吴　韬

水生生物学(3人)
　　卜云璇　　叶竹青　　袁文成

特种经济动物饲养(1人)
　　王立鹏

微生物学(4人)
　　胡发根　　巨晓敏　　倪鹏平　　赵宪坤

细胞生物学(16人)
　　何大伟　　王　兵　　席鹏伟　　徐佳杰　　徐　溢　　朱霞霞　　胡淑鸿
　　李　馨　　宋　琳　　苏光松　　王　振　　魏丽荣　　邢珊珊　　郑曦晨
　　李先洋　　岳　庆

医学神经生物学(2人)
　　高亚荣　　林　雨

医学心理学(1人)
　　吕　晴

遗传学(12人)
　　陈红兵　　何　薇　　李　巍　　李艳艳　　刘　伟　　牛鹏飞　　汪京京
　　王建国　　杨　帆　　占　雷　　张继光　　张　伟

植物学(4人)
　　程　孝　　黄现恩　　田翠翠　　高凤鸣

微生物与生化药学(4人)
　　陆　露　　潘魏松　　郁　霄　　徐　荣

药剂学(10人)
　　陈　琴　　龚珠萍　　郭　苗　　李　玲　　李艳丽　　毛娇娇　　施丽丽
　　田晨敏　　王子腾　　张春歌

药理学(30人)
　　蔡　磊　　曹丽娟　　陈洁茹　　段文文　　侯晓鸥　　胡颖熹　　姜华凤
　　李忠胜　　刘　彬　　刘　洋　　马　祺　　倪敬书　　任忆捷　　尚　翔
　　隋沂言　　孙美玲　　王　攀　　吴加元　　吴　静　　伍　壮　　徐惠芬
　　徐舒青　　徐银丽　　张彤彤　　李　倩　　李　洁　　李　沄　　柳耀宾
　　黄　艳　　何　娴

药物分析学(7人)
　　葛芝莉　　石美智　　宋天梅　　唐　蓉　　王业东　　吴成玲　　祁慧昕

药物化学(16人)
　　董奎勇　　房启龙　　耿德龙　　蒋　潇　　刘石惠　　陆文峰　　宋　恒
　　王建强　　王金梅　　王明蕾　　杨　萍　　姚后宗　　俞　洋　　张　蒙
　　张治强　　祝　慧

医学部放射医学与防护学院

放射医学(19人)
　　王孝娃　　楚立凯　　樊　辰　　耿杨杨　　顾　成　　顾思毅　　马洪鸽
　　彭超军　　齐丹丹　　施　怡　　田文倩　　王　叶　　徐华林　　徐　静
　　尹晓明　　俞辰逍　　袁小鹏　　周　娴　　陶子龙

生物医学工程(3人)
　　嵇卫星　　李　威　　束晓文

医学部公共卫生学院

儿少卫生与妇幼保健学(2人)
　　凌睿哲　　闫　宁

劳动卫生与环境卫生学(1人)
　　杨　勇

流行病与卫生统计学(13人)
　　刘红亚　　林　相　　戴琳琳　　傅　颖　　海　波　　贾　茹　　解惠坚
　　孔凡龙　　邱映华　　苏　静　　吴佳慧　　徐　娟　　周云华

社会医学与卫生事业管理(3人)
　　钱丽萍　　李　昂　　张　莹

卫生毒理学(7人)
　　吉永新　　纪雅慧　　马　园　　孙　斌　　孙金鹏　　王　萍　　杨　旭

营养与食品卫生学(3人)
　　张建伟　　李英杰　　袁雪薇

护理学(9人)
　　蒋　青　　万慎娴　　汪茜雅　　贺学敏　　阮爱超　　王　琪　　王姗姗
　　吴　超　　袁德敬

金螳螂建筑学院

风景园林学(13人)
　　陈　驰　　关俊铎　　郭美村　　马　行　　牛瑞鹤　　任丽丽　　王　瑞
　　王亚艳　　吴　佶　　吴阳清　　张来晨　　章　欣　　朱玉琳

农业昆虫与害虫防治(1人)
　　李枷霖

城市轨道交通学院

测试计量技术及仪器(9人)
　　戴玉艳　　樊　薇　　郭　晶　　胡嘉玲　　李二亮　　王鹭洁　　张润涵
　　赵　映　　朱彬彬

车辆工程(5人)
　　程　曦　　梅卫进　　沙　峰　　随岁寒　　项巍巍

管理科学与工程(4人)
　　李　天　　陶骏杰　　王俪静　　周　强

附属第一医院

耳鼻咽喉科学(1人)
　　黄海平

妇产科学(3人)
　　刘　珍　　宋晓平　　朱莹莹

急诊医学(1人)
　　韩良富

精神病与精神卫生学(2人)
　　陈美玲　　吴正言

康复医学与理疗学(1人)
　　刘　跃

老年医学(2人)
　　陈思文　　丁智慧

临床检验诊断学(2人)
　　祁松楠　　曲　乐

麻醉学(1人)
　　金　迪

内科学(26人)
　　周　进　　吴云辉　　俞喆珺　　黄　振　　张晓辉　　赵兰兰　　张　萍
　　赵　媛　　丁一心　　刘　菲　　王　楠　　肖坤庭　　曹苏岩　　顾军清
　　秦之臻　　薛　刚　　丁莎莎　　江　凤　　唐雅琼　　吴　夏　　岳延华
　　张彤彤　　杜小娇　　施　鑫　　焉兆玥　　张　静

胚胎生理与围产基础医学(5人)
　　蒋　琳　　李大为　　汤佳奇　　尹晓会　　朱周凤

神经病学(2人)
　　东惟玲　　汲晓沛

外科学(29人)
　　刘　晨　　刘　韦　　邵洪国　　孙佳佳　　王金宁　　王　鹏　　游镇君
　　张　驰　　张　杰　　张　凯　　张　猛　　李　淼　　袁广全　　张浩宇
　　韩　野　　寇忠阳　　吴乙夫　　袁仁顺　　高安举　　李学涛　　汪　洋
　　张　洁　　陈晓春　　崔大广　　吕　浩　　谢宏亚　　王运良　　徐继阳
　　张伟刚

眼科学(1人)
　　徐　静

影像医学与核医学(6人)
　　唐　杰　　印　于　　王　欣　　朱静芬　　李　波　　顾欣贤

中西医结合临床(1人)
　　梁　瑾

肿瘤学(3人)
　　陈龙佩　　王　欢　　张　朦

附属第二医院

耳鼻咽喉科学(1人)
　　赵振安

妇产科学(1人)
　　王传杰

急诊医学(2人)
　　钱会银　　王小刚

临床检验诊断学(1人)
　　王　敏

麻醉学(2人)
　　孙　莹　　徐青荣

内科学(10人)
　　黄湛平　　明　红　　赵　瑾　　宋珍源　　周衍德　　高芦燕　　胡洋洋
　　唐维红　　匡　龙　　周　敏

皮肤病与性病学(1人)
    徐倩倩

神经病学(12人)
    陈园园   程筱雨   杜华平   靳萌萌   李晓静   舒海洋   谈仙星
    王健达   王媚瑕   吴智强   许 冉   余小艳

外科学(22人)
    王 帅   陈伟健   郭维潇   李景田   史高龙   王 啸   王 烨
    徐 勇   张 涛   代光成   余克勤   陈 弘   高德康   汝 干
    王 亮   于洪沛   张钰明   周 明   李庆勇   刘泓渊   吴金鼎
    赵东亮

眼科学(1人)
    康道欢

影像医学与核医学(7人)
    潘仕文   毛鑫萍   王 龙   何 如   潘冬梅   赵丹蕾   徐 瑾

肿瘤学(3人)
    单 芳   李骁扬   王小平

附属儿童医院

儿科学(14人)
    蔡艳艳   迟繁繁   洪 丹   李梦霞   李荣虎   王 雯   杨金露
    张明明   张新星   赵东敬   郑 莹   陈 烨   成芳芳   李春杰

附属第三医院

内科学(1人)
    朱 琳

外科学(7人)
    王 李   邹红军   王小刚   颜 晨   贾 耿   刘中华   邵朋朋

肿瘤学(1人)
    徐小丽

附属第四医院

妇产科学(1人)
钟阿红

麻醉学(1人)
杨洁琼

肿瘤学(4人)
祁清华　汪林军　吴栋娟　张彬彬

上海肺科医院

内科学(2人)
何　鲜　兰文静

上海第六人民医院

妇产科学(1人)
宋维伟

麻醉学(1人)
伍　兰

内科学(5人)
邵　冲　张　蓉　姜珍珍　任萍安　刘四红

2015年取得专业学位的研究生名单

专业学位博士

附属第一医院(医学部第一临床医学院)

临床医学(41人)
王庆庆　戚大川　钟　键　何伯圣　高　翔　陆忠凯　王芳军
王功成　王小林　陈　卫　张　继　朱永强　吴巧珍　黄　宇
贡伟一　张素青　陆　齐　朱小建　李库林　郭春辉　刘宏伟
郭曙光　蒋臻欢　常仁安　景元明　许一鸣　胡丰庆　杨　力
金春晖　陆忠华　谭友文　董若凡　尤建权　陈小平　王　元
邓在春　刘立民　施凤超　温来友　赵良平　秦立森

附属第二医院(医学部第二临床医学院)

临床医学(18人)

葛许华　薛波新　高　鹏　张　霞　明志兵　陈昌红　张迎春
陈敏斌　费伯健　秦建忠　郑　兵　徐　元　朱雅群　韩高华
陈菊萍　毛成洁　仇晓军　房新建

附属第三医院(医学部第三临床医学院)

临床医学(6人)

顾文栋　陈　杰　崔　笠　范　敏　石亮荣　杨　玲

上海第六人民医院

临床医学(4人)

陈廷芳　曹　军　林　峰　王　珏

附属儿童医院

临床医学(3人)

王宇清　曹　戍　甄允方

专业学位硕士

文学院

教育硕士(45人)

陶秋萍　陈志云　何　雯　胡倩倩　江艺萌　蒋　淼　刘舒宁
周　宁　高　瑜　陆　玲　戴　茜　贡静静　陈　琼　王　姝
张燕楠　卢　晓　胡　霜　王　华　冯兰珍　刘　岩　孙锦媛
彭宇英　施海兵　王静花　章文佳　邱小霞　郁红美　沈　翃
缪　苗　张世贵　宋　丽　平兰芳　吴灵燕　黄莉萍　袁月琴
严雪珍　董琴琴　黄　芳　杭冬仙　周霞桥　嵇文佳　沈　丹
李陈洁　方志诚　宋晓荣

汉语国际教育硕士(51人)

郭倩倩　杜　淼　胡玉敏　金　乔　梁冰冰　刘日蓉　赵　颖
李　辛　冯　倩　温玉韬　王婉君　韩姝雯　石亚坤　徐小花
冯成辰　李　婷　卢　璐　孟晓雪　邢慧婷　杨　伟　潘晴艳
庄　菲　曹　青　霍建楠　李婷婷　王　颖　李安琪　金心怡
卢江琳　郑思恒　易艳容　冯怡凡　孙明瞳　杜瑞瑞　罗广秀
杨晓萌　刘润泽　田　歌　党万智　王　曼　张喜文　邢刘婷

杨　蓉　　蒋惠慧　　熊彩云　　李明玮　　詹　妮　　方　芳　　黄驷楠
聂梦瑶　　邱燕青

凤凰传媒学院

新闻与传播硕士(30人)

许思思　　陆烨波　　范晓杰　　季　嘉　　刘安安　　钱毓蓓　　宋姝琳
常　婧　　李琼灵　　缪　璐　　宋　琳　　任佳倩　　杭　羽　　乔玉玺
汪　洁　　王婷婷　　王雨彤　　杨　皓　　秦长城　　薛星杰　　杨　菁
开　祥　　张　蕾　　陈羿霖　　赵　振　　张　丹　　陈　馨　　虞昌胜
朱朋朋　　魏水青

社会学院

教育硕士(17人)

顾露露　　张祎澍　　叶倩辉　　朱丽娟　　范华莉　　郝夏颖　　徐寅冰
赵　岩　　张晓英　　杨　洋　　徐　岩　　余海波　　邹小丽　　张芬芳
谢芳洁　　张翠华　　李　婕

社会工作硕士(38人)

王　菁　　王　立　　王良桢　　温　荣　　吴庆云　　杨　帆　　周芸婧
朱　桦　　陈　莉　　杨　业　　陈梦怡　　王翔君　　李　松　　郑庆祥
周　吉　　高　婧　　黄　荣　　刘　旦　　刘　琦　　沈娟娟　　王晓丹
王昕庐　　吴　琼　　郑梦春　　刘　鑫　　年文韬　　刘正芳　　姚　亮
王　冉　　秦迪迪　　杨美勤　　杨同玲　　宋林芹　　吕清波　　黄一叶
姚湘宜　　郭慧颖　　朱志伟

政治与公共管理学院

公共管理硕士(197人)

陈璧丽　　曹　彬　　陈　艾　　陈春荣　　陈纯嘉　　陈当澳　　陈慧萍
陈菊红　　陈　磊　　陈　翔　　陈小波　　陈星宇　　陈　艳　　承　创
方　伟　　方　艳　　冯春林　　冯　瑶　　高　峰　　顾　慧　　郭薇帆
何　梦　　何亚伟　　洪丹丹　　胡孟影　　季小会　　蒋　昀　　金　戈
李道远　　李　静　　李　思　　刘　进　　陆晓帧　　陆亚芳　　陆　旸
罗　梅　　罗欣瑜　　骆聘三　　马悦纳　　满文强　　梅　嘉　　闵玲玲
倪炳华　　彭少波　　钱　海　　秦　乐　　邱　诚　　邱　峰　　任钟民
沈　霏　　沈院生　　司兴辉　　苏　哲　　孙　婷　　孙妍智　　谈晓慧
陶亮亮　　陶浔阳　　陶一青　　田　园　　王　晨　　王　栋　　王　婧
王一乐　　王之喆　　闻闰寅　　吴丽萍　　吴琦华　　吴田超　　吴虢雄
吴　烨　　徐建楠　　徐　敏　　徐明光　　徐　莹　　徐志平　　杨　恒
杨清清　　杨桃桃　　杨晓明　　杨　扬　　杨　旸　　姚　润　　叶　芊

郁新华　袁宝峰　袁　敏　袁小燕　詹国平　张　丹　张　卉
张　露　张秋律　张绍军　张　甜　张　鑫　张寅峰　张　瑜
章珩靖　赵井高　赵　历　郑惠芳　朱家慈　朱　毅　朱振华
祝　赞　庞　俊　徐龙飞　李小红　张　军　吕金林　李　懿
孙丹娟　张文杰　唐瑞栋　陈志南　朱　琳　张　帆　李　磊
施　娜　沈　卫　张慧慧　王　妍　曹　薇　周　清　于　川
周佳烨　王睿智　王　怡　王娅楠　凌　志　张　凯　艾光宇
陈　程　吴小琰　陈忠平　巴　芸　张东娇　许瑞刚　范姿廷
夏月新　曹建斌　段海峰　王　斌　杨海军　罗四维　杨　嫒
孔云辉　李　颖　易　扬　沈佳音　于可人　杨　皎　杨景钧
唐雁斌　凌乐孺　陶　冶　沈博飞　李　萍　周海萍　潘小云
刘　林　吴齐萍　张文婷　谢　宇　戚佳达　李　娟　许建东
严文杰　金颖君　傅　靓　李　良　杨　旭　张　辉　徐　洁
阮　红　张璐瑜　李冠虎　毛星燕　刘媛媛　陈秀梅　王斯亮
袁　欣　张　珏　徐素华　蔡　伟　高曙光　曹　敏　张　艳
李惠玉　虞睿莲　王　迪　郭力强　何　琳　仲崇涛　王　林
张英远

教育硕士(39人)
　　程丽霞　戴　烨　李杨琳　路　婉　沈湿馨　田嫚嫚　吴继男
　　杨　倩　支　铖　卓叹叹　殷　鹏　费晓婷　王薛霜　李莎莎
　　吴丹华　刘　敏　郭妍琳　周青叶　高金娟　张　玲　俞彩虹
　　张晓丽　朱培蕾　邱彩萍　芮德新　周　媛　朱凌怡　许晓华
　　陈亚娟　唐文娟　吕金波　费　兰　陈　艳　俞　露　邹怡新
　　赵银英　赵　霞　陆季华　缪婷玉

东吴商学院(财经学院)　东吴证券金融学院

工商管理硕士(250人)
　　邵裕洪　陈　皓　方　齐　冯志国　甘　冰　顾丽君　孙鹏萍
　　温晓明　许　斌　王泰荷　卞　冰　卞干喜　陈佰畅　陈德状
　　陈国冬　陈　浩　陈建琪　陈菊霞　陈科学　陈　平　陈　曦
　　陈　岩　陈艳斌　陈　昀　陈振国　程　科　戴燕玲　邓　琦
　　丁勇平　董洪君　董渊晟　范少年　冯　丹　冯延飞　高　燕
　　顾婷婷　郭佳祺　郭亮亮　郭小敏　何方梅　何泰飞　侯甜甜
　　胡冬清　胡　磊　黄广明　黄国庆　计良峰　纪长楼　季承豪
　　季顺喆　季志勇　姜　华　姜　南　姜颖雅　蒋玉英　焦　健
　　金妍琳　金志霞　康苏文　雷雨静　李　珺　李　明　李胜玉
　　李婷婷　李　洋　李　颖　李　蓁　连　治　梁倩文　廖　娴
　　林姣丽　刘春华　刘　浏　刘　莹　柳竹筠　陆鸣一　陆　铭

陆燕飞	吕媛媛	栾国强	马 艳	毛 剑	梅丽君	宓 喆
浦晓翔	钱峰益	钱 璐	乔 瑟	邱阁飞	申振华	沈 洁
沈 静	沈燕燕	沈茵如	盛 凯	施令珩	施志菁	时 斌
时冬丽	束奕琛	苏 南	孙丽娟	汤丽清	陶 莉	田林鹤
王灿森	王洪岩	王 健	王 丽	王 敏	王秋波	王伟宏
王啸群	王兴旺	王怡婷	韦 丹	吴成波	吴 昊	吴蔚然
夏明晖	项仁飞	谢亚立	谢周花	徐龙飞	徐 艳	徐 悦
许 珺	许利芳	许文东	薛 晨	鄢红光	羊婷婷	杨会玲
杨嘉佳	杨俊峥	杨 柳	杨梦辉	杨晓洁	杨 雪	姚维明
姚维品	尹 佳	尹晓祺	印向红	俞 俊	虞 耀	袁亿峰
岳元成	张福亮	张 浩	张 吉	张 瑾	张凌云	张许阳
张雁飞	张怡雯	张懿诺	张元俊	章 希	赵宝光	赵春雅
郑 克	周 长	周佳慧	周 倩	周晓芬	朱霖东	朱珊珊
朱 伟	朱 雯	朱晓敏	朱 翊	祝 健	庄 华	庄利全
宗晓丽	左开东	吴声君	朱娅婷	郑 凤	潘 奎	陆 俊
徐 乐	王 丽	张 萌	唐志坚	范敬园	蔡 涛	张 明
马 瞻	王 海	张 怡	崔莹堂	毛筝婷	谭 佩	姚谈英
管永丽	冯旭东	张纪民	张远见	庄 源	刘 松	郁新卫
毛 伟	田佳禾	华佩佩	翟伟科	张红林	罗峻峰	蔡 攀
徐 刚	胡恒银	张凤国	郑 犇	张 浩	武启印	胡卫东
郑小舟	孙 华	顾 翼	张 雅	陈江波	王兆锋	周 维
季凌霞	高 云	刘林杰	卢 昕	蒋昌亿	王京阳	胡前科
冯 玮	张旭初	胡方方	冯 莉	张 伟	林丽君	刘绍涛
于维江	蔡玥璋	陈敏敏	府 奇	金永锐	聂荣年	施广兄
施卫东	谈 跃	王争彦	周荣康	周 越		

国际商务硕士(2人)
　　蔡思成　李　进

会计硕士(46人)
凌 辰	陈云洁	高 超	金 娇	罗 娜	王晓洋	朱 潇
刘宇倩	徐 鑫	吴 楠	李文浩	陆 尧	骆 丹	邱静燕
孙 怡	杨 兰	姚 婷	周成成	陈 成	陈 蓉	杜 宇
贾 宸	李苗苗	沈梦媛	王 洁	谢文倩	余 璇	张 梅
张 瑗	周菡菁	朱 洁	朱凌燕	焦 莉	缪婷婷	倪亚楠
吴举成	范耀文	毛寓阳	季清清	陆雯磊	严 劼	耿东生
赵 倩	李君君	王 睿	卞 卉			

金融硕士(7人)

季家骏　单叶涛　团诗豪　施程呈　朱勉文　顾嘉翕　朱雅宁

税务硕士(5人)

胡帅　洪晓婷　王海蓉　张星　秦慧莉

王健法学院

法律硕士(225人)

许宝红	阳海悦	可旭光	常扬	刘禹	乔敏	王贞仪
葛伟	王赛赛	李奇才	纪琼	季美岑	吕敏	吾翼彪
王丹	倪辛唯	李刚	陆培源	张嘉风	陈美霞	刘娜
杨苗苗	郭倩	顾良	徐晓婷	陈诚	安东亚	李玉晶
刘真	胡庆	高阳	闫崇磊	卞晓晓	陈沛	晁梦茹
张彤	金娅敏	马迎	武立英	范政	李丹	孙明杰
罗颐	俎启迪	王丽英	李鑫	张雪	林靖宇	王瑜珺
丁天立	任冰	崔文妍	黄谟韬	李酿靓	范明春	周劲
张飞龙	包心应	丁海荣	李冰	姜涛	华艳	李政
徐桃桃	曹美英	陈毓雯	仇伟伟	郭梦玥	蒋淑芬	刘荟
刘帅	万子锐	吴琴琴	徐丹萍	姚然	张逸晨	曹芳超
曹乐	曹玲勤	曹治瑶	陈璐	陈梦雨	陈梦愿	范琳莉
高万能	顾洵异	韩坤	侯雅风	江萍萍	孔阳	黎新平
李珊珊	李媛媛	梁聪	刘保保	刘婷	刘杨	钱鸿良
任展	孙大伟	王慧玲	王庆	王庆选	王琰	王一飞
吴锦	吴思思	吴永生	熊兆锋	徐家文	徐培培	许少华
杨茜	杨玉玲	张晶	张培培	张少坤	张莺	章小宛
赵晓涵	周虎	周心琛	陆宇豪	陆小涛	马浩	缪翠玲
孙守旺	王娟	吴翔	杨积赐	张琴	刘艳	马昆
石春晖	王敏	徐清	印骏	郝晓东	王攀	郭莹华
王征杰	唐修荣	莫君	徐克晟	邢志华	陈熠	缪俊龙
石小磊	禹银香	刘丽丽	蒋同一	陆霄雁	陈雯雯	施晓楠
何建中	韩立佳	邵海州	孙亚峰	陈艳华	俞广林	徐华坤
陈玮	范程	周天保	方宇	房春娥	何素军	翟春花
金波	殷俊	沈悦丽	黄松伟	金玲	赵国华	邰瑢
陈书敬	吴昊	黄春丽	朱剑	彭德宝	张秀芳	陈舒舒
胥晓娟	范建伟	缪晓军	张莉莉	黄涛	杨汉伟	王美琳
邱广胜	林俊	蒋玉莲	黄丛梅	张娟	丁扬	陈惠
郝文展	许冬梅	郑任远	顾俊	高源源	余佳	陈海孝
张琛	朱维青	陈文婧	刘健	周兰	魏杰	蒋金洺
张佼蕾	张宇程	李丹丹	张晓燕	陈善珊	王云兰	王静波

付礼彬　　张海静　　陶新华　　周　康　　沈　阳　　王慧玲　　王　祥
郁德祖

教育学院

教育硕士(48人)

陆　江　　刘长玉　　冯　儒　　冯秀兰　　黄　婧　　马邹英　　曹龙英
张晓园　　陈　颖　　田月霞　　高蓓莉　　张慧敏　　陆　芳　　蒋海燕
戈向红　　邹　蓉　　李富荣　　杨　萍　　周菊芬　　孙　颉　　蒋娇姣
马戴骏　　黄　萍　　方　瑜　　徐海燕　　凌　梅　　刘　峰　　奚冬梅
帖步霞　　刘　勤　　沈　洁　　徐兆燚　　王　洁　　刘宝杰　　沈　佳
方月芹　　张　艳　　黄盈倩　　薛红芳　　肖满赋　　薛祖鸿　　吕　静
陈贤慧　　陈学封　　陈　飞　　徐方忠　　陶　丽　　陈　丰

应用心理硕士(33人)

刘　旭　　顾　虑　　赵　凡　　陈心韵　　陆文娟　　马晓菲　　钱　晨
汪国琴　　孟月云　　马文喆　　仇　禹　　李　歆　　杜田丽　　凌笑笑
张　磊　　樊雨婷　　候春秀　　陆飞宇　　阮　征　　王　蕊　　晏　芹
杨智钦　　吴　凡　　周　舜　　邹梦楠　　丁凤玲　　王豪玉　　孙　睿
李春生　　岳胜男　　曾　恺　　马宇飞　　郑必刚

艺术学院

工程硕士(2人)

程一君　　艾华强

艺术硕士(103人)

季　凡　　田思杨　　朱梦笛　　费睿娇　　李玉辉　　舒婷婷　　王诺一
杨　佩　　杨丽珠　　方心怡　　葛菁璐　　侯引吭　　随逍笑　　蔡　骁
陈　昊　　谌峪峰　　程　一　　房　志　　冯　雪　　甘　来　　龚伊林
蒋林坤　　解晓丽　　刘　京　　刘摇摇　　吕春玲　　马晓晴　　欧　阳
汝妍琰　　盛庆芳　　王婧洁　　吴　楠　　辛　斐　　薛　洁　　杨晶晶
杨　静　　于竣舒　　于泽阳　　袁欣亚　　岳袁静　　张　希　　张　越
周　鹤　　朱桂兰　　邹　莉　　胡璐璐　　柳振阳　　陆志翔　　乞灿星
饶　显　　潘　学　　沈燕华　　朱铭宇　　王　恒　　华维樱　　张懿萱
季蓉慧　　孙李敏　　赵丽华　　赖培文　　范　彬　　周绍华　　夏正娥
姚　健　　王　玮　　戴　斌　　于梦颖　　黄馨仪　　郭　敏　　唐军磊
柯胡玲　　贾　茹　　刘　一　　王亚洁　　钱　怡　　顾　菁　　黄　宇
王魁富　　徐玉梅　　张钟敏慧　黄　平　　刘　佳　　孟　强　　许丽莎
权歆昕　　刘慧君　　李　玲　　王荣荣　　宗　怡　　胡　欣　　张　鹏
姚　蓓　　闵刘芸　　朱志仁　　谢　亮　　周国宝　　庄　璐　　李　玲

许 鹏　陆 洲　蔡颖颖　刘 萌　臧 超

外国语学院

翻译硕士(42人)

王佳佳	乐志敏	马楚楚	徐乔杨	唐思红	臧 迤	宗 政
沈 阳	吴春燕	申甜甜	李 伟	徐孝飞	钱洪敏	刘 莉
赵 越	陆 凡	董欢宁	李慎磊	郭 沙	胡 宁	张 启
杨涵钧	彭 筱	戴亦菲	黄亚运	刘梦迪	杨伟媛	叶 青
肖亚男	刘 薇	黄 敏	陈秋云	吴立昌	杨宇弘	宋 璇
黄秀玲	陶觉吾	张 会	孙忠安	李 菲	周 浩	何畏霖

教育硕士(50人)

周绮霞	孙 莲	罗 莎	卢 丹	范小丽	周苏苹	景永萍
金 璇	陈建玲	孔丹华	王宏美	陈本洪	丁明娟	杨 华
周雪萍	丁 静	何秋华	何光敏	杜永梅	陈海娣	朱文娟
晏丽佳	倪智慧	沈奇峰	王静文	束文婷	邹 勤	王红娣
朱炜卓	朱 樱	刘丹萍	张 颖	李莉蔓	艾 玲	王 瑜
施凤亭	张 鑫	何赟赟	闫 杰	李春香	雷 蕾	顾佳洪
沈芬芬	顾 烨	麻丽媛	连慧玲	毛晴艳	杨莉莉	何 萍
司马婷						

体育学院

教育硕士(1人)

汪伟玉

体育硕士(114人)

方雅婷	贾 茗	刘苏贤	娄斌斌	任 猛	史一枝	王雪梅
吴未来	闫焕宝	张荣莉	张玉茜	张越凡	周天荣	王 岩
谢晓曼	裴玲玲	史新玲	秦兴波	李 划	李 格	余朝帅
张 驰	方 靓	薛 源	张纬国	康照飞	陈高如	訾绍强
姚 轩	江 沛	龚 宁	方 勇	李法君	李站起	薛 莲
邰祐山	封慧歆	赵启龙	曹益明	匡香红	陆 军	刘 静
张丽凤	王兴华	程鲲鹏	刘毛静	卢爱丽	彭益波	施 萍
朱懿奇	王 静	蒋雪扬	王海东	王院梅	张程辉	戴红梅
殷 骏	张家文	张小晴	周静东	徐 健	王富强	瞿正伟
赵 斌	郑 帅	黄立红	王其峰	唐 皓	袁云华	张 赞
周 斌	张晋莉	石维洋	左雪红	张文静	马正圣	刘 桂
杨 林	施 斌	沈明海	邵文兴	魏 强	颜乾勇	肖 磊
张静静	肖 华	陆洪明	陶亦敏	张 抒	聂 振	方志文

费书全 钱俊威 王雪芳 孙珍珠 张 凯 朱媛媛 徐俏萍
戴淼清 罗 亮 吴 晔 夏翔鹰 金 亮 李彦丽 梁 懿
孙君杰 陈 立 戴承石 周 伟 范 兵 张文佳 范刘锋
孔令超 陈晓晴

数学科学学院

教育硕士(34人)

耿 会 朱志勇 陈 娜 时若瑜 陆炎亭 倪高见 徐 波
孙明凤 徐 兰 单 娟 李含进 管娅萍 王小林 朱明圆
王逸茹 肖丽娜 陈 峰 陆 娟 陈 红 沈 宏 戎 钢
朱嘉隽 王 娅 何 英 姜 敏 浦丽敏 张宏鹏 陈 洁
安弘毅 曹秋芹 唐洁琼 石 因 曹黎星 李 珺

应用统计硕士(9人)

尹梦田 谢翠颖 黄 银 季敏杰 张正阳 朱晓楠 汪牡兰
田少龙 邓建卫

金融工程研究中心

金融硕士(24人)

陈陆兵 张伟鹏 李 丹 殷书樵 李 晨 陈懿嘉 陈 娱
邰玉飞 蔡海波 姜 颖 刘晴晴 刘宇驰 潘 慧 汪 蓉
许丽萍 仲思越 陈 鹏 韩 锐 龙玉麟 陈守涛 陈 鑫
罗家荣 熊冉冉 谭粮俊

物理与光电·能源学部

工程硕士(10人)

虞天成 包 悦 高 菲 季勇华 梁小莉 戎 晨 杨 健
张 鹏 魏 尹 张丽丽

教育硕士(23人)

刘秀全 姜军军 宋双霞 王 磊 李涤非 管小雯 华 奕
陈显峰 吕 叶 蒋震霞 刘 鲲 郁美华 刘冬梅 孙治国
李 斌 何 艳 顾敏洁 尤丽君 冯琴英 沈 昊 李 萍
张毅敏 耿书娟

材料与化学化工学部

工程硕士(10人)

王慧卉 葛雪峰 李 磊 左 勇 周海亮 张 芬 许志新
陆振华 刘 晶 陈 林

教育硕士(16人)

嵇建国　周小燕　吴　冯　夏文红　沈　丹　李新勇　童　标
刘菊萍　杨丽英　刘金花　吴敏莉　沈菊明　张美芳　张　萌
陶文亚　张彩萍

纺织与服装工程学院

工程硕士(39人)

董　青　郭　坤　李运南　盛　卫　苏雪寒　叶　纯　周海媚
徐　艳　刘仕琪　唐　薇　张蓉蓉　姜　瑞　杨秀丽　江文亮
李鹏威　吴军飞　韩晓宇　张　扬　吕　鹏　孟祥红　修阿男
孙　迪　贾绍龙　徐文静　欧佩玉　刘　健　张桂媛　席亚伟
代沛涵　唐晓鹏　何建秋　魏　东　许丽丽　张国兵　谢　佩
张　姝　张　茜　刘碧芸　戴珊珊

计算机科学与技术学院

工程硕士(121人)

包　艳　蒋　俊　秦利斌　施　伟　薛百里　曹　晋　周奕含
陆茜茜　潘朋飞　端木森嘉　冯　捷　高　磊　孙国豪　孙靓亚
魏　静　朱添宁　董晓婷　宋师英　田华振　丁富淮　成忠荟
刘　帅　孙宇航　潘小清　华　康　陆彬斌　言　炯　安殷福
张　晔　朱　光　赵飞虎　王　牌　顾志峰　李冬晴　陆殷健
徐霞婷　夷　臻　刘　超　万木林　江腾飞　马东宁　陈仕超
王小雨　陈小丽　高子婷　卜　强　陈逸舟　宋浩翔　王鸣环
仲　婧　陆春晖　夏　乔　沙小睿　魏　东　刘海玲　顾永青
万林毅　沈小兵　陆丛林　郭传甲　沈春辉　张　璐　杜玮珂
蔡　辉　周　寅　崔　力　袁莉娅　陈菊美　施　勇　芦于忠
杨海中　于功成　樊春燕　胡金锋　刘建高　郑　鹏　丁　颖
诸　俊　庞馥珊　杨　华　卜海娟　沈俊卿　冯　霞　苗春雨
张银华　沙婷婷　吴　畅　周立峰　梁东艳　张海卫　周　峰
丁伙健　冯丽华　林　婷　宋锦秀　江春宇　徐　瑾　徐杨峰
李　黎　秦建辉　石　斐　汪　勤　应　俊　白晋伟　闫春雷
瞿海虹　孙建龙　陈　军　林依刚　葛　岩　夏钢强　盖之华
朱　鸣　杨　静　李亚春　胡　伟　王俊华　刘　磊　沈　鸿
张艺严　吕天麒

电子信息学院

工程硕士(91人)

曹飞寒　胡晓玲　黄燕飞　杨　洋　杨　州　余　磊　袁璐昕
任志强　王　婷　刘泽骏　魏玉震　杨静芝　范　静　黄一成

李龙飞	钱 举	沙 君	王加伟	王春娟	赵萍萍	操龙徐
王 磊	杨尚飞	卢韦华	郭 璇	贺 航	毕红亮	马 欣
陈迪亮	安红娟	金 岩	宋佳佳	屠卫洁	校吉波	左 祥
卞 艳	高向辉	贾秋成	金安泉	朱圣杰	葛雅清	魏良根
周逸飞	陆 斌	王 喆	唐红红	王绎维	倪高平	王立昌
邹宇星	刁仁满	张金鑫	王浩东	闫 昊	马 杰	高智军
李全强	葛 涛	邓 亮	杨 磊	王 亮	刘 亮	龚 勇
黄 波	殷 懿	安 琪	陈 飞	付晓天	瞿家骏	石 琦
汪明旻	石礼奇	刘志宇	欧阳杰	沈玮栋	张晓军	周 全
张 企	李宏博	王均生	廉 磊	唐丹丹	阳芳芳	单海云
葛晓凤	朱恩成	刘磊石	刘 丹	万鹏鹏	顾盛光	李建文

机电工程学院

工程硕士（60人）

李 健	邱德义	王 凯	王 涛	杨兆华	周小华	王 亮
许俊浩	朱海民	汤攀飞	王加跃	漆鹏杰	雷 鸣	肖大伟
霍沉明	史俊杰	耿宏超	亢 立	张 立	王 迅	胡佳娟
黄燕红	王敬驰	吴 宣	侍晓丽	高承亮	杨明华	谭 亚
许常宜	邹 赟	张 通	敖昌翔	刘 军	秦发华	沈长生
张沈华	张大伟	吴新龙	钱婷婷	倪清华	何庆伟	陆文康
刘 坤	朱建勇	刘大柱	吴少荣	张 涛	翟棒棒	范子阳
李金凤	刘敏伟	沈 禾	张 莉	周 宇	张 伟	钱星海
刘学勇	吴 军	张荣赞	孙君可			

医学部基础医学与生物科学学院

教育硕士（12人）

贾章榕	居寒洁	秦伟艳	王娟萍	马懿菲	陆晓峰	杨 玲
浦 彤	吴兰兰	张 建	何群山	恽小娟		

农业推广硕士（9人）

张 华	唐小帅	纪海鹏	曹 昆	杨 萍	马征雁	姚新华
徐登辉	侍苗苗					

医学部公共卫生学院

公共卫生硕士（82人）

刘明星	周静雯	卞超蓉	陈秋艳	宋丽娜	齐娜娜	陈科锦
李 龙	辛柏青	车可可	崔春雪	沈明亚	汪 超	姚小燕
陈雁珏	张晓露	刘晓琨	眭文洁	王 悦	吕晓梅	徐振兴
顾 辛	怀明玮	谭丽萍	李 磊	杜焕艳	杨江涛	李 娜

夏岚	黄琴	宋锐	蒋国彪	柏佳明	文仙	冯天阳
牛丽艳	董亚男	马庆华	周晓明	沈锷	劳雅琴	单志雄
方伟	孟兰	盛莉君	刘晓	赵瑾	吴滟	陈善豪
刘祥光	戴军	金宇星	吴敏娟	李梅	沈思	张传木
李军	葛海兵	赵玉丽	马小丹	刘唯一	刘芳	杨尚
杨维维	陈筱郯	杭晶晶	龚雪美	顾宇静	高瑜璋	宋飚
奚静娴	李莉	钱俊华	李欣	吴强山	高飞	张晓剑
张丽	罗恩培	杭惠	杨琴凤	陈英		

医学部药学院

工程硕士(7人)

鲍立新	刘琳	彭淼	陈倩	邱佳俊	陆昊	孙红娟

药学硕士(16人)

范祥元	包星星	沈盼	严彪	黄丽	刘睿思	熊雅洁
曹可可	杨露	段华庆	谢诚	朱晓音	杨涛	施林森
段欠欠	王凯					

附属第一医院

临床医学硕士(138人)

王娟娟	王璐	徐景波	周影	杨建	张彦丽	谷秀霞
郭艳霞	于璐	卢香琼	黄月香	李哲	苏楠	陈德行
付婷	李艳萌	纪玉玮	肖成娇	赵慧静	吴洵洵	张玉婷
刘丽	沈续瑞	张芩	康琪	邹小琴	刘莹莹	虞竹雯
张代义	赵光耀	李威	刘亮	邱洪	孙世坤	程文秀
杜春蔚	桂晓敏	李锦	马金凤	马玲	潘芝娟	王杰
王彤	姚遥	赵林艳	郑慧菲	朱燕	董佳敏	周金懿
魏兰	逯艳艳	周思思	王花	任雷	陈晓梅	李媛
贾振宇	张陈霏	范建华	李南阳	谢加	龚亚文	马晓霖
王爱井	杨春晨	张静人	郭艳敏	张华伟	夏婷婷	张伟
李雪敏	阎艳	邱文娟	郑丽云	车纯庆	蒋涛	汪智文
王锟	张彬	朱永生	段磊	陆兵	孙慕斌	徐致鹏
崔峰	韩善亮	陆文裔	孙凯律	王旭	徐刚	俞敬
李兵	沈亮	吴至武	杨理想	陈腾飞	李睿	沈晗
汤金星	严卫亚	郁喆	郑恺	陈洁	邱峰	殷虎明
单中书	刘伟	吴世乐	田风选	吴广鹏	卞飞	曹冀为
邵杰	杨超	杭伟杰	王势震	王冕	周世军	吴建龙
舒和喜	赵杉	付心怡	胡梦裳	黄周	吴玉锦	姚沉非
董佳佳	刘凯	李振凯	吕琦	龚文余	范娟	刘璐

邓 磊　　冯 飞　　夏莹子　　朱亚军　　陆一枫

附属第二医院

临床医学硕士(101人)

戴 吉　　崔春燕　　鲁 锦　　周 玲　　毛 焱　　杨儒馨　　于婷婷
陈晓辉　　冯艳华　　芮 琴　　单 涛　　鹿 敏　　孙 丽　　陈玉防
秦 欣　　杨 蕾　　陈瑞东　　凤 辉　　宋 巍　　黄 剑　　王学斌
葛雪苹　　史玉娟　　付天文　　张立莹　　杨晓君　　张 云　　杨晓雯
陈 怡　　郭莎莎　　姜春黎　　李 玲　　李艳艳　　卢莎莎　　缪桂华
缪江芳　　杨 博　　张文汇　　李巳芃　　吕圣龙　　王 敏　　郑 媛
刘 晨　　刘以礼　　牛延坪　　潘学康　　王 峰　　王前亮　　李海博
秦培波　　杨金辉　　方昌煜　　顾益洲　　浦宸辰　　苏玉飞　　王孝运
殷 蕾　　朱嘉纬　　庞陆军　　邱 涛　　王东元　　王 林　　夏迎晨
白 云　　王玉龙　　张 佳　　张应子　　张衍辉　　邹 康　　左志诚
焦守阔　　王国强　　徐 瑞　　翟春涛　　邱婕子　　洪嘉昀　　赵伟华
单冰晨　　陈 孜　　徐鸿美　　张万军　　谢亦驰　　柴晓嫒　　李 洋
刘一聪　　刘跃跃　　姚淑芝　　顾星石　　窦 欣　　杨维森　　廖振琦
凌 鹏　　陈远远　　崔洪全　　李文静　　王梦瑶　　王柔抒　　谢玉环
许丹妮　　吴 颖　　陆晓莲

附属第三医院

临床医学硕士(10人)

刘玲珍　　张 莉　　周 萌　　邹永祎　　胡金凤　　程英英　　支勇金
王 坤　　包万员　　陶俊利

附属第四医院

临床医学硕士(5人)

张贤俊　　杨晓丹　　俞 峥　　范艳玲　　石 鑫

附属儿童医院

临床医学硕士(31人)

曹明珠　　陈 娇　　李彩梅　　李俊杰　　李 莉　　刘 洁　　刘 亚
马秀慧　　唐 清　　唐汝泽　　唐孕佳　　王 静　　王倩汇　　王淑会
王 震　　徐丹凤　　张 卉　　郑德菲　　朱礼远　　黄赛虎　　程 帅
郭云飞　　黄宗伟　　焦海妹　　梁 颖　　孟祥营　　苑 斌　　张李琼
赵星丽　　周文文　　胡跃楠

上海肺科医院

临床医学硕士(6人)

冯　迪　　史小芳　　张琳琳　　许　东　　项文静　　沈丽平

上海第六人民医院

临床医学硕士(14人)

李　寅　　张省亮　　毛月芹　　杨梅丽　　沈国琪　　张　龙　　闫磊磊
孙洋洋　　李旭忠　　荆　尧　　蒋春雨　　周　佳　　马琬越　　王春燕

上海东方肝胆医院

临床医学硕士(8人)

杨　冰　　惠菲菲　　李　权　　张　龙　　李　冰　　石志勇　　吴盼盼
杨　霞

中国人民解放军第二炮兵总医院

临床医学硕士(4人)

李　杨　　孙志飞　　武　龙　　邹盛磊

海外教育学院

国际商务硕士(5人)

　　MOROZOVA LINA
　　KALK MONIKA
　　YAKUBU DAMA AUDI
　　OKWENNA IFEANYI
　　ANNE L'YVONNET

汉语国际教育硕士(15人)

　　KAMEYA YUKI
　　ZHOU LINDA CHUN
　　DUONG DUC VUONG
　　YULIANA ALIANA JUANDA
　　KHOUNPHOUVONG AVAPHONE
　　LEE YANGCHINGXOUANG
　　GUNJAN MODI
　　POEY EUNICE
　　SALIDER CHANPHONE
　　TRISNA SANJAYA
　　SAYASY NONGCHAI

SIM SOOMIN
SOULINTHONE SAIPHACHAN
THONGMANILAY AMPHOUVONE
CHIDCHUE NICHAWADEE

艺术硕士(1人)
SENESENGPHOM SOUKSATIT

2015年毕业的同等学力硕士研究生名单

政治与公共管理学院

行政管理(12人)
钱寅峰　许磊　院恩全　陈蕾磊　冯莉　高静　李璐
倪晓红　吴文倩　周娜　徐克选　周霞

东吴商学院(财经学院)　东吴证券金融学院

会计学(1人)
奚晨娟

金融学(1人)
陈景艳

企业管理(3人)
钱敏娜　王文博　张子君

王健法学院

民商法学(1人)
于谦

宪法学与行政法学(3人)
沈珍海　江翊国　陆明

教育学院

课程与教学论(19人)
苗华　吴冬梅　奚彩健　梅楠　涂志勇　栾翠华　杨银
肖燕　高鸣　陈静　冯纯　朱晓虹　张菁　袁伟
宫建红　曹冬梅　蔡莉　张健　蒋莉娟

应用心理学(4人)
　　宗胜蓝　　尹彦婳　　戴旎茜　　张雪景

医学部基础医学与生物科学学院

病理学与病理生理学(6人)
　　袁　政　　江　翔　　蒋丽琳　　高　杨　　王加临　　毛　曦

病原生物学(4人)
　　李宏明　　刘名波　　刘　杨　　毕馨阳

免疫学(10人)
　　李献军　　孙　青　　蔡明渊　　陈艳飞　　史　渊　　孙红霞　　周　怡
　　李建华　　虞　忻　　杨夏萍

医学部药学院

药剂学(12人)
　　李跃东　　戴林东　　吴　伟　　陈亚芳　　钱春艳　　钱　卿　　曹　莺
　　宋秋萍　　罗　恒　　周瑜潴　　邱佟毅　　何妙翠

药物化学(6人)
　　唐新星　　张　雄　　姚春燕　　顾莉娟　　沈益飞　　李娟娟

医学部护理学院

护理学(12人)
　　顾志菊　　贺胜男　　贺　艳　　金玉娟　　骆海燕　　谢　珺　　杨燕萍
　　张　薇　　张　允　　张　芳　　杨　静　　蒋君芳

附属第一医院

耳鼻咽喉科学(1人)
　　杜志宏

妇产科学(16人)
　　陈　燕　　陈　泳　　李　敏　　马平红　　马秋萍　　谭　娟　　王芳芳
　　杨　芸　　张璟璐　　周　丹　　周丹丹　　邹　娟　　戚　慧　　谭　红
　　徐　霞　　彭　兰

急诊医学(2人)
　　杨　挺　　秦启红

临床检验诊断学(2人)
　　黄小丽　　李治锋

麻醉学(6人)
　　黄春燕　　邱　芸　　郭雪进　　龚　菊　　陈亚男　　冯　霞

内科学(25人)
　　蔡东平　　黄　辉　　唐　军　　王　凯　　王　用　　王正江　　张　科
　　张　磊　　黄永芬　　王　莉　　朱明艳　　朱晓巍　　吴秋蓉　　顾芳华
　　程　易　　赵若飞　　靳凤娟　　蒋　骅　　邹文兰　　沈月秋　　李　麟
　　高　彦　　黄　夏　　徐　燕　　刘冬梅

皮肤病与性病学(1人)
　　周烨棋

神经病学(3人)
　　冯小莉　　严　明　　汤恒勇

外科学(34人)
　　顾　兵　　沈　欣　　屠文健　　殷义明　　张　驰　　周广良　　曹丽娜
　　高正亚　　王正冬　　金天庭　　阙云端　　韦　巍　　丁　浩　　董　波
　　柳　荫　　苗　祥　　苗志龙　　周　珂　　钱　明　　李乐翔　　钱兴龙
　　滕士兵　　吕宏达　　孙晓峰　　周林强　　赵　虎　　李龙付　　张　兰
　　刘新益　　巨积辉　　李　雷　　朱从坤　　刘跃飞　　龙青燕

眼科学(7人)
　　潘　勇　　秦剑莺　　王　丽　　奚　婷　　张润琦　　顾晖晖　　陈志平

影像医学与核医学(12人)
　　董自军　　李运健　　练　伟　　陈　芳　　廖玉苹　　朱林娜　　袁李丽
　　陆　屹　　王德阳　　孙宗琼　　李　强　　成艳平

肿瘤学(5人)
　　田亚丽　　汪明云　　吴少兵　　侯　娟　　徐汇皓

附属第二医院

妇产科学(6人)
　　邱旭军　　陈　燕　　黄　吉　　马文琴　　施　琰　　王志君

急诊医学(2人)
　　王　寅　　王明将

麻醉学(2人)
　　王心琳　　张云慧

内科学(3人)
　　葛林阳　　殷　艳　　顾　霖

外科学(9人)
　　曹　峰　　丁　立　　邬亚明　　凌晓红　　钱　辉　　俞　航　　茅怡铭
　　冯晓军　　陈可勇

眼科学(2人)
　　孙　峰　　彭志佳

影像医学与核医学(6人)
　　于晓昌　　吴娜静　　吴文娟　　顾伟光　　李　鹏　　季晶晶

肿瘤学(1人)
　　夏秋燕

附属儿童医院

儿科学(13人)
　　安红银　　包道成　　顾绍栋　　茆康卫　　武宜亮　　金未来　　平献红
　　袁　晴　　张　芹　　朱　琨　　邱秀娟　　李俊峰　　蔡　燕

附属第三医院

儿科学(1人)
　　曾昭烨

内科学(4人)
　　马林霄　　谈波宇　　张玉皎　　左　华

外科学(3人)
　　胡新宇　　俞鹏翼　　时小芬

影像医学与核医学(5人)
　　张　剑　　沈晓慧　　肖铁臣　　方　舒　　张　晔

肿瘤学(3人)
　　黄　雪　　潘儒艳　　钱贤峰

上海第六人民医院

儿科学(2人)
　　王　兰　　毛　琳

妇产科学(3人)
　　张驰东　　董晓娟　　张　艳

急诊医学(2人)
　　窦红杰　　马　斌

麻醉学(3人)
　　宋苗苗　　朱　明　　林冬阳

内科学(5人)
　　李　聪　　钱　伟　　沈啸翼　　沈　艳　　季　业

神经病学(2人)
　　刘　振　　张　磊

外科学(5人)
　　邱炜庆　　吴怡彬　　张　瑜　　郑海根　　高文伟

影像医学与核医学(3人)
　　顾一峰　　陈小勇　　罗　琼

2015届本硕连读毕业生名单

临床医学(73人)

葛庭瑞	陈菲菲	刘雪克	周乐汀	胡官鸿	陆　凯	姜文侠
刘晓莉	赵　宇	殷越聪	蒋林华	陶晓旸	施春花	顾燕楠
刘秋晨	张　驰	刘永杰	陈　芸	孙雪薇	周　赟	管　仲
沈耀耀	韩佳珺	郑一飞	任捷艺	徐　祥	宋国勋	杨　鹏
谈丹琳	刘　亮	周　萌	陈嘉蔚	邹晟怡	王亚洲	徐艾强
许京亚	金芝萍	杜晓秋	韩　玲	樊金诺	金月平	马远明
吴　淳	张　慧	刘凤华	晁晓峰	汪凌骏	卞文艳	陈冬梅

戴骏琪	吕广霖	晁晶晶	肖　帅	汪　淼	任　航	孔　月
王　骁	陈　隽	李　晨	申文豪	左学勇	秦立成	陈冬阳
顾　培	李霞玲	张慧文	姚亦帆	彭培清	王彦苏	喻冰琪
罗炳辉	樊孙甫	鲍淑文				

2015届获得双学位学生名单

电子信息学院

通信工程(双学位)(1人)

　　施允博

东吴商学院(财经学院)　东吴证券金融学院

工商管理(双学位)(41人)

汤　琴	杨国兵	金　诚	张昕露	冯思嘉	黄凯兰	徐佳裕
胡佳丽	叶佳敏	茅人凡	高柔艳	许嘉伟	姚阿龙	王　丹
郑兰洪	胡海波	陆开伦	沈永健	高　程	周　路	谢　倩
付　杨	郑苏雯	邵　培	蔡　芹	苏　彪	殷雨航	徐雨辰
孙露莹	周　圆	翁雪婷	毕　杨	田佳斌	尤　雅	房　超
时　嘉	郭桂伶	史炳伟	史祺敏	谢　卿	包维磊	

国际经济与贸易(双学位)(58人)

吉　洁	沈佳怡	卫靓彦	奚　洋	王周琳	仇松莹	朱梦奇
何　叶	邱天颖	许奕颖	蔚　悦	杨舒文	郭小燚	潘旻瑜
谢　静	王　祺	商　仪	孙　琳	乔恒玥	朱金霞	熊海笑
王歆怡	沈　童	陈姝予	陈梦喆	沈　芳	戴彤彤	马　勍
凌　红	李召磊	李莎莎	李　卓	叶韫珊	王泽坤	王爱娟
顾一清	姜　松	崔　成	周　瑜	余　晨	彭　亮	孙红娣
李　月	潘钥玲	马泽宇	苗庆晟	李　蕾	朱迪扬	徐逸云
王圣洁	李　远	黄　菲	姚　婷	陆　瑾	林　强	万碧群
万冬波	陈玉琳					

凤凰传媒学院

新闻学(双学位)(15人)

戴　潇	闫佳奕	严　昕	董　玥	蒋旦悦	顾　煜	左惟昌
杨茂圆	卢振国	赵　丽	刘楚昀	杨　沁	宗晓丹	管　森
保　杰						

计算机科学与技术学院

计算机科学与技术(双学位)(4人)
　　植梓华　　潘焱　　李睿　　王安杞

教育学院

教育学(双学位)(9人)
　　由甜　　谈彬彬　　李嘉圣　　李运　　龚丽雯　　秦子琪　　徐其琛
　　邱鑫艳　　周天宝

应用心理学(双学位)(25人)
　　黄梓丹　　董思敏　　沈碧莲　　石晗瑾　　戴雯　　金笑宇　　刘欣
　　李晴　　徐易佳　　庞媛媛　　王佳毅　　张敏　　宣智豪　　张宁
　　李昕忆　　严倩　　王怡　　耿婕　　朱璨　　陈露　　杨韵仪
　　翁梦佳　　邹蓉　　任天然　　赵婷

王健法学院

法学(双学位)(65人)
　　何艺奇　　沈艺璇　　徐韶晖　　蔡梦迪　　王杰　　吕松乘　　曾莹
　　严正　　陈安琦　　谢一峰　　殷馨　　夏添翼　　夏心蕾　　刘燕
　　吴蝶　　曹镛　　蔡丞操　　朱尧　　李丹硕　　孙若谦　　徐思盈
　　杨羽冲　　沈娅梅　　薛毅　　夏正雷　　杨名之　　訾齐齐　　张晗玥
　　姚璎格　　刘馨雨　　梁济道　　周晓宇　　陈蔚文　　马倩　　齐开平
　　郦汉宸　　陈希思　　陈慧　　许桠婷　　杨璐　　陆晓杨　　金融
　　刘悦　　张严　　殷荣桧　　李筱　　沈天成　　杨君妍　　潘玲玲
　　华圣雍　　徐波　　陈倩　　薛紫兰　　李悦岩　　戴莉莉　　贺佳俊
　　徐燕　　王伟哲　　卢思琦　　谷冬泳　　崔恒力　　王菁　　宋金慧
　　沈蕾蕾　　李天一

医学部

生物科学(双学位)(9人)
　　石美高智　　孙一松　　刘逸秋　　周梦怡　　潘洁颖　　刘高敏　　谢晓亮
　　金珊珊　　张玉峰

政治与公共管理学院

行政管理(双学位)(36人)
　　王雪莹　　罗曼　　黄慧　　黄小虎　　承奕　　尹梓壑　　陆侥
　　周娴　　石君君　　陆梦迪　　梁雁　　杨雪皎　　刘琦　　沈琳
　　曹佳蓓　　王珏敏　　周晶晶　　黄奕　　缪玲玲　　李邵蓓　　樊之洋

赵 婧	王正梅	张艺馨	周晓兰	潘艺婷	蒋雨芳	丁广琴
孙 斌	黄冬祺	叶子杰	李 强	杨 怡	王 傑	许文茜
常 丽						

2015年1月毕业留学生名单

临床医学(3人)
  SIDDIQUI FARISA TASNEEM
  ZAINAB AMJAD
  SYED AKRAM UDDIN

2015年6月毕业留学生名单

国际经济与贸易(10人)
  NKOLE SANDRA PATIENCE
  TAZHUTOVA GAUKHAR
  TOMINAGA SHINJI
  SOUNYADETH XAYNILANH
  SOUNYADETH XAYDAVANH
  NGO VAN HUNG
  KHOUNKEO PHONETHIP
  PHOMVITHAM SENGXAY
  LIYEARXENG TOUYEAR
  SENTHAVONG KHAMLA

汉语言文学(28人)
  SONG SUNG KYU
  ANDREW SCOTT JONES
  SITHIDETH THIRASACK
  KIM MIJIN
  BAEK SEUNG CHUL
  CHOI KANGHWAN
  KIM DAYEON
  WOO MINJI
  SONG HYEJIN
  KIM YUMI
  JEONG NARAE
  LEE AHREUM
  JEON MINHUI

KWON HYEYOUNG
KIM KYOUNGHWA
IHN JEONGYEON
KIM SHINA
KWON SEULYE
KIM SOJUNG
PARK DEUNGYONG
PARK JIHYE
SEO JEONGHYEON
LEE EUNHA
LEE YONGGU
JEONG GYEORE
CHOI SEUNGHYE
KIM DAE HEE
IM JOONHYUCK

行政管理(1人)
KIM JAEHYUN

图书馆学(1人)
HWANG MIJIN

临床医学(40人)
DAVID KURNIAWAN
IGNATIUS
STACIA KRISTANTO
MELODY NETHANIA SUTEDJA
MEIDELIN HOEI
FIRDAUS RAZIE SUGONDO
ALI ANEES AHMED
SYED SHAREEFUDDIN RAZA
KHUSHBU RAZA
MADUGULA NIDHITA
SYED VIQAR AHMED
MUDAVATH KEERTI
CHETAN AGRAWAL
PATIL KISHOR KASHINATH
LOHITKUMAR MADAN SAKPAL
KANODE MALLIKARJUN BHUJANGRAO

KODALI SHEBA RATNA KUMARI
EMA LESLIE KALYAN SINGH
THATIPARTHI MATTHEW STEPHENS
NITISH KOLLURI
NELLORI VEDA SRI SAI SAMRAAT
MOHAMMED SUFIYAN AHMED
VEMULA AMULYA
ROHIT BHATNAGAR
AL ALSHAIKH ZAHRA AHMED M
MOHAMMED AMEER ALI KHAN AFROSE
DWARAMPUDI SAI GIRIDHAR REDDY
GOHAR VIPLOVE
AHMAD ALI
SAAD YOUSAF KHAN
AHMED WAQAS
KESARAJU DEEPIKA
AISHA KHADER
TARANI SHINDE
CHANDRAKANTH CHITTATHUR
MEMON ZAIDAKRAM ABDULSATTAR
CHOPRA MUKESH KUMAR
SAREER MURAD
KHAN SAUD
SABBAVARAPU SIRISHA

英语(1人)
HYEONJEONG JUNG

行政管理(1人)
SAM WALNE

2015届本科毕业生名单

文学院

对外汉语(57人)

王伟哲	吴诗蕊	张伊梦	施安康	史书昊	顾静娴	许晓蓉
庄达萨	孟祥祎	汤晟炜	赵文文	闫思含	李文钰	刘鹤阳
戚 悦	王雨霏	霍雨佳	周 瑞	吴梦琦	邹晓文	王 婷

张悦	蒋梦恬	杨敏	韩青凌	郿超楠	纪妍	时雁行
刘旭	朱梦云	包晓康	薛晓奕	薛钰	秦楠	杨舒珺
王娟	冯璐	王晓晨	王祎伟	朱佳瑜	肖瑶	王旭
谈旻萱	吴悦	倪雅群	吕佳宇	陆秀珍	季丽娜	顾新宇
卢苑	贡祎	刘玮	邓珏	陆佳晨	汤琴	任丹梅
张欣如						

汉语言文学(54人)

许一波	邓晓燕	夏映雪	卜玲	王智慧	刘丹	吕婷
朱芹	朱静波	丁玲	奚洋	陶露露	何盼	龚祖
武蕾	尤李	曹云	金情怡	张梦	赵炜	桑婷
倪敏芳	施梦琦	李仁娥	刘苑	魏思霞	魏荻	王伟伟
许思睿	王慧超	周雨洁	张蕾	华闵	周戴君	管丽娟
黄钊勇	陆銮	翁瑞瑞	付慧	吴红燕	吴鎏昕	刘传
顾成欢	丁彩云	王慧舟	杨扬	冯依云	魏新泽	刘洋
祁思涵	许驰	丛琳	任雨	田欢欢		

汉语言文学(基地)(43人)

黄祎	王珂	徐爽	曹敬雅	郁蓉蓉	顾玥	缪君妍
赵姝颖	李璐	刘情情	周立栋	刘霖华	符燕闻	王宇林
王倩	朱婷	张怡静	孙薇	郑佳媛	赵安琪	朱珠
王萱	黄鹤群	陈晶晶	薛述方	王敏	陶莹莹	万眯眯
张雨	万海娟	洪晓彤	朱花蕾	许钇宸	贾若雅	孔卫兵
吴旻浩	蒋文琴	季林莉	付晓金	孔维婕	高璐璐	王丽丽
李乐天						

汉语言文学(师范)(71人)

李亚栋	徐曼颖	侍逸意	景笑凡	陈金燕	陈爽	张小霞
涂丹丹	陈诗婕	张莎	王梦甜	张璐	董佳	周桐
朱楠	苏纯晰	阚月芹	缪依	陈媛媛	王雅洁	朱少君
蒋秋云	王羽	高家振	陆亚桢	陆瑶瑶	王舒	张静
陈诗芮	朱金星	刘颖	陈瑞雪	葛晨欣	唐甦霞	丁晓晓
刘尧	宫羽	张治燕	焦娇	王雪	罗丹丹	刘燕
潘玉琪	钱佳甜	高盛妍	孙静文	包婧	高雅洁	陈渊
陈婧	宋庆云	王丽乡	胡凌方	陈妙林	沈乔	张茹
冯素素	胡文男	景如月	贾芸蔚	黄卉怡	邓欢	沈茜岚
刘静	周伟烨	吴烨超	唐梦一	杨帆	刘娜	梁妍宁
李佳颖						

凤凰传媒学院

广播电视新闻学(18人)

王海龙	孙二玲	李怡君	王 君	过佳烨	李 晓	陈 晨
马珺婷	黄丽丽	李 颖	宋雅洁	蒋佳文	赵 楠	马 骞
张梦莎	焦婉平	吴文菁	武玲珑			

广告学(37人)

李铭玉	周 敏	李杰平	夏 伟	田 恬	陈晓敏	魏凌涛
华爽爽	任明元	孙凯侠	卫 薇	施雅雯	陈雅琴	陶映竹
王 静	胡 娇	赵星晨	王大鹏	韩 颖	徐铭洁	潘 婷
詹冰洁	李 静	钮颖婷	吴 晗	李向南	顾玉婷	杨 阳
施宏宇	董才敏	王燕飞	何 雯	陈 琳	刘天然	洪凌燕
蔡 洁	孔祥双					

戏剧影视文学(主持人艺术)(35人)

王 菁	王歆蕾	谢文婷	樊 佳	郭天姿	查佳利	颜闽悦
刘 媛	石梦婕	谢 卿	胡亚宁	高 晗	竺 笑	杨 磊
郝若冰	张韦淼	冯晓晓	于 晓	曹若岩	王楚澄	徐 瑾
季存淼	王 丹	杨春阳	赵晨羽	路 玥	赵恒庆	吴天艺
李柏桦	谢心怡	韩 雪	刘 智	代雅慧	杨 晨	李文茜

新闻学(92人)

朱诗雨	舒 心	陆 笑	钱美倩	陈一逸	解宝进	张 妍
史祺敏	牛林昕	陈 倩	卢 玥	吴 瑞	周玉倩	戴洁媛
焦家奇	徐文娟	盛春姣	顾 银	王 彤	李 远	张怡清
颜慧敏	陈双双	沈 彤	仲凡凡	俞范磊	崔 慧	杜佳凤
戈凤婷	陆荣健	黄 菲	朱惠丹	钱静娴	张晨湘	徐诗漫
姚 婷	陈忆雯	刘梦可	陈 露	奚晓晔	杨韵仪	陶怡瑾
薛紫兰	李悦岩	王 雪	张甜甜	张申薇	戴莉莉	任晓月
张 玉	刘 莹	夏子寒	朱 敏	陈艺滢	卢怡沁	王 丽
朱 洁	陈诗妍	娄春雨	咸瑾瑜	蒋 婷	李忠宝	朱 飞
郑 杰	金智利	张学新	陈席元	刘嘉雯	吴钰夏	潘丹红
严 欣	崔婷玮	王密斯	矫玥玲	石香云	陈 昕	缪 灵
夏倩茹	刘晓芸	谭皓华	陆 卉	张 彪	施 润	王欣然
蔡梦莹	季露露	吴倩倩	王凌星	姜旻旻	王玉婷	芮超群
李 杰						

社会学院

档案学(28人)

王 成	陆 慧	俞 淼	单晓烨	谭 夏	马无疆	李 博
蔡 颖	植梓华	吴 严	张 晴	许 茜	甘 鹭	丁正月
杨冰倩	翁晓方	谢 凡	蔚 悦	蔡梦玲	陈赛宇	万凯莉
李 野	王丹怡	张 钰	陈天文	马 林	夏璐婷	陆淑萍

劳动与社会保障(78人)

丛 宇	薛云倩	严旭榕	钱 超	魏 臻	高新顺	赵晓蕾
陈意心	王晓峰	张 晨	蒋秋水	汝政俊	丁瑶瑶	何艺奇
宣 妍	沈亦舒	侍凌风	马建军	倪 青	张淑祺	赵丹丹
顾烨婷	郑倩雯	李亚进	王 琰	徐诗卉	王 玥	尹 航
张梦柯	唐沁怡	朱希文	周正阳	赵统尚	高凡舒	庄潘婷
何适捷	董茵子	夏 禹	顾涵硕	姚忆婷	沈 琴	潘晓慧
王 锴	石晗瑾	陈静琦	顾庭苇	王 聪	刘银银	曹 云
沈艺璇	潘佳超	刘一凡	严佳林	苏悦烨	孙一松	彭 宸
袁姣怡	张 甜	吕超磊	周梦婷	濮文静	范 蠡	徐伟伟
严筱溪	顾徐阳	赵豪杰	徐韶晖	邵明丽	李宏伟	秦敏熠
戴 雯	李佳颖	胡佳宁	杨舒文	毛心怡	陈梦婷	董秋寒
李唯嘉						

历史学(师范)(34人)

顾鸣轩	田 艺	李倩芸	戚英娇	王逸伦	王雨青	龚 超
柏 璐	尹 瑶	侯如晋	褚 娟	吕 颖	袁海洋	吴立群
石美高智	周敏茜	叶晓莹	陈 洁	陶梦月	张 好	付 月
陈徐慧	张路园	王西艳	翁晓玲	陈东旭	刘晨一	顾家歆
赵慧敏	黎 媛	徐晓萍	张珍玲	胡 琦	闵 婕	

旅游管理(31人)

陈秋月	胡 昕	周 敏	陈黎丽	乔凯伟	王雅文	张小孟
郑 樑	金 煜	陈曼尔	黄博华	沈 洋	史 嵩	杨 丽
耿 缘	卫丽丽	田 野	吴爱丽	陈靖东	金璐璐	朱佩华
陈晓梅	宋丹萍	过晨华	陈文玉	耿兴宜	杜秋伊	吴慧军
缪俊朋	王克明	吴 卿				

社会工作(54人)

段成禹	周 颖	伞文枰	唐晓雯	王文芳	严涛涛	是梦黎
李 凝	陈宁笛	陈 茜	杜 丹	张 越	沈雅凡	朱 强

沈碧莲	季玉洁	孙嘉乾	程雪晴	范笑笑	顾倩倩	倪乐宁
张晓妍	沈　希	金　诚	谢信昆	庄雨蒙	杨茜婷	朱婷妹
张嘉炜	王伊千	华钦菡	陈　杰	姜　芬	朱佳蕾	汪澄川
于晓雯	丁林楠	孙　艳	范　森	邱天颖	蔡雅洁	顾宸恺
许奕颖	薛雨晨	徐　静	王彩云	傅康嘉	王晓冬	韩玲玲
杨艺彬	陆　益	姚在先	夏　琴	卜孙成		

图书馆学(63人)

赵超烨	黄俊文	徐　笑	鲍宇辰	王　洁	林　玥	王　怡
李馨玥	孙艺洋	徐　璐	周　婷	王成玥	周晨露	巢　晶
徐　俊	陈　思	张　弛	卫　肖	秦　菲	陈婷婷	孙　淼
鲁　非	蔡梦迪	曹　俐	姚俊杰	王　杰	束彭飞	蒋海恬
刘逸秋	瞿明华	朱　萍	黄继红	万凯迪	张晓烽	张燕超
张子杨	钱　丹	闫佳奕	何乃东	张佳佳	李诗恬	郜　洁
郁秋瑾	丁　彧	李　倩	陶　冉	朱莹珺	谭　怡	王　妍
邢　洁	田明美	严　昕	张　琪	翟春平	周梦怡	孙培培
罗　培	曲书瑾	徐榛榛	汤海波	平　衡	郭小燚	秦莉莉

信息资源管理(32人)

胡　爱	龚夕亭	孙雅文	颜炳瑾	陶周红	张文亮	唐姣姣
吴　倩	孙恩民	陆心怡	王莫言	丁宇帅	韩冬冬	何巧红
王斯瑶	李苗苗	吕　梅	朱方玉	蒋　银	陈丹丹	任晓婕
徐　乙	于　洋	刘钦瑶	辅先成	于　洋	刘　智	李乃光
王　瑾	王　珏	王骞敏	杨倩倩			

政治与公共管理学院

城市管理(78人)

洪新春	丁　阳	陈森荣	程　雪	刘茹怡	童亦真	周梦佳
高远衡	吴希均	王思宇	周亭婷	徐　蕴	吴　怡	付　帅
陈　富	陈晓莉	王玉倩	徐　铨	左靖娴	史　悠	邱　娜
刘楚燕	钱　瑾	吉芷晓	陈琳娜	万　蓉	赵　振	周宇凡
李　恬	瞿颖秋	杨　唯	肖智阳	颜子成	徐心莹	游善涛
朱仪琳	张　洁	沈鹏飞	孙郭亚	朱凯玲	周雨晨	张　影
陈　羽	陈章艺	杭　航	张丽花	孙莹琳	阙文琦	赵　荷
刘亚威	董思敏	谢雨晴	陶忆晴	徐　禅	王李俊	郑如心
周　弘	张　璐	俞贵坤	景珍静	孙亚楠	宋晨曦	冀家东
刘　璐	韦　峰	顾思意	周鑫馨	杨潇澜	金　晶	张家榕
过超一	张雨希	陈　芳	刘佳文	王振宇	张运涛	杨鹏程
刘雅韵						

管理科学(11人)

　　刘　欣　　许竞文　　徐　靓　　景　珏　　施　娟　　陈志祥　　谢志桐
　　刘冰冰　　徐　峰　　张斯旭　　潘伟佳

人力资源管理(48人)

　　许敏洁　　陈炯杰　　沈银才　　李姝晓　　蒋燕莉　　姜梦颖　　周　佳
　　张　欢　　陈　炼　　朱宝玲　　姜　妍　　赵　晓　　谌叶林　　盛权莉
　　朱燕倩　　朱梦奇　　沈宇辰　　张凯丽　　杨漫雪　　娄成炯　　石宝珺
　　吴　慧　　何　叶　　程　炜　　杨　然　　樊　倩　　鲍心怡　　吕子乔
　　张　斌　　唐　清　　常　宁　　郑诗航　　王霜凝　　严　金　　倪　娟
　　顾　俊　　胡蕴琪　　毛煜茗　　徐海慧　　梁　林　　孙薛培　　王　韵
　　曹婉婷　　范　轶　　张心怡　　乔　怡　　刘晓震　　何育璟

思想政治教育(34人)

　　程　洋　　石利云　　戚银祥　　冯梦姣　　陈亚琼　　王周琳　　王倩颖
　　高雅男　　吴　轶　　徐　倩　　王　馨　　田海翼　　陈　莉　　仇松莹
　　陈　东　　孙　青　　孙婷婷　　杨　铮　　袁晓丽　　乔福剑　　魏雪琦
　　许　璐　　曹　涛　　赵志莹　　尹　丹　　吴珍珍　　刘晓雪　　王　煜
　　葛俊杰　　周　亚　　陈　琛　　孙　超　　金　秋　　薛　君

物流管理(80人)

　　袁　伟　　潘　祺　　朱晓杰　　王佳伟　　曹颖翀　　王翔宇　　李　曦
　　杜　洋　　李依霞　　梁　晨　　张添伟　　缪小晶　　邢　杰　　王　纯
　　袁尚云　　路　娜　　田诗源　　刘振阳　　黄诗怡　　郭茜云　　张雄伟
　　姚俊宇　　孙　璇　　汪　峪　　王梦雪　　朱　晴　　支琳琳　　陈　双
　　黄　玮　　陈安妮　　景　琳　　邓宁宁　　缪一文　　钱　枫　　严心仪
　　李　松　　杜　悦　　陆鑫宇　　吴亦阳　　陈　颖　　孔庆星　　顾　盛
　　朱晓敏　　隋　涵　　尤　敏　　陆雨楠　　王　音　　张啸寅　　刘沁怡
　　周科均　　杨　琪　　张　明　　朱梦如　　李　爽　　张岑怡　　徐玲玉
　　沈　赟　　沙　浩　　陈　超　　王将凡　　曲　悦　　黄家琪　　张仪冰
　　于秋童　　於晶晶　　王栋栋　　戴文杰　　汤　婷　　庞　媛　　刘　瑾
　　罗　丹　　储盛丰　　傅丽娟　　陆秀源　　杨桃红　　袁潇潇　　刘碧芬
　　祝宇璠　　王艾妍　　吴昕逸

行政管理(58人)

　　陈　成　　冯　涛　　徐体昊　　郑　瑶　　奚　超　　张颇如　　刘佳芸
　　罗雨茵　　浦孜越　　王一婷　　张忆薇　　王　雨　　韩高峰　　徐　波
　　程鹏蓬　　杨晓琳　　朱亚楠　　姚　娜　　肖依玮　　曹秋唱　　孔雨秋
　　杨　雪　　赵　雪　　王晓芳　　韩　梦　　邓晓波　　陶鹏鹏　　许文佳

孙　星	龙冠蓉	徐丽萍	赵婷婷	盛　佳	崔海霞	刘烨珂
孔祥栋	李文娟	刘　倩	钱　程	张　姣	王晓林	杨国兵
蔡玉娇	江秋怡	袁　畋	房文婷	贾　琼	邹晓琴	黄梓丹
黄莉婷	韩丹娜	孙　艳	浦云朦	叶　盛	董小雪	潘　欣
朱　敏	蒋枫桦					

哲学(1人)
　　孙晓婉

东吴商学院(财经学院)　　东吴证券金融学院

财务管理(34人)

蒋　丽	陈淼磊	陈　璇	刘佳林	姜云霞	徐天宜	毛王鑫
张　洁	郭士群	查秋妍	朱金晶	周小荔	杨玉华	潘　燕
朱秋笛	王秋怡	孙硕勋	刘家卫	刘欣欣	戴　冉	华雪珺
施梦瑶	许晓彤	朱诗雨	顾熠熹	沈庆庆	陈柏宇	黄　杉
许燕萍	何依萍	郭奕虹	原嘉颖	刘佳丽	王话宁	

财政学(24人)

王文强	伍　茜	郑旭东	陈安琦	刘奥林	宋　越	李　岩
曹婧怡	崔骅鑫	徐易佳	魏宁宁	孙　鸣	尹晓荔	戴建菲
朱　浩	苏裕涵	孙楚秋	蔡文莹	承　奕	陈师瑶	茅人凡
朱　立	薛　伟	王　鹏				

电子商务(38人)

朱君康	黄申垚	施允博	宋雨杭	吴欣怡	吴一帆	李　燚
符浩晨	邢苏倩	蔡丞操	李露旻	刘　名	许梦阳	吴栋杰
徐思齐	袁锦钰	潘玉吉	缪经林	林呈涛	韩月清	罗永强
江志宏	俞　展	杨智慧	徐力亚	薛　光	陈　蓉	龚苏雅
王忠越	李思亲	李晓菁	李　运	周慧敏	任加敏	蒋晗琦
陈传敏	符叶帆	刘鹏程				

工商管理(29人)

彭梦萱	徐天霞	王美文	杨雪琴	郁佳云	郑文婷	范　叶
顾　丽	熊佳佳	王昱嫒	张　远	于贝贝	李　雪	杭　叶
杨雪瑶	米　兰	王胜楠	徐　珊	黄婷婷	袁　杨	许　超
庞敬元	包珉吉	储　瑶	张冬梅	张　颖	章　叶	张　静
陈　晓						

国际经济与贸易(48人)

董亮祯	张　健	崔善超	王　樯	钟玘杰	顾李东	王　倩
李　宁	朱晓玲	叶　莉	荣誉满	陈媛媛	吴鸿杰	严　俐
宦晓瑜	周晓良	许佳佳	许　茜	纪彦臻	龚紫兰	王敬慈
潘云巧	赵焱琳	王淑雯	蒋旦悦	秦　佳	王银霞	陈媛媛
陆琳颖	邹佳伲	杨柳纤	徐佳娴	朱芊锦	岳　蓉	王　丹
林　研	吴鸣洲	邱剑超	陈　静	王文雯	丰　艳	朱华清
张紫建	刘小芹	王　蓉	李　悦	张浩煜	刘驰琛	

会计学(121人)

谢徐欣	沈晓彤	周婷婷	张　桢	林婧霞	赵　瑜	徐潇龙
张康建	王　榕	任天懿	华　君	陈梦喆	张艺垚	徐天娇
宋一鸣	杨欢旭	计　薇	朱君妍	张晓波	王俊杰	姜超月
周诗意	唐紫薇	黄东庭	孙清清	丁　颖	杨颢颐	蒋　立
陈怡伶	李　卉	张逸文	朱雪君	望如届	孙　雯	陈　晨
杨天然	袁一凡	徐雪姣	吴　宇	柳人琪	李明乔	陆晨瑶
周　卉	贡澄蓉	黄亦荪	殷吟月	徐望清	胡韵泓	王　露
朱　睿	许开玲	王新钰	刘颖韬	黄晓晓	毛慧萍	沈炜策
赵　婷	陆奕豪	徐　徐	王夕鸣	曹日嘉	顾晓亚	支一琦
毛思贤	宋　佳	沈佳倩	张　昕	沈仁杰	潘秋晨	赵　静
顾苡菲	周晨玥	丁陆玮	胡凌云	杜文璇	王　雨	刘　粲
王　颖	任婷婷	丁颖斐	赵慕一	龚　纯	曹译匀	孙亚兰
唐婧颖	陆喻心	李亚楠	彭健轩	陈思玥	廉希晨	姚梦晓
殷嘉钧	何丹笛	郭俞辰	孙启晨	孙　卉	钱意静	徐　昕
俞婷婷	陈嘉怡	李　莉	朱慧星	邹　煜	刘晓铃	黄沈夏
韩　颖	张扬予	陈　静	张　钶	祁　含	钱梦添	沈之骄
沈　旭	林　倩	张　倩	印　莎	章诗尧	赵　笑	尹亚楠
苗庆晟	孙　韬					

会计学(国际会计)(69人)

俞若琪	刘薇薇	樊容玮	章正凡	张　晗	陈　康	邢　云
梁杰夫	曹　镛	朱凯琳	唐冰清	吴春晖	沈旭珂	顾司珺
裴　欣	张　洋	袁伟博	徐冬君	谢　婷	秦　宇	王佳琪
马煜琛	唐子捷	蔡烨松	邹　赟	陈芷涵	陈思文	夏思阳
王　达	周旭文	钮　杨	许慧玉	马　玉	陈　铖	徐　彤
徐馨荷	董彦达	李晓天	支敏怡	江星岚	陈明傲	郭文彬
蒋雨珏	严　明	郑之舯	柯佳灵	王子璐	汝蓉俐	张卓然
卞佳星	周洁心	李　超	孙荣泽	吴　凡	周鼎烨	尤　绮
荣　怡	徐　越	郁　晨	梅诚成	许倩雯	程秀颖	王　玲

张　雯　　闻思远　　杨　涛　　姜凯华　　徐轶雯　　冯　毅

金融学(175人)

李　申　　孙　涛　　杨颖颖　　韩　笑　　瞿晓锋　　金大伟　　马张翼
李昱锋　　桑小霖　　陈　锘　　王　岩　　冯晓露　　钱　弘　　胡一凡
殷传睃　　周　怡　　朱晨婕　　单　磊　　朱铭晗　　王睿卿　　陆星宇
方佳怡　　许　轲　　吕秀青　　吴叶婷　　吴亿嘉　　徐　蕾　　卜　鹭
朱　晗　　顾晨阳　　李　琰　　从　琳　　冯润宇　　施晓俊　　吉辰光
刘荃月　　沈炟威　　朱思莹　　李　超　　郝思妍　　周恩泽　　刘贵江
刁淑薇　　赵　敏　　王金铭　　朱　尧　　史　雯　　张　晶　　李泓娇
陆一心　　吴子天　　毛　晟　　王　玮　　赵　哲　　王　钰　　陆亚伟
田　曦　　马　谦　　庄　媛　　戴　昱　　李丹硕　　朱云鹏　　黄　睿
韩　冰　　顾坦虹　　毛　伟　　王晓敏　　陈盛芝　　虞艺璇　　高元庭
姚珏一　　吴绿叶　　高昕炜　　朱茜圆　　赵永立　　范雨蒙　　潘家伊
赵金芝　　解清扬　　钟婉翎　　阚晓丹　　缪逸磊　　徐静萍　　马　越
于申珅　　朱荷倩　　冯　墨　　陈　程　　朱心怡　　刘天然　　邹小涵
李星谕　　张楚瑄　　姚诗佳　　郑　优　　袁　苑　　张　戈　　杜仁芳
王　磊　　周　舟　　汤　嘉　　顾培琪　　朱晨希　　薛　强　　顾　潇
承轶凡　　黄　璜　　张婷婷　　刘茗茜　　黄　麒　　张　岚　　唐铭泽
赵楷栋　　蒋梦竹　　邵路遥　　贾邵颖　　朱亚文　　林言君　　孙若谦
冯文畅　　陈凯钰　　奚乐扬　　徐心怡　　宁家慧　　杨怡平　　彭焕豪
冷惟肖　　武　晟　　顾辰璐　　贲孟晋　　张　佩　　张尊悦　　苏　茜
吴仁凯　　刘　露　　丁　荻　　郑立人　　戴　琳　　郑国材　　沈　驰
赵　晨　　顾　靓　　贺文婕　　王　一　　沈雅婧　　苏　畅　　徐丽娅
李　悦　　丁淑君　　许煜晗　　盛　忱　　倪雨涵　　强思嘉　　葛翀冲
李丹妮　　杜　颖　　季　溢　　沈秋月　　邱琳怡　　樊　宁　　顾　璟
陈涵笑　　方　俊　　沈莉佳　　鲜　源　　袁　雯　　周　寰　　王卓炜
褚　雪　　吴国跃　　朱习习　　赵安静　　吴　笙　　俞　晨　　张红杰

金融学(国际课程实验班)(59人)

许　可　　周顺翔　　陈依静　　汤滨瑄　　刘慧敏　　万竹君　　汤逸飞
顾　煜　　孙嘉敏　　陈　蕊　　朱　墨　　姚　缘　　戈艺莲　　李胤鹏
于凯文　　陆逸凡　　杨伊伊　　徐思盈　　刘姝良　　刘　晶　　庄　妍
庞翼兰　　董嘉伦　　章一丰　　马　骏　　施映伊　　沈　昕　　殷乔瑜
陈羽敏　　吴加利　　沈星遨　　陈安琪　　陈书洋　　朱忻然　　夏子涵
李晗兮　　王博侠　　柳　喆　　曲琬璐　　蒋　艺　　钱周咏　　吴宸百
蒋吉玥　　梁　虎　　施　希　　陈少柏　　伏小洋　　崔　铎　　李　想
李海心　　马思佳　　陈　青　　袁　玮　　张晓旭　　张俊卿　　夏　玥
张可烨　　李傅筠　　顾梦碟

经济学(21人)

董秋倩	丁子宇	缪雯雯	丁佳怡	袁婷婷	许淼	王然
戴丹华	吴思琳	黄冰青	吴胜男	陈晓	黄煜程	高璐
姚佳丽	康天音	徐海峰	柏晶	项莉婷	杨兰兰	王鹏

市场营销(125人)

夏文	黄丽婷	周瀛	薛翔文	黄昀赟	董玥	李天一
任茜	陆侨华	宋芳	陈辉	毛林	吴琼	吴中鹤
张思煜	李轶	袁飞	陆婧	王虹铭	潘陆珺	施梦
华昕	万婉	乔恒玥	景之春	缪佳微	汪奕	顾坚
胡一帆	戴妮洁	徐聪	周宝生	单文聪	张舒也	于书慧
左鹏飞	周雅兰	王谦菲	程丛千	吴玉婷	赵魏理	谢一峰
王淑仪	陆秋婧	张雨舟	孙晓楠	赵楠楠	严震	朱燕婷
张婷	何梦丹	徐晓康	吕烊	曹依然	蒋婧	徐琦
曾玲希	葛林林	谢贝祎	周庆梓	许劼歆	吴丹丹	陈天舒
管晓燕	崔敏	朱金霞	缪云	熊海笑	周锐	殷馨
俞维娟	徐植人	李晟	甘宜池	潘东方	法若天	顾清杨
梅语寒	周玲莉	何鸣明	顾浩炜	许凯轶	夏添翼	万一扬
贾西贝	任子雯	马彪	王歆怡	曹晨珑	李凌嘉	侯雪雍
倪希思	黄桥	沈星彤	钱骋	沈童	曹思韵	徐梦凡
张雪君	陈姝予	曹新亮	马丹妮	金程宇	胡怡	侍强
曹欢栋	胡世震	孙莉	程曦	蔡君	丁妍君	夏心蕾
张令仪	沈悦	张其彦	孙翘楚	刘燕	王开祥	朱韵霏
李煜	於美玲	王飞	李一灵	吴蝶	安维安	

王健法学院

法学(159人)

张海燕	戴璇	王若冉	朱国培	朱骁	嵇若晨	姜泽堃
孟榕榕	朱琰婷	苏宇栋	陈亦文	丁晨	吴梦雨	许叶
陈凯玲	胡慧敏	王蕊	史陈杰	韩枫	耿乃靓	高柔艳
田莉	保娅	杨楠	张莉莉	钱鑫	王敏	何娇
俞纯嫣	沈芳	苏桂兰	张皓月	吴欢欢	成榕	左佑
卢丹	刘晓惠	杭欣	汪文祥	王晓明	印武	秦俐娟
庄婷	高林	魏伟	李鹏慧	李梦玉	戴翠婷	胡双虎
王偲怡	李国子	程霁	唐慧	吕澄	陈晓婷	赵蕴清
徐天行	张妤婕	严峰	顾沛文	冯禹源	袁尧	刘凯利
李成星	郑琳	朱旋	黄珂	李少	邵璐	时婷
陆亚萌	梁月	陆敏亚	单天羽	龙松熊	王婉旖	袁梦清
李华蓉	盛伟荣	杨初易	徐萌楠	吴诗琪	方淑珺	陶力凡

程籽毓　秦佳炜　吴珊珊　林秋玲　贾　锦　谢思雨　张一擎
姚　静　黄诗泽　金　舒　苗诗琦　邱海娟　许雅璐　冼泳珊
饶依婷　陈健炜　黄冷千　胡　嘉　张永强　吴雨桐　张亚琴
李存存　狄茹馨　缪迎春　刘士博　张晓媛　周　舟　杨　蕾
樊　飞　潘　好　李思婧　顾　婧　徐皞昊　鲍　彤　陆　洲
陈西西　王静文　姚凯燕　傅雅君　曹睿倩　周奕汉　唐思佳
刘　琼　章　丽　周　玲　潘昀茜　郝静宇　吴　瑾　倪宇萌
盛德慧　彭　敏　朱一帆　胡云秀　顾　晟　孙智慧　周　月
丁　鹤　冯　鹏　唐桂思　谭博丹　刘志露　李　虹　贡嘎白珍
格　宗　次仁德吉　诸江虹　于　娟　黄秋艳　周诗易　韦　祎
姚丽静　张圣晗　袁丽婷　吴莉莉　肖　楠

法学(法学教改)(4人)

　　彭紫依　朱丹丹　孙　斌　包维磊

法学(知识产权)(30人)

　　俞黎芳　季　婷　冯遵营　朱志宇　黄　晟　刘博琛　朱峤玲
　　张琪琪　张　通　姜　勋　葛诗彤　刘　悦　江　洋　管依依
　　陈燕萍　刘　苗　徐威薇　王　凯　陈一鸣　虞　喆　孙海洋
　　陈雅芳　甄可人　李浩然　应　童　郑凯颖　戴彤彤　荣安宇
　　任　盼　周文娴

外国语学院

朝鲜语(17人)

　　韩　艺　穆东玲　程月红　杨　叶　王静婷　张　慧　赵　越
　　陈丹丹　熊婧芸　刘苗虹　路婧媛　缪　捷　王安平　刘欣珏
　　王　旭　曹薇薇　吴梅倩

德语(22人)

　　王露露　施梦娜　秦露萌　胡怿然　金笑宇　刘　旋　侯　玥
　　时　嘉　王　祺　王思婕　朱凌燕　茅佳敏　方　翔　杨　婕
　　商　仪　赵小倩　刘文意　朱静文　徐　凌　王艺澄　张紫楠
　　周　俐

俄语(俄英双语)(20人)

　　孙　悦　吉　洁　沈佳怡　丁　奕　徐　静　张　曦　胡秋敏
　　韩玉珊　张清钰　徐　彦　张千平　唐　巧　龚　晔　张雅璐
　　杨文姣　季玉亭　陈　冬　叶　琦　任艺男　宋玉建

法语(法英双语)(27人)

王 蓓　　周 丽　　林 强　　陈 珺　　俞维仪　　金艾琳　　万冬波
孙梦蝶　　张 叶　　张岳培　　潘沁雯　　吴小婷　　顾咪咪　　聂 蕤
王永永　　张园园　　张哲奕　　陆 瑾　　陈玉琳　　梁 琰　　王慧敏
殷 怡　　朱庭慧　　刘珅兰　　陆津津　　张明月　　万碧群

日语(46人)

夏 雨　　冷丽艳　　周秀莲　　刘月娇　　韦晶塬　　王 姝　　朱炯霖
杨红娟　　王晓辰　　黄 茜　　马 跃　　葛君言　　黄夏妮　　钱 丽
李柏予　　周 炎　　洪秋月　　顾蕴华　　刘凌颖　　曹琳枫　　张雅先
任慧颖　　程 一　　马 娉　　汤丽华　　张翔宇　　朱 丹　　吕大海
张 威　　王天琪　　李玉培　　郭雨菲　　李孟琦　　张 康　　许少伟
李新梅　　王诗若　　冯思嘉　　袁 远　　唐珊珊　　谢 静　　曹瑞瑞
宋昀烨　　葛莉莉　　李 坤　　齐韵璐

西班牙语(22人)

周际航　　曹宓秋　　何 烨　　刘 颖　　史 林　　汤莉娟　　杨 阳
印婷郁　　梁 静　　钱进明　　陆丹丹　　张 晴　　唐 敏　　张宇亮
陈丹秋　　王雨菲　　张超杰　　仲 立　　李天舒　　蔡冰波　　倪雪娇
李灵灵

英语(48人)

葛盛晓　　陈佳丽　　姜发才　　刘世磊　　韩 涵　　王 娟　　江 姗
季媛媛　　韩海燕　　杨梦楚　　李一丹　　李梦蕾　　潘旻瑜　　拓 开
陈东煜　　季 娇　　宋志红　　王 顿　　钱龙飞　　石曼薇　　赵心怡
雷杨菲　　张昕露　　葛晓虎　　马璐璐　　杨 琪　　朱秋婷　　施佳伶
王 琦　　周一叶　　张杨蕾　　叶炜琨　　张艺馨　　过晓雯　　周 锐
朱敏敏　　方 荣　　张丙煦　　陈清蓉　　陈天镜　　王 洋　　应秋萍
袁妙洵　　施茗稀　　陈雨婷　　徐小凤　　吴 琴　　高 涵

英语(翻译)(22人)

石 岩　　余传文　　林 卉　　沈 婷　　端 颖　　闫 琳　　刘俊红
王艳菲　　张金凤　　张梦男　　都莉莉　　刘佳楠　　侯 姝　　戴敏艳
黄学凡　　单冬雯　　郭紫云　　孙静怡　　周 琪　　夏 慧　　刘 云
顾坤香

英语(师范)(32人)

王亚洁　　龚天元　　孔 颖　　吴潇榆　　杨俊悦　　韩玉兰　　顾依尔
朱 铖　　黄玲琪　　黄馨逸　　郭小红　　张 叶　　王煜溪　　朱 彤

仲梦科	许梦圆	左　松	张晓琪	王欣荣	秦子雁	万竟成
王乐乐	黄敏锐	任　怡	陈嘉卉	韩青云	汪静奕	姚逸清
王　旭	俞诗晴	黄　钰	向悦菱			

教育学院

教育技术学(21人)

孟庆伟	丁少军	蒋　娟	韩　青	占红巧	王　娅	陈　涛
刘　琦	张安静	闵　洁	蒋小琴	唐　姝	陈会丽	王　飞
史贝贝	孙　涛	王晓叶	詹　袁	孙季一	乔　侨	顾梦婷

教育学(师范)(30人)

张高峰	张　盼	许京凤	陈宁阳	段小芳	张海伦	陈梦娜
陆亚萍	杨　梦	孙雯嘉	杨　玲	黄　薇	沈金俊	叶　露
黄璐鹭	徐　伟	郑　霏	蒋　彦	任　静	顾敏婕	张　洁
刘　祺	徐文玥	耿　婕	沈冬冬	孙红娣	李　月	陆　珍
张梦月	刘晨晨					

应用心理学(38人)

华　伟	殷雨航	胡允丰	曹　莹	邱鑫艳	施嘉逸	洪雅兰
吕佳慧	孔洁莉	马　媛	许梦婷	徐雨辰	孙露莹	丁明慧
殷　晟	林文静	周　圆	袁　卓	刘艳琴	刘　非	于　潜
高慕烨	李　文	曹欣蕾	张　峰	郭　猛	许一山	张　燕
赵　安	薛瑞祎	沈嘉伟	杨佩佩	苏王欢	李艾苏	费星瑞
张晓晓	季柏庭	温倚颂				

艺术学院

美术学(插画)(16人)

赵　迪	王雅琪	程　适	孙　琪	逯志强	郑　薇	徐炜倩
李　晴	张焱雯	谢　环	吴羽尘	时红亚	于苗苗	宋　炜
陈曼曼	王　潘					

美术学(美术教育)(25人)

邵佳怡	闫大富	沈希希	叶哲敏	盛　蕾	彭　静	张存惠
刘佳丽	张诗怡	王宇航	王艳春	师　诚	季　勉	周丹艳
罗　玮	邵　曦	朱亚乐	黄佳琪	奚　婧	文　瑶	任　颖
卓春名	蒯卓胤	叶梦茜	赵喜林			

艺术设计(128人)

华时岱	熊佳琦	李淑春	程秉宇	李海今	苏海晨	崇鸿鹏

朱宇心	申知灵	蒋宁慧	张 童	祁 妙	刘晨霄	许茜茜
吴 杰	徐晨清	温萧羽	潘珍之	王晓龙	邹梦月	杜思雨
张红艳	黄 山	张 叶	吴春霞	王飞龙	肖 昭	彭晚晴
康天如	孟 嫣	任丽丽	邹丽萍	冯巧云	周舒阳	干良斌
宋清芸	王启明	黄逸婧	夏诗彦	罗宇杰	陈晓宇	曹 旭
朱伟杰	唐玉婷	冯徐成	赵于帛	胡彩月	刘 畅	朱美辰
朱学敏	刘 彦	胡承坤	姚 莉	黄 慧	牛 菲	黄 信
田 芬	朱逸云	袁朋朋	蒋 超	易师仪	周凯丽	张智程
高 珊	田雅凝	李 杰	杨 丹	刘可新	杨 丽	周 媛
黄 冉	李霖颖	吴清波	蒋 琳	杜云鹤	陈 静	任思思
张占威	宋 菲	王祖毅	周 逸	王泽林	张旭彤	龙晓兵
秦景琼	曾 莹	李 婵	潘幸玙	代柏楠	王熙熙	张亚君
徐 甜	夏林玉	史继雯	杜亚宣	廖跃春	张圣媛	杜芳芳
唐婉婷	王 露	郑娇丹	陈磊磊	钱一飞	王鸿悦	李 想
卢美玲	王 浩	张 琳	赵 迪	俞佳捷	莫诗龙	肖宇文
常 佳	郭梦丹	张佳佳	连明艳	张清慧	奚烽渊	许玉立
欧阳函	潘罗靖	孙 进	张颖雯	王丹丹	史钰婷	王一画
高翊庭	焦 兰					

艺术设计(时装表演与服装设计)(24人)

姜 鑫	刘励孜	由 甜	谈彬彬	张建鑫	李 孟	张 悦
郭士柏	郭星儿	张育铭	李德志	齐圆缘	段苏凌	李嘉圣
袁思雨	杜 晨	瞿冠杰	孙振凯	刘 晨	展 越	尚秋杉
徐 婧	褚永刚	刘 桐				

艺术设计(数码媒体艺术设计)(28人)

朱林果	王智慧	展一钊	张文嘉	周 伟	骆江萍	尚红颖
朱 磊	任伟莎	李法院	唐传宇	冯雪瑶	朱佳媚	仲昭宇
王智敏	范梦雪	张潘婷	吴 昊	黄 婷	李梦希	单 瑶
陈 聪	张 珂	周梦丹	张姣姣	高文娟	张 帆	吕 娜

艺术设计学(14人)

王一帆	林金花	毕同同	朱英芹	朱冉冉	王爱茜	丁静文
陈小梅	张盼盼	罗 雪	曹正祝	王 丹	李丹丹	史 翔

音乐学院(39人)

解 爽	张乃荻	薛 景	吕松乘	王雪莹	罗 曼	王贝迪
杨 晗	贾媛媛	刘 欣	黄凯兰	王艺璇	张欣宇	朱梦丹
黄宗兰	查力非	朱一丹	马慕楠	谷 悦	邓 佳	黄敏捷

刘叶露	黄莎莎	李子秋	朱嘉倩	姚若培	刘维玥	朱颜微
史梦茹	郑爽	袁雯	江俊	孙炜皓	严斯嘉	柳倩颖
赵琦	郭微	陈鹤	陈韫哲			

体育学院

民族传统体育(21人)

殷雅轩	张健桢	刘沉沉	王昊宇	于敏	张旭红	张振
郭通通	张勇	刘超路	蔺旭	刘建喜	朱月光	张安然
高鸣霄	杨关	黄小虎	刘丹	史昊田	吴跃军	初蕾

体育教育(74人)

吕帅	许乾伟	王淦	谢宇	李梓闻	吴智琦	徐超
沈婷婷	徐嘉翰	马鑫	张昊阳	胡龙友	陈欣悦	张周龙
赵颖	顾喆	邢明志	陈刚	徐旻宇	陆韬	史凯
杨亮亮	丁心然	郑奔奔	金同强	王宁	周旺	梁梦夏
郭建	蒋晓伟	李宗骏	董轩	王自强	左鹏飞	蒋云翔
樊菲	王翔	王卓君	高明煜	胡佳佳	周志文	祁杰
赵辰	贺祥虎	沙聪	臧俣	王晨曦	王岩	侍昌昊
陈百川	刘仁凤	石珂杰	李军	史成程	刘益凡	王康虎
廉银	邵飞	郭倩	蔡旺	陆游	杨学海	王欢
颜廷锴	夏艳成	朴钟浩	王冬强	詹倩茹	沈炜娅	尹梦婉
徐阿明	申欣鑫	邓守宏	葛媛媛			

运动人体科学(运动休闲与健康)(17人)

张海涛	赵雨阳	惠娟	赵丽	高生	张晶	邱彩云
汪学澍	姜欣	孙慧珍	吴卓航	刘文	张国明	张碧云
董苏刚	徐奕涛	马冲亚				

运动训练(61人)

孙清	丁磊	王龙	王坤	臧愉	李林唐	周林杰
夏佳安	蔡鹏昊	路遥	韩星	樊文浩	刘晞晨	王皓
满忠魁	许美玲	施健	张泽群	薛宇斌	王振	蒋稳安
丁诚	陈永福	李承洋	查智祥	苏家旺	沈俊莺	胡汪辉
苗琦	宋季杰	庄诚	陆懿枫	向导	刘书言	李浩
胡梦媛	毛轩松	张思凡	徐凤强	徐殿轩	高卿	戴杰
李慷杰	房宣羽	易洁琼	徐丹琪	张亚楠	王姣	范嘉琪
邵鹏	蔡成路	边雨霏	张晓瑜	肖坚	朱思雨	孔粲
吴镇	陈羽剑	丁杰	贾婷婷	余秋寒		

数学科学学院

数学与应用数学(基地)(27人)

李 蒙	王 珅	任婧怡	林鑫斌	韩晶磊	时继阳	陶金鑫
吴朋程	强雯怡	徐晨烨	赵煜文	潘 焱	何 静	许 艳
蒋涵婷	张嘉梓	张俊伟	陈雨佳	陈 超	刘 岳	展松培
孙文森	赵宇飞	魏晓晓	朱永胜	周广琰	吴秋璇	

数学与应用数学(师范)(49人)

薛俊莲	葛蔚果	陆建阳	杨俊陶	吴静怡	陆 鑫	严 倩
姜雨廷	赵 阳	朱秋燕	韩 倩	吕 榴	唐思祺	顾 靖
李苏雅	彭依宁	唐 银	沈 舟	曾临寒	骆佳琦	冷澄彬
赵鹏宇	卢欣宇	陈 呈	祝沛华	孙雨澜	谢建梅	陈 鑫
许竞文	赵学韬	宋颖倩	牟 丹	薛玲琳	平馨瑜	唐 静
归晴燕	邱诗洁	施嘉华	徐文静	顾 谈	杨 颖	蒋旭伟
宋亭茜	李艳苹	刘宸榕	金 乐	杨 蕾	王 羿	沈 霞

统计学(40人)

尹健宇	宋思瑶	尤立进	周 磊	杨济聪	邵庆升	花 卉
刘晓琳	张 聪	李芷涵	王 欣	杨 莉	陈 铭	施 雨
陆孝烨	徐强生	陆雅君	王 凯	奚锭伟	郑敏芸	孙 琳
周 慧	邵嘉琦	马江江	孙 杰	徐亚伟	赵 烁	姜雨昕
徐炜翰	陈 铭	龚闻怡	文 柯	华梦琳	刘子建	王 念
李舒婷	王丹丹	朱 静	杨 倩	王 涵		

信息与计算科学(35人)

王 冬	洪正义	王昊苏	郑建益	钱慧祥	赵恩林	朱庆峰
王 铖	黄智奇	周文娟	薛剑飞	杨 青	蔡佳弘	唐 慧
金 敏	翁玲园	张 良	徐纯倩	贾 禹	张 贵	任佳伟
周国栋	姜 维	柯伟佳	陈卫东	陆 杰	褚光祖	边爱洁
郑 斌	杨超凡	胡 权	周 杨	费自强	李世如	孙小康

物理与光电·能源学部

测控技术与仪器(25人)

曹娜娜	周梦奇	韦梦月	周 健	李 杰	丁 洋	张 冲
张 萌	唐兴民	陈 莉	万安军	陈启晨	陶 金	李振宝
吕 磊	李帅华	侯俊健	周远荣	汤 禹	张 璐	蔡正南
吴 磊	孙兴东	米冠林	张美欣			

电子信息科学与技术(40人)

吴 琼	高 俊	渠甜歌	李 楠	方一博	谭 凯	王雄昌
缪晨璐	唐 赞	李建丰	王 琦	李梦雨	程敏峤	王 鹏
任香懿	吕蓉蓉	鞠翔宇	朱 虹	邹小军	尹利建	王文佳
孙平平	陆 进	秦 兰	赵 崩	闫 浩	戴 欣	田小勇
王 奇	许博智	钟美清	邵雅婷	尤 剑	姜伟蓉	陆 洄
巩昀皓	李 磊	朱鑫海	党 亮	胡盛文		

光信息科学与技术(20人)

赵陈晨	殷梦蕾	周 宇	金志强	潘富林	王 昊	王礼鹏
龚锦涛	顾 亮	陆逸凡	范美勇	沈潇一	殷路安	王利平
苏洲丞	刘芮崎	顾云帆	居志伟	芦 翔	刘城源	

建筑环境与设备工程(27人)

张 华	闵晓慧	刘 燊	糜剑峰	陈 林	朱建上	徐鉴鉴
陈长江	姜伟娜	汪 敏	张雪威	陆 尧	彭志云	胡金萍
满 亮	唐启天	朱 佳	陈兆帅	程瑞东	王博飞	蔡晓强
吴 敏	王艺羽	许政涛	许 诺	温洋洋	陈丽春	

热能与动力工程(31人)

孙文敏	戴凯戎	洪一生	鲍军荣	顾晨恺	贺孟戈	杨 涛
林雪健	朱骞骞	孙 瑞	苏 颖	顾良珍	郑鑫鑫	张慧拓
苏 欢	贾宏亮	吴生礼	徐叶昕	顾园园	相森茂	过志炎
乔月华	袁传学	张鹏飞	史宏涛	成昊天	杨 城	姜 雨
吴亚军	许嘉伟	宋国健				

物理学(34人)

徐佳裕	赵 伟	徐敏娟	侯利杰	刘冰冰	温重谦	仲 颖
马玮良	王 宇	杨 睿	蔡鑫健	李梦妮	刘晨凯	石圣涛
田正洲	曲佳星	郑 琦	胡佳丽	张伟轮	李圣钰	刘叶锋
侯天宇	陈天宇	徐闰闰	齐 灿	王 强	孙思颖	宁 玲
洪秋明	钱 磊	张燕南	司 伟	陈 钰	王秋来	

物理学(光伏科学与技术)(23人)

梅自成	祝栋洁	徐 涛	张津晶	许小红	张 莹	刘昱希
张鸿傲	孟帅帅	宗 艺	冯可杰	翟 晓	徐志超	乔 磊
王真君	奚盈捷	张 舜	丁振元	平成城	姚阿龙	王 振
张炜虎	李永辉					

物理学(师范)(24人)

孙梦利	杨 红	李芸索	钱 惠	卞 秀	许瀚尹	杨玉龙
朱 吉	耿 云	李 睿	盛天霖	陈海军	顾邦凯	陈 琳
祁 帅	顾家桐	施群弟	冯 浩	陈杰康	张 凯	李洁如
王 焱	李金荣	张玮琪				

新能源材料与器件(43人)

胡恩俊	朱贤雨	沈俊烨	王 爽	鲁晓晟	王卓尔	杨 浩
梁海琛	何玉菊	夏宇飞	张 程	王 琛	周金秋	刘 萍
徐梁瑜	朱星宇	蒯笑笑	王 政	曹梦瑜	刘 建	孟庆洋
付 月	刘 坤	钱 峰	钟丽乔	王章俊	陈月杰	沈晓魏
谢易昊	黄 桢	杨思鸣	朱宇杰	郑祥俊	何 骏	许 娜
刘 凯	陈洁琼	徐光伟	卢 航	钮晓颖	顾津宇	韩 亮
蔡陈楠						

材料与化学化工学部

材料化学(22人)

黄 超	赵启娟	杨培培	杨 迪	林 川	石强强	王 楠
张 建	陈 琳	曹文斌	张建源	李雪峰	邵逸波	储 姣
吴 镇	王 凯	潘玉强	吴杏雯	陈冬亚	王 耀	吴 健
刘 琰						

材料科学与工程(12人)

| 杨 江 | 李星云 | 刘英豪 | 王珊珊 | 田 春 | 马 啸 | 王 玲 |
| 薛 辉 | 邓诗颖 | 徐奇楠 | 周 勋 | 胡昌明 | | |

高分子材料与工程(65人)

张 健	李 婧	吴 健	顾陆铭	过佳伟	桂 鹏	韩 含
刘姝辰	周 颖	彭苙影	孟俊杰	周 宇	雷俊雯	张留乔
印 鹏	陈 扬	郭 涛	袁晓杰	王凯伦	林 凯	刘嘉灵
孙国庆	张兰兰	李达华	王丽媛	赵晓阳	陈超逸	郝海霞
金雪莲	李 莹	耿闯闯	张小宝	黄逸飞	吴 铭	李帅帅
陈佳炎	王冬冬	刘胜男	薛荣明	陈兴敏	夏 冰	李立山
王 昆	何 洁	王宇晴	栾彦平	马 潇	胡 义	许青青
陈若男	苗纪琰	夏一枫	乔 智	叶佳敏	艾铭科	李青松
高 歌	周星晨	陈 鹏	曹舒怡	王鹏棠	翁 城	吴甜甜
张婉奇	刘春玉					

化学(65人)

马玉果　曹建忠　戴利中　邢光志　朱　岩　吴程程　陈梦然
沈舟际　钱　林　石鹏伟　陈清勉　蔡聪潇　吕　铭　孙艳涛
孔　昊　钱文怡　张云钦　沈东林　赵莹莹　张　婧　朱　琰
林洁茹　陶杨青　王之垚　沈　晖　周鹤楠　郭　斌　孙立平
夏爱游　满天天　王　哲　李　超　宋　鹏　陈倩倩　杨涵茹
张嘉鑫　刘萌沙　温志超　成雪峰　沈凌婕　李　聪　沙文炜
万华斌　史君燕　刘晓彤　钟爱华　张玲玲　邹嘉惠　周立波
彭　珵　赵思嘉　陈梦婷　李　壮　周凯达　王　啸　张利明
郭宇文熙　施　静　刘秀坚　杨　超　张乃红　张　琳　李佳佳
朱明森　苏欣然

化学(师范)(12人)

郝佳骏　吴　飞　赵金元　李梦娟　曹　佳　查晨阳　邹立夫
顾轶男　叶永鑫　李　琪　曾　婷　邵静超

化学工程与工艺(24人)

唐小东　焦亚男　周卢潇　梅　林　孙慧敏　朱鸣杰　谢丹妮
赵肖宁　戚燕媛　闫雪姣　黎　兆　张　影　姚　艳　蔡　欣
张　迪　王　伟　高鹏飞　冯　婷　陈　宇　申晓斌　余　浩
戚昕辰　王　尧　黄静帅

环境工程(13人)

陈　涛　余洪潮　刘　淋　杨颖杰　贺晓烨　伍荔佳　朱亚楠
左安芳　高　旭　赵　楠　祁婧婧　任乐乐　苏彦宇

生物功能材料(20人)

巢　宇　杨冰玉　严　正　李逸轩　潘弘彬　袁宇玲　苏雯雯
丁　杰　杨兴瀚　刘　乾　范灿龙　柯　琪　李晨曦　曹又文
闫亚明　葛　晶　曹其晨　龚彦嫣　姚佩丽　常春梅

无机非金属材料工程(8人)

陕君洁　谭朝朗　徐天培　薛仕明　王　莹　程　宇　雍自俊
汪贝贝

应用化学(22人)

王伟清　王　凯　夏婉宸　庞丽春　陈　泽　杨　纤　张　敏
朱亚冬　蒋丽萍　金水如　赵　慧　张佳晨　张云杰　韩璐璐
严梦佳　丁文明　亢永强　陈志隆　钱立天　殳亮群　沈翊轩

钮 琳

纺织与服装工程学院

纺织工程(50人)

吴 超　韦龙全　董伟伟　沈家力　卜丽丽　杨茂圆　王夕恬
汤传辉　王 雪　李 露　马 勍　樊志玮　殷祝平　王盼盼
张 岩　张 婷　许 良　姜苗苗　刘天尧　颜丽莉　孙汝婕
宋岩华　凌 红　罗嘉琪　王 丹　李召磊　王 欣　彭 雄
贺 萌　钟文菊　古满利　董继萍　张 斌　侯思羽　孔金霞
董 梦　何 茜　赵梓伊　刘灵修　邱翠波　朱雪兰　刘 影
杨 惠　王凯宸　束方明　周 韦　涂雨薇　张培文　高 扬
陈 颖

纺织工程(国际课程实验班)(29人)

王 欢　刘嘉隆　王爱娟　武和平　龚佳毅　马 也　顾一清
柴思雨　陆 侥　姜 松　陆开伦　孙 放　周 宓　张 洁
卞 烨　吴 凯　李越昊　王洁琼　周 洋　李怡萱　李昊飞
王储君　王亭艺　梅锦秋　蒋 合　朱晨悦　薛 毅　钱文晶
卢霞妮

非织造材料与工程(22人)

闻 硕　拓明芬　刘 慧　李崇超　郑凯鹏　姚旭东　代翱杰
崔 力　王 可　付建华　周 俊　许家夫　孙伟凯　唐孝颜
吴 琪　张天启　何 蓉　左惟昌　刘田雪　窦晓宇　王宇阳
兰裕胜

服装设计与工程(50人)

李 俊　陈 鑫　邱燕雯　高 程　李莎莎　杜 一　刘怡婷
尹梓壑　顾佳宜　梁潇匀　章怡雪　李汶桐　庞媛媛　李 卓
谢婷婷　纪建杭　王永晴　杨羽冲　陈 静　唐梓然　毕若欣
葛晶晶　朱鹏飞　张 范　曹晋慧　朱梦佳　王礼民　种力钰
张 可　盛 洁　彭佩云　何文秀　吴 尚　齐泽京　沙耀昌
李 喆　陈韵嘉　韩春阳　黄慧敏　郭明凤　郭 丹　朱 宇
代万美　李萌萌　彭晗棱　王梅芳　祁 楠　宁 玲　张赛博
刘 蕊

轻化工程(56人)

向 真　曹姗姗　卢 顿　包 虎　胡慧成　苏杭杭　王爱玲
曹 燕　董致远　赵丹丽　范雪原　周建鹏　白玉婷　王国柱

纪宇航	周昌桧	王　蕾	赵张华	吴俊诚	吕梦琪	王　晗
温学明	李　慧	胡恒辉	潘　娜	叶韫珊	蒙桂婷	程亚男
冯　垚	肖　尧	梁明新	蒋　燕	娄　祎	庞　博	柴雪健
王泽坤	蒙治样	梁　滢	郑兰洪	冯冬记	马小亮	王小琴
李　霞	马　阳	陈袁超	沈娅梅	张艾璘	陈素瑜	王世雄
赵前川	於　琴	周　娜	王雳楹	侯建硕	胡海波	李富鹏

计算机科学与技术学院

计算机科学与技术(55人)

洪国豪	梁　策	李　涛	钱　辰	张　铭	魏筠焘	薛　佳
邹　鹏	杜　扬	陆　赟	杨　瀛	普　楠	翁雪婷	邓生燕
罗元国	谷　倩	顾俊婷	陈江晖	戴兴华	罗　朋	沈鑫娣
蔡　玉	魏慧慧	杨鹏伟	丁微微	赵志良	季鹏磊	史小倩
蒋丽娜	绪艳霞	姜奇奇	耿振飞	周　琪	周　茜	程子豪
朱章龙	王旭旸	顾　诚	缪乙嘉	张智帆	张　武	姜震东
张　卓	余守文	陶　颖	任立园	季家欢	徐　健	曹惠鹏
钱志虎	陈　新	邵佳烨	杨海军	吴龚飞	肖　丹	

软件工程(34人)

马　康	谢绯绯	王生斌	汪　鑫	许海阳	倪　杰	高　鹏
周　鑫	王永庆	沈兴勤	马越凡	吴芝婧	于慧源	袁仕东
李　帆	陶　江	席越昕	姜泰洲	陈鑫鑫	张　缘	熊　耀
白　杨	王　飞	杨振宁	万关云	吴佩成	张成浩	王政清
李孝飞	吴少博	穆景泉	杨　飞	倪　雷	林泽烜	

软件工程(嵌入式软件人才培养)(120人)

戴品一	丁　睿	梁　钰	朱卿怡	祁　特	夏　盼	蒋经纬
单宥铭	曹　昊	郭子塍	孙泽然	吕　雪	陆　磊	卢子恒
陈　凯	刘　晨	包志伟	黄晓娟	吴　伟	张载坤	赵成祥
徐一凡	何云成	董　云	孟祥虎	周凡普	周　薇	张曾杰
李凯松	张　舒	吴小强	潘　栎	夏光耀	钱奕同	狄英樱
管烜楠	樊晨杰	蔡一诚	袁　也	齐行君	张晓军	戚　峰
李嘉伟	殷荣桧	方　杰	宋　荣	刘嘉立	朱玥童	张子祥
朱　洋	朱荣庆	王　晓	房　新	孙俊彦	曹　靓	程雯艳
李悦华	张　超	李鹏飞	万晓依	樊垂贺	张　旭	韩胜杰
张文可	徐　爽	朱姝洁	潘　婕	杜　标	范　哲	马定伟
王　妍	许恺晟	邹斌豪	席　宁	孙国庆	徐广根	朱聪颖
仝　霄	赵子昊	孙传武	刘　义	程森葆	郑培春	钱丽菲
宋成杰	唐冬鑫	沈　忱	芮栋瑜	刘　涛	鲍复劭	顾咪咪

崔正玮　张天晗　艾琴庆　张　倩　常　昊　曾金金　钱　敏
王　振　徐利江　姜彦文　孙　旭　钱移星　孔凡果　许浩田
韦倩芳　王新明　陈文杰　杨　胜　张　亮　王小宁　赵云路
陈佳豪　沐建苏　曹　静　余　乐　杨　青　王益民　汪明明
朱星宇

网络工程(29人)
顾　虞　谈　欣　陈　鹏　韩洪涛　陈　超　邓晓斌　张　莹
张世宇　张　菁　孙　坚　付玉洁　卞朱盟　钱　昊　赵瑞敏
李　洋　吴良华　马永赛　窦信辰　王得将　翟倩倩　卢仁峰
张　林　曹鑫峰　左琦轩　王雪川　黄　伟　张　胜　李　贤
艾力江·司马义

物联网工程(32人)
季　冲　徐飞鸣　朱　茜　经　鹏　陈德鹏　陆芳丽　陆　楠
贾荣媛　丁佳慧　梁亚明　朱马克　张博渊　屠　舒　方舒平
孙　悦　施　强　王廷静　汤嘉铖　陶晓鸣　陈滢宇　姜　磊
王　颖　朱文超　邵莹莹　徐　伟　沈永新　赵　响　陆晓康
王恒凯　何　雪　仲晓芹　王效静

信息管理与信息系统(26人)
陈　鸿　侯文杰　杨紫怡　王小虎　徐　枫　刘维霞　欧阳新晔
杨春意　蒋　婷　张　瑜　田　源　王润宇　刘　云　冯丝雨
张　晔　崔　峰　张博华　朱　慧　徐陈燕　艾雯倩　赵健民
李　锐　王红娟　殷东东　宋爱蒙　张　月

电子信息学院

传感网技术(19人)
李　霞　孙　越　厉　旭　杨步超　张智超　刘小雨　朱　门
宋哲恒　张海杰　顾　杰　陈仕毅　周小龙　陆齐慧　孙瑾瑾
魏海龙　朱秀木　孔一鸣　聂　琦　何　峰

电子科学与技术(20人)
孙俊龙　娄士宇　陶徵舆　陈方桁　刘倩倩　谢　军　王丹丹
曹　毅　许　锐　黄天伟　王海鹏　徐友昊　陆新强　黄于城
李正兵　王志伟　陆煜天　金亚梅　郭安强　喻　辉

电子信息工程(60人)
周　安　艾比布拉·如孜巴柯　祝楚苗　帅俊华　杨楠楠　周　都

沈丽娟	李赛赛	沈丽婷	朱亚楠	方开刚	陈震	闫朔
李委委	樊聪	谢伟	张瑜杰	陈静蕾	邢星	周大通
应勇健	李秦牧	高烨	孙韬	赵友信	宋向梅	蒋柏林
费涛勇	韦华	章晓杰	孙汉文	顾立豪	汤宇春	朱瑶佳
徐浩	殷春红	吴润涛	陈鹏	蒋晓菲	谭洪军	茅胜荣
王益新	冒橙炜	茅佳佳	赵阳	陈颖	肖家文	华颖月
王娟	李蕾	肖晓晴	薛健美	魏伟	邵栋	杜嘉宁
王佳佳	高鑫	邓汉川	吴蓉蓉	李康		

通信工程(52人)

潘凯	张月雯	孙泽洲	谢笛舟	陆炜娟	顾珮	徐焱
王金鑫	张晶晶	尤永永	田英含	姜丽君	唐敬秋	黄海杰
王天旻	盛伟	金慧	赵锋	李素华	毕杨	奚阳阳
谷超	羊发麟	曾星星	余美洁	曹海刚	张亚	张智达
陈建荣	金志峰	施立鑫	仇锦峰	印波	常艳昭	唐中源
张立春	唐文兴	范嘉琦	王展雄	黄君君	施以鹏	孟磊
于洋	陈建君	陈威龙	庞作超	杨如明	施炜	张燕娜
金大鹏	盛忠	王丽敏				

微电子学(54人)

蒋雪峰	李彬彬	孙亮	刘付林	徐庆	朱振国	黄选武
余博	曹万钦	万泉	张琪	雷健	朱佳耀	李至柔
陈宇健	李旻	刘聪	郁捷杰	郭鹏	李雅琪	翟荣华
徐德飞	樊洁茹	王志文	龚胜男	蔡嘉琳	张费	吴坚
王鑫	王海涛	田荣倩	姚笑	巢耕滇	周子胜	武燕文
郭兆祥	姜亚静	陈伟	茅佳炜	周高磊	王霞玲	朱清
沈凯	周成成	周晨杰	陶翔	黄凌	叶椒	陈露
黄嘉兴	秦祎繁	刘士科	刘浩	鱼冰洋		

信息工程(28人)

孙前程	杨玉国	赵昊	李丹丹	费晓莹	东飞	刘丽梅
刘畅	杜佳慧	张媛	沙永康	邵烨	嵇莹莹	邱睿
张倩玉	武熠明	钟彩莲	王谦	徐太平	王越	王玥
罗兰	张通	王灿阳	吴佳妮	巴哈提雅·沙汗		
夏黑旦古丽·阿不力克木			毕萌萌			

机电工程学院

材料成型及控制工程(28人)

张伟伟	皮明龙	杨凯	王铭	周松华	王杰	朱磊磊

曹聪	毛瑶	李现宾	延明远	罗瑞泉	汤秋	李福旺
卢泽洋	杨一帆	解天娇	饶克丰	姚彬	徐磊	仇晓栋
吉鹏	姜平昇	吴嘉丰	王开国	芮旭	郁钟晨	唐斌

电气工程与自动化(66人)

沈陈	陈垚	庞胜青	苏鹏飞	马晓伟	陆奇	王旭
谢斌	陈雪彬	刘利民	陈晓青	王雅莉	周洲	徐剑
张颖	熊峰	周玲玲	沈一路	赵志鹏	王俊人	陈银银
黄磊	张兴杨	朱潇雨	杨诗怡	庾澄潇	孙天宇	朱云龙
周星晨	夏小鹏	张峰	王杰	夏亮	陈婧	常峰
曹秋秋	刘金虎	朱冰青	沙美娟	司徒功涛	张琳婧	王磊
李娟	李晓燕	段吉锋	王鑫	陈昊明	金亮	范蕊秋
杜亚琴	丁根业	丁国锋	郑睿	阮露	成鹏鹏	李炎炜
丁栋	陆志航	何柳柳	李龙委	汪田	顾巍	相银堂
闫濛	陈声扬	常秀萍				

工业工程(34人)

锡林	潘明峰	沃挺艇	葛馨	史涵秀	杜亚萍	杨世君
陆文虎	陈晨乾	高原	徐则林	李鹏程	魏东	陆人杰
刘民毅	孙道敏	胡威	李娜	徐浩	邹峰	李海峰
柳涛	王润达	王洪涛	樊征征	宋耀文	李林进	张晗露
唐英来	刘彬	李阳	艾色提·色买提		苏来曼·麦合木提	
祖合热古丽·阿布都热合曼						

机械电子工程(39人)

王春泰	尤为春	蒋辉	白天明	蒋涛	黄大伟	王宇
肖云星	葛许强	余飞	黄超	张金鹏	石建辉	于凤杰
林佳宏	许景然	王雅琼	王园	吴是升	王伟军	沈阳
金东权	纪建国	夏彬森	安利国	杨玲	余申根	别成荣
杨广飞	李慧宇	吴佳慧	秦波	王青青	刘亚伟	黄佳杰
孙伟成	石焱晶	郑中炀	李梦君			

机械工程及自动化(52人)

袁彬彬	周庆沼	胡明锐	张明伟	陈琳	刘海洋	黄蔚灵
周大伟	张鹏	白海伦	唐攀	高雨芹	季煜鹏	缪鹏
郑孙进	颜廷培	周运	马海涛	张家意	陈浩	曹向阳
王成	王枭	任博	刘畅	李成喜	潘钥玲	李杰
李正潮	王亚军	张涛	谢杰	吴琴琴	徐亮	冯凯
钱雪维	李峰	陈帅	唐楚坤	唐文亮	刘维超	王琳道

顾康军　　朱佳楠　　刘世权　　张健荣　　钱天云　　堵维伟　　彭华臣
樊　洁　　周正鹏　　陈晓涵

沙钢钢铁学院

材料科学与工程(冶金过程自动化)(2人)
孙小东　　蒋小舟

机械工程及自动化(冶金过程装备及控制)(4人)
时海阳　　陈　兴　　杜　冰　　张馨太

冶金工程(37人)
张　哲　　丁鹏炜　　李　捷　　王鹏飞　　李婷婷　　梁　坤　　李少凯
孙丽芳　　廖　洋　　张　颖　　张李文　　马海涛　　杨　勇　　郑　浩
张　杰　　赵晶晶　　曾心昊　　许　盛　　赵　婷　　陈海峰　　张智勇
赵　京　　张　敏　　成如旭　　相　阳　　王兴宇　　刘文婷　　唐　凯
胡　月　　陈嘉彬　　周海荣　　徐　周　　石少楠　　韦　桂　　陈剑啸
顾宗慧　　候万义

纳米科学技术学院

纳米材料与技术(71人)
朱润德　　姜其超　　郗文瑶　　白　亮　　陆志浩　　沈品尧　　凌旭峰
沈斯达　　黄志成　　朱时裴　　吴　赟　　丁　玉　　杨　灿　　丁海棚
彭明一　　周　旭　　汤　洞　　徐天智　　吴英俊　　郑嘉伟　　黄立明
王叶云　　姜　鹏　　沈青青　　汤　凯　　胡露露　　张　蕊　　马　杰
张　伸　　刘　宇　　王　慧　　姚沈文　　杨铭烨　　覃俊杰　　陈　思
郭道霞　　王　笑　　陈昱延　　徐　娟　　何敏娇　　丁进强　　刘悦琪
陈翔涂　　高俊杰　　郭明辰　　王建新　　黄振宇　　王金慧　　韩沐梅
史华意　　任柯烨　　徐　皓　　王　刚　　徐秋逸　　汪永杰　　许　梦
宋　蕊　　黄景升　　吴福鹏　　许　欣　　方寒冰　　孙　慕　　周　鑫
向光振　　刘一玲　　崔煜环　　吴正明　　眭　哲　　孙　娜　　彭子昱
姚婉瑛

医学部

法医学(25人)
曲　强　　孙葳旸　　徐　燕　　王　菁　　徐　洋　　赵　莉　　何雪婷
王飞飞　　谷冬泳　　崔彤彤　　陶　楠　　王亮亮　　郭旭光　　张亚男
林汉成　　李文艺　　施祥斌　　刘　健　　崔恒力　　王　栋　　马　看
李慧慧　　胡来祥　　王　芸　　周　柠

放射医学(71人)

陆新凯 金鑫 何千 王海霞 许雯雯 刘涛 张玉峰
狄璐 倪建春 杨颖 赵腊梅 林琳 诸文晔 葛岳刚
黄一帆 安冬雪 曹玉蓉 张梦迪 王蕾 张炜 焦琛琛
徐王磊 顾新明 丁小凤 王梦姣 顾煜倩 张珊 黄丽芳
郑贝贝 管建 代琦 朱琳 郑琳巾 江梦 陈柯旭
贾惠敏 项楠 刘彦彤 杨硕 庄源 徐晶 邵丽华
陈猛 努尔波勒·阿斯力别克 陆永林 朱嘉敏 石永媛
杨微 阿不力克木江·阿地力 张宇峰 张洁 王秋雯
丁森 张磊 朱莹莹 唐冬雪 华珺妍 麦庆菊 周宁
肖雨霁 宋星 吴成 谢欣 伍丽华 加尔宝·吐尔德
姚雪婷 赵培培 徐世英 黄浅漪 刘华江 何海萍

护理学(47人)

王艳行 张松 吴如意 柏晶 谢剑媚 方卉 栾诚
戴晶晶 庄颖 杨颖 沈博祺 吕淑娇 朱水玲 马宝静
潘心慈 吴振云 郭伟凡 季雨婷 丁梅 赵燕红 周飞
刘瑶 王静嫒 邹焱 张艳 虞思思 毛陈 石静
刘梅 佘梦珠 江云云 孙美玲 金瑜佳 范茜 陈媛
房超 李广辉 夏艺 章夏鹰 王安杞 顾华杰 张静
陶迁 舒展 陈羽汐 孙美娜 陈谦

口腔医学(45人)

王兵武 袁博 樊蓉 高波 翁梦佳 黄舒雯 刘喆
肖涛 吴梦楠 曹仁靖 刘星丹 余童 杨超 冯洁
徐佳蕾 于婉超 孙龙波 李恬恬 李硕 沈冰清 李鹏勋
郑燕 眭斌 戴敏佳 王宏扬 马廷廷 刘婷婷 邵鹏
陈昊亮 杨玲莉 张寒梅 晏丽婷 张誉丹 吴嵩 徐冉冉
朱冰蕊 程立 陈婷婷 黄婷婷 赵奇韬 温成红 徐香云
张忠全 谢磊 霍明月

临床医学(287人)

张慧 宋飞 朱涛 李鹏飞 孙伟 高戈洋 米鹏隆
徐亮 龚玭 胡骅 周兵兵 张烨波 李建 赵治楚
徐莹莹 成冬冬 曹晓鹏 冷霞 姜广恒 刘建雅 张骏
黄盼 杨诗悦 蔡晓伟 王晨萌 卢慧敏 顾佳妮 戴潇
余海涛 柳妍 张桂洋 胡竞成 毛静诚 程瑶 成丁财
张嵘 林元杰 张霜 沈应秋 金倩倩 刘健 吴弋戈
王丹 吴鹏 王飞 展舒 陈玉 陈晶晶 吕萍

刘阔海	段亚冰	钱晓炜	陈籽辰	林 雪	石海霞	王晶晶
黄飞锦	林聪华	徐敏达	虞淑叶	曹 伟	王 倩	甘雅婷
周小刚	张星星	常艳芳	陈依祎	尹晓南	顾 珺	李成军
王 飞	赵 宁	任天然	赵 婷	倪亨吏	唐 瑶	金 宏
郭莹莹	胡金娇	蔡晓燕	刘凯迪	张丽娟	曾欣蔚	范春磊
杨 帆	马桂霞	王佳伟	殷隽逸	王晓宇	姚佳舒	王爱飞
李俊妍	姚 灿	彭 铖	杨敏慧	赵 赛	滕 腾	王振宇
张海英	黄丹萍	桑树东	刘 茜	陆 芹	陈中琦	安 东
胡 林	王文仙	张茂丹	于易通	陈海晓	张益舸	唐小捷
余秋施	谷牧青	左鹏程	邓宝珠	陈善鹏	高 静	朱 文
刘京京	时 敏	夏 腾	李慧琳	顾季春	阿扎提古丽·热合麦提	
梁 杰	周子扬	葛 州	杜玉洁	黄思齐	郁磊浩	吉 芃
朱 平	王 帅	姚 旺	朱梦磊	卞建叶	郭晓斌	史晓芸
黄莹雪	徐 娟	胥宝根	魏皓玮	王 健	翁天航	陈申骅
程 晴	顾 颖	皮旭芳	谈泽昊	胡君璧	陈文滔	朱康宇
沈 瑜	陈迪康	龚玉雯	江 璐	宋露强	史佳伟	黄 晨
崔永佳	唐 蟠	梁 航	苏赢琳	马一菡	刘明月	林秋琪
吕笑丽	邓阳斌	王亮亮	李 鑫	马梦莹	乔里帕汗·买买吐送	
刘柿君	徐 杰	吴晓阳	陈兴宇	施 强	杨 强	王言秋
罗军超	杨 银	郁华晴	徐丹迪	宋 健	魏 莹	阎梦潇
高 丰	高凯健	朱志聪	陈明杰	陈春阳	潘知常	李 爽
鹿安静	冯丹颖	凌 娟	崔恒浩	臧欢欢	凌 琳	谢伊瑜
王吉如	鲍晨曦	杨 扬	何 睿	张 红	徐子恒	王 勇
熊 芬	王思思	苏梦云	尹 杰	华 夏	沈 晴	张 楷
胡桂菊	任 伟	崔星钢	邹 蓉	朱云怡	严子懿	吕南宁
何 川	杨芳萍	朱康健	赵 楠	何俊昌	葛 忠	徐 彬
殷剑秋	韩琳琳	王凯林	孙 敏	刘 丽	沈 序	朱 婕
伍燕琳	张 燕	徐凌丽	张家珅	许任远	陆 莹	陈 伟
潘静颖	胡馨雨	沈晓玲	郑云菁	李倩楠	姜彧滕	韩 峰
芮 晴	徐 辰	樊泰和	唐云开	石朋怀	卞 浩	朱 艳
王佳惠	胥京京	杨 玲	马 骏	凌 陈	王一婷	孟 甦
万翼龙	刘 伟	邹梦娇	钱嘉炜	黄恩馥	徐艳红	屠晓芳
王 超	杨 雪	吴粉毅	唐陈月	成晶晶	周帅阳	高董宇
李 颖	李子昊	周杰璐	袁辰妍	赵 爽	何正秀	黄耀辉
梁 馨	周 慧					

生物技术(23人)

曾少兰	季 青	吴丽英	李浩英	刘丽娟	朱丹丹	唐亚犁
冯 丹	陈 叶	徐若烊	田佳斌	马 瑞	任翔宇	陶进合

| 许　臣 | 刘谨琪 | 张顶梅 | 张易融 | 刘昌松 | 周已筠 | 李　龙 |
| 巴　超 | 孙坚基 | | | | | |

生物技术（免疫工程）(61人)

张　哲	周延东	王体潇	申栋磊	江艾蕊	周秋萍	蒋人地
张胜波	黄　涛	杨旌珑	王　合	马泽宇	翟巧成	许剑冰
王文裕	祝小琳	张　童	周　济	朱　璨	胡家慧	刘　倡
张浩然	葛云飞	张晓琪	李　雪	王　超	刘山海	王　琛
徐　龙	黄佳琪	张　翼	汤佳伟	龚　政	黄怡锴	卢晨雨
谭　欣	赵　淑	代　通	曹　丹	姚　辉	冯鹏超	黄佳渭
金子奇	黄晓瑞	姜运涵	周如苑	徐　婷	周　培	尤　雅
吉　晨	李喻君	李婷婷	伍超凡	徐雅丽	黄仕琪	赖丽萍
江晓帆	王　豪	施黄伟	璩　良	梁力文		

生物技术（生物制药）(35人)

倪俊灏	陈敏吉	吴丽梅	袁佳妙	吴兴斌	王佳明	申　琳
王　蓉	聂　云	李嘉璐	周丹丹	吴勤勤	金叶芳	陈晓琪
吴慧敏	罗　晗	张　顺	周　红	吴天威	丁海洋	严　艺
赵莉梦	褚文琦	季　诚	张　天	施　平	练启慧	高　海
卢晶晶	梁　晨	吴　丹	王　雪	王海涛	王　欢	龙文瑶

生物技术（食品质量与安全）(46人)

何　磊	吴克舟	华　鑫	陈荣贵	唐　晴	许瑞蓉	朱国海
黄　凯	杨　帆	时凯丽	窦文颖	史魏华	段缘圆	黄佳慧
赵鹏飞	胡雪莲	吴代武	唐　菁	易　可	曹　阳	刘美玲
税典章	姜子璇	赵　洲	何　捷	林丹荔	徐许月	李继雄
牟小莉	李娅丽	辛紫薇	叶梦璇	陈　佳	偶雅君	仇佳瑜
栾玉清	李旭娟	李　帆	毛怡婷	张　楠	薛　彬	苏书攀
温启恒	伊淑平	刘　宇	俞佳丽			

生物科学(13人)

| 田园园 | 杨婷婷 | 赵海涛 | 韩维军 | 李　亚 | 葛梦迪 | 袁一菲 |
| 李华善 | 赵　极 | 汪　洋 | 秦　天 | 徐　丹 | 赵一凡 | |

生物科学（师范）(23人)

杨　曦	易玉兰	王　尤	陈　燕	鲍倩艺	陆　兴	赵佳佳
李　培	林　清	许莉君	侯　燊	陈仪静	程祺峻	黄　丹
陈虹宇	惠　兰	沈　洁	文　雯	杨婉琳	李有花	刘　婷
施寅璞	高修奎					

生物科学(应用生物学)(1人)
　　朱文娟

生物信息学(10人)
　　乔于洋　　杨晓琳　　杨　桥　　张春荣　　吴思奇　　赵文妍　　黄丽琴
　　陈国雅　　陈梦楠　　张　镇

药学(75人)
　　马雪莹　　唐　杰　　罗　悦　　谢　军　　王　莹　　张　倩　　田晓雪
　　卢文洁　　林建新　　王　勇　　包　莹　　张栩硕　　黄宇飞　　陈凤鸾
　　李恩芹　　李斯宁　　周歆玥　　侯　杰　　沈　峰　　李　筱　　方莹年
　　付　佩　　杨昕媛　　熊　美　　靳　牛　　葛　琳　　闫文文　　施　琳
　　刘韵雅　　吴云强　　郑凯键　　费　凡　　刘　燕　　鲍　敏　　杨　锐
　　戎银秀　　汪　媛　　于高健　　程若昱　　赵英杰　　张继睿　　冯　苑
　　闫　萌　　李明旺　　阮　园　　赵成龙　　尤志伟　　李　芳　　张颖然
　　徐雅慧　　彭冰洁　　张晓雪　　张金金　　王钠清　　郭清霞　　周福杰
　　刘思维　　肖雅方　　蔡　露　　祁海芬　　明　珠　　魏　璇　　袁　晴
　　黄紫微　　张肖瑞　　冉　娜　　陈　琪　　陈小波　　朱佳慧　　贺　艳
　　姚枫枫　　孟　媞　　蔡冬雪　　安　格　　尹红然

医学检验(39人)
　　霍怡君　　倪红元　　居倩怡　　张　晗　　庄　严　　马婷婷　　刘秋红
　　周　敏　　张　影　　杨　怡　　栾青青　　鞠　丽　　宗健敏　　孙　悦
　　蒋　燕　　段会娟　　李晓莉　　尹倩雯　　宝丽婷　　张文馨　　张　俊
　　何玟缘　　缪敏慧　　马瑞莺　　季　政　　戴如顺　　李祥兰　　李江洋
　　石倩男　　范秋淋　　孟红委　　孙清清　　余佳佳　　郭　玮　　丛　林
　　李向丽　　石永林　　梁　勇　　韩　莹

医学影像学(48人)
　　魏　伟　　吴　明　　贺佳俊　　贾祖康　　钱晓蕾　　杨义文　　索朗尼玛
　　杨　俊　　宋双双　　孙玲玲　　冒　炜　　姜鹏涛　　程　佑　　许欢欢
　　范伟健　　尹　欣　　夏倩倩　　沈蕾蕾　　王东东　　石曲达措　　刘贝贝
　　沈　伟　　潘　瑶　　李　磊　　朱烨晨　　宗胜男　　叶茗珊　　陈　珏
　　丁南远　　康　冰　　侯无瑕　　曹海安　　仇晨晨　　陈泽林　　陆丽萍
　　陈思璇　　施　斐　　葛铝磊　　张林华　　马媛媛　　徐孝进　　陈　灿
　　徐　蕾　　田　蕾　　宋金慧　　张李均　　徐长贺　　韩金艳

预防医学(49人)
　　王梓奕　　仇　静　　潘　腾　　高　雅　　钟　姣　　华天齐　　卢思琦

张佳玉	张晨光	陈非儿	靳哲	刘博	米拉迪力·图苏托合提
王文瑜	赵鹏	王硕	古丽努尔·阿卜杜热合曼		陈趣
李婧珏	阿迪拉·托合提	张瑜	刘亚东	黄燕瑶	孙雅琴
麦嘉成	陈彬	张宏博	卯丽	皇甫新凤	杨夕雅	朱正保
王晶	方昱生	郭轶	李艳梅	吴丹东	张蒙	刘丹
丁焕	朱凯锦	胡文珠	臧霞	张蓓蕾	宋荣维	叶超
许炜	张茹	姜婷婷	张舟			

中药学(27人)

刘均瑞	张玲	叶丹	杨雪	赵俊卿	厉丹丹	王金
吴问辙	黄俊渊	罗欢欢	李秀珍	倪旭初	李博	赵一凡
张又权	王微	朱锦源	李盼盼	付素琴	张璇	苏鑫
赵小博	夏松	吴云霞	郭欣欣	董芊芊	王璇	

金螳螂建筑学院

城市规划(25人)

李鹏飞	范仁杰	孙俊	沈益	赵振	陆天丰	程晓璋
朱林敏	梁璇	廖佩玲	刘凯强	周围	吴蓓	江威
包沁怡	黄东	黄迪	周吉	赵加健	钟扬	汪红军
陈立浩	徐赛年	薛耀军	郑夏杰			

建筑学(32人)

宋春亚	张程	左芳芳	姚婷婷	李佳沛	张彧希	夏彬
徐小小	黄建勇	范佳丽	冯玉青	黄志敏	陈蔚	惠珂璟
丁洁	邱华娟	陈霞	邓扬扬	朱星哲	陶莹韬	沈天成
胡琦	吴江来	邵强	杨威	李尧	孔倩	陈琛
张丹	成浩	姚华康	王杰瑞			

建筑学(室内设计)(34人)

崔春月	马虹霞	关清宇	朱淑静	张涛	钟治立	虞菲
廖正朝	姚绍强	王萌	许陈成	冯雪	戴晨飞	李春阳
葛磊	余和蔚	陈薇	孙杰	张婷婷	朱瑞瑞	葛东
刘鹏	薄润嫣	周现镇	黄旭	陈茂旺	王海峰	孔薇
薛媛媛	黄相瑜	吴婷	秦洋	李远鑫	贾红达	

园林(城市园林)(26人)

朱福星	李欣芮	旮丽	王晓宇	夏莹	刘星	朱梦梦
李凌霄	杨程麟	朱军	刘爽	陈衍	杜扬	沈家瑜
张越	王雅坤	刘晓芳	杨胜世	张媛媛	郭星星	徐峰

戴倩文	冯美玲	程业典	杨雨璇	曾丽竹		

园艺(城市园艺)(28人)

于成浩	苏绍斌	王 沛	肖 笛	陆新婷	杨 怡	董 玥
樊 凯	周 玲	罗坤垛	徐华斌	樊祁媛	时 嘉	郭桂伶
王瑞莹	傅青青	徐慧杨	胡 增	保 杰	徐 莉	李 蕾
赵 露	陆陈丹阳	唐晓丽	秦 梁	李 虹	陈丽雅	王冠飞

城市轨道交通学院

车辆工程(44人)

徐炜炜	许 旺	吕远航	黄 飞	汤盛浩	金 才	周鑫涛
许凌云	郭雨露	姜秀杰	孙 南	何鹏程	杨志雄	马学亮
胡志杰	王 伟	徐 超	王子石	黎友明	周佳佳	田太丰
蔡耀峰	周陆淳	徐少伟	曹昊春	许凌天	赵雨鹏	邢倩荷
吴小平	程宏来	韩 威	陈 铭	金学健	杨 杰	朱佳林
朱国强	吴向东	胡炳城	秦 健	李泽洁	朱旭平	王书生
周 涛	丁忠乐					

电气工程与自动化(城市轨道交通控制工程)(52人)

陆树鹏	尹之杰	陆昊龙	张洪华	徐晓瑜	赵经纬	周 杰
崔 飞	耿臣露	许花春	刘 蕊	何溢文	毕 威	宗 达
孙 赟	戴继伟	徐鲁斌	邱书棋	徐 斌	黄 健	郝 欢
郭凡宇	顾天峰	陈昶旭	邵逸轩	史炳伟	涂晨希	朱中勇
顾亨杰	沈黎韬	周 桥	许蕴辉	冯逸濛	金 成	王 嵘
杨 浩	丁 垚	顾 鹏	李雅青	吴晓晶	陈其波	赵乙坚
张 皓	张 晗	张海滨	崔 成	李 炫	汤天珠	祁玉梅
代莎莎	张培培	赵利健				

工程管理(86人)

张文奇	李 阳	陈勇浩	范小兵	陈永安	沈 尉	李利婷
卢辉阳	张 倜	周 游	夏 乐	杨君妍	齐 恒	潘玲玲
王林子	金 浩	窦晶晶	吴靖怡	张 宁	陈天伟	郭心荷
华圣雍	邹 婷	杜龙林飞	崔航源	李裘鹏	姚雯婷	陈丽君
张辉琦	连铁铖	王圣洁	朱海霞	陆婷婷	王 傑	沈 运
黄垚瑶	洪亦非	叶晨曦	蒋 海	周 羽	肖松宇	张钰涵
刘训鹏	王艳阳	沈宜男	吴 阳	陈家梁	王立宇	施 雯
徐志涛	朱海华	邱 丹	高 扬	于由之	顾清源	吴 恺
何 成	倪 健	卞 楠	李皓燃	李 闯	王彦成	刘 锴
何柯东	徐 波	姚 进	贾 杰	董秋华	沈 阳	张 云

卜 薇	张 磊	庄嘉彦	浦芳蕊	孙 飞	朱庆瑜	许文茜
钱佳盛	姜洪飞	鞠王磊	童皓纯	陆 瑶	洪坚宇	郝乐意
房 岳	金 豪					

工业工程(城市轨道交通工程管理)(2人)

马 刚　周双源

建筑环境与设备工程(城市轨道交通环境调控)(30人)

张羽群	潘 婷	杨 诚	李宇旭	黄 威	邹媛媛	罗 磊
王 倩	李秋萍	马春南	陆鹏飞	朱文艳	戴雨蔚	朱宇昂
刘 健	史一峰	王一峰	孙嘉诚	朱敏捷	张 龙	李晓松
张翩翩	张震浩	赵 毅	陈颖怡	周 玉	宋焕杰	肖 璇
杨昌艳	张明明					

交通运输(39人)

张杰樘	陈 宏	王孟孟	顾腾飞	刘超杰	姜凯荣	金玲霞
陆裕昊	曹 俊	申司永	陈玛俐	孙 卫	李晶晶	吴天文
邵 将	刘 晟	王 琪	丁振威	陈志豪	李文超	陈圣尧
叶栋梁	侯兰冰	李婷婷	沈 耀	梅佳琲	杨越思	李 鹏
李佳峻	仲飞翔	郭瑞琦	许 敏	朱 唐	廖引生	陈梅燕
邓经纬	蔡春杰	邢 帅	王彦卿			

通信工程(城市轨道交通通信信号)(45人)

朱 峰	何 印	宋柳柳	梅孝文	高晓钰	钱厚娟	蔡宗伶
赵亚军	朱迪扬	郭 郢	王 凯	崔东东	王丽霞	王 瑛
何 欢	龙 飞	沈欣悦	李先超	陈正明	张一鸣	姬筱琛
衡 杰	苏 君	翟光耀	周天颖	朱龙坤	周 然	凌 帆
高 云	王杏宇	徐逸云	戴昕鑫	尤 嘉	汪超逸	张继昆
杨志杰	吴泠希	郁沈平	袁振宇	李丁信	卑其涛	孙丹丹
佘 煜	施鸿堃	陈 旭				

信息管理与信息系统(城市轨道交通运营管理)(4人)

汪亿帆　林锡军　邱 靖　吴德根

宿迁学院

财务管理(1人)

丁迎亚

法学(99人)

汪　超	鲍　婕	蔡小云	陈梦兰	程　思	丁晓菲	符　诗
顾媛媛	何薇枫	季珊珊	李　洁	李思瑶	梁佳鑫	刘思源
刘　星	尚露瑶	孙　柯	万　芸	王　敏	韦　一	吴　晗
吴唯洁	谢超兰	严　莹	杨　华	杨喻惠	张楚楚	张　鹏
张　艳	周　敏	周玮嘉	朱思云	陈　晨	刁汉腾	顾星宇
黄　林	蒋　琦	金纯江	刘　兵	邱　杰	宋徐磊	王飞晟
王　敏	吴原青	徐方舟	杨　标	杨　磊	姚　柠	袁　栋
张睿喆	周　涛	卜　丹	蔡　妍	陈宇阳	戴茂月	方　玮
耿媛媛	郭　肖	贺　敏	蒋珂瑜	李　铭	李　雅	刘　璐
刘　婷	倪秋晨	施雯雯	孙怡然	王东洁	王秋艳	吴　凡
吴甜甜	吴文婷	严灵灵	杨白雪	杨　洋	袁　洋	张　星
赵倩瑶	周　晶	周敏慧	周艳培	鲍俊臻	陈丹阳	高士杰
何　智	黄　阳	蒋犀皓	靳高峰	潘乃运	邵晓阳	孙可可
王枥生	谢雨轩	徐小敏	杨聪聪	杨守勇	叶　青	张　弛
钟　鑫						

广告学(101人)

欧阳鹏	鲍梦雅	蔡妍艳	陈杨烨	陈　月	丁　稚	董　梅
冯幸瑾	葛　丽	何冰洁	季舒婷	蒋　静	梁冰清	刘　朔
陆　楠	陆　琰	罗　颖	茆阳昕	钱　果	孙　琳	汤甜甜
滕燕华	王　宏	王露露	王　鑫	吴　丹	谢　璐	徐佳楠
徐　悦	薛　旦	颜　云	杨燕飞	姚淑雯	于瑶羽	臧晓露
张　昊	张　蕾	张　茜	张真正	赵　萍	朱少云	丁　铁
顾圣玺	黄犇犇	刘　琛	宋仁智	孙　郑	谢　凯	臧　瑞
张林杰	仲启明	蔡佳雯	陈网扣	陈盈盈	储呈慧	董璐翌
董晓圆	高　瑾	耿安丽	黄　蓉	贾路路	蒋　敏	刘靓雯
陆　霖	陆小凤	罗丹丹	马文兰	梅　杰	桑　梦	孙雯佳
滕丽利	汪星星	王　慧	王　炜	魏海霞	吴林宇	徐　绘
徐　璐	许晨希	薛维维	杨　琴	杨　晔	应　悦	于梓荧
张单单	张君妍	张　丽	张秋云	赵建侠	周云云	朱薇倩
高路军	华炜杰	蒋光明	冒佳伟	孙山山	童　凯	严　文
张　雷	仲　敏	周洪旺				

劳动与社会保障(98人)

蔡　松	陆　醉	乔　璐	鲍小爽	卞迎迎	陈凯雯	陈玉珠
樊凯娟	顾梦秋	黄叶倩	蒋美玲	蒋媛媛	李园园	刘　佳
马林琼	倪倩雯	沙颖慧	施　晴	孙惠子	孙楠楠	孙　玄
田　欣	王　濛	吴佳慧	徐　彬	徐　晗	徐晓丹	许　欣

张江月	张 玺	仲 辉	朱婷婷	敖俊涛	窦孕鸥	顾 群
姜 帅	李法涛	刘秀棣	卢开威	倪 羽	沈有为	王成才
王 也	吴凯平	夏祥杰	徐剑男	姚冬吉	张兴华	朱伯恺
朱志浩	毕译丹	蔡 爽	陈 淼	丁佳欣	耿丹丹	胡 越
姜钰琪	蒋雅君	李书梦	林 溢	骆月红	马艳霞	邵莉华
沈庆英	司马雯	孙 婧	孙婷娟	田 密	王方岩	王 婷
卫 凤	谢杰华	徐 放	徐婷婷	许 倩	杨 帆	尹 梦
张沈伟	赵小颖	周 颖	朱阳琴	陈 曦	顾宝俊	胡承磊
蒋 超	刘 聪	柳鹏飞	吕 翔	孙天航	王亚军	魏 权
吴盛岗	徐 枫	严明东	张继凯	张 业	周锡龙	朱 进

行政管理(96人)

沈 阳	徐 宁	徐 晟	蔡语嫣	陈 超	陈 敏	陈胜男
戴春梅	单 燕	丁佳蕾	丁雅倩	郭春艳	黄 芹	刘韩露
刘 瑶	马舒霞	钱辰蓉	强 苗	沈 英	宋荣荣	田丽华
王佳慧	王 平	王霞飞	吴园园	杨德宇	杨莎莎	姚 聪
俞 晨	张 野	赵 娟	周 颖	陈 磊	丁 健	董务康
高宇峰	郝梅杰	姜蹦蹦	阚 杰	刘昌波	刘其尧	庞智恒
秦利浩	宋鹏鹏	汪冬月	王 旭	韦 伟	杨 超	张 鹏
章士才	曹媛媛	陈 名	崔莹莹	戴楠慈	丁佳慧	丁 雯
高馨雨	胡惠瑾	李卉芬	刘敏敏	吕燕云	祁晓怡	钱 洁
戎 澄	施小慧	谭 晨	王 初	王 婧	王 婷	王 园
徐 荣	杨平生	杨鑫荣	姚倩倩	吁 慧	赵 慧	郑晓丹
周文婷	朱梦恬	程永志	丁永剑	桂友成	贾传涛	蒋振华
康 锐	刘东明	马钰龙	乔 柏	邱亚运	王才荣	王 运
吴 超	杨 波	应旭晨	张如进	甄佳佳		

苏州大学文正学院

国际经济与贸易

陈梦霞(2007级学生,授予苏大学位)

2015年成人高等学历教育毕业生(4 957人)

朝鲜语本科业余(1人)

左 力

电气工程与自动化专升本业余(143人)

曹 顾	李明章	潘经武	杨 勇	李立荣	顾国强	刘青松
刘 辉	李敬仁	张 强	陈 军	徐晓春	毕 飞	孙 金

吴 鹤	束家明	成慧勇	高文斌	褚晓峰	莫金健	张 鹰
沈 雪	袁伟强	胡 鹏	胡尤成	刘世成	盖明启	张志全
姚 文	陈 超	许家胤	綦朝华	李 壮	辛腊梅	阚仁和
包增利	魏明明	刘 杰	王 曼	金新建	王金星	高 健
高 璞	徐汉军	陈鸭华	凌 冰	王春阳	于江冬	倪建荣
郑 磊	沙龙森	朱乃昕	姚 俊	曹 兴	严 尊	张明璐
石 宇	周 浩	王玄博	彭振成	刘 辉	盛晓军	居飞斌
丁艳平	朱正翔	卜成强	孔憶君	厉 扬	袁翠平	许广正
文桦林	徐 蔚	虞晓全	顾 明	武永胜	熊让安	徐海东
张 帅	王 波	陈建栋	丁俊杰	王广根	王 权	苗林森
张云龙	卢小龙	徐 彬	丁晓飞	杜明扬	陆宏梁	陈晓进
陆志明	刘 刚	夏小贺	张诚义	张澄军	孟雷永	杨友骅
聂新猛	高海涛	张海涛	陆德平	王璘璐	师传超	姚建强
杨 庆	陈 坤	张金洋	彭学尊	包熙民	季晟年	王继国
王志军	袁国栋	李 涛	郑广明	严佳良	王大将	徐志辉
施辰昉	徐志亮	盛春明	许云龙	王金龙	张勇骝	黄 洋
宋冉升	李智勇	丁李培	羊 栋	杨奇伟	孔 超	姚夫圣
黄伏海	蒋 超	李 雷	张风波	梁 远	陈 俊	李 强
吕 伟	韩 锋	李永明				

电子信息工程专升本业余(186人)

陈 双	张意华	周学波	张 亮	王洪丽	李 锋	陆 晔
金文豹	罗东林	陈 训	高 鹏	李玉魁	唐 超	鞠 勇
姚 跃	张 龙	张占起	陈 明	王永谦	尤文龙	卞向东
周 慧	卢 伟	张东流	孙 亮	史向春	邬野文	赵 飞
吴 琳	路圣大	钱德长	孔 辰	盛小伟	刘 超	李 进
皇甫新颖	张爱娟	王 静	张巨金	韦 维	孙 蕾	谷兆艳
房 梁	钱 明	周田成	熊龙光	林 杰	刘晓冬	陈凯凯
肖 岩	许海燕	高 宇	史平侠	孙满晨	黄成涛	钱帅帅
徐洪波	马 宗	沈云雷	王 斌	徐少雄	曹广波	孙金松
谢金甲	丁新勤	水云燕	孙露露	周 亚	娄 浩	朱稚童
阚巨军	周冬磊	唐定翔	李雪荣	祖 坡	吴兴远	朱加兰
杨 磊	赵 晨	张 斌	孔苏叶	郑坤仑	骆 婷	张浩辉
王 威	徐雅芳	胡 君	仇保静	刘国俊	严太船	吴中强
蒋樱斌	姜 峰	冒符锋	陈海燕	伍婷婷	陈 靖	周晓忠
程东亮	胡大伟	张 强	王 刚	陈 霜	吴保杰	汤洪权
孙海翔	沈 聚	英昌东	唐 军	黄俊武	吴成超	肖 飞
刘增产	顾 峰	王 凯	汪界平	陈加兴	冯读林	王 岩
杨 桥	陈 坤	胡树刚	张理想	居雪娟	秦微微	程波宁

毛汉伟	张义娟	曹 磊	董春燕	江友志	祖广继	胡飞祥
贾 欢	张俊杰	范玉婷	王 欢	王大浪	费 强	孙文兵
陈 波	阮 丹	董军超	许文渊	罗运林	丁 庆	方金银
郑 陆	杨 阳	周 露	李 朋	华佳俊	王 波	颜新新
陈祥平	沙 洋	倪海军	赵艳青	王 静	薛 春	栾立业
周新月	陈 芳	郭瑷珲	金晓雷	游佩文	陆 峥	朱建设
府 伟	周震华	潘 辉	陆金华	刘玉龙	祁 亮	韩 永
何 君	沈向华	朱 娟	解 挺	李 靖	徐余静	陈亚东
高来友	陈 勇	蒋朝阳	李 祥			

法学专升本函授(140人)

蒋 杰	张 欢	吕 佳	庄 运	陈 燕	吴开富	张永强
王小冬	朱晓松	冯 竹	张正荣	周婉龙	邹惠平	姚雪洪
宋小辉	罗唐春	宗蓉蓉	周 健	唐 瑾	时伟栋	肖益粟
江 枫	陈婷婷	戴燕华	张玲玲	王宁青	陈 涛	张乔远
宋 婷	马 良	朱振亚	陈 洋	邓 婷	吕宝娥	黄凯伦
周 辰	顾佳玮	吴 芸	陈 涛	林少华	赵 雄	胡 茜
张一春	周海凤	宋吉成	吴晓燕	邹小峰	朱鸣峰	黄 俊
金利苇	黄 斌	刘石云	李 剑	杨 洋	沈 佼	吴 健
沈沁倩	任生荣	柴孙杰	鲁国庆	卞伏虎	闻 倩	龚锦华
顾 军	赵 悦	朱 萍	钱国珍	姜 骏	周 琚	钱菊芳
王红梅	姚伟平	戴立元	杨 磊	马 勇	李昕洁	蒋 琰
陈启星	郭丽娟	沈 亢	陶晨凯	王春珍	周 锋	顾苏婷
朱劲松	陈 刚	王 诚	陈 甜	曲鸿飞	张 健	王 军
潘丽安	蒲春佐	陈晓华	傅月恒	褚虔斌	刘 鹏	邱苏杰
陈 杰	王 坚	孙玉华	卫晓晨	邓 云	赵晓燕	蒋 兰
李雅伦	殷 隽	韩 晓	缪天骊	肖 欣	蔡万齐	王庆彪
尤新辉	陆正帆	王继纲	陆广华	罗向为	范烽雷	成荣兵
顾予欣	许雯婷	樊晓晨	徐静静	焦 珏	叶振宇	孙正平
李士荣	金曦东	赵广寅	汤菊春	赵旻夷	刘继端	刘 伟
刘公秉	潘兰芳	吴 斌	李志强	罗铭沁	陆 奇	巫政强

法学专升本业余(1人)

孙 凯

工商管理专升本函授(137人)

高 俊	李 娟	郭 梁	戴启富	鲍巧云	马小龙	葛 婷
程 骏	张 裕	常星萍	朱 慧	倪 洪	孙利军	仇 浩
魏贤贤	余 磊	张 斌	彭静波	刘晨贝	吴国强	董 智

李仁平	张卫国	张红伟	居学御	周　杰	张文军	唐　超
高善海	计芳芳	卢亦希	胡　青	刘飞飞	王　佳	王晓艳
徐苏丹	赵雪明	史后峰	张丽君	姚小青	王珂琦	陈晓霞
杜　娟	王　延	邱小英	蒋兆香	朱婷婷	许剑剑	杨　琴
刘　佩	韩明星	田偲闻	杨佳骥	朱晓亚	徐春丽	沈　青
刘　雨	朱薇君	蒋永栋	顾佳琪	孙培培	刘永璇	杨　波
殷阿芹	余　萍	宋向阳	严　峰	李小龙	庄宝珠	叶海贵
钱无暇	顾李阳	赵明明	李海燕	吴岚昇	胡书逸	潘　峰
费　翔	冯平平	陈　丽	严　翔	沈加勇	金　伟	吕　静
葛慧兰	杨书地	李学庆	张　奇	侯建章	吴　广	金康伟
陈洁珏	蔡　肃	左克飞	俞爱平	钱玉兰	窦艳红	王　飞
蔡晶晶	徐丹凤	徐笑君	陈唯一	朱甜甜	李　培	卢德林
颜晓晖	徐晓峰	冯勖陟	张禾青	陈甸甸	崔长聪	俞金龙
邵志明	孟　强	袁　润	高建明	周春妹	陈叶花	杨　阳
刘寅秋	李海秋	卢　健	李川川	王遵明	肖　露	夏　溪
周　荣	王增祥	徐丛忠	熊　燕	杨俊龙	唐　祥	徐　晓
陈辛愉	孟凡钦	赵　维	朱兆明			

工商管理专升本业余(2人)
　　李　田　　闻　斌

汉语言文学专升本函授(37人)

骆雪青	沈晨蔚	姚虞明	胡诗琦	许玲玲	倪　健	周克茹
常雪梅	高　青	谷艳梅	钱玉婷	陈薇娜	戴　莉	蔡方谊
马　婷	万林青	盛景怡	张美新	华　莹	马宏超	徐　燕
朱琛霞	沈淑敏	孟祥红	陈海燕	韩婷婷	王子罡	翁晓骅
杨　璐	计丹丹	陈　椋	王丹超	高　磊	陆泉波	吾　晨
杨雪燕	吴　平					

行政管理专升本函授(51人)

陈吉士	张吕海	吴一飞	李春燕	刘湘君	林　喆	魏　翠
费　扬	周　骏	顾小霞	王晓琳	陈　君	周　亮	陈　俊
季　亚	俞兴凤	沈雪莲	王剑峰	沈谋知	胡晓菲	潘　健
王祚琴	郭　茜	蒋志英	吴菲菲	徐翔宇	宋　亮	张军伟
吴燕兰	陆文彬	陈亚琼	孙　悦	徐　莉	高　欣	赵晓晶
樊　芸	傅佳丽	朱　炜	林亦叶	杨　光	莫晓晴	邱博文
曹艳静	徐　刚	戴佳平	王晟晨	施新芳	顾晓麒	刘　莉
徐国军	王　娟					

护理学高起本业余(277人)

徐晓丽	徐 敏	史梅香	胡译丹	周 婷	吴 月	袁君筠
陆丹清	朱亦琦	刘 林	贡源旭	韩雪芳	徐小莉	姜建亚
张 婷	冯 凰	李 玲	岳 娜	周 晴	万春燕	张燕凌
赵园园	葛雨薇	毛小洁	林 玲	王亚如	张 琪	陈 艳
张紫嫣	曹 丹	徐雪燕	卢永珮	李 薇	汤 琴	孙 月
芮 睿	杨 晶	雍 莉	何 润	沈 丹	蒋梦烨	濮雨霜
王 玲	王 霞	洪 宇	潘 璐	尹箭娇	熊元琛	周 颖
吴 迪	杨园园	蒋 弘	陆 梅	沈如盈	张亚霁	邹 莉
戴瑞雨	刘梦霞	吉 娜	徐 雪	周文娟	何怡萍	高吴洁
刘 娇	彭 婷	陈晶晶	胡懿潇	吴 蝶	李 蒙	王玲亚
陈素芬	邵 秋	唐 艳	张 颖	沈 虹	史云飞	武杜凯
王素青	薛文婷	吴慕媛	周 群	朱笑笑	管 蓓	杨嘉咪
张 娜	金 婉	沈含美	张 颖	潘静静	张 珍	孙丽青
谭云霞	夏 露	张 珂	陈 敏	涂 君	赵玮玮	张玲琴
张维维	朱 燕	曹丽谢	黄小丽	唐美玲	姬 智	赵 霏
刘润芬	张小霞	顾文宁	吴 珍	王 娟	丁东升	高荣娟
吴艳红	朱 雷	高 慧	庄 琳	郑淑琴	王 敏	邰晴艳
叶 丹	蒋 蓉	吴雪菲	龚海琴	邓小婷	季永梅	徐静青
胥婷婷	王秀华	蒋元娟	庄彩云	杨红燕	史文娟	蒋 杭
张兴华	汪 洋	丁伟伟	汪章红	金 花	钱雅琴	陈金娥
宦正萍	杨 欢	凌 云	王晓玲	黄 凡	姜莉京	徐 丽
景欢欢	杭亚琴	凌 倩	许 俊	朱 静	李凤娟	张 琦
李雪花	孙利超	陶 雨	袁 楠	顾曦晨	怀梦妃	夏 姣
徐婷婷	刘新宇	缪 苏	许文静	李婷婷	毛 璐	王 平
翟艳红	张 越	曹梦倩	李 健	邱晨虹	王 蓉	陈雅婷
王玉琪	贡 俐	黄 璐	曹 亮	孙佳颖	吴 娟	吴 琼
陈 婷	周 芳	何 静	巫 静	姚 婷	吴海珊	朱佳庆
郁佳梅	韩萍萍	孙蒙蒙	周 循	陶燕玲	濮晓菲	张心怡
朱 聃	丁 洁	陈静文	解思源	冷 莉	邱 琳	张超群
张 琴	戴 雅	钱 雪	王 琪	吴春燕	吴婷婷	杨俊静
张 燕	高欣怡	谭星宇	张春梅	戴 琴	贡丹欣	茅婷婷
聂世云	秦 蓓	邱丹玲	尤玉娟	丁建芳	罗 旭	谭 燕
谢 馨	薛卉玥	笪志凤	吴 青	吴月之	肖婷婷	周晓旭
陈 玲	丁利娟	陈心如	丁慧敏	杜文君	蒋璟怡	潘敏敏
汤星宇	许 静	殷雪凤	陈 霞	戴 静	徐沁桐	姚 晴
蔡晶晶	韩 丹	王心韵	陈 凤	何 玮	谭雪娇	王露霞
奚梦婷	相 蕊	曹翠香	陈 诚	康 婷	梁 静	史晶晶
徐 卉	张 娇	马晴雯	潘 敏	邵 媛	陈 玲	高丹丹

金　燕　　旷昌凤　　凌青霞　　刘淑华　　陆留仙　　乔梦莹　　汤玲燕
王婷婷　　张　丹　　谷丽娟　　蒯雨娟

护理学专升本业余(1 281人)

龚　健　　顾建梅　　储　洁　　徐悦琳　　陈　燕　　蔡　丽　　黄秋雅
李　丹　　李　吟　　邵文娟　　徐　娉　　徐丽君　　周　琳　　季怡虹
顾雪薇　　王明丽　　孙　敏　　戴梦霞　　徐永红　　胡佳圆　　任　慕
戈玲华　　汤　亚　　杨敏亚　　陈敏娇　　钱　懿　　顾美兰　　李红芹
邹　虹　　凌　维　　秦　晔　　王　黎　　张凤艳　　钱　欢　　陈　勤
金丽芬　　陈秋萍　　叶秋妍　　陈丽莉　　应丹凤　　陈国娟　　徐晓丹
管丽丹　　何　蕾　　周　莹　　曹　菁　　祁未央　　陈　佳　　苏　雅
王佳敏　　胡思羽　　王　莉　　顾锦亚　　吴　越　　吴粉梅　　朱吉琴
沈　钰　　丁旭芳　　查彩琴　　张　瑜　　何　平　　倪家慧　　柏林燕
张旖旎　　葛莉莉　　朱　娜　　徐　洪　　张玲玲　　张雪英　　苏小兰
刘　静　　王香红　　丁小燕　　胡转红　　李　舒　　庄　倩　　陶毓婷
张丽萍　　郑　娜　　徐　琳　　尤晓莉　　刘　静　　朱　芳　　纪　燕
于喜勤　　李洪元　　宋彩娟　　江　君　　刘　浏　　董秋贤　　周梨梨
顾　静　　王　艳　　王春芳　　刘　景　　高雪琴　　虞　畅　　李　红
卓　玲　　毛　犇　　朱静华　　刘　燕　　方晓兰　　吴美玲　　金婉静
李晓梅　　朱慧雯　　杨　娟　　赵雯雯　　管芬芬　　慈阮珍　　刘　颖
蔡莉莉　　顾丽萍　　陈玲玲　　徐志燕　　许艺琼　　丁明娜　　郭梅娟
汪朝平　　姚　静　　赵燕萍　　朱春艳　　王建英　　余冬兰　　刘兆梅
梁文兰　　诸玲玲　　黄婷婷　　张仁维　　徐云芳　　宋金子　　赵小四
王　琼　　吴　霞　　李　艳　　吴　琼　　张润斐　　孙艳华　　陈星星
王赟琴　　高萍萍　　夏　华　　鲁　娟　　张　茜　　潘娜娜　　陆伟杰
徐露燕　　顾彩林　　许昊蓉　　赵素贞　　贺慧敏　　张红叶　　张　弦
鲍　培　　王　珊　　冯蒙友　　龙荟钧　　韩敏芳　　韩　婷　　腾世贞
季　雯　　邱　宇　　俞丽英　　黄玉平　　韩燕琦　　叶锦芳　　王海燕
钱　虹　　顾怡如　　戴宁宁　　张　娟　　吴　娜　　陈婧婧　　周明雅
王梦瑶　　林　林　　姜伟伟　　马雨佳　　朱　雯　　宋　静　　耿咪咪
陈海燕　　朱小芳　　郑建华　　李松花　　陆晓兰　　张黎红　　毛芸婷
俞丽霞　　高露珠　　荣　艳　　顾芳芳　　闵卓君　　常玲玲　　朱　艳
李敏敏　　刘兰兰　　鲁　依　　伏　文　　朱露露　　徐　菊　　蔡　飞
胡银玲　　须晓燕　　郭金凤　　王萌玉　　奚艳红　　孟雯捷　　张　贝
郭丹丹　　展翼翔　　申　晨　　赵春莲　　刘文娟　　王雅琴　　杨　艳
陈　静　　王　丽　　李　馨　　张晓虹　　孔丹萍　　吴　玲　　杨丽琴
赵小娟　　潘莉琴　　包琳玉　　徐湉湉　　谢琳云　　李　燕　　张　琼
乔丽敏　　毕婉静　　吴晓明　　高　璐　　吕月华　　蒋　杰　　朱　淼
朱　菲　　蒋文娟　　白　琳　　凌小红　　方　蓉　　戴晶明　　陈　娟

张渝铧	缪凤艳	尹藜蓉	吴璇	茅彩红	黄漪	张赞
杨菲	李晓平	吴晓娟	李英	沈华	赵雅芳	王美娟
徐玉娥	刘婷	黄君	蔡琳	范英芳	赵晔晔	朱少卫
季晓丹	沈菊红	黄燕燕	钱海凤	吴叶	赵丽真	曹沈娟
何芳	陈英	赵志华	殷美华	崔晴	高黎	汤莉
姚楠	马立娟	冯洁	占稳	张英	陈佳	陈道莲
黄留娣	孔雪芳	杨声远	戴鑫	马莉	陈俊英	石艳
赵丽琴	张鑫	曹阳	王媛	洪明芳	叶云	刘悦
王雅	符婷	顾芳华	盛莉帆	周雪芬	张丽萍	陶佳
顾周月	韩婷	孙丽雅	朱静	周燕婷	时云文	李倩
王小琴	薛姣	杨丽玉	曹英芳	王文霞	张自莹	王海燕
王秋艳	王晓芸	时丹	沈晓英	朱燕	陈莉	尹文琴
黄泓	戴琦	管映红	陆星荣	陆静	缪宇萍	薛雨涵
王玉芳	沈玉芳	朱丽花	蔡梦霞	朱庆芳	赵萍	杨晓荔
钱梦洁	钱梦佳	顾雯	陈丽华	陈迪	戴绮	吴蓓
王凤娇	章晓瑜	丁晓薇	唐英	汤莹	方莹秋	张爱婷
李洁	华梦姣	陶亚静	盛叶红	尤静亚	薛之君	黄轶媛
翁蓓彦	朱洁	胡静	霍栋妹	谢丽霞	朱梅	周婷
蒋成凤	陆茹	邓佳	马利华	温怡婷	郭忠妹	杨健
徐萌	朱一梦	俞萍	陈建玉	谢雨薇	戴静洁	王勤
顾怡琼	卢丽英	花婷	朱慧娟	孙丹丹	杨金伟	瞿敏娟
徐润	黄小棠	方心怡	郁艳菁	卢吉	钱利亚	钱丽花
陆佳慧	周燕	骆绒	葛春洁	徐丹丹	沈雪红	张玉萍
仲苏娅	陈晓燕	肖珣	任晓燕	陆婷	赵艺卉	陆静
夏薛	邱冬群	王瑾瑜	陆海芳	周星	罗成露	沈兰
吴丹	李宏	韩宁	钱玉兰	赵冬燕	姚颖现	江艳
姜晓尉	郁晓丹	孙信	李荣荣	秦燕娟	陈菊	黄婷
王璐璐	陆冬梅	荣志艳	温恬	袁秋亚	周佳红	应凯丽
吴菲	陆沸	闻倩	邹丽华	胡文磊	陈骁	沈可灵
黄娟	庄珺	赵夏雯	何丽萍	朱蓉	王闰珺	蒲明明
顾月华	瞿敏	张洁	冯静丹	蒋菲	朱菲菲	陈婧妹
范静	陶心羽	李佳莹	顾瑛	苏萍	王怡	徐金芳
施妮琴	朱红梅	孙婷婷	周丽娟	杨菊芳	李彤	董倩
管丹	高丽芳	万雯	张小燕	于莉莉	黄云超	邓秀琴
陈丽华	王丽	孙樱	费晶	庄美云	侯广书	蒋小凤
周习琴	余乐	黄英	朱颖	吴海燕	史靓	王静
张娟	范逸淳	戎欣兴	冯玉华	吴叶辉	朱宁芳	宋文军
张丹	闵玉洁	蒋玉兰	田佳	沈慧	蒋赟洁	徐婉霞
华彩霞	何巧兰	曹丽萍	何红霞	谢玉华	马娟	陈秀霞

陆仁芳	陈莹超	焦军南	石 帅	朱 进	杜慧华	朱华萍
徐 盟	张少颇	陆利芳	李 清	黄 丽	朱 枫	黄雅萍
陈雅萍	李洪芹	汪 静	韩玉燕	吴 丹	刘冬梅	张 群
荀李悦	刘 敏	贾玉莉	蒋贞娣	王 磊	顾艳娟	成 芬
金舟纶	孙风芹	沈 晶	韩 惠	曹爱萍	徐 芳	夏征冰
王晨红	单春丽	吴奇华	夏张丽	孙惠芬	陈 仪	李 玲
王满平	王卓娅	陆丽艳	胡恒丽	王 玉	仇玥华	费静娟
王丽萍	高柳意	张文英	王亚云	唐梅芳	周莉玮	高 燕
孟红燕	盛春晨	代 艳	曾洵丽	焦蒙蒙	李小燕	杨 侠
吴 健	朱月霞	李伶莉	陈彦静	王 丹	蒋 琴	俞 婷
王冰冰	程 婧	王艳花	邵春妹	仇冬节	唐春桃	宋 颖
蒋云霞	魏 苇	沈晓霜	朱 英	杨丽丽	诸佳鸿	何小琴
盛晓陈	张汉慈	张 倩	杨莉芳	项烨敏	陈 璐	范晓燕
石群艳	朱雪风	刘 娟	沈亚芳	周纯洁	周海燕	钱小芳
杨金晶	黄志越	高云艳	闻玉清	张林方	金 欢	孙丽莉
吕秀华	陆娟兰	程琳红	姜娉婷	朱月红	黄 杰	张安斌
钱 蓉	肖仕桢	谢筱荣	吴莹莹	冯晨丽	贾晓燕	代许华
陈志华	李 娟	潘文馨	刘茜薇	许丽阳	赵素琴	叶 敏
龚 丽	黄玉琴	陶芸芸	夏小英	陆汝燕	缪 静	徐 艳
顾欣琼	陈 婷	陶梦云	薛梦秋	陈玉琴	凌 洁	杨 飞
翁玉莉	朱 瑛	陈余华	张银娟	黄玲飞	阮雅萍	唐永红
黄旭艳	卢带娣	王 珍	朱晓丽	钱 君	阮锦花	童丽君
房毓芳	沈 群	宋新月	芮小燕	袁丽娟	蒋芳娣	陈新莲
杨彩萍	童丽萍	芮黎英	史俊琴	周国庆	程 琰	史 斐
黄卓蓉	蔡 艳	孙 娟	杨 颖	陈 婷	厉惠娟	吕 娟
姜 叶	戴 嘉	李 霞	周 玲	汪 旬	尹周豪	吴金红
孙 艳	王 宏	郭智慧	吴春芳	黄 璜	刘 艳	范永丰
王灵侠	苗 苗	韦敏夏	王建华	杨 燕	蒋佳丽	张平平
刘爱平	梁 厅	杨灿灿	宋莉莉	刘翠翠	张静娟	李亚玲
陈星星	邓 丽	黄兴美	裘婷婷	秦 璐	徐 莉	顾 鹰
梅艳萍	王兹瑶	满建英	马丽华	周静静	徐海萍	周海玮
娄 芳	陈 茜	徐笑容	尹亚芹	孙翠梅	王冬梅	陶亚潜
陈一帆	孙永蓉	刘 颖	熊 丹	熊开洁	徐 慧	李宁宁
刘 元	赵 月	汪安萍	沈晓英	彭 娜	余艳华	杨 娜
叶 燕	张静静	孟婷婷	李 越	郁 倩	熊义娥	钱小美
朱亚凤	邹 艳	王 慧	邵 阳	朱月梅	蔡凤晓	丁珊珊
王 惠	马 静	陈宋芳	王娜娜	徐晓芳	洪春霞	周 艳
侍超楠	吴晴怡	李 琴	金博焕	周 静	陈 香	陶丽娟
陈敬静	郭 健	陈森琳	苏 蓉	宫友慧	范存蕾	张晓青

张　明	王　蓉	赵　华	丁梦佳	陆娟娟	朱　晓	刘姣艳
孔令凤	许　峥	张　丹	屠春芳	祁长娟	沐爱萍	孙海娟
王炎婷	唐　婷	史桂芳	戴婷婷	宋国英	周旦宏	陆雁萍
刘亚宏	程书霞	龚雯洁	吉　祥	裘志芹	陈　萍	沈　莉
余　湉	陈保英	丁慧敏	郭奖励	王文静	毛绘娟	张维维
金　娟	徐新霞	陈小花	倪文华	王文婕	顾　萍	张文婷
许惠英	高歆娴	杨　婕	朱晓芳	蔡　红	黄昌银	王群秀
赵春燕	杨高洁	王莹莹	吴馨颖	陈笑梅	吕蓓蓓	严春红
周燕兰	王　洁	朱利玉	黄燕宏	王　伟	金苏菊	赵亚杰
王佳丽	徐　纯	吴一琼	周菊香	姚　雨	徐亚云	陈　雯
石葭茵	姚倩文	杨竣娇	孙　婷	徐颖琛	唐　洁	汤春梅
沈　燕	翁丽娟	董苗苗	黄雪莲	张魏娟	俞有兰	周莉军
管亚男	朱晓燕	茅秋霞	苗丹丹	王　雪	陆彬芬	吴雪花
谢茂薪	陆　萍	季永霞	杨廉凤	吴　晓	宦璐璐	朱雁昉
林　君	黄晓宇	刘利侠	施　芹	庄俞佩	邱　瑾	谢　韵
柯　俊	朱　勤	薛霞萍	戴　琴	梁　肖	潘　霞	殷　琰
杨恬恬	蔡林玉	张远茜	高雪云	朱明霞	汪　煜	徐　佳
侯　昱	费　蕾	徐　蕾	郭玉婷	府怡萍	徐　奎	乔　静
张维倩	钱　琴	陆璟娅	张　敏	何静嫄	张　舒	倪璐婷
贾卫娟	赵　云	张　慧	施　丹	徐　霞	聂　慧	李园园
茅韵晴	闵文珺	臧　云	李金峰	陈菊华	陈天明	黄争艳
曹　静	李晓林	杨仙婷	周程程	施　荣	瞿海燕	董玉秋
夏　琴	谢文娟	李　静	吴　培	张　榴	王有娟	王璐婕
丁　允	虞娴婷	许冬梅	颜惠琴	卓雅云	吕　会	尹　璐
杨海霞	毛鑫琳	陈　伟	李雪松	陆雯君	陈　艳	张一平
沈敏芳	王言颂	黄　薇	张莉璟	糜文君	杨艳红	刘云娟
姚　卫	徐　沁	苏金华	刘萌萌	张红艳	蒋珊珊	杨小俭
潘苏琴	顾婷婷	凡璐璐	钱晓青	杨丽丹	王晨思	顾丹丹
张志英	沈　晞	莫小莉	马　丹	黄　漪	夏冬梅	陆　益
凌殷倩	马冬梅	陈　英	全益芳	丁志敏	顾　玥	祝优林
伍　琴	吕雪婷	李春艳	王静鸿	张雅婷	姜晓琳	陈　静
王久玲	盛首郁	马珠虹	张敏珠	萧　璧	汪　静	陈　敏
李欣蕾	刘　林	石芹芹	黄　婷	秦玉娇	黄思佳	朱　英
刘星星	刘晓波	张　萍	丁静芳	蒋　蔚	吴玉茹	巢　静
黄　婷	程燕芳	蒋小燕	张　静	杨玉琪	蒋红媛	杭　丹
梁愚白	张　妤	吴龙妹	包娟芳	陈　霞	王　静	陆维军
王明娟	王　蓉	刘雅卿	缪华珍	许　雄	樊　燕	吴　静
马　丽	张　洁	卞　娟	王　英	殷莉静	张　茜	杨志娟
陆金金	耿凤婷	尤　佩	杨卫珍	徐　婷	傻俊平	胡丽娟

陈 霞	沈丽芬	曹进燕	陈彩芳	马署丹	陆 维	李如愿
陈 燕	庄鲁洁	杨 艳	曹晓红	段丹丹	姜 丹	宋红伟
戴锦霞	吴 烨	吴维敏	何 怡	王 婷	沈 霞	陈丽娟
孙 杰	张盼盼	管文霞	沈 艳	陈莉洁	李 霞	杨晓艳
许云霞	吴 斐	孔丽萍	孟云霞	赵倩芸	夏筱瑜	史静霞
薄玉洁	钱静兰	杭 茜	李朋朋	邵雪菲	恽 蕾	邵文渊
王佳丽	李 萍	王 健	杨 金	严晓亚	薛红华	王 琦
章 蕾	杨凤燕	李丹凤	戚志萍	李 琳	陈 青	张先娣
蒋波兰	赵 丹	李 玲	张 倩	黄梨娜	顾 琴	林 莉
李晓敏	徐红娟	顾丽君	何苏云	黄丽华	姚 湘	薛 伟
杨 婷	张晓婷	王 倩	张秋芬	马丽红	袁夕骄	马晓伟
毛云倩	倪春芳	付玲玲	王 萌	胡立春	钱桂花	何佳苗
孙季玲	徐凌婧	季建红	葛 叶	陈 英	张付岩	朱慧杰
李 静	黄 静	尹荷花	杨 雪	卢 卓	施莉莉	朱海燕
刘书君	刘艳秋	韩诚诚	张银华	张 鸣	王晶燕	印佳尧
王 烨	雷 璞	徐丹华	曹丽萍	刘亚文	张 玮	徐丽娟
丁 静	徐丽华	韩秋娟	钱静佳	王 娟	尚 宇	马钰英
张凌燕	陆 婧	唐晓燕	顾亚娟	肖广吉	余 丽	包艳萍
钱柯帆	陆洋洋	王 洁	糜敏鸽	朱 洁	吴晓红	李 珏
李 菊	邵爱梅	徐 珏	朱慧菊	季 红	许辛怡	黄梦琦
高 燕	曹 蕾	张丽华	樊 红	徐丽红	秦 洁	任 花
靳敏敏	顾晓菁	柳 丰	张晓丹	陈 琳	宋小红	钱 秋
吉梦娅	孙琦羚	沈 瑜	蒋 珊	陈 娟	吴美花	樊秋芳
邓雪莹	严兰芳	赵亚梅	曹晓伟	曹梦娇	陈莹莹	杨 琳
陈 朝	江建花	倪春香	卢 艳	周徐春	韩 庆	孙 战
汤 宁	陈晶金	王艳华	徐玉娟	雍 忱	李 敏	朱毓秀
张 绘	高 娜	史 芸	王丹伟	施泉好	王 丹	刘 超
胡玉玲	林 莹	魏 艳	眭丹华	欧阳婷	卢 艺	王晓丽
赵巧吉	曹 月	毛 庆	王 婷	王 恒	王婧如	虞 焱
蒋 波	仇霄霞	李 洋	朱金鑫	张 莉	李 丹	董姚烨
沈 虹	蔡 华	徐 萍	徐 娅	瞿雪娟	龚晓烨	邵 琪

会计学专升本函授(249人)

颜 芳	钱雅芬	胥 冬	程绘雯	张晓良	吴 琼	朱成芝
何静晶	张 晔	冯 涛	柏玉洁	薛航宇	吴伟伟	张 梦
周 寻	张 雯	徐 星	郭嘉诚	何陆飞	孙亚男	顾 英
孙 静	董 佳	钱 瑛	郑贵川	顾赛红	盛丽红	张婵珣
汤静静	李海波	周 凯	姚 悦	杨慧琳	张敬沛	戴雪莲
张 徐	许 俐	李英杰	王振全	张芳芳	尹祖宁	张开路

吉丽丽	李 青	徐友兰	戴玉锋	周秋霞	叶 琳	韩志宏
唐晨娟	柏 琳	赵 玲	周 莉	刘月楠	姜中华	张程琳
宋艳彦	徐钦贵	王瀚漪	余承芳	贾 赟	丰艳霞	王琼静
陈 玲	顾晓青	罗 君	刘 政	苏中英	邓亚莉	杨银菊
桑苏文	谢 娟	陆孟静	钱俊峰	陈 晴	宋玲玲	缪传燕
刘 畅	尹成红	魏秀虎	张晓美	蔡文姬	卢 容	金兰香
程燕涛	许贞洁	吴 芬	林金燕	杨 锐	郁莉萍	邓莹莹
张 春	孟丽雯	沈琳琳	蒋晓萍	汪宝飞	曹 灵	沈夏翡
陈 倩	施晓红	刘芳华	樊 凡	刘 杨	张 丹	钱旭姣
瞿子娟	李选玲	秦 颖	孙念丹	王 晨	崔婧华	钟 颖
邹国娅	宣志艳	刘旭珍	庞文演	陆慧珍	张小丽	杨 梅
韩俊俊	鲁 燕	张晓菁	姜重元	付晓菁	杨焕娣	单翠萍
马欢欢	张永玲	孙艳蓉	陈 坚	浦申婷	李 茗	奚晓晨
秦银霞	张 华	陈 燕	沈 兰	刘苏萍	吕活胜	王艳云
钮碧云	顾佳莹	舒映男	张金金	马爱丽	班 玲	江亚萍
周 跃	管林容	胡菲菲	陈怡雯	林亚南	成才兰	顾益球
成 澄	陈晓婷	余利利	黄 霞	朱攀红	范俊娜	张 慧
朱吟燕	肖 琦	马海雪	朱兴梅	吴 敏	杨砚文	沈 慧
骆嘉炜	华丹红	沈林亚	王 娣	杨 啸	孔 怡	胡 静
邹夏萍	梁 晔	徐咏瑜	袁丽娜	袁 荣	陆 慧	王悦廷
梁玉侠	朱惠英	夏小雨	赵文婷	段小涛	吴征宇	王 兰
薛 雯	焦方娣	喻晓明	何 清	邱 雯	张岑艳	周一文
张瀚菲	陆利芳	陈丽莹	冯艳青	成才梅	吴晓苹	诸恺丰
杨艳菊	顾俊杰	刘继平	李 莉	袁玲莉	濮晓璇	黄宝萍
栾阳阳	徐粉华	韦赛金	金少华	于爱青	宋兆云	李 芹
王 华	夏雪芹	谢予心	王 兰	许英兰	高爱芳	余 萍
谢 雯	贺兢兢	顾 俊	由 玮	周 红	顾 薇	范书云
陈沁仪	沈 洁	周佳玮	周丽凤	周 晶	李敏燕	余 彬
段军军	刘瑾萱	蒋晓婷	钱 辰	赵炜达	石 磊	赵晓英
孙彬彬	李 丽	朱文娟	张艳秋			

会计学专升本业余(1人)
　　张 璀

机械设计制造及其自动化专升本业余(313人)

陈 斐	束长金	蔡成方	徐顺顺	王兴青	何文君	李 红
张育锋	姜海深	车法重	赵松华	唐明山	赵 娟	王春格
郝文娟	闻喜平	徐 宁	盛阳春	郑传明	丁幸强	张 贺
蔡建霆	周 萍	孙良康	胡 帅	王建平	李海江	叶荣新

陈建华	吴智翔	纪台兵	耿一品	史雅敏	刘映飞	滕鑫辉
刘　斌	庄　勇	封　凯	孟国防	颜庭勇	何琴凤	徐同明
魏　斌	曹兴伟	王　璞	梁现辉	张苏南	王　群	杨　彬
金晓勇	周业青	汪锡刚	陈书洋	李大朋	许利涛	杨昌陈
吴　磊	陈枧文	董淑波	赵美芬	徐　晓	陈　民	陆利明
王本现	孟凡玉	唐　丹	张达明	殷　斌	陆晓珍	郁文洁
单　坤	吕彬彬	丁圣兰	房占起	施　骏	金志江	邱林杰
王素素	温　营	郭　静	顾　磊	刘佳晨	周文育	高金龙
陈　莉	杨友亮	孙月蛟	王海龙	倪雪霞	汪玉垒	顾智翔
王　超	祁　波	张亚飞	蒋　奇	樊　瑶	刘　鹏	唐良果
沈　晖	严　彪	冯爱军	荣　建	符　建	徐　军	何晓峰
蔡良焕	张守贤	吴　敏	吴志锋	张国洪	战仁凯	刘海军
李　娜	殷天龙	季大全	程海东	童仕兵	饶东明	徐　华
何骏斐	祝　鹏	魏坚明	赵永录	孙　露	程　军	王　杰
方苦禅	金　明	邹学文	许春明	汪海滨	张志育	肖　浩
侯富林	苗威风	李振亮	孙　勇	赵小卫	张盛强	袁俊伟
吴　健	李　涛	韦　建	王建森	沈志杰	唐　伟	严怀君
李　俊	钱方荣	李晓军	卜雅梅	张　伟	毛小刚	丁国浩
李　平	王森华	赵　斌	刘照彬	朱　刚	孙　博	矫　箋
杨　茜	石南京	沈　阳	周　侃	张　晨	沈建珍	傅　萍
王　俊	陈　萍	吴　辰	陈金山	陆　俊	张　睿	单　涛
赵　坤	余斌俊	杨　庆	丁海星	蔡有为	张　展	丁　超
宋文潇	沈　杰	张　奎	季益谦	杜　渐	党　鹏	高　刚
黄　凤	陈　云	刘　石	罗　林	王统邦	叶祖侃	乜　锋
朱海亮	倪　军	徐正荟	王利利	陆少武	章子春	阮棉忠
高承启	邓文豪	王星星	黄东旭	陈伟国	司常琦	刘海云
李　玲	王　慧	曹燕城	李成辉	杨　涛	孙彦兵	刘　慧
朱　虎	顾　飞	刘玉飞	王清鑫	李　飞	冯天龙	许瑞龙
周芳达	汤　红	盛金辉	邓　兴	宋恒鑫	吴汉鼎	王玙玮
李　峰	张富荣	张　强	陈煜宽	谢　愈	刘云飞	杨龙根
梁　建	陈小强	王伟华	范光伟	李　聪	卞明星	胡恒丽
丁大伟	徐　丽	张　伟	尤晓锦	朱海峰	辛　营	鲁相相
方焕民	季轶军	郑　勇	安军伟	陈友金	王跃洪	尹创立
吴方明	周昌盛	蒋玉斌	王敏玉	董文想	秦章东	周　路
周宏明	宗　飞	李　瑞	徐　宇	穆宏道	邢正宇	张　琦
王根苗	鲁晓庆	陶贵峰	肖志强	孙　祯	杨善清	张　略
徐正国	张小红	何丽萍	杨　军	谈金德	吕宣布	刘运锋
汪力平	顾菊良	朱庭广	钱志良	吴乂青	石　峰	薛　斐
徐芳芳	倪柳燕	周冬民	徐　骋	秦瑞先	缪登峻	唐　闯

廖　健　　许　荣　　毛　勇　　李　凯　　李晨亭　　李峻山　　张晓峰
厚康乐　　熊晓锋　　陶长进　　张蓓蓓　　范　旻

计算机科学与技术专升本业余(100人)

卫鸿杰　　邹诚君　　汪　洋　　钱正强　　翟　超　　段华涛　　贾成玲
龙珠武　　朱　雷　　吴　晶　　赵德乾　　胡小燕　　罗小林　　贺成武
何永亮　　刘翠平　　徐惠海　　朱　恺　　陈金鹏　　宋苏洋　　蒋苏湘
刘　晨　　洪秀娟　　潘云飞　　顾申生　　郑建章　　刘美红　　孙润德
林准辉　　王婉菁　　钱文彬　　秦齐齐　　李大伟　　陆　昊　　吴　勇
张亭亭　　冯子辰　　王佳欣　　朱　明　　卢琳琪　　郭　威　　周　军
惠巍巍　　冯　超　　张建丽　　陆　健　　葛晓诚　　戈晓军　　沈海华
杨宇波　　李小洋　　常正伟　　高　骏　　史小龙　　邹春龙　　沈　健
徐匡迪　　刘文信　　郭文斌　　张华秀　　薛　贤　　吕　乐　　唐康康
段小虎　　张成芳　　冯　建　　戴震国　　廖建平　　李春荣　　朱战战
许翔明　　潘佳嫣　　方　奇　　张春梅　　孙　杰　　顾睿雯　　徐勇建
朱海亚　　朱士兴　　金稀君　　戴宪宇　　孙亚萍　　薛　铖　　李映红
杨英杰　　濮燕君　　靳枝军　　吴壬骁　　胡　茜　　陆俊羽　　刘家豪
杨海超　　朱　昊　　程　余　　李　明　　常　乐　　崔　巍　　张进山
朱　磊　　刘苏尧

建筑环境与设备工程专升本函授(50人)

张夫雨　　宦　岑　　陈凤鸣　　陈　玲　　周　浩　　吉祖平　　徐毅达
王　飞　　方　晓　　施赛峰　　周　琦　　金　达　　傅　云　　谢阳晨
李广庆　　任文杰　　沈成果　　仝雪宁　　王　平　　陈晶晶　　施经挥
许连中　　陈汉刚　　卢　春　　朱海龙　　夏　龙　　韦丹娟　　戴艳敏
赵冠军　　赵　伟　　顾　瞳　　姜永翔　　张　冲　　白　萌　　吴　坚
赵　兰　　张　琦　　徐煜琰　　杨志波　　周　强　　高志成　　孟庆芳
席　红　　芦盼盼　　曹黎莎　　胡偲洋　　杨　阳　　陈中华　　严维祥
吴姗姗

临床医学专升本业余(323人)

曹立功　　吴建明　　戴晓伟　　任爱民　　唐宇宏　　石静倩　　陈静艳
黄轶花　　符月美　　彭叶琴　　阮红花　　华卫权　　庄小卫　　王红萍
金　芳　　黄　敏　　彭丽娟　　王　辉　　刘红宇　　陶光丽　　李佩佩
方　旻　　陶光红　　董巧云　　徐　华　　曾兰兰　　朱　瑛　　岳佩瑜
顾　超　　徐露倩　　张东林　　于劲松　　刘延兴　　时忠良　　沈铂川
郭　浩　　魏希平　　许忠玲　　马红美　　李文霞　　周小芹　　赵磊贞
张　瑜　　洪秀秀　　储丹萍　　于新宽　　吴新生　　金　俊　　孙怀银
黄小燕　　周汝君　　唐雪艳　　王丽杰　　刘基坡　　吴　梅　　徐　臻

程 芹	潘国平	嵇学明	朱洪明	黄 芳	魏孝仙	朱 健
毛志夏	易多艳	郁宇宏	陆伟华	王振东	刘 滔	李佐华
顾亚东	邱 鑫	李 玲	袁彩娣	承宏伟	黄富斌	徐 芳
王立平	万一飞	戚丽华	杨文刚	林志坚	宣慧丽	王 颖
陆陶玲	黄 妍	万 欢	董 敏	钱东平	谈 欣	胡 烜
周海英	刘 磊	朱希明	陈益玲	鲁龙梅	顾小燕	顾建东
马海燕	黄惠华	孙虹秋	杨梅红	徐 涛	徐伯礼	顾学文
张莉亚	郭晓晖	郭少平	杜银华	吕 君	邢兰英	倪 静
孙江华	许 龙	韩耀辉	张金磊	孙 芳	王 亮	李朝芬
吴新华	戴静忠	卞凤玉	李卫国	赵淑敏	唐利琴	章晔花
袁雯娴	吴文伦	徐 静	季 寅	霍红霞	樊 辉	叶 宙
郭鹏飞	杨新宇	程 维	时丽萍	范建刚	王丹月	高丽芳
秦建忠	陶丽刚	高金花	曹艳新	曹益斌	唐 燕	马 丽
严优江	倪 燕	田 琦	石永钢	费玉兰	蒋靓琰	刘爱珍
刘海文	喻长忠	刘 稳	王 丹	翟志颖	祁金忠	李德平
王利芳	刘桂梅	顾伟刚	王 双	常婷婷	夏云明	杨希平
张乃洁	张 倩	阮 富	黄玉洁	范维府	胡云志	王君龙
方瑞丽	王 静	樊 琦	李润乔	姚 平	宋朝侠	马 耐
费余萍	黄 娟	李秀丽	华国琴	唐春节	沈志伟	居 莉
沈铭红	蔡艳艳	韩舒卿	刘文礼	王桂萍	邵乃光	李春华
杨 燕	王士民	连运港	潘 灵	曾 雄	钟 豪	张新凤
刘 嘉	卢希希	刘雪连	刘朦朦	宋志文	陈秋红	赵 娜
孙青青	崔克克	冯小泉	彭满英	夏成涛	王秀竹	朱 慧
朱 清	毛泰洋	陈丽群	周铭生	郑园园	侯晓慧	袁寅伟
方 园	欧凤娟	徐永清	陈薇薇	胡 彪	陈敬云	王 燕
陈 亮	胡用胜	胡爱琴	王静逸	杨丽芬	李春花	廖永恒
陈静瑜	王志军	陆晓南	蒋 科	马小亚	徐志强	姚 青
曹亚芬	汤 丽	任亚东	顾晓华	周琦新	易荣花	张兰仙
刘颖霞	史斌洪	张丽娜	刘 华	沈文平	周彩霞	李 娜
周 静	邵 培	郭年君	史永兵	任志浩	薛亚君	杨梦婉
张丹丹	蒋 华	屈朝庆	史和军	周朦雅	任 佳	张敏鹏
张险峰	谢倩倩	何 丹	吴 达	王之进	刘占国	李娟霞
王静霞	黄静芳	王正兴	居文宇	郭荣会	侯惠芬	赵 杰
张艳君	谢芳芳	光丽杰	李筱颖	刘 珍	陈 杰	李苏洁
袁 蓉	贺志虎	徐 强	陈丽君	陈 敏	袁文斌	沈利安
汪亚军	黄海珍	丁雅娟	钱文娟	马冬英	李 斌	周卫东
仲 锦	黄院生	赵立妍	肖春华	刘志浩	王 艳	张成成
闻志军	陈 香	许琴珍	朱晓东	季春峰	缪良军	刘河锋
吴月琪						

人力资源管理高起本业余(47人)

姚干宁　张苏丽　刘永军　刘孝安　史金娟　冯　朵　李　杰
杨中正　梁钦彦　施烨静　刘　伟　何子君　张浩萍　黄立芳
黄　芳　沈　杰　苍　涛　牟福换　孔铫丹　朱腾腾　汤佳颖
李晴晴　张　勇　邵青青　徐冰川　方　宁　梅星星　连蕊环
柴志宏　张　涛　罗　琳　夏世慧　张海英　周丽蓉　全明红
陈　伟　刘娟娟　李艳亭　张沛力　王华荣　朱勤孝　龚雪琴
韩银平　丁爱芹　魏　玉　武继华　李　玲

人力资源管理专升本函授(112人)

俞　霞　戴菊仙　褚　楚　王春梅　孙宇欣　张　静　朱　琳
周成梅　邢洪燕　张　洪　王旺兵　严洋洋　王　磊　倪　力
陆　泱　顾　芬　王　锦　江　静　杭玲玲　卞　英　夏　婷
王晓翠　吴雪蓝　李小龙　蒋莉莉　周　丽　臧玲琳　林　莉
范沈伟　孙开蕾　单凤红　钱　静　沈羽石　吴晨吉　骆红芸
骆红玲　赵翠平　钱　萍　张宇红　郭　丽　王晶豆　鞠伟江
胡月芳　刘桃源　戈　辰　叶瑜萍　朱晓琴　朱莉莉　张丽敏
徐　琴　李　琴　陆　静　于　霞　夏晓黎　沈芳芳　吴茵茵
周月芳　黄玉洁　陈　红　张彩娟　吴　燕　徐以恒　程士寅
董晓斓　郑晓悦　葛利雪　陈文婷　於曹敏　陈玉梅　李晓桔
康耀霞　王银江　张　瑜　陈燕飞　马素杰　张玉岑　黄小明
何　斌　朱　洁　周　萍　汪佳萍　王　磊　马　力　朱　慰
韩　菲　丁美玲　陆胜利　顾俊诚　孙文晶　陆　雯　王　杰
瞿雨乔　徐梦丹　王　静　薛震涛　杜烨萍　叶　莉　贡　逸
茆　芒　刘炳寅　徐　燕　蒋梦晰　闫婷婷　何　双　周春红
梁　明　朱雪兰　张　喻　覃翠玲　丁　丽　黄晓洁　孟凡刚

日语专升本业余(42人)

周佩育　陆炯兰　沈　静　施敏芬　黄春姐　宋敏敏　霍雨佳
何　桃　孙　琳　汤惠芬　许丽燕　仝欣之　吴佳妮　宋　慧
杜贞子　赵欣宇　赵晓雯　方桂英　邹　靓　葛　康　储玉强
韩　妍　封乔娜　尹永华　王玉萍　徐　燕　张钰菡　吴　颖
姚琳琳　何美凤　陆青泉　胡永荣　沈雅芳　陈小冬　李小红
徐会佳　张喆成　陈江华　金　艳　张喆强　张　璐　张静薇

数学与应用数学专升本函授(33人)

次仁旺扎　尼玛多吉　扎西德吉　扎西健才　格桑拉姆　普布旺堆
吉　宗　索朗次旦　土杰卓玛　普布扎西　次仁达杰　白玛贡桑
拉巴次仁　晋　美　尼玛措姆　扎西旺杰　德庆玉珍　次仁德吉

索朗德吉　　达娃吉拉　　斯　珠　　　扎西次仁　　旦增欧珠　　嘎玛次仁
旦增罗布　　次仁边巴　　穷珠卓玛　　顿　珠　　　桑培顿珠　　才旦卓嘎
索南珠玛　　多　桑　　　嘎　桑

网络工程专升本业余(63人)
陈志刚　　王　腾　　杨柳健　　钱宇寅　　沈　平　　钟　腾　　谢一笠
张　航　　刘蒙蒙　　马超群　　周　慧　　徐晨东　　朱甜玮　　马晓峰
朱月忠　　俞嘉圆　　陈　祁　　郭银波　　马云刚　　谢正超　　张毅威
浦天竹　　陆仁良　　金　辉　　李宗景　　费丽娜　　顾伟良　　朱海峰
唐歆翱　　徐　甄　　蒋玲玲　　周文吉　　张　建　　曹　云　　丁王成
谭国俊　　阚士文　　柳恒超　　郭轩诚　　吴瑞峰　　曹　健　　马洪骏
郭　声　　许令飞　　彭培华　　赵焌峰　　程志鹏　　周　业　　党晓玲
陈鸿雁　　邓达怀　　郭玉成　　莫薛祺　　丁成荣　　王志伟　　徐桦俊
侯　亮　　马常荣　　孙海鹏　　朱云康　　龚　伟　　姚　昕　　胡齐贝

物流管理专升本函授(69人)
张　曼　　王为海　　吴海梅　　陈于颖　　张清香　　刁培培　　王海燕
徐彬刚　　张玲玲　　胡　红　　毛薇倩　　刘　丹　　孙倩颖　　郑志华
王晓静　　陈　梅　　夏　宁　　谈龙娟　　周维枫　　严丹菁　　杨　帆
张亚丽　　李　薇　　焦琳清　　倪晓诚　　杨　娟　　张　洁　　韩立粉
滕春燕　　梁俐俐　　李晓晨　　蒋　健　　张海键　　奚梦卓　　王则徐
刘富军　　张　雯　　张晓琪　　王　莉　　郭建武　　吴春玲　　季蔚雅
顾凤莉　　刘　佳　　刘志伟　　张文静　　金玉芳　　缪国华　　秦胜健
周　红　　郭家治　　刘成龙　　徐幸福　　狄邦强　　许　悦　　龚溪娟
昝立超　　杨　敏　　李培林　　丁文娟　　沈建伟　　仝　超　　肖元静
杨婷婷　　顾　颜　　戚晓栋　　徐凤佼　　赵晋磊　　沈智华

药学专升本函授(192人)
徐　斌　　王晖君　　陈　晨　　陈苏兰　　李璐芳　　刘慧雯　　金彦岑
潘婵娟　　徐　婷　　杨　岑　　朱　裴　　黄　飞　　冷晓滇　　李　静
范晓静　　朱淑娟　　吴　彬　　程　婷　　金　芳　　娄姚婧　　徐益超
张帆樱　　袁孝燕　　沈　洁　　张赟峥　　冯　燕　　朱　赟　　朱　婧
高美红　　殷春燕　　陶建英　　陈　琴　　吴情情　　钱　娥　　朱　静
朱守明　　梁　颖　　李　媛　　王春兰　　赵　颖　　汪　华　　陈弋千
高媛媛　　杨　洁　　葛　亮　　宗紫华　　马月琴　　肖允猛　　顾伟林
曹　欢　　戴静娅　　朱协音　　王晓霞　　周淑英　　程玲媛　　徐晨辰
吴晓莉　　郁亚萍　　姚　波　　许敏娟　　沈怀红　　江　洵　　顾晓丹
孙莺倩　　计　亮　　陈　靓　　徐　玥　　顾丽芳　　陈建英　　毛旭琴
陆　彦　　陈雪峰　　朱建东　　高建芹　　谭海宏　　张亮亮　　程安梅

姜文静	吕 益	樊建光	江维宾	茆 园	朱 芳	李瑗嘉
倪梦佳	李 荷	夏 萍	严竹君	单佳妮	李 菲	叶明芳
吴 颖	王银妹	陈继红	朱斌燕	潘建国	杨艳苹	张 玉
徐 莉	周 莹	刘秀玲	吴丽娅	李向荣	赵芳南	花明阳
孙军萍	祁 琳	刘 琳	张婷宇	邢国良	李雪萍	杨 晶
施菁菁	蔡晓宇	钱立伟	吴兰花	吴 帅	夏金云	尤孙忠
施忠骏	李海霞	吴珊珊	张 顺	胡洁琦	张 琳	丁华菲
蒋文洁	潘玥婷	曹 婷	马力维	马荣宗	殷文荣	徐 云
任明廉	曹 成	卞玉兵	丁 萍	蒋鑫云	刘艳春	李春慧
吴德英	王影彤	孟 海	沈小俊	潘晓旭	顾蓉蓉	江 莉
张亚栋	李 杨	邵 应	陈静雯	李玥玥	蔡晓芸	张文晴
陈剑峰	胡晓婧	何雨芳	史雪霞	程 婷	虞一清	费 维
马立群	周旭方	徐怡宁	陆怡竹	符丽华	姚 翔	李 瑛
莫 玲	李 佳	张建兰	杜园佳	唐晓燕	褚皓月	范永芬
王春英	田 华	吴 琼	崔 莉	殷海珍	倪恩平	刘 月
顾秀萍	瞿秋华	季叶萍	缪 佳	马 健	杨致怡	夏星馨
缪秋霞	谢利亚	张 歆				

医学影像学专升本业余(497人)

钱文昭	马 玲	沈新艳	陈天凤	沈 健	项艰波	张志国
谢芳芳	崔绒绒	张 乐	潘 婷	周汝敏	周志生	张小峰
林 亮	俞 益	吴 琼	马 鑫	徐莺乔	潘 菁	姚立芳
陶 禹	顾明昊	王赟琪	沈 靖	姜玉丹	施 颖	杨艺忱
郁一凡	顾康健	王海青	汤程旭	尤 杰	郑 瑜	黄 蓉
荀建明	朱婷婷	王 莉	严 凯	李 钰	顾小燕	杨 盼
单家栋	张媛媛	邵荣福	丁雪琴	刘娟鸽	杨 浩	周桂青
陶 毅	马 静	方 圆	高 洁	宋 云	陈小燕	王 曾
曹玲玲	李飞飞	谢雪梅	付兰兰	张智慧	周潘潘	申海雪
秦龙泉	杜文煜	王素连	韦冰冰	臧月茹	张 俊	王迎银
于惠玲	朱 强	王 举	杨秀云	孙苏左	杨 瑛	李高勇
茹正兴	赵娟娟	张 成	尹佳中	徐玉健	窦 伟	王 洄
衡素勇	张 林	杨 阳	张 云	徐海云	茅博伟	陈东阳
鸦明月	王元杰	张 亮	何 静	郑新民	谢 聪	徐 莎
夏 敏	郭宏宇	刘晓雪	张 伟	陈丽丽	张旸旸	张曼曼
张君文	王子浤	王文斌	彭 琳	张静静	朱冬青	刘 清
孙 晗	王兆亮	邵杨杨	付小洁	胡建东	朱思清	项 丽
丁 琼	孙振虎	莫 庆	史 丹	严春香	李 波	苗晓钰
龚宇飞	徐 娜	杜桃丽	周 正	马德忠	刘梓莹	姜群芳
王 剑	郭海滨	沈新悦	骆 娟	赵建丽	王婷婷	刘 青

刘凤丹	赵　瑾	周佳佳	罗冬琴	焦　坤	钱亚坤	张惠琳
汪　焱	吴　琼	杜月丽	张　翔	李晴朗	林　强	陆小小
朱　磊	高先聪	孙　佳	汤玉香	黄　芮	胡方云	樊　帆
刘丽丽	周　骏	周琦芳	张亚萍	朱　莎	马俊杰	尹小娟
万　丹	潘男玲	郁晶晶	朱　婷	杨　苹	唐晓红	王　霖
唐　瑾	倪天姿	钱厚龙	濮家山	许　华	陈丽霞	李　丹
郦亚运	杨晨晨	陆培奇	王　芳	倪文杰	韦　浩	张连圩
唐兰凤	万堂高	万书廷	郭　楠	李方正	徐振丽	骆　佩
陈河汛	孙　杨	王　雪	吴　丹	陈　烨	丁娟娟	王　鑫
邵亚军	朱俊杰	于　霞	王　静	张　杰	王兆清	王丽娜
黄栎有	朱　虹	曹雪莲	杜　森	王晨骁	施　涛	李星星
李欣容	吉　敏	马强胜	刘娄芳	李　敏	李小龙	顾晓梦
杜晓红	王媛媛	张凤丽	盛玉琳	张青青	丁丽丽	陈淞胤
杨梅易	杜　吉	王　旭	徐　佳	邓　颖	徐　童	陈亚云
汤利青	孔紫玉	刘媛媛	颜震球	施雁楠	葛颖颖	邓丽丽
丁宁宁	姜以凌	张明红	汪海兵	穆　蘩	汤　婕	龚　洁
柏正伟	吴　静	王　旬	王冬侠	王国飞	陈　静	郭　迪
梁　亮	汤　晨	梅婷婷	叶　佳	黄　猛	王孝慈	张　壮
周　文	吴　坤	陈晓燕	刘盼盼	万金园	王　涛	何　柏
刘　珍	尤　静	成　璐	周　艳	寇君伟	张　婷	徐浴婷
王星涛	周　浪	蔡明月	刘岳阳	何　丽	杨　迪	周逸飞
丁盛洁	李　康	柏莹莹	刘　静	孙研俊	武文俊	季振滔
严玖龙	曹　娟	夏燕萍	邵　宇	刘　留	张先进	陈如潭
王春旭	刘　晖	茅　娟	戴林俊	周昌冬	柳　溪	许　斌
严小梅	陈　露	徐　政	周　敏	张　文	张业莹	张智华
沈　燕	黄兴科	陈　敏	曹雅炜	侯　春	蔡晶晶	陈雪飞
朱菊明	陈华丽	徐继远	宋国权	韩　颖	王　林	闫　德
夏　梅	张　衍	朱　洁	雷　骏	曹丹丹	张清智	沈嘉雯
王　丽	李荣兴	刘方龙	王　彪	徐　阳	王诗梦	龚　梦
朱建祥	管晓飞	周文雯	熊　浩	邵　超	吴展鹏	马　静
支　曼	郭　潇	徐　亮	周慧莲	仲丽娟	刘玉榜	许云云
顾华伟	吕莎莉	何光剑	虞子瑶	高大玲	涂方进	戴　玮
张　欣	张　军	顾玉兰	范培培	王雪峰	李　宇	吴连凯
姚利兴	曹云子	徐人环	单兆喜	王婷婷	刘　静	徐春波
豆连坤	李珊珊	王东燕	应　朴	徐　莹	沈婷婷	余丽萍
顾秋萍	杨翔云	谢祥琴	钱立静	蒋　霞	邵　斌	郑利群
史红娟	邵明刚	宗建平	王潇娜	庄　鹏	庄　微	沈　蓉
宗红光	姜会会	霍俞琼	刘　洁	朱春红	王金秋	孙　艳
於积岑	沈小艺	汤春花	张　想	时爽莉	张君萍	裴　雷

刘玲	郝绍伟	薛秀莲	陈扬	吴微	王萍	费娟
李娜娜	王瑞	马瑞琪	宋秀杰	王勇	薄祥言	张海莹
徐明雷	徐淑玲	刘群	高爱红	段宗辉	房婉	王燕
杨孝伟	陆稼豪	陈俊羽	顾海萍	王凤	陶思伟	张晓丽
刘莹莹	邵爽	孙腊梅	徐莉	陆明	胡坚兴	王群
周艳丽	顾莹	窦飞	张局	唐亚运	严寒	朱正庭
郑莹	赵莹莹	高媛	朱元元	谢友洋	闫国梁	开星星
雍旭	王琦艳	王芳	耿晓	王玉璜	付志静	李玉
戴迎春	倪磊	查杨	孙余香	徐青青	陈立强	张鹏飞
刘伟	高慧慧	韩笑	孟宪猛	黄鹏	毕俊	袁帅
吴晶晶	顾艳清	朱丽佳	姚允超	许诺	王玮	李成涛
黄健雷	杨开金	应琴	魏鑫鑫	陈飞	徐斌	储静

英语专升本业余(459人)

韩小磊	郭娟	王清青	何琴	吴阳	廖淑霞	汤华芳
戈丽	章李娟	王亚青	张志娟	蓝圆圆	伊旻婕	李方方
陈虎	殷丁华	刘梅	何孝波	林健慧	钱嘉圆	刘静
董湘娣	潘龙	马欣	伏开强	马宏伟	李怡青	许瑞丽
郑欣妤	陈素碧	陈景侠	易钿	孙超	曹建生	张娟娟
倪蕴菲	梁婧	翟霞	许蕾	尚云华	聂磊	朱月玲
范祎婷	华君	杨静	程婷婷	陈月明	韩玺捷	刘学连
陈付雨	王黎雯	陆玥霞	史龙凤	孙秋艳	胡敏	孙庆庆
耿秀媛	沈雅萍	沈芸浩	王康婷	李晖	龚春红	孟楼
陶冶	朱晓燕	许涛	谢铁丽	陆震宇	张芸	李婷
张磊	朱小青	袁晓莉	沈静静	黄兵	薛莉清	宗思思
祝钰	郭琦	刘震	张晴	仲菲	李菲	伍崇均
杜娟	钱新艳	郭利霞	严莉	堵晓荣	任少琼	顾李甜
倪巧兰	朱进云	王静	王晓燕	徐海芳	张群	杨金花
吴扣荷	陈春兰	顾富燕	高云	向银	吴丽	梅丽萍
嵇春梅	李婧	王锦	朱金莉	汪小燕	吴玲娟	王玫
潘新健	陈枝培	任迁迁	潘秀华	朱麟	钱英华	钱雯娴
张广娟	朱丽玲	盛柳柳	孟彬	刘丽娜	方玉	马春艳
朱薇	刘俊珍	赵莉	茆李	王军生	倪海晴	靳芳
黄文婷	秦晓蕾	谢金娟	吴香	韩彩萍	黄佩佩	罗晓丽
柳静愉	陈敏	陈斌	陈娟	王翠兰	张斌	沈阳阳
周芳	闫贤贤	刘艳平	王平	费旭瑶	王春霞	肖伟芬
田前前	饶相秦	张读壹	徐维良	冯苗苗	张艳君	程倩
陈春秋	许大宁	李敏	潘聚峰	周运	胡竹林	贺芹
刘菊萍	陈懿	马青青	李晔	徐娟	李学伟	颜富英

张 琦	陈丽丽	杨晓娟	徐建华	唐 琼	李 伟	刘洋洋
顾晓荣	王 婷	陈 燕	陆纪秀	李翠婷	朱轶凡	薛 姣
李春玲	苏丽丽	刘 云	龙正志	薛慧慧	骆 欢	陆丽雯
周亚婷	丁 琦	吴建军	张燕婷	孟丽萍	马映瑛	王荣伟
刘燕梅	许文勤	姜金鸽	陈娟花	薛里平	袁燕华	朱 超
郭 芬	华 静	华 琛	倪维红	潘煜喆	俞 健	经志军
韩立云	邢俊彬	王 洁	于海燕	龚青青	张 敏	陆 娜
朱宇萍	张雪绍	金新佳	夏凌峰	邱 蕾	王开芸	匡 莉
刘应册	顾联军	沈晓芳	孙月霞	万 晶	王宏新	钱 遒
陆 蔚	李 琰	孔敏茜	顾洁娴	吴 颖	孙盼盼	张文斌
刘田田	薛怡韵	施佳妮	梅一青	马文涛	王 萍	朱春云
郭愿珍	宋宏岭	罗 嫚	卢欢荷	马艳虹	房长卫	孙红霞
付娟娟	朱 军	王 蔚	吴华伟	潘金梅	朱 婷	蒋丽霞
常 俭	叶 琳	肖 亮	陈金丽	喻秋林	张 琪	郑省欣
田 慧	严晓娥	宋伶俐	杜丽丽	曹 甜	张春宏	吉明栋
常 青	王文娟	赵海建	周 雯	殷 文	沈 琳	季青松
解 月	高前好	吴仅想	李东风	邱晓兰	韩秋芳	叶 飞
王 欣	徐吉鸿	焦梦婷	宋卫华	王 莉	杨 莉	李晓辉
张 晨	唐 笑	张亮亮	王志清	王 鹏	王 莉	袁茜妍
周 菁	彭宗敏	魏 亮	刘 英	王 敏	田珊珊	卞长伟
李兰兰	罗 坤	李胜男	马晴晴	王 旋	欧 静	高淑君
刘 进	赵华丽	陈 权	李昀桦	顾晨艳	刘尹俊	罗亚琼
宋长江	管红霞	沈慧慧	顾赵华	柏玲玲	梁 颖	张 静
刘 丽	候文宇	陈春燕	徐 欢	张 勇	傅菁菁	练 颖
蒋 芳	何秋红	王 巍	齐 杰	潘 静	常星星	田 丽
朱 燕	陈 琳	沈 芳	孟婷婷	徐 优	牟天瑜	付 佳
肖 静	潘婷娟	梁春燕	朱 静	黄立娥	史春荣	张 雯
虞莉娅	汤春珏	潘 燕	董 玥	王亚娟	谷莉莉	蔡颖莹
牛丽鑫	范神怡	张小敏	傅 蓉	颜 磊	周志敏	侯安权
王金胜	程秋月	庄小芹	徐 吉	李小宁	赵会玲	杨华伟
昌 斌	陈春华	柏 娟	孙 庆	柴 鑫	张 奕	蔡秋虹
李文琳	王何燕	程美艳	丁丽梅	沈宇倩	朱冰星	刘 芹
沈进香	任 佳	宁雪菲	王厚霞	王正龙	周 珏	邢美芳
张 伟	戴君妍	刘 圆	陈 勇	陈维维	殷 淇	周海龙
叶 丽	徐佳辰	苏 亚	李雪雯	褚丽中	叶 林	陈思超
徐 奇	蔡天燕	闻俊荣	陈 霞	刘恩骅	陈 歊	孙争艳
葛燕平	陆秋霞	冯树成	管晓忠	王小燕	赵 甜	卞小辰
江 娟	李 立	奚丽娜	钱苏虹	刘佳凤	邵友红	费莉莉
洪志良	朱佳梦	朱雯翠	姚 晶	朱 娟	沈 艳	顾晓静

张苗娟　　赵雅琴　　管庭瑶　　刘　娅　　徐海琴　　田云艳　　赵雅萍
姚　彬　　吴冬梅　　卞晶晶　　王艳丽

预防医学专升本业余(34人)
朱丹萍　　包荣鹤　　徐惠忠　　杨　雁　　尉成芳　　徐　兰　　孙秋平
陈　丽　　李雅琴　　周丽萍　　蔡永彬　　沈玲娥　　沈永芳　　罗　斌
周振清　　徐　江　　李　军　　郑建新　　谢　丹　　肖燕青　　邹　璐
吴秀珍　　黄惠良　　朱　莉　　金　花　　陈小伟　　蒋亚玲　　刘　宇
吴海曙　　贡益萍　　樊志华　　石　鹰　　华力英　　朱丽敏

医学检验专升本业余(28人)
陈　蕾　　杨继群　　刘　伟　　邓光景　　郦芳华　　代　敏　　申汉俊
张秀霜　　沈伟国　　宁婷婷　　范　萍　　袁雪菲　　易莹莹　　王丽华
杨　曦　　张善球　　张　莉　　陈　彬　　孙亚韵　　倪　佳　　朱　颖
周　娟　　何　宇　　欧阳明辉　陆　莲　　陆　璐　　张艳梅　　惠霏斐

工程管理专升本函授(89人)
李井伟　　张　涛　　周文斌　　毛　杰　　叶敬文　　周　倩　　胡松华
王俊伟　　张云辰　　邱晓芹　　牛华东　　张　晔　　柴金金　　管自然
高　飞　　王　洁　　万俊卿　　李　飞　　张慧升　　周开宇　　王长科
常　靖　　杨婷婷　　吕明星　　吴　斌　　许　峰　　张　震　　卢春香
张　良　　李　强　　潘艳丽　　沈晓华　　朱晨晔　　缪　峰　　高山俊
陆　磊　　吴圣洁　　徐　龙　　刘　钰　　张文娟　　韦佳奇　　何晓燕
王　炜　　孙家兵　　刘　俊　　刘　伟　　朱鑫涛　　张桂华　　董中洋
许春连　　房彩云　　何志鹏　　张振飞　　陈世强　　张海健　　陆　明
朱则璇　　邢风雷　　褚　光　　姚　军　　马　松　　陈静静　　董荣荣
叶　苇　　姜　楠　　马　蕾　　郭友成　　熊志颖　　王　俊　　朱　瑾
崔雨菁　　顾晓兰　　范建芬　　吴　鹏　　李宏伟　　刘海生　　吕春锋
屈群燕　　舒　文　　许二永　　陆　斌　　胡亚萍　　朱冬明　　尚　凯
平旗晨　　王晓梅　　柏　璐　　倪静燕　　龚　军

2015年结业学生名单

城市轨道交通学院

电气工程与自动化(城市轨道交通控制工程)(1人)
张仁能

通信工程(城市轨道交通通信信号)
　　储昭磊(1人)

东吴商学院(财经学院)　东吴证券金融学院

电子商务(1人)
　　裴宇峰

机电工程学院

工业工程(2人)
　　黄海庆　刘　冲

机械电子工程(1人)
　　梁　鹏

计算机科学与技术学院

软件工程(1人)
　　樊永强

沙钢钢铁学院

材料科学与工程(冶金过程自动化)(1人)
　　朱成成

机械工程及自动化(冶金过程装备及控制)(3人)
　　李森林　雷小凤　郑博宇

宿迁学院

广告学(1人)
　　金　筱

数学科学学院

数学与应用数学(师范)(1人)
　　周鑫杰

统计学(1人)
　　许武周

物理与光电·能源学部

物理学(1人)
　　仇非非

材料与化学化工学部

化学(2人)
  王　斐　　彭德伟

化学工程与工艺(1人)
  曹金林

金螳螂建筑学院

城市规划(1人)
  陈秀军

医学部

临床医学(1人)
  肖　杰

政治与公共管理学院

物流管理(1人)
  顾豪莹

电子信息学院

电子信息工程(1人)
  斯秋霖

办 学 层 次

博士后流动站以及博士、硕士研究生学位授权点

2015 年博士后流动站一览表

序号	学科代码	学科名称	序号	学科代码	学科名称
1	0101	哲学	16	0805	材料科学与工程
2	0202	应用经济学	17	0812	计算机科学与技术
3	0301	法学	18	0817	化学工程与技术
4	0302	政治学	19	0821	纺织科学与工程
5	0305	马克思主义理论	20	0905	畜牧学
6	0401	教育学	21	1001	基础医学
7	0403	体育学	22	1002	临床医学
8	0501	中国语言文学	23	1004	公共卫生与预防医学
9	0502	外国语言文学	24	1007	药学
10	0602	中国史	25	1009	特种医学
11	0701	数学	26	1305	设计学
12	0702	物理学	27	1202	工商管理
13	0703	化学	28	0812	软件工程
14	0714	统计学	29	0810	信息与通信工程
15	0803	光学工程			

苏州大学博士、硕士学位点名单(★为目录外二级学科,▲为交叉学科)

学科代码	学位点名称	硕士点批准日期	博士点批准日期
0101	哲学(一级学科)	2006.1.25	2011.3.16
010101	马克思主义哲学	1981.11	1998.6
010102	中国哲学	2000.12	2003.9
010103	外国哲学	2003.9	2011.3.16
010104	逻辑学	2006.1.25	2011.3.16
010105	伦理学	1998.6	2011.3.16
010106	美学	2003.9	2011.3.16
010107	宗教学	2006.1.25	2011.3.16
010108	科学技术哲学	2006.1.25	2011.3.16
0101Z1	城市哲学★	2011.12	2011.12
0101Z2	管理哲学★	2011.12	2011.12
0201	理论经济学(一级学科)		
020101	政治经济学	2000.12	
020105	世界经济	1996.1	
0202	应用经济学(一级学科)	2006.1.25	2011.3.16
020201	国民经济学	2006.1.25	2011.3.16
020202	区域经济学	2003.9	2011.3.16
020203	财政学	1998.6	2006.1.25
020204	金融学	1996.1	2000.12
020205	产业经济学	2006.1.25	2011.3.16
020206	国际贸易学	2006.1.25	2011.3.16
020207	劳动经济学	2006.1.25	2011.3.16
020208	统计学	2006.1.25	2011.3.16
020209	数量经济学	2006.1.25	2011.3.16
020210	国防经济	2006.1.25	2011.3.16
0202Z1	教育经济学★	2011.12	2011.12
0301	法学(一级学科)	2006.1.25	2011.3.16

续表

学科代码	学位点名称	硕士点批准日期	博士点批准日期
030101	法学理论	1996.1	2011.3.16
030102	法律史	2003.9	2011.3.16
030103	宪法学与行政法学	1993.12	1998.6
030104	刑法学	2003.9	2011.3.16
030105	民商法学	2006.1.25	2011.3.16
030106	诉讼法学	2000.12	2011.3.16
030107	经济法学	2006.1.25	2011.3.16
030108	环境与资源保护法学	2006.1.25	2011.3.16
030109	国际法学	1998.6	2011.3.16
030110	军事法学	2006.1.25	2011.3.16
0302	政治学（一级学科）	2006.1.25	2011.3.16
030201	政治学理论	1996.1	2000.12
030202	中外政治制度	2006.1.25	2011.3.16
030203	科学社会主义与国际共产主义运动	2006.1.25	2011.3.16
030204	中共党史	2006.1.25	2011.3.16
030206	国际政治	2006.1.25	2011.3.16
030207	国际关系	2006.1.25	2011.3.16
030208	外交学	2006.1.25	2011.3.16
0302Z1	地方政府与社会管理★	2011.12	2011.12
0303	社会学（一级学科）	2011.3.16	
030301	社会学	1993.12	
030302	人口学	2011.3.16	
030303	人类学	2011.3.16	
030304	民俗学	2011.3.16	
0305	马克思主义理论（一级学科）		
030501	马克思主义基本原理	2006.1.25	2006.1.25
030505	思想政治教育	2006.1.25	2006.1.25

续表

学科代码	学位点名称	硕士点批准日期	博士点批准日期
0401	教育学(一级学科)	2011.3.16	
040101	教育学原理	2000.12	
040102	课程与教学论	1996.1	
040103	教育史	2011.3.16	
040104	比较教育学	2011.3.16	
040105	学前教育学	2011.3.16	
	教材教法研究(物理)	1986	
040106	高等教育学	1998.6	2003.9
040107	成人教育学	2011.3.16	
040108	职业技术教育学	2011.3.16	
040109	特殊教育学	2011.3.16	
040110	教育技术学	2011.3.16	
0401Z1	教育法学★	2011.12	
0402	心理学(一级学科)	2011.3.16	
040201	基础心理学	2006.1.25	
040202	发展与教育心理学	2003.9	
040203	应用心理学	1993.12	
0402Z1	工业与组织管理心理学★	2011.12	
0402Z2	咨询与临床心理学★	2011.12	
0403	体育学(一级学科)	2011.3.16	2011.3.16
040301	体育人文社会学	2000.12	2011.3.16
040302	运动人体科学	1993.12	2011.3.16
040303	体育教育训练学	1998.6	2000.12
040304	民族传统体育学	2006.1.25	2011.3.16
0501	中国语言文学(一级学科)	2003.9	2003.9
050101	文艺学	1996.1	2003.9
050102	语言学及应用语言学	2003.9	2003.9

续表

学科代码	学位点名称	硕士点批准日期	博士点批准日期
050103	汉语言文字学	1996.1	2003.9
050104	中国古典文献学	2003.9	2003.9
050105	中国古代文学	1981.11	1981.11
050106	中国现当代文学	1986.7	1990.1
050107	中国少数民族语言文学	2003.9	2003.9
050108	比较文学与世界文学	1996.1	1998.6
0501Z1	通俗文学与大众文化★	2011.12	2011.12
0501Z2	汉语言文化国际传播★	2011.12	2011.12
0502	外国语言文学（一级学科）	2011.3.16	2011.3.16
050201	英语语言文学	1986.7	2003.9
050202	俄语语言文学	1998.6	2011.3.16
050203	法语语言文学	2011.3.16	2011.3.16
050204	德语语言文学	2011.3.16	2011.3.16
050205	日语语言文学	2006.1.25	2011.3.16
050206	印度语言文学	2011.3.16	2011.3.16
050207	西班牙语语言文学	2011.3.16	2011.3.16
050208	阿拉伯语语言文学	2011.3.16	2011.3.16
050209	欧洲语言文学	2011.3.16	2011.3.16
050210	亚非语言文学	2011.3.16	2011.3.16
050211	外国语言学及应用语言学	2000.12	2011.3.16
0502Z1	翻译学★	2011.12	2011.12
0503	新闻传播学（一级学科）	2006.1.25	
050301	新闻学	2003.9	
050302	传播学	1998.6	
060101	史学理论及史学史	2006.1.25	
060102	考古学及博物馆学	2006.1.25	
060103	历史地理学	2006.1.25	

续表

学科代码	学位点名称	硕士点批准日期	博士点批准日期
060104	历史文献学	2006.1.25	
060105	专门史	1996.1	
060106	中国古代史	2003.9	
060107	中国近现代史	1986.7	1990.1
060108	世界史	1986.7	
0602	中国史(一级学科)	2011.8.5	2011.8.5
0603	世界史(一级学科)	2011.8.5	
0701	数学(一级学科)	2003.9	2003.9
070101	基础数学	1984.1	2003.9
070102	计算数学	2000.12	2003.9
070103	概率论与数理统计	1996.1	2003.9
070104	应用数学	1986.7	1990.1
070105	运筹学与控制论	2003.9	2003.9
0701Z1	金融数学★	2014.12	2014.12
0702	物理学(一级学科)	2006.1.25	2011.3.16
070201	理论物理	1986.7	2011.3.16
070202	粒子物理与原子核物理	2006.1.25	2011.3.16
070203	原子与分子物理	2006.1.25	2011.3.16
070204	等离子体物理	2006.1.25	2011.3.16
070205	凝聚态物理	1990.1	1996.1
070206	声学	2006.1.25	2011.3.16
070207	光学	1981.11	2006.1.25
070208	无线电物理	2006.1.25	2011.3.16
0702Z1	软凝聚态物理★	2011.12	2011.12
0702Z2	能源与环境系统工程★	2015.12	2015.12
0703	化学(一级学科)	2003.9	2003.9
070301	无机化学	1986.7	2003.9

续表

学科代码	学位点名称	硕士点批准日期	博士点批准日期
070302	分析化学	2003.9	2003.9
070303	有机化学	1981.11	1998.6
070304	物理化学(含化学物理)	1981.11	2000.12
070305	高分子化学与物理	1996.1	2003.9
0710	生物学(一级学科)	2006.1.25	
071001	植物学	2006.1.25	
071002	动物学	2006.1.25	
071003	生理学	1981.11	
071004	水生生物学	2006.1.25	
071005	微生物学	2006.1.25	
071006	神经生物学	2006.1.25	
071007	遗传学	2003.9	
071008	发育生物学	2006.1.25	
071009	细胞生物学	1986.7	
071010	生物化学与分子生物学	1981.11	
071011	生物物理学	2006.1.25	
071012	生态学	2006.1.25	
0710Z1	实验动物学★	2014.12	
0713	生态学(一级学科)	2011.8.5	
0714	统计学(一级学科)	2011.8.5	2011.8.5
0802	机械工程(一级学科)	2006.1.25	
080201	机械制造及其自动化	2003.9	
080202	机械电子工程	2003.9	
080203	机械设计与理论	1986.7	
080204	车辆工程	2006.1.25	
0802Z1	工业工程★	2011.12	
0803	光学工程(一级学科)	1996.1	2003.9

续表

学科代码	学位点名称	硕士点批准日期	博士点批准日期
0804	仪器科学与技术（一级学科）	2011.3.16	
080401	精密仪器及机械	2006.1.25	
080402	测试计量技术及仪器	2011.3.16	
0805	材料科学与工程（一级学科）	2006.1.25	2011.3
080501	材料物理与化学	1996.1	2011.3
080502	材料学	1998.6	2000.12
080503	材料加工工程	2006.1.25	2011.3
0805Z1	材料冶金★	2014.12	2014.12
0809	电子科学与技术（一级学科）	2011.3.16	
080901	物理电子学	2011.3.16	
080902	电路与系统	2011.3.16	
080903	微电子学与固体电子学	2003.9	
080904	电磁场语微波技术	2011.3.16	
0810	信息与通信工程（一级学科）	2006.1.25	
081001	通信与信息系统	1993.12	
081002	信号与信息处理	2003.9	2006.1.25
0811	控制科学与工程（一级学科）		
081101	控制理论与控制工程	2003.9	
081102	检测技术与自动化装置	2003.9	
0812	计算机科学与技术（一级学科）	2011.3.16	2011.3.16
081201	计算机系统结构	2011.3.16	2011.3.16
081202	计算机软件与理论	2000.12	2011.3.16
081203	计算机应用技术	1993.12	2000.12
0812Z1	智能机器人技术★	2011.12	2011.12
0812Z2	智能交通科学与技术★	2011.12	2011.12
0813	建筑学	2015.11.10	
0817	化学工程与技术（一级学科）	2011.3.16	

续表

学科代码	学位点名称	硕士点批准日期	博士点批准日期
081701	化学工程	2011.3.16	
081702	化学工艺	2011.3.16	
081703	生物化工	2011.3.16	
081704	应用化学	1996.1	2003.9
081705	工业催化	2011.3.16	
0817Z1	化学冶金★	2011.12	
0821	纺织科学与工程(一级学科)	2003.9	2003.9
082101	纺织工程	1984.1	1998.6
082102	纺织材料与纺织品设计	1998.6	2003.9
082103	纺织化学与染整工程	1986.7	2003.9
082104	服装设计与工程	2000.12	2003.9
0821Z1	数字化纺织与装备技术★	2011.12	2011.12
0831	生物医学工程(一级学科)	2003.9	
0834	风景园林学(一级学科)	2011.8.5	
0834Z1	建筑与园林设计★	2013.12	
0834Z2	城乡规划与环境设计★	2013.12	
0835	软件工程(一级学科)	2011.8.5	2011.8.5
0905	畜牧学(一级学科)	2011.3	
090501	动物遗传育种与繁殖	2011.3	
090502	动物营养与饲料科学	2011.3	
090503	草业科学	2011.3	
090504	特种经济动物饲养学	1998.6	2003.9
0908	水产学(一级学科)		
090801	水产养殖学	2003.9	
1001	基础医学(一级学科)	2003.9	2003.9
100101	人体解剖与组织胚胎学	1990.1	2003.9
100102	免疫学	1986.7	2000.12

续表

学科代码	学位点名称	硕士点批准日期	博士点批准日期
100103	病原生物学	1981.11	1990.1
100104	病理学与病理生理学	1981.11	2003.9
100105	法医学	2003.9	2003.9
100106	放射医学	1984.1	1986.7
100107	航空、航天与航海医学	2003.9	2003.9
1001Z1	医学神经生物学★	2011.12	2011.12
1001Z2	医学细胞与分子生物学★	2011.12	2011.12
1002	临床医学(一级学科)	2006.1.25	2011.3.16
100201	内科学	2003.9	2003.9
100201	内科学(心血管病学)	1981.11	1986.7
100201	内科学(血液病学)	1981.11	1981.11
100201	内科学(呼吸系病学)	1996.1	2003.9
100201	内科学(消化系病学)	2003.9	2003.9
100201	内科学(内分泌与代谢病学)	2003.9	2003.9
100201	内科学(肾脏病学)	2003.9	2003.9
100201	内科学(风湿病学)	2003.9	2003.9
100201	内科学(传染病学)	1993.12	2003.9
100202	儿科学	1984.1	2006.1.25
100203	老年医学	2006.1.25	2011.3.16
100204	神经病学	1990.1	2011.3.16
100205	精神病与精神卫生学	1986.7	2011.3.16
100206	皮肤病与性病学	2006.1.25	2011.3.16
100207	影像医学与核医学	1981.11	2011.3.16
100208	临床检验诊断学	2003.9	2011.3.16
100210	外科学	2000.12	2000.12
100210	外科学(普通外科学)	1981.11	1986.7
100210	外科学(骨外科学)	1981.11	1986.7

续表

学科代码	学位点名称	硕士点批准日期	博士点批准日期
100210	外科学(泌尿外科学)	1986.7	2000.12
100210	外科学(胸心血管外科学)	1986.7	2000.12
100210	外科学(神经外科学)	1981.11	1981.11
100210	外科学(整形外科学)	2000.12	2000.12
100210	外科学(烧伤外科学)	1996.1	2000.12
100210	外科学(野战外科学)	2000.12	2000.12
100211	妇产科学	1998.6	2011.3.16
100212	眼科学	2006.1.25	2011.3.16
100213	耳鼻咽喉科学	2006.1.25	2011.3.16
100214	肿瘤学	1996.1	2011.3.16
100215	康复医学与理疗学	2006.1.25	2011.3.16
100216	运动医学	2006.1.25	2011.3.16
100217	麻醉学	2003.9	2011.3.16
100218	急诊医学	2000.12	2011.3.16
1002Z1	围产医学与胎儿学★	2011.12	2011.12
1002Z2	男科学★	2013.12	2013.12
1004	公共卫生与预防医学(一级学科)	2006.1.25	2011.3.16
100401	流行病与卫生统计学	1986.7	2006.1.25
100402	劳动卫生与环境卫生学	1993.12	2006.1.25
100403	营养与食品卫生学	1998.6	2011.3.16
100404	儿少卫生与妇幼保健学	2006.1.25	2011.3.16
100405	卫生毒理学	1996.1	2003.9
100406	军事预防医学	2006.1.25	2011.3.16
1006	中西医结合医学(一级学科)		
100602	中西医结合临床医学	2003.9	
1007	药学(一级学科)	2006.1.25	2011.3.16
100701	药物化学	2003.9	2011.3.16

续表

学科代码	学位点名称	硕士点批准日期	博士点批准日期
100702	药剂学	2006.1.25	2011.3.16
100703	生药学	2006.1.25	2011.3.16
100704	药物分析学	2006.1.25	2011.3.16
100705	微生物与生化药学	2006.1.25	2011.3.16
100706	药理学	1984.1	2003.9
1009	特种医学（一级学科）	2011.8.5	2011.8.5
1011	护理学（一级学科）	2011.8.5	2011.8.5
1201	管理科学与工程（一级学科）	2006.1.25	
1201Z1	运输管理★	2011.12	
1202	工商管理学（一级学科）	2006.1.25	
120201	会计学	2000.12	
120202	企业管理学	1998.6	2006.1.25
120203	旅游管理学	2006.1.25	
120204	技术经济及管理学	2006.1.25	
1203	农林经济管理学（一级学科）		
120301	农业经济管理学	1993.12	
1204	公共管理学（一级学科）	2006.1.25	
120401	行政管理学	1998.6	
120402	社会医学与卫生事业管理学	2006.1.25	
120403	教育经济与管理学	1996.1	
120404	社会保障学	2003.9	
120405	土地资源管理学	2006.1.25	
1205	图书馆、情报与档案管理（一级学科）	2011.3.16	
120501	图书馆学	2011.3.16	
120502	情报学	2006.1.25	
120503	档案学	2003.9	
1301	艺术学理论（一级学科）	2011.8.5	

续表

学科代码	学位点名称	硕士点批准日期	博士点批准日期
1302	音乐与舞蹈学(一级学科)	2011.8.5	
1303	戏剧与影视学(一级学科)	2011.8.5	
1304	美术学(一级学科)	2011.8.5	
1305	设计学(一级学科)	2011.8.5	2011.8.5
1305Z1	建筑与环境设计及其理论★	2013.12	
99J1	生物医学电子信息工程▲	2011.12	2011.12
99J2	媒介与文化产业▲	2011.12	2011.12
99J3	医学心理学▲	2011.12	
99J4	新能源科学与工程▲	2011.12	2011.12
99J5	金融工程▲	2011.12	2011.12
99J6	医学系统生物学▲	2011.12	2011.12
99J7	激光制造工程▲	2011.12	2011.12
99J8	纳米材料与技术▲	2014.12	2014.12

博士、硕士专业学位授权点名单

学位点类型	类别、领域		批准时间
博士专业学位授权点	临床医学博士	1051	2000.10.10
硕士专业学位授权点	金融硕士	0251	2010.10.19
	应用统计硕士	0252	2010.10.19
	税务硕士	0253	2010.10.19
	国际商务硕士	0254	2010.10.19
	法律硕士	0351	1998.12.25
	社会工作硕士	0352	2009.7

续表

学位点类型		类别、领域		批准时间
硕士专业学位授权点	教育硕士	045101	教育管理	2003.9.9
		045102	学科教学(思政)	2005.5
		045103	学科教学(语文)	2003.9.9
		045104	学科教学(数学)	2003.9.9
		045105	学科教学(物理)	2003.9.9
		045106	学科教学(化学)	2003.9.9
		045107	学科教学(生物)	2003.9.9
		045108	学科教学(英语)	2005.5
		045109	学科教学(历史)	2005.5
		045120	职业技术教育	2015.7.28
	体育硕士	045201	体育教学	2005.5.30
		045202	运动训练	2005.5.30
	汉语国际硕士	0453		2009.6.9
	应用心理硕士	0454		2010.10.19
	翻译硕士	055101	英语笔译	2009.6.9
		055102	英语口译	2009.6.9
	新闻与传播硕士	0552		2010.10.19
	出版硕士	0553		2014.8.8
	工程硕士	085201	机械工程	2002.5
		085202	光学工程	2002.5
		085204	材料工程	2001.2.12
		085208	电子与通信工程	2002.5
		085209	集成电路工程	2002.5
		085210	控制工程	2010.3.4
		085211	计算机技术	1999.9.24
		085212	软件工程	2002.3.7
		085216	化学工程	2001.2.12
		085220	纺织工程	1998.9.22
		085235	制药工程	2010.3
		085237	工业设计工程	2003.5

续表

学位点类型	类别、领域			批准时间
硕士专业学位授权点	农业推广硕士	095105	养殖	2004.6.11
		095108	渔业	2010.4.20
	风景园林硕士	0953		2014.8.8
	临床医学硕士	1051		2000.10.10
	公共卫生硕士	1053		2001.12.18
	护理硕士	1054		2014.8.8
	药学硕士	1055		2010.10.19
	工商管理硕士	1251		2003.9.9
	公共管理硕士	1252		2003.9.9
	会计硕士	1253		2010.10.19
	艺术硕士	135107	美术	2005.5.30
		135108	艺术设计	2005.5.30

全日制本科专业情况

苏州大学学院(部)及本科专业/专业方向设置一览表

学院(部)	学院(部)代号	本科专业/专业方向名称
文学院	01	汉语言文学 汉语言文学(基地) 汉语言文学(师范) 汉语国际教育 秘书学 戏剧影视文学

续表

学院(部)	学院(部)代号	本科专业/专业方向名称
政治与公共管理学院	02	哲学 思想政治教育 行政管理 管理科学 人力资源管理 公共事业管理 物流管理 城市管理 物流管理与工程类(中外合作办学)(物流管理)
社会学院	03	历史学(师范) 旅游管理 档案学 劳动与社会保障 图书馆学 社会工作 信息资源管理 社会学
外国语学院	04	英语 英语(师范) 翻译 日语 俄语 法语 朝鲜语 德语 西班牙语
艺术学院	05	美术学(师范) 美术学 产品设计 艺术设计学 视觉传达设计 环境设计 服装与服饰设计 数字媒体艺术
体育学院	06	体育教育 运动人体科学 武术与民族传统体育 运动训练 运动康复

续表

学院(部)	学院(部)代号	本科专业/专业方向名称
数学科学学院	07	数学与应用数学(基地) 数学与应用数学(师范) 信息与计算科学 统计学 金融数学 应用统计学
物理与光电·能源学部	08	物理学 物理学(师范) 电子信息科学与技术 能源与动力工程 光电信息科学与工程 测控技术与仪器 新能源材料与器件 材料类(中外合作办学)(新能源材料与器件)
材料与化学化工学部	09	无机非金属材料工程 高分子材料与工程 材料科学与工程 环境工程 化学工程与工艺 材料化学 化学 应用化学 功能材料
东吴商学院 (财经学院) 东吴证券金融学院	10	经济学 国际经济与贸易 财政学 金融学 工商管理 会计学 市场营销 电子商务 财务管理 经济统计学 金融学类(中外合作办学)(金融学)

续表

学院(部)	学院(部)代号	本科专业/专业方向名称
王健法学院	11	法学 知识产权
沙钢钢铁学院	13	冶金工程 金属材料工程
纳米科学技术学院	14	纳米材料与技术
纺织与服装工程学院	15	轻化工程 纺织工程 服装设计与工程 非织造材料与工程 纺织类(中外合作办学)(纺织工程)
教育学院	18	教育学(师范) 应用心理学 教育技术学(师范)
音乐学院	21	音乐表演 音乐学(师范)
计算机科学与技术学院	27	计算机科学与技术 信息管理与信息系统 软件工程 网络工程 软件工程(嵌入式培养) 物联网工程
电子信息学院	28	通信工程 信息工程 微电子科学与工程 电子信息工程 电子科学与技术 通信工程(嵌入式培养)
机电工程学院	29	电气工程及其自动化 工业工程 机械电子工程 机械工程 材料成型及控制工程

续表

学院(部)	学院(部)代号	本科专业/专业方向名称
医学部	30	生物技术 食品质量与安全 生物科学 生物信息学 放射医学 预防医学 药学 中药学 生物制药 临床医学 临床医学("5+3"一体化) 临床医学(儿科医学) 法医学 医学影像学 口腔医学 医学检验技术 护理学
金螳螂建筑学院	41	建筑学 城乡规划 园艺 风景园林 园林 历史建筑保护工程
城市轨道交通学院	42	工程管理 车辆工程 交通运输 通信工程(城市轨道交通通信信号) 电气工程与智能控制 建筑环境与能源应用工程
凤凰传媒学院	43	新闻学 广播电视学 广告学 播音与主持艺术 网络与新媒体

本表统计时间截止到2015年12月。

成人学历教育专业情况

（一）高中起点本科

人力资源管理　　　　　　　护理学
英语　　　　　　　　　　　药学

（二）专科起点升本科

汉语言文学　　　　　　　　物流管理
人力资源管理　　　　　　　行政管理
会计学　　　　　　　　　　工商管理
法学　　　　　　　　　　　英语
日语　　　　　　　　　　　网络工程
计算机科学与技术　　　　　电子信息工程
机械设计制造及其自动化　　电气工程与自动化
工程管理　　　　　　　　　交通运输
建筑环境与设备工程　　　　临床医学
药学　　　　　　　　　　　医学影像学
预防医学　　　　　　　　　医学检验
食品质量与安全　　　　　　护理学
信息管理与信息系统　　　　金融学

教学质量与学科实力

国家基础科学研究与教学人才培养基地情况

2015 年国家基础科学研究与教学人才培养基地

归　属	基地名称
数学科学学院	数学
文学院	中国语言文学

苏州大学国家级、省（部）级重点学科、重点实验室、协同创新中心、公共服务平台、工程（技术）研究中心、重点研究基地及实验教学示范中心

国家级重点学科

1. 放射医学
2. 内科学（血液病学）
3. 外科学（骨外科）
4. 纺织工程

江苏省优势学科

1. 政治学
2. 绿色化学与化工工程
3. 光学工程
4. 材料科学与工程
5. 纺织科学与工程
6. 临床医学
7. 特种医学
8. 设计学

江苏省重点序列学科

1. 法学
2. 体育学
3. 中国语言文学
4. 数学
5. 系统生物医学

江苏省"十二五"一级重点(培育)学科

1. 教育学
2. 畜牧学

江苏省"十二五"一级重点学科

1. 哲学
2. 应用经济学
3. 中国语言文学
4. 外国语言文学
5. 中国史
6. 数学
7. 计算机科学与技术
8. 统计学
9. 软件工程
10. 护理学

国家工程实验室

现代丝绸国家工程实验室

国家地方联合工程实验室

新型功能高分子材料国家地方联合工程实验室
环保功能吸附材料制备技术国家地方联合工程实验室

省部级实验室

1. 省部共建教育部现代光学技术重点实验室
2. 江苏省先进光学制造技术重点实验室
3. 卫生部血栓与止血重点实验室
4. 江苏省干细胞与生物医用材料重点实验室—省部共建国家重点实验室培育基地
5. 江苏省干细胞研究重点实验室
6. 江苏省碳基功能材料与器件重点实验室
7. 江苏省薄膜材料重点实验室

8. 江苏省有机合成重点实验室
9. 江苏省计算机信息处理技术重点实验室
10. 江苏省丝绸工程重点实验室
11. 江苏省现代光学技术重点实验室
12. 江苏省放射医学与防护重点实验室
13. 江苏省新型高分子功能材料工程实验室
14. 江苏省先进功能高分子材料设计及应用重点实验室
15. 江苏省感染与免疫重点实验室
16. 江苏省先进机器人技术重点实验室
17. 江苏省水处理新材料与污水资源化工程实验室
18. 全国石油和化工行业有机废水吸附治理及其资源化重点实验点
19. 工业(化学电源)产品质量控制和技术评价实验室
20. 江苏省环境保护水体有机污染物树脂吸附法治理重点实验室
21. 江苏省重大神经精神疾病诊疗技术重点实验室
22. 江苏省老年病预防与转化医学重点实验室
23. 全国石油化工行业导向生物医用功能的高分子材料设计与合成重点实验室

国家"2011计划"协同创新中心(1个)

苏州纳米科技协同创新中心

江苏高校协同创新中心(4个)

1. 纳米科技协同创新中心
2. 血液学协同创新中心
3. 放射医学协同创新中心
4. 新型城镇化与社会治理协同创新中心

国家级公共服务平台

1. 国家化学电源产品质量监督检测中心
2. 国家纺织产业创新支撑平台
3. 国家技术转移示范机构

省部级公共服务平台

1. 江苏省苏州化学电源公共技术服务中心
2. 江苏省苏州丝绸技术服务中心
3. 江苏省苏州医疗器械临床前研究与评价公共技术服务中心
4. 江苏省节能环保材料测试与技术服务中心
5. 江苏省化学电源公共技术服务创新平台提升项目
6. 江苏省先进光学制造技术重点实验室提升项目
7. 苏州大学唐仲英医学研究院建设

8. 江苏省动力电池及材料创新服务平台
9. 江苏省中小企业环保产业公共技术服务平台
10. 高效树脂型吸附材料治理环境及资源化技术创新服务平台
11. 江苏省骨科临床医学研究中心
12. 江苏省产业技术研究院纺织丝绸技术预备研究所建设
13. 工业废水重金属离子污染物深度处理及资源化利用——公共技术服务平台

省部级工程中心

1. 数码激光成像与显示教育部工程研究中心
2. 血液和血管疾病诊疗药物技术教育部工程研究中心
3. 江苏省数码激光图像与新型印刷工程技术研究中心
4. 江苏省纺织印染业节能减排与清洁生产工程中心

教育部人文社会科学重点研究基地

中国特色城镇化研究中心

国家体育总局体育社会科学重点研究基地

体育社会科学研究中心

国家体育总局重点实验室

机能评定与体能训练重点实验室

江苏省哲学社会科学研究基地

1. 江苏省吴文化研究基地
2. 苏南发展研究院
3. 江苏当代作家研究基地

江苏高校哲学社会科学重点研究基地

1. 公法研究中心
2. 苏州基层党建研究所
3. 老挝—大湄公河次区域国家研究中心
4. 国家能源法研究中心
5. 东吴智库

上海市人民政府发展研究中心决策咨询研究基地

上海市人民政府发展研究中心—苏州大学"地方政府与城市治理"决策咨询研究基地

江苏省决策咨询研究基地

苏南政府治理与社会治理现代化研究基地

江苏省文化厅

苏州大学非物质文化遗产研究中心

江苏省人民政府

新型城镇化与社会治理协同创新中心

江苏省委宣传部

中国特色社会主义理论体系研究基地

江苏省教育厅

地方政府与社会治理优秀创新团队

国家级实验教学示范中心(4个)

1. 物理实验教学中心
2. 纺织与服装设计实验教学中心
3. 计算机与信息技术实验教学中心
4. 纺织与服装虚拟仿真实验教学中心

江苏省高等学校实验教学示范中心(20个)

1. 电工电子基础课实验教学中心
2. 化学基础课实验教学中心
3. 计算机基础课实验教学中心
4. 物理基础课实验教学中心
5. 基础医学教学实验中心
6. 艺术设计实验教学中心
7. 机械基础实验教学中心
8. 纺织服装实验教学中心
9. 生物基础课实验教学中心
10. 传媒与文学实验教学中心
11. 心理与教师教育实验教学中心
12. 工程训练中心
13. 临床技能实验教学中心
14. 纳米材料与技术实验教学中心
15. 新能源材料与器件实验教学中心
16. 建筑与城市环境设计实践教育中心
17. 药学学科综合训练中心

18. 轨道交通实践教育中心
19. 冶金工程实践教育中心
20. 护理学学科综合训练中心

苏州大学2015年度国家、省教育质量工程项目名单

江苏省教育厅卓越教师培养计划项目

苏教师〔2015〕19号
2015.6.26

项目类型	学校名称	项目名称
卓越中学教师培养计划	苏州大学	综合性大学本硕一体化"实践反思型"高中教师培养实践研究

第一届全国高等院校工程应用技术教师大赛

苏大教〔2015〕173号
2015.9.7

学院	姓名	奖项
工程训练中心	唐艳玲	二等奖

苏州大学获评教育部第七批精品视频公开课名单

教高厅函〔2015〕11号
2015.4.13
苏大教〔2015〕89号
2015.11.4

序号	课程名称	主讲教师	学院(部)
1	吴文化史专题	王卫平　朱小田　黄鸿山	社会学院
2	纤维皇后——丝绸文化与产品	潘志娟　冯　岑　李春萍	纺织与服装工程学院

江苏高校省级外国留学生英文授课精品课程名单

苏教办外〔2015〕18号
2015.9.25
苏大教〔2015〕80号
2015.9.30

序号	学院（部）	课程名称（中英文）	主讲人
1	电子信息学院	微电子学概论/Microelectronics: From Theory to Practice	吴 迪
2	医学部	神经生物学/Neurobiology	陶 金
3	医学部	生物化学/Biochemistry	苏 雄

高职与本科衔接课程体系建设等立项课题

苏教办高〔2015〕19号
2015.10.19

课题名称	单位		课题主持人	
	牵头院校	联合院校		
电气工程及其自动化专业高职与普通本科分段培养的研究	苏州大学	南京铁道职业技术学院	朱忠奎	宋奇吼

2015 高等学校软件服务外包类专业嵌入式人才培养项目

苏教办高函〔2015〕14号
2015.6.1

专业名称	专业代码	合作企业
软件工程（嵌入式培养）	080902	NIIT安艾艾迪信息技术（上海）有限公司
通信工程（嵌入式培养）	080703	智翔集团（上海智翔信息科技发展有限公司）

2015年江苏省高等教育教改立项研究课题评选结果

苏教高〔2015〕13号
2015.8.13
苏大教〔2015〕60号
2015.9.6

编　　号	课题类型	指南编号	课题名称	主持人	学院（部）	备注
2015JSJG056	重点课题	1-6	医学教育国际化背景下转化式学习体系构建的研究与实践	龚　政	医学部	
2015JSJG057		9	高等教育跨学科交叉课程改革研究	罗时进	敬文书院	
2015JSJG460		8-3	以"三个引领"为核心的英语专业人才培养的校际构建	王海贞 朱新福	外国语学院	外研社合作课题
2015JSJG242	一般课题	2-7	多维度协同计算机技术类通识教育课程体系的实践与探索	李凡长	计算机科学与技术学院	
2015JSJG243		3-8	基于实效性的"互联网+思政课"教学改革研究与实践	朱蓉蓉 姜建成	马克思主义学院	
2015JSJG244		3-4	基于E-learning的混合式实验教学模式创新与探索	吴　莹 章建东	材料与化学化工学部	
2015JSJG245		5-2	医学检验技术专业课程新型考核评价体系的构建与实践	张海方	医学部	
2015JSJG246	一般课题	1-1	"新常态下"独立学院应用型人才培养模式改革与课程体系研究	朱　跃	应用技术学院	
2015JSJG524		8-16	"互联网+"时代下地方高校学生创业倾向的实证研究	刘　亮	东吴商学院（财经学院）东吴证券金融学院	邮电社合作课题

续表

编号	课题类型	指南编号	课题名称	主持人	学院(部)	备注
2015JSJG575	一般课题	8-35	校企协同机制下工程类专业课程"教学—实践"互促新模式的研究	许继芳	沙钢钢铁学院	南大社合作课题
2015JSJG631		8-36	多元主体协同工科创新人才培养机制研究	王文利 王 岩	纺织与服装工程学院 艺术学院	科学社合作课题
2015JSJG632		8-40	应用型人才培养模式下"普通物理"教学资源库建设与应用	李成金 胡 荣	文正学院	科学社合作课题
2015JSJG638		8-45	基于微课群建设的大学英语教学效果研究	卫 岭	外国语学院	上外社合作课题

苏州大学江苏高校品牌专业建设工程一期项目名单

苏教高〔2015〕11号
2015.6.8
苏大教〔2015〕61号
2015.9.14

类别	序号	专业名称	专业代码	学院(部)
A	PPZY2015A010	汉语言文学	050101	文学院
A	PPZY2015A014	数学与应用数学	070101	数学科学学院
A	PPZY2015A028	纳米材料与技术	080413T	纳米科学技术学院
B	PPZY2015B107	体育教育	040201	体育学院
B	PPZY2015B139	计算机科学与技术	080901	计算机科学与技术学院
B	PPZY2015B160	临床医学	100201K	医学部
C	PPZY2015C257	纺织工程	081601	纺织与服装工程学院

2015 年省重点教材立项建设名单（修订教材）

苏教高〔2015〕18 号
2015.9.30
苏大教〔2015〕84 号
2015.10.21

序号	教材名称	学院（部）	主编姓名	教材适用类型	版次	标准书号	出版社
1	球类运动——篮球（第二版）	体育学院	王家宏	本科	2009年6月第二版	ISBN 978-7-04-027519-3	高等教育出版社
2	中华文明与地方文化英文导读	外国语学院	顾卫星 叶建敏	本科	2009年11月第1版	ISBN978-7-81137-380-6	苏州大学出版社
3	医学生物化学与分子生物学（第3版）	医学部	吴士良 魏文祥 何凤田 周泉生	本科	2014年6月第3版	ISBN 978-7-03-041167-9	科学出版社
4	嵌入式技术基础与实践（第3版）—ARM Cortex-MO + Kinetis L 系列微控制器	计算机科学与技术学院	王宜怀	本科	2013年8月第3版	ISBN 978-7-302-33366-1	清华大学出版社

2015 年省重点教材立项建设名单（新编教材）

序号	教材名称	学院（部）	主编姓名	教材适用类型	拟出版单位
1	电子政务概论	政治与公共管理学院	金太军 张晨	本科	广东人民出版社
2	放射影像技能学	医学部	胡春洪	本科	人民军医出版社

2015 年第二批出版省重点教材名单

编号	教材名称	学院（部）	主编姓名	出版社	修订教材标准书号	备注
2013-1-087	中国现代文学史1917—2012（上、下）（第二版）	文学院	朱栋霖	北京大学出版社	ISBN 978-7-301-24212-4 ISBN 978-7-301-24213-1	2013 年修订教材
2013-1-085	服装工业制板（第二版）	艺术学院	李 正	东华大学出版社	ISBN 978-7-5669-0645-8	
2014-2-032	普通语言学教程	文学院	曹 炜	暨南大学出版社	ISBN 978-7-5668-1617-7	2014 年新编教材
2014-2-042	媒介文化理论概论	凤凰传媒学院	曾一果	人民大学出版社	ISBN 978-7-300-21447-4	
2014-2-033	纳米催化化学（英文版）	纳米科学技术学院	康振辉	苏州大学出版社	ISBN 978-7-5672-1406-4	

省高等学校重点教材第三批出版名单

苏教办高〔2015〕20 号
2015.12.18

编号	教材名称	学院（部）	主编姓名	出版社	修订教材标准书号	备注
2014-2-045	形式化方法导论		张广泉	清华大学出版社	ISBN 978-7-302-41161-1	2014 年新编教材

苏州大学 2015 年度全日制本科招生就业情况

一、招生计划执行情况

江苏省发展与改革委员会、江苏省教育厅批准我校 2015 年度全日制 117 个本科专业（专业大类）招生计划 6 221 名,其中在江苏省外 29 个省(市、自治区)招生计划 2 450 名(含正常计划 1 456 名、新疆定向就业计划 22 名、支持中西部地区协作计划 754 名、国家专项计划 215 名、南疆单列计划 3 名);不分省计划 868 名(含内地新疆高中班和内地西藏班毕业生计划 41 名、新疆双语类少数民族预科生转入本科计划 20 名、体育单招计划 80 名、艺术不分省计划 161 名、保送生计划 17 名、高水平运动队计划 61 名、自主招生计划 305 名、农村学生单独招生计划 122 名、预留计划 61 名);江苏省招生计划 2 903 名(含正常计划 2 838 名、地方专项计划 50 名、高职与普通本科分段培养转段升学计划 15 名),实际录取新生 6 231 名。

按地区分类:省内3 269名、省外2 962名;按专业属性分类:普通类5 761名、艺术类318名、体育类152名;按计划属性分类:正常计划5 603名、自主选拔录取152名、农村学生单独录取55名、国家专项计划省外214名、省内51名、保送生17名、高水平运动员29名、新疆定向生15名、内地新疆高中班和内地西藏班41名、新疆双语类少数民族预科生转入本科20名、南疆单列计划3名、高职与普通本科分段培养转段升学31名。

二、录取新生基本情况

在我校2015年录取的6 231名新生中,男生2 688名,占43.14%,女生3 543名,占56.86%;有少数民族新生391名,占总人数的6.28%,有党员1名,预备党员11名,占总人数的0.2%。

1. 江苏省内录取情况

2015年江苏高考报名人数约39.3万人,比2014年减少3.28万人,减幅为7.7%。我校非中外合作办学专业,从录取最低分与省控线的差值来看,体育、美术类专业和本一批文、理科专业比2014年有所提高;从省内高校投档线的排名情况来看,体育、音乐类专业和本一批文、理科专业有所提高,美术类专业与2014年持平;从本一批次录取平均分对应考生名次来看,近五年来一直处于上升状态,2015年较上年又有了明显提高,其中文科提高329名、理科提高430名。

江苏省内录取总体情况汇总表(非中外合作办学)

	省控线	最低分	平均分	最高分	最低分超省控线		投档线省内高校排名	
					2015年	2014年	2015年	2014年
提前体育(男)	336	404	409.18	438	68	65	1	2
提前体育(女)						67		2
提前美术	420	547	551.357	559	127	113	2	2
提前音乐	150	208	209.364	211	58	85	2	3
本一文科	342	358	364.878	381	16	14	5	6
本一理科	344	360	366.083	388	16	15	7	8
本二文科	313	341	344.197	360	28	31	2	1
本二理科	310	334	342.08	358	24	32	11	2
本二理科(含征平)	310	334	342.094	358	24	31		

注:① 体育专业2015年投档、录取均不分男女,2014年投档分男女、录取不分男女;
② 投档及录取的成绩依据:体育、美术为专业分+文化分;音乐为专业分;
③ 省内高校指地处江苏的所有高校;
④ 本二理科仅护理学专业录取了征求平行志愿考生。

中外合作办学项目,从录取最低分与省控线的差值来看,金融学专业比2014年有所提高,物流管理专业虽与去年持平但依然满额招生;从省内高校投档线的排名情况来看,本一批次文科名列第 2 位,仅次于中国人民大学(苏州校区),但差距正在缩小(校际分差 2015 年为 13 分、2014 年为 16 分);本二批次名列第 2 位。

江苏省内录取总体情况汇总表(中外合作办学)

	专业名称	省控线	最低分	平均分	最高分	最低分超省控线	
						2015 年	2014 年
本一文科	金融学	342	356	360.6	368	14	11
本一理科		344	359	362.7	370	15	5
本一理科	新能源材料与器件	344	350	354.8	365	6	
本一理科	纺织工程	344	348	350.7	356	4	0
本一理科	纺织工程(含征平降分)	344	344	349.4	360	0	-9
本二文科	物流管理	313	333	337.1	347	20	20

另外,2015 年共有 982 名新生因选修测试科目等级较高而享受学校加分政策,占本一、本二批次录取总数的 34.04%,与 2014 年大体相当(2014 年比重为 34.82%)。

2. 江苏省外录取总体情况

学校普通文理科非中外合作办学专业省外招生范围涉及 29 个省份。分析目前所掌握的各省高考成绩分段统计数据发现,学校在省外的生源质量逐年提高,各省录取最低分在同科类考生中的位次居于前列。

文科专业在所有省份的投档一志愿率均为 100%;录取最低分超出本一批(重点本科批)控制线 40 分及以上的省份有 24 个,超出 25 分及以上的省份有 28 个;录取最低分的位次占同科类高考报名人数的比重在前 5% 以内的省份有 21 个。

理科专业在所有省份的投档一志愿率也均为 100%;录取最低分超出本一批(重点本科批)控制线 40 分及以上的省份有 26 个,超出 25 分及以上的省份有 27 个;录取最低分的位次占同科类高考报名人数的比重在前 10% 以内的省份有 20 个。

近两年公布高考成绩分段统计数据的省份共有 23 个,其中有 21 个省份公布各科类高考报名人数。与去年相比,今年录取最低分的位次提高的省份,文科有广东、内蒙古、河南、四川、云南、重庆、河北、宁夏、辽宁、天津、贵州、湖北、安徽、山西、青海、黑龙江、广西、湖南、浙江、海南等 20 个(占 86.96%),理科有云南、内蒙古、四川、辽宁、重庆、广东、广西、天津、黑龙江、河北、湖南、海南、河南、宁夏等 14 个(占 60.87%);录取最低分的位次占同科类高考报名人数的比重提高的省份,文科有海南、宁夏、山西、内蒙古、青海、广东、重庆、云南、贵州、河南、四川、黑龙江、广西、河北、江西、安徽等 16 个(占 76.19%),理科有海南、内蒙古、云南、宁夏、山西、重庆、广西、辽宁、广东、四川、黑龙江、山东、湖南、河南、贵州、河北、青海等 17 个(占 80.95%)。部分省份生源质量的提升比较明显,从录取最低分的位次占同科类高考报名人数的比重来看,文科排名前三位的省份为海南、山西和宁夏,分别提高了 89.35%、86.28% 和 69.83%;理科排名前四位的省份为海南、云南、宁夏和山西,分别提高了 77%、

49.41%、49.39% 和 48.47%。

三、就业基本情况

2015 届本科毕业生（含七年制本硕连读毕业生）共 6 748 名，初次就业率为 78.96%；年终就业率，截止到 12 月 20 日为 94.12%。2015 年较 2014 年毕业生数量有所增长，初次就业率和年终就业率跟去年同期持平，且均已达到教育部和省政府的要求。

四、2015 年苏州大学各专业录取情况

2015 年苏州大学各专业录取情况一览表

省份	文史 2015				理工 2015			
	省控线	最高分	最低分	平均分	省控线	最高分	最低分	平均分
北京	579	622	606	612.286	548	624	603	609.8
天津	547	601	580	587.063	538	628	583	590.947
河北	548	625	605	609.944	544	642	616	620.484
山西	513	565	553	555.559	515	600	556	571.803
内蒙古	487	582	534	568.583	464	609	510	564.371
辽宁	530	605	592	596.385	500	604	574	579.761
吉林	543	594	584	589.231	525	603	568	580.255
黑龙江	495	594	581	585.294	483	605	584	588.236
上海	434	461	446	451.5	414	464	428	440.667
浙江	626	679	673	674.684	605	680	663	669.571
安徽	597	650	646	647.704	555	651	632	635.494
福建	549	611	601	605.474	525	633	606	611.763
江西	528	576	567	570.455	540	611	593	597.429
山东	568	625	616	619.263	562	660	635	641.462
河南	513	572	564	565.944	529	622	595	600.831
湖北	521	577	562	565.056	510	601	581	587.02
湖南	535	599	586	590.214	526	613	593	599.725
广东	573	613	603	607.143	577	630	614	618.914
广西	530	592	582	585.778	480	599	556	567.4

续表

省份	文史 2015				理工 2015			
	省控线	最高分	最低分	平均分	省控线	最高分	最低分	平均分
海南	662	775	751	759.091	608	755	689	708.304
重庆	572	635	626	629.231	573	653	619	625.125
四川	543	600	588	590.7	528	615	585	589.881
贵州	543	623	605	610.73	453	583	533	549.259
云南	540	617	606	610.211	500	636	559	580.085
陕西	510	591	580	584.75	480	606	569	575.484
甘肃	517	585	571	575.731	475	590	541	552.381
青海	466	548	524	534.286	400	562	405	492.522
宁夏	507	582	570	574.471	445	570	527	540.784
新疆	486	601	575	580.438	446	586	544	554.38

注：上海市满分为600分，浙江省满分为810分，海南省满分为900分，云南省满分为772分，其余各省份满分均为750分。

五、2015年苏州大学本科生就业情况

2015届毕业生就业情况统计表（12月25日）

院部	专　　业	总就业率	协议就业率	其　中	
				灵活就业率	升学出国率
	合计	94.37%（6368/6748）	63.10%（4258/6748）	6.08%（410/6748）	25.19%（1700/6748）
沙钢钢铁学院		100.00%（50/50）	72.00%（36/50）	10.00%（5/50）	18.00%（9/50）
	冶金工程	100.00%（37/37）	67.57%（25/37）	8.11%（3/37）	24.32%（9/37）
	材料科学与工程（冶金过程自动化）	100.00%（6/6）	66.67%（4/6）	33.33%（2/6）	0.00%（0/6）
	机械工程及自动化（冶金过程装备及控制）	100.00%（7/7）	100.00%（7/7）	0.00%（0/7）	0.00%（0/7）
城市轨道交通学院		98.89%（356/360）	73.61%（265/360）	7.50%（27/360）	17.78%（64/360）
	机械工程及自动化（城市轨道交通车辆工程）	100.00%（3/3）	100.00%（3/3）	0.00%（0/3）	0.00%（0/3）
	车辆工程	100.00%（57/57）	82.46%（47/57）	7.02%（4/57）	10.53%（6/57）
	通信工程（城市轨道交通通信信号）	100.00%（57/57）	84.21%（48/57）	0.00%（0/57）	15.79%（9/57）
	电气工程与自动化（城市轨道交通控制工程）	100.00%（61/61）	67.21%（41/61）	8.20%（5/61）	24.59%（15/61）
	建筑环境与设备工程（城市轨道交通环境调控）	100.00%（34/34）	70.59%（24/34）	2.94%（1/34）	26.47%（9/34）

续表

院 部	专 业	总就业率	协议就业率	其 中 灵活就业率	升学出国率
	交通运输	100.00% (45/45)	57.78% (26/45)	22.22% (10/45)	20.00% (9/45)
	信息管理与信息系统（城市轨道交通运营管理）	57.14% (4/7)	57.14% (4/7)	0.00% (0/7)	0.00% (0/7)
	工业工程（城市轨道交通工程管理）	75.00% (3/4)	75.00% (3/4)	0.00% (0/4)	0.00% (0/4)
	工程管理	100.00% (92/92)	75.00% (69/92)	7.61% (7/92)	17.39% (16/92)
纺织与服装工程学院		100.00% (238/238)	67.65% (161/238)	7.56% (18/238)	24.79% (59/238)
	轻化工程	100.00% (65/65)	80.00% (52/65)	4.62% (3/65)	15.38% (10/65)
	纺织工程	100.00% (87/87)	57.47% (50/87)	10.34% (9/87)	32.18% (28/87)
	服装设计与工程	100.00% (60/60)	70.00% (42/60)	3.33% (2/60)	26.67% (16/60)
	非织造材料与工程	100.00% (26/26)	65.38% (17/26)	15.38% (4/26)	19.23% (5/26)
音乐学院	音乐学（音乐教育）	97.44% (38/39)	41.03% (16/39)	20.51% (8/39)	35.90% (14/39)
电子信息学院		98.52% (267/271)	76.75% (208/271)	3.69% (10/271)	18.08% (49/271)
	微电子学	98.36% (60/61)	72.13% (44/61)	4.92% (3/61)	21.31% (13/61)
	电子信息工程	98.46% (64/65)	70.77% (46/65)	6.15% (4/65)	21.54% (14/65)
	传感网技术	100.00% (26/26)	76.92% (20/26)	3.85% (1/26)	19.23% (5/26)

续表

院 部	专 业	总就业率	协议就业率	其　中		
				灵活就业率	升学出国率	
	通信工程	100.00% (53/53)	79.25% (42/53)	0.00% (0/53)	20.75% (11/53)
	电子科学与技术	96.97% (32/33)	84.85% (28/33)	3.03% (1/33)	9.09% (3/33)
	信息工程	96.97% (32/33)	84.85% (28/33)	3.03% (1/33)	9.09% (3/33)
王健法学院	法学	88.94% (177/199)	37.19% (74/199)	27.14% (54/199)	24.62% (49/199)
	法学（知识产权）	88.69% (149/168)	34.52% (58/168)	28.57% (48/168)	25.60% (43/168)
		90.32% (28/31)	51.61% (16/31)	19.35% (6/31)	19.35% (6/31)
材料与化学化工学部		98.21% (330/336)	54.17% (182/336)	13.10% (44/336)	30.95% (104/336)
	化学	99.01% (100/101)	55.45% (56/101)	13.86% (14/101)	29.70% (30/101)
	应用化学	100.00% (34/34)	73.53% (25/34)	14.71% (5/34)	11.76% (4/34)
	材料化学	100.00% (23/23)	52.17% (12/23)	13.04% (3/23)	34.78% (8/23)
	无机非金属材料工程	85.71% (12/14)	57.14% (8/14)	7.14% (1/14)	21.43% (3/14)
	高分子材料与工程	100.00% (69/69)	39.13% (27/69)	14.49% (10/69)	46.38% (32/69)
	材料科学与工程	100.00% (16/16)	43.75% (7/16)	25.00% (4/16)	31.25% (5/16)

续表

院 部	专 业	总就业率	协议就业率	其 中	
				灵活就业率	升学出国率
	生物功能材料	100.00% (23/23)	65.22% (15/23)	4.35% (1/23)	30.43% (7/23)
	环境工程	95.45% (21/22)	59.09% (13/22)	13.64% (3/22)	22.73% (5/22)
	化学工程与工艺	94.12% (32/34)	55.88% (19/34)	8.82% (3/34)	29.41% (10/34)
机电工程学院		99.16% (236/238)	84.03% (200/238)	0.42% (1/238)	14.71% (35/238)
	材料成型及控制工程	97.06% (33/34)	88.24% (30/34)	0.00% (0/34)	8.82% (3/34)
	机械工程及自动化	100.00% (53/53)	77.36% (41/53)	0.00% (0/53)	22.64% (12/53)
	机械电子工程	97.73% (43/44)	90.91% (40/44)	0.00% (0/44)	6.82% (3/44)
	电气工程与自动化	100.00% (71/71)	83.10% (59/71)	1.41% (1/71)	15.49% (11/71)
	工业工程	100.00% (36/36)	83.33% (30/36)	0.00% (0/36)	16.67% (6/36)
凤凰传媒学院		94.68% (178/188)	61.17% (115/188)	1.06% (2/188)	32.45% (61/188)
	新闻学	97.92% (94/96)	60.42% (58/96)	2.08% (2/96)	35.42% (34/96)
	广播电视新闻学	94.74% (18/19)	63.16% (12/19)	0.00% (0/19)	31.58% (6/19)
	广告学	92.11% (35/38)	73.68% (28/38)	0.00% (0/38)	18.42% (7/38)
	戏剧影视文学(主持人艺术)	88.57% (31/35)	48.57% (17/35)	0.00% (0/35)	40.00% (14/35)

续表

院　部	专　业	总就业率	协议就业率	其　中 灵活就业率	升学出国率
教育学院	教育学	90.72% (88/97)	47.42% (46/97)	9.28% (9/97)	34.02% (33/97)
	教育技术学	90.32% (28/31)	54.84% (17/31)	9.68% (3/31)	25.81% (8/31)
	应用心理学	92.31% (24/26)	46.15% (12/26)	3.85% (1/26)	42.31% (11/26)
		90.00% (36/40)	42.50% (17/40)	12.50% (5/40)	35.00% (14/40)
东吴商学院（财经学院） 东吴证券金融学院		89.14% (722/810)	62.22% (504/810)	1.98% (16/810)	24.94% (202/810)
	经济学	86.21% (25/29)	75.86% (22/29)	3.45% (1/29)	6.90% (2/29)
	国际经济与贸易	81.82% (45/55)	56.36% (31/55)	1.82% (1/55)	23.64% (13/55)
	财政学	84.00% (21/25)	40.00% (10/25)	24.00% (6/25)	20.00% (5/25)
	财政学（税务）	100.00% (2/2)	100.00% (2/2)	0.00% (0/2)	0.00% (0/2)
	金融学	93.95% (233/248)	53.23% (132/248)	2.82% (7/248)	37.90% (94/248)
	工商管理	97.14% (34/35)	80.00% (28/35)	0.00% (0/35)	17.14% (6/35)
	市场营销	80.60% (108/134)	61.19% (82/134)	0.75% (1/134)	18.66% (25/134)
	会计学	93.13% (122/131)	72.52% (95/131)	0.00% (0/131)	20.61% (27/131)
	会计学（国际会计）	93.06% (67/72)	63.89% (46/72)	0.00% (0/72)	29.17% (21/72)
	财务管理	82.35% (28/34)	61.76% (21/34)	0.00% (0/34)	20.59% (7/34)
	电子商务	82.22% (37/45)	77.78% (35/45)	0.00% (0/45)	4.44% (2/45)

续表

院部	专业	总就业率	协议就业率	其中 灵活就业率	升学出国率
社会学院	社会学	86.61% (291/336)	60.42% (203/336)	3.57% (12/336)	22.62% (76/336)
	社会工作	100.00% (3/3)	100.00% (3/3)	0.00% (0/3)	0.00% (0/3)
	历史学	81.82% (45/55)	41.82% (23/55)	7.27% (4/55)	32.73% (18/55)
	旅游管理	80.00% (28/35)	51.43% (18/35)	0.00% (0/35)	28.57% (10/35)
	劳动与社会保障	90.91% (30/33)	75.76% (25/33)	0.00% (0/33)	15.15% (5/33)
	图书馆学	85.54% (71/83)	67.47% (56/83)	3.61% (3/83)	14.46% (12/83)
	档案学	87.50% (56/64)	57.81% (37/64)	3.13% (2/64)	26.56% (17/64)
	信息资源管理	86.21% (25/29)	55.17% (16/29)	6.90% (2/29)	24.14% (7/29)
数学科学学院		97.06% (33/34)	73.53% (25/34)	2.94% (1/34)	20.59% (7/34)
	数学与应用数学	95.65% (176/184)	63.59% (117/184)	9.78% (18/184)	22.28% (41/184)
	信息与计算科学	98.90% (90/91)	69.23% (63/91)	5.49% (5/91)	24.18% (22/91)
	统计学	95.56% (43/45)	71.11% (32/45)	15.56% (7/45)	8.89% (4/45)
体育学院		89.58% (43/48)	45.83% (22/48)	12.50% (6/48)	31.25% (15/48)
	体育教育	91.47% (193/211)	81.04% (171/211)	0.00% (0/211)	10.43% (22/211)
	运动训练	95.40% (83/87)	88.51% (77/87)	0.00% (0/87)	6.90% (6/87)
		87.01% (67/77)	79.22% (61/77)	0.00% (0/77)	7.79% (6/77)

续表

院部	专业	总就业率	协议就业率	其中 灵活就业率	升学出国率
	运动人体科学（运动休闲与健康）	82.61% (19/23)	52.17% (12/23)	0.00% (0/23)	30.43% (7/23)
	民族传统体育	100.00% (24/24)	87.50% (21/24)	0.00% (0/24)	12.50% (3/24)
外国语学院		96.32% (262/272)	70.59% (192/272)	0.37% (1/272)	25.37% (69/272)
	英语	98.84% (85/86)	62.79% (54/86)	0.00% (0/86)	36.05% (31/86)
	英语(翻译)	96.00% (24/25)	84.00% (21/25)	0.00% (0/25)	12.00% (3/25)
	俄语(俄英双语)	95.00% (19/20)	85.00% (17/20)	0.00% (0/20)	10.00% (2/20)
	德语	90.91% (20/22)	54.55% (12/22)	0.00% (0/22)	36.36% (8/22)
	法语(法英双语)	96.43% (27/28)	71.43% (20/28)	0.00% (0/28)	25.00% (7/28)
	西班牙语	100.00% (23/23)	60.87% (14/23)	0.00% (0/23)	39.13% (9/23)
	日语	94.12% (48/51)	78.43% (40/51)	0.00% (0/51)	15.69% (8/51)
	朝鲜语	94.12% (16/17)	82.35% (14/17)	5.88% (1/17)	5.88% (1/17)
文学院		94.02% (220/234)	52.14% (122/234)	10.26% (24/234)	31.62% (74/234)
	汉语言文学	95.98% (167/174)	54.02% (94/174)	10.92% (19/174)	31.03% (54/174)
	对外汉语	88.33% (53/60)	46.67% (28/60)	8.33% (5/60)	33.33% (20/60)
纳米科学技术学院	纳米材料与技术	98.73% (78/79)	26.58% (21/79)	15.19% (12/79)	56.96% (45/79)

续表

院 部	专 业	总就业率	协议就业率	其中	
				灵活就业率	升学出国率
艺术学院	美术学(美术教育)	95.82% (252/263)	69.58% (183/263)	7.60% (20/263)	18.63% (49/263)
	美术学(美术教育)	100.00% (31/31)	58.06% (18/31)	16.13% (5/31)	25.81% (8/31)
	美术学(插画)	94.12% (16/17)	70.59% (12/17)	0.00% (0/17)	23.53% (4/17)
	艺术设计学	81.25% (13/16)	56.25% (9/16)	12.50% (2/16)	12.50% (2/16)
	艺术设计	96.43% (135/140)	70.00% (98/140)	7.14% (10/140)	19.29% (27/140)
	艺术设计(时装表演与服装设计)	93.10% (27/29)	82.76% (24/29)	10.34% (3/29)	0.00% (0/29)
	艺术设计(数码媒体艺术设计)	100.00% (30/30)	73.33% (22/30)	0.00% (0/30)	26.67% (8/30)
政治与公共管理学院		90.88% (309/340)	64.71% (220/340)	5.59% (19/340)	20.59% (70/340)
	哲学	50.00% (1/2)	50.00% (1/2)	0.00% (0/2)	0.00% (0/2)
	思想政治教育	97.14% (34/35)	42.86% (15/35)	14.29% (5/35)	40.00% (14/35)
	管理科学	100.00% (12/12)	91.67% (11/12)	0.00% (0/12)	8.33% (1/12)
	人力资源管理	90.57% (48/53)	66.04% (35/53)	3.77% (2/53)	20.75% (11/53)
	物流管理	88.76% (79/89)	69.66% (62/89)	4.49% (4/89)	14.61% (13/89)

续表

院部	专业	总就业率	协议就业率	其中 灵活就业率	升学出国率
	行政管理	91.94% (57/62)	69.35% (43/62)	1.61% (1/62)	20.97% (13/62)
	公共事业管理	100.00% (2/2)	100.00% (2/2)	0.00% (0/2)	0.00% (0/2)
	城市管理	89.41% (76/85)	60.00% (51/85)	8.24% (7/85)	21.18% (18/85)
医学部		93.98% (1062/1130)	56.81% (642/1130)	6.90% (78/1130)	30.27% (342/1130)
	生物科学	88.10% (37/42)	59.52% (25/42)	4.76% (2/42)	23.81% (10/42)
	生物科学(应用生物学)	100.00% (4/4)	100.00% (4/4)	0.00% (0/4)	0.00% (0/4)
	生物技术	94.57% (87/92)	38.04% (35/92)	5.43% (5/92)	51.09% (47/92)
	生物技术(食品质量与安全)	84.00% (42/50)	60.00% (30/50)	4.00% (2/50)	20.00% (10/50)
	生物技术(生物制药)	92.50% (37/40)	57.50% (23/40)	2.50% (1/40)	32.50% (13/40)
	生物信息学	90.00% (9/10)	60.00% (6/10)	0.00% (0/10)	30.00% (3/10)
	临床医学	93.67% (74/79)	91.14% (72/79)	1.27% (1/79)	1.27% (1/79)
	预防医学	92.45% (49/53)	37.74% (20/53)	3.77% (2/53)	50.94% (27/53)
	临床医学	97.39% (336/345)	46.67% (161/345)	11.30% (39/345)	39.42% (136/345)
	医学影像学	97.96% (48/49)	65.31% (32/49)	0.00% (0/49)	32.65% (16/49)
	医学检验	92.31% (36/39)	74.36% (29/39)	5.13% (2/39)	12.82% (5/39)

续表

院 部	专 业	总就业率	其 中		
			协议就业率	灵活就业率	升学出国率
	放射医学	97.53% (79/81)	59.26% (48/81)	6.17% (5/81)	32.10% (26/81)
	口腔医学	100.00% (45/45)	62.22% (28/45)	15.56% (7/45)	22.22% (10/45)
	法医学	100.00% (28/28)	78.57% (22/28)	14.29% (4/28)	7.14% (2/28)
	护理学	91.23% (52/57)	75.44% (43/57)	8.77% (5/57)	7.02% (4/57)
	药学	86.05% (74/86)	52.33% (45/86)	1.16% (1/86)	32.56% (28/86)
	中药学	83.33% (25/30)	63.33% (19/30)	6.67% (2/30)	13.33% (4/30)
计算机科学与技术学院	计算机科学与技术	98.99% (392/396)	78.03% (309/396)	3.28% (13/396)	17.68% (70/396)
	物联网工程	100.00% (60/60)	55.00% (33/60)	5.00% (3/60)	40.00% (24/60)
	软件工程	100.00% (35/35)	71.43% (25/35)	0.00% (0/35)	28.57% (10/35)
	软件工程（嵌入式软件人才培养）	96.97% (64/66)	86.36% (57/66)	6.06% (4/66)	4.55% (3/66)
	网络工程	99.40% (165/166)	83.73% (139/166)	1.81% (3/166)	13.86% (23/166)
	信息管理与信息系统	100.00% (31/31)	80.65% (25/31)	3.23% (1/31)	16.13% (5/31)
		97.37% (37/38)	78.95% (30/38)	5.26% (2/38)	13.16% (5/38)
金螳螂建筑学院		96.89% (156/161)	74.53% (120/161)	2.48% (4/161)	19.88% (32/161)
	建筑学	96.97% (32/33)	57.58% (19/33)	0.00% (0/33)	39.39% (13/33)

续表

院部	专业	总就业率	协议就业率	其中		升学出国率
				灵活就业率		
	建筑学(室内设计)	97.14% (34/35)	88.57% (31/35)	0.00% (0/35)		8.57% (3/35)
	城市规划	97.06% (33/34)	97.06% (33/34)	0.00% (0/34)		0.00% (0/34)
	园艺(城市园艺)	93.10% (27/29)	58.62% (17/29)	10.34% (3/29)		24.14% (7/29)
	园林(城市园林)	100.00% (30/30)	66.67% (20/30)	3.33% (1/30)		30.00% (9/30)
物理与光电·能源学部		93.99% (297/316)	47.78% (151/316)	4.75% (15/316)		41.46% (131/316)
	物理学	89.04% (65/73)	38.36% (28/73)	6.85% (5/73)		43.84% (32/73)
	物理学(光伏科学与技术)	96.15% (25/26)	38.46% (10/26)	11.54% (3/26)		46.15% (12/26)
	电子信息科学与技术	95.83% (46/48)	64.58% (31/48)	4.17% (2/48)		27.08% (13/48)
	光信息科学与技术	91.67% (22/24)	37.50% (9/24)	0.00% (0/24)		54.17% (13/24)
	新能源材料与器件	95.65% (44/46)	23.91% (11/46)	6.52% (3/46)		65.22% (30/46)
	测控技术与仪器	96.55% (28/29)	68.97% (20/29)	3.45% (1/29)		24.14% (7/29)
	热能与动力工程	94.74% (36/38)	52.63% (20/38)	0.00% (0/38)		42.11% (16/38)
	光电信息工程(光伏技术与产业)	100.00% (4/4)	100.00% (4/4)	0.00% (0/4)		0.00% (0/4)
	建筑环境与设备工程	96.43% (27/28)	64.29% (18/28)	3.57% (1/28)		28.57% (8/28)

苏州大学科研机构情况

2015 年校级科研机构一览表

序号	机构归属	科研机构名称	负责人	成立时间	批文号
1	苏州大学	放射医学研究所	童建	1983.8.30	核安字〔1983〕136号
2	省卫生厅	江苏省血液研究所	阮长耿	1988.6.18	苏卫人〔1988〕20号
3	苏州大学	教育科学研究中心	母小勇	1988.10.4	苏大科字〔1988〕73号
4	苏州大学	蚕学研究所	沈卫德	1989.12.22	苏蚕委字〔1989〕26号
5	苏州大学	医学生物技术研究所	张学光	1990.2.29	核总安发〔1990〕35号
6	苏州大学	中药研究所	顾振纶	1991.2.26	核总安发〔1991〕32号
7	中国核工业集团公司	中核总核事故医学应急中心	姜忠	1991.12.7	核总安发〔1991〕213号
8	苏州大学	生化工程研究所（原保健食品研究所）	吴士良	1993.6.15	核总安发〔1993〕99号
9	苏州大学	比较文学研究中心	方汉文	1994.4.9	苏大科字〔1994〕16号
10	苏州大学	核医学研究所	吴锦昌	1994.6.1	核总人组发〔1994〕184号
11	苏州大学	纵横汉字信息技术研究所	钱培德	1994.6.21	苏大科字〔1994〕26号
12	苏州大学	神经科学研究所	刘春风	1995.4.3	核总人组发〔1995〕110号
13	苏州大学	社会与发展研究所	张明	1995.5.10	苏大〔1995〕28号
14	苏州大学	信息光学工程研究所	陈林森	1995.10.30	苏大〔1995〕52号
15	苏州大学	物理教育研究所	陶洪	1995.11.2	苏大科字〔1995〕53号
16	苏州大学	邓小平理论研究中心	朱炳元	1996.10.5	苏大〔1996〕20号
17	苏州大学	吴文化国际研究中心	王卫平	1996.12.5	苏大〔1996〕28号
18	苏州大学	辐照技术研究所	朱南康	1996.12.19	核总人组发〔1996〕515号
19	苏州大学	苏南发展研究院	田晓明（顾建平）	1997.4.7	苏大科字〔1997〕6号

续表

序号	机构归属	科研机构名称	负责人	成立时间	批文号
20	苏州大学	卫生发展研究中心	徐勇	1998.4.10	核总人组发〔1998〕133号
21	苏州大学	丝绸科学研究院	陈国强	1999.8.23	苏大委〔1999〕35号
22	苏州大学	信息技术研究所	朱巧明	1999.11.25	苏大委〔1999〕55号
23	苏州大学	现代光学技术研究所	王钦华	2000.5.12	苏大科字〔2000〕14号
24	苏州大学	多媒体应用技术研究室	待定	2000.8.28	苏大科字〔2000〕23号
25	苏州大学	江苏省数码激光图像与新型印刷工程研究中心	陈林森	2000.9.20	苏科技〔2000〕194号 苏财工〔2000〕131号
26	苏州大学	领导科学研究所	夏东民	2001.3.22	苏大〔2001〕14号
27	苏州大学	功能高分子研究所	朱秀林	2001.3.22	苏大〔2001〕14号
28	苏州大学	儿科医学研究所	陈军	2001.3.22	苏大〔2001〕14号
29	苏州大学	数学研究所	万哲先	2001.12.4	苏大办〔2001〕22号
30	苏州大学	中国昆曲研究中心	周秦（副）	2001.12.12	苏州大学与苏州市政府协议
31	苏州大学	水产研究所	凌去非	2002.5.14	苏大科〔2002〕18号
32	苏州大学	中国特色城镇化研究中心	陈忠	2003.4.28	苏大科〔2003〕26号
33	苏州大学	英语语言学研究所	顾佩娅	2003.12.27	苏大科〔2003〕84号
34	苏州大学	体育社会科学研究中心	王家宏	2003.2.17	体政字〔2003〕4号
35	苏州大学	妇女发展研究中心	李兰芬	2006.10.27	苏大办复〔2006〕32号
36	苏州大学	非物质文化遗产研究中心	李超德	2006.10.24	苏大人〔2006〕102号
37	苏州大学	应用数学研究所	姜礼尚	2006.10.29	苏大人〔2006〕126号
38	苏州大学	化学电源研究所	郑军伟	2007.10.9	苏大人〔2007〕91号
39	苏州大学	金融工程研究中心	姜礼尚（王过京）	2007.12.13	苏大人〔2007〕121号
40	苏州大学	系统生物学研究中心	沈百荣	2007.12.13	苏大人〔2007〕122号
41	苏州大学	马克思主义研究院	朱炳元	2007.3.22	苏大人〔2007〕25号

续表

序号	机构归属	科研机构名称	负责人	成立时间	批文号
42	苏州大学	东吴书画研究院	华人德	2007.3.23	苏大人〔2007〕27号
43	苏州大学	苏州基层党建研究所	王卓君	2007.6.26	苏大委〔2007〕26号
44	苏州大学	生态批评研究中心	鲁枢元	2007.7.6	苏大人〔2007〕69号
45	苏州大学	地方政府研究所	沈荣华	2007.7.7	苏大人〔2007〕71号
46	苏州大学	人口研究所	王卫平	2007.10.11	苏大人〔2007〕93号
47	苏州大学	科技查新工作站		2008.1.8	苏大科技〔2008〕1号
48	苏州大学	出版研究所	吴培华	2008.1.21	苏大社科〔2008〕1号
49	苏州大学	人力资源研究所	田晓明	2008.4.9	苏大社科〔2008〕3号
50	苏州大学	唐仲英血液学研究中心	吴庆余	2008.5.19	苏大〔2008〕28号
51	苏州大学	功能纳米与软物质研究院	李述汤	2008.6.5	苏大科技〔2008〕25号
52	苏州大学	新药研发中心	杨世林	2008.6.25	苏大科技〔2008〕28号
53	江苏省	吴文化研究基地	王卫平	2008.10.26	苏社科规划领字〔2008〕1号
54	苏州大学	高性能计算与应用研究所	陈国良	2008.12.8	苏大科技〔2008〕62号
55	苏州大学	骨科研究所	杨惠林	2008.12.31	苏大〔2008〕102号
56	苏州大学	苏州节能技术研究所	沈明荣	2009.1.5	苏大科技〔2009〕1号
57	苏州大学	纺织经济信息研究所	白伦	2009.1.8	苏大科技〔2009〕2号
58	苏州大学	嵌入式仿生智能研究所	王守觉	2009.4.20	苏大科技〔2009〕9号
59	苏州大学	社会公共文明研究所	芮国强	2009.6.8	苏大〔2009〕21号
60	苏州大学	廉政建设与行政效能研究所	王卓君	2009.6.24	苏大委〔2009〕37号
61	苏州大学	东吴公法与比较法研究所	王克稳	2009.10.27	苏大科技〔2009〕49号
62	苏州大学	生物制造研究中心	卢秉恒	2009.10.27	苏大科技〔2009〕50号
63	苏州大学	机器人与微系统研究中心	孙立宁	2010.1.5	苏大科〔2010〕3号
64	苏州大学	高技术产业研究院	陈林森	2010.1.12	苏大人〔2010〕6号

续表

序号	机构归属	科研机构名称	负责人	成立时间	批文号
65	苏州大学	生物医学研究院	熊思东	2010.1.16	苏大科〔2010〕8号
66	苏州大学	又松软件外包开发中心	杨季文（拟定）	2010.5.24	苏大科〔2010〕11号
67	苏州大学	台商投资与发展研究所	张明	2010.6.8	苏大科〔2010〕14号
68	江苏省	公法研究中心	胡玉鸿	2010.9.15	苏大科〔2010〕21号
69	苏州大学	国家心血管病中心—苏州大学分中心	胡盛寿（沈振亚）	2010.10.13	苏大科〔2010〕28号
70	苏州大学	社会发展研究院	王卓君	2010.10.26	苏大〔2010〕58号
71	苏州大学	交通工程研究中心	汪一鸣	2010.12.29	苏大科〔2010〕46号
72	苏州大学	农业生物技术与生态研究院	沈卫德	2011.4.6	苏大科〔2011〕23号
73	苏州大学	转化医学研究中心	熊思东	2011.4.25	苏大科〔2011〕25号
74	苏州大学	生物钟研究中心	王晗	2011.5.3	苏大科〔2011〕26号
75	苏州大学	人才测评研究所	田晓明	2011.6.8	苏大〔2011〕21号
76	苏州大学	环境治理与资源化研究中心	路建美	2011.6.30	苏大科〔2011〕32号
77	苏州大学	高等统计与计量经济中心	杨立坚	2011.7.13	苏大科〔2011〕34号
78	苏州大学	盛世华安智慧城市物联网研究所	朱巧明	2011.9.28	苏大科〔2011〕36号
79	苏州大学	激光制造技术研究所	石世宏	2011.10.28	苏大科〔2011〕43号
80	苏州大学	老挝研究中心	钮菊生	2011.11.2	苏大科〔2011〕47号
81	苏州大学	地方政府与社会管理研究中心	金太军	2011.12.31	苏大科〔2011〕57号
82	苏州大学	古典文献研究所	罗时进	2011.12.31	苏大科〔2011〕58号
83	苏州大学	新媒介与青年文化研究中心	马中红	2012.1.10	苏大社科〔2012〕1号
84	江苏省	苏州基层党建研究所	王卓君	2012.1.11	苏教社政〔2012〕1号
85	苏州大学	智能结构与系统研究所	毛凌锋	2012.1.20	苏大科技〔2012〕8号
86	苏州大学	典籍翻译研究所	王腊宝	2012.3.2	苏大社科〔2012〕3号

续表

序号	机构归属	科研机构名称	负责人	成立时间	批文号
87	苏州大学	检查发展研究中心	李乐平	2012.4.1	苏大社科〔2012〕6号
88	苏州大学	百森互联网公共服务研究中心	芮国强	2012.4.1	苏大社科〔2012〕4号
89	苏州大学	汉语及汉语应用研究中心	曹炜	2012.4.1	苏大社科〔2012〕4号
90	苏州大学	东吴哲学研究所	李兰芬	2012.4.27	苏大社科〔2012〕8号
91	苏州大学	苏州大学·现代快报地产研究中心	芮国强	2012.6.7	苏大社科〔2012〕9号
92	苏州大学	放射医学及交叉学科研究院	柴之芳	2012.6.22	苏大科技〔2012〕28号
93	苏州大学	心血管病研究所	沈振亚	2012.7.1	苏大人〔2012〕54号
94	苏州大学	苏州大学·邦城未来城市研究中心	段进军	2012.7.7	苏大社科〔2012〕10号
95	苏州大学	网络舆情分析与研究中心	周毅	2012.9.21	苏大社科〔2012〕13号
96	苏州大学	苏州广告研究所	芮国强	2012.9.21	苏大社科〔2012〕14号
97	苏州大学	唐仲英医学研究院	吴庆宇	2012.10.11	苏大委〔2012〕34号
98	苏州大学	城市·建筑·艺术研究院	吴永发	2012.10.22	苏大社科〔2012〕15号
99	苏州大学	苏州大学—西安大略大学同步辐射联合研究中心	T. K. Sham	2012.11.12	苏大科技〔2012〕45号
100	苏州大学	数学与交叉科学研究中心	鄂维南	2012.11.12	苏大科技〔2012〕46号
101	苏州大学	ASIC芯片设计与集成系统研究所	乔东海	2012.11.28	苏大科技〔2012〕49号
102	苏州大学	食品药品检验检测中心	黄瑞	2012.12.21	苏大科技〔2012〕59号
103	苏州大学	跨文化研究中心	王尧	2013.3.7	苏大社科〔2013〕5号
104	苏州大学	呼吸疾病研究所	黄建安	2013.5.9	苏大委〔2013〕29号
105	苏州大学	艺术研究院	田晓明	2013.6.19	苏大社科〔2013〕6号
106	苏州大学	知识产权研究院	胡玉鸿	2013.9.22	苏大委〔2013〕56号

续表

序号	机构归属	科研机构名称	负责人	成立时间	批文号
107	苏州大学	苏州基层统战理论与实践研究所	王卓君	2013.9.27	苏大社科〔2013〕10号
108	苏州大学	先进数据分析研究中心	周晓芳	2013.9.27	苏大科技〔2013〕17号
109	苏州大学	先进制造技术研究院	孙立宁	2014.1.21	苏大科技〔2014〕3号
110	苏州大学	现代物流研究院	钮立新	2014.3.11	苏大办复〔2014〕60号
111	苏州大学	新教育研究院	朱永新	2014.3.11	苏大办复〔2014〕61号
112	苏州大学	剑桥—苏大基因组资源中心	徐璎	2014.3.12	苏大科技〔2014〕6号
113	苏州大学	苏州历史文化研究所	王国平	2014.3.14	苏大办复〔2014〕62号
114	苏州大学	造血干细胞移植研究所	吴德沛	2014.3.18	苏大委〔2014〕9号 苏大人〔2014〕169号
115	苏州大学	东吴智库文化与社会发展研究院	田晓明	2014.4.2	苏大办复〔2014〕91号
116	苏州大学	功能有机高分子材料微纳加工研究中心	路建美	2014.4.14	苏大科技〔2014〕14号
117	苏州大学	江苏省产业技术研究院纺织丝绸技术研究所	陈国强	2014.4.17	苏大科技〔2014〕16号
118	苏州大学	人类语言技术研究所	张民	2014.5.19	苏大科技〔2014〕21号
119	苏州大学	等离子体技术研究中心	吴雪梅	2014.6.17	苏大科技〔2014〕23号
120	苏州大学	电影电视艺术研究所	倪祥保	2014.6.23	苏大办复〔2014〕207号
121	苏州大学	东吴国学院	王锺陵	2014.10.30	苏大办复〔2014〕443号
122	苏州大学	苏州市公共服务标准研究中心	江波	2014.12.8	苏大办复〔2014〕484号
123	苏州大学	海外汉学研究中心	季进	2015.1.7	苏大办复〔2015〕3号
124	苏州大学	中国现代通俗文学研究中心	汤哲声	2015.1.20	苏大办复〔2015〕14号
125	苏州大学	转化医学研究院	时玉舫	2015.5.22	苏大委〔2015〕32号 苏大人〔2015〕171号
126	苏州大学	放射肿瘤治疗学研究所	田野	2015.5.24	苏大科技〔2015〕22号

续表

序号	机构归属	科研机构名称	负责人	成立时间	批文号
127	苏州大学	骨质疏松症诊疗技术研究所	徐又佳	2015.5.24	苏大科技〔2015〕23号
128	苏州大学	能量转换材料与物理研究中心	李亮	2015.6.7	苏大科技〔2015〕24号
129	苏州大学	新媒体研究院	胡守文	2015.8.4	苏大办复〔2015〕218号
130	苏州大学	国际骨转化医学联合研究中心	杨惠林 Thomas J. Webster	2015.10.13	苏大科技〔2015〕29号
131	苏州大学	语言与符号学研究中心	王腊宝	2015.11.6	苏大办复〔2015〕296号
132	苏州大学	中国历史文化名城(苏州)研究院	吴永发	2015.11.7	苏大办复〔2015〕297号

科研成果与水平

2015年度苏州大学科研成果情况

2015年度苏州大学科研成果一览表

单位	获奖成果	SCIE	EI	ISTP	核心期刊论文	授权专利及软件著作权
文学院	2	0	0	0	110	0
凤凰传媒学院	1	0	0	0	31	0
社会学院	2	0	0	0	88	0
政治与公共管理学院	8	3	0	0	147	0
外国语学院	1	0	0	0	59	0
体育学院	0	0	0	0	71	0
教育学院	1	4	0	0	101	0
王健法学院	1	0	0	0	119	0
东吴商学院（财经学院） 东吴证券金融学院	3	12	6	0	65	0
马克思主义学院	2	0	0	0	0	0
艺术学院	0	0	0	0	28	0
音乐学院	0	0	0	0	6	0
数学科学学院	2	45	3	0	0	0
物理与光电·能源学部	3	194	31	30	0	70
材料与化学化工学部	2	477	23	0	0	115
计算机科学与技术学院	0	20	27	19	0	193
电子信息学院	2	30	7	14	0	40
机电工程学院	1	22	23	20	0	123
纺织与服装工程学院	10	88	27	18	0	121

续表

单 位	获奖成果	SCIE	EI	ISTP	核心期刊论文	授权专利及软件著作权
医学部	8	407	15	2	0	135
金螳螂建筑学院	0	2	1	3	0	22
城市轨道交通学院	0	12	16	6	0	14
功能纳米与软物质研究院	2	190	6	1	0	14
沙钢钢铁学院	1	14	4	0	0	2
机关及其他部门	1	0	0	0	0	17
附属第一医院	38	230	0	1	0	0
附属第二医院	18	106	0	1	0	0
附属儿童医院	11	37	0	0	0	0
系统生物学研究中心	0	14	0	0	0	27
合 计	120	1 907	189	115	825	893

2015年度苏州大学科研成果获奖情况

科技成果获奖情况

一、国家科技进步奖(1项)

序号	项目名称	获奖等级	完成单位	主要完成人
1	中国人体表难愈合创面发生新特征与防治的创新理论与关键措施研究	一等奖	中国人民解放军总医院第一附属医院,中国人民解放军第三军医大学,上海交通大学医学院附属瑞金医院,温州医科大学,深圳普门科技有限公司,无锡市第三人民医院,中国人民解放军第306医院,上海交通大学医学院附属第九人民医院,苏州大学,中国人民解放军总医院	付小兵 程天民 陆树良 李校堃 刘先成 吕国忠 姜玉峰 冉新泽 谢 挺 肖 健 许樟荣 徐 岩 吕 强 杨继勇 张宏宇

二、教育部高等学校科学研究优秀成果奖（科学技术）（2项）

序号	项目名称	获奖等级	完成单位	主要完成人
1	动脉瘤性蛛网膜下腔出血的微创手术及相关脑保护关键干预靶点研究	一等奖	苏州大学、苏州大学附属第一医院	陈罡 王中 吴江 虞正权 周岱 张健 朱昀 惠品晶 张世明
2	恶性血液肿瘤诊疗关键技术的创新和推广	一等奖	苏州大学、苏州大学附属第一医院	吴德沛 毛新良 陈苏宁 刘海燕 孙爱宁 唐晓文 韩悦 徐杨 吴小津 仇惠英 阮长耿

三、江苏省科学技术奖（6项）

序号	项目名称	获奖等级	完成单位	主要完成人
1	恶性血液肿瘤个体化治疗新策略的建立和推广	一等奖	苏州大学附属第一医院、苏州大学	吴德沛 毛新良 陈苏宁 孙爱宁 唐晓文 韩悦 徐杨 薛胜利 胡晓慧 吴小津 阮长耿
2	动脉瘤性蛛网膜下腔出血的临床和转化医学研究	二等奖	苏州大学附属第一医院	王中 陈罡 吴江 孙晓欧 虞正权 王伟 周岱 张世明 惠品晶
3	高比能锂离子电池关键材料研发和高性能电池体系构建	二等奖	苏州大学、江苏华盛精化工股份有限公司	郑洪河 张力 曲群婷 晏成林 沈鸣 张先林 朱国斌 赵亮
4	无掩模激光混合图形化直写光刻关键技术及应用	二等奖	苏州大学、苏州苏大维格光电科技股份有限公司	浦东林 朱鹏飞 周小红 胡进 魏国军 张瑾 方宗豹 杨颖 朱昊枢 王钦华 陈林森
5	非线性振动方程的近似解析方法	三等奖	苏州大学、东华大学	何吉欢 徐岚
6	颈髓中央综合征诊疗关键技术的建立及应用	三等奖	苏州大学附属第一医院	陈亮 邹俊 朱雪松 耿德春 干旻峰 陶云霞 顾勇 朱锋 朱若夫 杨惠林 唐天驷

四、广西壮族自治区科学技术奖（1项）

序号	项目名称	获奖等级	完成单位	主要完成人
1	若干不确定性数学问题的研究	二等奖	广西民族大学、湖南大学、苏州大学、浙江海洋大学	李招文 李庆国 葛洵 吴伟志

五、中国纺织工业联合会科学技术奖（1项）

序号	项目名称	获奖等级	完成单位	主要完成人
1	具有复合功能的可裁剪蚕丝绵技术开发及产业化	二等奖	苏州大学、广西横县桂华茧丝绸有限责任公司、常熟市永得利水刺无纺布有限公司	胡征宇 卢受坤 刘景刚 程学伟 杨富刚 苏寒梅 梁维佳 梁晓玲 王 兰 黄继伟 杨 兴 梁就荣 黄农审 黄娇连 张同洪

六、中国石油和化学工业联合会创新团队奖（1项）

序号	项目名称	完成单位	主要完成人
1	苏州大学微纳材料创建及其在环境治理中的应用技术创新团队	苏州大学	路建美，等

七、中国轻工业联合会科学技术奖（1项）

序号	项目名称	获奖等级	完成单位	主要完成人
1	气泡静电纺丝技术与设备	三等奖	苏州大学、南通百博丝纳米科技有限公司	何吉欢 孔海燕 何春辉 沈 靖 李学伟

八、中国通信学会科学技术奖（1项）

序号	项目名称	获奖等级	完成单位	主要完成人
1	下一代全光网架构和优化设计的研究	二等奖	苏州大学、东北大学	沈纲祥 郭 磊

九、中国专利奖（2项）

序号	项目名称	获奖等级	完成单位	主要完成人
1	一种改性双马来酰亚胺树脂的制备方法	优秀奖	苏州大学	顾嫒娟 孟庆辉 梁国正 袁 莉
2	一种微光栅亚像素三维光学图像及其制作方法	优秀奖	苏州大学	陈林森

十、中华医学科技奖(3项)

序号	项目名称	获奖等级	完成单位	主要完成人
1	造血干细胞移植治疗恶性血液肿瘤关键技术的优化和推广	二等奖	苏州大学附属第一医院、苏州大学	吴德沛 陈苏宁 毛新良 徐 杨 孙爱宁 唐晓文 韩 悦 薛胜利 吴小津 王 荧 颜灵芝 仇惠英 薛永权 阮长耿
2	岩斜区锁孔微创手术的基础及临床研究	三等奖	苏州大学附属第二医院、苏州大学、江苏省苏北人民医院	兰 青 张恒柱 朱 卿 王晓东 孙志方
3	孕期尼古丁暴露对胎儿发育及子代胎源性疾病的宫内编程机制研究	三等奖	苏州大学附属第一医院	茅彩萍 徐智策 伯 乐 吕娟秀 周安稳

十一、吴文俊人工智能科学技术奖(1项)

序号	项目名称	获奖等级	完成单位	主要完成人
1	炼铁系统原燃料资源智能优化研究	三等奖	北京科技大学,方大特钢科技股份有限公司,苏州大学	张建良 钟崇武 常 健 徐冬华 谢飞鸣 国宏伟 左海滨 胡小云 苏步新 闫炳基 刘征建 王广伟

十二、中国纺织青年科技奖(1项)

序号	获奖人	所在单位
1	邢铁玲	苏州大学

十三、全国纺织(青年)科技创新领军人才(1项)

序号	获奖人	所在单位
1	李 兵	苏州大学

十四、妇幼健康科学技术奖(1项)

序号	项目名称	获奖等级	完成单位	主要完成人
1	重要功能分子在常见妇科肿瘤中的作用机制及其临床转化应用	三等奖	苏州大学附属第一医院	黄 沁 瞿秋霞 沈 宇 罗先富 郑 毅 徐 健 张 婷 张学光

十五、苏州市科学技术奖(26项)

序号	项目名称	获奖等级	完成单位	主要完成人		
1	苏州市科技创新创业市长奖(专业技术人才类)	市长奖	苏州大学附属第一医院	沈振亚		
2	铁蓄积在绝经后骨质疏松中的作用机制及其应用研究	一等奖	苏州大学附属第二医院	徐又佳 李勇 沈光思	陈斌 李光飞 姜宇	张鹏 王啸 费蓓蓓
3	恶性血液肿瘤诊疗关键技术的创新和推广	一等奖	苏州大学附属第一医院、苏州大学	吴德沛 陈峰 何雪峰	徐杨 张翔 毛新良	马骁 陈佳 陈苏宁
4	改良垂体后叶素注射技术对卵巢储备功能的影响及其临床应用	二等奖	苏州大学附属第二医院	朱维培 郑丽君	任琼珍 胡敏	郭亮生 钱志红
5	肿瘤辐射增敏机制及其临床研究	二等奖	苏州大学,上海交通大学医学院附属瑞金医院卢湾分院	刘芬菊 于静萍 刘海燕	王忠敏 杨巍	俞家华 张昊文
6	硫化氢(H_2S)介导慢性内脏痛的分子神经机制研究	二等奖	苏州大学	徐广银 周友浪 肖颖	蒋星红 张弘弘	胡淑芬 朱珬燕
7	儿童肺炎支原体肺部感染的临床研究	三等奖	苏州大学附属儿童医院	郝创利 季伟 孙慧明	王宇清 蒋吴君 范丽萍	陈正荣 严永东
8	苏州地区住院儿童呼吸道合胞病毒流行特点及与气候因素相关性研究	三等奖	苏州大学附属儿童医院	张学兰 陈正荣 缪美华	朱宏 万凤国 季健	邵雪君 季伟 徐俊
9	早产极低体重儿"积极的""个体化的"营养管理策略的基础及临床研究	三等奖	苏州大学附属儿童医院	朱雪萍 丁晓春 俞生林	冯星 盛晓郁	肖志辉 汤文诀
10	质膜完整性对发育期惊厥海马苔藓纤维再生性发芽的影响及调节	三等奖	苏州大学附属儿童医院	倪宏 田甜	金美芳 孙奇	赵东敬 冯星

续表

序号	项目名称	获奖等级	完成单位	主要完成人
11	低剂量X射线对骨组织修复重建的影响及其机理	三等奖	苏州大学附属第二医院	周晓中 徐炜 董启榕 艾红珍 佘昶 周震涛 单冰晨 邓晔坤 顾军
12	七氟醚对大鼠心肌缺血/再灌注损伤不同保护策略的机制：KATP通道介导的自噬和胀亡	三等奖	苏州大学附属第二医院	王琛 乔世刚 孙亦晖 谢红 周迅
13	四肢皮肤软组织缺损显微外科修复关键技术的创新及临床应用	三等奖	苏州大学附属第二医院，苏州大学附属瑞华医院	王培吉 巨积辉 江波 赵家举 侯瑞兴 张勇 周凯龙
14	嗅鞘细胞联合纳米丝素蛋白支架修复脊髓损伤的研究	三等奖	苏州大学附属第二医院；苏州大学	沈忆新 范志海 张鹏 左保齐 张锋
15	岩斜区锁孔微创手术的基础及临床研究	三等奖	苏州大学附属第二医院	兰青 朱卿 孙志方 刘士海 陈刚
16	"自我管理"在慢性阻塞性肺疾病（COPD）稳定期患者中的临床应用研究	三等奖	苏州大学附属第一医院	钮美娥 钱红英 韩燕霞 陈奕 贺胜男 黄建安 朱晔涵 张秀琴 沈艳芬
17	靶向血管生成素-2基因联合恩度治疗胰腺肿瘤的基础与临床研究	三等奖	苏州大学附属第一医院	周进 赵鑫 王运良 赵华 何宋兵 高凌 杨勇
18	白血病细胞对中枢神经系统髓外浸润机理的实验和临床研究	三等奖	苏州大学附属第一医院	陈子兴 李振江 冯洒然 王春玲 孙艳花 李晟 陈晓丽
19	二甲双胍干预高糖致骨代谢紊乱的基础研究	三等奖	苏州大学附属第一医院	施毕旻 杜宣 钮利娟 朱燕 周颖异 方琼蕾 成兴波
20	免疫性血小板减少（ITP）个体化诊断与治疗	三等奖	苏州大学附属第一医院	何杨 王兆钺 朱明清 江淼 赵赟霄 曹丽娟 李佳明

续表

序号	项目名称	获奖等级	完成单位	主要完成人
21	凝血系统相关分子在肺癌诊疗新策略中的应用	三等奖	苏州大学附属第一医院	衡伟 陈成 凌春华 倪崇俊
22	分子影像与纳米探针在恶性肿瘤诊治中的应用进展	三等奖	苏州大学附属第一医院、苏州大学	章斌 邓胜明 李桢 吴翼伟 朱然 谈家卿 张玮
23	肝癌分子干预治疗的实验研究	三等奖	苏州大学附属第一医院、苏州大学	谢宇锋 李伟 陶敏 汪小华 龚斐然 缪竞诚 李道明 陈凯 吴梦瑶
24	新颖的RhoA蛋白小分子抑制剂的研制及其药理活性研究	三等奖	苏州大学附属第一医院	缪丽燕 马晟 闫兆威 张彦 张华 黄晨蓉 张士超
25	诱骗受体3在胰腺癌凋亡逃避中的作用及临床价值	三等奖	苏州大学附属第一医院	周健 李德春 易彬 张立峰 李烨 张逸 朱东明 张子祥
26	肿瘤相关基因中微小插入缺失多态与肝细胞肝癌易感性的关联性研究	三等奖	苏州大学	高玉振 何艳 李立娟

十六、江苏省卫生计生医学新技术引进奖(30项)

序号	项目名称	获奖等级	完成单位	主要完成人
1	斑点追踪技术评估川崎病患儿左心室功能	一等奖	苏州大学附属儿童医院	徐秋琴 吕海涛 孙凌
2	颅内动脉瘤围手术期评估技术	一等奖	苏州大学附属第二医院	兰青 蒋云召 惠品晶
3	超声引导下的经支气管针吸活检术临床应用研究	一等奖	苏州大学附属第一医院	蒋军红 黄建安 顾冬梅
4	升主动脉路径经导管主动脉瓣植入术	一等奖	苏州大学附属第一医院	沈振亚 黄浩岳 惠杰

续表

序号	项目名称	获奖等级	完成单位	主要完成人
5	围术期右美托咪定应用对患者免疫功能及术后疼痛的影响研究	一等奖	苏州大学附属第一医院	嵇富海 彭科 杨建平
6	血液新型标志物对急性冠状动脉综合征患者临床预后的判断	一等奖	苏州大学附属第一医院	杨向军 周亚峰 钱晓东
7	研发基因测序技术和规范HLA-CWD分型在评估供受者匹配度中的重要价值	一等奖	苏州大学附属第一医院	何军 李杨 邱桥成
8	以硼替佐米为主的联合方案治疗POEMS综合征	一等奖	苏州大学附属第一医院	吴德沛 唐晓文 孙爱宁
9	Ilizarov外固定架治疗儿童胫腓骨骨折	二等奖	苏州大学附属儿童医院	王晓东 甄允方 祝振华
10	PICC在早产儿的应用	二等奖	苏州大学附属儿童医院	汤文决 冯星 阚玉英
11	儿童功能性胃肠病（FGID）诊疗模式体系的临床应用	二等奖	苏州大学附属儿童医院	朱雪萍 陈卫昌 武庆斌
12	新型呼吸道病毒检测与监测在儿童呼吸道感染诊治中的临床应用	二等奖	苏州大学附属儿童医院	王宇清 季伟 陈正荣
13	PIBF及其诱导的免疫耐受调控异常在不明原因复发性流产筛查中的临床应用	二等奖	苏州大学附属第二医院	张弘 高爱华 李雪
14	不同透析模式在老年透析患者顽固性皮肤瘙痒中的临床应用	二等奖	苏州大学附属第二医院	金东华 沈华英 宋锴
15	蒂部微型瓣在远端蒂皮瓣或逆行岛状皮瓣转移术中的临床应用	二等奖	苏州大学附属第二医院	王培吉 董启榕 江波
16	高功率绿激光在前列腺疾病中的应用	二等奖	苏州大学附属第二医院	单玉喜 阳东荣 高鹏

续表

序号	项目名称	获奖等级	完成单位	主要完成人
17	核素示踪的术中探测技术在外科治疗继发性甲状旁腺功能亢进症中的应用	二等奖	苏州大学附属第二医院	蒋国勤 孙亦晖 唐军
18	急性肠系膜血管缺血性疾病的综合治疗	二等奖	苏州大学附属第二医院	李晓强 戎建杰 桑宏飞
19	18F-FDG PET/CT 显像在判断恶性肿瘤疗效及预后中的应用	二等奖	苏州大学附属第一医院	章斌 邓胜明 吴翼伟
20	18G 穿刺针行经皮同轴穿刺活检及椎体成形术在颈部肿瘤性病变诊断和治疗中的应用	二等奖	苏州大学附属第一医院	陈珑 徐云华 倪才芳
21	2 型糖尿病大血管并发症与细胞因子的相关性研究	二等奖	苏州大学附属第一医院	成兴波 范庆涛 周惠娟
22	RhoGDI2 在胰腺癌病情判断及预后评估中的临床应用	二等奖	苏州大学附属第一医院	李德春 周健 易彬
23	VHL 基因检测分析技术在家族性中枢神经血管母细胞瘤诊断和预后判断中的应用	二等奖	苏州大学附属第一医院	王中 黄煜伦 张世明
24	超声引导肉毒毒素注射治疗下尿道功能障碍	二等奖	苏州大学附属第一医院	杨卫新 朱红军 苏敏
25	非线性混合效应模型建模技术用于造血干细胞移植者免疫抑制剂临床个体化药物治疗	二等奖	苏州大学附属第一医院	缪丽燕 薛领 黄晨蓉
26	集束化策略治疗肝衰竭	二等奖	苏州大学附属第一医院	甘建和 江敏华 陈丽
27	前列腺被膜支动脉阻力指数在经直肠前列腺穿刺患者中的应用	二等奖	苏州大学附属第一医院	李纲 侯建全 张学锋

续表

序号	项目名称	获奖等级	完成单位	主要完成人
28	新型 microRNA 分子在结直肠癌中的表达及其临床应用	二等奖	苏州大学附属第一医院	朱新国　何宋兵　支巧明
29	应用经会阴三维彩色多普勒超声方法对肌电刺激盆底治疗疗效的评估	二等奖	苏州大学附属第一医院	夏　飞　胡　婷　陈珊珊
30	重症病毒性肺炎严重合并症的关键诊疗技术	二等奖	苏州大学附属第一医院	郭　强　金　钧　赵大国

十七、江苏医学科技奖(4项)

序号	项目名称	获奖等级	完成单位	主要完成人
1	岩斜区锁孔微创手术的基础及临床研究	二等奖	苏州大学附属第二医院、苏州大学、江苏省苏北人民医院	兰　青　张恒柱　吴臣义 朱　卿　李则群　董家军 朱玉辐　麻育源　王晓东
2	儿童肾损伤的基础与临床研究	三等奖	苏州大学附属儿童医院	李艳红　冯　星　李晓忠 朱雪明　封其华　丁　胜
3	嗅鞘细胞联合纳米丝素蛋白支架修复脊髓损伤的研究	三等奖	苏州大学附属第二医院、苏州大学	沈忆新　范志海　左保齐 张　锋　张　鹏
4	医药科技杰出青年奖		苏州大学	毛新良

十八、江苏省妇幼保健引进新技术奖(1项)

序号	项目名称	获奖等级	完成单位	主要完成人
1	儿童发育性协调障碍的临床评估	一等奖	苏州大学附属儿童医院	古桂雄

十九、江苏省轻工业科学技术奖(4项)

序号	项目名称	获奖等级	完成单位	主要完成人
1	金属高效精密化学机械抛光技术及其工程应用	二等奖	苏州大学、江南大学	王永光　赵永武　倪自丰 陈　瑶
2	免蒸洗环保型印花浆及涤纶织物网印无污水技术	二等奖	苏州大学	丁志平　卢开平　祝维禄 郝凤来　苗海青

续表

序号	项目名称	获奖等级	完成单位	主要完成人
3	气泡静电纺丝装置	三等奖	苏州大学、南通百博丝纳米科技有限公司	何吉欢 徐岚 刘福娟 王萍 何春辉 陈柔羲 李雅 沈靖 李学伟 孔海燕
4	Taqman 实时荧光 PCR 快速检测食品掺假体系建立及应用	三等奖	苏州市产品质量监督检验所、苏州大学	李培 陈英 丁洪流 金萍 纪丽君 陈玲 结莉 傅春玲

二十、南通市科学技术进步奖（1项）

序号	项目名称	获奖等级	完成单位	主要完成人
1	气泡静电纺纳米纤维膜的批量化生产及产业化应用	二等奖	南通百博丝纳米科技有限公司、苏州大学	何吉欢 王萍 陈柔羲 李学伟 何春辉

二十一、江苏省纺织青年科技奖（3项）

序号	获奖人	所在单位
1	邢铁玲	苏州大学
2	林红	苏州大学
3	龙家杰	苏州大学

二十二、江苏力学青年科技奖（1项）

序号	获奖人	所在单位
1	李成	苏州大学

人文社科研究成果获奖情况

一、2015年教育部第七届高等学校科学研究优秀成果奖（7项）

序号	成果名称	成果署名	成果类型	获奖等级	所在单位
1	政府与企业的交换模式及其演变规律——观察腐败深层机制的微观视角	金太军 袁建军	论文	二等奖	政治与公共管理学院

续表

序号	成果名称	成果署名	成果类型	获奖等级	所在单位
2	论中国当代文学史的"过渡状态"——以1975—1983年为中心	王尧	论文	二等奖	文学院
3	中国近现代高等教育人物辞典	周川 黄启兵 肖卫兵 谢竹艳 崔恒秀 洪芳 夏骏 王海燕 蔡怡 宋旭峰 王全林 张正峰 孙存昌 张跃忠 万力维 刘延梅 李云	著作	二等奖	教育学院
4	Using partial least squares in operations management research: A practical guideline and summary of past research	彭小松 赖福军	论文	三等奖	东吴商学院（财经学院）东吴证券金融学院
5	地方政府改革与深化行政管理体制改革研究	沈荣华 芮国强 黄建洪 钟伟军 张晨 沈志荣 林萍,等	著作	三等奖	政治与公共管理学院
6	法学流派的人学之维	胡玉鸿 许小亮 陈颐	著作	三等奖	王健法学院
7	生成语法框架下关系结构的句法与一语习得研究	杨彩梅	著作	三等奖	外国语学院

二、江苏省社科应用研究精品工程奖(4项)

序号	成果名称	作者	获奖等级	工作单位
1	生态型区域治理中的地方政府执行力建设——迈向"绿色公共管理"的思考	宋煜萍	一等奖	政治与公共管理学院
2	高铁条件下都市圈旅游空间结构演变及优化研究	汪德根	二等奖	社会学院
3	转型发展视域下太仓加快文创产业发展研究	徐国源	二等奖	文学院
4	复杂现代性视域中的国家治理模式转型——基于中国城镇化战略的分析	黄建洪	二等奖	政治与公共管理学院

三、2015年苏州市第二届"社科应用研究精品工程"优秀成果奖（10项）

序号	课题名称	作者	所在单位	成果形式	获奖等级
1	基于游客视角的历史街区旅游发展模式影响机理及创新——以苏州平江路为例	汪德根	社会学院	论文	一等奖
2	打造"水乡明珠、生态黎里"的调研和思考	孔　川	马克思主义学院	调研报告	一等奖
3	生活中的生态文明	张劲松	政治与公共管理学院	著作	二等奖
4	虎丘婚纱产业发展与转型研究	朱　妍	政治与公共管理学院	调研报告	二等奖
5	广告产业及其相关产业构成分析	陈　龙	凤凰传媒学院	调研报告	二等奖
6	低碳化城市交通发展战略模式研究——基于苏州市数据的实证分析	陈　铭	东吴商学院（财经学院）东吴证券金融学院	论文	二等奖
7	优化消费环境建设的实践与思考——苏州创建消费放心城市十年之路	沈志荣	政治与公共管理学院	著作	二等奖
8	江苏省区域低碳创新系统研究	张　斌	东吴商学院（财经学院）东吴证券金融学院	调研报告	三等奖
9	苏州德善书院青少年国学教育的实践路径	朱光磊	政治与公共管理学院	调研报告	三等奖
10	十八大以来形成的"反腐高压态"及其走势——学习习近平总书记系列重要讲话精神	田芝健	马克思主义学院	调研报告	三等奖

2015年度苏州大学科研成果专利授权情况

2015年度苏州大学科研成果专利授权情况一览表

序号	专利号	专利名称	类别	第一发明人	学院(部)	授权公告日
1	2012102949498	一种高精度的频率估计方法	发明	胡剑凌	电子信息学院	2015/1/7
2	2014205678134	一种基于激光测距传感器的电梯轨距与垂直度的测量系统	实用新型	余 雷	机电工程学院	2015/1/7
3	2014203117991	一种产生异常空心光束的装置	实用新型	赵陈晨	物理与光电·能源学部	2015/1/14
4	2014203010462	人第6染色体短臂HLA基因模型教具	实用新型	赵英伟	医学部	2015/1/21
5	2014205994748	一种注射器辐射屏蔽装置	实用新型	徐加英	医学部	2015/1/21
6	2014202416106	一种胚蛋给药器	实用新型	车 轶	医学部	2015/1/21
7	2014206093880	一种镜面/类镜面物体绝对面形的测量装置	实用新型	马锁冬	物理与光电·能源学部	2015/1/21
8	2014206418844	一种抗干扰复位电路	实用新型	李富华	电子信息学院	2015/1/21
9	2014201196734	螺旋对称的杆状病毒模型教具	实用新型	朱越雄	医学部	2015/1/21
10	201420215859X	一种元素周期表模型教具	实用新型	朱越雄	医学部	2015/1/21
11	2014203016793	抗生物素蛋白连接的抗原肽MHC分子四聚体模型教具	实用新型	赵英伟	医学部	2015/1/21
12	2012105613879	一种CaF_2掺杂的纳米ZnO及其制备方法	发明	王作山	材料与化学化工学部	2015/1/7
13	2012102553414	一种测量齿轮及其测量方法	发明	钱志良	机电工程学院	2015/1/14

续表

序号	专利号	专利名称	类别	第一发明人	学院(部)	授权公告日
14	2013101383887	侧链含有锌酞菁基团的聚合物及其制备方法	发明	张伟	材料与化学化工学部	2015/1/21
15	2013103873486	一种PI3K小分子抑制剂及其应用	发明	毛新良	医学部	2015/1/21
16	2012103642754	一种多孔超细X形聚酯纤维及其制备方法	发明	管新海	纺织与服装工程学院	2015/1/21
17	2013100796948	一种纳米碳化锆感应蓄热保温聚酯纤维及其制备方法	发明	管新海	纺织与服装工程学院	2015/1/21
18	201310149632X	一种用于偏振成像仪的分孔径光学镜头	发明	沈为民	物理与光电·能源学部	2015/1/21
19	2013101511230	一种制备喹唑啉-2-硫酮的方法	发明	徐凡	材料与化学化工学部	2015/1/21
20	2013100636065	一种丝素蛋白管及其制备方法	发明	吕强	纺织与服装工程学院	2015/1/21
21	2013100247334	一种改性碳纳米管/热固性树脂复合材料及其制备方法	发明	梁国正	材料与化学化工学部	2015/1/21
22	2013100502978	一种阻燃热固性树脂及其制备方法	发明	顾嫒娟	材料与化学化工学部	2015/1/21
23	2013100297579	滑轮式植物双层玻璃幕墙	发明	肖湘东	金螳螂建筑学院	2015/1/21
24	2012103360531	亲水抗菌性复合纳米纤维膜及其制备方法	发明	潘志娟	纺织与服装工程学院	2015/1/21
25	2012100447529	双肘杆式冲床	发明	钟康民	机电工程学院	2015/1/21
26	2012103651946	一种一字锯齿形聚酯纤维及其制备方法	发明	管新海	纺织与服装工程学院	2015/1/28
27	2013104272068	一种制备1,4-二羰基衍生物的方法	发明	万小兵	材料与化学化工学部	2015/1/28

续表

序号	专利号	专利名称	类别	第一发明人	学院（部）	授权公告日
28	2013100104434	一种用于检测Cu^{2+}和Fe^{3+}的荧光传感材料、制备方法及应用	发明	范丽娟	材料与化学化工学部	2015/1/28
29	2013102631314	一种硼酸盐基红色荧光粉、制备方法及应用	发明	黄彦林	材料与化学化工学部	2015/1/28
30	2013101155838	一种氧化铝前驱体溶液及其制备方法与应用	发明	马万里	功能纳米与软物质研究院	2015/1/28
31	2014206025510	一种液态物料混料机的物料配比平台	实用新型	谭 洪	工程训练中心	2015/1/21
32	2014206026585	一种出料装置	实用新型	谭 洪	工程训练中心	2015/1/21
33	2014206022550	一种气液分离装置	实用新型	谭 洪	工程训练中心	2015/1/21
34	2014204779231	一种导线外皮激光剥离装置	实用新型	杜 秋	机电工程学院	2015/1/28
35	2013100659669	人N-乙酰氨基半乳糖转移酶2双抗体夹心ELISA试剂盒	发明	吴士良	医学部	2015/2/11
36	2012102863266	基于谱聚类的车辆异常行为检测方法	发明	吴 健	计算机科学与技术学院	2015/2/11
37	2012100584511	一种诊断急性髓细胞白血病的试剂盒	发明	李云森	医学部	2015/2/11
38	2012102573579	一种取代烯烃的制备方法	发明	毛金成	材料与化学化工学部	2015/2/11
39	2013100502963	一种在套染纺织品上产生彩色花纹的光触媒色拔方法	发明	龙家杰	纺织与服装工程学院	2015/2/11
40	2011103872728	一种丝素蛋白水溶液及其制备方法	发明	卢神州	纺织与服装工程学院	2015/2/11
41	2012105152707	一种用植物提取液制备纳米银水溶胶的方法	发明	林 红	纺织与服装工程学院	2015/2/11

续表

序号	专利号	专利名称	类别	第一发明人	学院(部)	授权公告日
42	2013101960653	一种生物医用多孔镁合金及其制备方法	发明	陈长军	机电工程学院	2015/2/18
43	2013100878632	一种河道中人工生态岛的构筑方法	发明	李蒙英	医学部	2015/2/25
44	2012100180876	一种无机/有机复合多孔性锂电池隔膜及其制备方法	发明	张明祖	材料与化学化工学部	2015/2/18
45	2012103270836	一种ATP合酶模型教具	发明	朱越雄	医学部	2015/2/25
46	2013101816205	一种氟硅酸盐基蓝绿色荧光粉、制备方法及应用	发明	黄彦林	材料与化学化工学部	2015/2/18
47	201210329421X	一种基于语义压缩的文档存储方法	发明	曾嘉	计算机科学与技术学院	2015/2/18
48	2013101324412	一种水溶性碳量子点及其制备方法	发明	李伟峰	医学部	2015/2/18
49	2013102033611	一种制备9,10-二氢菲衍生物的方法	发明	邹建平	材料与化学化工学部	2015/2/18
50	2012103513984	一种阻燃体系及阻燃真丝的制备方法	发明	关晋平	纺织与服装工程学院	2015/2/18
51	2013105690441	一种家蚕增产添加剂	发明	李兵	医学部	2015/2/18
52	2013100402607	一种在纺织品上形成花纹图案的光触媒拔白方法	发明	龙家杰	纺织与服装工程学院	2015/2/25
53	201210212672X	一种高耐碱稳定性咪唑类离子液体及其应用	发明	严锋	材料与化学化工学部	2015/2/25
54	2013101894505	一种检测间充质干细胞分布的方法	发明	俞家华	医学部	2015/2/18
55	2013101688033	一种石墨烯改性尼龙6纤维的制备方法	发明	戴礼兴	材料与化学化工学部	2015/2/18

续表

序号	专利号	专利名称	类别	第一发明人	学院(部)	授权公告日
56	2014206725838	一种提高输入端口抗干扰性的电路结构	实用新型	李富华	电子信息学院	2015/2/25
57	2014203633162	一种双气动肌腱的双面四工信夹紧装置	实用新型	王明娣	机电工程学院	2015/1/7
58	2014203629218	一种双面四工位夹紧装置	实用新型	王明娣	机电工程学院	2015/1/7
59	2014205804809	一种实验用可变形钢筘装置	实用新型	眭建华	纺织与服装工程学院	2015/2/11
60	2014205367008	一种密闭式材料吸附性能气相测试箱	实用新型	眭建华	纺织与服装工程学院	2015/2/11
61	2014206941767	一种大功率半导体脉冲激光器模组	实用新型	胡丹峰	电子信息学院	2015/3/11
62	2014205388381	一种织造曲折经纬机织物的织机	实用新型	眭建华	纺织与服装工程学院	2015/3/11
63	2012100382971	压电驱动式微夹持器	发明	陈涛	机电工程学院	2015/1/7
64	2011103738377	电机转子	发明	刘吉柱	机电工程学院	2015/1/14
65	2012102539830	一种碱性磷酸酶纳微颗粒及其制备方法	发明	李浩莹	机电工程学院	2015/1/14
66	2012105912993	一种直写式光刻加工系统及光刻方法	发明	胡进	物理与光电·能源学部	2015/1/14
67	2012105367662	一种化合物的应用以及STAT3抑制剂	发明	许新	医学部	2015/1/14
68	2012104832756	一种药物粉碎器	发明	袁德敬	医学部	2015/1/14
69	201210516800X	一种AMPK激活剂及其在制备治疗糖尿病和/或糖尿病并发症的药物中的应用	发明	程坚	医学部	2015/1/14
70	2013103754006	可悬浮皮肤组织工程纳米纤维支架及其制备方法	发明	汝长海	机电工程学院	2015/1/14

续表

序号	专利号	专利名称	类别	第一发明人	学院(部)	授权公告日
71	2013102282421	一种痰培养吸痰装置	发明	杨亚	医学部	2015/1/14
72	2013104148520	一种废水处理系统	发明	刘德启	材料与化学化工学部	2015/1/14
73	2013104973195	三进制电存储材料及其制备和应用	发明	路建美	材料与化学化工学部	2015/1/14
74	2014205128149	一种基于动态光学放大效果的防伪智能卡	实用新型	朱昊枢	物理与光电·能源学部	2015/1/1
75	2014202791046	一种微电阻测量仪和电子产品生产装置	实用新型	许宜申	物理与光电·能源学部	2015/1/14
76	2014201796042	一种止痛敷贴	实用新型	马姗姗	医学部	2015/1/14
77	2014203846760	一种软膏外置涂抹器	实用新型	王琪	医学部	2015/1/14
78	2014205681847	一种充气式头位固定枕	实用新型	吴超	医学部	2015/1/14
79	2014204744815	基于低压电力线载波通信的光伏逆变器监控系统	实用新型	许宜申	物理与光电·能源学部	2015/1/14
80	2014204777698	LED照明系统的控制装置	实用新型	许宜申	物理与光电·能源学部	2015/1/14
81	2014205120804	一种升频式振动能量采集系统	实用新型	刘会聪	机电工程学院	2015/1/14
82	2014204873604	一种用于实验教学的跷跷板平衡控制装置	实用新型	王富东	机电工程学院	2015/1/14
83	2014206450500	一种应用于制备纳米纤维的气流转盘纺丝装置	实用新型	陈廷	纺织与服装工程学院	2015/1/14
84	2014204911875	一种贴片机取置头的清洗装置	实用新型	李娟	机电工程学院	2015/1/14
85	201420484827X	一种用于磨样操作的夹具	实用新型	姜付兵	机电工程学院	2015/1/14

续表

序号	专利号	专利名称	类别	第一发明人	学院(部)	授权公告日
86	2014205286104	一种多自由度工作台	实用新型	姜付兵	机电工程学院	2015/1/14
87	2012103710145	一种信号的谱峭度滤波方法及相关装置	发明	李 成	城市轨道交通学院	2015/2/4
88	2013107530945	面向光顺加工的数控加工轨迹处理方法	发明	黄 河	计算机科学与技术学院	2015/2/4
89	2014203908339	一种输出波形可控的高精度数控电源	实用新型	许宜申	物理与光电·能源学部	2015/2/4
90	201210302430X	一种数据编码及解码方法	发明	李领治	计算机科学与技术学院	2015/2/4
91	2013102629009	一种微驱动系统及包含该系统的夹紧系统	发明	李知瑶	机电工程学院	2015/2/4
92	2013105490549	一种文胸模杯的成型模具及其成型方法	发明	倪俊芳	机电工程学院	2015/2/4
93	2012104024947	锂离子电池负极材料的制备方法、锂离子电池负极材料	发明	郑军伟	物理与光电·能源学部	2015/2/4
94	201420478800X	非接触式超声裂解系统	实用新型	许宜申	物理与光电·能源学部	2015/2/4
95	2012103211931	中文事件触发词的扩展方法及系统	发明	李培峰	计算机科学与技术学院	2015/2/4
96	201210061583X	一种基于种子节点选择的无线传感器网络定位方法及系统	发明	郑建颖	城市轨道交通学院	2015/2/4
97	2011104595525	一种信号中瞬态成分的提取方法及相关系统	发明	王诗彬	城市轨道交通学院	2015/2/4
98	2012102985244	3H-1,2-二硫环戊烯-3-硫酮类化合物及其应用	发明	程 坚	医学部	2015/2/4

续表

序号	专利号	专利名称	类别	第一发明人	学院(部)	授权公告日
99	2013100177401	IC测试座自动组装装置及方法	发明	陈涛	机电工程学院	2015/2/4
100	2012105794130	同步定位光刻曝光装置及方法	发明	陈涛	机电工程学院	2015/2/4
101	2012105755070	亚波长矩形环阵列四分之一波片及其制作方法	发明	王钦华	物理与光电·能源学部	2015/2/4
102	2014205506918	一种微电子器件的能量收集装置	实用新型	刘会聪	机电工程学院	2015/3/4
103	2013100342451	一种穿戴式下肢外骨骼助行机器人	发明	李伟达	机电工程学院	2015/3/4
104	201420561426X	直驱式自动平衡振荡器及其调节装置	实用新型	冯志华	机电工程学院	2015/3/4
105	2014206526976	一种单轴皮艇训练器	实用新型	李梦	体育学院	2015/3/4
106	2011103506149	一种抽取蛋白质相互作用关系的方法	发明	钱龙华	计算机科学与技术学院	2015/3/4
107	2014206943461	一种电脑用监控护眼装置	实用新型	严建峰	计算机科学与技术学院	2015/3/25
108	2014202838574	一种激光熔覆熔池离焦量测量装置	实用新型	石世宏	机电工程学院	2015/3/25
109	2012101771341	气泡静电纺丝装置	发明	何吉欢	纺织与服装工程学院	2015/3/25
110	2014206218462	一种颈椎防治椅	实用新型	陈奕	医学部	2015/3/25
111	2014204744355	基于GPS/BD的移动目标定位追踪系统	实用新型	许宜申	物理与光电·能源学部	2015/3/25
112	2012103155594	一种语言中枢解码方法、系统及具有该系统的锁	发明	李文石	电子信息学院	2015/3/25
113	201420256424X	电动汽车检测仪	实用新型	严建峰	计算机科学与技术学院	2015/3/25
114	2012102410444	静电纺丝装置	发明	徐岚	纺织与服装工程学院	2015/3/25

续表

序号	专利号	专利名称	类别	第一发明人	学院(部)	授权公告日
115	201420609622X	导电纤维的制备装置及织机	实用新型	冯志华	机电工程学院	2015/3/25
116	2011100463989	用薄膜密封的有机发光二极管及其制造方法	发明	狄国庆	物理与光电·能源学部	2015/3/25
117	2014207445247	一种实现单向运动的惯性粘滑式跨尺度运动平台	实用新型	钟博文	机电工程学院	2015/3/25
118	2010106120422	一种双稀土金属胺化物及其制备方法与应用	发明	姚英明	材料与化学化工学部	2015/3/25
119	2014207445406	可调预紧力式惯性粘滑驱动跨尺度精密定位平台	实用新型	钟博文	机电工程学院	2015/3/25
120	2013106289203	微纳米生物活性多孔材料的制备方法	发明	刘福娟	纺织与服装工程学院	2015/3/25
121	2012101931340	一种基于身份加密的即时消息收发方法	发明	罗喜召	计算机科学与技术学院	2015/3/11
122	2012104653455	一种罗丹宁衍生物及其制备方法	发明	敖桂珍	医学部	2015/3/25
123	2012101931425	一种基于身份加密的密钥生成方法	发明	罗喜召	计算机科学与技术学院	2015/3/11
124	2014303580955	花布(花儿荡漾)	外观设计	眭建华	纺织与服装工程学院	2015/3/25
125	2014303579943	花布(X星系)	外观设计	眭建华	纺织与服装工程学院	2015/3/25
126	2014206294396	一种用于激光熔覆的三维测量装置	实用新型	王明娣	机电工程学院	2015/3/25
127	2014208267976	基于碳量子点-聚酰胺-胺树枝状高分子的电化学发光免疫传感器	实用新型	吴莹	材料与化学化工学部	2015/4/22
128	2014205577720	一种具有定时提醒功能的椅子	实用新型	陈奕	医学部	2015/2/4

续表

序号	专利号	专利名称	类别	第一发明人	学院(部)	授权公告日
129	2014207027918	一种气囊抛光工具和系统	实用新型	樊 成	机电工程学院	2015/4/8
130	2014206940124	一种具有力量训练功能的护理床	实用新型	陈 奕	医学部	2015/4/8
131	2014206928480	一种促进术后排气的腹带	实用新型	陈 奕	医学部	2015/4/8
132	2012103920340	一种倒锥孔的电火花加工方法	发明	高 强	机电工程学院	2015/3/11
133	2012104944662	一种对纺织品进行一步法染色和功能性整理的方法	发明	唐人成	纺织与服装工程学院	2015/3/11
134	2013104438928	一种氯硼酸盐发光材料及其制备方法	发明	黄彦林	材料与化学化工学部	2015/3/25
135	2013102089015	一种高纯度丝素肽的制备方法	发明	盛家镛	纺织与服装工程学院	2015/3/25
136	2013102089528	一种制备四[4-(1-咪唑基)苯基]甲烷的方法	发明	郎建平	材料与化学化工学部	2015/3/25
137	2012103513791	一种超高速纺聚酯预取向丝的制备方法	发明	管新海	纺织与服装工程学院	2015/3/25
138	2013100814185	一种钒酸盐绿色荧光粉、制备方法及应用	发明	黄彦林	材料与化学化工学部	2015/3/25
139	2012103684795	一种制备γ-氧代膦酸酯的方法	发明	徐 凡	材料与化学化工学部	2015/3/25
140	2013105407185	一种3-三氟甲基香豆素衍生物的制备方法	发明	邹建平	材料与化学化工学部	2015/3/25
141	2013102634929	一种铒镱共掺杂钨酸盐上转换发光材料、制备方法及其应用	发明	黄彦林	材料与化学化工学部	2015/3/25
142	2013103249308	一种锑酸盐长余辉荧光粉及其制备方法	发明	黄彦林	材料与化学化工学部	2015/3/25

续表

序号	专利号	专利名称	类别	第一发明人	学院(部)	授权公告日
143	2012103875468	一种改性丙纶无纺布、制备方法及其应用	发明	朱新生	纺织与服装工程学院	2015/3/25
144	2013107513174	一种硼酸钙生物材料、制备方法及其应用	发明	黄彦林	材料与化学化工学部	2015/3/25
145	2013101770061	一种钠镧钒酸盐基发光材料、制备方法及其应用	发明	黄彦林	材料与化学化工学部	2015/3/25
146	201310206285X	乙烯砜取代的半胱氨酸-N-羧基内酸酐、其聚合物及聚合物的应用	发明	邓超	材料与化学化工学部	2015/3/25
147	2013104256807	一种制备超疏水表面的方法	发明	秦大可	纺织与服装工程学院	2015/3/25
148	2013101229649	一种近红外波段消热差光学镜头	发明	石荣宝	物理与光电·能源学部	2015/3/25
149	2013106776596	一种凝胶模板诱导合成羟基磷灰石的方法	发明	明津法	纺织与服装工程学院	2015/3/25
150	2014203302367	昆虫剑梢感受器模型教具	实用新型	郑小坚	医学部	2015/3/11
151	2014207108296	一种简易电梯轨距与垂直度测量支架	实用新型	黄俊	机电工程学院	2015/3/11
152	2014206661978	一种激光打孔装置	实用新型	殷路安	物理与光电·能源学部	2015/3/11
153	2014203302403	昆虫钟形感受器模型教具	实用新型	郑小坚	医学部	2015/3/11
154	2014206660903	一种鱼类孵化环道的自动清洗过滤网设施	实用新型	凌去非	医学部	2015/3/25
155	2014202989659	一种大视场凝视式光谱成像系统	实用新型	季轶群	物理与光电·能源学部	2015/3/4
156	2014206529283	筒形构件整齐装置	实用新型	周新明	工程训练中心	2015/3/11

续表

序号	专利号	专利名称	类别	第一发明人	学院(部)	授权公告日
157	201420415382X	翻转式绿化停车位	实用新型	胡子刚	金螳螂建筑学院	2015/3/11
158	2014204165723	绿化停车位	实用新型	胡子刚	金螳螂建筑学院	2015/2/4
159	2014203209777	多层储桑台	实用新型	司马杨虎	医学部	2015/2/4
160	2014206032410	一种新型单向阀	实用新型	谭 洪	工程训练中心	2015/2/4
161	2014206030608	一种液态物料混料机的定比装置	实用新型	谭 洪	工程训练中心	2015/2/4
162	201420602659X	新型多组分液态物料混料机	实用新型	谭 洪	工程训练中心	2015/3/11
163	2013100709988	一种产生多极场的可调式射频电源	发明	李晓旭	机电工程学院	2015/4/1
164	2013105034103	核糖体合成蛋白质模型教具	发明	郑小坚	医学部	2015/4/1
165	2013102909122	一种二氧化钛纳米粉体的制备方法	发明	陈宇岳	纺织与服装工程学院	2015/4/8
166	2012103685270	一种手性β-吲哚基-γ-醛基硝基烷烃的制备方法	发明	王兴旺	材料与化学化工学部	2015/4/8
167	201310063822X	兼具热疗与磁疗功效的蚕丝面料的制备方法	发明	张 英	材料与化学化工学部	2015/4/8
168	2013102842137	一种丝素蛋白纳米纤维膜及其制备方法	发明	左保齐	纺织与服装工程学院	2015/4/8
169	2013106000706	以减毒沙门氏菌为载体的口服肿瘤疫苗的制备及其应用	发明	赵李祥	医学部	2015/4/22
170	2012105876906	化合物Clik148在制备治疗脑血管疾病的药物中的应用	发明	张慧灵	医学部	2015/4/22
171	2013104480520	一种共聚酯熔体直纺可控多异收缩复合纤维及其制备方法	发明	管新海	纺织与服装工程学院	2015/4/22

续表

序号	专利号	专利名称	类别	第一发明人	学院(部)	授权公告日
172	201310444525X	一种制备2-氨基喹唑啉-4-酮化合物的方法	发明	李云辉	材料与化学化工学部	2015/4/22
173	2013107486459	一种硼硅酸钙生物材料、制备及其应用	发明	黄彦林	材料与化学化工学部	2015/4/22
174	2013101126695	一种稀土金属有机化合物、其制备方法及其应用	发明	姚英明	材料与化学化工学部	2015/4/22
175	2013101191641	一种胸管	发明	赵 奇	医学部	2015/4/22
176	2013100247353	一种阻燃六方氮化硼/热固性树脂复合材料及其制备方法	发明	梁国正	材料与化学化工学部	2015/4/22
177	2013101324446	一种梯形聚硅氧烷改性热固性树脂及其制备方法	发明	顾嫒娟	材料与化学化工学部	2015/4/22
178	2013102725627	一种拆装式固定化酶或固定化细胞模型教具	发明	曹广力	医学部	2015/4/22
179	2012101639738	一种不对称层状树脂基复合材料及其制备方法	发明	顾嫒娟	材料与化学化工学部	2015/4/22
180	2012101660758	一种鲁米诺-苯胺共聚修饰电极及其制备方法	发明	屠一锋	材料与化学化工学部	2015/4/22
181	201310236904X	一种改性聚氨酯、制备方法及其应用	发明	李战雄	纺织与服装工程学院	2015/4/22
182	2013100618601	一种二次锂-空气电池阴极催化剂	发明	杨瑞枝	物理与光电·能源学部	2015/4/22
183	2013102913058	一种纳米银胶体溶液、制备方法及其应用	发明	林 红	纺织与服装工程学院	2015/4/22
184	2013102953394	一种仿生再生丝素蛋白长丝纤维及其制备方法	发明	左保齐	纺织与服装工程学院	2015/4/29

续表

序号	专利号	专利名称	类别	第一发明人	学院(部)	授权公告日
185	2012102133901	一种气液增压压力机	发明	王明娣	机电工程学院	2015/4/29
186	2013102740190	一种水凝胶、其制备方法及应用	发明	邓 超	材料与化学化工学部	2015/4/29
187	2013102842279	一种再生丝素蛋白溶液及其制备方法	发明	左保齐	纺织与服装工程学院	2015/4/29
188	2014202674201	一种折叠滤纸	实用新型	曹婷婷	医学部	2015/4/22
189	2014207349536	实验鼠腹腔注射用固定器	实用新型	许 静	医学部	2015/4/22
190	2014207352168	实验鼠尾静脉注射加热固定装置	实用新型	许 静	医学部	2015/4/22
191	2014207348872	小鼠尾静脉注射用固定装置	实用新型	黄文乔	医学部	2015/4/22
192	2014207345037	血吸虫感染实验用小鼠固定装置	实用新型	黄文乔	医学部	2015/4/22
193	2011104100679	一种芍药苷和白芍苷的制备方法	发明	刘江云	医学部	2015/5/6
194	2013102901934	一种高纯度藏红花和栀子苷的制备方法	发明	刘江云	医学部	2015/5/6
195	2012105772042	一种无机二氧化硅/有机纳米粒子核壳结构的制备方法	发明	张秀娟	功能纳米与软物质研究院	2015/4/1
196	201420667729X	一种基于Zigbee和GPRS构架的仓储管理监控系统	实用新型	朱艳琴	计算机科学与技术学院	2015/4/15
197	201210419211X	一种蚕丝蛋白诱导偶氮苯液晶弹性体光致形变的方法	发明	张卫东	物理与光电·能源学部	2015/4/15
198	2013100305236	一种自适应能量变化的脉冲位置检测方法	发明	胡剑凌	电子信息学院	2015/4/1
199	201420836958X	一种人体呼吸运动模拟装置	实用新型	郁树梅	机电工程学院	2015/6/10

续表

序号	专利号	专利名称	类别	第一发明人	学院(部)	授权公告日
200	2013100247300	一种紫外光转换发射近红外光的材料、制备方法及应用	发明	黄彦林	材料与化学化工学部	2015/5/6
201	2013101510859	一种改性芳纶纤维及其制备方法	发明	梁国正	材料与化学化工学部	2015/5/6
202	2013101110998	一种全共轭侧链聚合物及其在聚合物太阳能器件中的应用	发明	袁建宇	功能纳米与软物质研究院	2015/5/27
203	201210552248X	一种含有吖内酯与吡唑啉酮的杂环手性化合物及其衍生物、合成方法及用途	发明	王兴旺	材料与化学化工学部	2015/5/27
204	2012102426692	一种固体润滑高温耐磨粉末组合物及其复合涂层制备方法	发明	刘秀波	机电工程学院	2015/5/27
205	2013104484273	一种共聚酯熔体直纺异收缩复合纤维及其制备方法	发明	管新海	纺织与服装工程学院	2015/5/27
206	2013106776897	一种海藻酸盐/羟基磷灰石水凝胶材料及其制备方法	发明	明津法	纺织与服装工程学院	2015/5/27
207	2012104815515	一种测量部分相干涡旋光束拓扑荷数的方法	发明	赵承良	物理与光电·能源学部	2015/5/27
208	2012104631600	具有酸敏感性的两亲性三嵌段共聚物、其制备方法及应用	发明	倪沛红	材料与化学化工学部	2015/5/27
209	2013100189201	一种产生部分相干艾里光束的方法	发明	赵承良	物理与光电·能源学部	2015/5/27
210	2013101534853	一种织物拒水拒油整理剂、制备方法及其应用	发明	李战雄	纺织与服装工程学院	2015/5/27
211	2013103942999	一种对纺织品进行固色加工的方法及其装置	发明	龙家杰	纺织与服装工程学院	2015/5/27

续表

序号	专利号	专利名称	类别	第一发明人	学院(部)	授权公告日
212	2013102770088	一种真核细胞染色体模式结构教具	发明	曹广力	医学部	2015/5/27
213	2013101746503	一种不等宽构件的激光直接成形方法	发明	朱刚贤	机电工程学院	2015/5/27
214	2015200181789	一种宽带角度选择光学滤波器	实用新型	张桂菊	物理与光电·能源学部	2015/5/27
215	2014207351625	手持式小鼠灌胃用固定装置	实用新型	黄文乔	医学部	2015/5/27
216	201520050990X	并排导线外皮的激光自动剥离	实用新型	杨桂林	机电工程学院	2015/5/27
217	2012100430551	一种气动剪板机	实用新型	徐亚鑫	机电工程学院	2015/5/27
218	2014207599851	一种手工焊接快速取元件的装置	实用新型	邵 雷	电子信息学院	2015/4/29
219	2012104803058	分散染料数码喷印免蒸洗工艺	发明	丁志平	艺术学院	2015/3/25
220	2012105098613	一种测定电池与锌膏膨胀率或锌粉析氢量的方法及其装置	发明	金成昌	物理与光电·能源学部	2015/4/15
221	2011104371204	一种高功率电解二氧化锰的制备方法	发明	唐 录	物理与光电·能源学部	2015/3/25
222	2013104747067	手性三取代茚满化合物的制备方法	发明	王兴旺	材料与化学化工学部	2015/4/8
223	2013107081876	一种制备环碳酸酯的方法	发明	姚英明	材料与化学化工学部	2015/5/20
224	2013102902477	一种川西楝子提取物中柠檬苦素类成分的检测方法	发明	刘江云	医学部	2015/6/24
225	2015200201369	一种白车身柔性焊接伺服定位装置	实用新型	陈国栋	机电工程学院	2015/6/24
226	2015201459077	西裙缝型结构系统	实用新型	尚笑梅	纺织与服装工程学院	2015/7/22
227	2015201459081	西便装缝型结构系统	实用新型	尚笑梅	纺织与服装工程学院	2015/7/22

续表

序号	专利号	专利名称	类别	第一发明人	学院(部)	授权公告日
228	2015201459325	牛仔服缝型结构系统	实用新型	尚笑梅	纺织与服装工程学院	2015/7/22
229	2015201461166	衬衫缝型结构系统	实用新型	尚笑梅	纺织与服装工程学院	2015/7/22
230	2015201461170	风衣缝型结构系统	实用新型	尚笑梅	纺织与服装工程学院	2015/7/22
231	2015201461185	西裤缝型结构系统	实用新型	尚笑梅	纺织与服装工程学院	2015/7/22
232	201520204431X	一种用于显微镜下的压力测试仪	实用新型	窦玉江	电子信息学院	2015/7/22
233	2015300108524	花布(火树银花)	外观设计	眭建华	纺织与服装工程学院	2015/7/22
234	2014207856193	遥控式空中照明器及遥控式空中照明群	实用新型	余亮	金螳螂建筑学院	2015/4/15
235	2014207846702	兼有教育功能的建筑及建筑群	实用新型	余亮	金螳螂建筑学院	2015/5/13
236	2014205054766	植物生长模拟管理系统	实用新型	余亮	金螳螂建筑学院	2015/1/28
237	2014205055627	动态式发光顶棚演绎装置及动态式发光演绎室	实用新型	余亮	金螳螂建筑学院	2015/1/28
238	2012102678301	多功能吡咯和吡咯并[3,4C]喹啉的制备方法	发明	纪顺俊	材料与化学化工学部	2015/6/10
239	2013101535254	一种环状聚醋酸乙烯酯的制备方法	发明	朱健	材料与化学化工学部	2015/6/10
240	2012105415505	一种侧链含有偶氮苯小环聚合物的制备方法	发明	周年琛	材料与化学化工学部	2015/6/17
241	2012102460778	线粒体数目减少的人支气管上皮细胞株的建立和鉴定技术	发明	李冰燕	医学部	2015/6/17
242	2012103337785	一种含有聚酰胺链段的梳型菜聚物的制备方法	发明	程振平	材料与化学化工学部	2015/6/17

续表

序号	专利号	专利名称	类别	第一发明人	学院(部)	授权公告日
243	2012102704787	一种有近红外荧光特性的两亲性嵌段聚合物的合成方法	发明	朱秀林	材料与化学化工学部	2015/6/17
244	2013101833535	一种含双偶氮苯的光敏性接枝聚合物的制备方法	发明	程振平	材料与化学化工学部	2015/7/1
245	2012103338627	一种含有聚酰胺链段的两嵌段共聚物的制备方法	发明	程振平	材料与化学化工学部	2015/7/1
246	201310298956X	一种含有热引发功能的链转移剂的合成	发明	朱健	材料与化学化工学部	2015/7/1
247	2015200780747	一种便携式太阳能电源装置	实用新型	张晓俊	物理与光电·能源学部	2015/7/8
248	2015200777890	一种带有自动充电激光笔功能的教师用便携式扩音器	实用新型	陶智	物理与光电·能源学部	2015/7/8
249	2013101320197	在非金属基底上低温制备石墨烯薄膜的方法	发明	鲍桥梁	功能纳米与软物质研究院	2015/7/8
250	2014208429190	一种医用模拟呼吸系统	实用新型	郁树梅	机电工程学院	2015/6/17
251	2012101771337	气泡静电纺丝装置	发明	何吉欢	纺织与服装工程学院	2015/6/17
252	2013104672624	氧化铝-氧化镁免烧耐火材料的处理方法及免烧耐火材料	发明	洪澜	沙钢钢铁学院	2015/6/17
253	2014208018691	一种Z轴负向放大微驱动平台	实用新型	钟博文	机电工程学院	2015/6/17
254	2013100820218	一种直式单手留置针	发明	胡化刚	医学部	2015/6/17
255	2013103420556	多聚半乳糖醛酸的新应用	发明	高晓明	医学部	2015/6/17
256	2013102687381	一种乙酰丙酮锰引发的RAFT聚合方法	发明	张正彪	材料与化学化工学部	2015/6/17

续表

序号	专利号	专利名称	类别	第一发明人	学院(部)	授权公告日
257	2013100257406	小型电机叠片自动排列的装置及方法	发明	陈涛	机电工程学院	2015/6/17
258	2014208467421	一种预防肩周炎及腕管炎的电脑桌	实用新型	鲍捷	体育学院	2015/6/17
259	2015200418811	一种智能防溺水系统	实用新型	严建峰	计算机科学与技术学院	2015/6/17
260	2012105854451	一种改性二烯基聚合物的制备方法	发明	潘勤敏	材料与化学化工学部	2015/6/17
261	2015200389202	轨道车辆轴承故障模拟试验装置	实用新型	朱忠奎	城市轨道交通学院	2015/6/17
262	2013107010160	一种纱线退绕系统	发明	孙玉钗	纺织与服装工程学院	2015/7/1
263	2015200418830	基于无纺布电阻法的PM2.5浓度测量装置	实用新型	张淑敏	纺织与服装工程学院	2015/7/15
264	2014207444935	一种实现双向运动的惯性粘滑式跨尺度精密运动平台	实用新型	钟博文	机电工程学院	2015/7/15
265	2014201414122	一种抗凝剂皮下注射按压指套	实用新型	王姗姗	医学部	2015/7/15
266	2015200454945	一种基于RFID技术的古建筑监控保护系统	实用新型	李云飞	计算机科学与技术学院	2015/7/15
267	2012104191901	基于磁温差电效应的传感器元件及其实现方法	发明	狄国庆	物理与光电·能源学部	2015/7/15
268	2015200453069	一种基于RFID技术的文物监控保护系统	实用新型	李云飞	计算机科学与技术学院	2015/7/15
269	2014208506341	药物研磨器	实用新型	马珊珊	医学部	2015/7/15
270	2015200418826	一种溺水模式智能推理系统	实用新型	严建峰	计算机科学与技术学院	2015/7/15
271	2012104954999	一种微颗粒生产设备及生产方法	发明	潘明强	机电工程学院	2015/7/15

续表

序号	专利号	专利名称	类别	第一发明人	学院(部)	授权公告日
272	2013102043295	一种气动控制技术实验台	发明	王振华	机电工程学院	2015/7/15
273	2012101515754	复合阳极键合方法	发明	潘明强	机电工程学院	2015/7/15
274	2013102282830	工业型自动化物流教学系统	发明	王振华	机电工程学院	2015/7/15
275	201110224270.7	一种量子点材料的制作装置及制作方法	发明	彭长四	物理与光电·能源学部	2015/7/15
276	201210374931.9	基于丝杠-肘杆增力机构的剪板机驱动装置	发明	陆新娟	机电工程学院	2015/7/15
277	201210336306.5	电液动力可控喷印亚微米纤维装置	发明	汝长海	机电工程学院	2015/7/15
278	201210556546.6	AZO包覆镍锰酸锂二次锂电池正极材料及其制备方法	发明	李德成	物理与光电·能源学部	2015/7/15
279	201520113575.4	玻璃轻质反射镜	实用新型	任建锋	物理与光电·能源学部	2015/7/15
280	2012104866466	动力型铅酸蓄电池正极板	发明	柳颖	物理与光电·能源学部	2015/7/15
281	2013104366506	一种用于辅助水中污染物沉降的装置	发明	任建锋	物理与光电·能源学部	2015/7/15
282	2012105794126	MEMS矢量水听器纤毛自动化粘接装置及方法	发明	陈涛	机电工程学院	2015/7/15
283	2013104136735	一种废水处理系统	发明	刘德启	材料与化学化工学部	2015/7/15
284	2013101789848	一种基于还原氧化石墨烯的气体传感器及其制备方法	发明	王艳艳	物理与光电·能源学部	2015/7/15
285	2015200166543	一种射流可控的气泡静电纺丝装置	实用新型	徐岚	纺织与服装工程学院	2015/7/15
286	2012105352440	用于非水二次电池的负极材料及其制备方法、非水二次电池负极和非水二次电池	发明	李德成	物理与光电·能源学部	2015/7/15

续表

序号	专利号	专利名称	类别	第一发明人	学院(部)	授权公告日
287	2012101706361	一种胺基桥联双芳氧基稀土金属烷氧基配合物及其制备和应用	发明	姚英明	材料与化学化工学部	2015/7/15
288	2012105554813	二次锂电池负极Sn-Co-C复合材料的制备方法及二次锂电池	发明	李德成	物理与光电·能源学部	2015/8/19
289	2012103883708	层次结构超细纤维制备方法及装置	发明	何吉欢	纺织与服装工程学院	2015/8/19
290	2012104696304	二芳基酮中心的偶氮分子三进制电存储材料及制备和应用	发明	路建美	材料与化学化工学部	2015/8/19
291	2015200601287	一种内衣罩杯的成型模具	实用新型	倪俊芳	机电工程学院	2015/8/19
292	2012105675220	基于位移传感器的二维微动台	发明	陈涛	机电工程学院	2015/8/19
293	2013101219897	一种具有肿瘤靶向性及可见光降解性的两亲性聚合物、药物载体及其制备方法	发明	路建美	材料与化学化工学部	2015/8/19
294	2015201460820	一种用于实验教学的球杆平衡控制装置	实用新型	王富东	机电工程学院	2015/8/19
295	2013101201713	蒸镀遮罩、蒸镀系统及材料的提纯方法	发明	廖良生	功能纳米与软物质研究院	2015/8/19
296	2015201723169	一种基于双频RFID技术的竞赛计时系统	实用新型	王国栋	体育学院	2015/8/19
297	2012102040112	气泡静电纺丝装置	发明	刘福娟	纺织与服装工程学院	2015/8/19
298	2013105392512	一种MPPT计算策略及控制方法以及光伏阵列发电系统	发明	杨勇	物理与光电·能源学部	2015/8/19

续表

序号	专利号	专利名称	类别	第一发明人	学院（部）	授权公告日
299	2013103729589	一种嵌套式菱形放大二维精密定位平台	发明	钟博文	机电工程学院	2015/8/19
300	2015201107896	一种安瓿瓶开启装置	实用新型	马珊珊	医学部	2015/8/19
301	2013101494771	基于周期式啁啾结构的等离子激元光谱吸收装置	发明	王钦华	物理与光电·能源学部	2015/8/19
302	2015201728410	一种文胸模杯的透气孔成型模具	实用新型	倪俊芳	机电工程学院	2015/8/19
303	201520154414X	二维串联小体积工作台	实用新型	钟博文	机电工程学院	2015/8/19
304	2015201133123	一种床上侧卧位排便器	实用新型	马珊珊	医学部	2015/8/19
305	2012101327346	一种8-乙氧基-2-(对氟苯基)-3-硝基-2H-苯并吡喃的制备方法	发明	毛新良	医学部	2015/8/19
306	2014208049844	发光拍手器	实用新型	刘会聪	机电工程学院	2015/8/19
307	2013101957542	一种室温下去除RAFT聚合物末端硫代羰基的方法	发明	张正彪	材料与化学化工学部	2015/8/19
308	201310029714	一种包含偏转度检测控制系统及包含该系统的力量平衡训练器	发明	陆阿明	体育学院	2015/8/19
309	201520110830X	一种主被动混合驱动的一体化踝关节与假脚结构	实用新型	李 娟	机电工程学院	2015/8/19
310	2011101074371	有机光伏器件的制作方法	发明	李艳青	功能纳米与软物质研究院	2015/8/19
311	201420784789X	一种温度调节与运动舒适面料及成型服装	实用新型	孙玉钗	纺织与服装工程学院	2015/8/19
312	2011102996988	一种牛蒡子苷的制备方法	发明	刘江云	医学部	2015/8/5

续表

序号	专利号	专利名称	类别	第一发明人	学院(部)	授权公告日
313	2013101004490	一种桑枝提取物及其制备方法	发明	刘江云	医学部	2015/8/5
314	2013104438256	一种钒钨酸钡自激活发光材料、制备方法及应用	发明	黄彦林	材料与化学化工学部	2015/6/10
315	2013101600747	一种制备二苯并磷杂环戊二烯衍生物的方法	发明	邹建平	材料与化学化工学部	2015/6/10
316	2013105401545	一种罗丹明-噁二唑衍生物、其制备方法及应用	发明	徐冬梅	材料与化学化工学部	2015/6/10
317	2012104203769	一种带压力敏感膜的电子记事本	发明	乔东海	电子信息学院	2015/6/10
318	2012103686131	含吡唑烷酮结构的手性氨基氰化物的制备方法	发明	王兴旺	材料与化学化工学部	2015/6/17
319	2013105778217	一种铕离子 Eu^{3+} 激活的钼酸盐红色荧光粉、制备方法及应用	发明	黄彦林	材料与化学化工学部	2015/6/17
320	2013105754725	一种表面包覆无机纳米粒子的芳纶纤维及其制备方法	发明	梁国正	材料与化学化工学部	2015/6/17
321	2013100291962	转动式植物双层玻璃幕墙	发明	肖湘东	金螳螂建筑学院	2015/6/17
322	2013103219637	一种微量熔融纺丝方法及其装置	发明	戴礼兴	材料与化学化工学部	2015/6/17
323	2013105839719	一种锂离子掺杂的钨酸盐上转换发光材料、制备方法及应用	发明	黄彦林	材料与化学化工学部	2015/6/17
324	2013105839742	一种制备2-烯醛衍生物的方法	发明	邹建平	材料与化学化工学部	2015/6/17
325	2014100806573	4-(2-甲基-1-哌啶基)-3-硝基苯甲酰胺在制备抗癌药物中的应用	发明	侯廷军	功能纳米与软物质研究院	2015/6/17

续表

序号	专利号	专利名称	类别	第一发明人	学院(部)	授权公告日
326	2013103688907	一种快速检测鱼Ⅱ型疱疹病毒的方法	发明	薛仁宇	医学部	2015/6/17
327	2012104229985	基于词汇树层次语义模型的图像检索方法	发明	吴 健	计算机科学与技术学院	2015/6/17
328	2014100957126	一种持久透明的丝素蛋白膜及其制备方法	发明	张珊珊	纺织与服装工程学院	2015/6/17
329	2012102632825	曲柄—连杆—肘杆剪板机数控驱动装置	发明	王传洋	机电工程学院	2015/6/24
330	2013105855552	一种无机基质的磷酸盐颜料、制备方法及应用	发明	黄彦林	材料与化学化工学部	2015/6/24
331	2015200181948	一种便捷式取药器	实用新型	马珊珊	医学部	2015/6/24
332	2015201404411	一种可调薄膜预应力的膜基反射镜成形装置	实用新型	魏 尹	物理与光电·能源学部	2015/6/24
333	2013105686501	一种多功能真丝及其制备方法	发明	邢铁玲	纺织与服装工程学院	2015/7/1
334	2015200251917	小鼠尾静脉注射实验装置	实用新型	苏洪洪	医学部	2015/7/8
335	2015200251495	带止血装置的实验鼠腹腔注射用操作台	实用新型	苏洪洪	医学部	2015/7/8
336	2015200251921	可自动按压止血的实验鼠尾静脉注射用固定器	实用新型	苏洪洪	医学部	2015/7/8
337	2015200491126	一种安培力驱动的轨道式电磁无针注射器	实用新型	陈添禹	机电工程学院	2015/7/8
338	2013100565464	罗丹宁喹唑啉胺复合物及其制备方法和用途	发明	李环球	医学部	2015/6/17

续表

序号	专利号	专利名称	类别	第一发明人	学院(部)	授权公告日
339	2013100619962	燃煤设备余热利用及除尘装置	发明	胡子刚	金螳螂建筑学院	2015/6/17
340	2015201259136	钢轨轨腰双轮打磨机	实用新型	李强伟	工程训练中心	2015/7/29
341	2015202633155	一种充电器型充电宝	实用新型	周颖	电子信息学院	2015/7/29
342	2014100258507	用于细胞实验的α源照射装置	发明	王敬东	医学部	2015/8/19
343	2012103239706	一种加密云存储系统	发明	罗喜召	计算机科学与技术学院	2015/8/19
344	2012101931410	一种基于广播加密的流媒体传输方法	发明	罗喜召	计算机科学与技术学院	2015/7/22
345	2012101327204	基于身份文件的安全加密和签名方法	发明	罗喜召	计算机科学与技术学院	2015/7/22
346	2015200886027	换液装置	实用新型	童建	医学部	2015/7/8
347	2014207061872	全瓷义齿磨削系统	实用新型	范立成	机电工程学院	2015/4/15
348	2014206223691	夹紧装置	实用新型	吴冬敏	机电工程学院	2015/8/5
349	2015200989432	一种穿戴式无线传能装置	实用新型	尹成科	机电工程学院	2015/8/5
350	2014205497942	一种新型面料拼接的运动服	实用新型	卢业虎	纺织与服装工程学院	2015/2/25
351	2014207069906	全瓷义齿磨削系统的刀具轨迹测量仪	实用新型	范立成	机电工程学院	2015/4/15
352	2014206216382	液压式压力机	实用新型	吴冬敏	机电工程学院	2015/3/25
353	2012100784236	一种服装缝制工序分析与组合方法	发明	刘国联	纺织与服装工程学院	2015/5/13
354	2012102682010	GPR50作为BACE1抑制剂的应用及其在制备治疗阿尔茨海默病的药物中的应用	发明	马全红	医学部	2015/5/13

续表

序号	专利号	专利名称	类别	第一发明人	学院(部)	授权公告日
355	2014207876426	一种显示分贝的自调音广场舞播放装置	实用新型	张宝峰	体育学院	2015/5/13
356	2014201606160	一种聚合物挤出机机头	实用新型	何吉欢	纺织与服装工程学院	2015/5/13
357	2010102627620	一种基于物联网技术的路灯控制装置和系统	发明	王宜怀	计算机科学与技术学院	2015/5/13
358	2014100030153	一种地理位置相关的移动感知系统任务分配方法	发明	黄河	城市轨道交通学院	2015/5/13
359	2014207135240	基于摩擦原理的显微注射装置	实用新型	汝长海	机电工程学院	2015/5/13
360	201420175570X	一种多肽主链构象角模型教具	实用新型	曲春香	医学部	2015/5/13
361	2014208049825	旋转摩擦自发电环保走马灯	实用新型	陈涛	机电工程学院	2015/5/13
362	2014203014181	一种智能护眼眼镜	实用新型	严建峰	计算机科学与技术学院	2015/5/13
363	2012105393898	一种3H-1,2-二硫环戊烯-3-硫酮类化合物的制备方法与应用	发明	敖桂珍	医学部	2015/5/13
364	2012100217921	一种原位检测线粒体DNA片段整合到核基因组中的方法	发明	张舒羽	医学部	2015/5/13
365	2013100174954	一种多指型微夹持器	发明	陈涛	机电工程学院	2015/5/13
366	2014208020780	高精密度Z轴正向放大一维精密定位平台	实用新型	钟博文	机电工程学院	2015/5/13
367	2013102282826	一种远程尿量监测系统及方法	发明	鞠阳	医学部	2015/5/13
368	2011100497152	低辐射薄膜、低辐射镀膜玻璃及其制备方法	发明	狄国庆	物理与光电·能源学部	2015/5/13

续表

序号	专利号	专利名称	类别	第一发明人	学院(部)	授权公告日
369	2011101773554	纳米复合热电材料的制备方法	发明	李 华	材料与化学化工学部	2015/5/13
370	2012102949407	一种基于机器视觉的在线织物瑕疵检测与报警系统	发明	胡剑凌	电子信息学院	2015/7/29
371	2012102949464	一种多路开关量信号跳变检测与精确计时方法	发明	胡剑凌	电子信息学院	2015/8/12
372	2012102199330	一种多取代咪唑的合成方法	发明	纪顺俊	材料与化学化工学部	2015/9/2
373	2012104191615	一种稀土-锌双金属羧酸基化合物及其制备方法与应用	发明	姚英明	材料与化学化工学部	2015/9/2
374	2012104197202	一种制备光响应性超疏水表面的简易方法	发明	张卫东	物理与光电·能源学部	2015/8/5
375	2013101033012	一种丝制品保剂及其制备方法	发明	孙旭辉	功能纳米与软物质研究院	2015/8/5
376	2012104244576	一种聚酯嵌段聚合物的制备方法	发明	屠迎锋	材料与化学化工学部	2015/8/5
377	2015201952558	一种NFC手机电子锁门禁装置系统	实用新型	孙 焕	物理与光电·能源学部	2015/8/5
378	2015202558648	一种成骨细胞单细胞激励与检测的MEMS系统	实用新型	陈 涛	机电工程学院	2015/9/2
379	2015202281156	一种安瓿消毒装置	实用新型	陈 奕	医学部	2015/9/2
380	2015202535222	一种成骨细胞精确激励装置	实用新型	陈 涛	机电工程学院	2015/9/2
381	2015202556267	一种成骨细胞单细胞激励与检测的操作手结构	实用新型	陈 涛	机电工程学院	2015/9/2
382	2015201573388	一种防脱落夹鼻器	实用新型	陈 奕	医学部	2015/8/5
383	2015201898657	一种感温敷贴	实用新型	陈 奕	医学部	2015/8/5
384	201520202610X	一种集尿袋	实用新型	胡化刚	医学部	2015/8/5

续表

序号	专利号	专利名称	类别	第一发明人	学院(部)	授权公告日
385	201520065233X	一种引流袋	实用新型	王丽	医学部	2015/7/15
386	2015201807588	一种复杂形状织物的空间裁剪装置	实用新型	倪俊芳	机电工程学院	2015/9/23
387	2015202964247	一种低压差线性稳压器	实用新型	金岩	电子信息学院	2015/9/23
388	2015202662891	一种有梭织机光电探纬器及其驱动装置	实用新型	张长胜	纺织与服装工程学院	2015/9/23
389	2015202668811	一种垃圾袋固定装置	实用新型	马珊珊	医学部	2015/9/23
390	2015202666638	钻头热处理设备	实用新型	倪俊芳	机电工程学院	2015/9/23
391	2013101411285	一种咪喹莫特泡囊凝胶剂及其制备方法	发明	杨红	医学部	2015/5/13
392	2015203936422	一种测试纱线与织物抗划割性能的装置	实用新型	眭建华	纺织与服装工程学院	2015/9/30
393	2015202395373	一种显微镜下细胞培养用温控装置	实用新型	窦玉江	电子信息学院	2015/9/16
394	2012102631076	气动—二级肘杆增力—液压同步复合传动剪板机驱动装置	发明	王传洋	机电工程学院	2015/8/19
395	2014101598741	一种石墨烯-氧化二硼化钛复合物及其制备方法	发明	顾嫒娟	材料与化学化工学部	2015/8/19
396	2012103360438	一种彩色图像中显著对象的自动抠取方法	发明	刘纯平	计算机科学与技术学院	2015/8/19
397	2013100502959	一种膨胀阻燃剂及其制备方法	发明	梁国正	材料与化学化工学部	2015/8/19
398	2012103852911	一种纺织品用干热转移印花纸及其制备方法	发明	陈国强	纺织与服装工程学院	2015/8/19

续表

序号	专利号	专利名称	类别	第一发明人	学院（部）	授权公告日
399	2012103382850	一种运动目标检测方法	发明	龚声蓉	计算机科学与技术学院	2015/8/19
400	2013100603803	一种含氮介孔碳/MnO_2复合材料及其制备方法	发明	严锋	材料与化学化工学部	2015/8/19
401	2015201373803	大鼠快波睡眠剥夺箱	实用新型	车轶	医学部	2015/8/19
402	2015200720604	一种室内水培植物墙	实用新型	马建武	金螳螂建筑学院	2015/8/19
403	2015201669272	蛙反射弧分析实验装置	实用新型	车轶	医学部	2015/8/19
404	2015201991336	一种带有基于微机电技术的电调衰减器的压控振荡器	实用新型	栗新伟	电子信息学院	2015/9/23
405	2013102908806	一种制备二氧化钛纳米线的方法	发明	陈宇岳	纺织与服装工程学院	2015/9/23
406	2014100316413	一种圆片状磷酸铝及其制备方法	发明	梁国正	材料与化学化工学部	2015/9/23
407	201310010442X	一种测量部分相干高斯光束波前相位半径的方法	发明	朱时军	物理与光电·能源学部	2015/9/23
408	2014102211312	一种制备四氧化三铁纳米棒的方法	发明	陈宇岳	纺织与服装工程学院	2015/9/23
409	201410061567X	一种丝素基双层抗菌膜及其制备方法	发明	谢瑞娟	纺织与服装工程学院	2015/9/23
410	2013104478696	一种共聚酯熔体超高速直纺可控多异收缩复合纤维及其制备方法	发明	管新海	纺织与服装工程学院	2015/9/23
411	2013104478836	一种共聚酯熔体直纺预取向丝及其制备方法	发明	管新海	纺织与服装工程学院	2015/9/23
412	2013104265331	一种用于纺织品印花的增稠剂及其制备方法	发明	周向东	纺织与服装工程学院	2015/9/23

续表

序号	专利号	专利名称	类别	第一发明人	学院(部)	授权公告日
413	2013105904120	一种二茂铁齐聚物及其制备方法	发明	李战雄	纺织与服装工程学院	2015/9/23
414	2014100615824	掺杂Eu^{3+}和罗丹明6G的高分子荧光编码微球及制备方法	发明	范丽娟	材料与化学化工学部	2015/9/23
415	2013103945003	纺织品的一种相转移催化固色加工方法	发明	龙家杰	纺织与服装工程学院	2015/9/23
416	2013102998802	一种硅丙乳液及其作为织物整理剂的应用	发明	徐冬梅	材料与化学化工学部	2015/9/23
417	2013103628198	酸敏感阳离子型嵌段共聚物及其制备方法与应用	发明	倪沛红	材料与化学化工学部	2015/9/23
418	201310663467X	一种便携式气相色谱—质谱联用仪	发明	李晓旭	机电工程学院	2015/9/23
419	2013104285890	一种翻滚吐水煮茧机	发明	胡征宇	纺织与服装工程学院	2015/9/23
420	201210043718X	永磁助力电磁冲压机	发明	肖莹华	机电工程学院	2015/9/23
421	2012103271491	一种革兰阴性菌细胞壁内毒素模型教具	发明	朱越雄	医学部	2015/9/23
422	2013106362798	一种染色织物功能涂层的整理方法	发明	李小凤	纺织与服装工程学院	2015/9/23
423	2013105120611	酸敏感两亲性星状嵌段共聚物、其制备方法及应用	发明	倪沛红	材料与化学化工学部	2015/9/23
424	2013100634712	核/壳结构磁性介孔生物活性玻璃微球材料及其制备方法	发明	张英	纺织与服装工程学院	2015/9/23
425	2015202869666	一种试剂瓶盖保护套	实用新型	刘洋	医学部	2015/9/23
426	2015202225974	蛙骨骼肌收缩分析实验支架	实用新型	车轶	医学部	2015/9/23

续表

序号	专利号	专利名称	类别	第一发明人	学院（部）	授权公告日
427	2015202729054	一种带有刺激电极线的蛙心夹	实用新型	车轶	医学部	2015/9/23
428	2015203711236	一种全息制作平面闪耀光栅的装置	实用新型	邹文龙	物理与光电·能源学部	2015/9/23
429	2015201745331	基于云端的中医脉象辅助诊断系统	实用新型	徐大诚	电子信息学院	2015/9/23
430	201520231172X	APC通过免疫突触与T细胞相互作用结构模型教具	实用新型	赵英伟	医学部	2015/9/23
431	2015202199452	超抗原与MHC及TCR的作用模式模型教具	实用新型	赵英伟	医学部	2015/9/23
432	2015203082200	AICD引起激活的淋巴细胞发生克隆性凋亡模型教具	实用新型	赵英伟	医学部	2015/9/23
433	2014101659891	一种浮游生物的拦截式采集方法	发明	诸葛洪祥	医学部	2015/8/26
434	2015202037621	发光百叶窗帘	实用新型	孙忠茂	电子信息学院	2015/8/26
435	2015202349341	水上救生器具	实用新型	胡昕	金螳螂建筑学院	2015/8/26
436	2015202367570	水上救生袋	实用新型	胡昕	金螳螂建筑学院	2015/8/26
437	2015202367585	多段式救生绳	实用新型	胡昕	金螳螂建筑学院	2015/8/26
438	2015202629588	一种基于红外传感器的智能交通灯	实用新型	张晓青	电子信息学院	2015/8/26
439	2012104262659	增强型动力铅酸蓄电池正极板	发明	柳颖	物理与光电·能源学部	2015/8/26
440	2015203327640	充气式救生袋	实用新型	胡昕	金螳螂建筑学院	2015/9/16
441	2015203321466	安全限高装置	实用新型	胡子刚	金螳螂建筑学院	2015/9/16
442	2015203522107	人工充气救生袋	实用新型	胡昕	金螳螂建筑学院	2015/9/16

续表

序号	专利号	专利名称	类别	第一发明人	学院(部)	授权公告日
443	201520330416X	自动充气的救生袋	实用新型	胡昕	金螳螂建筑学院	2015/9/16
444	2015203527308	充气式救生背心	实用新型	胡昕	金螳螂建筑学院	2015/9/16
445	2015203527280	救生绳	实用新型	胡昕	金螳螂建筑学院	2015/9/16
446	2013104837788	一种手性螺萘醌并吡喃羟吲哚化合物的制备方法	发明	王兴旺	材料与化学化工学部	2015/9/23
447	2013106362529	一种管道行进装置及其驱动方法	发明	钱志良	机电工程学院	2015/9/23
448	2013104832623	一种氧化石墨烯多孔复合材料及其制备方法	发明	陈宇岳	纺织与服装工程学院	2015/7/8
449	2013104832765	一种医用抑菌型氧化石墨烯多孔复合材料的制备方法	发明	陈宇岳	纺织与服装工程学院	2015/7/8
450	2013104835424	一种改性纤维素吸附剂的制备方法	发明	陈宇岳	纺织与服装工程学院	2015/7/8
451	2013104833698	一种基于两性纤维素复合材料的制备方法	发明	陈宇岳	纺织与服装工程学院	2015/7/29
452	2013104834489	一种两性纤维素材料的制备方法	发明	陈宇岳	纺织与服装工程学院	2015/7/29
453	2013104833700	一种基于两性纤维素的复合材料及其应用	发明	陈宇岳	纺织与服装工程学院	2015/7/29
454	2014206124802	一种小型便携化车载氢氧发生器	实用新型	黄海波	机电工程学院	2015/4/8
455	2014206605450	水蛭产卵培育装置	实用新型	陈剑兴	医学部	2015/4/8
456	2014206607371	水蛭幼苗包装装置	实用新型	陈剑兴	医学部	2015/4/8
457	201420612486X	一种全自动二极管封装机构	实用新型	李相鹏	机电工程学院	2015/4/8
458	2014206605817	水蛭种苗运输箱	实用新型	陈剑兴	医学部	2015/4/8

续表

序号	专利号	专利名称	类别	第一发明人	学院(部)	授权公告日
459	2014206601835	水蛭出苗培育装置	实用新型	陈剑兴	医学部	2015/4/8
460	2015202158749	一种球类测速系统	实用新型	王国栋	体育学院	2015/9/30
461	2013100778013	精加工前薄壁结构件自动排列定位机及排列定位方法	发明	陈 涛	机电工程学院	2015/9/30
462	2012105484577	气泡复合静电纺丝装置	发明	何吉欢	纺织与服装工程学院	2015/9/30
463	201210344047	太阳能电池制绒表面的抛光方法及抛光装置	发明	辛 煜	物理与光电·能源学部	2015/9/30
464	2012104439409	一种双金属茂基稀土胺基化合物及其制备方法及羟基亚磷酸酯类化合物的制备方法	发明	姚英明	材料与化学化工学部	2015/9/30
465	2011101370708	电极导向器	发明	傅戈雁	机电工程学院	2015/9/30
466	2013100257389	长玻璃柱靶腔的靶球精确定位装置及方法	发明	陈 涛	机电工程学院	2015/9/30
467	2013102905066	基于纳米压印技术的周期式啁啾结构等离子激元光谱吸收装置	发明	王钦华	物理与光电·能源学部	2015/9/30
468	201310138128X	一种药物粉碎冲泡一体机	发明	袁德敬	医学部	2015/9/30
469	2013103590400	含有重组腺病毒质粒的大肠杆菌及重组腺病毒的应用	发明	杨吉成	医学部	2015/9/30
470	2015200430724	一种智能游泳锻炼规划系统	实用新型	严建峰	计算机科学与技术学院	2015/9/30
471	2013104352950	基于毛刺摩擦非对称性的谐振驱动机构及机器人结构	发明	李伟达	机电工程学院	2015/9/30
472	2015203163890	一种电火花线切割机变力张紧装置	实用新型	贾 帅	工程训练中心	2015/9/30

续表

序号	专利号	专利名称	类别	第一发明人	学院(部)	授权公告日
473	US9,006,402B2	QUATERNARY DATA-STORAGE MATERIALS AND THE PREPARATION METHOD THEREOF	美国发明	路建美	材料与化学化工学部	2015/4/14
474	2013100521023	一种富勒烯聚酯的制备方法	发明	屠迎锋	材料与化学化工学部	2015/9/23
475	201210429095X	对苯二胺基桥联四芳氧基双金属稀土胺化物的制备及应用	发明	姚英明	材料与化学化工学部	2015/10/21
476	201210572385X	具有双疏水性基团的富勒烯衍生物在太阳能电池中的应用	发明	屠迎锋	材料与化学化工学部	2015/10/28
477	2012102949479	一种多路开关量信号跳变检测与精确计时系统	发明	胡剑凌	电子信息学院	2015/10/28
478	2014104792090	一种织造曲折经纬机织物的织机	发明	眭建华	纺织与服装工程学院	2015/10/28
479	2012105153875	一种用改性葡萄糖制备纳米银水溶液的方法	发明	陈宇岳	纺织与服装工程学院	2015/10/28
480	2013101869325	用于远度跳跃项目的距离测量装置	发明	雍明	体育学院	2015/10/28
481	2013102634933	一种铕离子Eu^{3+}激活的磷酸盐基红色荧光粉、制备方法及应用	发明	黄彦林	材料与化学化工学部	2015/10/28
482	2013102842141	用于太阳能电池的三维硅纳米结构的制备方法	发明	孙宝全	功能纳米与软物质研究院	2015/10/28
483	201310336377X	基于杂多酸阳极修饰层的有机太阳能电池及其制备方法	发明	孙宝全	功能纳米与软物质研究院	2015/10/28

续表

序号	专利号	专利名称	类别	第一发明人	学院(部)	授权公告日
484	201310425452X	一种超亲水玻璃表面的制备方法	发明	秦大可	应用技术学院	2015/10/28
485	2013104838615	一种制备烷基取代芳烃的方法	发明	孙宏枚	材料与化学化工学部	2015/10/28
486	2013107434825	一种聚苯醚包覆环氧树脂微胶囊的制备方法	发明	袁莉	材料与化学化工学部	2015/10/28
487	2013107434863	一种改性取向碳纳米管束及其制备方法	发明	袁莉	材料与化学化工学部	2015/10/28
488	2014100325696	一种制备他达拉非的方法	发明	张士磊	医学部	2015/10/28
489	2014101226039	一种喜梅红天然染料、制备方法及其应用于对蛋白纤维的生态染色	发明	郑敏	纺织与服装工程学院	2015/10/28
490	2014101533431	一种吸附纤维的制备方法	发明	蒋军	材料与化学化工学部	2015/10/28
491	2014102211295	一种磁性气凝胶及其制备方法	发明	陈宇岳	纺织与服装工程学院	2015/10/28
492	2014102573722	一种制备N-异丁腈苯甲酰胺衍生物的方法	发明	毛金成	材料与化学化工学部	2015/10/28
493	2014102725231	一种鉴定家蚕化蛹的方法	发明	李兵	医学部	2015/10/28
494	2015202464655	一种铁架台十字夹	实用新型	车轶	医学部	2015/10/28
495	2015203641040	免疫球蛋白的J链和分泌片结构模型教具	实用新型	赵英伟	医学部	2015/10/28
496	2015203875503	雏鸡社会行为检测行为箱	实用新型	车轶	医学部	2015/10/28
497	2013104939758	气动双手揉搓仿生装置	发明	窦云霞	机电工程学院	2015/10/21
498	2014100700437	一种原位形貌和光学性能监控蒸发源及真空沉积设备	发明	迟力峰	功能纳米与软物质研究院	2015/10/21

续表

序号	专利号	专利名称	类别	第一发明人	学院(部)	授权公告日
499	2013103198626	一种双咪唑型离子晶体及其制备方法	发明	赵 杰	物理与光电·能源学部	2015/10/21
500	2013107514482	一种多用采血箱	发明	朱远见	医学部	2015/10/21
501	201520428854X	磁力谐波齿轮减速器	实用新型	李强伟	工程训练中心	2015/10/21
502	2015203322488	救生背包	实用新型	胡 昕	金螳螂建筑学院	2015/9/30
503	2015203714732	高空模拟试验装置	实用新型	周新明	工程训练中心	2015/9/30
504	2015204016812	非圆外轮廓多曲面快速对中夹具	实用新型	周新明	工程训练中心	2015/9/30
505	2015203994714	非圆内轮廓多曲面快速对中夹具	实用新型	周新明	工程训练中心	2015/9/30
506	20121003710319	丝绸染绘方法	发明	丁志平	艺术学院	2015/10/28
507	2013104626895	一种高曲率大口径自由面镜片的检测方法及其设计加工方法	发明	秦琳玲	物理与光电·能源学部	2015/2/18
508	2013107226536	基于离子交换织物填充的电去离子装置及其应用	发明	朱新生	纺织与服装工程学院	2015/11/11
509	2015203702383	一种展示倒位染色体等断裂点教学模型	实用新型	成中芹	医学部	2015/10/28
510	2015202542601	基于石墨烯与纳米结构钙钛矿材料的光探测器	实用新型	鲍桥梁	功能纳米与软物质研究院	2015/8/5
511	2015203640387	一种具有自检功能的自动焊接护目镜	实用新型	钱 敏	电子信息学院	2015/11/18
512	2015204756893	一种正交无交源光纤网络前向数据发送系统	实用新型	王晓玲	电子信息学院	2015/11/25
513	2014206061555	六自由度并联放射治疗床	实用新型	孙立宁	机电工程学院	2015/3/25
514	2015201905985	发光漏斗	实用新型	聂继华	医学部	2015/8/5

续表

序号	专利号	专利名称	类别	第一发明人	学院(部)	授权公告日
515	2015201907853	一种多孔带盖离心管架	实用新型	聂继华	医学部	2015/7/29
516	2015201419741	新型PCR管盒	实用新型	王大朋	医学部	2015/7/22
517	2015200859405	控温解剖板	实用新型	陈志海	医学部	2015/7/8
518	2015201419756	控温洗膜盒	实用新型	聂继华	医学部	2015/7/15
519	2015201904450	发光针管	实用新型	聂继华	医学部	2015/8/5
520	2015200842635	新型抗体孵育盒	实用新型	王大朋	医学部	2015/7/1
521	2015201364081	一种血细胞机械应力形变脉冲激光同步显微成像允测装置	实用新型	徐博翎	机电工程学院	2015/10/7
522	2015201004762	便携式智能加热睡袋	实用新型	张成蛟	纺织与服装工程学院	2015/9/9
523	201520142001X	新型枪头盒	实用新型	陈志海	医学部	2015/8/26
524	201520430442X	一种测量散射物体散射函数实部和虚部的装置	实用新型	刘显龙	物理与光电·能源学部	2015/11/18
525	2015202893237	一种空心丝素蛋白微针结构	实用新型	殷祝平	纺织与服装工程学院	2015/11/18
526	2015204303944	一种产生全庞加莱光束的装置	实用新型	刘 琳	物理与光电·能源学部	2015/11/18
527	2015203460384	一种高压水清砂装置	实用新型	胡增荣	城市轨道交通学院	2015/11/4
528	2015203440889	一种轨道交通电缆	实用新型	胡增荣	城市轨道交通学院	2015/11/11
529	2015202177256	一种紧固件检测装置	实用新型	尹成科	机电工程学院	2015/10/7
530	2015202781265	激光喷丸夹具及系统	实用新型	胡增荣	城市轨道交通学院	2015/10/7
531	2015202313867	肌电信号采集系统	实用新型	李龙委	机电工程学院	2015/10/7
532	2015201824013	压电式物镜驱动台	实用新型	钟博文	机电工程学院	2015/9/9
533	201520184893X	压电式物镜驱动台	实用新型	钟博文	机电工程学院	2015/9/9

续表

序号	专利号	专利名称	类别	第一发明人	学院(部)	授权公告日
534	201520230919X	表面肌电信号采集电路	实用新型	李龙委	机电工程学院	2015/10/7
535	2015202801146	激光烧结装置及系统	实用新型	胡增荣	城市轨道交通学院	2015/10/7
536	2015202004149	一种通过ZIF-8吸附氮气的装置	实用新型	涂彧	计算机科学与技术学院	2015/9/9
537	2015200169611	电火花电源	实用新型	张友军	机电工程学院	2015/9/9
538	2013105865728	一种钨钼酸盐红色荧光粉及其制备方法和应用	发明	黄彦林	材料与化学化工学部	2015/4/8
539	2013105871682	一种氟磷酸盐基蓝色荧光粉、制备方法及应用	发明	黄彦林	材料与化学化工学部	2015/4/8
540	2013100280224	一种含环氧基团的氟硅改性丙烯酸酯乳液及其制备方法	发明	谢洪德	材料与化学化工学部	2015/3/4
541	2013103251115	一种手性环氧化合物的制备	发明	姚英明	材料与化学化工学部	2015/3/4
542	2013102234150	围领式颈托	发明	罗宗平	医学部	2015/3/4
543	2013102501217	一种络合卟啉含糖光敏剂及其制备方法	发明	陈高健	物理与光电·能源学部	2015/3/4
544	2013102518190	一种抗凝血丝素膜及其制备方法	发明	魏雅丽	纺织与服装工程学院	2015/3/4
545	2012100977489	一种两面针喹诺酮类生物碱的制备及应用	发明	李贺然	医学部	2015/6/17
546	2013101906432	具有荧光响应的多孔吸油纤维制备方法	发明	路建美	材料与化学化工学部	2015/8/5
547	2013101909394	一种有表面增强拉曼散射效应揿孔纤维制备	发明	张克勤	纺织与服装工程学院	2015/6/17
548	201310250951X	一种抗凝血丝素材料及其制备方法	发明	孙丹	纺织与服装工程学院	2015/7/22

续表

序号	专利号	专利名称	类别	第一发明人	学院(部)	授权公告日
549	2013104261311	应变传感性纳米纤维纱及其制备方法	发明	潘志娟	纺织与服装工程学院	2015/10/7
550	2013103002269	一种石墨烯复合电极材料及其固相催化制备方法	发明	张 力	物理与光电·能源学部	2015/9/9
551	2013102294842	一种络合铕的改性氟硅丙烯酸酯发光剂及其制备方法	发明	谢洪德	材料与化学化工学部	2015/10/7
552	2014200931333	一种简易储存盒	实用新型	杨朝辉	艺术学院	2015/3/4
553	2015204111535	雏鸡磁场定向行为箱	实用新型	车 轶	医学部	2015/11/4
554	2014101533427	一种检测白血病融合基因的多重PCR试剂盒	发明	孙万平	医学部	2015/11/4
555	2014101218047	基于表面增强拉曼光谱的高效液相色谱检测方法及装置	发明	姚建林	材料与化学化工学部	2015/11/4
556	2013105686516	一种离子诱导制备柞蚕丝素蛋白纳米颗粒的方法	发明	卢神州	纺织与服装工程学院	2015/11/4
557	2015204631385	一种高架公路桥面型钢伸缩装置	实用新型	史培新	城市轨道交通学院	2015/11/11
558	2015204681242	一种扩束准直光学系统	实用新型	周建康	物理与光电·能源学部	2015/11/11
559	2015203667303	一种大型建筑防漏连续沉降缝结构	实用新型	史培新	城市轨道交通学院	2015/11/11
560	2015204372893	用于一步法制备锦纶6POY/氨纶拉伸假捻包覆丝的设备	实用新型	管新海	纺织与服装工程学院	2015/11/11
561	2015203599109	一种亚波长反射式一维金属波片	实用新型	王钦华	物理与光电·能源学部	2015/11/11
562	2015204471691	一种基于金属软管底座的测距传感器测量装置	实用新型	余 雷	机电工程学院	2015/11/11

续表

序号	专利号	专利名称	类别	第一发明人	学院(部)	授权公告日
563	2015203030545	一种带有温度传感器的细菌涂布棒	实用新型	徐加英	医学部	2015/11/11
564	2014100563872	一种静电纺芳纶1313纳米纤维/聚乳酸复合材料及其制备方法	发明	潘志娟	纺织与服装工程学院	2015/11/11
565	2013104949815	一种可反复开闭的双开关响应控制的分子释放系统、制备方法及应用	发明	杨磊	医学部	2015/11/18
566	2013105965872	一种旋转对称自由曲面透镜的检测方法	发明	仇谷烽	物理与光电·能源学部	2015/11/18
567	2013101151983	一种在紫外光激发下实现近红外发光的钼酸盐材料、制备方法及应用	发明	黄彦林	材料与化学化工学部	2015/11/18
568	2014100615839	掺杂铕离子的高分子荧光编码微球及其制备方法	发明	范丽娟	材料与化学化工学部	2015/11/18
569	2013104765313	一种基于共轭高分子的荧光传感器阵列及其应用	发明	范丽娟	材料与化学化工学部	2015/11/18
570	2012103686127	一种制备2-氧杂磷杂环戊烷的方法	发明	徐凡	材料与化学化工学部	2015/11/18
571	2013101335756	一种费里棱镜的加工方法	发明	陈曦	医学部	2015/11/18
572	2013104939743	气动双手揉搓仿生装置	发明	王传洋	机电工程学院	2015/11/04
573	2015205235395	多层养猪舍	实用新型	滕育梅	金螳螂建筑学院	2015/11/18
574	2014100407766	用于数控机床的对刀设备	发明	谭洪	工程训练中心	2015/11/18
575	2015205313163	一种锂空气电池测试模具	实用新型	田景华	物理与光电·能源学部	2015/11/11

续表

序号	专利号	专利名称	类别	第一发明人	学院（部）	授权公告日
576	2013106775339	一种三金属纳米粒子及其制备方法	发明	程丝	材料与化学化工学部	2015/11/18
577	2013106648738	一种碳纳米管/聚乙烯醇复合纤维及其制备方法	发明	戴礼兴	材料与化学化工学部	2015/11/18
578	2015202761204	一种制备平行纤维的气泡静电纺丝装置	实用新型	徐岚	纺织与服装工程学院	2015/11/4
579	2015202562681	一种脊柱矫治支具	实用新型	余嘉	医学部	2015/11/11
580	2015202609033	一种关节康复支具	实用新型	余嘉	医学部	2015/11/4
581	2014208574404	一种周向纺丝组件	实用新型	孟凯	纺织与服装工程学院	2015/11/11
582	2015200167353	一种制备有序纳米纤维的静电纺丝装置	实用新型	徐岚	纺织与服装工程学院	2015/11/11
583	2012101735167	多孔气泡静电纺丝装置	发明	何吉欢	纺织与服装工程学院	2015/11/11
584	2015203527558	一种拖地调节机构	实用新型	孙荣川	机电工程学院	2015/11/4
585	2015201762816	一种面向外骨骼助行机器人的重心调节装置	实用新型	李娟	机电工程学院	2015/11/18
586	201520397730X	自粘自导通发光笔带	实用新型	严建峰	计算机科学与技术学院	2015/11/18
587	2015201763109	基于虚拟钥匙的车锁控制系统及包含该系统的智能车锁	实用新型	陈良	机电工程学院	2015/11/18
588	2014102500454	一种智能护眼眼镜	发明	严建峰	计算机科学与技术学院	2015/10/28
589	2012105354272	用于非水二次电池的负极材料及其制备方法、非水二次电池负极和非水二次电池	发明	李德成	物理与光电·能源学部	2015/10/28
590	2013100737121	微小器件装配系统及其装配方法	发明	陈涛	机电工程学院	2015/10/28

续表

序号	专利号	专利名称	类别	第一发明人	学院（部）	授权公告日
591	2013103953809	一种反射式分光光栅及干涉光刻系统	发明	胡　进	物理与光电·能源学部	2015/10/28
592	2013101363544	侧链含赖氨酸残基的共聚物及其制备方法和纤溶功能材料	发明	陈　红	材料与化学化工学部	2015/10/28
593	2015202467935	足踝矫治支具	实用新型	余　嘉	医学部	2015/10/28
594	2013106701299	一种喷气织机的主喷嘴结构及主喷嘴内气流加速方法	发明	冯志华	机电工程学院	2015/10/28
595	2012100508058	一种闭环压电薄膜泵及流量控制方法	发明	潘明强	机电工程学院	2015/10/28
596	201520351596X	一种用于拖地机器人的超声波喷雾装置	实用新型	孙荣川	机电工程学院	2015/10/28
597	2013107309952	一种无创血糖检测方法	发明	李文石	电子信息学院	2015/10/28
598	2013103435759	宽带反射型亚波长矩形环阵列四分之一波片及其制作方法	发明	王钦华	物理与光电·能源学部	2015/10/28
599	201310172749X	显微注射系统及坐标误差补偿和精确重复定位方法	发明	汝长海	机电工程学院	2015/11/25
600	2013102569385	一种旋转多孔静电纺丝装置	发明	何吉欢	纺织与服装工程学院	2015/11/25
601	2011100512186	用于锂离子二次电池的正极材料及其制备方法、锂离子二次电池正极和锂离子二次电池	发明	李德成	物理与光电·能源学部	2015/11/25
602	2012103900648	一种多孔气泡静电纺丝装置	发明	何吉欢	纺织与服装工程学院	2015/11/25
603	2012105167990	并联机器人的正运动学求解方法	发明	任子武	机电工程学院	2015/11/25

续表

序号	专利号	专利名称	类别	第一发明人	学院（部）	授权公告日
604	2013105866966	闭环控制的封装型压电陶瓷致动器及电阻应变片固定方法	发明	钟博文	机电工程学院	2015/11/25
605	2012104071191	气泡纺丝装置	发明	何吉欢	纺织与服装工程学院	2015/11/25
606	201210548273	涡流式气泡纺丝装置	发明	何吉欢	纺织与服装工程学院	2015/11/25
607	2013101511029	利用静电纺丝技术制备纳米多孔材料的方法	发明	徐岚	纺织与服装工程学院	2015/11/25
608	2014105619874	织机及导电织物的制备方法	发明	冯志华	机电工程学院	2015/11/25
609	2013100603343	一种浇冒口去除机	发明	李伟达	机电工程学院	2015/11/25
610	2012105352436	产生径向贝塞尔—高斯光束的系统和方法	发明	王飞	物理与光电·能源学部	2015/11/25
611	2015200222789	一种下肢康复训练器	实用新型	李娟	机电工程学院	2015/11/25
612	2015203097865	护耳听诊器	实用新型	宋曦	医学部	2015/11/11
613	2015201716771	一种集成式的两自由度机械手及其控制系统	实用新型	刘吉柱	机电工程学院	2015/9/16
614	2014102141358	基于原儿茶酸的高富勒烯含量液晶化合物及其制备方法	发明	屠迎锋	材料与化学化工学部	2015/11/25
615	2013102526110	一种原位合成酞菁聚合物的制备方法	发明	陈高健	物理与光电·能源学部	2015/11/18
616	2013100305077	一种信道估计方法	发明	胡剑凌	电子信息学院	2015/11/18
617	2013101186910	一种一体化能量和数据非接触式互联系统	发明	胡剑凌	电子信息学院	2015/11/25
618	2014100862446	一种织物触摸手感及穿着舒适感的客观评价方法	发明	王国和	纺织与服装工程学院	2015/11/18

续表

序号	专利号	专利名称	类别	第一发明人	学院（部）	授权公告日
619	2014200967161	一种棕榈原纤芯体及其制品	实用新型	王国和	纺织与服装工程学院	2015/7/8
620	2015204756889	一种正交无源光纤网络反向数据发送系统	实用新型	王晓玲	电子信息学院	2015/12/9
621	2015300552619	包装盒（蚕房）	外观设计	许雅香	医学部	2015/7/8
622	2013105857026	一种锑酸盐基红色荧光粉及其制备方法和应用	发明	黄彦林	材料与化学化工学部	2015/12/2
623	2013102294838	一种通讯线疲劳试验机	发明	王明娣	机电工程学院	2015/12/9
624	201520522053X	用于曼光谱仪荧光抑制的多波长外爱腔激光发射装置	实用新型	张旭婷	物理与光电·能源学部	2015/12/9
625	2013101975254	一种金双锥结构纳米粒子的提纯方法	发明	程丝	材料与化学化工学部	2015/12/2
626	2013104484220	一种共聚酯熔体及其制备方法	发明	管新海	纺织与服装工程学院	2015/12/2
627	2013101113144	一种共轭聚合物及其在杂化太阳能电池中的应用	发明	袁建宇	功能纳米与软物质研究院	2015/12/2
628	2013106356299	一种功能性蛋白纤维的制备方法	发明	刘菲	纺织与服装工程学院	2015/12/2
629	2013102685545	一种二次锂-空气电池阴极催化剂及其应用	发明	杨瑞枝	物理与光电·能源学部	2015/12/2
630	2014102574091	一种制备取代氨基脲化合物的方法	发明	毛金成	材料与化学化工学部	2015/12/2
631	2013100819456	一种铕离子Eu^{3+}激活的红色荧光粉、制备方法及应用	发明	黄彦林	材料与化学化工学部	2015/12/9
632	2014102211098	一种制备四氧化三铁纳米粒子的方法	发明	陈宇岳	纺织与服装工程学院	2015/12/9
633	2014103045339	一种硅酸锆盐蓝色荧光粉、制备方法及其应用	发明	黄彦林	材料与化学化工学部	2015/12/9

续表

序号	专利号	专利名称	类别	第一发明人	学院(部)	授权公告日
634	2014103523044	一种β-二亚胺基二价稀土硼氢配合物及其制备方法与应用	发明	薛明强	材料与化学化工学部	2015/12/9
635	2014100532412	一种多孔钽骨架的制备方法	发明	张敏	机电工程学院	2015/12/9
636	2013102524628	一种原子钟	发明	乔东海	电子信息学院	2015/12/9
637	201310697862X	一种基于图像识别的真丝织物一浴多彩色扎染用染料的选择方法	发明	叶萍	纺织与服装工程学院	2015/12/9
638	201520622121X	一种智能移液器支架	实用新型	徐加英	医学部	2015/12/23
639	2013107514463	多用采血箱	发明	曹蕴	医学部	2015/12/02
640	2013103162200	一种新型结构的硅纳米材料太阳能电池及其制备方法	发明	邵名望	功能纳米与软物质研究院	2015/12/02
641	2015206064740	导线外皮的混合波长激光剥线装置	实用新型	杨桂林	机电工程学院	2015/12/02
642	2013101998862	分散染料数码直喷免蒸洗浆料	发明	丁志平	艺术学院	2015/12/23
643	2014102915255	一种手动面条机	发明	谭洪	工程训练中心	2015/12/16
644	2013102450501	一种气体净化器	发明	葛清鹏	医学部	2015/12/23
645	2015206640533	太阳能级多晶硅片质量自动分类装置	实用新型	刘坤	机电工程学院	2015/12/23
646	2014103696931	一种内嵌钪氧化物团簇富勒烯的制备方法	发明	冯莱	物理与光电·能源学部	2015/12/30
647	2013105685354	一种丝素蛋白的提纯方法	发明	卢神州	纺织与服装工程学院	2015/12/30
648	2014102373247	一种非铝脱氧钢用铁锰镁合金脱氧剂的制备方法	发明	王德永	沙钢钢铁学院	2015/12/30

续表

序号	专利号	专利名称	类别	第一发明人	学院(部)	授权公告日
649	2014105276450	一种实验用可变形钢筘装置	发明	眭建华	纺织与服装工程学院	2015/12/23
650	2015205748790	一种心脏血液循环模型	实用新型	张玉英	医学部	2015/12/23
651	2015203782015	一种多管气泡纺丝装置	实用新型	徐岚	纺织与服装工程学院	2015/12/23
652	2015203778768	一种气泡静电纺丝装置	实用新型	徐岚	纺织与服装工程学院	2015/12/23
653	2015204797268	一种静电纺丝装置	实用新型	何吉欢	纺织与服装工程学院	2015/12/23
654	2015205358056	一种智能扭矩扳手检定系统	实用新型	许宜申	物理与光电·能源学部	2015/12/23
655	2015205647287	一种能量采集器	实用新型	刘会聪	机电工程学院	2015/12/23
656	2015205495068	一种基于磁传感器的交通车辆检测系统	实用新型	郑建颖	城市轨道交通学院	2015/12/23
657	2015205358022	一种耐高温纳米纤维复合膜	实用新型	李雅	医学部	2015/12/23
658	2015205440703	气流纺纱装置用引纱装置、喷气织机用引纱装置及引纱方法	实用新型	冯志华	机电工程学院	2015/12/23
659	2015205359063	一种防辐射面料	实用新型	李雅	医学部	2015/12/23
660	2012102103747	夹紧装置	发明	吴冬敏	机电工程学院	2015/12/30
661	2015203937073	基于超声波测距的二维倒车雷达系统	实用新型	许宜申	物理与光电·能源学部	2015/12/30
662	201520480532X	一种批量生产纳米纤维的静电纺丝装置	实用新型	何吉欢	纺织与服装工程学院	2015/12/30
663	2015205030639	基于CAN总线的智能车灯控制系统	实用新型	许宜申	物理与光电·能源学部	2015/12/30
664	201520270978X	一种小儿雾化吸入面罩	实用新型	张诚霖	医学部	2015/12/30

续表

序号	专利号	专利名称	类别	第一发明人	学院(部)	授权公告日
665	2015203222121	一种基于FPGA的湿雨伞快速自动干燥机	实用新型	胡伟	电子信息学院	2015/12/30
666	2014102301357	一种湿地型河岸格宾网挡墙的施工方法	发明	李蒙英	医学部	2015/11/18
667	2012105416955	一种环状侧链含偶氮苯的两亲性无规共聚物及其合成方法	发明	周年琛	材料与化学化工学部	2015/12/23
668	2015202640924	一种无动力滨河景观人工湿地水质净化系统	实用新型	李蒙英	医学部	2015/11/11
669	US8,969,185 B2	MANUFAC "TURING APPARATUS AND MANUFAC" TURING ME"THOD FOR QUAN" TUM DOT MATERIAL	美国发明	彭长四	物理与光电·能源学部	2015/3/3
670	US9,075,194 B2	ME "THOD ROR MANUFAC"TURING HOLOGRAPHIC BI-BLAZED GRATING	美国发明	刘全	物理与光电·能源学部	2015/7/7
671	2015204814530	一种序纤维制备装置	实用新型	张克勤	纺织与服装工程学院	2015/11/11
672	2014102545991	用于重氮化反应的溶剂介质	发明	龙家杰	纺织与服装工程学院	2015/12/30
673	2015204169521	小鼠运输笼	实用新型	何艳	医学部	2015/12/16
674	2015201964381	基于飞行定位的照度测试器及照度测试群	实用新型	余亮	金螳螂建筑学院	2015/8/19

2015年度苏州大学软件著作权授权情况

2015年度苏州大学软件著作权授权情况一览表

序号	登记号	证书日期	名称	学院	完成人
1	2015SR001395	2015/1/5	票据管理系统V1.0	计算机科学与技术学院	姚望舒
2	2015SR004480	2015/1/8	文献电子笔记软件1.0	计算机科学与技术学院	姚望舒
3	2015SR017929	2015/1/30	汽车偏道检测与报警系统V1.0	计算机科学与技术学院	刘纯平
4	2015SR021199	2015/2/3	智联社区点餐系统APP软件V1.0	计算机科学与技术学院	潘朋飞
5	2015SR021201	2015/2/3	社区再就业培训系统V1.0	计算机科学与技术学院	李丁
6	2015SR022056	2015/2/3	社区物业系统后台管理软件V1.0	计算机科学与技术学院	夷臻
7	2015SR021811	2015/2/3	社区物业管理系统软件V1.0	计算机科学与技术学院	万木林
8	2015SR021793	2015/2/3	面向精神卫生领域的问卷调查系统V1.0	计算机科学与技术学院	陆茜茜
9	2015SR021195	2015/2/3	居民健康数据采集和分析系统软件V1.0	计算机科学与技术学院	宋师英
10	2015SR020960	2015/2/2	基于J2EE的网上业务办理系统V1.0	计算机科学与技术学院	孙靓亚
11	2015SR029562	2015/2/11	服装裁剪路径规划系统V1.0	纺织与服装工程学院	王立川
12	2015SR029682	2015/2/11	共享内存的并行主题建模系统V1.0	计算机科学与技术学院	刘晓升
13	2015SR029566	2015/2/11	中文事件时序关系识别系统V1.0	计算机科学与技术学院	郑新
14	2015SR029559	2015/2/11	OpenTextBook学术交流平台软件1.0	计算机科学与技术学院	王辉
15	2015SR068127	2015/4/24	维基百科实体分类标注系统V1.0	计算机科学与技术学院	钱龙华

续表

序号	登记号	证书日期	名称	学院	完成人
16	2015SR067782	2015/4/24	城镇供水类企业数据填报平台V1.0	计算机科学与技术学院	程宝雷
17	2015SR067734	2015/4/24	树型网络排水部门数据管理系统V1.0	计算机科学与技术学院	程宝雷
18	2015SR067838	2015/4/24	中文事件时序分类和分析系统V1.0	计算机科学与技术学院	李培峰
19	2015SR067767	2015/4/24	中文命名实体链接标注系统1.0	计算机科学与技术学院	钱龙华
20	2015SR071410	2015/4/29	网络维圆排列应用模拟系统V1.0	计算机科学与技术学院	程宝雷
21	2015SR082061	2015/5/14	事件论元及角色识别系统V1.0	计算机科学与技术学院	朱 珠
22	2015SR083105	2015/5/15	事件论元识别系统V1.0	计算机科学与技术学院	朱 珠
23	2015SR082850	2015/5/15	微博用户年龄回归系统V1.0	计算机科学与技术学院	薛云霞
24	2015SR082731	2015/5/15	问答主题分类系统V1.0	计算机科学与技术学院	张 栋
25	2015SR082622	2015/5/15	电梯摩擦系数测试软件系统V1.0	机电工程学院	余 雷
26	2015SR082915	2015/5/15	基于转移概率的情绪分类系统V1.0	计算机科学与技术学院	汪 蓉
27	2015SR082851	2015/5/15	服装人模陈列搜索系统V1.0	纺织与服装工程学院	施建平
28	2015SR082740	2015/5/15	IOS版纵横输入法系统V1.0	计算机科学与技术学院	包 艳
29	2015SR082999	2015/5/15	酷酷学习机软件V1.0	计算机科学与技术学院	高 伟
30	2015SR082754	2015/5/15	中文时间时序关系语料标注系统V1.0	计算机科学与技术学院	郑 新
31	2015SR082994	2015/5/15	事件触发词识别系统V1.0	计算机科学与技术学院	陈 敬
32	2015SR082996	2015/5/15	Android版纵横教学系统V1.0	计算机科学与技术学院	包 艳
33	2015SR082854	2015/5/15	基于条件状态模型的U盘输入法软件V1.0	计算机科学与技术学院	朱力行

续表

序号	登记号	证书日期	名称	学院	完成人
34	2015SR082916	2015/5/15	产品分类系统V1.0	计算机科学与技术学院	高伟
35	2015SR077547	2015/5/8	应用于激光铣削三维测量数据可视化处理软件	机电工程学院	王明娣
36	2015SR083805	2015/5/18	基于微博文本的用户职业分类系统V1.0	计算机科学与技术学院	戴斌
37	2015SR083801	2015/5/18	微博用户年龄分类系统V1.0	计算机科学与技术学院	薛云霞
38	2015SR083744	2015/5/18	微博文本情绪识别系统V1.0	计算机科学与技术学院	黄磊
39	2015SR083936	2015/5/18	射频芯片高低温自动测试系统平台V1.0	电子信息学院	刘学观
40	2015SR097550	2015/6/3	KVD虚拟桌面管理平台1.0	计算机科学与技术学院	刘钊
41	2015SR096176	2015/6/2	SD6068硅微加速计温度补偿系统软件V1.0	电子信息学院	徐大诚
42	2015SR096302	2015/6/2	SD6068加速度计自动化数据采集系统软件V1.0	电子信息学院	徐大诚
43	2015SR096173	2015/6/2	开放实验室设备管理平台1.0	计算机科学与技术学院	刘钊
44	2015SR113876	2015/6/24	基于信息可信度判断的股市涨跌预测系统V1.0	计算机科学与技术学院	杨萌
45	2015SR129700	2015/7/10	基于马尔科夫逻辑网的本体映射系统V1.0	计算机科学与技术学院	赵朋朋
46	2015SR129703	2015/7/10	Online Chatting系统1.0	计算机科学与技术学院	吕强
47	2015SR129600	2015/7/10	基于HMC的蛋白质结构采样软件1.0	计算机科学与技术学院	吕强
48	2015SR130063	2015/7/10	蛋白质结构重构软件V1.0	计算机科学与技术学院	吕强

续表

序号	登记号	证书日期	名称	学院	完成人
49	2015SR131372	2015/7/13	基于Pose共享的蛋白质配体并行对接软件V1.0	计算机科学与技术学院	吕 强
50	2015SR136296	2015/7/17	户外俱乐部微信公众平台V1.0	计算机科学与技术学院	赵朋朋
51	2015SR136756	2015/7/17	公司员工考勤管理系统1.0	计算机科学与技术学院	姚望舒
52	2015SR136762	2015/7/17	知识集成开发环境中调试器软件V1.0	计算机科学与技术学院	赵朋朋
53	2015SR136304	2015/7/17	基于Android校园查询/推送软件V1.0	计算机科学与技术学院	赵朋朋
54	2015SR136469	2015/7/17	基于Android的校园食堂外卖订餐软件V1.0	计算机科学与技术学院	赵朋朋
55	2015SR136468	2015/7/17	基于Android的音乐播放器软件V1.0	计算机科学与技术学院	赵朋朋
56	2015SR135898	2015/7/17	基于安卓的会议记录系统V1.0	计算机科学与技术学院	赵朋朋
57	2015SR136634	2015/7/17	户外俱乐部旅游网平台V1.0	计算机科学与技术学院	赵朋朋
58	2015SR136560	2015/7/17	游乐园企业微信公众平台V1.0	计算机科学与技术学院	赵朋朋
59	2015SR136199	2015/7/17	社区论坛系统V1.0	计算机科学与技术学院	姚望舒
60	2015SR144559	2015/7/27	苏大校园园内导航系统V1.0	计算机科学与技术学院	赵朋朋
61	2015SR147738	2015/7/31	基于Android的英语开心辞典软件V1.0	计算机科学与技术学院	赵朋朋
62	2015SR173063	2015/9/8	激光三维成形测温标定软件	机电工程学院	郭开波
63	2015SR019727	2015/2/2	基于聚类的快速轨迹匹配查询软件	计算机科学与技术学院	林少坤
64	2015SR019730	2015/2/2	汽车团购网站系统	计算机科学与技术学院	林少坤
65	2015SR019888	2015/2/2	基于KNN的相似性人脸识别仿真平台	计算机科学与技术学院	张 莉

续表

序号	登记号	证书日期	名称	学院	完成人
66	2015SR019949	2015/2/2	基于支持向量数据描述的医疗诊断仿真平台软件	计算机科学与技术学院	张莉
67	2015SR020611	2015/2/2	基于类别信息的邻域保持嵌入方法的人脸识别仿真平台软件	计算机科学与技术学院	张莉
68	2015SR020609	2015/2/2	基于HTML5的英语听力学习平台	计算机科学与技术学院	朱晓旭
69	2015SR020421	2015/2/2	新能源情报服务系统	计算机科学与技术学院	陈仕超
70	2015SR020598	2015/2/2	生产物流管理实训系统	计算机科学与技术学院	凌兴宏
71	2015SR077643	2015/5/8	基于网络爬虫的苏大新闻检索软件	计算机科学与技术学院	杨璐
72	2015SR077632	2015/5/8	基于局部平衡的判别近邻嵌入人脸识别系统仿真平台软件	计算机科学与技术学院	张莉
73	2015SR077652	2015/5/8	基于属性约简和支持向量机集成的乳腺癌诊断决策系统仿真平台软件	计算机科学与技术学院	张莉
74	2015SR077638	2015/5/8	基于非主属性的概率决策树实体匹配软件	计算机科学与技术学院	杨强
75	2015SR077454	2015/5/8	基于链接的交互式数据融合软件	计算机科学与技术学院	蒋俊
76	2015SR136689	2015/7/17	基于单核苷酸统计和SVM集成的人类启动子识别仿真平台软件	计算机科学与技术学院	张莉
77	2015SR136339	2015/7/17	弘业小区物业管理系统	计算机科学与技术学院	张宏斌
78	2015SR127680	2015/7/8	基于一类支持向量机的相似性判别仿真平台软件	计算机科学与技术学院	张莉
79	2015SR125907	2015/7/8	基于支持向量机的多特征子集合并的特征选择系统软件	计算机科学与技术学院	张莉

续表

序号	登记号	证书日期	名称	学院	完成人
80	2015SR127632	2015/7/8	基于马氏距离的分段矢量量化仿真平台软件	计算机科学与技术学院	张莉
81	2015SR127708	2015/7/8	贸易公司进出口业务海关电子口岸信息处理系统	计算机科学与技术学院	卢维亮
82	2015SR136683	2015/7/17	基于HSV颜色空间的二维非接触式人体测量系统	纺织与服装工程学院	杨敏
83	2015SR136886	2015/7/17	贝叶斯强化学习算法仿真平台软件	计算机科学与技术学院	尤树华
84	2015SR153741	2015/8/10	纺织提花特有JC5格式与通用BMP格式转换系统	计算机科学与技术学院	孙涌
85	2015SR153446	2015/8/10	基于Excel的Triz矩阵查询	计算机科学与技术学院	孙涌
86	2015SR153736	2015/8/10	苏州大学人力资源管理系统	计算机科学与技术学院	尤树华
87	2015SR153795	2015/8/10	基于MATLAB的图像预处理软件	计算机科学与技术学院	张召
88	2015SR153803	2015/8/10	通用会议室预定管理系统	计算机科学与技术学院	朱晓旭
89	2015SR153797	2015/8/10	数码印花企业图案管理系统	纺织与服装工程学院	戴宏钦
90	2015SR153298	2015/8/10	篇章逻辑语义关系语料可视化分析工具	计算机科学与技术学院	孔芳
91	2015SR153710	2015/8/10	面向活动意向的路径推荐系统	计算机科学与技术学院	林少坤
92	2015SR162878	2015/8/21	面向设计服装面料管理系统	纺织与服装工程学院	戴宏钦
93	2015SR165589	2015/8/26	基于Chan_Vese模型的人体图像分割系统	纺织与服装工程学院	杨敏
94	2015SR191002	2015/9/30	SCRM小型企业客户关系管理系统	计算机科学与技术学院	王邦军
95	2015SR191005	2015/9/30	GPCS小型企业全球采购管理系统	计算机科学与技术学院	王邦军

续表

序号	登记号	证书日期	名称	学院	完成人
96	2015SR190998	2015/9/30	GTAP通用教学辅助平台	计算机科学与技术学院	王邦军
97	2015SR223709	2015/11/16	贫困资助工作调查问卷管理系统	计算机科学与技术学院	朱晓旭
98	2015SR222744	2015/11/14	人类基因启动子深度特征提取系统软件	计算机科学与技术学院	张莉
99	2015SR000853	2015/11/14	获取及量化用户个性化服装偏好的程序	纺织与服装工程学院	戴宏钦
100	2015SR222855	2015/11/14	记录试衣效果及虚拟试衣的程序	纺织与服装工程学院	戴宏钦
101	2015SR222808	2015/11/14	家庭式酒店管理系统	计算机科学与技术学院	张宏斌
102	2015SR222521	2015/11/14	健身健走小软件	计算机科学与技术学院	张宏斌
103	2015SR047411	2015/3/17	空气净化器KW01节点测试软件	计算机科学与技术学院	王宜怀
104	2015SR047423	2015/3/17	空气净化器单节点实时监控软件	计算机科学与技术学院	王宜怀
105	2015SR125824	2015/7/7	KW01-GDS图形化编程软件	计算机科学与技术学院	王宜怀
106	2015SR125839	2015/7/7	RF-PLC网关软件	计算机科学与技术学院	王宜怀
107	2015SR126640	2015/7/7	HX-II型WSN节点测试程序系统	计算机科学与技术学院	曹金华
108	2015SR126405	2015/7/7	基于KL25的电磁智能车软件	计算机科学与技术学院	曹金华
109	2015SR127237	2015/7/8	基于KL25的CMOS摄像头检测智能车软件	计算机科学与技术学院	曹金华
110	2015SR125650	2015/7/7	基于KL25的线性CCD智能车软件	计算机科学与技术学院	曹金华
111	2015SR126398	2015/7/7	基于KL25的音乐开发软件	计算机科学与技术学院	曹金华
112	2015SR127700	2015/7/7	基于KW01的电磁智能车软件	计算机科学与技术学院	曹金华

续表

序号	登记号	证书日期	名称	学院	完成人
113	2015SR127433	2015/7/8	基于 ZigBee 的无线射频识别系统软件	计算机科学与技术学院	凌 云
114	2015SR127387	2015/7/8	信息发布系统软件	计算机科学与技术学院	凌 云
115	2015SR127035	2015/7/8	公文管理系统软件	计算机科学与技术学院	张 建
116	2015SR126630	2015/7/7	教材信息管理系统软件	计算机科学与技术学院	张 建
117	2015SR127242	2015/7/8	基于 KL25 的 ping-pong 模式数据流采集软件	计算机科学与技术学院	曹国平
118	2015SR127652	2015/7/8	基于 KL25 的 RFID 应用演示软件	计算机科学与技术学院	曹国平
119	2015SR127228	2015/7/8	茶叶栽培与病虫害防治专家咨询系统	计算机科学与技术学院	王 林
120	2015SR126617	2015/7/7	可可栽培与病虫害防治专家咨询系统	计算机科学与技术学院	王 林
121	2015SR126971	2015/7/8	人参栽培与病虫害防治专家咨询系统	计算机科学与技术学院	王 林
122	2015SR142467	2015/7/24	CSH 智能家居控制平台软件	计算机科学与技术学院	王宜怀
123	2015SR141110	2015/7/23	基于掩膜固化的快速成型控制系统	计算机科学与技术学院	王宜怀
124	2015SR127029	2015/7/8	WiFi 与 WSCN 相结合的植物灯网关	计算机科学与技术学院	王宜怀
125	2015SR127393	2015/7/8	WSCN-Pad 配置工具(手持设备)软件	计算机科学与技术学院	王宜怀
126	2015SR090878	2015/4/13	UCSS 体育赛事在线组织系统软件	计算机科学与技术学院	陈 宇
127	2015SR122184	2015/5/8	筛选出出现频率高的子图的软件	计算机科学与技术学院	朱 斐
128	2015SR176025	2015/7/29	基于人脸识别的安卓相机应用软件	计算机科学与技术学院	朱 斐
129	2015SR178792	2015/8/4	基于视频的道路交通拥堵监控系统	计算机科学与技术学院	朱 斐

续表

序号	登记号	证书日期	名称	学院	完成人
130	2015SR195240	2015/8/25	实现分层强化学习中同步抽象动作更新的软件	计算机科学与技术学院	朱斐
131	2015SR178068	2015/6/16	苏州大学 IntSol 系统	计算机科学与技术学院	杨洋
132	2015SR233802	2015/11/26	基于图像定位的 PCB 板级 EMI 自动监测系统 1.0	电子信息学院	刘学观
133	2015SR249827	2015/12/8	STL 模型布尔运算系统软件	机电工程学院	郭开波
134	2015SR083794	2015/5/18	手势互动控制系统	机电工程学院	余雷
135	2015SR082620	2015/5/15	楼层导视系统	机电工程学院	余雷
136	2015SR098376	2015/6/4	肌电信号采集系统	机电工程学院	张峰峰
137	2015SR060640	2015/4/8	苏州大学超市管理系统	计算机科学与技术学院	杨洋
138	2015SR060643	2015/4/8	苏州大学腾云影院购票系统	计算机科学与技术学院	杨洋
139	2015SR060646	2015/4/8	苏州大学学院人事管理系统	计算机科学与技术学院	李映
140	2015SR060655	2015/4/8	苏州大学 IntPred 系统	计算机科学与技术学院	杨洋
141	2015SR060987	2015/4/9	苏大软件系统分析与设计网络教学系统	计算机科学与技术学院	杨洋
142	2015SR063822	2015/4/16	基于 J2EE 的照片定制印刷系统	计算机科学与技术学院	赵朋朋
143	2015SR063837	2015/4/16	基于 TSF 的纵横汉字输入法系统	计算机科学与技术学院	朱晓旭
144	2015SR063841	2015/4/16	实验室文件共享管理系统（简称"文件系统"V1.0）	计算机科学与技术学院	孔芳
145	2015SR063890	2015/4/16	实验室物品管理系统	计算机科学与技术学院	孔芳
146	2015SR064147	2015/4/16	学校会议室管理系统	计算机科学与技术学院	孔芳

续表

序号	登记号	证书日期	名称	学院	完成人
147	2015SR064168	2015/4/16	面向购物搜索的实体匹配系统	计算机科学与技术学院	赵朋朋
148	2015SR064584	2015/4/17	实验室师生请假管理系统（简称"请假系统"）V1.0	计算机科学与技术学院	孔 芳
149	2015SR067142	2015/4/23	一个生物名词识别软件	计算机科学与技术学院	朱 斐
150	2015SR086784	2015/5/21	基于强化学习的生物紧密度分析系统软件	计算机科学与技术学院	朱 斐
151	2015SR134661	2015/7/16	保护隐私的社会化POI推荐系统软件	计算机科学与技术学院	刘 安
152	2015SR142792	2015/7/24	新能源情报天下手机客户端软件	计算机科学与技术学院	凌兴宏
153	2015SR146434	2015/7/29	敬文书院学生科研管理系统	计算机科学与技术学院	朱晓旭
154	2015SR154165	2015/8/10	社交网络中多条信任路径推荐系统	计算机科学与技术学院	刘冠峰
155	2015SR154188	2015/8/10	社交网络中基于信任的推荐系统	计算机科学与技术学院	刘冠峰
156	2015SR155140	2015/8/11	基于哈希的房源信息快速高效识别融合软件	计算机科学与技术学院	李直旭
157	2015SR199502	2015/10/19	基于最大熵模型的评价类型情绪分类系统	计算机科学与技术学院	陈 敬
158	2015SR199795	2015/10/19	基于K近邻的用户交互式性别识别系统	计算机科学与技术学院	王晶晶
159	2015SR199809	2015/10/19	基于半监督的情感问题分类系统	计算机科学与技术学院	张 栋
160	2015SR199815	2015/10/19	基于主动学习的新闻读者情绪分类系统	计算机科学与技术学院	陈 敬
161	2015SR200007	2015/10/19	基于朴素贝叶斯的问题分类系统	计算机科学与技术学院	张 栋
162	2015SR200081	2015/10/19	微博文本情绪分类系统	计算机科学与技术学院	黄 磊
163	2015SR200120	2015/10/19	情感与非情感问题分类系统	计算机科学与技术学院	张 栋

续表

序号	登记号	证书日期	名称	学院	完成人
164	2015SR200781	2015/10/19	基于 CRF 模型的情绪原因事件识别系统	计算机科学与技术学院	徐 建
165	2015SR200798	2015/10/20	BC 网络及其扩展结构 ECC 应用模拟系统 V1.0	计算机科学与技术学院	程宝雷
166	2015SR200886	2015/10/20	基于 K 近邻的相同用户识别系统	计算机科学与技术学院	王晶晶
167	2015SR200925	2015/10/20	双语事件类型判别系统	计算机科学与技术学院	朱 珠
168	2015SR200928	2015/10/20	城市园林绿化企业项目经理资质信息填报系统 V1.0	计算机科学与技术学院	程宝雷
169	2015SR201072	2015/10/20	LTQ 结构 P2P 网络上多路径性质模拟系统 V1.0	计算机科学与技术学院	程宝雷
170	2015SR201230	2015/10/20	基于结构句法的情绪原因事件识别系统	计算机科学与技术学院	徐 建
171	2015SR201353	2015/10/20	iOS 版纵横输入法系统 V2.0	计算机科学与技术学院	何天雄
172	2015SR201356	2015/10/20	基于支持向量机模型的评价类型分类系统	计算机科学与技术学院	陈 敬
173	2015SR201358	2015/10/20	基于微博文本和个人信息的用户职业分类系统	计算机科学与技术学院	戴 斌
174	2015SR207348	2015/10/27	《题库》	计算机科学与技术学院	韩 冬
175	2015SR207672	2015/10/28	《最苏大》	计算机科学与技术学院	韩 冬
176	2015SR233453	2015/11/26	商业决策技术系统	计算机科学与技术学院	陈建明
177	2015SR233795	2015/11/26	苏州市科技进步奖申报系统	计算机科学与技术学院	陈建明
178	2015SR233806	2015/11/26	利诚服装样板数据库系统	计算机科学与技术学院	陈建明
179	2015SR264665	2015/12/17	服装成品质检系统移动审批软件1.0	计算机科学与技术学院	杨 哲

续表

序号	登记号	证书日期	名称	学院	完成人
180	2015SR264945	2015/12/17	服装成品质检系统数据录入分析软件1.0	计算机科学与技术学院	杨哲
181	2015SR263949	2015/12/17	物联网人车轨迹追踪软件1.0	计算机科学与技术学院	杨哲
182	2015SR265188	2015/12/17	智慧城市物联网路灯节能监控系统Web端软件1.1	计算机科学与技术学院	杨哲
183	2015SR263962	2015/12/17	物联网访客登记管理软件1.0	计算机科学与技术学院	杨哲
184	2015SR257908	2015/12/14	基于DSP的ITU-T V.17调制软件	电子信息学院	胡剑凌
185	2015SR260675	2015/12/15	基于DSP的ITU-T V.17解调软件	电子信息学院	胡剑凌
186	2015SR260664	2015/12/15	基于DSP的ITU-T V.27ter调制软件	电子信息学院	胡剑凌
187	2015SR257914	2015/12/14	基于DSP的ITU-T V.27ter解调软件	电子信息学院	胡剑凌
188	2015SR264263	2015/12/17	有轨电车轨道障碍物检测软件	城市轨道交通学院	汪一鸣
189	2015SR264213	2015/12/17	有轨电车轨道识别软件	城市轨道交通学院	汪一鸣
190	2015SR201213	2015/10/20	脑卒中风险评估系统	医学部	徐勇
191	2015SR201348	2015/10/20	妊娠糖尿病风险评估系统	医学部	徐勇
192	2015SR199867	2015/10/20	高血压风险评估系统	医学部	徐勇
193	2015SR200918	2015/10/20	骨质疏松症风险评估系统	医学部	徐勇
194	2015SR127851	2015/7/7	2015C017贝母栽培与病虫害防治专家咨询系统	医学部	曲春香
195	2015SR126636	2015/7/7	2015C019咖啡栽培与病虫害防治专家咨询系统	医学部	曲春香
196	2015SR206977	2015/10/27	基于WEB的Smith圆图教学软件	电子信息学院	曹洪龙

续表

序号	登记号	证书日期	名称	学院	完成人
197	2015SR207860	2015/10/28	基于WEB的Smith圆图作图法阻抗匹配求解软件	电子信息学院	曹洪龙
198	2015SR209771	2015/10/30	医学图像库管理软件	电子信息学院	石霏
199	2015SR208286	2015/10/28	OCT图像处理与分析软件	电子信息学院	石霏
200	2015SR210023	2015/10/30	基于WEB的传输线理论之阻抗匹配计算软件	电子信息学院	曹洪龙
201	2015SR284998	2015/12/28	基于多面体抽象域离自适应离散化强化学习系统	计算机科学与技术学院	陈冬火
202	2015SR266019	2015/12/18	基于移动设备的Triz矩阵查询软件	计算机科学与技术学院	孙涌

2015年度苏州大学承担的省部级以上项目情况

科技项目情况

一、国家重点基础研究发展计划(863计划)项目(课题)(1项)

序号	项目批准号	项目名称	项目负责人	承担单位	资助经费(万元)	完成时间
1	2015AA020503	应用视觉信息加工ERPs客观评价视觉功能的研究及设备开发	陶陆阳	医学部基础医学与生物科学学院	225	2015.1.1－2017.12.30

二、国家星火计划项目(课题)(1项)

序号	项目批准号	项目名称	项目负责人	承担单位	资助经费(万元)	完成时间
1	2015GA690020	高效家蚕饲料添加剂的产业化	李兵	医学部基础医学与生物科学学院		2015.1.1－2017.12.30

三、国家自然科学基金项目(315项)

序号	批准号	项目名称	项目负责人	承担单位	资助经费(万元)	项目类别	完成时间
1	11571249	近可积哈密顿动力系统的 KAM 方法及其应用	王志国	数学科学学院	50	面上项目	2019.12.31
2	11571251	密码学中的若干组合构形研究	杜北梁	数学科学学院	50	面上项目	2019.12.31
3	11571246	自由群的几何自同构	吴建春	数学科学学院	45	面上项目	2019.12.31
4	11571247	自反算子代数的逆极限方法及数值域	陆芳言	数学科学学院	45	面上项目	2019.12.31
5	11571248	Dirichlet 空间上的复分析和算子论	侯绳照	数学科学学院	45	面上项目	2019.12.31
6	11571250	基于高频数据的带跳半鞅过程扩散项波动率分析	孔新兵	数学科学学院	39	面上项目	2019.12.31
7	11501396	有限域上典型群的几个应用	顾振华	数学科学学院	18	青年科学基金项目	2018.12.31
8	11501397	有组合背景的单项式理想的研究	顾燕	数学科学学院	18	青年科学基金项目	2018.12.31
9	11501399	三类多尺度问题的多尺度算法	杜锐	数学科学学院	18	青年科学基金项目	2018.12.31
10	11501398	整数分拆秩的研究	毛仁荣	数学科学学院	17	青年科学基金项目	2018.12.31
11	11526019	全国"基础数学"研究生暑期学校	曹永罗	数学科学学院	51	专项基金项目	2015.12.31
12	1158124 0102	参加7th HOPE Meeting 会议	蔡阳健	物理与光电·能源学部	0.6	国际(地区)合作与交流项目	2015.9.5
13	11525418	光束调控及应用	蔡阳健	物理与光电·能源学部	350	杰出青年科学基金项目	2020.12.31
14	U1532101	BESIII 实验上 Ds 介子激发态的寻找及其衰变分支比的测量	徐新平	物理与光电·能源学部	58	联合基金项目	2018.12.31

续表

序号	批准号	项目名称	项目负责人	承担单位	资助经费（万元）	项目类别	完成时间
15	U1532108	脂质—纳米结构杂合体系的组装机制、结构性能表征及应用	元冰	物理与光电·能源学部	58	联合基金项目	2018.12.31
16	11574222	软球胶体玻璃微观结构和动力学的实验研究	张泽新	物理与光电·能源学部	73	面上项目	2019.12.31
17	11574226	光子晶体中拓扑引致的界面态和边缘态的研究	杭志宏	物理与光电·能源学部	73	面上项目	2019.12.31
18	21574096	聚合物纳米粒子混合体系的新场理论模型及应用	陈康	物理与光电·能源学部	65	面上项目	2019.12.31
19	61574097	基于表面微纳结构的GaN基发光器件光输出特性调控研究	曹冰	物理与光电·能源学部	65	面上项目	2019.12.31
20	51572181	锂-空气电池高导电性$W(Mo)-O_x$负载$Mn_xCo_{3-x}O_4$催化剂的制备及其界面调控	杨瑞枝	物理与光电·能源学部	64	面上项目	2019.12.31
21	61575135	面向裸眼三维显示的纳米结构指向性背光的机理研究	陈林森	物理与光电·能源学部	64	面上项目	2019.12.31
22	61575132	利用变参量位相元件实现干涉光场的多参量动态调控	叶燕	物理与光电·能源学部	64	面上项目	2019.12.31
23	11574223	二维拓扑绝缘体与半导体衬底的相互作用及边缘态所受的影响	胡军	物理与光电·能源学部	62	面上项目	2019.12.31
24	61575133	微聚焦莫尔成像效应研究	申溯	物理与光电·能源学部	60	面上项目	2019.12.31

续表

序号	批准号	项目名称	项目负责人	承担单位	资助经费（万元）	项目类别	完成时间
25	11505123	等离子体与壁相互作用的二次电子发射特性研究	金成刚	物理与光电·能源学部	25	青年科学基金项目	2018.12.31
26	11504251	原位图形化应力场诱导自组织生长周期性量子点的研究	石震武	物理与光电·能源学部	24	青年科学基金项目	2018.12.31
27	11505124	外加势场调制尘埃等离子体动力学行为的研究	冯 岩	物理与光电·能源学部	23	青年科学基金项目	2018.12.31
28	61505131	有机半导体分布反馈激光器阵列的制备研究	黄文彬	物理与光电·能源学部	22	青年科学基金项目	2018.12.31
29	11504253	量子纠缠的判定和度量相关问题研究	张成杰	物理与光电·能源学部	21	青年科学基金项目	2018.12.31
30	21504061	多碘阴离子掺杂光学散射型固态电解质在染料敏化太阳能电池的应用研究	赵 杰	物理与光电·能源学部	21	青年科学基金项目	2018.12.31
31	51502184	$ZnxCd1-xSySe1-y$ 四元合金一维纳米结构的制备、性能和宽光谱可调光探测器	田 维	物理与光电·能源学部	21	青年科学基金项目	2018.12.31
32	61505133	表面等离激元在自然捕获的稀土离子中的量子存储	延 英	物理与光电·能源学部	21	青年科学基金项目	2018.12.31
33	11504252	纳米尺度下的光捕获和光牵引研究	高东梁	物理与光电·能源学部	20	青年科学基金项目	2018.12.31
34	51502183	硫化钼多孔三维自支撑负极的构筑及其储锂性能	陈 煜	物理与光电·能源学部	20	青年科学基金项目	2018.12.31
35	61505134	图形化纳米结构色器件角敏机理及其色域拓展方法研究	周 云	物理与光电·能源学部	20	青年科学基金项目	2018.12.31

续表

序号	批准号	项目名称	项目负责人	承担单位	资助经费（万元）	项目类别	完成时间
36	61504088	等离激元增强光伏/光电化学的核壳双结电极高效光解水的研究	吴绍龙	物理与光电·能源学部	18	青年科学基金项目	2018.12.31
37	21543010	锂硫二次电池固体电解质相界面的设计与原位构建	曲群婷	物理与光电·能源学部	10	应急管理项目	2016.12.31
38	21522404	高分子胶体玻璃	张泽新	物理与光电·能源学部	130	优秀青年科学基金项目	2018.12.31
39	51561135010	为成功而塑形：应用于纳米药物的生物可降解聚合物囊泡的最佳形态设计	孟凤华	材料与化工学部	252.5	国际（地区）合作与交流项目	2019.7.31
40	21550110192	Dynamic 3D Heat and Mass Transfer Characterization Inside A Drying Single Turbid Droplet Using Multimodal Nonlinear Microscopy	Ruben Mercadé Prieto	材料与化工学部	35	国际（地区）合作与交流项目	2017.12.31
41	11574225	超宽带近红外发光铋掺杂半导体与薄膜的可控制备、结构及光电性质研究	孙洪涛	材料与化工学部	73	面上项目	2019.12.31
42	21574093	原位血栓应激性血液相容性材料的构建	李丹	材料与化工学部	72	面上项目	2019.12.31
43	21572149	N,O双齿导向基团在羧酸和氨基酸类化合物碳氢键转化中的应用研究	赵应声	材料与化工学部	70	面上项目	2019.12.31
44	21574089	芳香偶氮聚合物合成新方法研究	张伟	材料与化工学部	68	面上项目	2019.12.31

续表

序号	批准号	项目名称	项目负责人	承担单位	资助经费（万元）	项目类别	完成时间
45	21574090	基于偶氮苯的酶响应聚合物荧光探针的设计合成及应用	周年琛	材料与化学化工学部	68	面上项目	2019.12.31
46	21571135	一维多组分金属纳米结构的控制制备、生长机理及催化性能研究	黄小青	材料与化学化工学部	65	面上项目	2019.12.31
47	21571136	富硫有机—无机异质结构的组装及光电性质的研究	朱琴玉	材料与化学化工学部	65	面上项目	2019.12.31
48	21572148	自由基过程与Kornblum-DeLaMare 重排的串联：a-取代酮合成新策略	万小兵	材料与化学化工学部	65	面上项目	2019.12.31
49	21572150	手性氮杂环卡宾过渡金属络合物催化的一些不对称偶联反应研究	王兴旺	材料与化学化工学部	65	面上项目	2019.12.31
50	21572151	结构明确的高效芳氧基功能化手性脯氨醇基稀土金属催化剂的开发及其在不对称催化反应中的应用	赵蓓	材料与化学化工学部	65	面上项目	2019.12.31
51	21574095	利用超分子模板法构建功能手性酚醛树脂纳米材料	李艺	材料与化学化工学部	65	面上项目	2019.12.31
52	21576174	烯烃易位-催化氢化改性C_5二烯基聚合物应用基础研究	潘勤敏	材料与化学化工学部	65	面上项目	2019.12.31
53	51573122	氨基聚合物嫁接磁性介孔硅构建重金属吸附材料及其性能研究	李娜君	材料与化学化工学部	64	面上项目	2019.12.31

续表

序号	批准号	项目名称	项目负责人	承担单位	资助经费（万元）	项目类别	完成时间
54	51573121	构筑集油水分离和表面增强拉曼散射为一体的双功能性聚合物/贵金属纳米纤维及其应用	程丝	材料与化学化工学部	63	面上项目	2019.12.31
55	51573120	调节两维共轭聚合物的分子能级优化其光伏性能	张茂杰	材料与化学化工学部	60	面上项目	2019.12.31
56	21574092	可见光可控接枝聚合修饰微通道内表面及其生物功能化设计	武照强	材料与化学化工学部	30	面上项目	2017.12.31
57	21504060	利用主客体相互作用构建多功能生物活性表面	曹利敏	材料与化学化工学部	22	青年科学基金项目	2018.12.31
58	21502132	基于稀土金属受阻Lewis酸碱对的合成及反应性能研究	徐信	材料与化学化工学部	21	青年科学基金项目	2018.12.31
59	21502134	A-D-A型有机小分子给体光伏材料的合成及其在太阳能电池中的应用	王坤	材料与化学化工学部	21	青年科学基金项目	2018.12.31
60	21506135	喷雾干燥制备微粒的表面组分形成机理研究	吴铎	材料与化学化工学部	21	青年科学基金项目	2018.12.31
61	21507096	生物可降解络合剂调控磁铁矿类芬顿降解含水层介质中氯代烯烃的效能与机理	孙胜鹏	材料与化学化工学部	21	青年科学基金项目	2018.12.31
62	21501125	金属碳化物基低铂介孔催化材料的合成、界面设计与电催化性能研究	吴张雄	材料与化学化工学部	20	青年科学基金项目	2018.12.31

续表

序号	批准号	项目名称	项目负责人	承担单位	资助经费（万元）	项目类别	完成时间
63	51503135	高效宽带隙聚噻吩衍生物光伏材料的合成及其在叠层聚合物太阳能电池中的应用	国霞	材料与化学化工学部	20	青年科学基金项目	2018.12.31
64	21542015	无过渡金属催化条件下K_2S/DMF引发SRN1型电子催化插硫反应研究探索	汪顺义	材料与化学化工学部	10	应急管理项目	2016.12.31
65	21522506	生化分析与生物纳米技术	马楠	材料与化学化工学部	130	优秀青年科学基金项目	2018.12.31
66	21531006	多烯烃金属配合物的设计合成及其多重开关环反应和性质的研究	郎建平	材料与化学化工学部	290	重点项目	2020.12.31
67	61520106012	微纳结构界面调控的高效稳定白光有机发光器件	李艳青	功能纳米与软物质研究院	245	国际（地区）合作与交流项目	2020.12.31
68	11550110176	Electronic Structure of pi-stacked Molecular Thin Films for Organic Photovoltaic Devices	Duhm Steffen	功能纳米与软物质研究院	34	国际（地区）合作与交流项目	2017.12.31
69	41550110223	Synthesis and Characterization of Metal-insulator-metal Cells for Electronic Neural Networks and Future non-volatile Nanomemories	Mario Lanza Martinez	功能纳米与软物质研究院	33.75	国际（地区）合作与交流项目	2017.12.31
70	21550110188	Reaction Kinetics of Organometallics During Vapour Deposition	McLeod John	功能纳米与软物质研究院	16.7	国际（地区）合作与交流项目	2016.12.31

续表

序号	批准号	项目名称	项目负责人	承担单位	资助经费（万元）	项目类别	完成时间
71	61581360300	海峡两岸光电材料学术研讨会	廖良生	功能纳米与软物质研究院	10	国际（地区）合作与交流项目	2015.12.31
72	21527805	有机小分子半导体生长及光电性能原位实时测量表征之集成系统	迟力峰	功能纳米与软物质研究院	562	国家重大科研仪器研制项目	2020.12.31
73	51525203	功能纳米材料在新型肿瘤治疗方法中的应用探索	刘庄	功能纳米与软物质研究院	350	杰出青年科学基金项目	2020.12.31
74	21572152	取代基位点对于芴基化合物电致发光性能的调控研究	蒋佐权	功能纳米与软物质研究院	65	面上项目	2019.12.31
75	21574094	多室型高分子微结构的可控构筑及其刺激性响应运动性质的研究	董彬	功能纳米与软物质研究院	65	面上项目	2019.12.31
76	21575095	构筑超高灵敏的金纳米岛基底/分子信标微阵列芯片	刘坚	功能纳米与软物质研究院	65	面上项目	2019.12.31
77	21575096	基于多聚腺嘌呤技术构建新型高效硅基SERS传感器及其在实际体系中的应用	何耀	功能纳米与软物质研究院	65	面上项目	2019.12.31
78	51572179	基于碳点的双效（ORR/OER）电催化剂设计	刘阳	功能纳米与软物质研究院	64	面上项目	2019.12.31
79	51572180	多功能超小二维硫化钨纳米结构的制备及其在肿瘤诊疗中的应用	程亮	功能纳米与软物质研究院	64	面上项目	2019.12.31

续表

序号	批准号	项目名称	项目负责人	承担单位	资助经费（万元）	项目类别	完成时间
80	51573123	靶向肠道炎症组织的顺次响应纳米载体的构建及其用于siRNA口服治疗Crohn's疾病的研究	殷黎晨	功能纳米与软物质研究院	64	面上项目	2019.12.31
81	61575136	兼具可见光和红外光发射的叠层有机电致发光器件	廖良生	功能纳米与软物质研究院	64	面上项目	2019.12.31
82	61575134	多功能磁性复合纳米结构调控的高效有机电致发光器件	张丹丹	功能纳米与软物质研究院	62	面上项目	2019.12.31
83	61504089	基于超薄半导体晶体衬底的有机无机杂化异质结光伏器件的研究	宋涛	功能纳米与软物质研究院	24	青年科学基金项目	2018.12.31
84	81502392	突变神经干细胞成瘤前竞争力与区域癌化的研究	陈坚	功能纳米与软物质研究院	22	青年科学基金项目	2018.12.31
85	21501126	Keggin型多金属氧酸盐/碳纳米结构复合电催化体系的设计合成及其在高效水氧化反应中的应用	黄慧	功能纳米与软物质研究院	20	青年科学基金项目	2018.12.31
86	21504062	具有近红外吸收功能的聚合物太阳能电池材料的制备及性能研究	李永玺	功能纳米与软物质研究院	20	青年科学基金项目	2018.12.31
87	51503136	金纳米粒子的空间分布调控对聚合物太阳能电池性能的优化研究	梁志强	功能纳米与软物质研究院	20	青年科学基金项目	2018.12.31
88	51503138	结构可控的高有序有机半导体结晶薄膜的溶液法生长及应用	王滋	功能纳米与软物质研究院	20	青年科学基金项目	2018.12.31

续表

序号	批准号	项目名称	项目负责人	承担单位	资助经费（万元）	项目类别	完成时间
89	61502326	设计用于神经计算和高密度信息存储的金属—绝缘体—金属纳米结构	Mario Lanza	功能纳米与软物质研究院	20	青年科学基金项目	2018.12.31
90	61505132	基于双栅有机场效应晶体管存储器的多值存储研究	高 旭	功能纳米与软物质研究院	20	青年科学基金项目	2018.12.31
91	51522208	无机纳米电催化材料的构筑与应用探索	李彦光	功能纳米与软物质研究院	130	优秀青年科学基金项目	2018.12.31
92	61522505	有机光电器件的界面工程	唐建新	功能纳米与软物质研究院	130	优秀青年科学基金项目	2018.12.31
93	91545127	芳烃在金属单晶表面的C-H键活化及其机理研究	李 青	功能纳米与软物质研究院	80	重大研究计划	2018.12.31
94	51533005	100%理论内量子效率的全荧光有机电致发光材料与器件	张晓宏	功能纳米与软物质研究院	290	重点项目	2020.12.31
95	61525205	自然语言的结构分析与机器翻译	张 民	计算机科学与技术学院	350	杰出青年科学基金项目	2020.12.31
96	61572342	群智感知系统中基于高效可信的任务分配关键技术研究	黄 河	计算机科学与技术学院	66	面上项目	2019.12.31
97	61572337	基于一类BC图的数据中心网络及其性质的研究	樊建席	计算机科学与技术学院	65	面上项目	2019.12.31
98	61572335	支持数据互操作的全外包查询关键技术研究	赵 雷	计算机科学与技术学院	65	面上项目	2019.12.31
99	61572336	安全可信的社会化服务推荐研究	刘 安	计算机科学与技术学院	65	面上项目	2019.12.31
100	61572341	拟曼哈顿世界中基于图像的定位技术研究	钟宝江	计算机科学与技术学院	64	面上项目	2019.12.31

续表

序号	批准号	项目名称	项目负责人	承担单位	资助经费（万元）	项目类别	完成时间
101	61572339	融合文本网数据的深度学习技术研究	严建峰	计算机科学与技术学院	64	面上项目	2019.12.31
102	61572338	基于大规模无标注语料的跨领域跨语言汉语依存句法分析	陈文亮	计算机科学与技术学院	63	面上项目	2019.12.31
103	61572340	多变化环境监测系统的系统诊断结构与高效诊断算法分析与研究	林政宽	计算机科学与技术学院	16	面上项目	2016.12.31
104	61502323	基于覆盖数的部分可观察不确定性规划理论及方法	章宗长	计算机科学与技术学院	22	青年科学基金项目	2018.12.31
105	61502324	量质融合的移动轨迹相似性查询技术研究	郑凯	计算机科学与技术学院	21	青年科学基金项目	2018.12.31
106	61502328	基于多存储介质的在线社交网络数据节能存储研究	周经亚	计算机科学与技术学院	21	青年科学基金项目	2018.12.31
107	61502325	基于大规模部分标注数据的依存句法分析	李正华	计算机科学与技术学院	20	青年科学基金项目	2018.12.31
108	61571315	面向多用户异步协作通信的多载波多址传输编码理论研究	侯嘉	电子信息学院	70	面上项目	2019.12.31
109	61574096	面向AMOLED显示的含退化抑制结构的新型薄膜晶体管设计与研究	王明湘	电子信息学院	64	面上项目	2019.12.31
110	U1533101	飞机钛合金运动件表面激光原位合成自润滑耐磨复合涂层的基础研究	刘秀波	机电工程学院	32	联合基金项目	2018.12.31

续表

序号	批准号	项目名称	项目负责人	承担单位	资助经费（万元）	项目类别	完成时间
111	61503270	基于多光镊的细胞三维位姿精确操控机理与方法研究	李相鹏	机电工程学院	23	青年科学基金项目	2018.12.31
112	61503269	融合人脑意图与力觉反馈的外骨骼机器人步态控制CPG模型及调节方法	郭浩	机电工程学院	22	青年科学基金项目	2018.12.31
113	51501120	表面梯度纳米孪晶结构合金的局域化协同塑性变形行为研究	李文利	机电工程学院	21	青年科学基金项目	2018.12.31
114	51505311	机械设备变尺度形态滤波信号特征深度学习及状态监测研究	沈长青	机电工程学院	21	青年科学基金项目	2018.12.31
115	51505314	面向SEM的惯性粘滑驱动跨尺度精密运动机理和实现方法研究	钟博文	机电工程学院	21	青年科学基金项目	2018.12.31
116	61503267	面向腹腔机器人手术的典型超弹性体器官操作力模型研究	冯原	机电工程学院	21	青年科学基金项目	2018.12.31
117	51501121	悬浮液等离子喷涂Ti_3AlC_2/Al_2O_3涂层高温吸波性能研究	赵栋	机电工程学院	20	青年科学基金项目	2018.12.31
118	51505312	SiC曲面等离子体改性/固着磨料随形抛光方法研究	樊成	机电工程学院	20	青年科学基金项目	2018.12.31
119	51505313	面向微结构表面超精密加工的纳米驱动、感知一体化智能进给单元集成设计与调控方法	张略	机电工程学院	20	青年科学基金项目	2018.12.31

续表

序号	批准号	项目名称	项目负责人	承担单位	资助经费（万元）	项目类别	完成时间
120	61503268	基于脑电与上肢运动信息融合的助行机器人运动控制信息表征方法研究	张虹淼	机电工程学院	18	青年科学基金项目	2018.12.31
121	51574168	$LiAlO_2/C$ 多级壳层表面修饰 $LiMnBO_3$ 复合纳米材料的可控制备及电化学性能调控	钟胜奎	沙钢钢铁学院	64	面上项目	2019.12.31
122	51574170	Na_2MnPO_4F-$Na_3V_2(PO_4)_2F_3/C$ 复合纳米纤维高效电子/离子导电网络的构建及性能调控	伍 凌	沙钢钢铁学院	64	面上项目	2019.12.31
123	51574169	高炉渣同时制备类水滑石和沸石过程机理及其微量元素行为研究	国宏伟	沙钢钢铁学院	63	面上项目	2019.12.31
124	51504155	复杂硫酸渣中有价金属元素的强化分离机制研究	陈 栋	沙钢钢铁学院	20	青年科学基金项目	2018.12.31
125	51504156	铸坯中心缺陷轧除的力学机理与综合判据研究	章顺虎	沙钢钢铁学院	20	青年科学基金项目	2018.12.31
126	51502185	基于巯基光点击化学的 TiO_2 超疏图案化膜层的构筑及应用研究	黄剑莹	纺织与服装工程学院	21	青年科学基金项目	2018.12.31
127	51506137	防护服装蒸汽防护性能评价体系构建与防护机理研究	卢业虎	纺织与服装工程学院	21	青年科学基金项目	2018.12.31
128	21501127	超双疏 TiO_2 分级结构表面黏附性调控及其应用基础研究	赖跃坤	纺织与服装工程学院	20	青年科学基金项目	2018.12.31

续表

序号	批准号	项目名称	项目负责人	承担单位	资助经费（万元）	项目类别	完成时间
129	51503137	银纳米线/丝素蛋白复合导电薄膜制备、应用及其可植入性能研究	祁宁	纺织与服装工程学院	20	青年科学基金项目	2018.12.31
130	11572210	压电智能层合板壳结构的3-D无网格方法研究	姚林泉	城市轨道交通学院	56	面上项目	2018.12.31
131	51508362	基于CFD数值模拟的室内污染物浓度快速预测模型研究	曹世杰	城市轨道交通学院	23	青年科学基金项目	2018.12.31
132	51506136	基于双火源相互作用下狭长隧道火灾燃烧行为的机理与验证研究	赵威风	城市轨道交通学院	21	青年科学基金项目	2018.12.31
133	61502327	逻辑错误屏蔽的近似电路逻辑综合多目标优化方法研究	陶砚蕴	城市轨道交通学院	21	青年科学基金项目	2018.12.31
134	51508364	嵌入自传感FRP筋和外包FRP组合加固RC柱的震后损伤控制和评估研究	唐永圣	城市轨道交通学院	20	青年科学基金项目	2018.12.31
135	71572121	企业间合同治理和关系治理的选择及效应——基于中国情境的研究	周俊	东吴商学院（财经学院）东吴证券金融学院	48	面上项目	2019.12.31
136	71573187	贸易便利化的实现路径及机理研究	王俊	东吴商学院（财经学院）东吴证券金融学院	48	面上项目	2019.12.31
137	71573186	大气污染防治的三维结构分析:驱动因素、责任分担与政策协同	王群伟	东吴商学院（财经学院）东吴证券金融学院	47	面上项目	2019.12.31

续表

序号	批准号	项目名称	项目负责人	承担单位	资助经费（万元）	项目类别	完成时间
138	71501139	基于博弈DEA的资源配置方法研究	孙加森	东吴商学院（财经学院）东吴证券金融学院	18.5	青年科学基金项目	2018.12.31
139	51578351	苏南开发区"区镇融合"演进机制及优化模式研究——基于产城融合的视角	雷诚	金螳螂建筑学院	62	面上项目	2019.12.31
140	41501168	大城市学区绅士化时空演变特征与动力机制研究——以南京为例	陈培阳	金螳螂建筑学院	20	青年科学基金项目	2018.12.31
141	51508359	"设计主体"在当代乡村营建中的介入机制研究——基于多元主体协同视角	叶露	金螳螂建筑学院	20	青年科学基金项目	2018.12.31
142	51508360	基于结构性保护的城市历史地段社区公共空间模式及适应性研究——以苏州为例	孙磊磊	金螳螂建筑学院	20	青年科学基金项目	2018.12.31
143	51508361	国际建筑遗产保护思想的演进及其本土化研究	陈曦	金螳螂建筑学院	20	青年科学基金项目	2018.12.31
144	51508363	光纤自传感混杂BFRP张弦梁力学性能优化及自监测研究	吴捷	金螳螂建筑学院	20	青年科学基金项目	2018.12.31
145	31540025	中国三类亚型智力超常青少年的脑功能特征探究	李莹丽	教育学院	15	应急管理项目	2016.12.31
146	71573185	企业环境信息披露的策略性选择：市场竞争的影响及行业效应	孟晓华	政治与公共管理学院	47	面上项目	2019.12.31

续表

序号	批准号	项目名称	项目负责人	承担单位	资助经费（万元）	项目类别	完成时间
147	81525020	结直肠癌转移的分子病理学	李建明	医学部基础医学与生物科学学院	350	杰出青年科学基金项目	2020.12.31
148	81570171	人类卟啉症斑马鱼模型的建立、病理新机制和药物筛选	王晗	医学部基础医学与生物科学学院	110	面上项目	2019.12.31
149	31570889	IL-36/IL-36R信号介导CD8+T细胞抗肿瘤免疫应答的机制	王雪峰	医学部基础医学与生物科学学院	70	面上项目	2019.12.31
150	31570806	脂肪细胞单甲基支链脂肪酸的合成与代谢功能	苏雄	医学部基础医学与生物科学学院	65	面上项目	2019.12.31
151	31571465	PI(3,5)P2在神经特异性囊泡运输通路中的作用	张艳岭	医学部基础医学与生物科学学院	65	面上项目	2019.12.31
152	31571204	斑马鱼生物钟核心基因Cry（Cryptochrome）家族功能研究	刘超	医学部基础医学与生物科学学院	63	面上项目	2019.12.31
153	31571206	遗传生物钟与代谢生物钟偶联机制的研究	黄国存	医学部基础医学与生物科学学院	63	面上项目	2019.12.31
154	31570753	去泛素化酶USP4与酪氨酸磷酸酶PRL-3的相互作用及其在结直肠癌中的作用	李建明	医学部基础医学与生物科学学院	62	面上项目	2019.12.31
155	81570284	miR-1及其DNA甲基化在三氯乙烯致先天性心脏病的作用机制研究	姜岩	医学部基础医学与生物科学学院	57	面上项目	2019.12.31
156	81571063	三叉神经节神经元1型胰岛素样生长因子受体参与偏头痛发生及机制研究	陶金	医学部基础医学与生物科学学院	57	面上项目	2019.12.31

续表

序号	批准号	项目名称	项目负责人	承担单位	资助经费（万元）	项目类别	完成时间
157	81572767	MicroRNA-3131及其遗传多态在肝细胞肝癌发生发展中的作用机制研究	高玉振	医学部基础医学与生物科学学院	57	面上项目	2019.12.31
158	81572923	抗生素Clofoctol在抗前列腺癌中靶点的鉴定及药物协同机制的研究	王明华	医学部基础医学与生物科学学院	57	面上项目	2019.12.31
159	81571848	NPY应激诱导PGC-1α表达对心肌细胞线粒体功能的影响及信号传导机制研究	朱少华	医学部基础医学与生物科学学院	55	面上项目	2019.12.31
160	21506136	酸胁迫提升产朊假丝酵母富硒能力的分子机制	王大慧	医学部基础医学与生物科学学院	21	青年科学基金项目	2018.12.31
161	31501157	乙酰基转移酶Tip60在高脂饮食调控脂肪代谢中的作用	高　媛	医学部基础医学与生物科学学院	21	青年科学基金项目	2018.12.31
162	31501137	Wnt/β-catenin信号转导通路的激活诱导细胞死亡的机制研究	任芳芳	医学部基础医学与生物科学学院	20	青年科学基金项目	2018.12.31
163	81502499	SIRT1调控miR-15b-5p转录的新机制及其在结直肠癌转移的作用	孙丽娜	医学部基础医学与生物科学学院	20	青年科学基金项目	2018.12.31
164	81502431	LncRNA GAS5启动子区插入/缺失多态与肝细胞肝癌发病的关联研究	李立娟	医学部基础医学与生物科学学院	18	青年科学基金项目	2018.12.31
165	81502498	MiR-486-3p/ZMIZ2调控WNT经典信号通路促进非小细胞肺癌发生和转移的机制研究	雷　哲	医学部基础医学与生物科学学院	18	青年科学基金项目	2018.12.31

续表

序号	批准号	项目名称	项目负责人	承担单位	资助经费（万元）	项目类别	完成时间
166	81502033	Ube2v1通过自噬途径调控EMT的机制及在结直肠癌转移中的作用	沈彤	医学部基础医学与生物科学学院	18	青年科学基金项目	2018.12.31
167	31540036	GSK-3β/TRAF6/β-catenin信号转导新机制的发现及其在结直肠癌转移中的作用	吴华	医学部基础医学与生物科学学院	15	应急管理项目	2016.12.31
168	81530062	轻度脑外伤后应激功能障碍的法医学基础研究	陶陆阳	医学部基础医学与生物科学学院	273	重点项目	2020.12.31
169	U1532111	基于同步辐射XAFS技术研究偕胺肟化聚离子液体的海水提铀机制	华道本	医学部放射医学与防护学院	64	联合基金项目	2018.12.31
170	11574224	碳纳米材料与蛋白质构像疾病中关键蛋白的相互作用及分子机理研究	周如鸿	医学部放射医学与防护学院	73	面上项目	2019.12.31
171	11575123	先进同步辐射技术用于金纳米材料与典型蛋白质相互作用及相关生物效应研究	葛翠翠	医学部放射医学与防护学院	73	面上项目	2019.12.31
172	81573077	Exosomes/miR-7/Bcl-2途径参与电离辐射远位效应的研究	崔凤梅	医学部放射医学与防护学院	70	面上项目	2019.12.31
173	11575124	基于微剂量学的真实细胞体素模型及其初步应用研究	孙亮	医学部放射医学与防护学院	68	面上项目	2019.12.31
174	21572153	生物条形码标记纳米探针体内检测肿瘤酶的研究	史海斌	医学部放射医学与防护学院	65	面上项目	2019.12.31

续表

序号	批准号	项目名称	项目负责人	承担单位	资助经费（万元）	项目类别	完成时间
175	81573080	PPARα和Nrf2共调控四氢生物蝶呤合成途径在放射性皮肤损伤防治中的作用和机制研究	朱巍	医学部放射医学与防护学院	65	面上项目	2019.12.31
176	31570851	miR-153/Nrf-2/GPx1信号通路通过ROS对胶质瘤干细胞干性和放射敏感性的调控作用及机制	杨巍	医学部放射医学与防护学院	60	面上项目	2019.12.31
177	21503140	PIP2诱导打开内向整流钾通道门控的分子机理的研究	孟烜宇	医学部放射医学与防护学院	21	青年科学基金项目	2018.12.31
178	21503141	高灵敏度化学交换饱和转移磁共振分子影像探针的构建及应用	曾剑峰	医学部放射医学与防护学院	21	青年科学基金项目	2018.12.31
179	21505096	基于Cerenkov发光能量转移的金量子点探针的构建及活体多模态成像应用	汪勇	医学部放射医学与防护学院	21	青年科学基金项目	2018.12.31
180	31500802	基于纳米线阵列芯片温控富集和纳米金比色法的高灵敏度病原细菌快速检测	李永强	医学部放射医学与防护学院	21	青年科学基金项目	2018.12.31
181	21504059	高选择性铀酰离子聚合物荧光探针的设计合成与检测机制研究	何伟伟	医学部放射医学与防护学院	20	青年科学基金项目	2018.12.31
182	31500681	DNA-PKcs-HDAC6复合物调控放射损伤细胞有丝分裂进程机制研究	尚增甫	医学部放射医学与防护学院	20	青年科学基金项目	2018.12.31

续表

序号	批准号	项目名称	项目负责人	承担单位	资助经费（万元）	项目类别	完成时间
183	51503139	基于二碲的快速还原响应性聚醚氨酯胶束的构建及药物输送研究	王杨云	医学部放射医学与防护学院	20	青年科学基金项目	2018.12.31
184	81502758	BTG1调控乳腺组织电离辐射敏感性机制的研究	朱然	医学部放射医学与防护学院	18	青年科学基金项目	2018.12.31
185	81522039	辐射损伤机理与救治	张舒羽	医学部放射医学与防护学院	130	优秀青年科学基金项目	2018.12.31
186	81573178	吸烟致肺细胞癌变过程中凋亡逃逸相关DNA甲基化和组蛋白修饰变化	李建祥	医学部公共卫生学院	55	面上项目	2019.12.31
187	31571291	定位骨质疏松症隐藏遗传力和致病突变的方法与应用研究	张垒	医学部公共卫生学院	50	面上项目	2019.12.31
188	81573173	砷致细胞恶性转化过程中转录因子Nrf2的作用及调控机制	安艳	医学部公共卫生学院	50	面上项目	2019.12.31
189	81573253	整合遗传高维数据的贝叶斯多水平疾病风险预测模型构建方法与应用研究	汤在祥	医学部公共卫生学院	25	面上项目	2017.12.31
190	31501026	全基因组双变量meta分析鉴定肥胖症和骨质疏松症多效易感基因的方法与应用研究	裴育芳	医学部公共卫生学院	20	青年科学基金项目	2018.12.31
191	81502824	基于定量的方法探究虹膜颜色影响学龄儿童近视发病的队列研究	潘臣炜	医学部公共卫生学院	18	青年科学基金项目	2018.12.31

续表

序号	批准号	项目名称	项目负责人	承担单位	资助经费（万元）	项目类别	完成时间
192	81502868	肌骨素介导的骨代谢调控机制及对骨质疏松性骨折的风险评估	武龙飞	医学部公共卫生学院	18	青年科学基金项目	2018.12.31
193	81502869	血清16S rDNA水平与糖尿病的关联性研究	周慧	医学部公共卫生学院	18	青年科学基金项目	2018.12.31
194	81541068	成骨相关细胞中骨质疏松症标志蛋白的鉴定	邓飞艳	医学部公共卫生学院	10	应急管理项目	2016.12.31
195	81572724	髓母细胞瘤中胆固醇的细胞来源及作用	杨增杰	医学部药学院	65	面上项目	2019.12.31
196	31571053	肌萎缩性脊髓侧索硬化症相关蛋白TDP-43对细胞自噬的调控作用及致病机理	应征	医学部药学院	64	面上项目	2019.12.31
197	81573548	基于PI3K/AKT/mTOR通路白头翁皂苷抗肿瘤物质基础和作用机制研究	杨世林	医学部药学院	63	面上项目	2019.12.31
198	81571788	人源性低密度脂蛋白介导-pH/还原双敏感性二元聚合体胶束的构建及其基因递送逆转耐药机制研究	张学农	医学部药学院	58	面上项目	2019.12.31
199	81571124	硫化氢氧化代谢促进脑出血后血肿清除的新机制	贾佳	医学部药学院	57	面上项目	2019.12.31
200	81571252	运动激活TFEB调控溶酶体生成在突变蛋白蓄积类神经退行性疾病进展中的作用	林芳	医学部药学院	57	面上项目	2019.12.31

续表

序号	批准号	项目名称	项目负责人	承担单位	资助经费（万元）	项目类别	完成时间
201	81573483	黄芩素下调 miR-21 表达抑制肺成纤维细胞转化的分子机制研究	蒋小岗	医学部药学院	52	面上项目	2019.12.31
202	81573449	SIRT3 促进乳腺癌细胞 Tamoxifen 耐药机制及其临床意义的研究	张丽	医学部药学院	25	面上项目	2017.12.31
203	21502133	光化性角化病新药 Ingenol Mebutate 及其类似物的化学合成研究	郑计岳	医学部药学院	21	青年科学基金项目	2018.12.31
204	31500822	G6PD 对脑缺血损伤的保护作用及机制研究	李梅	医学部药学院	20	青年科学基金项目	2018.12.31
205	31500811	用于肿瘤协同治疗的近红外光响应性硅纳米粒的研究	邓益斌	医学部药学院	20	青年科学基金项目	2018.12.31
206	81502982	新型 A2A 受体拮抗剂的药物设计和抗 PD 活性研究	田盛	医学部药学院	18.5	青年科学基金项目	2018.12.31
207	81501585	光热诱导相变型超声响应性载药纳米囊用于肿瘤协同治疗的研究	柯亨特	医学部药学院	18	青年科学基金项目	2018.12.31
208	81503132	MYH9 基因突变激活自噬的分子机制研究	孙雄华	医学部药学院	17.9	青年科学基金项目	2018.12.31
209	81501944	抗阻和牵拉运动对脑卒中患者肌肉功能改善及其信号调控机制的研究	王丽	医学部护理学院	18	青年科学基金项目	2018.12.31
210	31571489	RFX6 介导的胰岛 Beta 细胞发育分化的表观遗传调控机制研究	龙乔明	医学部实验动物中心	61	面上项目	2019.12.31

续表

序号	批准号	项目名称	项目负责人	承担单位	资助经费（万元）	项目类别	完成时间
211	31501154	SellL 缺失对肝脏线粒体活性氧及脂质代谢平衡的影响研究	潘志雄	医学部实验动物中心	20	青年科学基金项目	2018.12.31
212	81571233	细胞自噬对 α-synuclein 诱导的小胶质细胞活化和神经炎症的调控作用及分子机制	胡丽芳	神经科学研究所	57	面上项目	2019.12.31
213	81571282	新型突触后致密蛋白 95（PSD95）结合肽 CN2097 抗脑缺血再灌注损伤的实验研究	曹 聪	神经科学研究所	57	面上项目	2019.12.31
214	81500952	miR-31 参与去甲肾上腺素介导慢性内脏痛敏的表观调控机制研究	胡淑芬	神经科学研究所	17.5	青年科学基金项目	2018.12.31
215	81502162	神经母细胞瘤中 Gαi-Gab1 信号复合物的表达及生物学功能研究	张治青	神经科学研究所	17	青年科学基金项目	2018.12.31
216	81530035	脊髓性肌肉萎缩症分子病理机制的研究	华益民	神经科学研究所	259	重点项目	2020.12.31
217	31570868	乳铁蛋白免疫复合物的固有免疫增敏驯化效应分子机制研究	高晓明	生物医学研究院	80	面上项目	2019.12.31
218	31571460	泛素 E2 结合酶 UBE2N 调控 Wnt 信号及其介导的乳腺癌转移的研究	周芳芳	生物医学研究院	65	面上项目	2019.12.31
219	31570865	USP2A 调控磷酸化 STAT1 的泛素化及 IFNs 抗病毒功能的机制研究	郑 慧	生物医学研究院	60	面上项目	2019.12.31

续表

序号	批准号	项目名称	项目负责人	承担单位	资助经费（万元）	项目类别	完成时间
220	81571974	I型单纯疱疹病毒皮层蛋白UL24逃逸宿主抗病毒天然免疫分子机制的研究	郑春福	生物医学研究院	60	面上项目	2019.12.31
221	81571556	供体γδT细胞在异基因造血干细胞移植中抗白血病和移植物抗宿主病的作用与机制研究	刘海燕	生物医学研究院	58	面上项目	2019.12.31
222	31500746	减毒沙门氏菌传递的基于微基因与A-IDA-1自转运蛋白的新型肿瘤疫苗	赵李祥	生物医学研究院	24	青年科学基金项目	2018.12.31
223	31501139	PARP11抑制IFNα介导的抗病毒功能及其机制探讨	郭婷婷	生物医学研究院	20	青年科学基金项目	2018.12.31
224	31500700	一个新的干扰素刺激基因TRIM69抑制登革病毒感染的作用与机制的研究	王克振	生物医学研究院	20	青年科学基金项目	2018.12.31
225	31500728	抗CD146抗体在异基因造血干细胞移植后急性移植物抗宿主病中的作用及机制研究	吴艳	生物医学研究院	20	青年科学基金项目	2018.12.31
226	31570776	抑癌基因TWIST2负调控BCR-ABL恶性转化的研究	赵昀	唐仲英血液学研究中心	62	面上项目	2019.12.31
227	81570132	DNMT3A-BCL11A-FLT3基因间的调控关系及其对白血病形成的影响	尹斌	唐仲英血液学研究中心	60	面上项目	2019.12.31
228	81570457	可溶性Corin对心力衰竭的治疗作用及机制研究	董宁征	唐仲英血液学研究中心	57	面上项目	2019.12.31

续表

序号	批准号	项目名称	项目负责人	承担单位	资助经费（万元）	项目类别	完成时间
229	81572936	调控Set8表达增加胰腺癌化疗药敏感性的机制研究	卫志伟	唐仲英血液学研究中心	57	面上项目	2019.12.31
230	81570126	巴弗洛霉素A1防治儿童中枢神经系统白血病的实验研究	王建荣	唐仲英血液学研究中心	55	面上项目	2019.12.31
231	81572257	癌睾抗原CT45A1促进肺癌细胞侵袭和转移的作用及其机制	周泉生	唐仲英血液学研究中心	50	面上项目	2019.12.31
232	31500636	高血压患者Corin基因变异对其蛋白结构及酶功能影响的研究	周田甜	唐仲英血液学研究中心	20	青年科学基金项目	2018.12.31
233	81500653	Sema4D在肥胖诱导的脂肪炎症和胰岛素抵抗中的作用和机制研究	卢穹宇	唐仲英血液学研究中心	18	青年科学基金项目	2018.12.31
234	81500119	锌指蛋白ZFX维持CML干细胞生长的研究	张秀艳	唐仲英血液学研究中心	18	青年科学基金项目	2018.12.31
235	91539101	受体酪氨酸激酶Tie2在血管生成与稳态维持中的调节机制研究	何玉龙	唐仲英血液学研究中心	80	重大研究计划	2018.12.31
236	91539122	血浆激肽释放酶-激肽系统对内皮祖细胞的调控在血管稳态失衡中的作用与机制	武艺	唐仲英血液学研究中心	75	重大研究计划	2018.12.31
237	81500277	心肌梗死中差异表达lncRNAs的筛选及其功能研究	胡士军	心血管病研究所	18	青年科学基金项目	2018.12.31
238	31571541	鉴定影响卵泡发育过程中线粒体功能相关蛋白	徐璎	剑桥—苏大基因组资源中心	65	面上项目	2019.12.31

续表

序号	批准号	项目名称	项目负责人	承担单位	资助经费（万元）	项目类别	完成时间
239	21574091	多重可逆共价法构建动态生物界面及其用于调控细胞行为的研究	潘国庆	骨科研究所	65	面上项目	2019.12.31
240	31570978	炎症微环境中SIRT1介导的抗氧化损伤调控间充质干细胞修复关节软骨及其机制研究	何帆	骨科研究所	64	面上项目	2019.12.31
241	11572211	慢性外侧踝关节不稳中软骨损伤机制的生物力学研究	余嘉	骨科研究所	50	面上项目	2019.12.31
242	31500779	促血管化的VEGF模拟肽修饰的丝素蛋白/磷酸八钙复合支架的构建与成骨机理研究	韩凤选	骨科研究所	20	青年科学基金项目	2018.12.31
243	81501858	PMMA/镁金属复合骨水泥的动态降解模型及对成骨细胞调控机制研究	林潇	骨科研究所	18	青年科学基金项目	2018.12.31
244	81520108005	血小板在炎症反应中维护血管稳定性的机制研究	夏利军	附属第一医院	235	国际（地区）合作与交流项目	2020.12.31
245	81572345	肿瘤间质细胞lncRNA-SC1对血管生成拟态的调控及其在肝癌复发转移中的作用研究	朱虹	附属第一医院	70	面上项目	2019.12.31
246	31570943	成骨细胞的听觉感应	罗宗平	附属第一医院	61	面上项目	2019.12.31
247	31571404	蛋白酪氨酸磷酸酶SHP1调控间充质干细胞成骨与成脂分化平衡的作用及机制	曹巍	附属第一医院	60	面上项目	2019.12.31

续表

序号	批准号	项目名称	项目负责人	承担单位	资助经费（万元）	项目类别	完成时间
248	81571415	特络细胞调控巨噬细胞免疫活性在子宫内膜异位症发生机制中的作用研究	杨孝军	附属第一医院	60	面上项目	2019.12.31
249	81572183	Ghrelin/NF-κB介导的巨噬细胞与髓核细胞交互作用机制及其对椎间盘退变的影响	杨惠林	附属第一医院	60	面上项目	2019.12.31
250	81570102	受体相互作用蛋白3在调控血小板参与止血与血栓形成过程中的作用及其机制研究	戴克胜	附属第一医院	60	面上项目	2019.12.31
251	81572475	基于多肽微阵列探索胶质母细胞瘤MGMT自身抗体在化疗中的价值	周幽心	附属第一医院	60	面上项目	2019.12.31
252	81571544	细菌鞭毛钩蛋白FlgE刺激免疫系统的分子机制研究及转化应用初探	王宜强	附属第一医院	58	面上项目	2019.12.31
253	81571115	膜联蛋白Annexin A1与Annexin A7在脑出血后继发性脑损伤中的作用机制研究	王中	附属第一医院	57	面上项目	2019.12.31
254	81571121	TRAF6在蛛网膜下腔出血后早期脑损伤中的作用及机制研究	张健	附属第一医院	57	面上项目	2019.12.31
255	81571189	调控生长锥骨架蛋白Myosin II能够促进周围神经及脊髓神经的轴突再生	赛吉拉夫	附属第一医院	57	面上项目	2019.12.31

续表

序号	批准号	项目名称	项目负责人	承担单位	资助经费（万元）	项目类别	完成时间
256	81570960	ABHD1基因在牙龈纤维瘤/过度增生中的致病作用研究	孙 淼	附属第一医院	57	面上项目	2019.12.31
257	81570139	NUP98重排白血病的致病机制研究	陈苏宁	附属第一医院	55	面上项目	2019.12.31
258	81572992	生长抑制因子ING4逆转乳腺癌抗HER2耐药的作用及其机制	陶 敏	附属第一医院	55	面上项目	2019.12.31
259	81570138	白血病新融合基因CHD1-RUNX1的致病机制研究	孙爱宁	附属第一医院	50	面上项目	2019.12.31
260	81572131	抗B7-1单克隆抗体免疫干预促进间充质干细胞修复脊髓损伤及其机制的研究	施 勤	附属第一医院	25	面上项目	2017.12.31
261	81500068	MDSC介导的慢性间歇低氧易感肺癌的机制研究	李 洁	附属第一医院	18	青年科学基金项目	2018.12.31
262	81500322	孕期咖啡因暴露诱导子代血管平滑肌功能改变与机制研究	李 娜	附属第一医院	18	青年科学基金项目	2018.12.31
263	81500572	促红素调节内质网应激改善肾脏缺血再灌注损伤的机制研究	胡林昆	附属第一医院	18	青年科学基金项目	2018.12.31
264	81500652	不同节段的小肠旷置术治疗2型糖尿病的疗效及机制的对比研究	段金元	附属第一医院	18	青年科学基金项目	2018.12.31
265	81500681	RGS2基因反义链转录LncRNA调控骨髓间充质干细胞分化及其在增龄性骨丢失中的作用研究	陈 超	附属第一医院	18	青年科学基金项目	2018.12.31

续表

序号	批准号	项目名称	项目负责人	承担单位	资助经费（万元）	项目类别	完成时间
266	81500093	蛋白激酶A对血小板凋亡的调控作用及其机制研究	赵丽丽	附属第一医院	18	青年科学基金项目	2018.12.31
267	81500145	IL-27在急性移植物抗宿主病中的作用及机制研究	马守宝	附属第一医院	18	青年科学基金项目	2018.12.31
268	81500146	IL-35在异基因造血干细胞移植慢性移植物抗宿主病中的作用研究	刘跃均	附属第一医院	18	青年科学基金项目	2018.12.31
269	81501366	间充质干细胞逆转皮质类固醇激素抗炎作用的机制研究	陈晓栋	附属第一医院	18	青年科学基金项目	2018.12.31
270	81501425	产丙酮酸棒状杆菌通过刺激树突状细胞发挥免疫佐剂功能的机制研究	韩清珍	附属第一医院	18	青年科学基金项目	2018.12.31
271	81502506	脂肪酸受体GPR120介导的癌相关成纤维细胞重编程机制及其对乳腺癌进程影响研究	吴琼	附属第一医院	18	青年科学基金项目	2018.12.31
272	81502607	脂肪酸受体GPR120调控细胞药物外泵和DNA修复致肿瘤多药耐药的作用及机制	王慧	附属第一医院	18	青年科学基金项目	2018.12.31
273	81501522	多模态分子影像活体示踪神经干细胞联合内皮祖细胞移植治疗缺血性脑卒中的实验研究	李沛城	附属第一医院	18	青年科学基金项目	2018.12.31
274	81501563	EGFL7转录激活在肝癌介入栓塞后侵袭转移中的作用及机制研究	李智	附属第一医院	18	青年科学基金项目	2018.12.31

续表

序号	批准号	项目名称	项目负责人	承担单位	资助经费（万元）	项目类别	完成时间
275	81503205	基于抗补体活性研究丹参抗哮喘的物质基础与作用机制	宋伟华	附属第一医院	18	青年科学基金项目	2018.12.31
276	81503140	华法林个体化用药的血浆药物代谢组学研究及机制探讨	刘林生	附属第一医院	17.9	青年科学基金项目	2018.12.31
277	81503159	基于PET脑纹状体D2/3受体显像技术评价抗帕金森病DR激动药罗匹尼罗的DR占有治疗窗及其机制研究	黄晨蓉	附属第一医院	17.9	青年科学基金项目	2018.12.31
278	81500999	重组骨桥蛋白经整合素信号通路稳定SAH后平滑肌表型和血脑屏障的机制研究	吴江	附属第一医院	17.5	青年科学基金项目	2018.12.31
279	81501000	CyPA/CD147信号通路在蛛网膜下腔出血后早期脑损伤中的作用机制研究	季骋远	附属第一医院	17.5	青年科学基金项目	2018.12.31
280	81501003	PHF20介导NF-κB核稳定性和持续活化调控脑出血继发损伤的作用机制研究	张铁军	附属第一医院	17.5	青年科学基金项目	2018.12.31
281	81501005	高迁移率族蛋白B1在蛛网膜下腔出血后期神经血管重塑中的分子机制研究	孙青	附属第一医院	17.5	青年科学基金项目	2018.12.31
282	81502454	PKC信号调控负性共刺激分子B7-H4在结直肠癌异常表达的作用机制	周斌	附属第一医院	16	青年科学基金项目	2018.12.31

续表

序号	批准号	项目名称	项目负责人	承担单位	资助经费（万元）	项目类别	完成时间
283	81502275	炎症微环境上调的Annexin A2通过增强骨内细胞粘附促进乳腺癌骨转移的机制研究	桂琦	附属第一医院	16	青年科学基金项目	2018.12.31
284	81530043	间充质干细胞与免疫微环境的交互调控在肝硬化中的作用及机制	时玉舫	附属第一医院	274	重点项目	2020.12.31
285	31530024	基于力学刺激调节的细胞片层培养与叠层组装构建的纤维环组织再生	李斌	附属第一医院	267	重点项目	2020.12.31
286	81570133	靶向ATG4B的小分子化合物与TKI联合治疗BCR-ABL+白血病的实验研究	蒋晓燕	附属第二医院	60	面上项目	2019.12.31
287	81572179	骨质疏松中"铁蓄积"对破骨细胞功能改变的分子机制研究	徐又佳	附属第二医院	58	面上项目	2019.12.31
288	81572032	氨苄西林压力下ncRNAs参与伤寒沙门菌RpoE负向调控ramA机制研究	杜鸿	附属第二医院	56	面上项目	2019.12.31
289	81572480	分泌型Syntenin/MDA9在胶质瘤中的生物学功能和临床应用研究	李明	附属第二医院	55	面上项目	2019.12.31
290	81500680	FoxO3a在绝经后铁蓄积导致骨代谢异常中的作用机制研究	李光飞	附属第二医院	18	青年科学基金项目	2018.12.31
291	81502812	基于铁调素过表达小鼠模型研究"铁蓄积"对绝经后妇女骨质疏松骨代谢的影响	张鹏	附属第二医院	18	青年科学基金项目	2018.12.31

续表

序号	批准号	项目名称	项目负责人	承担单位	资助经费（万元）	项目类别	完成时间
292	81502865	Betatrophin 与妊娠期糖尿病的发生及产后转归的相关性研究	黄韵	附属第二医院	18	青年科学基金项目	2018.12.31
293	31570877	共刺激信号 TIM-1 促进 CD8+T 细胞抗肿瘤免疫应答及其作用机制	蒋敬庭	附属第三医院	70	面上项目	2019.12.31
294	31570908	TIM-3 调节 MDSC 功能及影响抗肿瘤免疫应答的机制	吴昌平	附属第三医院	60	面上项目	2019.12.31
295	81572052	去泛素化酶 USP4 通过 RLR 信号通路调控肠道病毒 71 型感染的机制和功能研究	史伟峰	附属第三医院	56	面上项目	2019.12.31
296	81501971	Glypican-5 抑制肺腺癌淋巴管生成和淋巴结转移的机制研究	杨欣	附属第三医院	18	青年科学基金项目	2018.12.31
297	81502002	吉西他滨诱导胰腺星状细胞分泌 CXCL14 促进胰腺癌增殖转移的机制研究	安勇	附属第三医院	18	青年科学基金项目	2018.12.31
298	81503136	糖尿病状态下基于肠道菌介导的肠道 CYP3A 和 P-gp 的改变及机制探索	胡楠	附属第三医院	17.9	青年科学基金项目	2018.12.31
299	81570455	血管内皮细胞线粒体功能障碍在川崎病血管损伤早期的作用及新机制	吕海涛	附属儿童医院	60	面上项目	2019.12.31
300	81570016	共刺激分子 B7-H3 调控中性粒细胞肺内聚集在支气管哮喘中的作用及其分子机制	季伟	附属儿童医院	55	面上项目	2019.12.31

续表

序号	批准号	项目名称	项目负责人	承担单位	资助经费（万元）	项目类别	完成时间
301	81570125	儿童急性髓细胞白血病中DUSP16异常甲基化导致组蛋白H3磷酸化失控的致病作用及机制研究	潘健	附属儿童医院	55	面上项目	2019.12.31
302	81571551	甲基化修饰酶EZH2及JMJD3对脓毒症炎症反应的调控机制	柏振江	附属儿童医院	51	面上项目	2019.12.31
303	81573167	儿童社区获得性肺炎多重感染的病原研究及危险因素分析	王宇清	附属儿童医院	50	面上项目	2019.12.31
304	31500718	负性共刺激分子B7-H3与c-Met结合调控EMT促进结直肠癌的转移及机制	许云云	附属儿童医院	20	青年科学基金项目	2018.12.31
305	81501291	miR-325-3p介导缺氧缺血性脑损伤后松果体功能紊乱的机制研究	丁欣	附属儿童医院	18	青年科学基金项目	2018.12.31
306	81500107	血栓性血小板减少性紫癜发生的新机制：ADAMTS13 C甘露糖化修饰缺失	凌婧	附属儿童医院	18	青年科学基金项目	2018.12.31
307	81501364	巨噬细胞CB2R激活介导的Bcl-2降解在抑制巨噬细胞HMGB1释放中的作用与机制研究	桂环	附属儿童医院	18	青年科学基金项目	2018.12.31
308	81500733	miR-133a调控SRPK1上调VEGF165b对早产儿视网膜病变的作用及机制	徐华	附属儿童医院	18	青年科学基金项目	2018.12.31

续表

序号	批准号	项目名称	项目负责人	承担单位	资助经费（万元）	项目类别	完成时间
309	81501700	胰岛素诱导基因1（Insig1）对NLRP3炎性小体活化及脓毒症病程进展的影响	李毅平	附属儿童医院	18	青年科学基金项目	2018.12.31
310	81501703	P-选择素糖蛋白配体1（PSGL-1）介导中性粒细胞募集在新生儿脓毒症中的作用及机制研究	周慧婷	附属儿童医院	18	青年科学基金项目	2018.12.31
311	81502500	CIP2A促进神经母细胞瘤侵袭、转移的机制研究	吴怡	附属儿童医院	18	青年科学基金项目	2018.12.31
312	81502157	LncRNA uc001pxz.1通过BLID调控胶质瘤细胞凋亡的机制研究	徐利晓	附属儿童医院	18	青年科学基金项目	2018.12.31
313	81501840	基于生物数据挖掘技术的脓毒症早期诊断新模型的构建及应用研究	方芳	附属儿童医院	18	青年科学基金项目	2018.12.31
314	81501181	PTEN缺失致线粒体异常在孤独症发病中的作用及机制研究	王梅	附属儿童医院	17.5	青年科学基金项目	2018.12.31
315	81502496	miR-513c靶向沉默c-met对神经母细胞瘤侵袭转移的影响及机制探讨	曹戍	附属儿童医院	16.5	青年科学基金项目	2018.12.31

四、江苏省自然科学基金项目(68项)

序号	项目批准号	项目名称	项目负责人	承担单位	资助经费（万元）	项目类别	起止时间
1	BK20150304	关于整数分拆的秩的研究	毛仁荣	数学科学学院	20	省基础研究计划（自然科学基金）	2015.7—2018.6

续表

序号	项目批准号	项目名称	项目负责人	承担单位	资助经费（万元）	项目类别	起止时间
2	BK20150338	高比能纤维型超级电容器电极材料的设计及原位构筑	钱 涛	物理与光电·能源学部	20	省基础研究计划（自然科学基金）	2015.7—2018.6
3	BK20150331	宽光谱响应和高灵敏度的ZnCdSeTe四元合金一维纳米结构光探测器	田 维	物理与光电·能源学部	20	省基础研究计划（自然科学基金）	2015.7—2018.6
4	BK20150309	有机半导体激光器用于微沟道生物传感器的理论和实现研究	黄文彬	物理与光电·能源学部	20	省基础研究计划（自然科学基金）	2015.7—2018.6
5	BK20150308	表面等离激元在稀土离子中的量子存储	延 英	物理与光电·能源学部	20	省基础研究计划（自然科学基金）	2015.7—2018.6
6	BK20150325	多孔三维自支撑硫化锡/石墨烯复合材料的构筑及其在锂离子电池负极中的应用	陈 煜	物理与光电·能源学部	20	省基础研究计划（自然科学基金）	2015.7—2018.6
7	BK20151219	错位结构硅酸盐正极材料的可控制备及电化学性能研究	倪江锋	物理与光电·能源学部	10	省基础研究计划（自然科学基金）	2015.7—2018.6
8	BK20150311	高性能钠离子混合电容器的制备与研究	王显福	物理与光电·能源学部	20	省基础研究计划（自然科学基金）	2015.7—2018.6
9	BK20150306	基于超界面材料实现光学微操控的研究	高东梁	物理与光电·能源学部	20	省基础研究计划（自然科学基金）	2015.7—2018.6
10	BK20150303	二维拓扑绝缘体的生长模式及其拓扑绝缘态的理论研究	胡 军	物理与光电·能源学部	20	省基础研究计划（自然科学基金）	2015.7—2018.6
11	BK20150052	超导纳米线单光子检测应用基础研究	邹贵付	物理与光电·能源学部	100	省基础研究计划（自然科学基金）	2015.7—2018.6
12	BK20150315	乙烯基金属卡宾参与的环状化合物高效合成反应研究	徐新芳	材料与化学化工学部	20	省基础研究计划（自然科学基金）	2015.7—2018.6
13	BK20150317	一类新型N,O-螯合硼络合物的合成及光电特性研究	Peshkov Vsevolod	材料与化学化工学部	20	省基础研究计划（自然科学基金）	2015.7—2018.6
14	BK20150327	给电子侧链对窄带隙共轭聚合物给体材料光伏性能的调控	崔超华	材料与化学化工学部	20	省基础研究计划（自然科学基金）	2015.7—2018.6

续表

序号	项目批准号	项目名称	项目负责人	承担单位	资助经费（万元）	项目类别	起止时间
15	BK20150312	氮与金属碳化物双掺杂的介孔碳材料的制备及电催化性能研究	吴张雄	材料与化学化工学部	20	省基础研究计划（自然科学基金）	2015.7—2018.6
16	BK20151218	构建具有抑菌和抗酶解特性的仿生多肽自组装水凝胶的研究	李新明	材料与化学化工学部	10	省基础研究计划（自然科学基金）	2015.7—2018.6
17	BK20150318	应用核磁共振及其成像技术研究食品干燥过程中水分传递现象	金鑫	材料与化学化工学部	20	省基础研究计划（自然科学基金）	2015.7—2018.6
18	BK20150316	基于稀土金属的受阻路易斯酸碱对化学	徐信	材料与化学化工学部	20	省基础研究计划（自然科学基金）	2015.7—2018.6
19	BK20150332	聚噻吩类宽带隙光伏材料的合成、表征及其应用	国霞	材料与化学化工学部	20	省基础研究计划（自然科学基金）	2015.7—2018.6
20	BK20150328	室内污染物浓度"低维降阶"快速预测模型构建	曹世杰	城市轨道交通学院	20	省基础研究计划（自然科学基金）	2015.7—2018.6
21	BK20150333	嵌入自传感FRP筋和外包FRP组合加固RC柱提高其震后可恢复性的研究	唐永圣	城市轨道交通学院	20	省基础研究计划（自然科学基金）	2015.7—2018.6
22	BK20150337	基于三维激光扫描的盾构隧道结构外荷载反演方法研究	李攀	城市轨道交通学院	20	省基础研究计划（自然科学基金）	2015.7—2018.6
23	BK20150344	基于批量流水作业理论的动态混合流水车间调度研究	成明	城市轨道交通学院	20	省基础研究计划（自然科学基金）	2015.7—2018.6
24	BK20150342	基于CMOS工艺的无线传感器网络射频收发芯片中低功耗关键技术研究	吴晨健	电子信息学院	20	省基础研究计划（自然科学基金）	2015.7—2018.6
25	BK20150305	STM针尖效应的计算分析及其功能化设计的理论模拟	林海平	功能纳米与软物质研究院	20	省基础研究计划（自然科学基金）	2015.7—2018.6
26	BK20150007	一维金属纳米粒子结构的多元化可控组装	江林	功能纳米与软物质研究院	100	省基础研究计划（自然科学基金）	2015.7—2018.6
27	BK20151216	直接芳基化合成双极性有机场效应晶体管材料及其器件化	樊健	功能纳米与软物质研究院	10	省基础研究计划（自然科学基金）	2015.7—2018.6

续表

序号	项目批准号	项目名称	项目负责人	承担单位	资助经费（万元）	项目类别	起止时间
28	BK20150343	设计用于神计算和高密度信息存储的金属-绝缘体-金属纳米结构	Mario Lanza	功能纳米与软物质研究院	20	省基础研究计划（自然科学基金）	2015.7—2018.6
29	BK20150053	基于二维层状材料的新型纳米信息器件与集成	鲍桥梁	功能纳米与软物质研究院	100	省基础研究计划（自然科学基金）	2015.7—2018.6
30	BK20150340	基于智能进给单元的微结构表面切削刀具动态轨迹预测与调控方法	张略	机电工程学院	20	省基础研究计划（自然科学基金）	2015.7—2018.6
31	BK20150339	设备状态监测的形态滤波信号特征深度学习方法研究	沈长青	机电工程学院	20	省基础研究计划（自然科学基金）	2015.7—2018.6
32	BK20151220	多轮廓型腔结构件磁控溅射类金刚石碳膜附着机理研究	王德山	机电工程学院	10	省基础研究计划（自然科学基金）	2015.7—2018.6
33	BK20150330	于等离子体注入的高精度SiC曲面高效无损伤抛光新技术	樊成	机电工程学院	20	省基础研究计划（自然科学基金）	2015.7—2018.6
34	BK20150335	表面梯度纳米孪晶结构的局域化协同塑性变形行为研究	李文利	机电工程学院	20	省基础研究计划（自然科学基金）	2015.7—2018.6
35	BK20150326	基于多光镊的高通量细胞三维位姿精确操控机理与方法研究	李相鹏	机电工程学院	20	省基础研究计划（自然科学基金）	2015.7—2018.6
36	BK20151223	面向云数据库的查询外包方法的研究	赵雷	计算机科学与技术学院	10	省基础研究计划（自然科学基金）	2015.7—2018.6
37	BK20151222	汉语篇章主次关系研究	朱巧明	计算机科学与技术学院	10	省基础研究计划（自然科学基金）	2015.7—2018.6
38	BK20150329	低活化马氏体钢中析出行为调控对高温蠕变性能的影响	夏志新	沙钢钢铁学院	20	省基础研究计划（自然科学基金）	2015.7—2018.6
39	BK20150334	微合金钢铸坯中第二相析出行为及凝固组织演变的原位分析研究	屈天鹏	沙钢钢铁学院	20	省基础研究计划（自然科学基金）	2015.7—2018.6
40	BK20150336	钙镁复合处理对硫系易切削钢夹杂物形态控制的影响机制	田俊	沙钢钢铁学院	20	省基础研究计划（自然科学基金）	2015.7—2018.6

续表

序号	项目批准号	项目名称	项目负责人	承担单位	资助经费（万元）	项目类别	起止时间
41	BK20151221	超声作用下镁合金亚快速凝固溶质传输与偏析抑制	翁文凭	沙钢钢铁学院	10	省基础研究计划（自然科学基金）	2015.7—2018.6
42	BK20150341	城市历史环境中邻里公共空间集群模式及其应用研究	孙磊磊	金螳螂建筑学院	20	省基础研究计划（自然科学基金）	2015.7—2018.6
43	BK20150307	基于博弈DEA的资源配置方法及应用研究	孙加森	东吴商学院（财经学院）东吴证券金融学院	20	省基础研究计划（自然科学基金）	2015.7—2018.6
44	BK20150310	基于荧光作用的3D凝胶剂量计的研制与性能分析	刘汉洲	医学部放射医学与防护学院	20	省基础研究计划（自然科学基金）	2015.7—2018.6
45	BK20150350	水体细菌的现场快速可视化检测	李永强	医学部放射医学与防护学院	20	省基础研究计划（自然科学基金）	2015.7—2018.6
46	BK20150355	TIGAR介导的潘氏前体细胞分化在防治小肠辐射损伤中的机制研究	张昊文	医学部放射医学与防护学院	20	省基础研究计划（自然科学基金）	2015.7—2018.6
47	BK20151215	理论研究硼碳氮纳米材料吸附和分离锕系核素	孙巧	医学部放射医学与防护学院	10	省基础研究计划（自然科学基金）	2015.7—2018.6
48	BK20150313	锕系组分离配体的理论构建、合成表征及在乏燃料后处理中的应用	肖成梁	医学部放射医学与防护学院	20	省基础研究计划（自然科学基金）	2015.7—2018.6
49	BK20150346	类风湿性关节炎相关的miRNA鉴定及其作用网络研究	武龙飞	医学部公共卫生学院	20	省基础研究计划（自然科学基金）	2015.7—2018.6
50	BK20150323	肥胖症候选基因NLK致病突变的定位及作用机制研究	裴育芳	医学部公共卫生学院	20	省基础研究计划（自然科学基金）	2015.7—2018.6
51	BK20150353	渐进性有氧运动对病理性心肌肥厚小鼠心肌逆转重塑效果和机制的研究	王丽	医学部护理学院	20	省基础研究计划（自然科学基金）	2015.7—2018.6
52	BK20150351	Wnt信号通路诱导神经胶质瘤干细胞死亡的机制	任芳芳	医学部基础医学与生物科学学院	20	省基础研究计划（自然科学基金）	2015.7—2018.6
53	BK20150006	脂肪酸2-羟基化修饰的代谢功能	苏雄	医学部基础医学与生物科学学院	100	省基础研究计划（自然科学基金）	2015.7—2018.6

续表

序号	项目批准号	项目名称	项目负责人	承担单位	资助经费（万元）	项目类别	起止时间
54	BK20150322	肝脏Sel1L缺失(LSK)对线粒体结构、功能及炎症反应的影响研究	潘志雄	医学部实验动物中心	20	省基础研究计划（自然科学基金）	2015.7—2018.6
55	BK20151217	维生素D对糖尿病发生中自噬和炎症反应的影响及其分子机制研究	周正宇	医学部实验动物中心	10	省基础研究计划（自然科学基金）	2015.7—2018.6
56	BK20150324	近红外光响应性硅纳米粒的构建及其肿瘤协同治疗应用	邓益斌	医学部药学院	20	省基础研究计划（自然科学基金）	2015.7—2018.6
57	BK20150348	多功能超声响应性纳米药物载体在肿瘤治疗中的应用	柯亨特	医学部药学院	20	省基础研究计划（自然科学基金）	2015.7—2018.6
58	BK20150349	大黄有机酸成分代谢活化与药物转运体的相互作用研究	阮建清	医学部药学院	20	省基础研究计划（自然科学基金）	2015.7—2018.6
59	BK20151224	肿瘤细胞线粒体靶向多功能联合载药系统的构建及其逆转多药耐药的分子机制研究	程丽芳	医学部药学院	10	省基础研究计划（自然科学基金）	2015.7—2018.6
60	BK20151225	急性脑缺血溶栓期内血脑屏障损伤机制的研究	金新春	神经科学研究所	10	省基础研究计划（自然科学基金）	2015.7—2018.6
61	BK20150347	GPR50调控BACE1的机制和在阿尔茨海默病中的作用	吕美红	神经科学研究所	20	省基础研究计划（自然科学基金）	2015.7—2018.6
62	BK20150354	NR4A1激活TGF-β通路并拮抗NF-kB炎症信号在肝脏免疫性疾病发生和发展中的作用	周芳芳	生物医学研究院	20	省基础研究计划（自然科学基金）	2015.7—2018.6
63	BK20150319	高血压患者中Corin基因变异对其结构和酶功能的影响	周田甜	唐仲英血液学研究中心	20	省基础研究计划（自然科学基金）	2015.7—2018.6
64	BK20150320	Eras/AKT通路在中胚层及其下游谱系建立过程中的作用	赵振奥	心血管病研究所	20	省基础研究计划（自然科学基金）	2015.7—2018.6
65	BK20150321	RRM2在胚胎干细胞中的表达和功能研究	雷伟	心血管病研究所	20	省基础研究计划（自然科学基金）	2015.7—2018.6

续表

序号	项目批准号	项目名称	项目负责人	承担单位	资助经费（万元）	项目类别	起止时间
66	BK20150345	长链非编码RNA-Meg3在心肌梗死中的调控机制研究	胡士军	心血管病研究所	20	省基础研究计划（自然科学基金）	2015.7—2018.6
67	BK20150352	IL-27在异基因造血干细胞移植后急性GVHD/GVL中的调控作用及其机制	马守宝	造血干细胞移植研究所	20	省基础研究计划（自然科学基金）	2015.7—2018.6
68	BK20150314	基于高分子微结构的运动传感器	张慧	分析测试中心	20	省基础研究计划（自然科学基金）	2015.7—2018.6

五、江苏省产学研前瞻性联合研究项目（12项）

序号	项目批准号	项目名称	项目负责人	承担单位	资助经费（万元）	项目类别	起止时间
1	BY2015039-08	纳米复合催化剂的研制和1,2,4-三氮唑类农药杀菌剂丙硫菌唑、苯醚甲环唑及其关键中间体的开发	曾润生	材料与化学化工学部	30	省政策引导类计划（产学研合作）	2015.7—2017.6
2	BY2015039-12	基于机器视觉和雷达的有轨电车轨道障碍物探测技术	汪一鸣	城市轨道交通学院	15	省政策引导类计划（产学研合作）	2015.7—2017.6
3	BY2015039-07	面向物联网的低功耗无线多模基带平台核心技术	吴迪	电子信息学院	30	省政策引导类计划（产学研合作）	2015.7—2017.6
4	BY2015039-04	天然染料真丝织物生态印花关键技术及产品开发	王祥荣	纺织与服装工程学院	15	省政策引导类计划（产学研合作）	2015.7—2017.6
5	BY2015039-02	功能性蚕丝制品研制与开发	王建南	纺织与服装工程学院	15	省政策引导类计划（产学研合作）	2015.7—2017.6
6	BY2015039-05	眼科手术器械自动化生产线	陈国栋	机电工程学院	15	省政策引导类计划（产学研合作）	2015.7—2017.6
7	BY2015039-10	梭鲈分子标记辅助选育	凌去非	医学部基础医学与生物科学学院	100	省政策引导类计划（产学研合作）	2015.7—2018.6
8	BY2015039-09	AP-503对酒精性肝损伤保护作用的靶标研究	谢梅林	医学部药学院	15	省政策引导类计划（产学研合作）	2015.7—2017.6

续表

序号	项目批准号	项目名称	项目负责人	承担单位	资助经费（万元）	项目类别	起止时间
9	BY2015039-01	微创单孔胸腔镜手术器械及引流系统的研发和应用	马海涛	附属第一医院	30	省政策引导类计划（产学研合作）	2015.7—2017.6
10	BY2015039-06	高能射线联合免疫调节分子PD-L1抗体在肺癌治疗中的作用和机制	秦颂兵	附属第一医院	15	省政策引导类计划（产学研合作）	2015.7—2017.6
11	BY2015039-03	动态检测ctDNA基因异常在结直肠癌患者预后和西妥昔单抗耐药监测中的价值	谢宇锋	附属第一医院	30	省政策引导类计划（产学研合作）	2015.7—2017.6
12	BY2015039-11	微波技术及测试设备研制	谢志余	工程训练中心	30	省政策引导类计划（产学研合作）	2015.7—2017.6

六、江苏省重点研发计划（社会发展）项目（1项）

序号	项目批准号	项目名称	项目负责人	承担单位	资助经费（万元）	完成时间
1	BE2015637	超亲油吸附材料的研发及污水综合治理技术	路建美	材料与化学化工学部	80	2015.7—2018.6

七、江苏省重点研发计划（产业前瞻与共性关键技术）项目（2项）

序号	项目批准号	项目名称	项目负责人	承担单位	资助经费（万元）	完成时间
1	BE2015066	功能性蚕丝家纺产品的绿色整理加工关键技术	唐人成	纺织与服装工程学院	120	2015.7—2018.6
2	BE2015067	金属增—减材复合制造激光内送料关键技术、装置及应用	石世宏	机电工程学院	120	2015.7—2018.6

八、江苏重点研发计划（现代农业）项目（1项）

序号	项目批准号	项目名称	项目负责人	承担单位	资助经费（万元）	完成时间
1	BE2015317	新功能丝蛋白生产家蚕新资源研制与优质、抗性品种培育	徐世清	医学部基础医学与生物科学学院	100	2015.7—2019.6

九、中国纺织工业协会项目(2项)

序号	项目批准号	项目名称	项目负责人	承担单位	资助经费（万元）	完成时间
1		蒸汽防护服装性能测评关键技术及防护机理研究	卢业虎	纺织与服装工程学院		
2		智能服装零售系统关键技术的研究与开发	戴宏钦	纺织与服装工程学院		

十、教育部项目(1项)

序号	项目批准号	项目名称	项目负责人	承担单位	资助经费（万元）	完成时间
1	MCM20150602	给予网络环境的课堂教学资源生成与更新机制研究	朱巧明	计算机科学与技术学院	60	2015.12—2016.12

人文社科项目情况

一、国家社科科研项目(25项)

序号	项目名称	所属院系	主持人	项目批准号	项目类别
1	"四个全面"战略布局研究	政治与公共管理学院	朱炳元	15ZDA006	重大项目
2	国有自然资源权利配置研究	王健法学院	王克稳	15AZD066	重点项目
3	民法典编纂技术问题研究	王健法学院	方新军	14AZD143	重点项目
4	提升司法公信力法治路径研究	王健法学院	胡玉鸿	15AFX013	重点项目
5	政府生态治理体系和治理能力现代化研究	政治与公共管理学院	张劲松	15AGL019	重点项目
6	秦汉农民身份演变的历史考察	社会学院	臧知非	15AZS008	重点项目
7	占有保护疑难法律问题研究	王健法学院	章正璋	15BFX163	一般项目
8	新媒体语境下政治认同的建构路径研究	凤凰传媒学院	张健	15BXW062	一般项目
9	网络虚拟社会中道德自律问题研究	政治与公共管理学院	孙枝俏	15BKS105	一般项目

续表

序号	项目名称	所属院系	主持人	项目批准号	项目类别
10	新型城镇化背景下农转居社区转型与社区治理研究	政治与公共管理学院	叶继红	15BSH071	一般项目
11	我国公共体育服务供给模式治理转型研究	体育学院	樊炳有	15BTY015	一般项目
12	近现代中国体育对外关系研究（1840—1949）	体育学院	罗时铭	15BTY083	一般项目
13	汤显祖戏剧英译的海外传播研究	外国语学院	张 玲	15BYY031	一般项目
14	唯递归假说的心理语言学实证研究	外国语学院	杨彩梅	15BYY070	一般项目
15	常用修辞格的论辩性语篇功能研究	外国语学院	袁 影	15BYY178	一般项目
16	先秦至民国末期汉语代词发展演变史研究	文学院	曹 炜	15BYY130	一般项目
17	生命周期视角下驱动科技型中小企业持续创新的税收政策研究	东吴商学院（财经学院）东吴证券金融学院	李 伟	15CJY070	青年项目
18	北宋宦官制度研究	社会学院	丁义珏	15CZS028	青年项目
19	禅佛、创伤疗愈与当代亚裔美国文学研究	外国语学院	黄 芝	15CWW020	青年项目
20	丝绸之路汉文书法研究	艺术学院	毛秋瑾	15BF079	全国艺术规划项目
21	当代西方课程史研究的核心思想与理性反思	教育学院	彭彩霞	COA150151	全国教育规划项目
22	中国设计产业竞争力理论与实践研究	艺术学院	束霞平	15BG105	全国艺术规划项目
23	澳大利亚文学批评史	外国语学院	王腊宝	15KWW005	成果文库
24	《刑法》第13条但书与刑事制裁的界限研究	王健法学院	彭文华	15FFX028	后期资助项目
25	吉奥诺美学研究	外国语学院	陆 洵	15FWW013	后期资助项目

二、教育部科研项目(7项)

序号	项目名称	所在学院	负责人	项目批准号	项目类型
1	基于社会空间辩证法视角下苏南城乡社会空间重构研究	东吴商学院(财经学院)东吴证券金融学院	段进军	无	重点研究基地重大项目
2	新型城镇化视角下的社区建设研究:以苏州为例	社会学院	宋言奇	无	重点研究基地重大项目
3	汉语疑问代词的语法性质及其儿童习得研究	外国语学院	黄爱军	15YJC740031	青年基金项目
4	美国自然诗主题演变及其生态诗学思想的建构	外国语学院	朱新福	15YJA752024	规划基金项目
5	经济新常态下产业结构调整对人民币汇率的影响研究	东吴商学院(财经学院)东吴证券金融学院	徐涛	15YJA790071	规划基金项目
6	劳动法的域外效力研究	王健法学院	孙国平	15YJA820027	规划基金项目
7	高校出版单位差异化发展研究	出版社	张建初	15YJA860019	规划基金项目

三、江苏省社科科研项目(10项)

序号	项目名称	所属单位	主持人	项目批准号	项目类别
1	中国特色社会主义实践的江苏经验研究	校长办公室	任平		重点项目
2	校园体育伤害责任认定及江苏法院裁判之反思	王健法学院	赵毅	15TYB004	一般项目
3	新媒体背景下主流媒体言论变革路径研究	凤凰传媒学院	杨新敏	15TQB001	一般项目
4	文化研究:以他者形象为方法	文学院	李勇	15ZWB008	一般项目
5	法院治理结构与组织架构研究	王健法学院	吴俊	15FXC004	青年项目
6	我国适应气候变化的法律应对	王健法学院	何香柏	15FXC007	青年项目
7	基于中美实证比较的作品非字面侵权判定研究	王健法学院	李杨	15FXC003	青年项目
8	基于创客视角的创业生态环境完善对策研究	东吴商学院(财经学院)东吴证券金融学院	刘亮	15EYC008	青年项目

续表

序号	项目名称	所属单位	主持人	项目批准号	项目类别
9	现代汉语动作动词及其动作性研究	文学院	何薇	15YYC004	青年项目
10	信息化背景下财产犯罪的法解释学研究	党委宣传部	吴江	14FXD003	自筹项目

四、其他省部级项目(16项)

序号	项目名称	所属单位	主持人	项目批准号	项目类别
1	法治解决道德领域突出问题的作用研究	王健法学院	胡玉鸿	CLS(2015)ZDZX20	中国法学会重点专项课题
2	论我国宪法上"城市"与"城市土地"	王健法学院	程雪阳		中国法学会一般课题
3	基于中美实证比较的作品非字面侵权判定研究	王健法学院	李杨	CLS(2015)C88	中国法学会一般课题
4	宪法视野下"当场击毙"的立法规制研究	王健法学院	上官丕亮	CLS(2015)D028	中国法学会自选课题
5	无因管理制度的建构与解构——传统路径与当代选择	王健法学院	李中原		中国法学会自选课题
6	中国妇女土地权益保护	王健法学院	程雪阳	CLS(2015)WT14	中国法学会委托课题
7	连续创新、高技术产业发展路径与创新政策——基于上海和苏州高技术产业的比较分析	东吴商学院(财经学院) 东吴证券金融学院	杨锐	2014-GR-46	上海市人民政府发展研究中心专项课题
8	城郊结合部社区存在的问题及治理对策	政治与公共管理学院	叶继红	2015MZR0252806	民政政策理论研究委托课题
9	社区、社会组织、社工"三社"联动的模式选择与策略研究	政治与公共管理学院	李慧凤	2015MZR001-22	民政部"中国社会组织建设与管理"理论研究部级课题
10	"环太湖体育圈"城市假日体育基本特征与发展路径的研究	体育学院	邰崇禧	2176SS15063	国家体育总局一般项目

续表

序号	项目名称	所属单位	主持人	项目批准号	项目类别
11	教育宗旨变化视角下的民国学校体育研究（1912—1918）	体育学院	王荷英	2230SS15117	国家体育总局青年项目
12	濒危语言调查·布兴语	文学院	高永奇	YB1510A018	国家语委中国语言资源保护专项
13	《王锺霖日记》整理	文学院	周生杰	1546	全国高校古籍整理研究工作委员会直接资助项目
14	旅游业青年专家培养计划	社会学院	黄泰	TYETP201527	国家旅游局旅游业青年专家培养计划
15	旅游业青年专家培养计划	社会学院	周永博		国家旅游局旅游业青年专家培养计划
16	现代五项马术骑乘技术训练过程优化与重点运动员骑乘技术完善与能力促进研究	体育学院	熊焰		国家体育总局委托项目

教职工队伍结构

教职工人员情况

2015年全校教职工人员一览表 单位：人

类别	小计	其中：女
专任教师	3 165	1 260
行政人员	888	436
教辅人员	728	408
科研机构人员	23	9
工勤人员	308	59
校办工厂、农(林)场职工	27	2
其他附设机构人员	111	78
合计	5 250	2 252

专任教师学历结构情况

2015年全校专任教师学历结构一览表 单位：人

	总计	其中：女	正高级	副高级	中级	初级	无职称
博士	1 930	653	663	782	483		2
硕士	667	342	70	154	371	69	3
未获博硕士学位							
学士	382	188	43	174	159	5	1
研究生肄业							
未获学士学位	182	73	41	70	62	9	
高等学校专科毕业及本科肄业两年以上	4	4		2		2	
高等学校本专科肄业未满两年及以下							
合计	3 165	1 260	817	1 182	1 075	85	6

专任教师年龄结构情况

2015年全校专任教师年龄结构一览表　　　　　单位：人

年龄段	总计	其中：女	正高级	副高级	中级	初级	无职称
30岁以下	245	120	3	29	150	61	2
31－35岁	676	298	43	254	365	13	1
36－40岁	635	287	91	269	269	6	
41－45岁	492	221	126	211	152	3	
46－50岁	415	154	160	175	78	1	1
51－55岁	467	130	217	195	53	1	1
56－60岁	192	44	135	49	8		
61岁以上	43	6	42				1
合计	3 165	1 260	817	1 182	1 075	85	6

教职工中级及以上职称情况

2015年苏州大学教职工中级以上职称一览表　　　　　单位：人

部门	总计	其中：女	正高	副高	中级
党委办公室	11	3	4	1	5
校长办公室	28	7	13	3	6
对外联络接待办公室	1				1
纪委、监察处（合署办公）	16	8		10	3
党委组织部	8	4		5	3
党代表联络办（与党委组织部合署办公）	1				1
党校	3	3		2	1

续表

部门	总计	其中：女	正高	副高	中级
党委宣传部	12	7	1	3	5
新闻中心	2	1		1	1
党委统战部	4	2		2	2
离退休工作部（处）	17	7		4	7
工会	12	6		3	4
团委	10	7		1	7
机关党工委	3	2	1		2
群团、直属单位党工委	4	1		2	2
发展委员会办公室	10	6		2	5
人事处	30	16	1	2	16
财务处	47	30		11	18
审计处	13	9	1	2	8
教务部	36	20	4	2	21
招生就业处	14	3	1		11
学生工作部（处）	18	6	1	2	11
学生创新创业教育中心［挂靠学生工作部（处）］	3	1		1	2
人武部［与学生工作部（处）合署办公］	7	3		1	5
研究生院	21	8	6	4	10
党委研究生工作部（与研究生院合署办公）	1		1		
科学技术与产业部	35	6	1	10	13
"2011计划"办公室（挂靠科技产业部）	1				1
人文社会科学院	9	4	2	2	3
国有资产与实验室管理处	37	17		9	15
继续教育处（成人教育学院）	22	9		5	11
国际合作交流处（海外教育学院）	39	29	2	7	22
保卫部（处）	69	6	1	1	12

续表

部　门	总计	其中：女	正高	副高	中级
后勤管理处	183	79	1	20	41
校医院（挂靠后勤管理处）	47	39		13	23
阳澄湖校区	27	9	3	8	10
学术委员会秘书处	1	1			1
图书馆	153	100	6	38	70
档案馆	16	14	2	6	6
博物馆	8	4	1		3
信息化建设与管理中心	27	6	1	6	11
分析测试中心	50	36	2	23	20
工程训练中心	37	10		9	11
艺术教育中心	4	2	1	1	1
文学院	85	39	25	22	31
凤凰传媒学院	58	27	9	14	26
社会学院	99	41	25	30	37
政治与公共管理学院	107	40	28	42	33
马克思主义学院	52	25	9	28	14
教育学院	86	42	18	35	28
东吴商学院（财经学院）　东吴证券金融学院	166	77	29	77	52
王健法学院	83	26	23	33	22
知识产权研究院	3	2			1
外国语学院	243	169	21	75	130
金螳螂建筑学院	78	39	10	24	32
数学科学学院	135	44	34	57	36
苏州大学金融工程研究中心（挂靠数学科学学院）	9	5	3	2	3
物理与光电·能源学部	33	16	3	5	14
能源学院	43	9	15	16	11

续表

部　门	总计	其中：女	正高	副高	中级
物理科学与技术学院	103	22	37	37	24
光电信息科学与工程学院	95	30	15	36	42
化学电源研究所	2	1			2
材料与化学化工学部	240	96	87	82	55
纳米科学技术学院	22	11	1	2	10
功能纳米与软物质研究院	91	28	33	14	37
计算机科学与技术学院	154	44	24	53	66
电子信息学院	109	38	16	52	38
机电工程学院	166	52	21	69	65
沙钢钢铁学院	35	12	3	12	14
纺织与服装工程学院	91	39	25	34	22
现代丝绸国家工程实验室	21	8	7	5	8
城市轨道交通学院	106	37	9	38	56
体育学院	141	47	16	64	48
艺术学院	119	59	24	27	44
音乐学院	49	26	7	7	26
医学部	56	34	3	10	32
医学部基础医学与生物科学学院	214	97	44	84	74
医学部放射医学与防护学院	82	29	18	29	29
医学部公共卫生学院	56	27	12	27	15
医学部药学院	101	44	26	42	31
医学部护理学院	8	4	1	2	3
医学部实验动物中心	21	10	1	2	8
医学部实验中心	61	31	1	20	31
医学部第一临床医学院	165	64	39	72	47
医学部第二临床医学院	60	26	26	11	21
医学部儿科临床医学院	39	20	11	14	14

续表

部门	总计	其中：女	正高	副高	中级
苏州大学临床医学研究院（挂靠苏大附一院）	1		1		
唐仲英医学研究院	1			1	
苏州大学唐仲英血液学研究中心	45	21	12	6	21
苏州大学造血干细胞移植研究所	3	1	1	1	1
苏州大学骨科研究所	29	14	5	4	13
苏州大学神经科学研究所	30	19	9	3	10
苏州大学生物医学研究院	50	31	9	6	28
苏州大学心血管病研究所	16	11	2	5	1
苏州大学转化医学研究院	2		1		1
剑桥—苏大基因组资源中心	17	10	2	4	3
敬文书院[挂靠学生工作部（处）]	5	3	1		2
唐文治书院	2	2			
文正学院	41	14	2	10	25
应用技术学院	46	16	2	16	22
老挝苏州大学	7	2	1		3
张家港工业技术研究院	4			1	3
辐照技术研究所	9			1	6
中国特色城镇化研究中心	1	1			
学报编辑部	8	5	1	3	3
出版社有限公司	39	14	10	12	14
教服集团	103	19		5	3
东吴饭店	5			1	3
江苏苏大投资有限公司	2	1		1	1
总计	5 250	2 252	875	1 607	1 926

2015年获副高及以上技术职称人员名单

一、2015年获高级职务聘任人员名单

人文社会科学院

　　正高职：余敏江

文学院

　　正高职：朱建刚

凤凰传媒学院

　　副高职：王玉明

社会学院

　　正高职：汪德根

政治与公共管理学院

　　正高职：李继堂　　宋煜萍　　朱耀平
　　副高职：袁建军

教育学院

　　正高职：曹永国　　丁　芳　　唐　斌
　　副高职：夏　骏　　吴铁钧

东吴商学院（财经学院）　东吴证券金融学院

　　正高职：沈　能　　朱学新
　　副高职：庞　丽

王健法学院

　　正高职：章正璋　　王昭武
　　副高职：许小亮

外国语学院

　　副高职：黄爱军　　陆　洵　　孟祥春　　王　清　　张乃禹

金螳螂建筑学院

　　正高职：张　琦
　　副高职：肖湘东

数学科学学院

　　正高职：赵　云
　　副高职：陈富军　　顾振华　　胡　韵　　张亚楠

物理与光电·能源学部

　　正高职：陈高健　　马扣祥
　　副高职：邓楷模　　娄艳辉　　赵　杰　　季轶群　　王海波　　刘　全　　浦东林

材料与化学化工学部

　　正高职：宋　波　　汪顺义　　武照强
　　副高职：陈冬赟　　何金林　　李　华　　刘小莉　　邵　杰　　杨　文　　石小丽
　　　　　　章建东

计算机科学与技术学院

　　正高职：李培峰
　　副高职：贡正仙　　黄　蔚　　吴　瑾　　程宝雷

电子信息学院

　　副高职：张冬利　　周刘蕾　　朱伟芳　　胡丹峰　　邵　雷

机电工程学院

　　正高职：陈长军　　高　强　　王传洋
　　副高职：黄　俊　　孙承峰

沙钢钢铁学院

　　正高职：王德永
　　副高职：宋滨娜　　王晓南　　许继芳　　仲兆准

纺织与服装工程学院

　　正高职：龙家杰　　郑　敏
　　副高职：刘福娟　　王　萍

体育学院

　　正高职：雍　明

副高职：鲍　捷

艺术学院

　　正高职：马镇亚　　钱孟尧　　周玉明
　　副高职：方　健

医学部

　　正高职：李冰燕
　　副高职：谢　莲

医学部基础医学与生物科学学院

　　正高职：韩宏岩　　李　兵　　刘朝晖
　　副高职：黄　健　　黄茉莉　　李　芳　　刘　瑶　　曲　静　　许弘飞　　俞慧君
　　　　　　吴　华　　张　锋

医学部放射医学与防护学院

　　正高职：于　冬
　　副高职：郭正清　　朱　巍

医学部公共卫生学院

　　正高职：吕大兵
　　副高职：曹　毅（同级转评）　　信丽丽

医学部药学院

　　正高职：张士磊

功能纳米与软物质研究院

　　正高职：刘　阳　　彭　睿　　张秀娟（从2014年9月1日起聘）

唐仲英血液学研究中心

　　副高职：刘　萌　　张素萍

医学部生物医学研究院

　　副高职：胡　博

神经科学研究所

　　副高职：朱丽娟

应用技术学院

　　副高职：秦大可

医学部第一临床医学院

正高职：葛自力　马海涛　唐晓文
副高职：包　龙　曾大雄　丁　翔　段卫明　何宋兵　雷　伟　李　明
　　　　毛海青　闵　玮　倪健强　王丽娜　薛胜利　张子祥　周　健

医学部第二临床医学院

正高职：阳东荣　李炳宗
副高职：何謇燕　刘士海　唐　军　佟光明　谢　莹　谢宗刚　徐　炜

医学部儿科临床医学院

正高职：吕海涛
副高职：李建琴　王宇清　甄允方　周卫芳

医学部第三临床医学院

正高职：刘锦波
副高职：汪良芝

阳澄湖校区

副高职：唐强奎　张　佳　祝拥军　屠立峰　宋　瑾　成恒生　许洸彧

财务处

副高职：李　洋

档案馆

正高职：高国华

工程训练中心

副高职：李春玲

出版社

正高职：储安全(2014年11月1日起聘)
副高职：周建国

分析测试中心

正高职：诸葛兰剑
副高职：宋　萍

二、2015 年获教育管理研究系列高级职务任职资格人员名单

党委办公室

  副高职：茅海燕

机关党工委

  正高职：周玉玲

团委

  副高职：陈　晶

教务部

  正高职：王剑敏
  副高职：陆　丽

学生工作部（处）

  副高职：董召勤

科学技术与产业部

  副高职：刘海燕

保卫部（处）

  正高职：黄水林

后勤管理处

  副高职：顾志勇　　吴　艳

纺织与服装工程学院

  副高职：严　俊

医学部

  副高职：席拥军

应用技术学院

  正高职：朱　跃

三、2015年获学生思想政治教育系列高级职务任职资格人员名单

王健法学院

  正高职：钱春芸
  副高职：陆　岸

2015年聘请讲座教授、客座教授、兼职教授名单

讲座教授

物理与光电·能源学部
  王峻岭　新加坡南洋理工大学教授
  Hugucs CHATé　法国原子能委员会资深科学家
  Sajeev John　加拿大多伦多大学教授

数学科学学院
  戴　民　新加坡国立大学量化金融中心主任、教授
  王　成　美国麻省州立达特茅斯分校副教授（续聘）
  许志良　美国圣母大学副教授
  邵　琴（补充协议）
  夏志宏（续聘）

苏州大学附属第一医院
  李晓楠　美国贝勒大学教授

计算机科学与技术学院
  王大进（续聘）

社会学院
  张海林（续聘）

凤凰传媒学院
  许志敏　美国得州汉纳国际传媒集团CEO、博士
  尹韵公　中国社会科学院新闻与传播研究所前所长、教授
  胡守文　中国编辑学会常务副会长

东吴商学院（财经学院）　东吴证券金融学院
  李小林　美国陶森大学商业和经济学院电子商务和技术管理系副教授

神经科学研究所
  傅莹惠　加利福尼亚大学博士
  王玉田　加拿大不列颠哥伦比亚大学博士

电子信息学院
　　田　捷　中国科学院自动化研究所研究员
　　Sanjay Kumar Bose　印度理工学院电子工程系教授

医学部药学院
　　杨金铭　美国宾州州立大学医学院教授
　　崔建民　美国华盛顿大学教授

医学部基础医学与生物科学学院
　　Phil D. Stahl　美国圣路易斯华盛顿大学医学院细胞生物学与生理学系教授
　　虞献民　佛罗里达州立大学教授

苏州大学附属儿童医院
　　Wright　美国北卡罗来纳大学教授

纳米科学技术学院
　　邓青云(Ching W. Tang)　美国工程院院士、美国罗切斯特大学教授、香港科技大学教授(续聘)
　　Tsun-Kong Sham(岑俊江)　加拿大皇家科学院院士、加拿大西安大略大学化学系终身教授(续聘)

医学部放射医学与防护学院
　　赵宇亮　国家纳米科学中心副主任、研究员(续聘)
　　商　澎　西北工业大学深圳研究院院长、教授

艺术学院
　　张小川(续聘)

金融工程研究中心
　　Xinfu Chen(陈新富)　美国匹斯堡大学教授

生物医学研究院
　　Philipp Lang　德国杜塞尔多夫大学分中医学部主任、教授

造血干细胞移植研究所
　　刘海燕　新加坡国立大学杨璐玲医学院微生物及免疫学系副教授

材料与化学化工学部
　　David James Young　澳大利亚阳光海岸大学教授

音乐学院
　　Blake Stevens　美国查尔斯顿音乐学院副教授

客座教授

医学部基础医学与生物科学学院
　　Jun-Feng Wang　加拿大马尼托巴大学副教授
　　于振坤　南京同仁医院院长、教授
　　刘立明　江南大学食品科学与技术国家重点实验室教授
　　周立新　健路生物科技(苏州)有限公司首席执行官、博士
　　李振军　上海交通大学苏州附属九龙医院主任医师、教授

Samuel Klein　美国圣路易斯华盛顿大学医学院教授

医学部放射医学与防护学院
　　李春生　加拿大卫生部辐射防护局研究员
　　崔　星　日本放射线医学综合研究所重粒子医学科学中心研究员
　　徐志红　江苏华益科技有限公司副总经理、高级工程师
　　Yan Chen　美国库珀大学医院、美国库珀MD安德森癌症中心医学物理主任、博士
　　武承嗣　美国哥伦比亚大学医学院放射肿瘤学教授、纽约长老会医院放射肿瘤科医学物理主任、教授

医学部护理学院
　　Joyce J. Fitzpatrick　美国护理科学院院士、教授
　　徐桂华　南京中医药大学副校长、教授
　　黄金月　香港理工大学医疗及社会科学院副院长、教授
　　孙宏玉　北京大学护理学院副院长、教授
　　章雅青　上海交通大学护理学院执行院长、教授

计算机科学与技术学院
　　黄　兹　澳大利亚昆士兰大学信息技术与电子工程学院教授
　　陈　雷　香港科技大学计算机科学与工程系教授
　　俞　青　杭州美诺泰科技有限公司、上海华美络信息技术有限公司总经理、博士
　　John E. Hopcroft　美国康奈尔大学计算机科学系教授

艺术学院
　　丁绍光　国际中国美术家协会会长、美国世界美术家联盟首任主席

沙钢钢铁学院
　　刘相华　东北大学教授
　　朱苗勇　东北大学材料与冶金学院副院长、教授

物理与光电·能源学部
　　董国材　江南石墨烯研究院副院长、博士

苏州大学附属第一医院
　　周斌华　美国肯塔基大学Markey肿瘤中心乳腺癌研究项目主任、教授
　　周一红　美国加州大学欧文分校脑肿瘤研究室博士
　　邓忠彬　美国路易斯维尔医学院肿瘤中心博士
　　程建国　美国克利夫兰医学中心教授
　　董海东　美国梅奥医学中心医学院教授
　　杨晓明　美国西雅图华盛顿大学医学院教授

金融工程研究中心
　　Sandro Fusco Wilshire Associates　（威尔希尔）全球总监、博士

体育学院
　　邱卓英　中国康复研究中心康复信息研究所所长、教授
　　高继胜　浙江大学金融研究院产业金融联合研究中心主任、教授

纳米科学技术学院
  Yang Song(宋旸) 加拿大西安大略大学化学系副教授
电子信息学院
  李 硕 通用电气医疗集团计算机专家、博士
音乐学院
  沈西蒂 上海音乐学院管弦系教授
心血管病研究所
  杨黄恬 上海交通大学医学院健康科学研究所副所长、教授
机电工程学院
  孙 东 香港城市大学机械及生物医学工程系主任、教授
  Sean J Cheng 飞利浦公司医疗保健事业部发展战略经理、博士
医学部药学院
  眭金国 惠氏制药有限公司总经理
唐仲英血液学研究中心
  陈 涉 北京生命科学研究所高级研究员、蛋白质组中心主任、博士
苏州大学附属第一医院
  钱友存 中科院上海生命科学院/上海交通大学医学院健康科学研究所研究员
  毛伟敏 浙江省肿瘤医院院长、教授
物理与光电·能源学院
  吴 凯 宁德时代新源科技有限公司(ATL)技术总裁、博士
  张 跃 国家重大科学研究计划项目首席科学家、北京市新原材料与纳米技术重点实验室主任、教授
社会学院
  张姬雯 江苏省档案局(馆)副局(馆)长、研究员
凤凰传媒学院
  陈燕青 阿里巴巴总监、资深产品专家
  王 武 中国摄影家协会艺术委员会委员
医学部
  黄 键 美国天普大学医学院病理系博士
纳米科学技术学院
  Xue liang Sun(孙学良) 加拿大西安大略大学机械与材料工程学院教授
医学部剑桥——苏大基因组资源中心
  陈瑞环 美国加利福尼亚州Aluda药业公司(Aluda Pharmaceuticals,Inc.)首席执行官、博士
心血管病研究所
  陈韵岱 中国人民解放军总医院老年心血管病研究所所长、教授

院士、博士研究生导师（在职）名单

院士情况一览表

序号	姓名	性别	出生年月	从事专业	备注
1	阮长耿	男	1939.08	内科学（血液病学）	中国工程院院士
2	潘君骅	男	1930.10	光学工程	中国工程院院士
3	李述汤	男	1947.01	材料化学	中国科学院院士 第三世界科学院院士
4	柴之芳	男	1942.09	放射医学	中国工程院院士
5	陈晓东	男	1965.02	应用化学	澳大利亚工程院院士 新西兰皇家科学院院士
6	刘忠范	男	1962.10	物理化学	中国科学院院士
7	李永舫	男	1948.08	材料学	中国科学院院士

博士研究生导师情况一览表

序号	姓名	性别	出生年月	专业名称	备注
1	刘锋杰	男	1953.12	文艺学	
2	侯 敏	男	1961.01	文艺学	
3	徐国源	男	1965.01	文艺学	
4	李 勇	男	1967.02	文艺学	
5	徐 山	男	1955.12	汉语言文字学	
6	曹 炜	男	1963.01	汉语言文字学	
7	罗时进	男	1956.04	中国古代文学	
8	赵杏根	男	1956.12	中国古代文学	
9	马亚中	男	1957.01	中国古代文学	
10	马卫中	男	1959.03	中国古代文学	
11	钱锡生	男	1962.04	中国古代文学	
12	朱栋霖	男	1949.06	中国现当代文学	
13	刘祥安	男	1957.02	中国现当代文学	

续表

序号	姓名	性别	出生年月	专业名称	备注
14	王尧	男	1960.04	中国现当代文学	
15	汪卫东	男	1968.09	中国现当代文学	
16	黄轶	女	1971.11	中国现当代文学	
17	方汉文	男	1950.12	比较文学与世界文学	
18	季进	男	1965.01	比较文学与世界文学	
19	吴雨平	女	1962.04	比较文学与世界文学	
20	汤哲声	男	1956.08	中国通俗文学	
21	周秦	男	1949.01	戏剧影视文学	
22	倪祥保	男	1953.04	戏剧影视文学	
23	陈龙	男	1965.06	戏剧影视文学	
24	王宁	男	1967.04	戏剧影视文学	
25	马中红	女	1962.12	媒介文化	
26	陈霖	男	1963.06	媒介与文化产业	
27	张健	男	1967.07	媒介与文化产业	
28	曾一果	男	1974.09	媒介与文化产业	
29	王国平	男	1948.01	中国近现代史	
30	池子华	男	1961.08	中国近现代史	
31	余同元	男	1962.01	中国近现代史	
32	王卫平	男	1962.01	中国近现代史	
33	朱从兵	男	1965.08	中国近现代史	
34	朱小田	男	1963.07	中国史	
35	王宇博	男	1960.02	中国史	
36	周书灿	男	1967.11	中国史	
37	高芳英	女	1956.11	中国史	
38	任平	男	1956.01	马克思主义哲学	
39	李兰芬	女	1950.09	马克思主义哲学	
40	杨思基	男	1958.02	马克思主义哲学	

续表

序号	姓名	性别	出生年月	专业名称	备注
41	邢冬梅	女	1964.09	马克思主义哲学	
42	陈　忠	男	1968.02	马克思主义哲学	
43	车玉玲	女	1970.01	马克思主义哲学	
44	庄友刚	男	1971.06	马克思主义哲学	
45	蒋国保	男	1951.06	中国哲学	
46	周可真	男	1958.07	中国哲学	
47	臧知非	男	1958.09	中国哲学	
48	沈荣华	男	1948.07	政治学理论	
49	赵　康	男	1950.02	政治学理论	
50	王俊华	女	1954.08	政治学理论	
51	乔耀章	男	1954.09	政治学理论	
52	钮菊生	男	1956.04	政治学理论	
53	王卓君	男	1958.03	政治学理论	
54	金太军	男	1963.06	政治学理论	
55	钱振明	男	1964.12	政治学理论	
56	周　毅	男	1966.01	政治学理论	
57	张劲松	男	1967.09	政治学理论	
58	葛建一	男	1953.12	政治学理论	
59	朱炳元	男	1950.12	马克思主义基本原理	
60	吴声功	男	1952.02	马克思主义基本原理	
61	方世南	男	1954.06	马克思主义基本原理	
62	田芝健	男	1963.07	马克思主义基本原理	
63	高祖林	男	1957.01	马克思主义基本原理	
64	夏东民	男	1956.01	马克思主义基本原理	
65	陆树程	男	1956.04	思想政治教育	
66	姜建成	男	1957.07	思想政治教育	
67	郭彩琴	女	1963.12	思想政治教育	

续表

序号	姓名	性别	出生年月	专业名称	备注
68	陈进华	男	1970.09	伦理学	
69	朱建平	男	1956.09	逻辑学	
70	叶继红	男	1969.12	地方政府与社会管理	
71	黄 鹏	男	1949.08	财政学	
72	夏永祥	男	1955.06	财政学	
73	孙文基	男	1963.01	财政学	
74	贝政新	男	1952.11	金融学	
75	万解秋	男	1955.01	金融学	
76	乔桂明	男	1956.07	金融学	
77	王光伟	男	1960.01	金融学	
78	李晓峰	男	1952.03	企业管理学	
79	邢建国	男	1956.11	企业管理学	
80	罗正英	女	1957.12	企业管理学	
81	赵增耀	男	1963.04	企业管理学	
82	袁勇志	男	1962.06	企业管理学	
83	田晓明	男	1964.09	企业管理学	
84	段进军	男	1968.03	区域经济学	
85	周永坤	男	1948.03	宪法学与行政法学	
86	陈立虎	男	1954.01	宪法学与行政法学	
87	孙 莉	女	1954.12	宪法学与行政法学	
88	艾永明	男	1957.05	宪法学与行政法学	
89	李晓明	男	1959.06	宪法学与行政法学	
90	黄学贤	男	1963.03	宪法学与行政法学	
91	胡玉鸿	男	1964.02	宪法学与行政法学	
92	王克稳	男	1964.08	宪法学与行政法学	
93	章志远	男	1975.05	宪法学与行政法学	
94	上官丕亮	男	1967.01	宪法学与行政法学	

续表

序号	姓名	性别	出生年月	专业名称	备注
95	朱谦	男	1964.11	环境与资源保护法学	
96	魏玉娃	女	1963.01	国际法学	
97	贾冠杰	男	1953.07	英语语言文学	
98	顾佩娅	女	1956.09	英语语言文学	
99	朱新福	男	1963.03	英语语言文学	
100	王军	男	1966.01	英语语言文学	
101	王腊宝	男	1967.01	英语语言文学	
102	赵爱国	男	1955.03	俄语语言文学	
103	周民权	男	1953.01	俄语语言文学	
104	施晖	女	1967.08	日语语言文学	
105	苏晓军	男	1964.11	外语语言学与应用语言学	
106	王宏	男	1956.09	外语语言学与应用语言学	
107	刘电芝	女	1955.07	高等教育学	
108	童辉杰	男	1956.07	高等教育学	
109	周川	男	1957.01	高等教育学	
110	许庆豫	男	1959.11	高等教育学	
111	母小勇	男	1962.09	高等教育学	
112	吴继霞	女	1962.01	高等教育学	
113	崔玉平	男	1964.05	高等教育学	
114	赵蒙成	男	1969.09	高等教育学	
115	冯成志	男	1970.07	高等教育学	
116	黄辛隐	女	1958.05	高等教育学	
117	段锦云	男	1980.01	高等教育学	
118	陈羿君	女	1968.01	高等教育学	
119	李超德	男	1961.06	设计艺术学	
120	沈爱凤	男	1963.02	设计学	

续表

序号	姓名	性别	出生年月	专业名称	备注
121	江 牧	男	1971.09	设计学	
122	董新光	男	1949.06	体育教育训练学	
123	汪康乐	男	1950.06	体育教育训练学	
124	罗时铭	男	1953.02	体育教育训练学	
125	王家宏	男	1955.06	体育教育训练学	
126	张 林	男	1956.01	体育教育训练学	
127	王国祥	男	1963.11	体育教育训练学	
128	王 岗	男	1965.09	体育教育训练学	
129	邰崇禧	男	1952.08	体育教育训练学	
130	熊 焰	男	1963.07	体育教育训练学	
131	陆阿明	男	1965.09	运动人体科学	
132	李 龙	男	1970.12	民族传统体育学	
133	游 宏	男	1948.01	基础数学	
134	恽自求	男	1948.08	基础数学	
135	钱定边	男	1957.02	基础数学	
136	黎先华	男	1957.04	基础数学	
137	余红兵	男	1962.01	基础数学	
138	黄毅生	男	1962.11	基础数学	
139	唐忠明	男	1963.04	基础数学	
140	陆芳言	男	1966.04	基础数学	
141	沈玉良	男	1967.03	基础数学	
142	张 影	男	1967.01	基础数学	
143	史恩慧	男	1976.02	基础数学	
144	刘长剑	男	1978.05	基础数学	
145	姚林泉	男	1961.01	计算数学	
146	岳兴业	男	1966.01	计算数学	
147	王过京	男	1959.05	概率论与数理统计	

续表

序号	姓名	性别	出生年月	专业名称	备注
148	殷剑兴	男	1948.12	应用数学	
149	杜北梁	男	1949.08	应用数学	
150	余王辉	男	1959.01	应用数学	
151	马欣荣	男	1964.09	应用数学	
152	曹永罗	男	1967.09	应用数学	
153	秦文新	男	1967.11	应用数学	
154	季利均	男	1975.01	应用数学	
155	杨 凌	男	1971.04	应用数学	
156	陈中文	男	1963.08	运筹学与控制论	
157	周育英	女	1964.06	运筹学与控制论	
158	沈百荣	男	1964.11	系统生物学	
159	狄国庆	男	1957.01	凝聚态物理	
160	晏世雷	男	1958.05	凝聚态物理	
161	吴雪梅	女	1967.02	凝聚态物理	
162	沈明荣	男	1969.02	凝聚态物理	
163	高 雷	男	1971.02	凝聚态物理	
164	王明湘	男	1972.03	凝聚态物理	
165	苏晓东	男	1970.07	凝聚态物理	
166	睢 胜	男	1978.01	凝聚态物理	
167	马桂林	男	1948.09	无机化学	
168	戴 洁	男	1955.12	无机化学	
169	郎建平	男	1964.06	无机化学	
170	李宝龙	男	1965.06	无机化学	
171	李亚红	女	1968.06	无机化学	
172	胡传江	男	1973.04	无机化学	
173	贾定先	男	1966.04	无机化学	
174	朱琴玉	女	1966.01	无机化学	
175	屠一锋	男	1963.07	分析化学	
176	邹建平	男	1962.08	有机化学	

续表

序号	姓名	性别	出生年月	专业名称	备注
177	姚英明	男	1968.08	有机化学	
178	孙宏枚	男	1968.11	有机化学	
179	王兴旺	男	1972.01	有机化学	
180	毛金成	男	1978.07	有机化学	
181	张松林	男	1964.04	有机化学	
182	万小兵	男	1976.02	有机化学	
183	狄俊伟	男	1964.11	分析化学	
184	邓安平	男	1962.02	分析化学	
185	杨 平	男	1953.01	物理化学	
186	郑军伟	男	1964.08	物理化学	
187	姚建林	男	1970.07	物理化学	
188	杜玉扣	男	1966.06	物理化学	
189	高明远	男	1967.03	物理化学	
190	李述汤	男	1947.01	高分子化学与物理	
191	朱秀林	男	1955.01	高分子化学与物理	
192	倪沛红	女	1960.06	高分子化学与物理	
193	邵名望	男	1961.11	高分子化学与物理	
194	程振平	男	1966.01	高分子化学与物理	
195	杨永刚	男	1971.07	高分子化学与物理	
196	钟志远	男	1974.02	高分子化学与物理	
197	严 锋	男	1971.11	高分子化学与物理	
198	孟凤华	女	1973.04	高分子化学与物理	
199	朱 健	男	1973.01	高分子化学与物理	
200	袁 琳	男	1973.05	高分子化学与物理	
201	张正彪	男	1974.11	高分子化学与物理	
202	范丽娟	女	1971.09	高分子化学与物理	
203	张 伟	男	1979.11	高分子化学与物理	

续表

序号	姓名	性别	出生年月	专业名称	备注
204	华道本	男	1974.04	高分子化学与物理	
205	周竹发	男	1956.12	材料学	
206	石世宏	男	1956.09	材料学	
207	戴礼兴	男	1961.02	材料学	
208	梁国正	男	1961.03	材料学	
209	黄彦林	男	1966.01	材料学	
210	顾嫒娟	女	1968.12	材料学	
211	李红喜	男	1976.12	材料学	
212	路建美	女	1960.01	应用化学	
213	洪若瑜	男	1966.01	应用化学	
214	顾宏伟	男	1976.01	应用化学	
215	徐冬梅	女	1966.09	应用化学	
216	周年琛	女	1957.07	应用化学	
217	赵优良	男	1975.09	应用化学	
218	徐庆锋	女	1972.06	应用化学	
219	白伦	男	1948.04	纺织工程	
220	陈宇岳	男	1962.03	纺织工程	
221	冯志华	男	1962.04	纺织工程	
222	李明忠	男	1963.05	纺织工程	
223	陈廷	男	1974.01	纺织工程	
224	赖跃坤	男	1980.12	纺织工程	
225	左葆齐	男	1957.02	纺织材料与纺织品设计	
226	潘志娟	女	1967.11	纺织材料与纺织品设计	
227	王国和	男	1964.11	纺织材料与纺织品设计	
228	杨旭红	女	1968.03	纺织材料与纺织品设计	

续表

序号	姓名	性别	出生年月	专业名称	备注
229	芮延年	男	1951.02	纺织化学与染整工程	
230	陈国强	男	1957.11	纺织化学与染整工程	
231	朱亚伟	男	1963.07	纺织化学与染整工程	
232	唐人成	男	1966.01	纺织化学与染整工程	
233	李战雄	男	1970.12	纺织化学与染整工程	
234	邢铁玲	女	1974.12	纺织化学与染整工程	
235	刘国联	女	1953.03	服装	
236	陈雁	女	1956.12	服装	
237	许星	女	1958.02	服装	
238	朱巧明	男	1963.07	计算机应用技术	
239	樊建席	男	1965.03	计算机应用技术	
240	吕强	男	1965.04	计算机应用技术	
241	周国栋	男	1967.03	计算机应用技术	
242	刘全	男	1969.01	计算机应用技术	
243	王宜怀	男	1962.02	计算机应用技术	
244	龚声蓉	男	1966.04	计算机应用技术	
245	钟宝江	男	1972.11	计算机应用技术	
246	张书奎	男	1962.08	计算机应用技术	
247	李凡长	男	1964.09	计算机软件与理论	
248	张莉	女	1975.04	计算机软件与理论	
249	朱士群	男	1950.12	光学	
250	顾济华	男	1957.03	光学	
251	方建兴	男	1963.04	光学	
252	宋瑛林	男	1966.12	光学	
253	潘君骅	男	1930.01	光学工程	
254	吴建宏	男	1960.07	光学工程	
255	陈林森	男	1961.01	光学工程	

续表

序号	姓名	性别	出生年月	专业名称	备注
256	沈为民	男	1963.04	光学工程	
257	王钦华	男	1964.01	光学工程	
258	郭培基	男	1968.07	光学工程	
259	傅戈雁	女	1956.03	光学工程	
260	钟胜奎	男	1974.11	激光制造工程	
261	汪一鸣	女	1956.02	信号与信息处理	
262	王加俊	男	1969.11	信号与信息处理	
263	赵鹤鸣	男	1957.08	信号与信息处理	
264	毛凌锋	男	1971.06	信号与信息处理	
265	朱灿焰	男	1962.01	信号与信息处理	
266	陶 智	男	1970.12	信号与信息处理	
267	朱忠奎	男	1974.09	智能交通科学与技术	
268	张立军	男	1971.07	智能交通科学与技术	
269	沈卫德	男	1950.11	特种经济动物饲养学	
270	谈建中	男	1957.08	特种经济动物饲养学	
271	张雨青	男	1958.04	特种经济动物饲养学	
272	徐世清	男	1963.01	特种经济动物饲养学	
273	许维岸	男	1964.02	特种经济动物饲养学	
274	贡成良	男	1965.02	特种经济动物饲养学	
275	蔡春芳	女	1967.04	特种经济动物饲养学	
276	夏春林	男	1957.03	人体解剖与组织胚胎学	
277	张学光	男	1951.11	免疫学	

续表

序号	姓名	性别	出生年月	专业名称	备注
278	缪竞诚	男	1952.02	免疫学	
279	顾宗江	男	1956.05	免疫学	
280	邱玉华	女	1957.01	免疫学	
281	洪法水	男	1960.12	免疫学	
282	吴昌平	男	1961.01	免疫学	
283	刘海燕	女	1971.02	免疫学	
284	李云森	男	1975.02	免疫学	
285	蒋敬庭	男	1964.01	免疫学	
286	诸葛洪祥	男	1951.01	病原生物学	
287	黄瑞	女	1960.04	病原生物学	
288	夏超明	男	1962.04	病原生物学	
289	吴士良	男	1951.06	病理学与病理生理学	
290	谷振勇	男	1963.01	法医学	
291	谢洪平	男	1964.03	法医学	
292	陶陆阳	男	1966.06	法医学	
293	朱少华	男	1963.04	法医学	
294	杨占山	男	1949.12	放射医学	
295	刘芬菊	女	1954.12	放射医学	
296	樊赛军	男	1961.08	放射医学	
297	曹建平	男	1962.05	放射医学	
298	张学农	男	1962.11	放射医学	
299	文万信	男	1964.03	放射医学	
300	涂彧	男	1965.07	放射医学	
301	王祥科	男	1973.03	放射医学	
302	阮长耿	男	1939.08	内科学（血液病学）	
303	张日	男	1955.09	内科学（血液病学）	
304	孙爱宁	女	1956.09	内科学（血液病学）	
305	吴德沛	男	1958.01	内科学（血液病学）	
306	傅晋翔	男	1960.01	内科学（血液病学）	
307	陈苏宁	男	1973.11	内科学（血液病学）	

续表

序号	姓名	性别	出生年月	专业名称	备注
308	甘建和	男	1958.09	内科学（传染病学）	
309	黄建安	男	1960.01	内科学（呼吸系病学）	
310	陈卫昌	男	1962.09	内科学（消化系病学）	
311	杨向军	男	1963.05	内科学（心血管病学）	
312	成兴波	男	1955.11	内科学（内分泌与代谢病学）	
313	柴忆欢	女	1949.01	儿科学	
314	汪　健	男	1963.01	儿科学	
315	古桂雄	男	1954.06	儿科学	
316	倪　宏	男	1968.03	儿科学	
317	胡绍燕	女	1967.03	儿科学	
318	李晓忠	男	1965.08	儿科学	
319	严春寅	男	1949.12	外科学（泌尿外科学）	
320	温端改	男	1950.11	外科学（泌尿外科学）	
321	单玉喜	男	1952.01	外科学（泌尿外科学）	
322	何小舟	男	1959.09	外科学（泌尿外科学）	
323	侯建全	男	1960.02	外科学（泌尿外科学）	
324	吴浩荣	男	1951.12	外科学（普通外科学）	
325	钱海鑫	男	1955.01	外科学（普通外科学）	
326	李德春	男	1955.02	外科学（普通外科学）	
327	沈振亚	男	1957.09	外科学（胸心血管外科学）	
328	李晓强	男	1962.04	外科学（胸心血管外科学）	
329	赵　军	男	1968.03	外科学（胸心血管外科学）	
330	董启榕	男	1956.07	外科学（骨外科学）	
331	孙俊英	男	1953.09	外科学（骨外科学）	
332	杨惠林	男	1960.03	外科学（骨外科学）	

续表

序号	姓名	性别	出生年月	专业名称	备注
333	徐又佳	男	1962.03	外科学（骨外科学）	
334	陈亮	男	1972.02	外科学（骨外科学）	
335	周晓中	男	1970.01	外科学（骨外科学）	
336	张世明	男	1951.02	外科学（神经外科学）	
337	兰青	男	1964.12	外科学（神经外科学）	
338	田野	男	1965.01	外科学（神经外科学）	
339	周幽心	男	1964.02	外科学（神经外科学）	
340	王中	男	1964.03	外科学（神经外科学）	
341	董军	男	1971.07	外科学（神经外科学）	
342	邢春根	男	1965.02	外科学（泌尿外科学）	
343	刘春风	男	1965.02	神经病学	
344	徐兴顺	男	1972.08	神经病学	
345	方琪	男	1965.11	神经病学	
346	高歌	男	1950.03	流行病与卫生统计学	
347	徐勇	男	1959.12	流行病与卫生统计学	
348	张永红	男	1960.01	流行病与卫生统计学	
349	邓飞艳	女	1979.01	流行病与卫生统计学	
350	周建华	女	1955.04	劳动卫生与环境卫生学	
351	安艳	女	1969.09	劳动卫生与环境卫生学	
352	张增利	男	1966.04	劳动卫生与环境卫生学	
353	童建	男	1953.05	卫生毒理学	
354	杨世林	男	1953.12	药理学	
355	梁中琴	女	1954.11	药理学	
356	秦正红	男	1955.03	药理学	
357	谢梅林	男	1958.02	药理学	

续表

序号	姓名	性别	出生年月	专业名称	备注
358	王剑文	男	1964.09	药理学	
359	乔春华	女	1973.01	药理学	
360	张慧灵	女	1965.01	药理学	
361	徐智策	男	1956.01	胚胎生理与围产基础医学	
362	张鲁波	男	1962.05	胚胎生理与围产基础医学	
363	茅彩萍	女	1968.07	胚胎生理与围产基础医学	
364	蒋星红	女	1960.01	医学神经生物学	
365	张焕相	男	1965.07	医学神经生物学	
366	陶 金	男	1979.11	医学神经生物学	
367	魏文祥	男	1962.01	医学细胞生物学	
368	周翊峰	男	1976.02	医学细胞与分子生物学	
369	沈颂东	男	1968.08	医学细胞与分子生物学	
370	张洪涛	男	1970.03	基因组医学	
371	陆培荣	男	1969.02	眼科学	
372	宋 鄂	女	1963.01	眼科学	
373	国 风	女	1973.09	肿瘤学	
374	秦立强	男	1970.03	营养与食品卫生学	
375	缪丽燕	女	1966.04	药剂学	
376	陈华兵	男	1978.11	药剂学	
377	吴翼伟	男	1957.02	影像医学与核医学	
378	胡春洪	男	1965.05	影像医学与核医学	
379	倪才方	男	1962.08	影像医学与核医学	
380	杨建平	男	1957.03	麻醉学	
381	嵇富海	男	1968.01	麻醉学	

续表

序号	姓名	性别	出生年月	专业名称	备注
382	袁银男	男	1959.04	智能交通科学与技术、新能源科学与工程	
383	何向东	男	1948.07	马克思主义哲学	西南师范大学（挂靠）
384	任平	男	1956.01	马克思主义哲学	江苏师范大学（挂靠）
385	韩璞根	男	1963.12	马克思主义哲学	江苏省社会科学院江海学刊杂志社（挂靠）
386	吴先满	男	1957.09	金融学	江苏省社会科学院（挂靠）
387	聂庆平	男	1961.01	金融学	中国证券业协会（挂靠）
388	何德旭	男	1962.09	金融学	中国社会科学院财贸经济研究所（挂靠）
389	巴曙松	男	1969.08	金融学	国务院发展研究中心金融研究所（挂靠）
390	周宏	男	1962.06	马克思主义基本原理	常熟理工学院（挂靠）
391	闵春发	男	1950.12	思想政治教育	南京邮电大学（挂靠）
392	朱永新	男	1958.08	高等教育学	全国政协常务委员（挂靠）
393	于振峰	男	1957.03	体育教育训练学	首都体育学院（挂靠）
394	李颖川	男	1960.01	体育教育训练学	首都体育学院（挂靠）
395	王广虎	男	1956.01	体育人文社会学	成都体育学院（挂靠）
396	梁晓龙	男	1957.01	体育人文社会学	国家体育总局体科所（挂靠）
397	鲍明晓	男	1962.11	体育人文社会学	国家体育总局体科所（挂靠）
398	盛雷	女	1963.03	运动人体科学	江苏省体育科学研究所（挂靠）
399	丁晓原	男	1958.05	文艺学	常熟理工学院（挂靠）
400	朱志荣	男	1961.02	文艺学	华东师范大学（挂靠）
401	高凯征	男	1949	中国古代文学	辽宁大学（兼职）
402	周建忠	男	1955.01	中国古代文学	南通大学（挂靠）
403	梅新林	男	1958.01	中国古代文学	浙江师范大学（挂靠）

续表

序号	姓名	性别	出生年月	专业名称	备注
404	朱万曙	男	1962.05	中国古代文学	安徽大学(兼职)
405	邓红梅	女	1966.03	中国古代文学	山东师大(挂靠)
406	张仲谋	男	1955.01	中国古代文学	江苏师范大学(挂靠)
407	张 强	男	1956.01	中国古代文学	淮阴师范学院(挂靠)
408	方 忠	男	1964.08	中国现当代文学	江苏师范大学(挂靠)
409	刘洪一	男	1960.08	比较文学与世界文学	深圳大学(挂靠)
410	宋炳辉	男	1964.08	比较文学与世界文学	上海外国语大学(挂靠)
411	殷企平	男	1955.06	英语语言文学	浙江大学(挂靠)
412	雍和明	男	1963.08	英语语言文学	广东商学院(挂靠)
413	傅黎明	男	1956.07	设计艺术学	吉林大学(挂靠)
414	周新国	男	1951.05	中国近现代史	扬州大学(挂靠)
415	张海林	男	1957.01	中国近现代史	南京大学(挂靠)
416	陆建洪	男	1957.11	中国近现代史	苏州经贸职业技术学院(挂靠)
417	王稳地	男	1957.04	应用数学	西南师范大学(挂靠)
418	周汝光	男	1965.09	应用数学	江苏师范大学(挂靠)
419	朱林生	男	1962.11	基础数学	常熟理工学院(挂靠)
420	王维凡	男	1955.01	运筹学与控制论	浙江师范大学(挂靠)
421	陈 洪	男	1964.12	凝聚态物理	西南师范大学(挂靠)
422	马余强	男	1964.11	凝聚态物理	南京大学(挂靠)
423	张解放	男	1959.08	光学	浙江师范大学(挂靠)
424	王怀生	男	1962.12	分析化学	聊城大学(挂靠)
425	顾海鹰	男	1963.05	分析化学	南通大学(挂靠)
426	陶冠红	男	1967.12	分析化学	苏州市科技局(挂靠)
427	史达清	男	1962.04	有机化学	江苏师范大学(挂靠)
428	王 磊	男	1962.07	有机化学	淮北煤炭师范学院(挂靠)

续表

序号	姓名	性别	出生年月	专业名称	备注
429	纪顺俊	男	1958.11	有机化学	苏州市科协(挂靠)
430	唐勇	男	1964.09	有机化学	中科院上海有机化学研究所(挂靠)
431	陶福明	男	1960.06	物理化学	美国加州大学(挂靠)
432	罗孟飞	男	1963.03	物理化学	浙江师范大学(挂靠)
433	李金林	男	1963.09	物理化学	中南民族大学(挂靠)
434	张红雨	男	1970.06	物理化学	山东理工大学(挂靠)
435	张瑞勤	男	1963.08	高分子化学与物理	香港城市大学(挂靠)
436	屠树江	男	1957.01	化学生物学	江苏师范大学(挂靠)
437	王辉	男	1958.11	光学工程	浙江师范大学(挂靠)
438	王相海	男	1965.01	计算机应用技术	辽宁师范大学(挂靠)
439	张康	男	1959.04	计算机应用技术	德克萨斯大学达拉斯分校(挂靠)
440	崔志明	男	1961.07	计算机应用技术	苏州职业大学(挂靠)
441	梁培康	男	1961.05	信号与信息处理	中国兵器工业集团第214研究所苏州研发中心(挂靠)
442	周国泰	男	1949.08	纺织材料与纺织品设计	西北工程科技学院(挂靠)
443	汤克勇	男	1964.03	纺织化学与染整工程	郑州大学(挂靠)
444	吴国庆	男	1957.01	纺织工程	南通大学(挂靠)
445	徐卫林	男	1969.04	纺织工程	武汉纺织大学(挂靠)
446	顾晓松	男	1953.12	人体解剖与组织胚胎学	南通大学(挂靠)
447	邱一华	男	1955.03	人体解剖与组织胚胎学	南通大学(挂靠)
448	彭聿平	女	1955.07	人体解剖与组织胚胎学	南通大学(挂靠)
449	金国华	男	1957.01	人体解剖与组织胚胎学	南通大学(挂靠)

续表

序号	姓名	性别	出生年月	专业名称	备注
450	丁斐	女	1958.07	人体解剖与组织胚胎学	南通大学(挂靠)
451	王晓冬	男	1958.12	人体解剖与组织胚胎学	南通大学(挂靠)
452	卢斌峰	男	1969.02	免疫学	美国匹兹堡大学(挂靠)
453	高琪	男	1953.01	病原生物学	江苏省寄生虫研究所(挂靠)
454	廖军	男	1957.01	设计艺术学	苏州工艺美术职业技术学院(挂靠)
455	赵国屏	男	1948	病原生物学	中科院上海生命科学研究院(挂靠)
456	王红阳	男	1952.01	病理学与病理生理学	上海东方肝胆外科医院(挂靠)
457	沈敏	女	1955.03	法医学	司法部司法鉴定科学技术研究所(挂靠)
458	周平坤	男	1963.09	放射医学	军事医学科学院放射与辐射研究所(挂靠)
459	吴锦昌	男	1959.04	放射医学	苏州市立医院(挂靠)
460	程英升	男	1966.12	内科学(消化系病学)	上海第六人民医院(挂靠)
461	郭传勇	男	1962.01	内科学(消化系病学)	上海市第十人民医院(挂靠)
462	吴庆宇	男	1957.01	内科学(血液病学)	美国克利夫兰 Lerner 研究所(挂靠)
463	贾伟平	男	1956.11	内科学(内分泌与代谢病学)	上海市第六人民医院(挂靠)
464	章振林	男	1966.12	内科学(内分泌与代谢病学)	上海市第六人民医院(挂靠)
465	王琛	男	1960.05	内科学(内分泌与代谢病学)	上海市第六人民医院(挂靠)
466	汪年松	男	1966.01	内科学(肾脏病学)	上海市第六人民医院(挂靠)
467	臧国庆	男	1960.09	内科学(传染病学)	上海市第六人民医院(挂靠)

续表

序号	姓名	性别	出生年月	专业名称	备注
468	刘璠	男	1957.05	外科学(骨外科学)	南通大学(挂靠)
469	蒋垚	男	1951.06	外科学(骨外科学)	上海市第六人民医院(挂靠)
470	张晓膺	男	1959.08	外科学(胸心血管外科学)	苏州大学附属第三医院(挂靠)
471	朱健华	男	1956.03	内科学(心血管病学)	南通大学(挂靠)
472	汤锦波	男	1963.11	外科学(骨外科学)	南通大学(挂靠)
473	张长青	男	1962.09	外科学(骨外科学)	上海市第六人民医院(挂靠)
474	吴孟超	男	1922.08	外科学(普通外科学)	上海东方肝胆外科医院(挂靠)
475	杨甲梅	男	1951.12	外科学(普通外科学)	上海东方肝胆外科医院(挂靠)
476	杨广顺	男	1952.01	外科学(普通外科学)	上海东方肝胆外科医院(挂靠)
477	赵玉武	男	1963.03	神经病学	上海市第六人民医院(挂靠)
478	白跃宏	男	1958.06	康复医学与理疗学	上海市第六人民医院(挂靠)
479	滕银成	男	1965.01	妇产科学	上海市第六人民医院(挂靠)
480	褚玉明	男	1966.06	基础数学	湖州师范学院(挂靠)
481	李成涛	男	1975.03	法医学	司法部司法鉴定科学技术研究所(挂靠)
482	胡璋剑	男	1957.11	基础数学	湖州师范学院(挂靠)
483	陈明	男	1965.01	肿瘤学	浙江省肿瘤医院(挂靠)
484	吴为山	男	1962.01	设计艺术学	特聘博士生导师
485	孙晓云	女	1955.08	设计艺术学	特聘博士生导师
486	吴永发	男	1965.01	设计学	特聘博士生导师
487	蒋春山	男	1963.02	信号与信息处理	特聘博士生导师
488	陆安南	男	1959.05	信号与信息处理	特聘博士生导师

续表

序号	姓名	性别	出生年月	专业名称	备注
489	潘高峰	男	1964.04	信号与信息处理	特聘博士生导师
490	郭述文	男	1955.09	信号与信息处理	特聘博士生导师
491	陈新建	男	1979.05	信号与信息处理	特聘博士生导师
492	陈康	男	1978.04	凝聚态物理	特聘博士生导师
493	张泽新	男	1977.11	凝聚态物理	特聘博士生导师
494	廖良生	男	1956.07	凝聚态物理	特聘博士生导师
495	王雪峰	男	1969.01	凝聚态物理	特聘博士生导师
496	杨浩	男	1979.04	凝聚态物理	特聘博士生导师
497	马万里	男	1974.11	凝聚态物理	特聘博士生导师
498	揭建胜	男	1977.09	凝聚态物理	特聘博士生导师
499	孙周洲	男	1976.09	凝聚态物理	特聘博士生导师
500	杨朝辉	男	1978.03	凝聚态物理	特聘博士生导师
501	李亮	男	1979.02	凝聚态物理	特聘博士生导师
502	Steffen Duhm	男	1978.06	凝聚态物理	特聘博士生导师
503	胡志军	男	1973.04	高分子化学与物理	特聘博士生导师
504	康振辉	男	1976.03	高分子化学与物理	特聘博士生导师
505	唐建新	男	1979.04	高分子化学与物理	特聘博士生导师
506	王穗东	男	1977.01	高分子化学与物理	特聘博士生导师
507	陈红	女	1967.01	高分子化学与物理	特聘博士生导师
508	黄鹤	男	1967.02	高分子化学与物理	特聘博士生导师
509	李艳青	女	1980.01	高分子化学与物理	特聘博士生导师
510	潘勤敏	女	1965.12	高分子化学与物理	特聘博士生导师
511	屠迎锋	男	1976.11	高分子化学与物理	特聘博士生导师
512	蔡远利	男	1967.09	高分子化学与物理	特聘博士生导师
513	陈康	男	1978.04	高分子化学与物理	特聘博士生导师
514	董彬	男	1978.01	高分子化学与物理	特聘博士生导师

续表

序号	姓名	性别	出生年月	专业名称	备注
515	陆 广	男	1974.01	高分子化学与物理	特聘博士生导师
516	张茂杰	男	1982.01	高分子化学与物理	特聘博士生导师
517	冯 岩	男	1980.03	等离子体物理	特聘博士生导师
518	刘 坚	男	1975.03	化学生物学	特聘博士生导师
519	何 耀	男	1981.05	化学生物学	特聘博士生导师
520	邹贵付	男	1979.09	材料物理与化学	特聘博士生导师
521	杨瑞枝	女	1972.11	材料物理与化学	特聘博士生导师
522	鲍桥梁	男	1979.04	材料物理与化学	特聘博士生导师
523	孙立宁	男	1964.01	光学工程	特聘博士生导师
524	袁 孝	男	1961.09	光学工程	特聘博士生导师
525	彭长四	男	1966.07	光学工程	特聘博士生导师
526	陈 琛	男	1963.11	光学工程	特聘博士生导师
527	李孝峰	男	1979.09	光学工程	特聘博士生导师
528	蔡阳健	男	1977.12	光学	特聘博士生导师
529	陈焕阳	男	1983.08	光学	特聘博士生导师
530	杭志宏	男	1978.01	光学	特聘博士生导师
531	陈 瑶	男	1970.04	材料学	特聘博士生导师
532	高立军	男	1965.02	材料学	特聘博士生导师
533	孙旭辉	男	1970.09	材料学	特聘博士生导师
534	李 斌	男	1974.06	材料学	特聘博士生导师
535	郑洪河	男	1967.07	材料学	特聘博士生导师
536	杨 磊	男	1982.01	材料学	特聘博士生导师
537	耿凤霞	女	1980.05	材料学	特聘博士生导师
538	吕 强	男	1978.04	纺织材料与纺织品设计	特聘博士生导师
539	何吉欢	男	1965.03	纺织材料与纺织品设计	特聘博士生导师

续表

序号	姓名	性别	出生年月	专业名称	备注
540	王晓沁	男	1969.01	纺织材料与纺织品设计	特聘博士生导师
541	周丁华	男	1965.09	外科学（普通外科学）	特聘博士生导师
542	周宁新	男	1952.12	外科学（普通外科学）	特聘博士生导师
543	邹练	男	1959.11	外科学（泌尿外科学）	特聘博士生导师
544	罗宗平	男	1961.05	外科学（骨外科学）	特聘博士生导师
545	赛吉拉夫	男	1975.02	外科学（骨外科学）	特聘博士生导师
546	张睢扬	男	1955.08	内科学（呼吸系病学）	特聘博士生导师
547	武艺	男	1965.03	内科学（血液病学）	特聘博士生导师
548	周泉生	男	1955.06	内科学（血液病学）	特聘博士生导师
549	朱力	男	1959.08	内科学（血液病学）	特聘博士生导师
550	戴克胜	男	1969.01	内科学（血液病学）	特聘博士生导师
551	何苏丹	女	1980.04	内科学（血液病学）	特聘博士生导师
552	黄玉辉	男	1972.12	内科学（血液病学）	特聘博士生导师
553	夏利军	男	1962.02	内科学（血液病学）	特聘博士生导师
554	李凯	男	1959.11	内科学（呼吸系病学）	特聘博士生导师
555	徐薇	女	1974.08	免疫学	特聘博士生导师
556	张惠敏	女	1979.06	免疫学	特聘博士生导师
557	高晓明	男	1962.02	免疫学	特聘博士生导师
558	杨林	男	1964.08	免疫学	特聘博士生导师
559	熊思东	男	1962.01	免疫学	特聘博士生导师
560	吕德生	男	1962.01	免疫学	特聘博士生导师
561	尹芝南	男	1964.01	免疫学	特聘博士生导师
562	郑春福	男	1968.11	免疫学	特聘博士生导师
563	郑慧	男	1978.12	免疫学	特聘博士生导师

续表

序号	姓名	性别	出生年月	专业名称	备注
564	周芳芳	女	1979.12	免疫学	特聘博士生导师
565	钱友存	男	1963.09	免疫学	特聘博士生导师
566	张雁云	男	1955.01	免疫学	特聘博士生导师
				医学细胞与分子生物学	
				药理学	
567	张毅	男	1964.02	儿科学	特聘博士生导师
568	尹斌	男	1970.06	病理学与病理生理学	特聘博士生导师
569	李建明	男	1970.01	病理学与病理生理学	特聘博士生导师
570	徐广银	男	1964.02	医学神经生物学	特聘博士生导师
571	刘耀波	男	1971.12	医学神经生物学	特聘博士生导师
572	王建荣	男	1962.05	医学细胞生物学	特聘博士生导师
573	宋耀华	男	1961.03	医学细胞生物学	特聘博士生导师
574	何玉龙	男	1967.01	医学生物化学	特聘博士生导师
575	苏雄	男	1977.01	医学细胞与分子生物学	特聘博士生导师
576	胡士军	男	1980.02	医学细胞与分子生物学	特聘博士生导师
564	周芳芳	女	1979.12	免疫学	特聘博士生导师
565	钱友存	男	1963.09	免疫学	特聘博士生导师
577	时玉舫	男	1960.01	免疫学	特聘博士生导师
				病理学与病理生理学	
				医学细胞与分子生物学	
578	徐璎	女	1962.04	医学细胞与分子生物学	
579	杨金铭	男	1959.12	药理学	特聘博士生导师
580	镇学初	男	1963.07	药理学	特聘博士生导师

续表

序号	姓名	性别	出生年月	专业名称	备注
581	李浩莹	男	1973.12	药理学	特聘博士生导师
582	陈大为	男	1958.12	药理学	特聘博士生导师
583	毛新良	男	1971.06	药理学	特聘博士生导师
584	王光辉	男	1964.01	药理学	特聘博士生导师
585	许国强	男	1973.12	药理学	特聘博士生导师
586	张洪建	男	1962.08	药物分析学	特聘博士生导师
587	张小虎	男	1967.11	药物化学	特聘博士生导师
588	雷署丰	男	1975.01	流行病学与卫生统计学	特聘博士生导师
589	赵国屏	男	1948.08	病原生物学	特聘博士生导师
590	孙宝全	男	1973.11	物理化学	特聘博士生导师
591	李有勇	男	1975.01	物理化学	特聘博士生导师
592	侯廷军	男	1975.03	物理化学	特聘博士生导师
593	江林	女	1978.07	物理化学	特聘博士生导师
594	迟力峰	女	1957.01	物理化学	特聘博士生导师
595	刘庄	男	1982.08	化学生物学	特聘博士生导师
596	张克勤	男	1972.08	纺织工程	特聘博士生导师
597	王晗	男	1963.07	基因组医学	特聘博士生导师
598	冯莱	女	1975.01	无机化学	特聘博士生导师
599	吴涛	男	1976.01	无机化学	特聘博士生导师
600	黄小青	男	1984.08	无机化学	特聘博士生导师
601	陈坚	男	1981.06	无机化学	特聘博士生导师
602	吴张雄	男	1984.03	无机化学	特聘博士生导师
603	马楠	男	1981.01	分析化学	特聘博士生导师
604	肖杰	男	1980.03	应用化学	特聘博士生导师
605	王汝海	男	1971.12	信号与信息处理	特聘博士生导师
606	乔东海	男	1965.08	信号与信息处理	特聘博士生导师

续表

序号	姓名	性别	出生年月	专业名称	备注
607	沈纲祥	男	1975.08	信号与信息处理	特聘博士生导师
608	常春起	男	1972.01	信号与信息处理	特聘博士生导师
609	曾嘉	男	1980.01	计算机应用技术	特聘博士生导师
610	杨立坚	男	1966.08	概率论与数理统计	特聘博士生导师
611	侯波	男	1980.05	光学	特聘博士生导师
612	赖耘	男	1977.11	光学	特聘博士生导师
613	汝长海	男	1976.08	光学工程	特聘博士生导师
614	陈立国	男	1974.11	光学工程	特聘博士生导师
615	范韶华	男	1970.01	金融数学	特聘博士生导师
616	毛志强	男	1964.01	金融数学	特聘博士生导师
617	Srdjanstojanovic	男	1957.05	金融数学	特聘博士生导师
618	卞志村	男	1975.08	金融学	特聘博士生导师
619	袁先智	男	1965.07	金融工程	特聘博士生导师
620	董洁林	男	1959.03	企业管理	特聘博士生导师
621	赵宇亮	男	1963.02	放射医学	特聘博士生导师
622	周如鸿	男	1966.12	放射医学	特聘博士生导师
623	柴之芳	男	1942.09	放射医学	特聘博士生导师
624	张忠平	男	1965.01	放射医学	特聘博士生导师
625	周光明	男	1970.07	放射医学	特聘博士生导师
626	王殳凹	男	1985.06	特种医学	特聘博士生导师
627	李桢	男	1976.08	特种医学	特聘博士生导师
628	陈晓东	男	1965.02	应用化学	特聘博士生导师
629	李永舫	男	1948.08	材料学	特聘博士生导师
630	曾小庆	男	1979.08	物理化学	特聘博士生导师
631	戴宏杰	男	1966.05	物理化学	
632	Anandamayee Majumdar	女	1975.06	统计学	特聘博士生导师

续表

序号	姓名	性别	出生年月	专业名称	备注
633	孔新兵	男	1982.03	统计学	特聘博士生导师
634	Ruben Mercade Prieto	男	1979.01	应用化学	特聘博士生导师
635	张真庆	男	1978.01	药物分析学	特聘博士生导师
636	张 民	男	1970.06	计算机应用技术	特聘博士生导师
637	张 明	男	1959.01	高等教育学	特聘博士生导师
638	孙洪涛	男	1979.04	材料学	特聘博士生导师
639	周晓方	男	1963.03	计算机应用技术	特聘博士生导师
640	王宜强	男	1966.05	免疫学	特聘博士生导师
641	华益民	男	1966.12	医学神经生物学	特聘博士生导师
642	杨大伟	男	1981.01	基础数学	特聘博士生导师
643	李彦光	男	1982.04	无机化学	特聘博士生导师
644	樊 健	男	1975.11	有机化学	特聘博士生导师
645	徐 信	男	1981.01	有机化学	特聘博士生导师
646	徐新芳	男	1981.12	有机化学	特聘博士生导师
647	张 桥	男	1982.06	物理化学	特聘博士生导师
648	殷黎晨	男	1982.09	材料物理与化学	特聘博士生导师
649	冯敏强	男	1974.07	材料学	特聘博士生导师
650	王发明	男	1981.07	服装设计与工程	特聘博士生导师
651	彭天庆	男	1965.12	病理学与病理生理学	特聘博士生导师
652	王志伟	男	1970.06	病理学与病理生理学	特聘博士生导师
653	龙乔明	男	1963.09	医学细胞与分子生物学	特聘博士生导师
654	赖福军	男	1973.09	企业管理	特聘博士生导师
655	鲍晓光	男	1980.07	物理化学	特聘博士生导师
656	张晓宏	男	1967.01	材料物理与化学	特聘博士生导师

续表

序号	姓名	性别	出生年月	专业名称	备注
657	晏成林	男	1980.01	材料物理与化学	特聘博士生导师
658	史培新	男	1975.01	智能交通科学与技术	特聘博士生导师
659	徐博翎	女	1983.01	智能机器人技术	特聘博士生导师
660	李杨欣	女	1965.06	病理学与病理生理学	特聘博士生导师
661	刘通	男	1980.02	医学神经生物学	特聘博士生导师
662	胡军	男	1981.03	凝聚态物理	特聘博士生导师
663	赵宇	男	1980.05	无机化学	特聘博士生导师
664	封心建	男	1976.01	物理化学	特聘博士生导师
665	何乐	男	1987.03	物理化学	特聘博士生导师
666	程建军	男	1970.08	材料物理与化学	特聘博士生导师
667	郑凯	男	1983.07	计算机应用技术	特聘博士生导师
668	张文胜	男	1968.08	医学细胞与分子生物学	特聘博士生导师
669	陈建权	男	1976.11	医学细胞与分子生物学	特聘博士生导师
670	杨增杰	男	1975.01	药理学	特聘博士生导师
671	尚虎平	男	1974.05	行政管理	特聘博士生导师
672	陈景润	男	1982.11	计算数学	特聘博士生导师
673	储剑虹	男	1980.08	免疫学	特聘博士生导师
674	王志新	男	1958.08	医学细胞与分子生物学	特聘博士生导师
675	吴嘉炜	女	1971.12	医学细胞与分子生物学	特聘博士生导师
676	杨恺	男	1977.12	凝聚态物理	特聘博士生导师
677	尹万健	男	1983.01	凝聚态物理	特聘博士生导师
678	邓昭	男	1978.05	新能源科学与工程	特聘博士生导师
679	彭扬	女	1980.03	新能源科学与工程	特聘博士生导师

续表

序号	姓名	性别	出生年月	专业名称	备注
680	Mark H. Rummeli	男	1967.01	新能源科学与工程	特聘博士生导师
681	朱 晨	男	1981.07	有机化学	特聘博士生导师
682	刘 涛	男	1969.11	高分子化学与物理	特聘博士生导师
683	郭树理	男	1975.04	国际法学	特聘博士生导师
684	杨周旺	男	1974.11	计算数学	特聘博士生导师
685	胡绍燕	女	1967.03	临床医学	专业学位博士生导师
686	季 伟	女	1956.11	临床医学	专业学位博士生导师
687	王 翎	女	1964.02	临床医学	专业学位博士生导师
688	周幽心	男	1964.02	临床医学	专业学位博士生导师
689	姚 阳	男	1956.09	临床医学	专业学位博士生导师
690	刘 红	女	1963.07	临床医学	专业学位博士生导师
691	陈 钟	男	1963.07	临床医学	专业学位博士生导师
692	王晓东	男	1964.09	临床医学	专业学位博士生导师
693	沈宗姬	女	1955.02	临床医学	专业学位博士生导师
694	董 选	女	1953.07	临床医学	专业学位博士生导师
695	侯月梅	女	1959.02	临床医学	专业学位博士生导师
696	李 勋	男	1962.12	临床医学	专业学位博士生导师
697	荆志成	男	1971.08	临床医学	专业学位博士生导师
698	唐晓文	女	1969.01	临床医学	专业学位博士生导师
699	韩 悦	女	1970.02	临床医学	专业学位博士生导师
700	仇惠英	女	1966.09	临床医学	专业学位博士生导师
701	凌春华	男	1965.03	临床医学	专业学位博士生导师
702	陈 锐	女	1968.07	临床医学	专业学位博士生导师
703	李惠萍	女	1958.01	临床医学	专业学位博士生导师
704	许春芳	男	1964.03	临床医学	专业学位博士生导师
705	成兴波	男	1955.11	临床医学	专业学位博士生导师

续表

序号	姓名	性别	出生年月	专业名称	备注
706	施毕旻	女	1965.11	临床医学	专业学位博士生导师
707	卢国元	男	1966.03	临床医学	专业学位博士生导师
708	朱新国	男	1970.04	临床医学	专业学位博士生导师
709	程树群	男	1966.02	临床医学	专业学位博士生导师
710	沈锋	男	1962.03	临床医学	专业学位博士生导师
711	徐耀增	男	1961.01	临床医学	专业学位博士生导师
712	沈忆新	男	1960.07	临床医学	专业学位博士生导师
713	姜为民	男	1961.08	临床医学	专业学位博士生导师
714	侯瑞兴	男	1963.03	临床医学	专业学位博士生导师
715	刘锦波	男	1966.01	临床医学	专业学位博士生导师
716	欧阳骏	男	1964.04	临床医学	专业学位博士生导师
717	浦金贤	男	1962.01	临床医学	专业学位博士生导师
718	郑世营	男	1957.01	临床医学	专业学位博士生导师
719	何靖康	男	1966.01	临床医学	专业学位博士生导师
720	赵军	男	1968.03	临床医学	专业学位博士生导师
721	王中	男	1964.03	临床医学	专业学位博士生导师
722	董军	男	1971.07	临床医学	专业学位博士生导师
723	李向东	男	1967.12	临床医学	专业学位博士生导师
724	虞正权	男	1965.01	临床医学	专业学位博士生导师
725	杜彦李	男	1963.01	临床医学	专业学位博士生导师
726	赵天兰	女	1963.11	临床医学	专业学位博士生导师
727	董万利	男	1959.08	临床医学	专业学位博士生导师
728	薛寿儒	男	1967.04	临床医学	专业学位博士生导师
729	方琪	男	1965.11	临床医学	专业学位博士生导师
730	罗蔚锋	男	1966.01	临床医学	专业学位博士生导师
731	姜卫剑	男	1960.03	临床医学	专业学位博士生导师
732	张汝芝	女	1968.06	临床医学	专业学位博士生导师

续表

序号	姓名	性别	出生年月	专业名称	备注
733	倪才方	男	1962.08	临床医学	专业学位博士生导师
734	朱晓黎	男	1971.03	临床医学	专业学位博士生导师
735	李晓忠	男	1965.08	临床医学	专业学位博士生导师
736	冯 星	男	1959.01	临床医学	专业学位博士生导师
737	吕海涛	男	1969.01	临床医学	专业学位博士生导师
738	王 易	男	1966.07	临床医学	专业学位博士生导师
739	华 东	男	1967.01	临床医学	专业学位博士生导师
740	陆雪官	男	1969.11	临床医学	专业学位博士生导师
741	陶 敏	男	1962.11	临床医学	专业学位博士生导师
742	周菊英	女	1965.01	临床医学	专业学位博士生导师
743	蒋敬庭	男	1964.09	临床医学	专业学位博士生导师
744	凌 扬	男	1960.03	临床医学	专业学位博士生导师
745	周彩存	男	1962.09	临床医学	专业学位博士生导师
746	徐 峰	男	1969.02	临床医学	专业学位博士生导师
747	俞卫锋	男	1963.03	临床医学	专业学位博士生导师
748	何志旭	男	1967.01	临床医学	专业学位博士生导师
749	时立新	男	1962.01	临床医学	专业学位博士生导师
750	孙诚谊	男	1963.03	临床医学	专业学位博士生导师
751	王小林	男	1954.06	临床医学	专业学位博士生导师
752	王季石	男	1958.12	临床医学	专业学位博士生导师
753	伍国锋	男	1963.04	临床医学	专业学位博士生导师
754	程明亮	男	1957.08	临床医学	专业学位博士生导师
755	楚 兰	女	1968.06	临床医学	专业学位博士生导师
756	王艺明	男	1964.04	临床医学	专业学位博士生导师
757	赵淑云	女	1968.02	临床医学	专业学位博士生导师
758	朱晔涵	男	1964.07	临床医学	专业学位博士生导师
759	匡玉庭	男	1963.03	临床医学	专业学位博士生导师

续表

序号	姓名	性别	出生年月	专业名称	备注
760	葛自力	男	1961.02	临床医学	专业学位博士生导师
761	马海涛	男	1961.06	临床医学	专业学位博士生导师
762	陈友国	男	1964.09	临床医学	专业学位博士生导师
763	陆士奇	男	1959.05	临床医学	专业学位博士生导师
764	黄立新	男	1966.07	临床医学	专业学位博士生导师
765	钱忠来	男	1967.02	临床医学	专业学位博士生导师
766	董晓强	男	1966.11	临床医学	专业学位博士生导师
767	崔岗	男	1967.04	临床医学	专业学位博士生导师
768	谢燕	女	1967.09	临床医学	专业学位博士生导师
769	谢红	男	1960.07	临床医学	专业学位博士生导师
770	朱维培	男	1965.07	临床医学	专业学位博士生导师
771	陈勇兵	男	1965.01	临床医学	专业学位博士生导师
772	施敏骅	男	1966.05	临床医学	专业学位博士生导师
773	蒋国勤	男	1966.12	临床医学	专业学位博士生导师
774	沈钧康	男	1961.11	临床医学	专业学位博士生导师
775	陈建昌	男	1966.02	临床医学	专业学位博士生导师
776	刘励军	男	1963.09	临床医学	专业学位博士生导师
777	刘玉龙	男	1966.08	临床医学	专业学位博士生导师
778	邢伟	男	1965.06	临床医学	专业学位博士生导师
779	江勇	男	1972.09	临床医学	专业学位博士生导师
780	顾伟英	女	1971.11	临床医学	专业学位博士生导师
781	王培吉	男	1967.02	临床医学	专业学位博士生导师
782	严文华	男	1956.03	临床医学	专业学位博士生导师
783	汤继宏	男	1967.01	临床医学	专业学位博士生导师
784	胡桃红	男	1964.02	临床医学	专业学位博士生导师
785	李全民	男	1965.08	临床医学	专业学位博士生导师
786	王之敏	男	1968.01	临床医学	专业学位博士生导师

续表

序号	姓名	性别	出生年月	专业名称	备注
787	芮永军	男	1963.09	临床医学	专业学位博士生导师
788	谈永飞	男	1962.08	临床医学	专业学位博士生导师
789	朱传武	男	1965.10	临床医学	专业学位博士生导师
790	刘 峰	男	1963.07	临床医学	专业学位博士生导师
791	李 纲	男	1966.02	临床医学	专业学位博士生导师
792	秦 磊	男	1970.02	临床医学	专业学位博士生导师
793	夏 飞	女	1962.05	临床医学	专业学位博士生导师
794	杨俊华	男	1959.12	临床医学	专业学位博士生导师
795	管洪庚	男	1965.07	临床医学	专业学位博士生导师
796	沈国良	男	1964.04	临床医学	专业学位博士生导师
797	毛忠琦	男	1964.05	临床医学	专业学位博士生导师
798	严 苏	女	1964.11	临床医学	专业学位博士生导师
799	刘济生	男	1966.11	临床医学	专业学位博士生导师
800	庄志祥	男	1962.10	临床医学	专业学位博士生导师
801	薛 群	女	1971.03	临床医学	专业学位博士生导师
802	惠 杰	男	1959.09	临床医学	专业学位博士生导师
803	周 云	男	1961.02	临床医学	专业学位博士生导师
804	秦环龙	男	1965.11	临床医学	专业学位博士生导师
805	毛伟敏	男	1957.12	临床医学	专业学位博士生导师

各类人才工程入选人员名单

1. **2015年"青年千人计划"入选名单**
   徐 信 赵 宇 史海斌 李瑞宾 李 桢
2. **人力资源与社会保障部"百千万人才工程"培养对象(国家级)**
   钟志远
3. **国家级有突出贡献中青年专家**
   钟志远
4. **2014年"万人计划"青年拔尖人才入选名单**
   刘 庄
5. **2015年人力资源与社会保障部高层次留学人才回国资助人员名单**
   李彦光

6. 2015年度江苏省"高层次创新创业人才引进计划"入选名单
   张晓宏　曾小庆　刘　通　鲍晓光　夏利军　时玉舫　李杨欣
7. 2015年度江苏省"双创团队"入选名单
   徐广银团队　时玉舫团队　罗宗平团队
8. 2015年度江苏省"博士聚集计划"（境外世界名校创新类）
   陈　煜　冯　岩　冯　原　高　媛　贺竞辉　孔新兵　李伟峰　李直旭　乔　文
   阮建清　孙俊芳　吴张雄　杨燕美　张　桥　张艳岭　路　顺　万　琳
9. 2015年第六批江苏特聘教授入选名单
   严　锋　胡　军　徐　信　杨增杰
10. 2015年第十二批江苏省"六大人才高峰"入选名单
    刘　通　赛吉拉夫　李　斌　张晓宏　黄玉辉　苏　雄　张惠敏　熊德意
    陆培荣　李　纲　何宋兵　秦颂兵
11. 2015年度江苏省第四期"333工程"资助人员名单
    刘　庄　王　晗　高　雷　王明湘　陶　金
12. 2014—2015年度苏州市高等院校、科研院所紧缺高层次人才引进资助入选名单
    时玉舫　丁　宁　徐　璎　李彦光　陈　坚　耿凤霞　张茂杰　吴张雄　胡士军
    冯　岩　徐新芳　Mario Lanza　赖福军　孙洪涛　黄玉辉　李　桢　胡　军
    龙乔明　殷黎晨　孔新兵　周芳芳　赛吉拉夫　　　李杨欣　史海斌　牛　华
    何伟奇　国宏伟　张　垒　万忠晓　杨　凯　徐　信　孙加森　陈　煜　曹世杰
    乔　文　潘臣炜　田　维　于　谦　孙胜鹏　高明义　李军辉　章宗长　冯　原
    裴育芳　国　霞　李相鹏　李伟峰　李永强　朱丽娟　张虹森　唐朝君　王义鹏
    孟桓宇　孙晓辉　郑　栋　杨燕美　沈长青　张　略　张　建　郭正清　杨君杰
    邓益斌　柯亨特　潘志雄　陈丽君　周经亚　赵威风
13. 2015年苏州市"海鸥计划"资助入选名单
    John Texter　崔建民　梁君午　Yeshayahu Lifshitz　TK Sham　Kirz Janos　姚智伟
    Henry. R. Kang　Allan Bradley　William C. Skarnes　Peter L. Rinaldi

2015年博士后出站、进站和在站人数情况

博士后流动站名称	出站人数	进站人数	2015年年底在站人数
哲学	1	1	2
应用经济学	1	1	11
法学	2	5	15
政治学	1	1	8
教育学	4	2	5
体育学			11

续表

博士后流动站名称	出站人数	进站人数	2015年年底在站人数
中国语言文学	2	2	23
外国语言文学	1		6
中国史			3
数学	2		8
物理学	3	7	24
化学	1	6	30
统计学			1
光学工程	3	9	39
材料科学与工程	4	19	68
计算机科学与技术		13	29
化学工程与技术			6
纺织科学与工程	9	9	24
畜牧学			2
基础医学	5	11	50
临床医学	3	15	41
公共卫生与预防医学	1	4	12
药学	3	1	16
特种医学		10	19
设计学	2	1	4
工商管理		5	5
软件工程		1	1
信息与通信工程		1	1
合计	48	124	464

2015年博士后在站、出站人员情况

流动站名称	在站人员	出站人员
哲学	朱光磊　骆海飞	韩焕忠
应用经济学	朱冬琴　朱新财　何艳　崔建波　李锐 程文红　王群伟　朱妍　韩坚　庄小将 曹旭平	方健雯

续表

流动站名称	在站人员					出站人员
法学	蒋鹏飞 许小亮 何香柏	田红星 朱明新 李红润	周海博 吴俊 程金池	陈华荣 韩铁 熊瑛子	熊赖虎 杨盛达 李雪	朱嘉珺　廖原
政治学	李西杰 李优坤	刘素梅 许悦	林莉 杨静	宋效峰	盛睿	苑丰
教育学	陈卫东	王明洲	葛洎	李西顺	廖传景	束霞平　骆建建 丁钢　秦炜炜
体育学	张继生 霍子文 张林挺	杨建营 夏成前	范凯斌 谷鹏	敬龙军 邵伟钰	李华 杨明	
中国语言文学	陈芳 秦烨 李杰玲 张连义 姜晓	肖模艳 刘怀堂 李黎 彭林祥 张春晓	迟玉梅 张立荣 汪许莹 吕鹤颖 杨君宁	高志明 袁茹 李一璇 徐蒙	曾攀 赵红卫 李从云 薛征	郭明友　苗变丽
外国语言文学	钟再强 黄爱军	喻锋平	孟祥春	沈鞠明	宋秀葵	荆兴梅
中国史	丁义珏	韩秀丽	李学如			
数学	唐树安 毛仁荣	潘红飞 李丹丹	张亚楠 孙茂民	徐士鑫	卢培培	龚成　罗喜召
物理学	齐苏敏 庞欢 刘爱芳 石子亮 陈鹏	韩琴 李绍娟 孙迎辉 刘家胜 马玉龙	俞卫刚 黄丽珍 倪江锋 琚晨辉 吴飞	窦卫东 王华光 弭元元 刘琳 唐朝辉	金超 钱涛 钱郁 王显福	刘运宇　赵杰 胡娟梅
化学	靳奇峰 王会芳 曹利敏 姜艳娇 张有地 张伟 Dr. S. Rakesh	李晓伟 陈艳丽 陈利丁 刘小莉 陈小芳 戴高乐	万小兵 王后禹 张艳清 杨晓明 张丹丹 陈礼平	袁丹 王晓辉 梁志强 张英 杨华军 邵智斌	邵莺 金子信悟 冯芳 王坤 邹丽	王建军
统计学	程东亚					

续表

流动站名称	在站人员					出站人员	
光学工程	季爱明 楼益民 刘丽双 许宜申 黄　俊 马锁冬 陶雪慧 杨　勇	杨俊义 詹耀辉 吴绍龙 黄文彬 刘　楠 刘日涛 徐亚东 伍锡如	丑修建 靳　鸿 郭利娜 唐　明 王阳俊 宋　芳 石霞武 周东营	刘艳花 钟博文 樊　成 郭开波 宋茂新 王明娣 金成刚 李相鹏	张　翔 李珂锋 谢郭浩 余雷 王　军 吴兆丰	周刘蕾 潘明强	孙荣川
材料科学与工程	韩志达 盛敏奇 曾金栋 李永玺 赵庆欢 陈　栋 邓明宇 黄宇剑 宋　涛 崔超华 王海蓉 黄　洋 尧　华 P. Joice. Sophia Ashish kumar John McLeod Nabi-aser Sebastian Shivanan	刘　永 伍　凌 齐　菲 苏艳丽 程　亮 章顺虎 何少波 程　亮 段小丽 秦传香 赵　栋 闫炳基 翁凌	朱刚贤 黄　慧 王慧华 夏志新 张洪宾 许继芳 袁　超 王　滋 薛　洁 李红坤 曹暮寒 钟伊南 陈昊	朱彩虹 刘晓东 宋国胜 王永光 夏斐斐 王海桥 王照奎 舒　婕 刘庆红 韩凤选 蒋玉荣 王燕东	何金林 薛运周 曾　敏 邢占文 贺园园 徐　勇 徐敏敏 林海平 林生晃 王　蕾 于永强 黄尧君	刘　开 邵智斌	潘国庆 郭　新
计算机科学与技术	张好明 王　莹 刘冠峰 任子武 李春光 樊明迪	姚望舒 王　进 蔡改改 庞　明 张　召 冯　原	仲兆准 向德辉 龚　勋 李　鹏 王忠海 成　明	胡海燕 李正华 高　瑜 卜令山 乐德广 陈　良	季　怡 张友军 高向军 李直旭 沈长青		
化学工程与技术	姜训鹏 M. rajesh	王　洋 Kumar	姜政志	李　娜	陈利丁		
纺织科学与工程	张再兴 刘福娟 张晓峰 茅泳涛 关晋平	陈玉华 王　萍 吴丽莉 范志海 徐晓静	袁　莉 黄剑莹 刘　茜 郭雪峰 杨歆豪	何素文 刘红艳 王立川 邢　瑞 Mohammad	谢宗刚 孙启龙 卢业虎 陈　廷	赵国栋 刘新芳 张　岩 郑兆柱 周　顺	白树猛 曾冬梅 范　杰 邢铁玲
畜牧学	Dhiraj	Kumar	胡小龙				

续表

流动站名称	在站人员				出站人员
基础医学	吴　华　李　敏　邱苏赣　许弘飞　罗承良　王　畅　王　兰　张　超　季成　钟英斌　徐乃玉　许利耕　朱甸媛　钱光辉　解　晴　董福禄　闵　玮　苏媛媛　糜菁熠　王　望　罗　丽　夏景光　梁中洁　贺丽虹　庄文卓　王泽根　邢丽娟　唐朝君　姜岩　王桃云　王　燕　郭冷秋　胡延维　夏亦元　李文杰　肖　波　刘陶乐　张熠卫林　王明华　沈　冬　李立娟　赵鑫　刘瑶　孙丽娜　杨从文　潘志雄　梁婷　黄金忠　王琳辉				沈　彤　陈源源　冯婷婷　陆　叶　李　梅
临床医学	商冰雪　赵全明　刘光旺　皮斌　顾巧丽　林　俊　王羿萌　尤万春　李吻青　韩庆东　缪宇锋　周雷　张铁军　孙卿　张健　严文颖　李炳宗　张轶文　赵智　梁勇　刘蔚　田璟鸾　周碧蓉　姜连方　孙万平　焦晴晴　马守宝　曾招琴　张晨　周峰　龚拯　席启林　袁章军　吴军　蔡辉华　燕海姣　朱丹霞　吴宝强　王　王斌　林丹丹				练学淦　谢鑫芸　张　杰
公共卫生与预防医学	孙宏鹏　张　欢　何　艳　陈丽华　信丽丽　韩淑芬　李敏敬　莫兴波　武龙飞　常　杰　韩丽媛　方忠晓				汤在祥
药　学	邓益斌　柯亨特　胡青松　陈　冬　曹莉　董晓华　任海刚　曹　廷　田盛　金雅康　王明勇　郑计岳　彭少平　孙佩华　周鼎　张明勇				徐　酩　郭　琳　高　峰
特种医学	汪　勇　王杨云　孙自玲　田　欣　聂继华　郑　滔　陶泽天　田健　曾剑峰　何伟伟　刘汉洲　王艳龙　李明　刘志勇　李伟峰　孟烜宇　代　星　王广林　裴海龙				
设计学	刘亚玉　张　琦　贾砚农　王　拓				刘晓平　张蓓蓓
工商管理	沈　能　周中胜　陈冬宇　王要玉　禹久泓				
软件工程	程宝雷				
信息与通信工程	王旭东				

2015 年人员变动情况

2015 年苏州大学教职工调进人员一览表

序号	姓名	性别	调进工作部门、院(部)	调进时间
1	吴磊兴*	男	学生工作部(处)	2012年8月
2	向利洁	女	剑桥-苏大基因组资源中心	2015年1月
3	杨从文	男	唐仲英血液学研究中心	2015年1月
4	何爱群	女	财务处	2015年1月
5	张明阳	男	医学部基础医学与生物科学学院	2015年1月
6	韩 青	男	剑桥-苏大基因组资源中心	2015年1月
7	屈天鹏	男	沙钢钢铁学院	2015年1月
8	樊炳有	男	体育学院	2015年1月
9	任 平	男	校长办公室	2015年1月
10	宋文芳	女	纺织与服装工程学院	2015年1月
11	高东梁	男	物理与光电·能源学部 物理科学与技术学院	2015年1月
12	白永香	女	医学部基础医学与生物科学学院	2015年1月
13	何伟奇	男	医学部基础医学与生物科学学院	2015年1月
14	徐 信	男	材料与化学化工学部	2015年2月
15	朱文静	女	剑桥-苏大基因组资源中心	2015年3月
16	童 定	男	教育学院	2015年3月
17	刘晓乐	女	教育学院	2015年3月
18	吉 光	男	纳米科学技术学院	2015年3月
19	李洪玮	女	沙钢钢铁学院	2015年3月
20	陈 南	女	信息化建设与管理中心	2015年3月
21	王 霞	女	艺术学院	2015年3月
22	周光明	男	医学部放射医学与防护学院	2015年3月
23	许静波	男	凤凰传媒学院	2015年3月

续表

序号	姓名	性别	调进工作部门、院(部)	调进时间
24	王为华	男	骨科研究所	2015年3月
25	梁合兰	女	计算机科学与技术学院	2015年3月
26	张晓萍	女	沙钢钢铁学院	2015年3月
27	李井平	女	体育学院	2015年3月
28	朱易辰	男	剑桥-苏大基因组资源中心	2015年3月
29	雷伟	男	心血管病研究所	2015年3月
30	Pereshivko Olga	女	材料与化学化工学部	2015年3月
31	魏正启	女	音乐学院	2015年3月
32	Clarkson Eion Quentin James	女	纳米科学技术学院	2015年3月
33	Olivialympia Annabelle Ghisoni	女	纳米科学技术学院	2015年3月
34	冯冰清	女	凤凰传媒学院	2015年3月
35	王显福	女	物理与光电·能源学部 能源学院	2015年4月
36	陈汐	女	机电工程学院	2015年4月
37	武宏春	女	心血管病研究所	2015年4月
38	朱叶	女	财务处	2015年4月
39	史彩云	女	纺织与服装工程学院	2015年4月
40	刘晶晶	女	医学部基础医学与生物科学学院	2015年4月
41	舒啸尘	男	医学部公共卫生学院	2015年4月
42	王赟	男	社会学院	2015年4月
43	李明	男	附属第二医院(医学部第二临床医学院)	2015年4月
44	郑凯	男	计算机科学与技术学院	2015年4月
45	周东营	男	物理与光电·能源学部 能源学院	2015年5月
46	聂晶	女	医学部放射医学与防护学院	2015年5月
47	张玲玲	女	金螳螂建筑学院	2015年5月
48	俞映辉	男	人才办	2015年5月

续表

序号	姓名	性别	调进工作部门、院（部）	调进时间
49	钱激扬	女	外国语学院	2015年5月
50	赵 毅	男	王健法学院	2015年5月
51	白艳洁	女	医学部公共卫生学院	2015年5月
52	蒋 莉	女	王健法学院	2015年5月
53	蒋建华	男	物理与光电·能源学部 物理科学与技术学院	2015年5月
54	杜 芳	女	医学部药学院	2015年5月
55	赵威风	男	城市轨道交通学院	2015年5月
56	陈建权	男	骨科研究所	2015年5月
57	周 健	男	沙钢钢铁学院	2015年5月
58	Kiumars Roshanzamir	男	金螳螂建筑学院	2015年5月
59	郭恒杰	男	金螳螂建筑学院	2015年6月
60	张 竞	男	音乐学院	2015年6月
61	张 岩	男	纺织与服装工程学院	2015年6月
62	王广林	男	医学部放射医学与防护学院	2015年6月
63	朱嘉珺	女	王健法学院	2015年6月
64	魏 巍	男	物理与光电·能源学部	2015年6月
65	赵振奥	男	心血管病研究所	2015年6月
66	刘媛媛	女	知识产权研究院	2015年6月
67	穆 蕊	女	金融工程研究中心	2015年6月
68	周韶南	女	功能纳米与软物质研究院	2015年6月
69	封心建	男	材料与化学化工学部	2015年7月
70	赵军锋	男	政治与公共管理学院	2015年7月
71	张继业	男	政治与公共管理学院	2015年7月
72	陈昌强	男	文学院	2015年7月
73	常 纯	女	艺术学院	2015年7月
74	吴 孟	男	唐仲英血液学研究中心	2015年7月

续表

序号	姓名	性别	调进工作部门、院（部）	调进时间
75	赵 宇	男	功能纳米与软物质研究院	2015年7月
76	金国庆	男	机电工程学院	2015年7月
77	叶 婧	女	人才办	2015年7月
78	李一城	男	艺术学院	2015年7月
79	Igor Bello	男	纳米科学技术学院	2015年7月
80	裴秀红	女	人才办	2015年7月
81	Shivanan Ju	男	功能纳米与软物质研究院	2015年7月
82	李 洁	女	人才办	2015年7月
83	刘 维	男	城市轨道交通学院	2015年7月
84	史淇晔	女	财务处	2015年8月
85	王 磊	男	财务处	2015年8月
86	胡 玮	女	财务处	2015年8月
87	秦慧莉	女	财务处	2015年8月
88	曹 菡	女	财务处	2015年8月
89	何立群	女	城市轨道交通学院	2015年8月
90	梁 畅	女	城市轨道交通学院	2015年8月
91	刘昌荣	男	电子信息学院	2015年8月
92	裴海龙	男	医学部放射医学与防护学院	2015年8月
93	马晓川	女	医学部放射医学与防护学院	2015年8月
94	屈卫卫	男	医学部放射医学与防护学院	2015年8月
95	张梦晗	女	凤凰传媒学院	2015年8月
96	董尧君	男	功能纳米与软物质研究院	2015年8月
97	申学礼	男	功能纳米与软物质研究院	2015年8月
98	夷 臻	男	计算机科学与技术学院	2015年8月
99	陈 驰	女	金螳螂建筑学院	2015年8月
100	方雅婷	女	体育学院	2015年8月
101	朱 玲	女	文学院	2015年8月

续表

序号	姓名	性别	调进工作部门、院(部)	调进时间
102	穆学林	男	财务处	2015年8月
103	翁 震	男	唐仲英血液学研究中心	2015年8月
104	何 敏	女	医学部	2015年8月
105	彭 鹏	男	审计处	2015年8月
106	周圣高	男	数学科学学院	2015年8月
107	龚佑品	男	物理与光电·能源学部 光电信息科学与工程学院	2015年8月
108	杨黎黎	女	文学院	2015年8月
109	丁泓铭	男	软凝聚态物理及交叉研究中心	2015年8月
110	臧 晴	女	文学院	2015年8月
111	刘向东	男	政治与公共管理学院	2015年8月
112	马 双	女	艺术学院	2015年8月
113	李晶晶	女	心血管病研究所	2015年8月
114	张 瑜	女	心血管病研究所	2015年8月
115	曹丽娟	女	轻化医学研究院	2015年8月
116	董筱文	女	政治与公共管理学院	2015年8月
117	王 瑞	女	物理与光电·能源学部	2015年8月
118	李广豪	男	骨科研究所	2015年8月
119	陈羿霖	男	凤凰传媒学院	2015年8月
120	张 洁	女	剑桥-苏大基因组资源中心	2015年8月
121	范莉莉	女	社会学院	2015年8月
122	何 文	女	图书馆	2015年8月
123	张圣来	女	财务处	2015年8月
124	张燕霞	女	心血管病研究所	2015年8月
125	管贤强	男	文学院	2015年8月
126	季鹏飞	女	文学院	2015年8月
127	王娟娟	女	心血管病研究所	2015年8月

续表

序号	姓名	性别	调进工作部门、院(部)	调进时间
128	沈 晗	女	心血管病研究所	2015年8月
129	张旻蕊	女	教育学院	2015年8月
130	侯晓鸥	女	神经科学研究所	2015年8月
131	施立栋	男	王健法学院	2015年8月
132	朱 峤	男	财务处	2015年8月
133	黄 璐	女	金螳螂建筑学院	2015年8月
134	刘 畅	女	生物医学研究院	2015年8月
135	瞿郑龙	男	王健法学院	2015年8月
136	王 奎	男	数学科学学院	2015年8月
137	周 杰	男	王健法学院	2015年8月
138	亓海啸	男	数学科学学院	2015年8月
139	袁 娜	女	唐仲英血液学研究中心	2015年8月
140	孟 梅	女	唐仲英血液学研究中心	2015年8月
141	熊瑛子	女	体育学院	2015年8月
142	张 庆	男	体育学院	2015年8月
143	邱 林	男	体育学院	2015年8月
144	朱扬涛	男	体育学院	2015年8月
145	车 通	男	东吴商学院(财经学院) 东吴证券金融学院	2015年9月
146	陈 娜	女	医学部放射医学与防护学院	2015年9月
147	尹洁云	女	医学部公共卫生学院	2015年9月
148	张天阳	男	医学部公共卫生学院	2015年9月
149	马艳霞	女	骨科研究所	2015年9月
150	盛 夏	女	材料与化学化工学部	2015年9月
151	徐 丹	女	材料与化学化工学部	2015年9月
152	王 坚	男	社会学院	2015年9月
153	张功亮	男	教育学院	2015年9月

续表

序号	姓名	性别	调进工作部门、院(部)	调进时间
154	龚 成	男	数学科学学院	2015年9月
155	王 涛	男	医学部基础医学与生物科学学院	2015年9月
156	何 雯	女	人事处	2015年9月
157	陶莎莎	女	医学部公共卫生学院	2015年9月
158	何 乐	男	功能纳米与软物质研究院	2015年9月
159	孙欢利	女	材料与化学化工学部	2015年9月
160	赵 利	男	医学部放射医学与防护学院	2015年9月
161	Mohammad Shahid	男	纺织与服装工程学院	2015年9月
162	Joel Moser	男	物理与光电·能源学部 光电信息科学与工程学院	2015年9月
163	Mark. H. Rummeli	男	物理与光电·能源学部 能源学院	2015年9月
164	王墨涵	女	东吴商学院(财经学院) 东吴证券金融学院	2015年9月
165	付雪杰	女	骨科研究所	2015年9月
166	朱哲辰	男	电子信息学院	2015年9月
167	储剑虹	男	造血干细胞移植研究所	2015年9月
168	Lukas Park	男	音乐学院	2015年9月
169	Erika Sigvallius	女	纳米科学技术学院	2015年9月
170	陈景润	男	数学科学学院	2015年9月
171	John Salinas	男	音乐学院	2015年9月
172	Lee Shin Kang	男	音乐学院	2015年9月
173	吴 兵	男	城市轨道交通学院	2015年10月
174	陈丽娟	女	城市轨道交通学院	2015年10月
175	赵 越	女	心血管病研究所	2015年10月
176	王 珏	女	医学部基础医学与生物科学学院	2015年10月
177	吴嘉炜	女	医学部基础医学与生物科学学院	2015年10月
178	李明铭	女	唐文治书院	2015年10月

续表

序号	姓名	性别	调进工作部门、院(部)	调进时间
179	尹万健	男	物理与光电·能源学部 能源学院	2015年10月
180	邓 昭	男	物理与光电·能源学部 能源学院	2015年10月
181	王 翔	男	城市轨道交通学院	2015年10月
182	刘丽娜	女	电子信息学院	2015年10月
183	王志新	男	医学部基础医学与生物科学学院	2015年10月
184	陈卫昌	男	校长办公室	2015年10月
185	张 伟	男	唐仲英血液学研究中心	2015年10月
186	彭 扬	女	物理与光电·能源学部能源学院	2015年10月
187	李笃信	男	医学部药学院	2015年10月
188	余 庆	男	教育学院	2015年10月
189	李 鹏	男	沙钢钢铁学院	2015年11月
190	梁 爽	女	音乐学院	2015年11月
191	陈 娜	女	纺织与服装工程学院	2015年11月
192	黄 珑	女	艺术学院	2015年11月
193	黄一帆	男	生物医学研究院	2015年11月
194	潘德京	男	剑桥-苏大基因组资源中心	2015年11月
195	徐 来	女	功能纳米与软物质研究院	2015年11月
196	谭林丽	男	政治与公共管理学院	2015年12月
197	胡 亮	男	医学部放射医学与防护学院	2015年12月
198	欧雪梅	女	功能纳米于软物质研究院	2015年12月
199	王璐瑶	女	医学部放射医学与防护学院	2015年12月
200	赵国栋	男	纺织与服装工程学院	2015年12月
201	李彦洋	女	音乐学院	2015年12月
202	甘牡丹	女	功能纳米与软物质研究院	2015年12月
203	陈兰花	女	医学部放射医学与防护学院	2015年12月
204	Paul Silverhorne	男	音乐学院	2016年1月

注:标"*"者为"2012年苏州大学教职工调进人员一览表"未收部分。

2015 年苏州大学教职工调出、辞职人员一览表

序号	姓　名	性别	离校前工作部门、院(部)	离校时间	调往工作单位
1	洪法水	男	医学部基础医学与生物医学学院	2015 年 1 月	淮阴师范学院
2	王　岗	男	体育学院	2015 年 1 月	武汉体育学院
3	赵化建	男	后勤管理处	2015 年 1 月	辞职
4	Andrew Jonathan Evans		纳米科学技术学院	2015 年 2 月	辞职
5	谈　方	女	外国语学院	2015 年 2 月	合同到期
6	焦艳鹏	男	王健法学院	2015 年 3 月	重庆大学
7	刘　葳	女	图书馆	2015 年 3 月	重庆大学
8	李　楠	男	数学科学学院	2015 年 3 月	辞职
9	梁　峰	男	社会学院	2015 年 3 月	辞职
10	李志标	男	功能纳米与软物质研究院	2015 年 3 月	辞职
11	沈　军	男	王健法学院	2015 年 3 月	辞职
12	刘　茜	女	纺织与服装工程学院	2015 年 3 月	辞职
13	宋乐冬	女	附属第一医院(医学部第一临床医学院)	2015 年 3 月	辞职
14	王　艳	女	附属第二医院(医学部第二临床医学院)	2015 年 3 月	辞职
15	卢昕婵	女	党委办公室	2015 年 3 月	辞职
16	刘　宇	男	功能纳米与软物质研究院	2015 年 3 月	合同到期
17	杨　浩	男	物理与光电·能源学部物理科学与技术学院	2015 年 4 月	南京航空航天大学
18	常春起	男	电子信息学院	2015 年 4 月	深圳大学
19	陆　婷	女	功能纳米与软物质研究院	2015 年 4 月	辞职
20	王海桥	男	功能纳米与软物质研究院	2015 年 4 月	中国科学院宁波材料技术与工程研究所
21	朱　刚	男	外国语学院	2015 年 5 月	辞职
22	顾江敏	男	电子信息学院	2015 年 5 月	辞职

续表

序号	姓名	性别	离校前工作部门、院(部)	离校时间	调往工作单位
23	管沧	男	音乐学院	2015年5月	辞职
24	沈君	男	王健法学院	2015年5月	辞职
25	张洪建	男	医学部药学院	2015年5月	辞职
26	周肖兴	男	金螳螂建筑学院	2015年6月	辞职
27	涂飞	男	唐仲英血液学研究中心	2015年6月	辞职
28	袁园	女	附属第二医院(医学部第二临床医学院)	2015年6月	辞职
29	纪其进	男	计算机科学与技术学院	2015年7月	辞职
30	何超	男	唐仲英血液学研究中心	2015年7月	辞职
31	许晶	女	神经科学研究所	2015年7月	辞职
32	Anandamayee Majumdar	女	数学科学学院	2015年7月	辞职
33	倪勇	男	附属第二医院(医学部第二临床医学院)	2015年7月	辞职
34	肖蓬莉	女	心血管病研究所	2015年7月	辞职
35	茅莉丽	女	东吴商学院(财经学院) 东吴证券金融学院	2015年7月	辞职
36	姚晨	男	音乐学院	2015年7月	中央音乐学院
37	沈建	男	唐仲英血液学研究中心	2015年7月	终止合同
38	刘海燕	女	生物医学研究院	2015年7月	辞职
39	萧丽君	女	音乐学院	2015年8月	辞职
40	陆学官	男	附属第二医院(医学部第二临床医学院)	2015年8月	辞职
41	赵文理	男	附属儿童医院	2015年9月	辞职
42	吕玉冬	男	外国语学院	2015年9月	辞职
43	王泳文	女	党委宣传部	2015年9月	辞职
44	陈红梅	女	物理与光电·能源学部	2015年9月	南京航空航天大学
45	周韶南	女	功能纳米与软物质研究院	2015年9月	辞职
46	沙盛中	男	王健法学院	2015年9月	辞职

续表

序号	姓　名	性别	离校前工作部门、院(部)	离校时间	调往工作单位
47	毛锦宁	女	附属第二医院(医学部第二临床医学院)	2015年9月	辞职
48	钱　燕	女	学报编辑部	2015年10月	苏州科技学院
49	刘珊珊	女	现代丝绸国家工程实验室	2015年10月	辞职
50	曾　嘉	男	计算机科学与技术学院	2015年10月	辞职
51	孟庆友	男	附属第二医院(医学部第二临床医学院)	2015年10月	辞职
52	路　顺	男	附属第一医院(医学部第一临床医学院)	2015年12月	辞职

2015年教职工死亡人员名单

序号	姓　名	性别	出生年月	工作单位	原职称	原职务	去世时间	备注
1	周子期	男	1922年10月	数学科学学院	副高		2015年1月	退休
2	丁秀珍	女	1934年7月	纪监审办公室		正科	2015年1月	退休
3	刘有儒	男	1936年9月	党委办公室		副厅	2015年1月	退休
4	杨耀凤	男	1933年7月	后勤管理处(原教服集团)	高级工		2015年1月	退休
5	刘　炳	男	1927年9月	离退休工作部(处)		副处	2015年1月	离休
6	卜　平	男	1961年6月	外国语学院	副高		2015年1月	在职
7	王文卿	男	1931年8月	外国语学院	副高		2015年2月	退休
8	恽　松	男	1936年7月	外国语学院	副高		2015年2月	退休
9	王跃汉	男	1940年8月	外国语学院	副高		2015年2月	退休
10	贝公亮	男	1937年3月	数学科学学院	副高		2015年2月	退休
11	费　达	男	1938年11月	材料与化学化工学部	副高		2015年2月	退休
12	滕素芬	女	1917年10月	医学部基础医学与生物科学学院	初级		2015年2月	退休
13	占根寿	男	1930年1月	保卫部(处)	高级工		2015年2月	退休
14	黄春生	男	1937年1月	保卫部(处)	中级工		2015年2月	退休
15	岳国梁	男	1943年4月	离退休工作部(处)		正科	2015年2月	退休

续表

序号	姓 名	性别	出生年月	工作单位	原职称	原职务	去世时间	备注
16	蒋培元	男	1926年7月	后勤管理处（印刷厂）	中级		2015年2月	退休
17	张 忠	男	1927年11月	后勤管理处（原教服集团）	高级工		2015年2月	退休
18	李明中	男	1924年5月	党委组织部（党校）		副厅	2015年2月	离休
19	苏宝山	男	1929年2月	纪监审办公室		正处	2015年2月	离休
20	周惠尧	男	1920年9月	后勤管理处（印刷厂）		副科	2015年3月	退休
21	查仁福	男	1938年1月	后勤管理处（原教服集团）	中级工		2015年3月	退休
22	王 力	男	1952年11月	阳澄湖校区管理委员会		副处	2015年3月	退休
23	陈富德	男	1931年1月	东吴商学院（财经学院）东吴证券金融学院		正处	2015年3月	离休
24	陈 荣	男	1927年8月	教务部		副厅	2015年4月	离休
25	于子明	男	1928年5月	后勤管理处		副处	2015年4月	离休
26	朱健生	男	1938年4月	数学科学学院	副高		2015年4月	退休
27	邸长俊	男	1929年8月	保卫部（处）	高级工		2015年4月	退休
28	钱信福	男	1931年8月	后勤管理处		正处	2015年4月	退休
29	高安其	男	1928年8月	校长办公室	高级工		2015年5月	退休
30	孙凤庚	男	1941年10月	校长办公室		正科	2015年5月	退休
31	庄 敬	男	1930年3月	离退休工作部（处）		副处	2015年5月	退休
32	李 舒	女	1917年2月	图书馆		科员	2015年5月	退休
33	戴荣林	男	1947年1月	后勤管理处		副处	2015年5月	退休
34	张 正	男	1925年2月	外国语学院		副厅	2015年5月	离休
35	王德孟	男	1922年8月	后勤管理处		副厅	2015年5月	离休
36	印其章	男	1927年1月	医学部基础医学与生物科学学院		正厅	2015年6月	退休
37	钱逸珍	女	1913年11月	财务处		科员	2015年6月	退休

续表

序号	姓名	性别	出生年月	工作单位	原职称	原职务	去世时间	备注
38	王汉	男	1932年1月	后勤管理处	高级工		2015年6月	退休
39	胡春生	男	1929年4月	国际合作交流处	高级工		2015年6月	退休
40	刘卫民	女	1961年10月	体育学院	中级		2015年6月	在职
41	牟玉健	男	1955年9月	后勤管理处		副科	2015年6月	在职
42	曹夕冲	男	1914年9月	附属第一医院(医学部第一临床医学院)	正高		2015年7月	退休
43	徐振华	男	1952年12月	后勤管理处(产业代管)	高级工		2015年7月	退休
44	刘希国	男	1928年9月	医学部实验动物中心		副处	2015年7月	离休
45	孙杰	男	1924年3月	校长办公室		副厅	2015年7月	离休
46	李瑛	女	1928年3月	图书馆		正科	2015年7月	离休
47	曹国平	男	1929年7月	外国语学院	副高		2015年8月	退休
48	董金菊	女	1926年12月	财务处	副高		2015年8月	退休
49	居玉媚	女	1947年2月	后勤管理处	中级工		2015年8月	退休
50	余秀珍	女	1924年4月	后勤管理处(原教服集团)	高级工		2015年8月	退休
51	肖以何	男	1913年8月	教育学院	副高		2015年9月	退休
52	刘毓娟	女	1940年6月	教育学院		副科	2015年9月	退休
53	王恭怀	男	1931年7月	体育学院		正科	2015年9月	退休
54	徐若农	男	1928年6月	科学技术与产业部		副科	2015年9月	退休
55	沈志明	男	1935年1月	科学技术与产业部	中级		2015年9月	退休
56	邓学基	男	1936年1月	图书馆	副高		2015年9月	退休
57	俞有圣	男	1921年12月	后勤管理处(原教服集团)	高级工		2015年9月	退休
58	叶家康	男	1951年2月	保卫部(处)		副处	2015年9月	退休
59	张惠英	女	1946年9月	阳澄湖校区	初级工		2015年9月	退休
60	廖慧予	女	1928年9月	文学院		正处	2015年9月	离休
61	高洪江	男	1920年12月	工会		正厅	2015年9月	离休

续表

序号	姓名	性别	出生年月	工作单位	原职称	原职务	去世时间	备注
62	吴奇俊	男	1959年11月	宿迁学院社会服务系		正处	2015年10月	在职
63	邹国凡	男	1935年1月	外国语学院	副高		2015年10月	退休
64	刘浩培	男	1939年12月	数学科学学院	副高		2015年10月	退休
65	何希曹	女	1919年3月	医学部基础医学与生物科学学院	初级		2015年10月	退休
66	卢敏德	女	1940年12月	医学部基础医学与生物科学学院	副高		2015年10月	退休
67	王自新	男	1927年11月	财务处		副科	2015年10月	退休
68	蒋守业	男	1935年11月	离退休工作部（处）		正科	2015年10月	退休
69	沈丽娟	女	1942年12月	校医院	中级		2015年10月	退休
70	唐宇宏	女	1972年7月	机关党工委		副处	2015年12月	在职
71	苏晓军	男	1964年11月	外国语学院	正高		2015年12月	在职
72	于庆川	男	1964年2月	体育学院	副高		2015年12月	在职
73	张亚秋	男	1929年11月	政治与公共管理学院		副处	2015年12月	退休
74	何新章	男	1917年10月	数学科学学院	副高		2015年12月	退休
75	赵年苏	男	1926年2月	党委统战部		副处	2015年12月	退休
76	周国龙	男	1928年9月	保卫部（处）	高级工		2015年12月	退休
77	卢荣元	男	1933年2月	图书馆	普通工		2015年12月	退休
78	徐康华	男	1953年2月	后勤管理处（原教服集团）	高级工		2015年12月	退休
79	王恒炳	男	1933年8月	文学院		正科	2015年12月	离休
80	孙文定	男	1927年12月	党委组织部（党校）		副处	2015年12月	离休

2015年离休干部名单

姚焕熙	江 静	王春元	丘 晓	陈克潜	李绍元	孙文定
张 正	廖素青	邱 光	李明中	王瑞林	牟 琨	黄国忠
王德孟	江 村	郑玠玉	蒋鉴挺	苏宝山	姜宗尧	王永光
赵经涌	程 扬	陈富德	虞国桢	袁 涛	迟秀梅	刘 炳
张 枫	廖慧予	周振泰	朱文君	李恩普	薛文焕	沈 萍
郭辉鄂	汤 瑞	黄凤云	陆振岳	曹积盛	赵 敏	蒋 璆
于子明	李世达	李秀贞	王诚培	何孔鲁	蒋 麟	陈君谋
李振山	黄一宁	倪 健	杨恒源	吴奈夫	仲济生	卜仲康
章祖敏	李希贤	曹学明	陈禾勤	张佩华	葛云卿	王恒炳
李 瑛	李品新	林 冈	谢文煜	杨宗晋	秦和鸣	金 均
蒋挺先	周毓修	任 志	钟 枚	关 毅	余广通	贺 野
陈耿人	王世英	杨康为	李 贤	孙 叔	王亚平	程元令
徐庆亭	沈 毅	何 践	陈文璋	尤长华	赵 琪	沈慧文
张 诺	刘雅琴	赵梅珍	赵爱科	周衍洛	袁海观	贝 伟
鲍洪贤	鞠竞华	封 兰	姜新民	张德初	张淑庆	于培国
曹 钰	刘涉洛	李维华	徐桂森	沈淑能	陶不敏	唐月清
陈德新	朱 燕	黄德珍	周 鸣	樊志成	樊学华	闻宇平
熊重廉	龚 辉	裘 申	陈赐龄	丁志英	冷墨林	唐锦元
张立中	姚群铨	刘汉祥	吕玉功	戴立干	刘爱清	祝仰进
马云芬	纪一农	黄文锦	刘 林	王生庭	赵爱菊	孙 玲
陈 荣	蒋 华	高洪江	杨 格	李惠章	孙 杰	孙国山
宗 洛	高延安	李思达	吴 莹	王述谟	翁春林	穆荣普
刘兴亚	刘延祖	陈守谦	梁绍琪	吕去癣	魏振文	黄宗湘
姜卜吴	高 原	徐远社	周旭辉	陆明强	许绍基	徐 利
李 馨	耿 杰	嵇佩玉	陈巾范	严荣芬	赵建群	雷在春
刘希国	黄 健	孙作洲	周邦业	姜丕亿	柳文香	平醒民

2015年退休人员名单

高伟江	张雪根	露 兵	潘 坚	季永才	唐明兴	陈昌富
罗国庆	张 玲	张爱平	黄 鹏	黄肖广	王云峰	徐文华
杨占山	李新民	郑 宪	骆 伟	王尉平	王修珍	杜北梁
汪光先	张三男	孟 平	成尔洪	范素娟	李洪欣	鲁枢元
黄镇伟	陈丽香	吴开云	承宪成	姜 涓	陈珏辉	翁慧勤
陈长荣	沈安东	朱军贞	李建秋	吴建国	陈根兴	秦建民
汪德林	戴春男	陈管子	黄 勤	王玉燕	王静惠	李秋芳
沈彩英	凌 云	孙叶林	陈久良	张春仕	练学忠	惠少麟
周来源	樊 杰	陈民华	邹建芬	吴秀琼	孙铁山	汤刘庆
肖根生	李 丽	倪 征	谢 玲	蒋建平	孙剑铭	李 昂
沈培德	周 前	曹国庆	蔡月芬	陆建中	艾昌华	朱火金
高苏美	谢根甫	俞巧根	王 敏	方华文	高积顺	朱栋霖
赵 康	高 歌	仲云才	施志社	胡培荣	宋卫平	陈心洪
王苏萍	柴玉海	钱逸英	任筱羊	晏小羊	徐建华	韦 英
吴苏伦	单永鑫	张志良	施惠金	薛自忠	张瑞元	郭晓葵
李雪珍	张卫英	闵洪娣	陈其才	谢 明	陈健红	王晓莉
姚金娣	王明恩	叶永蕾	张根荣	俞仁麟	方建明	陆正平
陈金强	朱炳男	陈宏伟	邹建平	黄国洪	卫瑞元	张小羊
宗洪年						

办 学 条 件

办学经费投入与使用情况

2015 年学校总收入情况一览表　　　　　　　　　　　单位：万元

序号	资金来源	部门决算	部门预算	增减数
1	财政补助收入	143 075.52	99 622.96	43 452.56
2	上级补助收入	140.00		140.00
3	事业收入	97 753.28	65 675.75	32 077.53
4	其他收入	31 011.29	15 104.99	15 906.30
5	附属单位上缴收入			
6	经营收入	908.89	1 000.00	-91.11
	合　计	272 888.98	181 403.70	91 485.28

2015 年学校总支出情况一览表　　　　　　　　　　　单位：万元

序号	项　目	部门决算	部门预算	增减数
1	工资福利支出	65 426.26	60 105.32	5 320.94
2	商品和服务支出	97 978.16	52 500.51	45 477.65
3	对个人和家庭补助支出	56 255.92	45 237.87	11 018.05
4	基本建设支出	0.00		0.00
5	其他资本性支出	34 578.57	12 210.00	22 368.57
6	债务利息支出	9 642.68	10 350.00	-707.32
7	经营支出	744.70	1 000.00	-255.30
	合　计	264 626.29	181 403.70	83 222.59

学校2015年与2014年总支出情况对比表

单位:万元

序号	项目	2015年度	2014年度	增减对比	增减%
1	工资福利支出	65 426.26	62 024.15	3 402.11	5.49%
2	商品和服务支出	97 978.16	89 356.54	8 621.62	9.65%
3	对个人和家庭补助支出	56 255.92	46 714.76	9 541.16	20.42%
4	基本建设支出	0.00	0.00	0.00	—
5	其他资本性支出	34 578.57	37 863.79	-3 285.22	-8.68%
6	债务利息支出	9 642.68	11 878.17	-2 235.49	-18.82%
7	经营支出	744.70	981.66	-236.96	-24.14%
	合 计	264 626.29	248 819.07	15 807.22	6.35%

2015年学校总资产情况

2015年学校总资产情况一览表

单位:万元

序号	项目	年初数	年末数
1	流动资产	145 872.16	152 818.22
2	固定资产	547 783.40	572 595.41
	(1)房屋	335 914.77	335 914.77
	(2)汽车	1 178.04	1 178.04
	(3)单价在20万元以上的设备	81 288.94	94 020.31
	(4)其他固定资产	129 401.66	141 482.29
3	在建工程	78 765.89	80 752.38
4	对外投资	3 975.84	3 975.84
5	无形资产		
	合 计	776 397.29	810 141.84

学校土地面积和已有校舍建设面积

学校土地面积(单位:平方米)

独墅湖校区	987 706.43 平方米(1481.55 亩)
本部	344 451.65 平方米(516.67 亩)
北校区	185 383.4 平方米(278.07 亩)
南校区	90 476.6 平方米(135.72 亩)
东校区	271 581.9 平方米(407.37 亩)
原评弹学校	8 238.6 平方米(12.36 亩)
阳澄湖校区	597 291 平方米(895.93 亩)
三元坊校区	15 767.4 平方米(23.65 亩)
合计	2 500 896.98 平方米(3751.33 亩)

已有校舍建筑面积(单位:平方米)

	小计
1. 教室	196 627.05
2. 图书馆	89 188.27
3. 实验室	480 713.39
4. 风雨操场体育馆	24 459.4
5. 会堂	14 538.68
6. 系行政用房	82 028.65
7. 校行政用房	18 891.73
8. 学生宿舍	478 538.76
9. 学生食堂	68 410.81
10. 单身教工住宅	19 818.53
11. 教工食堂	6 750.09
12. 生活福利及其他用房	83 155.59
13. 教工住宅	26 643.99
14. 其他用房	27 637.01
合计	1617 401.95

全校(教学)实验室情况

全校(教学)实验室情况一览表

单 位	实验室数				教学实验室	国家级	部级	省级 (示范中心)	校级
	教学	国家	部级	省级	校级				
文学院 凤凰传媒学院	1			1	传媒与文学 实验教学中心			传媒与文学 实验教学中心	
社会学院	1				1	档案管理实验室				档案管理实验室
政治与公共 管理学院	1				1	行政与公共关系实验室				行政与公共关系实验室
东吴商学院(财经学院) 东吴证券金融学院	1				1	经济管理实验教学中心				经济管理实验教学中心
外国语学院	1				1	外语电化教学实验室				外语电化教学实验室
教育学院	1			1		心理与教师教育实验教学中心			心理与教师教育实验教学中心	
体育学院	1				1	体育教育中心实验室				体育教育中心实验室
艺术学院	1			1		艺术设计实验教学中心			艺术设计实验教学中心	
数学科学学院	1				1	数学计算实验室				数学计算实验室
物理与光电·能源学部	4	1		2	1	物理实验教学中心 物理基础课实验教学中心 工程物理实验中心 新能源材料与器件实验教学中心	物理实验教学中心		物理基础课实验教学中心 新能源材料与器件实验教学中心	工程物理实验中心
材料与化学化工学部	3			1	2	化学基础课实验教学中心 工程化学实验教学中心 材料实验教学中心			化学基础课实验教学中心	工程化学实验教学中心 材料实验教学中心
纳米科学技术学院	1			1		纳米材料与技术实验教学中心			纳米材料与技术实验教学中心	

续表

单 位	实验室数				教学实验室	国家级	部级	省级（示范中心）	校级
	教学	国家级	部级	省级	校级				
纺织与服装工程学院	3	2		1		纺织与服装设计实验教学中心 纺织与服装虚拟仿真实验教学中心 纺织服装实验教学中心	纺织与服装设计实验教学中心 纺织与服装虚拟仿真实验教学中心		纺织服装实验教学中心	
计算机科学与技术学院	2	1			1	计算机基础课实验教学中心 计算机与信息技术实验教学中心	计算机与信息技术实验教学中心		计算机基础课实验教学中心	
电子信息学院	3			1	2	电工电子基础课实验教学中心 通信实验室 微电子实验室			电工电子基础课实验教学中心	通信实验室 微电子实验室
机电工程学院	2			1	1	机械基础课实验教学中心 自动控制工程教学实验中心			机械基础课实验教学中心	自动控制工程教学实验中心
沙钢钢铁学院	1			1		冶金工程实验教学中心			冶金工程实验教育中心	
医学部基础医学与生物科学学院	3			3		基础医学实验教学中心 临床技能实验教学中心 生物基础课实验教学中心			基础医学实验教学中心 临床技能实验教学中心 生物基础课实验教学中心	
医学部公共卫生学院	1				1	预防医学实验室				预防医学实验室
医学部放射医学与防护学院	1				1	放射医学实验室				放射医学实验室
医学部药学院	2			1	1	药学实验室 药学学科综合训练中心			药学学科综合训练中心	药学实验室
医学部护理学院	1			1		护理学学科综合训练中心			护理学学科综合训练中心	
金螳螂建筑学院	3			1	2	建筑与城市环境设计实践教育中心 园林与园艺实验室 城市规划与管理实验室			建筑与城市环境设计实践教育中心	园林与园艺实验室 城市规划与管理实验室

续表

单位	实验室数					教学实验室	国家级	部级	省级（示范中心）	校级
	教学	国家	部级	省级	校级					
城市轨道交通学院	5			1	4	车辆工程实验室 电气控制实验室 交通工程实验室 铁道信号实验室 轨道交通实践教育中心			轨道交通实践教育中心	车辆工程实验室 电气控制实验室 交通工程实验室 铁道信号实验室
工程训练中心	1			1		工程训练中心			工程训练中心	
分析测试中心	1				1	分析测试中心				分析测试中心
合计	46	4	0	20	22					

苏州大学图书馆馆藏情况

苏州大学图书馆2015年馆藏一览表   填表日期：2016年1月4日

类别	上年积累	本年实增	本年实减	本年积累
中文图书（印刷本）	3 183 496	80 000	4 119	3 259 377
古籍	139 056	2 850		141 906
善本	7 217			7 217
中文图书（电子本）	1 664 598	100 000		1 764 598
外文图书（印刷本）	225 996	1 970		227 966
外文图书（电子本）	62 652	7 000		69 652
中文报纸（电子本）	569			569
中文期刊（电子本）	35 717			35 717
外文期刊（电子本）	22 509			22 509
中文期刊合订本	231 237	8155		239 392
外文期刊合订本	95 565	1 294		96 859
音像资料	20 216	80		20 296
缩微资料	573			573
网络数据库	77	1		78
赠书	17 385	1 086		18 471

备注：① 减少数字主要指本年度图书剔旧及援藏的数字（单位：册）；
② 电子版中文图书的数据因采购数据库种类的变化而变化，本年积累数据根据目前所购电子数据库统计而来；
③ 音像资料单位为种；
④ 2013年积累中文图书包含阳澄湖并馆的31.5万册图书。

海外交流与合作

2015 年公派出国（境）人员情况

2015 年教职工长期出国（境）人员情况一览表

序号	姓名	院（部）、部门	类别	前往学校或机构	外出期限
1	祁小飞	附属第一医院	访问学者	美国华盛顿大学	2014 年 11 月—2015 年 10 月
2	贺永明	附属第一医院	访问学者	香港中文大学	2014 年 11 月—2015 年 11 月
3	张小艺	艺术学院	访问学者	美国蒙大拿大学	2014 年 12 月—2015 年 7 月
4	黄小平	附属第一医院	合作研究	英国伦敦学院大学	2015 年 1 月—2016 年 1 月
5	田广兰	政治与公共管理学院	访问学者	英国伦敦国王学院	2015 年 1 月—2016 年 1 月
6	黄文煌	王健法学院	访问学者	意大利罗马第一大学	2015 年 1 月—2016 年 1 月
7	李勇刚	附属第一医院	访问学者	美国华盛顿大学	2015 年 1 月—2016 年 1 月
8	杨剑宇	城市轨道交通学院	访问学者	新加坡南洋理工大学	2015 年 1 月—2016 年 1 月
9	李耀文	材料与化学化工学部	访问学者	美国加州大学洛杉矶分校	2015 年 1 月—2016 年 1 月
10	杨洋	计算机科学与技术学院	访问学者	瑞典隆德大学	2015 年 1 月—2016 年 1 月
11	杨晓明	材料与化学化工学部	访问学者	美国宾夕法尼亚大学	2015 年 1 月—2016 年 1 月

续表

序号	姓 名	院(部)、部门	类 别	前往学校或机构	外出期限
12	刘江岳	教育学院	访问学者	德国柏林洪堡大学	2015年2月—2016年1月
13	吴声志	数学科学学院	访问学者	香港中文大学	2015年2月—2015年8月
14	叶 燕	光电信息科学与工程学院	访问学者	新加坡国立大学	2015年2月—2016年2月
15	许宜申	光电信息科学与工程学院	访问学者	新加坡南洋理工大学	2015年2月—2016年2月
16	艾立中	文学院	访问学者	台湾东吴大学	2015年2月—2015年8月
17	魏明刚	附属第一医院	访问学者	香港中文大学	2015年2月—2015年8月
18	杜志红	凤凰传媒学院	合作研究	台湾世新大学	2015年2月—2015年8月
19	薛运周	功能纳米与软物质研究院	合作研究	澳大利亚莫纳什大学	2015年2月—2015年9月
20	朴桂玉	外国语学院	访问学者	韩国首尔国立大学	2015年2月—2016年2月
21	余 雷	机电工程学院	合作研究	韩国又松大学	2015年2月—2016年2月
22	葛翠翠	放射医学与交叉学科研究院	访问学者	美国食品药品监督局	2015年2月—2016年3月
23	韩 坚	东吴商学院(财经学院) 东吴证券金融学院	访问学者	台湾东吴大学	2015年3月—2015年8月
24	李 华	材料与化学化工学部	访问学者	美国哥伦比亚大学	2015年3月—2016年2月
25	洪 超	生物医学研究院	访问学者	美国加州大学旧金山分校	2015年3月—2015年8月
26	钱龙华	计算机科学与技术学院	访问学者	美国南加州大学	2015年3月—2016年3月
27	李红美	医学部公共卫生学院	访问学者	美国俄亥俄州立大学	2015年3月—2016年3月

续表

序号	姓名	院(部)、部门	类别	前往学校或机构	外出期限
28	焦旸	医学部放射医学与防护学院	访问学者	美国俄克拉荷马大学	2015年3月—2016年3月
29	王岩	计算机科学与技术学院	访问学者	澳大利亚阿德莱德大学	2015年3月—2016年3月
30	郭春兰	海外教育学院	任教	日本帝塚山大学	2015年4月—2016年3月
31	洪涛	外国语学院	任教	日本花园大学	2015年4月—2017年3月
32	倪祥妍	文学院	任教	日本福井大学	2015年4月—2016年3月
33	沈蕾	附属第一医院	访问学者	美国范登堡大学	2015年5月—2016年4月
34	王畅	医学部放射医学与防护学院	访问学者	美国加州大学戴维斯分校	2015年6月—2016年6月
35	刘敏	医学部放射医学与防护学院	合作研究	美国普渡大学	2015年7月—2016年6月
36	李亮	社会学院	访问学者	美国德州理工大学	2015年7月—2016年1月
37	马欣荣	数学科学学院	访问学者	美国伊利诺伊大学	2015年7月—2016年1月
38	茆晓颖	东吴商学院(财经学院) 东吴证券金融学院	学术交流	台湾东吴大学	2015年7月—2016年1月
39	薛华勇	东吴商学院(财经学院) 东吴证券金融学院	学术交流	台湾东吴大学	2015年7月—2016年2月
40	崔岗	附属第一医院	学术交流	台湾台中荣民总医院	2015年7月—2016年8月
41	王进	计算机科学与技术学院	合作研究	香港城市大学	2015年7月—2016年9月
42	季利均	数学科学学院	交流访问	香港大学	2015年7月—2016年8月
43	沈承诚	政治与公共管理学院	学术交流	台湾东吴大学	2015年8月—2016年1月

续表

序号	姓名	院(部)、部门	类别	前往学校或机构	外出期限
44	薛玉坤	文学院	学术交流	台湾东吴大学	2015年8月—2016年2月
45	房红梅	外国语学院	访问学者	荷兰阿姆斯特丹大学	2015年8月—2016年2月
46	刘艳丽	药学院	访问学者	瑞典乌普萨拉大学	2015年8月—2016年8月
47	顾婷	王健法学院	访问学者	美国华盛顿大学	2015年9月—2016年8月
48	李芳	基础医学与生物科学学院	访问学者	美国新泽西州立大学	2015年9月—2016年9月
49	朱刚贤	机电工程学院	访问学者	英国曼彻斯特大学	2015年9月—2016年8月
50	陈秋	医学部放射医学与防护学院	访问学者	美国密歇根大学	2015年9月—2016年9月
51	倪亚贤	物理科学与技术学院	访问学者	美国德克萨斯大学奥斯汀分校	2015年9月—2016年9月
52	张慧灵	药学院	访问学者	美国德克萨斯大学	2015年9月—2016年9月
53	李畅	附属第一医院	访问学者	芬兰赫尔辛基大学	2015年10月—2016年9月
54	李战雄	纺织与服装工程学院	访问学者	英国曼彻斯特大学	2015年10月—2016年10月
55	戴岚	艺术学院	学术交流	台湾师范大学	2015年11月—2016年4月
56	王鹭	艺术学院	学术交流	台湾师范大学	2015年11月—2016年5月
57	赵承良	物理科学与技术学院	访问学者	荷兰代尔夫特理工大学	2015年12月—2016年9月
58	李慧凤	政治与公共管理学院	访问学者	荷兰莱顿大学	2015年12月—2016年10月

2015 年教职工公派短期出国人员情况一览表

序号	姓名	院(部)、部门	类别	前往国家	外出期限
1	李伟峰	放射医学与防护学院	国际会议	新加坡	2015年1月6日—2015年1月11日
2	郑春福	生物医学研究院	国际会议	美国	2015年1月11日—2015年1月16日
3	马建武	金螳螂建筑学院	学术访问	新加坡	2015年1月15日—2015年1月20日
4	陈雪勤	电子信息学院	国际会议	泰国	2015年1月15日—2015年1月20日
5	马海燕 顾明高	后勤管理处	工作访问	韩国	2015年1月26日—2015年1月30日
6	袁晶 夏文佳	国际合作交流处	工作访问	韩国	2015年1月26日—2015年1月30日
7	吴戈	城市轨道交通学院	合作研究	日本	2015年2月2日—2015年2月14日
8	张焕相	基础医学与生物科学学院	合作研究	日本	2015年2月3日—2015年2月12日
9	王宏	外国语学院	讲学	美国	2015年2月5日—2015年2月11日
10	刘全	光电信息科学与工程学院	国际会议	美国	2015年2月7日—2015年2月12日
11	季利均	数学科学学院	合作研究	新加坡	2015年2月7日—2015年2月12日
12	赵增耀	东吴商学院(财经学院) 东吴证券金融学院	国际会议	日本	2015年2月10日—2015年2月16日
13	崔京浩 杨世林	药学院	国际会议	韩国	2015年2月11日—2015年2月14日
14	丁宁	桑格亚太资源研究中心	培训	英国	2015年2月13日—2015年3月28日
15	陈新建	电子信息学院	国际会议	美国	2015年2月20日—2015年2月27日

续表

序号	姓名	院(部)、部门	类别	前往国家	外出期限
16	刘会聪	机电工程学院	国际会议	韩国	2015年2月23日—2015年2月28日
17	周新文 曹建平	放射医学与防护学院	国际会议	日本	2015年3月1日—2015年3月5日
18	刘春风	神经科学研究所	国际会议	法国	2015年3月7日—2015年3月23日
19	陈雁 潘志娟	纺织与服装工程学院	工作访问	英国	2015年3月16日—2015年3月21日
20	王剑敏	教务部	工作访问	英国	2015年3月16日—2015年3月21日
21	高祖林	党委办公室	工作访问	德国	2015年3月16日—2015年3月21日
22	傅菊芬 彭静玉 刘和剑	应用技术学院	工作访问	德国	2015年3月16日—2015年3月21日
23	梅琳	国际合作交流处	工作访问	德国	2015年3月16日—2015年3月21日
24	王芬 刘春风	神经科学研究所	国际会议	法国	2015年3月17日—2015年3月23日
25	陈涛	公共卫生学院	国际会议	美国	2015年3月21日—2015年3月26日
26	沈纲祥	电子信息学院	国际会议	美国	2015年3月21日—2015年3月27日
27	陶丽	外国语学院	学术访问	英国	2015年3月22日—2015年3月29日
28	陈红	材料与化学化工学部	工作访问	美国	2015年3月22日—2015年4月18日
29	熊思东	校长办公室	国际会议	新加坡	2015年3月23日—2015年3月27日
30	吴苏珍	国际合作交流处	国际会议	新加坡	2015年3月23日—2015年3月27日

续表

序号	姓　名	院(部)、部门	类　别	前往国家	外出期限
31	袁建新 张方华 薛誉华 程　萍	东吴商学院（财经学院） 东吴证券金融学院	工作访问	加拿大	2015年3月30日—2015年4月4日
32	葛水兵	物理科学与技术学院	合作研究	美国	2015年3月30日—2015年6月19日
33	殷为民 徐世清 司马扬虎	心血管病研究所	合作研究	老挝	2015年3月23日—2015年4月2日
34	曹　健	校长办公室	工作访问	美国	2015年4月3日—2015年4月10日
35	沈百荣	系统生物学研究中心	工作访问	美国	2015年4月3日—2015年4月10日
36	费万春 关晋平 许建梅	纺织与服装工程学院	学术访问	日本	2015年4月6日—2015年4月11日
37	宋晓萍	文正学院	工作访问	美国	2015年4月6日—2015年4月11日
38	刘　安 刘冠峰	计算机科学与技术学院	国际会议	韩国	2015年4月12日—2015年4月18日
39	王钦华	物理与光电·能源学部	国际会议	新加坡	2015年4月13日—2015年4月18日
40	王卓君	党委办公室	工作访问	捷克、匈牙利	2015年4月15日—2015年4月22日
41	黄　兴	国际合作交流处	工作访问	捷克、匈牙利	2015年4月15日—2015年4月22日
42	王家宏	校长办公室	工作访问	捷克、匈牙利	2015年4月15日—2015年4月22日
43	李　慧	数学科学学院	合作研究	卢森堡	2015年4月15日—2015年5月14日
44	王宜强	附属第一医院	国际会议	意大利	2015年4月18日—2015年4月25日

续表

序号	姓名	院(部)、部门	类别	前往国家	外出期限
45	陆惠星	国际合作交流处	工作访问	日本	2015年4月19日—2015年4月25日
46	黄瑞	基础医学与生物科学学院	工作访问	日本	2015年4月19日—2015年4月25日
47	镇学初	药学院	工作访问	日本	2015年4月19日—2015年4月25日
48	徐璎	剑桥—苏大基因组资源中心	工作访问	日本	2015年4月19日—2015年4月25日
49	陈红	材料与化学化工学部	合作研究	加拿大	2015年4月21日—2015年4月29日
50	唐朝君	唐仲英血液学研究中心	学术访问	美国	2015年4月24日—2015年5月11日
51	张晓宏	功能纳米与软物质研究院	工作访问	加拿大	2015年4月25日—2015年4月30日
52	吴铎	化工与环境工程学院	工作访问	加拿大	2015年4月25日—2015年4月30日
53	王德永	沙钢钢铁学院	工作访问	加拿大	2015年4月25日—2015年4月30日
54	曹建平	放射医学与防护学院	工作访问	加拿大	2015年4月25日—2015年4月30日
55	陈新建	电子信息学院	工作访问	加拿大	2015年4月25日—2015年4月30日
56	李孝峰	光电信息科学与工程学院	工作访问	加拿大	2015年4月25日—2015年4月30日
57	徐广银	神经科学研究所	国际会议	希腊	2015年5月2日—2015年5月7日
58	徐雯彦	国际合作交流处	工作访问	德国	2015年5月3日—2015年5月8日
59	王永山	机电工程学院	工作访问	德国	2015年5月3日—2015年5月8日

续表

序号	姓　名	院(部)、部门	类　别	前往国家	外出期限
60	仇国阳	科技技术与产业部	工作访问	德国	2015年5月3日—2015年5月8日
61	刘　全 周小科	计算机科学与技术学院	国际会议	土耳其	2015年5月3日—2015年5月9日
62	张进平	生物医学研究院	学术访问	美国	2015年5月5日—2015年5月9日
63	沈纲祥 赵鹤鸣	电子信息学院	国际会议	意大利	2015年5月10日—2015年5月15日
64	汤哲声	文学院	国际会议	美国	2015年5月10日—2015年5月16日
65	蓝　青	附属第二医院	国际会议	日本	2015年5月12日—2015年5月14日
66	严建峰	计算机科学与技术学院	国际会议	越南	2015年5月18日—2015年5月24日
67	季　晶	纳米科学技术学院	培训	新加坡	2015年5月18日—2015年5月27日
68	杨季文	计算机科学与技术学院	学术访问	美国	2015年5月18日—2015年5月31日
69	冯　莱 杨瑞枝	能源学院	国际会议	美国	2015年5月23日—2015年5月30日
70	李建祥 陈跃进	公共卫生学院	学术交流	日本	2015年5月24日—2015年5月30日
71	周新文	放射医学与防护学院	国际会议	日本	2015年5月24日—2015年5月30日
72	张雨青	基础医学与生物科学学院	国际会议	奥地利	2015年5月31日—2015年6月4日
73	薛　莲	公共卫生学院	合作研究	日本	2015年6月1日—2015年8月28日
74	肖　杰	材料与化学化工学部	国际会议	爱尔兰	2015年6月7日—2015年6月13日

续表

序号	姓名	院(部)、部门	类别	前往国家	外出期限
75	熊思东 徐薇	生物医学研究院	国际会议	俄罗斯	2015年6月9日—2015年6月14日
76	方世南	政治与公共管理学院	学术访问	德国、奥地利	2015年6月10日—2015年6月19日
77	张勇	数学科学学院	国际会议	韩国	2015年6月11日—2015年6月14日
78	陈焕阳	物理科学与技术学院	学术访问	捷克	2015年6月12日—2015年7月10日
79	范学良	城市轨道交通学院	国际会议	意大利	2015年6月13日—2015年6月18日
80	尚笑梅 白秀娥	纺织与服装工程学院	国际会议	克罗地亚	2015年6月13日—2015年6月18日
81	傅楠	材料与化学化工学部	国际会议	加拿大	2015年6月13日—2015年6月19日
82	阮长耿	血液研究所	学术访问	法国	2015年6月13日—2015年6月24日
83	张克勤	纺织与服装工程学院	学术访问	克罗地亚、法国	2015年6月13日—2015年6月22日
84	黎先华	数学科学学院	学术访问	意大利	2015年6月14日—2015年6月24日
85	孙玉钗 戴晓群	纺织与服装工程学院	学术访问	波兰、德国	2015年6月17日—2015年6月27日
86	白艳艳	基础医学与生物科学学院	国际会议	加拿大	2015年6月19日—2015年6月26日
87	徐大诚	电子信息学院	国际会议	美国	2015年6月20日—2015年6月26日
88	张晓晖	能源学院	国际会议	韩国	2015年6月20日—2015年6月25日
89	唐建新	纳米科学技术学院	国际会议	日本	2015年6月21日—2015年6月25日

续表

序号	姓　名	院(部)、部门	类　别	前往国家	外出期限
90	严　锋	材料与化学化工学部	国际会议	德国	2015年6月21日—2015年6月25日
91	尹成科	机电工程学院	国际会议	美国	2015年6月23日—2015年6月28日
92	张正彪	材料与化学化工学部	国际会议	日本	2015年6月24日—2015年8月7日
93	刘　庄	功能纳米与软物质研究院	国际会议	日本	2015年6月27日—2015年6月30日
94	李　攀	城市轨道交通学院	国际会议	美国	2015年6月27日—2015年7月2日
95	袁　琳 陈　红 武照强 陈高健 于　谦 刘小莉	材料与化学化工学部	国际会议	新加坡	2015年6月27日—2015年7月4日
96	应　征	药学院	国际会议	美国	2015年6月27日—2015年7月4日
97	宋文芳 卢业虎	纺织与服装工程学院	国际会议	英国	2015年6月27日—2015年7月4日
98	王建南	纺织与服装工程学院	国际会议	德国	2015年6月28日—2015年7月2日
99	史恩慧	数学科学学院	国际会议	数学科学学院	2015年6月28日—2015年7月3日
100	朱秀林 吉　伟	校长办公室	工作访问	古巴、秘鲁	2015年6月28日—2015年7月5日
101	黄　兴	国际合作交流处	工作访问	古巴、秘鲁	2015年6月28日—2015年7月5日
102	李晓科	外国语学院	工作访问	古巴、秘鲁	2015年6月28日—2015年7月5日
103	游善红	电子信息学院	学术会议	新加坡	2015年6月28日—2015年7月3日

续表

序号	姓名	院(部)、部门	类别	前往国家	外出期限
104	杨朝晖	软凝聚态物理及交叉研究中心	国际会议	日本	2015年6月29日—2015年7月3日
105	王俊 董春升 龚方苑 戴建锋	生物医学研究院	国际会议	新加坡	2015年6月29日—2015年7月4日
106	汪卫东	文学院	国际会议	德国	2015年6月30日—2015年7月6日
107	季进	文学院	讲学	德国	2015年7月1日—2015年7月8日
108	唐忠明	数学科学学院	合作研究	意大利	2015年7月2日—2015年7月31日
109	沈纲祥	电子信息学院	国际会议	匈牙利	2015年7月4日—2015年7月10日
110	李孝峰 詹耀辉 吴绍龙	光电信息科学与工程学院	国际会议	捷克	2015年7月4日—2015年7月11日
111	李慧	数学科学学院	科研访问	法国、卢森堡	2015年7月4日—2015年7月28日
112	施夏清	软凝聚态物理及交叉研究中心	学术交流	法国	2015年7月5日—2015年7月28日
113	于谦	材料与化学化工学部	国际会议	爱尔兰	2015年7月7日—2015年7月11日
114	侯嘉	电子信息学院	国际会议	新加坡	2015年7月8日—2015年7月13日
115	张莉 王邦军 何书萍	计算机科学与技术学院	国际会议	爱尔兰	2015年7月12日—2015年7月17日
116	徐勇	公共卫生学院	工作访问	英国	2015年7月13日—2015年7月26日
117	赵勋杰	光电信息科学与工程学院	学术访问	美国	2015年7月15日—2015年7月21日

续表

序号	姓名	院(部)、部门	类别	前往国家	外出期限
118	李亮	物理科学与技术学院	学术访问	英国	2015年7月16日—2015年8月15日
119	严峰	材料与化学化工学部	学术交流	法国	2015年7月18日—2015年8月13日
120	罗丽	体育学院	国际会议	美国	2015年7月19日—2015年7月24日
121	魏凯	纺织与服装工程学院	国际会议	英国	2015年7月19日—2015年7月24日
122	王军	外国语学院	国际会议	英国	2015年7月19日—2015年7月26日
123	张泽新	物理科学与技术学院	国际会议	德国、法国	2015年7月19日—2015年7月26日
124	孔新兵	数学科学学院	学术访问	澳大利亚	2015年7月20日—2015年8月15日
125	陈良	机电工程学院	合作研究	英国	2015年7月21日—2015年8月19日
126	陈涛 杨湛	机电工程学院	学术访问	意大利、瑞士	2015年7月22日—2015年7月30日
127	李成金	物理科学与技术学院	学术访问	美国	2015年7月22日—2015年8月10日
128	钟志远	材料与化学化工学部	国际会议	英国	2015年7月25日—2015年7月30日
129	朱健	材料与化学化工学部	学术交流	日本	2015年7月26日—2015年8月2日
130	蔡远利	材料与化学化工学部	国际会议	英国	2015年7月27日—2015年8月2日
131	张薇薇	王健法学院	国际会议	美国	2015年7月28日—2015年8月1日
132	滕昕辰	药学院	合作研究	美国	2015年8月1日—2015年9月1日

续表

序号	姓 名	院(部)、部门	类 别	前往国家	外出期限
133	龚方苑	生物医学研究院	合作研究	英国	2015年8月1日—2015年8月15日
134	张文华	材料与化学化工学部	国际会议	新加坡	2015年8月2日—2015年8月9日
135	郎建平	材料与化学化工学部	国际会议	新加坡	2015年8月5日—2015年8月9日
136	顾莉洁	数学科学学院	学术访问	美国	2015年8月5日—2015年8月24日
137	芮贤义	电子信息学院	国际会议	法国	2015年8月7日—2015年8月12日
138	姜文华	数学科学学院	国际会议	美国	2015年8月7日—2015年8月13日
139	戴礼兴	材料与化学化工学部	学术会议	英国	2015年8月10日—2015年8月14日
140	邓 超	材料与化学化工学部	国际会议	韩国	2015年8月10日—2015年8月14日
141	沈百荣	系统生物学中心	国际会议	芬兰	2015年8月15日—2015年8月20日
142	晏成林	能源学院	学术访问	德国	2015年8月15日—2015年8月26日
143	袁 晶	国际合作交流处	访问考察	澳大利亚	2015年8月15日—2015年8月28日
144	倪江锋	能源学院	国际会议	加拿大	2015年8月16日—2015年8月22日
145	张学光	医学生物技术研究所	学术访问	芬兰	2015年8月16日—2015年8月22日
146	吴张雄	材料与化学化工学部	国际会议	澳大利亚	2015年8月17日—2015年8月23日
147	张 影	数学科学学院	国际会议	俄罗斯	2015年8月19日—2015年8月26日

续表

序号	姓　名	院(部)、部门	类　别	前往国家	外出期限
148	曹　健	校长办公室	工作访问	老挝	2015年8月20日—2015年8月24日
149	黄　兴	国际合作交流处	工作访问	老挝	2015年8月20日—2015年8月24日
150	盛惠良	财务处	工作访问	老挝	2015年8月20日—2015年8月24日
151	陈永清	国有资产与实验室管理处	工作访问	老挝	2015年8月20日—2015年8月24日
152	蒋敬东	科技产业处	工作访问	老挝	2015年8月20日—2015年8月24日
153	李　翔	后勤管理处	工作访问	老挝	2015年8月20日—2015年8月24日
154	施亚东	监察处	工作访问	老挝	2015年8月20日—2015年8月24日
155	陈　雁 严　俊 眭建华	纺织与服装工程学院	工作访问	英国	2015年8月23日—2015年8月28日
156	章晓莉	研究生院	工作访问	英国	2015年8月23日—2015年8月28日
157	王建军	文学院	研讨会	日本	2015年8月24日—2015年8月28日
158	宋滨娜	沙钢钢铁学院	国际会议	西班牙	2015年8月29日—2015年9月3日
159	葛建一	附属第一医院	国际会议	缅甸	2015年9月1日—2015年9月6日
160	赵优良	材料与化学化工学部	国际会议	日本	2015年9月2日—2015年9月6日
161	黄　健	基础医学与生物科学学院	国际会议	日本	2015年9月6日—2015年9月10日
162	徐　璎	剑桥—苏大基因组资源中心	国际会议	日本	2015年9月6日—2015年9月10日

续表

序号	姓名	院(部)、部门	类别	前往国家	外出期限
163	尚笑梅 许建梅	纺织与服装工程学院	国际会议	日本	2015年9月6日—2015年9月12日
164	吕强	纺织服装工程学院	国际会议	美国	2015年9月7日—2015年9月11日
165	卢神州	纺织服装工程学院	国际会议	美国	2015年9月7日—2015年9月12日
166	马全红	神经科学研究所	国际会议	德国	2015年9月10日—2015年9月16日
167	赵爱国	外国语学院	国际会议	西班牙	2015年9月12日—2015年9月19日
168	王刚	物理与光电·能源学部	国际会议	德国	2015年9月12日—2015年9月19日
169	钟志远	材料与化学化工学部	国际会议	韩国	2015年9月13日—2015年9月16日
170	蒋星红	校长办公室	访问考察	英国、爱尔兰	2015年9月13日—2015年9月20日
171	吴张雄	材料与化学化工学部	国际会议	澳大利亚	2015年9月15日—2015年9月18日
172	张晓宏	材料与化学化工学部	国际会议	韩国	2015年9月15日—2015年9月18日
173	熊得意 李军辉	计算机科学与技术学院	国际会议	葡萄牙	2015年9月16日—2015年9月22日
174	朱巧明	科学技术与产业部	国际会议	葡萄牙	2015年9月17日—2015年9月23日
175	施夏清	软凝聚态物理及交叉研究中心	学术访问	荷兰、法国	2015年9月17日—2015年10月4日
176	杨红英 刘芬菊	放射医学与防护学院	国际会议	美国	2015年9月18日—2015年9月23日
177	姚英明 袁丹	材料与化学化工学部	国际会议	俄罗斯	2015年9月18日—2015年9月24日

续表

序号	姓 名	院(部)、部门	类 别	前往国家	外出期限
178	李西顺	教育学院	学术研修	韩国	2015年9月22日—2015年10月23日
179	金太军 潘晓珍 张小洪 章小波 朱 晓 王 艳	政治与公共管理学院	工作访问	美国	2015年9月23日—2015年9月29日
180	季 进	文学院	学术访问	美国	2015年9月23日—2015年10月12日
181	王 尧	文学院	学术会议	美国	2015年9月24日—2015年10月2日
182	吴 健	计算机科学与技术学院	国际会议	加拿大	2015年9月26日—2015年10月2日
183	李相鹏	机电工程学院	国际会议	德国	2015年9月26日—2015年10月4日
184	贾俊铖	计算机科学与技术学院	国际会议	日本	2015年10月1日—2015年10月6日
185	黄 轶	文学院	国际会议	韩国	2015年10月1日—2015年10月7日
186	赵 康	政治与公共管理学院	合作研究	美国	2015年10月1日—2015年10月31日
187	张薇薇	王健法学院	国际会议	美国	2015年10月2日—2015年10月5日
188	张天辉	物理与光电·能源学部	研讨会	荷兰	2015年10月5日—2015年10月10日
189	陈新建 赵鹤祥	电子信息学院	国际会议	德国、瑞典	2015年10月5日—2015年10月14日
190	何玉龙	唐仲英医学研究院	国际会议	日本	2015年10月7日—2015年10月11日
191	李 斌	骨科研究所	学术交流	美国	2015年10月7日—2015年10月11日
192	张舒羽	放射医学与防护学院	国际会议	摩洛哥	2015年10月10日—2015年10月18日
193	戴俭慧	体育学院	国际会议	印度	2015年10月13日—2015年10月18日

续表

序号	姓名	院(部)、部门	类别	前往国家	外出期限
194	何玉龙	唐仲英医学研究院	国际会议	韩国	2015年10月14日—2015年10月16日
195	黄鹤	电子信息学院	国际会议	韩国	2015年10月14日—2015年10月19日
196	应征	药学院	国际会议	美国	2015年10月14日—2015年10月22日
197	王洪枫	药学院	国际会议	美国	2015年10月14日—2015年10月22日
198	罗时进	敬文书院	国际会议	吉尔吉斯斯坦	2015年10月15日—2015年10月20日
199	黄兴	国际合作交流处	工作访问	德国	2015年10月18日—2015年10月23日
200	曹健	校长办公室	工作访问	比利时、意大利	2015年10月18日—2015年10月25日
201	陈国强	纺织与服装工程学院	工作访问	比利时、意大利	2015年10月18日—2015年10月25日
202	陈雁 关晋平 王立川	纺织与服装工程学院	工作访问	法国、意大利	2015年10月18日—2015年10月25日
203	张影	数学科学学院	研讨会	韩国	2015年10月19日—2015年10月27日
204	茹翔	国际合作交流处	学术交流	意大利	2015年10月19日—2015年10月31日
205	李刚	纺织与服装工程学院	学术交流	德国	2015年10月23日—2015年10月30日
206	张晓宏	功能纳米与软物质研究院	国际会议	英国	2015年10月26日—2015年10月30日
207	车玉玲 骆聘三 叶继红 周义程 郭世平 郭采琴 李慧凤 王艳 金太军	政治与公共管理学院	研讨会	韩国	2015年10月26日—2015年11月1日
208	李斌	骨科研究所	国际会议	澳大利亚	2015年10月31日—2015年11月8日

续表

序号	姓　名	院(部)、部门	类　别	前往国家	外出期限
209	吕　强	计算机科学与技术学院	学术交流	美国	2015年11月1日—2015年11月12日
210	张克勤 赖跃坤 尚笑梅 刑铁玲 魏　凯	纺织与服装工程学院	国际会议	澳大利亚	2015年11月2日—2015年11月7日
211	刘春风	神经所	研讨会	西班牙	2015年11月4日—2015年11月7日
212	肖　杰	材料与化学化工学部	国际会议	美国	2015年11月7日—2015年11月14日
213	唐　强	城市轨道交通学院	国际会议	日本	2015年11月8日—2015年11月13日
214	钟博文	机电工程学院	国际会议	美国	2015年11月14日—2015年11月18日
215	镇学初 陈华兵 崔京浩	药学院	研讨会	日本	2015年11月15日—2015年11月18日
216	王光辉	药学院	学术交流	日本	2015年11月15日—2015年11月20日
217	张　伟	材料与化学化工学部	合作研究	日本	2015年11月18日—2016年2月17日
218	徐广银	神经科学研究所	国际会议	泰国	2015年11月21日—2015年11月26日
219	张晓晖	能源学院	国际会议	韩国	2015年11月21日—2015年11月26日
220	黄辛隐	教育学院	合作研究	日本	2015年11月22日—2015年11月27日
221	肖　飞	基础医学与生物科学学院	国际会议	泰国	2015年11月22日—2015年11月29日
222	顾佩娅	外国语学院	国际会议	新西兰	2015年11月22日—2015年11月30日
223	刘　安 李直旭 刘冠峰	计算机科学与技术学院	学术访问	新加坡、沙特	2015年11月24日—2015年12月1日

续表

序号	姓 名	院(部)、部门	类 别	前往国家	外出期限
224	刘庄	纳米科学技术学院	学术交流	韩国	2015年11月25日—2015年11月28日
225	杨旭红 朱新生	纺织与服装工程学院	国际会议	德国	2015年11月25日—2015年12月1日
226	汤如俊	物理科学与技术学院	国际会议	美国	2015年11月29日—2015年12月4日
227	刘会聪	机电工程学院	国际会议	美国	2015年11月29日—2015年12月6日
228	曹建平	放射医学与防护学院	国际会议	越南	2015年11月30日—2015年12月5日
229	何耀	功能纳米与软物质研究院	学术交流	韩国	2015年12月2日—2015年12月5日
230	陶砚蕴	城市轨道交通学院	学术会议	南非	2015年12月7日—2015年12月13日
231	张晓华	软凝聚态物理及交叉研究中心	国际会议	美国	2015年12月8日—2015年12月15日
232	王扩建	政治与公共管理学院	合作交流	日本	2015年12月13日—2015年12月19日
233	倪沛红 张正彪 程振平 范丽娟 谌宁 周祎 邓安平	材料与化学化工学部	国际会议	美国	2015年12月14日—2015年12月21日

2015年教职工因公赴港澳台地区人员情况一览表

序号	姓名	院(部)、部门	类别	前往学校或机构	外出时间
1	王静	苏南地区大学生心理健康教育研究中心	学术会议	台湾台北教育大学	2015年1月30日—2015年2月12日
2	朱跃 陈建军 王苏红 张卫 吴文明 徐云龙 刘咏清 吴捷 赵华	应用技术学院	交流访问	台湾东吴大学	2015年1月31日—2015年2月7日
3	罗时进	学报编辑处	学术会议	香港岭南大学	2015年3月19日—2015年3月22日
4	杭志宏	物理科学与技术学院	合作研究	香港科技大学	2015年4月9日—2015年4月13日
5	曾一果	凤凰传媒学院	学术会议	香港大学	2015年4月17日—2015年4月20日
6	季进	文学院	交流访问	台湾历史语言研究所	2015年4月21日—2015年5月2日
7	钱锡生	文学院	学术会议	台湾东吴大学	2015年4月22日—2015年4月26日
8	汪卫东	文学院	交流访问	台湾中正大学	2015年5月1日—2015年5月7日
9	陈霖 马中红 曾一果 陈一 杜丹	凤凰传媒学院	交流访问	台湾世新大学	2015年5月4日—2015年5月10日
10	张书奎 凌兴宏 李培峰	计算机科学与技术学院	交流访问	台湾东吴大学	2015年5月4日—2015年5月8日
11	刘庄	功能纳米与软物质研究院	学术会议	台湾清华大学	2015年5月5日—2015年5月9日

续表

序号	姓名	院(部)、部门	类别	前往学校或机构	外出时间
12	张克勤 赖跃坤 尚笑梅	纺织与服装工程学院	交流访问	台湾纺织协会	2015年5月19日— 2015年5月26日
13	John Mcleod	功能纳米与软物质研究院	合作研究	台湾同步辐射研究中心	2015年6月1日— 2015年6月4日
14	钟志远	材料科学与化学化工学部	学术会议	台湾长庚大学	2015年6月1日— 2015年6月5日
15	王则斌	东吴商学院（财经学院）东吴证券金融学院	交流访问	台湾东吴大学	2015年6月1日— 2015年10月30日
16	马卫中	招生就业处	学术会议	香港中文大学	2015年6月2日— 2015年6月6日
17	吴昌政 施盛威	文正学院	学术会议	台湾东吴大学	2015年6月4日— 2015年6月7日
18	胡玉鸿 周国华 孙　莉 王克稳 李中原 史浩明 李　杨 肖丽娟	王健法学院	交流访问	台湾东吴大学	2015年6月4日— 2015年6月8日
19	刘俪佳	功能纳米与软物质研究院	交流访问	台湾同步辐射研究中心	2015年6月15日— 2015年6月19日
20	张　玲	外国语学院	学术会议	台湾长荣大学	2015年6月23日— 2015年6月29日
21	王明湘	电子信息学院	学术会议	IEEE台北分会	2015年6月28日— 2015年7月3日
22	陶雪慧	城市轨道交通学院	学术会议	IEEE台北分会	2015年6月28日— 2015年7月3日
23	张冬利	电子信息学院	研讨会	IEEE台北分会	2015年6月28日— 2015年7月3日

续表

序号	姓 名	院(部)、部门	类 别	前往学校或机构	外出时间
24	王剑敏 杨 真	教务部	研修	台湾清华大学	2015年7月1日—2015年8月31日
25	郎建平 李红喜 任志刚	材料科学与化学化工学部	学术会议	香港大学	2015年7月12日—2015年7月16日
26	吴海华 马艳芸 李艳青	功能纳米与软物质研究院	交流访问	香港大学、香港城市大学、香港中文大学等	2015年7月13日—2015年7月19日
27	许 晨	物理科学与技术学院	合作研究	香港中文大学	2015年7月14日—2015年8月11日
28	Mario Lanza	功能纳米与软物质研究院	学术会议	国际薄膜协会	2015年7月15日—2015年7月18日
29	宋 元	国际合作交流处	研修	台湾东吴大学	2015年7月17日—2015年8月11日
30	吴 杰 韦 婧	东吴商学院(财经学院) 东吴证券金融学院	研修	台湾东吴大学	2015年7月17日—2015年8月11日
31	樊建席	计算机科学与技术学院	学术会议	台湾台北商业大学	2015年7月21日—2015年7月27日
32	徐玉红	数学科学学院	合作研究	香港大学	2015年7月25日—2015年8月25日
33	高 旭	功能纳米与软物质研究院	合作研究	香港城市大学	2015年8月2日—2015年8月6日
34	孙宝全	功能纳米与软物质研究院	学术会议	国际光电生医再生能源发展学会	2015年8月9日—2015年8月14日
35	胡化刚	护理学院	交流访问	台湾慈济技术学院	2015年8月16日—2015年8月30日
36	周 江 虞 萍	文正学院	研习交流	台湾远东科技大学	2015年8月17日—2015年8月26日
37	陈焕阳	物理科学与技术学院	合作研究	香港科技大学	2015年8月17日—2015年8月24日

续表

序号	姓名	院(部)、部门	类别	前往学校或机构	外出时间
38	孙迎辉	物理与光电·能源学部	合作研究	台湾长庚大学	2015年8月23日—2015年8月28日
39	张劲松	政治与公共管理学院	合作研究	台湾东吴大学	2015年8月25日—2015年9月25日
40	张方华 张雪芬	东吴商学院(财经学院) 东吴证券金融学院	学术会议	台湾东吴大学	2015年9月20日—2015年9月26日
41	吴声志	数学科学学院	合作研究	台湾中正大学	2015年9月30日—2015年10月8日
42	田景华	能源学院	学术会议	台湾电化学学会	2015年10月3日—2015年10月10日
43	王钢	物理科学与技术学院	合作研究	台湾理论科学研究中心	2015年10月12日—2016年1月7日
44	唐永圣	城市轨道交通学院	合作研究	香港城市大学	2015年10月15日—2016年1月14日
45	袁银男	校长办公室	学术论坛	澳门论坛	2015年11月3日—2015年11月5日
46	陆惠星	国际合作交流处	学术论坛	澳门论坛	2015年11月3日—2015年11月5日
47	Steffen Duhm	功能纳米与软物质研究院	合作研究	台湾同步辐射研究中心	2015年11月3日—2015年11月7日
48	孙旭辉 张桥 刘俪佳 钟俊 向丹婷	功能纳米与软物质研究院	交流访问	台湾同步辐射研究中心	2015年11月3日—2015年11月7日
49	雍明	体育学院	交流访问	台湾中华大学	2015年11月15日—2015年11月23日
50	高祖林	党委办公室	交流访问	台湾东吴大学	2015年11月18日—2015年11月23日
51	王家宏 朱建刚	体育学院	交流访问	台湾东吴大学	2015年11月18日—2015年11月23日

续表

序号	姓名	院(部)、部门	类别	前往学校或机构	外出时间
52	茹翔	国际合作交流处	交流访问	台湾东吴大学	2015年11月18日—2015年11月23日
53	沈纲祥 陈伯文 向练	电子信息学院	学术会议	香港理工大学	2015年11月19日—2015年11月24日
54	周育英	数学科学学院	学术会议	香港理工大学	2015年11月29日—2015年12月2日
55	张秀娟 刘庄	纳米科学技术学院	学术会议	香港城市大学	2015年12月1日—2015年12月6日
56	孙洪涛	材料科学与化学化工学部	学术访问	香港城市大学	2015年12月1日—2015年12月8日
57	杨君杰	心血管研究所	学术访问	香港城市大学	2015年12月1日—2015年12月8日
58	吴和坤 刘彦玲	音乐学院	学术会议	国际音乐学学会东亚区协会	2015年12月3日—2015年12月7日
59	镇学初	药学院	学术会议	香港大学	2015年12月4日—2015年12月6日
60	金太军 潘晓珍 叶继红 周义程 尚虎平 袁建军 黄建洪 殷盈 朱妍 叶战备 朱晓 郭彩琴 胡小君 姚剑文 邢光晟 曾永安	政治与公共管理学院	交流访问	台湾东吴大学	2015年12月4日—2015年12月10日
61	袁海泉 陶洪	物理科学与技术学院	研讨会	台湾高雄师范大学	2015年12月10日—2015年12月15日

续表

序号	姓名	院(部)、部门	类别	前往学校或机构	外出时间
62	周 毅 杨 真	教务部	交流访问	台湾清华大学	2015年12月11日— 2015年12月14日
63	胡玉鸿 陈立虎 张利民 卜 璐 赵艳敏 刘思萱	王健法学院	学术会议	台湾东吴大学	2015年12月16日— 2015年12月19日

2015年学生长期出国(境)交流人员情况一览表

序号	姓名	学生人数	类别	去往国家(地区)、院校	出国年限
1	曾夏雨 王佳佳 王旖楠 李 靖 周 涛	5	1学期研修	台湾元智大学	2015年2月— 2015年7月
2	陆怡菲 齐雪婷 侯嘉逸 朱雨杰 胡宁馨 赵 怡 徐俐文 黄 静 喻子超 杨宁馨 刘若昊 石梦竹 张 迪 李卓佳	14	1学期研修	台湾东吴大学	2015年2月— 2015年6月
3	吴梓源 苏林子 于慧敏 王卓雅 石雅童 须嘉君 李惜墨 王姣芸 钱宸越 张天瑶 沈亭屹 林东惠 汤安佶 黄亚男 杨 雪 汪 璐	16	1学期研修	台湾世新大学	2015年2月— 2015年7月
4	袁瑀苗 顾翘楚 王勇芳	3	1学期研修	台湾中华大学	2015年2月— 2015年7月
5	郝若琳 马茹萍 谢君娜	3	1学期研修	台湾艺术大学	2015年2月— 2015年6月
6	陈康嘉 戴文娜 赵萌蒙 王云泽 徐 韬	5	1学期研修	台湾大学	2015年2月— 2015年6月
7	田士俭 王 鹏 李岸临	3	1学期研修	台湾东华大学	2015年2月— 2015年7月

续表

序号	姓　名	学生人数	类　别	去往国家(地区)、院校	出国年限
8	杨雪君　张天晴　叶骏飞　陈亚冬　方　洁　贾清雯	6	1学期研修	台湾云林科技大学	2015年2月—2015年7月
9	孔晓明　李丹阳　丁　莹　刘　杰　刘鑫禹　吕嘉恒	6	1学期研修	台湾台北大学	2015年2月—2015年7月
10	伍承欢　曾　友	2	1学期研修	台湾科技大学	2015年2月—2015年7月
11	张振波	1	1学期研修	台湾东吴大学	2015年8月—2016年1月
12	韩可欣　冯楚婷　李　奕	3	1学期研修	台湾中州科技大学	2015年9月—2016年1月
13	欧阳运昕　曾夏雨	2	1学期研修	台湾元智大学	2015年9月—2016年2月
14	李俊华　倪　茜　刘　宇　徐新佳　赵　琪　陈　鸣　刘雪娇　赵陈一　陈丁丽　翟　地　卢俊丞　翁誉心　赵呈慧　张文佳　周若兰　王乐吟　李　慧　周欣妍　王希宇　汪　阳　邢凌波　黄　越　南浩浩	23	1学期研修	台湾东吴大学	2015年9月—2016年1月
15	马　越　赵之咏　王莺吟　李嘉懿　魏　然　梁　雯　卞佳男　侯辰晨　汪国华	9	1学期研修	台湾东华大学	2015年9月—2016年1月
16	傅旻宇　王浩智　王姝月　李正春子　贾子尧　张雨荷	6	1学期研修	台湾中华大学	2015年9月—2016年1月

续表

序号	姓　名	学生人数	类　别	去往国家(地区)、院校	出国年限
17	余国志　杨希楠　杨枕怡	3	1学期研修	台湾艺术大学	2015年9月—2016年1月
18	陈秋璐　张　珂　魏仁皓　沈　豪　吴炜鑫　局方圆	6	1学期研修	台湾台北市立大学	2015年9月—2016年1月
19	童鑫鑫　赵婧妮　屈天一　惠志豪	4	1学期研修	台湾清华大学	2015年9月—2016年1月
20	卢兴园　王　虹	2	1学期研修	台湾科技大学	2015年9月—2016年1月
21	陈晓霞　李佳薇　杜宛桐　徐可璐　王禹清　邵远晴　张梓萱　王敬高　王涵天　缪　言　崔思瑶　王　璐　王睿颖　张　淼　黄翊书　张东润　马芯怡　李天伊　邵巧露　杨嘉仪	20	1学期研修	台湾世新大学	2015年9月—2016年1月
22	张洋阳　姜传超	2	1学期研修	台湾大学	2015年9月—2016年1月
23	张　晶　姚志远　缪可言　崔潇月　郑　伟	5	1学期研修	台湾云林科技大学	2015年9月—2016年1月
24	袁羽琮　魏喜蕾　邵庞霏	3	1学期研修	台湾台北大学	2015年9月—2016年1月
25	黎静雯	1	研修	加拿大麦克马斯特大学	2015年1月—2015年4月
26	柏　萍	1	研修	VSRP	2015年10月—2016年3月
27	刘　帅	1	研修	澳大利亚迪肯大学	2015年10月—2016年10月
28	王　睿　王建鹏　李红珍　陈金晶　吴雨池	5	志愿者储备人员	澳大利亚孔子学院	2015年1月—2016年3月

续表

序号	姓　名	学生人数	类　别	去往国家(地区)、院校	出国年限
29	王际超　薛雯 吕素红	3	志愿者储备人员	澳大利亚新南威尔士州教育与社区部孔子学院	2015年7月— 2016年8月
30	谢茂荣	1	研修	巴黎第五大学	2015年9月— 2016年9月
31	沈剑舜	1	研修	南丹麦大学	2015年11月— 2016年6月
32	晏　宏	1	研修	德国明斯特大学	2015年10月— 2016年9月
33	靳萌萌	1	研修	德国萨尔大学	2015年7月— 2018年7月
34	崔泽群	1	研修	德国卡尔斯鲁厄理工学院	2015年3月— 2015年8月
35	吉艳凤	1	研修	德国代根多夫理工学院	2015年9月— 2016年2月
36	蒋澄灿	1	研修	德国福特旺根应用科学大学	2015年9月— 2016年2月
37	李　倩	1	研修	法国波尔多第一大学	2015年9月— 2019年9月
38	袁忠诚	1	研修	法国欧洲材料协会	2015年9月— 2016年10月
39	江子莹　郭佳琪 李丹玉　陈艳 孙楚越　庄俊迁 黄莹	7	志愿者	韩国孔子学院	2015年2月— 2016年3月
40	刘　彬	1	研修	荷兰格罗林根大学	2015年9月— 2019年9月
41	魏雪栋	1	研修	美国加利福尼亚大学洛杉矶分校	2015年7月— 2017年6月
42	陈柔义	1	研修	加拿大英属哥伦比亚大学	2015年1月— 2016年1月

续表

序号	姓　名	学生人数	类　别	去往国家(地区)、院校	出国年限
43	王彩琴	1	研修	加拿大多伦多大学	2015年7月—2015年10月
44	杜慧	1	研修	加拿大麦克马斯特大学	2015年10月—2016年3月
45	张立峰　吴杰	2	研修	加拿大萨斯喀彻温大学肿瘤中心	2015年10月—2016年9月
46	秦琦峰	1	研修	加拿大英属哥伦比亚大学	2015年11月—2016年11月
47	杨燕	1	研修	加拿大维多利亚大学	2015年10月—2017年4月
48	王　敏　董璐尧　朱思静	3	研修	老挝苏州大学	2015年3月—2015年8月
49	荣光伟	1	研修	美国波士顿学院	2015年11月—2017年10月
50	黄卫春	1	研修	美国德雷塞尔大学	2015年8月—2016年8月
51	张启建	1	研修	美国劳伦斯伯克利实验室	2015年8月—2016年8月
52	周峰	1	研修	美国斯克利普斯研究所	2015年9月—2016年9月
53	李泳成	1	研修	美国加州大学戴维斯分校	2015年10月—2016年10月
54	苏　迅　姜心怡　俞　欢　王琛	4	研修	美国威斯康星麦迪逊分校	2015年8月—2016年1月
55	辛宁	1	研修	美国艾默里大学	2015年9月—2016年9月
56	蔡尚	1	研修	美国南方研究院	2015年2月—2016年7月
57	王俊	1	研修	美国希望之城国家医学中心	2015年7月—2016年7月

续表

序号	姓　名	学生人数	类　别	去往国家(地区)、院校	出国年限
58	杜雯雯	1	研修	美国匹兹堡大学免疫研究所	2015年12月—2016年11月
59	杨宇帆	1	研修	美国加州大学戴维斯分校	2015年12月—2016年3月
60	周　琦	1	研修	美国罗马琳达大学	2015年6月—2016年6月
61	刘丽梅	1	研修	美国西北大学	2015年12月—2017年6月
62	刘泽柯	1	研修	美国劳伦斯伯克利国家实验室	2015年9月—2016年9月
63	龚　华	1	研修	美国加州大学圣地亚哥分校	2015年9月—2016年11月
64	刘瑞远	1	研修	美国佐治亚理工大学	2015年7月—2016年7月
65	李海鸥	1	研修	美国密苏里大学	2015年9月—2016年9月
66	王江艳	1	研修	美国爱荷华州立大学	2015年9月—2016年9月
67	包经俊	1	研修	美国特拉华大学	2015年9月—2016年9月
68	严莉莉	1	研修	美国加州大学圣塔芭芭拉大学	2015年1月—2015年3月
69	赖亚玲	1	研修	美国匹兹堡大学	2015年8月—2016年1月
70	王　柯	1	研修	美国宾汉姆顿大学	2015年1月—2015年10月
71	黄天源	1	研修	美国普林斯顿大学	2015年7月—2017年1月
72	安竞男	1	研修	美国德克萨斯大学	2015年7月—2017年1月

续表

序号	姓 名	学生人数	类 别	去往国家(地区)、院校	出国年限
73	朱阳阳	1	研修	美国斯克利普斯研究所	2015年12月—2017年11月
74	刘媛媛	1	研修	美国布朗大学	2015年12月—2016年3月
75	赵 银	1	研修	日本北海道大学	2015年9月—2015年12月
76	李 丁	1	研修	日本室兰工业大学	2015年9月—2016年3月
77	李文佳	1	研修	日本金泽大学	2015年4月—2016年2月
78	钱 静	1	研修	日本福井大学	2015年3月—2016年3月
79	汪彩娟	1	研修	日本福井大学	2015年10月—2016年11月
80	王亚芳	1	研修	日本兵库县立大学	2015年10月—2016年8月
81	姜 曙	1	研修	日本群马县立女子大学	2015年5月—2016年5月
82	何佶颖	1	研修	日本九州外国语学院	2015年4月—2016年4月
83	卢 豪	1	研修	日本物质材料研究所	2015年9月—2016年9月
84	刘利芝	1	研修	日本放射线医学综合研究所	2015年11月—2016年1月
85	吕静雅	1	研修	日本香川大学	2015年1月—2016年11月
86	张 瑜	1	研修	日本东北大学	2015年10月—2016年1月
87	朱嘉纬	1	研修	瑞典卡罗琳斯卡医学院	2015年9月—2019年9月

续表

序号	姓名	学生人数	类别	去往国家(地区)、院校	出国年限
88	袁忠诚	1	研修	瑞典林雪平大学	2015年7月—2019年7月
89	闫文婧	1	研修	菲律宾孔子学院	2015年9月—2016年3月
90	宋晓雪	1	研修	西班牙罗维拉·维尔吉利大学	2015年10月—2016年3月
91	徐林	1	研修	香港科学与技术大学	2015年4月—2015年8月
92	耿洪波 刘志 赵江惠 刘腾 陈鸿莉	5	研修	新加坡南洋理工大学	2015年9月—2016年11月
93	李阳 朱海光 陶金 焦晨璐 王哲 张婧娇	6	研修	新加坡国立大学	2015年1月—2016年9月
94	项婉钰	1	研修	英国德蒙福特大学	2015年9月—2016年8月
95	潘鹏	1	研修	英国华威大学	2015年1月—2015年4月
96	华梦熙	1	研修	意大利多莫斯设计学院	2015年2月—2015年6月
97	马瑞欣 王彦滢	2	校际交流	澳大利亚邦德大学	2015年5月—2015年8月
98	曹煜	1	SAF项目	澳大利亚昆士兰大学	2015年2月—2015年7月
99	龙艺 田净雯 汪媛馨 许浩然 杨骁 李易	6	江苏省教育厅项目（3+1+2）	澳大利亚新南威尔士大学	2015年7月—2018年6月
100	刘志超 赵梦垠 张丹 张梅 徐玲 徐廷誉 吴雨晴	7	校际交流	俄罗斯莫斯科市立师范	2015年2月—2015年7月

续表

序号	姓名	学生人数	类别	去往国家(地区)、院校	出国年限
101	包丽红 张莉燕 史雯娟 叶 楠 苏 杭 潘玄烨	6	校际交流	俄罗斯社会人文学院	2015年9月—2016年1月
102	沈 璐	1	"3+2"本硕连读	法国SKEMA	2015年9月—2017年7月
103	唐璐华 曹琴琴 郝明慧	3	校际交流	法国拉罗谢尔大学	2015年9月—2016年7月
104	俞欣涛 陆 瑶 吴 蓓 刘朦希 邱淏昱 刘欣辰 肖锐行 吉睿谙 凌 璐 赵慧芬 张凌旻 夏雨希	12	"3+1.5"本硕连读	法国雷恩商学院	2015年9月—2016年12月
105	唐仍炜 莫 婧 张何洁 范译文 罗 琳 张 璐 戴秋炜 包琳越 李 迪 陈雪菲 时小蕴 胡丹玉 许 怡	13	校际交流	法国圣太田·莫奈大学	2015年9月—2016年7月
106	朴 明	1	"2+2"联合培养	韩国大邱大学	2015年9月—2017年7月
107	许 月 岳 晨 段柏慧	3	校际交流	韩国梨花女子大学	2015年9月—2017年7月
108	薛子纹 程秋实	2	校际交流	韩国全北大学	2015年9月—2015年12月
109	钦丽娜		校际交流	韩国淑明女子大学	2015年9月—2015年12月
110	洪 瑞 李思嘉	2	江苏省安大略省交流项目	加拿大安大略省艺术学院	2015年8月—2016年5月
111	黄志成 沈斯达 陈昱延 孙 娜 胡露露	5	短期交流	加拿大滑铁卢大学	2015年1月—2015年5月
112	罗 璇 陈思齐	2	校际交流	加拿大滑铁卢大学	2015年8月—2016年5月

续表

序号	姓　名	学生人数	类　别	去往国家(地区)、院校	出国年限
113	马玲子　耿迪雅 周来东	3	留学基金委优本项目(3+1+1)	加拿大滑铁卢大学	2015年8月— 2017年5月
114	黄羽晗　金　韬 柯梦媛	3	校际交流 (3+1+1)	加拿大滑铁卢大学	2015年8月— 2017年5月
115	张亦琦　张剑扬 娄相斌　徐　盈	4	"2+2"联合培养	加拿大滑铁卢大学	2015年8月— 2017年5月
116	吴一凡　章崇龄 刘　苑　俞舒扬 陈　希　封　莹 戴宇迪　王　曦 陆　逸　王怡沁 卢　婷　赵　莹	12	"3+2"中外合作办学	加拿大维多利亚大学	2015年8月— 2017年5月
117	尚孟尧	1	江苏省安大略省交流项目	加拿大渥太华大学	2015年8月— 2016年5月
118	张一倩	1	江苏省安大略省交流项目	加拿大西安大略大学	2015年8月— 2016年5月
119	李　婷	1	10个月学习	留学基金委哥伦比亚互换奖学金项目	2015年9月— 2016年7月
120	程　辉　冯晨润 冯家伟	3	"3+2"联合培养	美国阿克隆大学	2015年8月— 2017年5月
121	高君彦	1	校际交流	美国宾汉姆顿大学	2015年8月— 2015年12月
122	王韵孜	1	SAF学期项目	美国加州大学洛杉矶分校	2015年3月— 2015年9月
123	王啸天　蒋　绮 王悦阳　单淳渝	4	校际交流	美国匹兹堡州立大学	2015年8月— 2015年12月
124	徐　文　朱逸帆 邢林子　卢泽宇 夏蓉清　钱胜蓝 张栩诚　王　昕	8	校际交流	美国威斯康星大学麦迪逊分校	2015年8月— 2015年12月
125	徐怡珠	1	SAF学期项目	美国犹他大学	2015年8月— 2015年12月

续表

序号	姓　名	学生人数	类　别	去往国家(地区)、院校	出国年限
126	刘　汪	1	"2+2"双学位	日本北陆大学	2015年3月—2017年3月
127	骆星星	1	校际交流	日本东京学艺大学	2015年9月—2016年8月
128	杨瑞君　陆蓓	2	校际交流	日本宫崎公立大学	2015年9月—2016年8月
129	谷　雨	1	校际交流	日本关西学院大学	2015年3月—2016年3月
130	刘珈利	1	校际交流	日本国士馆大学	2015年3月—2016年3月
131	金　丹	1	校际交流	日本金泽大学	2015年3月—2016年3月
132	董晓雅　张真	2	校际交流	日本京都产业大学	2015年9月—2016年8月
133	尚阳　樊航	2	校际交流	日本明治大学	2015年9月—2016年8月
134	张　露	1	校际交流	日本群马县立女子大学	2015年9月—2016年8月
135	姚绣瑷	1	校际交流	日本神户亲和女子大学	2015年9月—2016年8月
136	杭　程	1	校际交流	日本天理大学	2015年3月—2016年3月
137	徐天阳	1	校际交流	日本信州大学	2015年3月—2016年3月
138	冯舒琴　刘旻姝　张颖　韩佳轩	4	校际交流	西班牙巴塞罗那自治大学	2015年9月—2016年8月
139	吴艺梦　陈诗怡　朱玮　林诗雯　徐惠子　何溢佳　沈洋洋　张怡暕	8	校际交流	西班牙莱里达大学	2015年2月—2015年7月

续表

序号	姓 名	学生人数	类 别	去往国家(地区)、院校	出国年限
140	钱文玺 常 成 陈 晨 周璐瑶 盛时杰 朱沁心 潘媛媛 曾美茜 王心韵 王珏帆 薛尚 王 哲 张晗晓	13	"3+2"联合培养	新加坡国立大学	2015年8月— 2017年5月
141	李 虹 陈 晓	2	交换生项目	新加坡南洋理工大学	2015年1月— 2015年5月
142	李星星 张诗晨 智毓贤 阚慧文	4	淡马锡奖学金项目	新加坡南洋理工大学	2015年8月— 2015年12月
143	徐敏惠	1	SAF项目	英国爱丁堡大学	2015年9月— 2016年5月
144	陈柯羽	1	校际交流	英国坎布里大学	2015年9月— 2016年1月
145	夏婷婷 王忱桢 祁鼎新 徐思悦	13	留学基金委优本项目	英国曼彻斯特大学	2015年9月— 2016年6月
146	陈 晨 缪宏远 陈政宇 林秋实 施雨晨 谢思雨 高魏楠 钱 炀 卞鹏睿 朱 婧 易杨佩奇 尉文远 李翌帆 魏昱恩 袁梓润 许家旻 庄睿妍 娄楚谦 岳 佳 朱 丹 张居上 胡嘉诚	22	"2+2"双学位	英国曼彻斯特大学	2015年9月— 2017年6月
147	杜康泽 张 丽	2	本科生	留学基金委俄罗斯互换奖学金项目	2015年9月— 2016年6月
148	李 迹 王 琛 施子杰 王之瑞	4	本科插班生	留学基金委俄罗斯互换奖学金项目	2015年9月— 2016年6月
149	吴 昊	1	1学年交流	江苏省安大略省交流项目	2015年8月— 2016年5月

2015年学生公派短期出国(境)交流人员情况一览表

序号	项目名称	交流院校	国家(地区)	人数	外出期限
1	SAF暑期学分项目	美国哥伦比亚大学、加州大学伯克利分校、加州大学洛杉矶分校、宾夕法尼亚大学等	美国	15	2015年6月22日—2015年8月14日
2	江苏高校学生境外学习政府奖学金项目	杜克大学、西北大学、伦敦大学国王学院、剑桥大学、多伦多大学、墨尔本大学等	美国、英国、加拿大、澳大利亚	89	2015年7月12日—2015年8月25日
3	江苏教育国际交流协会英美文化交流项目	哈佛大学、耶鲁大学、斯坦福大学等(美国),剑桥大学、牛津大学等(英国)	美国、英国	21	2015年7月15日—2015年8月30日
4	美国高校学术文化交流项目	加州大学洛杉矶分校、河滨分校,南加州大学	美国	8	2015年7月19日—2015年7月26日
5	国际会议	华盛顿大学	美国	2	2015年8月5日—2015年8月17日
6	国际会议	俄勒冈州立大学	美国	2	2015年8月5日—2015年8月25日
7	英国高校学术文化交流项目	剑桥大学、牛津大学、帝国理工大学	英国	8	2015年7月26日—2015年8月1日
8	剑桥暑期项目	剑桥大学	英国	35	2015年8月16日—2015年8月30日
9	国际会议	杜兰大学	英国	1	2015年10月23日—2015年10月25日
10	欧洲暑期研修项目	罗马IED设计学院	法国、意大利	10	2015年7月13日—2015年7月25日
11	国际会议	斯图加特大学	德国	1	2015年10月8日—2015年10月10日
12	国际会议	维尔茨堡大学	德国	2	2015年10月23日—2015年10月30日

续表

序号	项目名称	交流院校	国家（地区）	人数	外出期限
13	国际会议	胡安卡洛斯国王大学	西班牙	1	2015年2月11日—2015年2月13日
14	海外研修	巴斯克大学	西班牙	2	2015年7月1日—2015年9月30日
15	海外研修	马萨里克大学	捷克	1	2015年6月10日—2015年7月10日
16	国际会议	多伦多大学	加拿大	4	2015年6月19日—2015年6月25日
17	加拿大高校学术文化交流项目	滑铁卢大学、西安大略大学、麦克马斯特大学	加拿大	8	2015年7月13日—2015年7月20日
18	新加坡文化交流体验项目	新加坡国立大学	新加坡	18	2015年7月17日—2015年7月22日
19	海外研修	新加坡国立大学	新加坡	1	2015年12月16日—2015年12月23日
20	国际会议	韩国护理学会	韩国	2	2015年6月19日—2015年6月23日
21	海外研修	东京理工大学	日本	3	2015年1月30日—2015年2月20日
22	日本关西学院暑期项目	关西学院	日本	51	2015年7月12日—2015年7月21日
23	日本宫崎公立大学暑期项目	宫崎公立大学	日本	19	2015年7月13日—2015年8月11日
24	国际会议	东京大学	日本	2	2015年8月1日—2015年8月30日
25	国际会议	分子科学研究院	日本	4	2015年12月8日—2015年12月13日
26	国际会议	香港城市大学	香港	3	2015年1月4日—2015年2月5日
27	校际交流	香港城市大学	香港	2	2015年5月13日—2015年5月19日
28	校际交流	香港城市大学	香港	3	2015年7月13日—2015年7月19日

续表

序号	项目名称	交流院校	国家（地区）	人数	外出期限
29	香港高校学术文化交流项目	香港中文大学、香港城市大学、香港科技大学、香港大学、香港理工大学、香港浸会大学	香港	31	2015年7月13日—2015年7月19日
30	交流访问	台湾政治大学	台湾	1	2015年3月1日—2015年5月31日
31	合作研究	台湾同步辐射研究中心	台湾	2	2015年3月2日—2015年3月10日
32	学术论坛	台湾东吴大学	台湾	1	2015年4月29日—2015年5月4日
33	学术会议	台湾清华大学	台湾	2	2015年5月5日—2015年5月9日
34	科研合作	台湾同步辐射研究中心	台湾	1	2015年6月1日—2015年6月7日
35	交流访问	台湾同步辐射研究中心	台湾	4	2015年6月8日—2015年6月16日
36	交流访问	台湾同步辐射研究中心	台湾	2	2015年6月13日—2015年6月19日
37	研讨会	IEEE电子元件学会台北分会	台湾	1	2015年6月28日—2015年7月3日
38	研修	台湾清华大学	台湾	8	2015年7月1日—2015年8月31日
39	溪城讲堂暑期研习班	台湾东吴大学	台湾	51	2015年7月17日—2015年8月11日
40	青年生命禅学营	台湾佛光山文教基金会	台湾	1	2015年7月22日—2015年7月30日
41	交流访问	台湾慈济技术学院	台湾	5	2015年8月16日—2015年8月30日
42	研习交流	台湾远东科技大学	台湾	13	2015年8月17日—2015年8月26日
43	合作研究	台湾同步辐射研究中心	台湾	4	2015年11月6日—2015年11月14日
44	会议	台湾清华大学	台湾	2	2015年12月11日—2015年12月14日

2015年在聘语言文教专家和外籍教师情况

2015年在聘语言文教专家和外籍教师情况一览表

序号	国籍	姓名	聘期	事由	备注
1	德国	Munch— Hua Geb. Munch Ulrike	2015年9月— 2016年7月	任教	
2	法国	Alexandre Louis Andre Marcellin Salanon	2015年9月— 2016年7月	任教	续聘
3	法国	Chianale Nathalie Andree	2015年9月— 2016年7月	任教	续聘
4	菲律宾	Narciso Hayashi Domingo	2015年9月— 2016年7月	任教	续聘
5	韩国	Park Gangri	2015年9月— 2016年7月	任教	续聘
6	韩国	Kim Sun Yong	2015年9月— 2016年7月	任教	续聘
7	加拿大	Chantal Pelletier	2015年9月— 2016年7月	任教	续聘
8	加拿大	David Charles Hutchens Kindred	2015年9月— 2016年7月	任教	续聘
9	加拿大	Brent Peters	2015年9月— 2016年7月	任教	
10	美国	Matthew Stevenson Mullen	2015年9月— 2016年7月	任教	
11	美国	Phillip Edward Cecil	2015年9月— 2016年7月	任教	
12	美国	Curtis Allen Harrison	2015年9月— 2016年7月	任教	续聘
13	美国	Jennifer M. Ball	2015年9月— 2016年1月	任教	
14	日本	Takayoshi Naito	2015年9月— 2016年7月	任教	续聘
15	日本	Tomiko Hasegawa	2015年9月— 2016年7月	任教	续聘
16	日本	Taeko Matsuda	2015年9月— 2016年7月	任教	

续表

序号	国籍	姓名	聘期	事由	备注
17	日本	Miyaki Kenkichi	2015年9月—2016年7月	任教	
18	日本	Yuzuru Kono	2015年9月—2016年7月	任教	续聘
19	乌克兰	Iryna Lutso	2015年9月—2016年7月	任教	续聘
20	西班牙	Carlos Antonio Moreno Carrero	2015年9月—2016年7月	任教	续聘
21	西班牙	Raquel Rojo Garcia De Lara	2015年9月—2016年7月	任教	
22	英国	Ian Allen Hunter	2015年9月—2016年7月	任教	续聘

2015年苏州大学与国（境）外大学交流合作情况

2015年苏州大学与国（境）外大学交流合作情况一览表

序号	国家或地区	学校名称	协议内容	协议时间	期限
1	爱尔兰	爱尔兰皇家外科医学院	学术与科研合作备忘录	2015年4月9日	5年
2	法国	图卢兹大学	合作交流协议书	2015年12月2日	3年
3	法国	拉罗谢尔大学	合作框架协议和学生交流协议书	2015年	长期
4	韩国	大邱大学	合作交流协议书	2015年3月25日	3年
5	韩国	韩瑞大学	合作交流协议书	2015年10月15日	5年
6	加拿大	滑铁卢大学	教职工培训协议书	2015年5月15日	1年
7	加拿大	滑铁卢大学	学生交流协议书	2015年11月25日	5年
8	加拿大	渥太华大学	合作备忘录	2015年11月1日	5年
9	加拿大	西安大略大学	学生交流协议书	2015年11月25日	5年
10	捷克	奥斯特拉发大学	交流协议书	2015年4月17日	5年

续表

序号	国家或地区	学校名称	协议内容	协议时间	期限
11	捷克	奥斯特拉发大学和奥斯特拉发科技大学	合作备忘录	2015年4月17日	5年
12	美国	杜兰大学公共卫生和热带医学学院	预防医学学士和公共卫生硕士联合培养计划("4+2"计划)协议书	2015年5月7日	长期
13	美国	加州州立大学圣贝纳迪诺	交流合作备忘录	2015年9月4日	5年
14	尼日利亚	拉各斯大学	医学教育合作备忘录	2015年6月3日	5年
15	日本	关东国际高等学校	合作交流协议书	2015年3月2日	1年
16	日本	大阪府教职员会	学生短期研修协议书	2015年5月25日	2年
17	日本	东京学艺大学	学术交流协议书及学生交流协议书	2015年6月2日	5年
18	日本	上智大学	学生交流协议书	2015年9月18日	1年
19	日本	开智国际大学	学术交流协议书	2015年10月8日	5年
20	日本	早稻田大学	学生短期交流协议书	2015年12月2日	5年
21	日本	北陆大学	共同培养本科生教育合作实施协议	2015年12月22日	2年
22	西班牙	莱里达大学	学术合作备忘录	2015年1月13日	5年
23	新加坡	新加坡国立大学	合作备忘录	2015年2月2日	5年
24	新加坡	新加坡国立大学	学生联合培养协议	2015年6月16日	5年
25	英国	卡迪夫大学	合作协议书	2015年10月12日	5年
26	台湾	台北商业大学	学术交流协议书、学生交流协议书	2015年1月9日	5年
27	台湾	台湾清华大学	学术交流合作协议书、学术交换计划备忘录、学生交流协议书	2015年3月1日	5年

续表

序号	国家或地区	学校名称	协议内容	协议时间	期限
28	台湾	台湾中央大学	学术交流与合作协议书	2015年5月14日	5年
29	台湾	台湾辅仁大学	社会科学院心理学系与苏州大学教育学院心理学系学术交流合作协定书	2015年8月18日	3年

2015年举办各类短期汉语班情况

2015年举办各类短期汉语班情况一览表

序号	期限	班级名称	人数
1	2015年1月17日—2015年2月14日	韩国祥明大学	11
2	2015年9月1日—2015年12月31日	韩国蔚山大学	21
3	2015年2月25日—2015年3月22日	日本宫崎公立大学	39
4	2015年8月9日—2015年9月6日	日本立命馆大学	5
5	2015年8月24日—2015年9月9日	日本和洋女子大学	4
6	2015年3月16日—2015年4月10日	新加坡理工学院	25
7	2015年9月1日—2016年1月20日	新加坡理工学院	12
8	2015年12月12日—2015年12月26日	新加坡南洋理工大学	28
9	2015年1月1日—2015年4月30日	美国代顿大学	35
10	2015年6月8日—2015年8月2日	美国俄亥俄CLS大学	30
11	2015年6月14日—2015年8月2日	美国俄亥俄州立大学	10
12	2015年9月1日—2016年4月30日	加拿大滑铁卢大学	30
13	2015年1月1日—2015年6月30日	中英实习项目	11
14	2015年1月1日—2015年7月31日	音乐学院演奏家项目	9

2015 年教师出版书目

2015 年教师出版书目一览表

序号	专著名称	类别	编著译者		出版单位、时间
1	影视艺术基础	编著	邵雯艳	编著	苏州大学出版社 2015.7
2	不器斋词学论稿	专著	钱锡生	著	苏州大学出版社 2015.4
3	中西文学艺术融新的探索：方汉文教授作品选集	专著	方汉文	著	苏州大学出版社 2015.5
4	世界文学重构与中国话语创建	编著	方汉文	主编	中央编译出版社 2015.3
5	文化诗学与城市审美	编著	徐国源	主编	上海人民出版社 2015.4
6	吴江日报：县区报社在新媒体时代的转型之路	专著	钱毓蓓	著	古吴轩出版社 2015.1
7	国学经典诵读 左传	编著	管贤强	主编	龙门书局 2015.6
8	泰伯诗咏赏析	编选	王家伦 张长霖	编选	古吴轩出版社 2015.2
9	无锡方言接触研究	专著	曹晓燕	著	苏州大学出版社 2015.7
10	人·现代·传统 近30年人文视点及其文学投影	专著	汪卫东	著	北京大学出版社 2015.3
11	尤侗集	校注	杨旭辉	校注	上海古籍出版社 2015.5
12	中国文学史	校注	杨旭辉	点校	苏州大学出版社 2015.4
13	夏志清夏济安书信集（第一卷）	编著	季 进	编注	台北联经出版社 2015.4
14	渭南文集校注	校注	（宋）陆游	著	浙江古籍出版社 2015.9
			马亚中 涂小马	校注	

续表

序号	专著名称	类别	编著译者		出版单位、时间
15	范伯子诗文集 修订本	校注	范当世	著	上海古籍出版社2015.4
			马亚中 陈国安	校点	
16	中国古代著名丛书提要（上、下）	编著	潘树广 黄镇伟 涂小马	主编	广西师范大学出版社2015.3
17	《永乐大典》小学书辑佚与研究	专著	丁治民	著	商务印书馆2015.4
18	十九世纪下半期俄国反虚无主义文学研究	专著	朱建刚	著	北京大学出版社2015.4
19	成语密码	编著	莫彭龄 王建军	主编	商务印书馆2015.10
20	姑苏名宅	专著	谢勤国 王家伦 陈建红	著	东南大学出版社2015.4
21	社会转型时期电视剧中的女性意识嬗变*	专著	华昊	著	中国书籍出版社2014.12
22	电视的命运 媒介融合与电视传播范式变革*	专著	杜志红	著	中国书籍出版社2014.12
23	无法忽视的另一种力量 新媒介与青年亚文化研究	专著	马中红 陈霖	著	清华大学出版社2015.9
24	石头记 上海近代石印书业研究（1843—1956）*	专著	许静波	著	苏州大学出版社2014.12
25	青年亚文化研究年度报告（2014）	编著	马中红	主编	清华大学出版社2015.9
26	当代传媒中的民粹主义问题研究	专著	陈龙	著	中国广播影视出版社2015.12
27	思想政治教育环境渗透研究	专著	常青伟	著	苏州大学出版社2015.5
28	政府信息资源管理研究：视域及主题深化	专著	周毅 孙帅等	著	复旦大学出版社2015.2

续表

序号	专著名称	类别	编著译者		出版单位、时间
29	天下一统——战国晚期的历史走向*	专著	周书灿	著	河南人民出版社 2014.12
30	春秋战国史丛考	专著	晁福林	著	苏州大学出版社 2015.2
31	明清社会与经济近代转型研究	专著	余同元	著	苏州大学出版社 2015.9
32	大国外交 从拿破仑战争到第一次世界大战（1814—1914）咸丰十一年	译著 专著	吴征宇 范菊华	译	中国人民大学出版社 2015.8
			池子华	著	中国社会科学出版社 2015.2
33	中国近代史论稿	专著	池子华	著	合肥工业大学出版社 2015.3
34	红十字运动：历史回顾与现实关怀	专著	池子华	著	合肥工业大学出版社 2015.4
35	红十字在上海资料长编（1904—1949）	编著	马 强 池子华	主编	东方出版中心 2015.7
36	中国红十字运动史料选编（第二辑）	编著	池子华 丁泽丽	主编	合肥工业大学出版社 2015.8
37	日本红十字运动史（1877—1916）	校订	池子华 郭进萍	校订	合肥工业大学出版社 2015.8
38	《红十字运动研究》2015年卷	编著	池子华 张丽萍 吴玉林	主编	合肥工业大学出版社 2015.1
39	中国流民史·近代卷	专著	池子华	著	武汉大学出版社 2015.11
40	阳澄湖地区抗日斗争史话	编著	王卫平 屈玲妮 王玉贵	编著	古吴轩出版社 2015.8
41	制度变革与苏州社会经济变迁研究*	专著	王玉贵，等	著	古吴轩出版社 2014.10
42	吴文化的创新特质与苏南创新型社会的构建	专著	徐虹霞 王玉贵	著	古吴轩出版社 2015.6
43	论民间外交——王玉贵自选集	专著	王玉贵	著	吉林人民出版社 2015.8

续表

序号	专著名称	类别	编著译者		出版单位、时间
44	日本近代城市发展研究（1868—1930）	专著	姚传德	著	苏州大学出版社 2015.12
45	苏州生态文明建设理论与实践	专著	宋言奇	著	苏州大学出版社 2015.11
46	城镇化与城乡治理：中国特色城镇化研究报告：2013*	编著	胡玉鸿	主编	苏州大学出版社 2014.12
			宋言奇	副主编	
47	区域发展专题研究：对江苏的考察	专著	高 峰	著	科学出版社 2015.8
48	乡村社区治理路径研究	专著	金太军 张振波	著	北京大学出版社 2015.12
49	海德格尔与现象学的存在论转向*	专著	朱耀平	著	苏州大学出版社 2014.12
50	优化消费环境建设的实践和思考	专著	沈志荣	著	苏州大学出版社 2015.1
51	化士学为民学 蒋国保说儒	专著	蒋国保	著	孔学堂书局 2015.10
52	华严判教论*	专著	韩焕忠	著	齐鲁书社 2014.12
53	佛教四书学	专著	韩焕忠	著	人民出版社 2015.3
54	基于历史演化视角的全运会运行绩效分析*	专著	尚虎平，等	著	新华出版社 2014.12
55	"一带一路"关键词	编著	尚虎平	编著	北京大学出版社 2015.11
56	爱弥儿与教育理想*	专著	曹永国	著	教育科学出版 2014.12
57	职前教师实践性知识发展研究	专著	李 利	著	苏州大学出版社 2015.1
58	青少年阳光心理手册	编著	吴继霞 何雯静	编著	苏州大学出版社 2015.3
59	当教师邂逅学生的问题——心理学的解读与应对	编著	吴继霞	主编	江苏凤凰教育出版社 2015.10
60	中国近代基督教大学外籍校长办学活动研究（1892—1947）	专著	谢竹艳	著	福建教育出版社 2015.4

续表

序号	专著名称	类别	编著译者		出版单位、时间
61	本科生深层学习过程及教学策略研究	专著	付亦宁	著	辽宁教育出版社2015.11
62	教育的经验诠释:杜威教育哲学疏论*	专著	唐 斌	著	江苏凤凰教育出版社2014.12
63	网络的心理影响及行为分析	专著	李宏利	著	北京交通大学出版社2015.1
64	认知心理学:心智、研究与你的生活(第三版)	译著	E. Bruce Goldstein [美]	著	中国轻工业出版社2015.2
			张 明	译	
65	儿童学习困难与心理行为障碍的理论和实务	专著	陈羿君,等	著	苏州大学出版社2015.12
66	苏州章氏国学讲习会与近现代国学高等教育	专著	夏 骏	著	福建教育出版社2015.1
67	国际贸易实务	编著	袁建新	主编	复旦大学出版社2015.7
68	苏州市城乡一体化发展道路研究	专著	夏永祥,等	著	苏州大学出版社2015.11
69	国家大学科技园创新网络共生与演化研究	专著	沈 能	著	经济科学出版社2015.9
70	中国制造业效率的测度及时空演化研究	专著	赵增耀 沈 能	著	苏州大学出版社2015.3
71	苏州上市公司发展报告(2015)	编著	贝政新 吴永敏	主编	复旦大学出版社2015.11
72	苏州本土品牌企业发展报告·上市公司卷	编著	魏文斌 洪 海	主编	苏州大学出版社2015.11
73	P2P网络借贷——理论探析及实证研究	专著	陈冬宇	著	苏州大学出版社2015.10
74	财务管理	教材	罗正英 权小锋	主编	立信会计出版社2015.2
75	转型期中国城市社会空间重构研究	专著	段进军	著	苏州大学出版社2015.12

续表

序号	专著名称	类别	编著译者		出版单位、时间
76	法治思维	编著	夏锦文	主编	江苏人民出版社 2015.8
77	图书馆服务整合与建设管理	专著	周　建 高　颖 余　凌	著	东北师范大学出版社 2015.9
78	东吴法学先贤文录·法律史卷	编著	方　潇	主编	中国政法大学出版社 2015.8
79	东吴法学先贤文录·宪法学、行政法学卷	编著	上官丕亮 黄学贤	主编	中国政法大学出版社 2015.8
80	东吴法学先贤文录·民事法学卷	编著	方新军 胡亚球	主编	中国政法大学出版社 2015.8
81	东吴法学先贤文录·法理学卷	编著	孙　莉	主编	中国政法大学出版社 2015.8
82	东吴法学先贤文录·国际法学卷	编著	陈立虎	主编	中国政法大学出版社 2015.8
83	东吴法学先贤文录·商法、经济法、社会法卷	编著	李中原 朱　谦 沈同仙	主编	中国政法大学出版社 2015.8
84	东吴法学先贤文录·刑事法学卷	编著	李晓明 张成敏	主编	中国政法大学出版社 2015.8
85	东吴法学先贤文录·司法制度、法学教育卷	编著	胡玉鸿 庞　凌	主编	中国政法大学出版社 2015.8
86	法律英语	编著	孙国平	编著	苏州大学出版社 2015.8
87	涉保险犯罪刑法理论与实务	专著	杨　俊	著	上海人民出版社 2015.11
88	国际投资争端赔偿的法律问题研究	专著	朱明新	著	中国政法大学出版社 2015.11
89	正义之源泉:自然法研究	译著	吴经熊 张薇薇	著 译	法律出版社 2015.9
90	阿奎流斯法——大陆法系侵权法的罗马法基础	专著	黄文煌	著	中国政法大学出版社 2015.11
91	地权的秘密　土地改革深度观察	专著	程雪阳	著	上海三联书店 2015.11

续表

序号	专著名称	类别	编著译者		出版单位、时间
92	行政许可中特许权的物权属性与制度构建研究	专著	王克稳	著	法律出版社 2015.5
93	外国语 8				
94	CHINESE FOOD LIFE CARE	专著	杜争鸣,等	著	Cambridge Scholars Publishing 2015
95	THE CHINESE LANGUAGE DEMYSTIFIED	专著	杜争鸣	著	Cambridge Scholars Publishing 2015
96	TRADITIONAL CHINESE EXERCISES	编著	杜争鸣	主编	Cambridge Scholars Publishing 2015
97	TRADITIONAL CHINESE FOLK CUSTOMS	译著	杜争鸣,等	译	Cambridge Scholars Publishing 2015
98	TRADITIONAL CHINESE RITES AND RITUALS	专著	杜争鸣,等	著	Cambridge Scholars Publishing 2015
99	草叶集	译著	沃尔特·惠特曼[美]	著	时代文艺出版社 2015.3
			方华文	译	
100	巴尔街少年	译著	蒙纳尔·菲兰兹[匈]	著	贵州教育出版社 2015.5
			皮诺[意]	绘	
			方华文	译	
101	希特勒偷走了粉红兔	译著	朱迪斯·克尔[英]	著	接力出版社 2015.5
			方华文	译	
102	马丁·伊登	译著	杰克·伦敦[美]	著	西安交通大学出版社 2015.7
			方华文	译	
103	少年维特之烦恼	译著	约翰·沃尔夫冈·歌德[德]	著	时代文艺出版社 2015.7
			方华文	译	

续表

序号	专著名称	类别	编著译者		出版单位、时间
104	无名的裘德	译著	托马斯·哈代[英]	著	上海三联书店 2015.7
			方华文	译	
105	世界文学经典(上、中、下)	编著	方华文	主编	北京师范大学出版社 2015.10
106	牛虻	译著	艾捷尔·丽莲·伏尼契[爱尔兰]	著	作家出版社 2015.11
			方华文	译	
107	Collins 英语语法大全(全新版)*	译著	李明一	译	商务印书馆(香港)2014.10
108	英语专业研究生学位论文分析与研究	专著	贾冠杰,等	著	苏州大学出版社 2015.8
109	民主与教育	译著	约翰·杜威[美]	著	外语教学与研究出版社 2015.12
			王 宏 黄婉冬	译	
110	韩国人在想什么	译著	李圭泰[韩]	著	南京大学出版社 2015.1
			宋晔辉	译	
111	全新日本语听力·2	编著	皮细庚 徐 卫	主编	上海交通大学出版社 2015.2
112	当代俄罗斯人类中心论范式语言学理论研究	专著	赵爱国	著	北京大学出版社 2015.3
113	开心就好	译著	薇薇安·斯威夫特[美]	著	中信出版社 2015.4
			周 行	译	
114	幸福的怀念	译著	阿梅丽·诺冬[比利时]	著	南京大学出版社 2015.5
			段慧敏	译	

续表

序号	专著名称	类别	编著译者		出版单位、时间
115	开放教育资源在中国：高等教育改革中的辖治术探析	专著	沈鞠明	著	苏州大学出版社 2015.4
116	商务日语会话1	编著	朱 凤 邵 宝	副主编	大连理工大学出版社 2015.8
117	法语词根漫谈	专著	吕玉冬	著	东华大学出版社 2015.7
118	美国经典作家的生态视域和自然思想	专著	朱新福	著	上海外语教育出版社 2015.7
119	全新版大学英语综合教程综合训练	编著	孙依娜	主编	上海外语教育出版社 2015.8
120	苏州旅游日语	编著	张后贵	主编	苏州大学出版社 2015.8
121	恰如其分的自尊	译著	克里斯托弗·安德烈[法] 弗朗索瓦·勒洛尔[法]	著	生活书店出版有限公司 2015.8
			周 行	译	
122	日本近代小说理论研究——多维视域下的《小说神髓》研究	专著	潘文东	著	北京大学出版社 2015.9
123	英国文学评论案例	编著	张彩霞 王祖友	主编	高等教育出版社 2015.3
124	Chemistry in Nanocatalysis 纳米催化化学	编著	康振辉 刘 阳	主编	苏州大学出版社 2015.6
125	软件测试与质量保证——IBM Rational 测试工具	教材	程宝雷 屈蕴茜 章晓芳 徐亚 金海东 李 映	编著	清华大学出版社 2015.8
			陈建明	审	

续表

序号	专著名称	类别	编著译者		出版单位、时间
126	Office 高级应用案例教程	教材	沈 玮 周克兰 钱毅湘 刁红军	编著	人民邮电出版社 2015.9
127	大学计算机基础应用案例教程	教材	蒋银珍 周 红 李海燕 张志强	编著	人民邮电出版社 2015.8
128	现代机械设计基础	教材	张洪丽 王建胜 薛云娜	主编	科学出版社 2015.2
129	LED 照明设计与封装技术应用	编著	尤凤翔 张 猛	主编	世界图书出版广东有限公司 2015.10
			陈 庆 王槐生	副主编	
130	啦啦队运动的文化诠释及体育赛场啦啦队活动的组织运行模式	专著	张庆如	著	北京体育大学出版社 2015.11
131	运动技能学导论	编著	宋元平	主编	苏州大学出版社 2015.7
132	球类运动·排球	编著	黄汉升	主编	高等教育出版社 2015.11
133	CI 视觉形象识别设计	编著	姜竹松	编著	中国纺织出版社 2015.4
134	苏作核雕	专著	袁 牧	著	苏州大学出版社 2015.1
135	走向现代的女装:从马面裙到旗袍	编著	张朋川	主编	江苏凤凰美术出版社 2015.10
136	服饰配件艺术	编著	许 星	主编	中国纺织出版社 2015.5
137	老行当	编著	黄燕敏 何水静 殷 明	编著	苏州大学出版社 2015.9
138	饮马经	专著	李琼舟	著	黑龙江美术出版社 2015.1
139	平面构成	编著	陆 叶	编著	中国纺织出版社 2015.5
140	服装工业制板	编著	李 正 王巧鹤 周	编著	东华大学出版社 2015.1

续表

序号	专著名称	类别	编著译者		出版单位、时间
141	服装结构设计	编著	李 正 李梦园 李 婧 于竣舒	编著	东华大学出版社 2015.5
142	艺术手记：发现、批评和分享*	专著	李丛芹	著	苏州大学出版社 2014.12
143	高考乐理全真模拟试题	编著	叶卫国	主编	上海音乐学院出版社 2015.10
144	临床寄生虫学检验实验指导	教材	夏超明	主编	中国医药科技出版社 2015.8
145	蚕体解剖生理学	教材	冯丽春 沈卫德	主编	高等教育出版社 2015.9
146	实用医学统计学与 SAS 应用	编著	张明芝 李红美 吕大兵	主编	苏州大学出版社 2015.8
147	SNP检测技术与个体化药物治疗	编著	周国华	主编	苏州大学出版社 2015.2
148	药学学科综合训练教程	编著	镇学初 杨 红	主编	人民卫生出版社 2015.12
149	生物制药工艺学	编著	吴梧桐	主编	中国医药科技出版社 2015.8
150	生物化学与分子生物学	编著	张玉彬	主编	人民卫生出版社 2015.2
151	生理学学习指导	编著	夏永梅 蒋 萍	主编	科学出版社 2015.8
152	自噬：生物学与疾病.基础卷	编著	秦正红	主编	科学出版社 2015.6
153	自噬：生物学与疾病.临床卷	编著	乐卫东	主编	科学出版社 2015.6
154	护理人文修养	编著	李惠玲 张秀伟	主编	人民卫生出版社 2015.4
155	吴门补乘 苏州织造局志	点校	钱思元 孙珮辑 （清）	著	上海古籍出版社 2015.1
156	实用肿瘤诊断与治疗学	编著	庄志祥 杨 宇 吴慧等	主编	西安交通大学出版社 2015.5
157	妇产科与儿科诊疗精要	编著	昌晓军 朱维培 邹立波	主编	天津科学技术出版社 2015.12

续表

序号	专著名称	类别	编著译者		出版单位、时间
158	临床微生物学检验技术实验指导*	编著	邵世和 杜　鸿	主编	江苏大学出版社 2014.12
159	儿童微生态健康从0到1	编著	武庆斌 王　静	主编	金盾出版社 2015.11
160	儿科护患沟通指南	编著	阐玉英 许志玉 姚文英	主编	人民卫生出版社 2015.12

注：标"*"者为《苏州大学年鉴2015》未列。

2015年苏州大学规章制度文件目录

2015年苏州大学规章制度文件目录一览表

	文 号	题 目	日 期
1	苏大委〔2015〕5号	苏州大学关于落实党风廉政建设党委主体责任、纪委监督责任的实施意见	2015年1月30日
2	苏大委〔2015〕7号	苏州大学机关作风效能建设考评办法(试行)	2015年2月2日
3	苏大委〔2015〕25号	苏州大学教职工代表大会实施办法	2015年5月13日
4	苏大委〔2015〕48号	苏州大学处级领导班子和处级领导职务干部年度考核实施办法	2015年11月19日
5	苏大委〔2015〕50号	苏州大学思想政治教育中青年优秀人才支持计划实施办法(暂行)	2015年12月17日
6	苏大人〔2015〕156号	苏州大学与国(境)外学术机构联合聘用博士后研究人员管理办法	2015年10月26日
7	苏大学术委〔2015〕1号	苏州大学学术委员会议事规则(试行)	2015年10月20日
8	苏大学位〔2015〕1号	苏州大学专业学位研究生指导教师评聘办法	2015年3月1日
9	苏大研〔2015〕13号	苏州大学研究生教育督查与指导委员会工作条例	2015年5月12日
10	苏大研〔2015〕15号	苏州大学研究生就业指导工作管理办法(试行)	2015年5月19日
11	苏大教〔2015〕26号	苏州大学关于外国留学本科生教学管理及毕业、学位授予的若干规定	2015年3月31日
12	苏大教〔2015〕28号	苏州大学推荐优秀应届本科毕业生免试攻读硕士学位研究生工作实施办法(修订稿)	2015年4月17日

续表

	文 号	题 目	日 期
13	苏大教〔2015〕36号	苏州大学学院(部)本科教学工作考评方案(试行)	2015年6月1日
14	苏大财〔2015〕20号	苏州大学自费来华留学生收费管理办法	2015年12月18日
15	苏大保〔2015〕1号	苏州大学安全管理暂行规定	2015年1月4日
16	苏大保〔2015〕2号	苏州大学校园交通安全管理规定(2014年修订)	2015年1月4日
17	苏大保〔2015〕3号	苏州大学门卫管理规定(修订)	2015年1月4日
18	苏大保〔2015〕4号	苏州大学消防安全管理规定(2014年修订)	2015年1月4日
19	苏大国资〔2015〕1号	苏州大学教学科研用房管理实施细则(试行)	2015年1月14日
20	苏大国资〔2015〕2号	苏州大学支撑服务用房管理实施细则(试行)	2015年1月14日
21	苏大后〔2015〕14号	苏州大学维修改造项目管理办法	2015年9月24日
22	苏大外〔2015〕18号	苏州大学外国留学生管理规定	2015年1月19日
23	苏大审〔2015〕3号	苏州大学内部审计工作规定(暂行)	2015年12月31日
24	苏大审〔2015〕4号	苏州大学领导干部经济责任审计办法(暂行)	2015年12月31日
25	苏大审〔2015〕5号	苏州大学科研经费审计办法(暂行)	2015年12月31日
26	苏大审〔2015〕6号	苏州大学基本建设工程项目财务决算审计办法(暂行)	2015年12月31日
27	苏大审〔2015〕7号	苏州大学基本建设工程项目施工过程跟踪审计办法(暂行)	2015年12月31日
28	苏大审〔2015〕8号	苏州大学建设工程项目竣工结算审计办法(暂行)	2015年12月31日

2015年市级以上媒体关于苏州大学的报道部分目录

新 闻 标 题	媒体名称	刊发时间
央视新闻频道报道我校学子寒假公益活动	《央视新闻》	2015年2月11日
熊思东副校长"两会"发言广受央视等重大媒体关注	《央视新闻》	2015年3月6日
央视《今日说法》采访我校司法鉴定中心	《央视新闻》	2015年3月9日
我校附属理想眼科医院眼角膜移植手术	《央视新闻》	2015年4月9日
央视《东方时空》报道我校剑桥——苏大基因组资源中心	《央视新闻》	2015年4月16日
央视新闻频道报道刘延东副总理视察苏州纳米科技协同创新中心	《央视新闻》	2015年4月25日
苏大学子亮相央视"五月的鲜花"	央视一频道	2015年5月4日
我校多位校友经历再现央视一套大片《丝绸之路传奇》	央视三频道《文化十分》	2015年10月19日
央视报道"早教班关门跑路,学员无课可上"采访我校方新军教授	央视十三频道	2015年7月22日
视频:中国教育电视台《职来职往》苏州大学专场	《中国教育电视台》	2015年7月25日
《舌尖》总顾问蔡澜在侨界大讲堂评点苏州菜	《人民日报》	2015年3月29日
亚太唯一突变小鼠胚胎干细胞库落户苏大	《人民日报》	2015年5月8日
苏州大学20年不忘英雄校友	《光明日报》	2015年4月2日
亚太唯一突变小鼠胚胎干细胞库落户苏大	《光明日报》	2015年5月7日
老挝苏州大学:架起服务两地的桥梁	《光明日报》	2015年6月12日
数百专家探讨东吴法学教育经验成就	《光明日报》	2015年9月9日

续表

新 闻 标 题	媒 体 名 称	刊 发 时 间
苏州大学:探索商科人才培养的"三大抓手"	《光明日报》	2015年12月20日
苏大:七龄童患病 爱心总动员	《中国教育报》	2015年2月2日
推动读书十大人物获奖感言	《中国教育报》	2015年4月23日
苏州大学辅导员黄郁健给学生家长写信"家访"	《中国教育报》	2015年4月25日
给大学课堂一个上网的理由	《中国教育报》	2015年5月11日
导师制从"输血"到"造血"	《中国教育报》	2015年5月14日
滋养中外学生的翰墨文化	《中国教育报》	2015年5月25日
苏州大学脊椎性肌肉萎缩症研究取得重大突破	《中国科学报》	2015年1月29日
苏州大学将打造一批学生支教示范课	《中国科学报》	2015年2月26日
苏州大学中国传统文化工作坊连获三奖	《中国科学报》	2015年3月5日
美国劳伦斯伯克利国家实验室主任受聘苏州大学名誉教授	《中国科学报》	2015年3月12日
慕课时代,师生关系须"春风化雨"	《中国科学报》	2015年3月12日
苏州大学学子开展爱心义诊	《中国科学报》	2015年3月19日
何吉欢:用数学来做纺织	《中国科学报》	2015年3月26日
苏大学子举办自闭症儿童艺术作品展	《中国科学报》	2015年4月9日
苏州大学学术科技文化节创意展聚焦创客	《中国科学报》	2015年5月7日
建筑课上的"头脑风暴"	《中国科学报》	2015年6月11日
在老挝"辛苦并快乐着"的苏大人	《中国科学报》	2015年6月18日
苏大文正学院首位空姐放飞蓝天	《中国科学报》	2015年8月6日
苏大创新领袖训练营开讲	《中国科学报》	2015年8月6日
秦岭深处"兰草"香	《中国科学报》	2015年8月13日
苏州大学举办首届国际大学生新媒体节	《中国科学报》	2015年8月20日
苏大学子为老区留守儿童送上"艺术课"	《中国科学报》	2015年8月27日
苏大人的丝路情缘	《中国科学报》	2015年10月29日

续表

新闻标题	媒体名称	刊发时间
科学制定国家治理体系现代化时间表	《中国社会科学报》	2015年4月24日
苏州大学成立儿童药研发中心	《中国医药报》	2015年7月7日
苏州援陕医生史明入选中国好人榜	《新华日报》	2015年1月13日
他用生命诠释责任与奉献	《新华日报》	2015年1月21日
为青春摆渡,亦师亦友亦兄姐	《新华日报》	2015年5月15日
"一带一路"上的教育先行军	《新华日报》	2015年5月29日
古韵今风 醉美苏大	《新华日报》	2015年6月3日
苏大附一院获巴黎医疗大奖	《新华日报》	2015年6月24日
新生儿病区乔迁 警方派警车护送	《新华日报》	2015年6月24日
苏州大学:精心编织培养一流人才的摇篮	《新华日报》	2015年6月24日
部分高校预估分数线出炉	《新华日报》	2015年6月26日
苏大艺术研究院书法篆刻中心揭牌	《新华日报》	2015年6月26日
全国中学生辩论赛苏大开赛	《新华日报》	2015年7月23日
为建设新江苏培养更多更优秀人才	《新华日报》	2015年9月10日
苏大附一院预约诊疗服务平台上线	《新华日报》	2015年9月11日
中国历史文化名城(苏州)研究院成立	《新华日报》	2015年10月16日
苏大学子进社区为老人义诊	《新华日报》	2015年11月20日
苏州5院校园网络课堂获团省委表彰	《新华日报》	2015年11月20日
十年扶贫路 谱写援教歌	《新华日报》	2015年12月10日
"校银"合作培养"专才"	《新华日报》	2015年12月18日
苏大附儿院举办圣诞节暖心活动	《新华日报》	2015年12月25日
全国大学生艺术展演 苏大斩获两个一等奖	《扬子晚报》	2015年3月2日
苏州大学自主招生笔试科目增加	《扬子晚报》	2015年3月5日
专家义诊进社区,居民家门口看名医	《扬子晚报》	2015年3月19日
张跃明当选"最美援外医生"	《扬子晚报》	2015年3月27日
苏州大学今年新增4个本科专业	《扬子晚报》	2015年3月31日

续表

新 闻 标 题	媒 体 名 称	刊 发 时 间
苏大辅导员整整花了半个月给350名学生家长写信	《扬子晚报》	2015年4月22日
苏州大学成立精准医学重点实验室	《扬子晚报》	2015年4月23日
苏大学子创办首家社区"爱心银行"	《扬子晚报》	2015年4月24日
200余名专家云集国际乒联科学大会苏大开幕	《扬子晚报》	2015年4月24日
苏大学子亮相央视"五月的鲜花"主题晚会	《扬子晚报》	2015年5月6日
国家级"胸痛中心"昨日认证揭牌	《扬子晚报》	2015年5月8日
大学生进"模拟舱"提前适应职场	《扬子晚报》	2015年5月13日
四所公立医院在生命关爱学校设专家义诊点	《扬子晚报》	2015年5月27日
想当空姐空少？请注意这条信息	《扬子晚报》	2015年5月30日
苏大附属儿童医院园区总院昨启用	《扬子晚报》	2015年6月2日
苏州大学现"学霸宿舍"6人考研成功	《扬子晚报》	2015年6月6日
江苏8所大学进亚洲300强	《扬子晚报》	2015年6月11日
学弟拍校园美景制成明信片送给要毕业的学长学姐	《扬子晚报》	2015年6月12日
自主招生、农村学生单独招生昨开考	《扬子晚报》	2015年6月15日
老挝苏大，中国在海外创办的首个高等学府	《扬子晚报》	2015年6月18日
握手、发证、合影……校长站了十几个小时	《扬子晚报》	2015年6月24日
苏州大学答考生问	《扬子晚报》	2015年6月24日
苏大文正学院首批空姐空少上天	《扬子晚报》	2015年7月8日
苏大新生录取通知预计25日发到手中	《扬子晚报》	2015年7月15日
东京审判判决书原件首次亮相苏州	《扬子晚报》	2015年7月15日
苏大学子赴老区为留守儿童送"艺术课"	《扬子晚报》	2015年7月21日
第四届全国中学生辩论赛在苏大开赛	《扬子晚报》	2015年7月23日
苏州大学应用技术学院：致力培养高层次应用型创新人才	《扬子晚报》	2015年7月25日
中国大学生广告艺术节苏大学子捧得两项大奖	《扬子晚报》	2015年8月11日

续表

新 闻 标 题	媒体名称	刊 发 时 间
大学生带山里娃演历史剧《东京审判》	《扬子晚报》	2015年8月17日
凌晨偶遇,苏大校友留宿素不相识的母子俩	《扬子晚报》	2015年9月15日
大学生调研"华夏第一钢村" 撰写万字调研报告供当地政府参考	《扬子晚报》	2015年9月15日
苏州大学·隆力奇国际奖学金计划启动	《扬子晚报》	2015年9月22日
苏大非洲学霸一年拿下汉语5级	《扬子晚报》	2015年9月30日
苏大两教授入选全球高引用科学家	《扬子晚报》	2015年10月9日
江苏美术统考12月6日开考	《扬子晚报》	2015年10月21日
苏大校园3 000人马拉松明开幕	《扬子晚报》	2015年11月13日
苏大老师推出微信课堂	《扬子晚报》	2015年11月18日
苏大学子研制出油烟废气净化系统	《扬子晚报》	2015年11月25日
"如果给我再选择,我仍然不后悔"	《扬子晚报》	2015年11月27日
大学生即兴作诗纪念"一二·九"	《扬子晚报》	2015年12月10日
苏大人工心脏研究所课题入选中德合作研究项目	《江苏科技报》	2015年1月12日
苏大科研新发现 有望治疗脊髓性肌肉萎缩症	《江苏科技报》	2015年1月28日
苏州大学研发成功新型光催化剂	《江苏科技报》	2015年3月13日
苏大教授演绎纺织与数学的结合之美	《江苏科技报》	2015年3月18日
苏大博物馆推"微画"作品展	《江苏科技报》	2015年3月27日
苏大夏令营科普科研两不误	《江苏科技报》	2015年7月20日
苏大两教授入选今年全球高引用科学家	《江苏科技报》	2015年10月12日
苏大举办首场秋季招聘会	《江苏科技报》	2015年10月28日
苏大公益活动为留守儿童添冬衣	《江苏科技报》	2015年11月1日
苏大计算机学院设立"图灵班"	《江苏科技报》	2015年12月4日
苏大研究成果提升甲醇燃料电池性能	《江苏科技报》	2015年12月9日
以法制化管理推动实验动物产业发展	《江苏科技报》	2015年12月11日
苏大学生创立互联网电台 听众突破200万	《江苏科技报》	2015年12月11日
苏州以赛促训 培育技术创新人才	《江苏教育报》	2015年1月9日

续表

新闻标题	媒体名称	刊发时间
礼敬中华优秀传统文化　苏大工作坊荣登榜首	《江苏教育报》	2015年3月13日
苏大师生重访沛县　缅怀王晓军烈士	《江苏教育报》	2015年4月3日
高校协同创新，支撑江苏创新型省份建设	《江苏教育报》	2015年5月22日
青春传递正能量　爱心点燃中国梦	《江苏教育报》	2015年6月3日
苏大学子拍校园美景制明信片送学长学姐	《江苏教育报》	2015年6月19日
苏大学生世界大学生运动会夺金	《江苏教育报》	2015年7月17日
为建设新江苏培养更多更优秀人才	《江苏教育报》	2015年9月11日
奥运冠军孙杨苏大攻读硕士	《江苏教育报》	2015年9月18日
苏州大学开展"期末送温暖"主题系列活动	《江苏教育》	2015年1月30日
苏州大学加强假期校园安全工作	《江苏教育》	2015年2月2日
苏州大学大力弘扬中国优秀传统文化	《江苏教育》	2015年3月6日
苏州大学扎实做好学生职业生涯规划辅导工作	《江苏教育》	2015年3月26日
苏州大学深入实施人才强校战略	《江苏教育》	2015年3月27日
41万株突变小鼠胚胎干细胞落户苏大——全球仅四份　亚太地区唯一	《江苏教育》	2015年4月17日
国际乒联科学大会苏大开幕	《江苏教育》	2015年4月23日
创意涌动校园　苏大成立研究生创客中心	《江苏教育》	2015年4月28日
苏州大学研究生创客中心成立	《江苏教育》	2015年4月29日
苏州大学王健法学院迎百年华诞　校友"东京审判"建奇功	《江苏教育》	2015年9月7日
苏州大学着力推进资助育人工作	《江苏教育》	2015年9月15日
苏州大学学子在2015年全国机器人锦标赛上再创佳绩	《江苏教育》	2015年9月24日
苏州大学材料科学专业位列世界第70位	《江苏教育》	2015年10月12日
2015"同乐江苏"外国人汉语比赛在苏州大学举行	《江苏教育》	2015年10月16日
苏州大学着力做好学生就业工作	《江苏教育》	2015年10月16日
苏州大学开展创新领袖训练营	《江苏教育》	2015年10月16日

续表

新 闻 标 题	媒 体 名 称	刊 发 时 间
苏州大学举办首届国际大学生新媒体节	《江苏教育》	2015年10月16日
《江苏教育》:培养3 200余名"中国通"——韩国大真大学苏州分校成立十周年	《江苏教育》	2015年10月20日
苏州大学举行学生发展训练营	《江苏教育》	2015年10月23日
苏州大学积极推进优秀本科生国际交流项目	《江苏教育》	2015年11月2日
苏州大学加入江苏—安省大学合作联盟	《江苏教育》	2015年11月12日
苏州大学扎实推进新媒体建设工作	《江苏教育》	2015年12月7日
苏大政治与公共管理学院举办"一二·九"纪念活动	《江苏教育》	2015年12月11日
苏州大学校园先进典型引领大学生成长成才	《江苏教育》	2015年12月16日
罗志军在苏州大学看望教师时勉励广大教育工作者,为建设江苏培养更多更优秀人才	《江苏新时空》	2015年9月10日
苏州大学践行"三严三实"提高人才培养质量	《江苏新时空》	2015年10月26日
苏大人工心脏研究获流血基金资助	《江南时报》	2015年1月9日
苏大首个交响乐团奏响首场音乐会	《江南时报》	2015年1月13日
苏大附一院成功实施市首例甲状腺结节激光消融术	《江南时报》	2015年1月14日
《韩熙载夜宴图》存千年迷局 画中服饰、家具、礼仪都是宋朝Style	《江南时报》	2015年1月15日
全球第三例华东首例神经再生胶原支架复合间充质干细胞治疗脊髓损伤病例在苏大附一院完成	《江南时报》	2015年1月23日
脊髓性肌肉萎缩症患者有福音 苏大在此项研究中取得重大突破	《江南时报》	2015年1月23日
苏大附二院成功摘除一罕见"定时炸弹"	《江南时报》	2015年2月6日
"苏大中国传统文化工作坊"连获三奖	《江南时报》	2015年3月3日
苏大自主招生笔试科目增至两门	《江南时报》	2015年3月5日
苏大百余学生义卖汤圆	《江南时报》	2015年3月6日
"创客"走红 创业创新成发展"新引擎"	《江南时报》	2015年3月9日
"纳米科技之父"受聘苏大名誉教授	《江南时报》	2015年3月10日

续表

新闻标题	媒体名称	刊发时间
苏州首个苏大附一院志愿者服务基地落户淞泽社区	《江南时报》	2015年3月11日
苏大附一院首个团员志愿者服务基地落户淞泽	《江南时报》	2015年3月25日
国内首家一"孔"拆两"弹" 苏大附二院锁孔微创技术引领新前沿	《江南时报》	2015年3月27日
2015十大"最美援外医生"揭晓	《江南时报》	2015年3月27日
苏大今年新增4个本科专业	《江南时报》	2015年3月31日
服务社会 情融义诊	《江南时报》	2015年4月1日
苏大MOOC"学堂在线"正式开课	《江南时报》	2015年4月21日
国家级"儿童药中心"将落户苏州	《江南时报》	2015年4月23日
苏大辅导员给350名学生家长写书信	《江南时报》	2015年4月23日
国际乒联科学大会苏大开幕	《江南时报》	2015年4月24日
爱心无极限 社区志愿行	《江南时报》	2015年4月29日
陈勇兵:我尊重每一个生命	《江南时报》	2015年5月1日
苏大学子亮相央视"五月的鲜花"晚会	《江南时报》	2015年5月5日
苏大附二院运用手法复位治疗耳石症	《江南时报》	2015年5月8日
苏州大学司法鉴定中心协办"苏州寻亲会"活动	《江南时报》	2015年5月12日
苏大举办2015校友返校日活动	《江南时报》	2015年5月20日
治疗月经过多新利器 苏大附二院率先引进诺舒技术投入临床使用	《江南时报》	2015年5月22日
苏大附一院胸痛中心通过中国胸痛中心认证	《江南时报》	2015年6月8日
苏大"学霸寝室":6人考取研究生	《江南时报》	2015年6月9日
光明巴士进社区 守护居民眼健康	《江南时报》	2015年6月10日
写作手法更利于普通读者接受苏州大学教授为姑苏故居名宅"立传"	《江南时报》	2015年6月11日
这个毕业纪念品有点特别 学弟设计"致青春"明信片送学哥学姐	《江南时报》	2015年6月12日
苏大自主招生、农村学生单招开考	《江南时报》	2015年6月16日

续表

新 闻 标 题	媒 体 名 称	刊 发 时 间
苏大获高校校园文化建设一等奖	《江南时报》	2015年6月17日
苏大举行本科生学位授予仪式	《江南时报》	2015年6月24日
苏大文正学院首位空姐放飞蓝天	《江南时报》	2015年7月8日
苏州大学本一投档线揭晓	《江南时报》	2015年7月16日
苏大学子为老区留守儿童送上"艺术课"	《江南时报》	2015年7月21日
创业导师为学员"指点迷津"	《江南时报》	2015年7月23日
苏大新增两所"惠寒"学校	《江南时报》	2015年7月24日
曾一果:诗歌是历史的特殊表现形式	《江南时报》	2015年7月24日
李春雷做客苏大凤传院"传媒与当代文化"工作坊	《江南时报》	2015年7月24日
推拿按摩服务暖人心	《江南时报》	2015年7月29日
苏大科普送清凉	《江南时报》	2015年7月29日
义诊小分队走进凇潭社区	《江南时报》	2015年7月29日
苏大学生开展临终关怀社会调研实践活动	《江南时报》	2015年7月29日
苏大学子关爱"兰花草"传承"惠寒"情	《江南时报》	2015年7月31日
苏大女生夺全国校园主播赛金奖	《江南时报》	2015年8月4日
传播历史正能量 大学生带山里娃排演《东京审判》	《江南时报》	2015年8月6日
苏州大学李建明:揭示结直肠癌转移的发病规律	《江南时报》	2015年8月6日
苏大附一院成功开展帕金森病脑起搏器植入术	《江南时报》	2015年8月7日
苏大附二院成功参加"神盾2015"国家核应急联合演习	《江南时报》	2015年8月7日
苏大学子捧广告艺术节双项大奖	《江南时报》	2015年8月10日
龙虾好吃但要科学合理地食用	《江南时报》	2015年8月21日
苏大附一院平江院区明日正式投用	《江南时报》	2015年8月27日
苏大学子撰写家乡的抗战故事	《江南时报》	2015年9月1日
苏州安防与苏大传媒学院合作共建培养人才	《江南时报》	2015年9月25日

续表

新 闻 标 题	媒体名称	刊发时间
"90后"苏大辅导员给学生买肉月饼过中秋	《江南时报》	2015年9月9日
大学生调研新农村撰写万字报告 村民对民主事项参与度有待提高	《江南时报》	2015年9月11日
苏大6 000余名新生入学 入学科技范十足，暖心服务货点赞	《江南时报》	2015年9月15日
奥运冠军孙杨昨到苏大报到	《江南时报》	2015年9月17日
大学生调研：社区图书馆该如何盘活？	《江南时报》	2015年9月17日
苏大有对双胞胎姐妹花同班	《江南时报》	2015年9月23日
苏大有位非洲学霸：仅花一年就通过汉语5级	《江南时报》	2015年9月30日
"秘密花园"有了苏大版 苏州大学学生组成创意文化工作室	《江南时报》	2015年10月15日
苏州高校学子角逐电子设计竞赛	《江南时报》	2015年10月16日
中国历史文化名城（苏州）研究院成立	《江南时报》	2015年10月16日
苏大与韩国大真培养多名"中国通"	《江南时报》	2015年10月20日
苏州大学学生发展训练营启动	《江南时报》	2015年10月23日
苏大学子研制出油烟废气净化系统	《江南时报》	2015年11月5日
苏大"科学爸爸"走进小学校园	《江南时报》	2015年11月10日
苏州一高校老师推出微信课堂	《江南时报》	2015年11月18日
苏大女生角逐"最会说话女神"	《江南时报》	2015年12月9日
苏大举办"一二·九"纪念活动	《江南时报》	2015年12月10日
苏大学生纪念唐文治诞辰150周年	《江南时报》	2015年12月18日
苏州9名医生入选省"医德之星"	《现代快报》	2015年1月21日
"最美医生"史明 心系患者，直到生命最后一刻	《现代快报》	2015年1月23日
苏大自主招生简章出炉 今年笔试科目增至两门	《现代快报》	2015年3月5日
苏大新增4个本科专业 其中3个今年开始招生	《现代快报》	2015年3月31日
"学生孙杨"无特权 想毕业？先修够学分！	《现代快报》	2015年4月7日
孩子在学校过得怎样 老师给家长写信聊聊	《现代快报》	2015年4月22日

续表

新 闻 标 题	媒 体 名 称	刊 发 时 间
苏大"爱心银行"首次开进社区	《现代快报》	2015年4月23日
孙杨为读研现身苏大	《现代快报》	2015年4月25日
随时待命,为心梗患者争取"黄金90分钟"	《现代快报》	2015年5月8日
苏大附儿院总院昨起接诊	《现代快报》	2015年6月2日
两个学弟设计"致青春"校园明信片让学哥学姐收获感动	《现代快报》	2015年6月12日
苏大自主招生笔试、面试两天搞掂	《现代快报》	2015年6月15日
苏大女高才生毕业4年成创业明星	《现代快报》	2015年6月17日
苏州大学老挝办学创中国海外办学先例	《现代快报》	2015年6月18日
苏大本一投档线揭晓	《现代快报》	2015年7月15日
上《职来职往》找工作 3名苏大学子心想事成	《现代快报》	2015年7月23日
每小时30元,你愿意雇人遛狗吗?	《现代快报》	2015年8月17日
小龙虾体内重金属含量究竟有多高	《现代快报》	2015年8月20日
苏大5名教授组成导师团为孙杨"量身定课"	《现代快报》	2015年9月17日
"秘密花园"有了苏大版	《现代快报》	2015年10月25日
江苏首例纳米刀手术在苏大附一院成功开展	《现代快报》	2015年11月7日
大学老师开微信课堂,没学生想逃课了	《现代快报》	2015年11月18日
江苏传统服饰亮相曼谷	《现代快报》	2015年12月11日
儿童医院门急诊总量再"爆棚"	《现代快报》	2015年12月22日
一天6 800人次 儿童医院门诊量创新高	《现代快报》	2015年12月22日
"一定要生下来!"血友病患者冒死产子	《现代快报》	2015年12月22日
苏大学生街舞比赛迎新年	《苏州日报》	2015年1月1日
独墅湖医院今年开建	《苏州日报》	2015年1月6日
苏大七学科进入ESI全球前1%	《苏州日报》	2015年1月7日
再造"舌尖上的苏州"	《苏州日报》	2015年1月8日
优秀中小学体育老师应该具备哪些条件	《苏州日报》	2015年1月9日
小学生给大学生打分 票选最棒支教课程	《苏州日报》	2015年1月9日

续表

新 闻 标 题	媒体名称	刊发时间
走进折翼天使的单纯世界	《苏州日报》	2015年1月9日
苏大科研成果成功斩获国家技术发明奖二等奖	《苏州日报》	2015年1月10日
脊柱上打钢钉 机器人更精准	《苏州日报》	2015年1月14日
"花样"期末考,谁会被考倒?	《苏州日报》	2015年1月19日
苏州9医生获评江苏省"医德之星"	《苏州日报》	2015年1月21日
"最美医生"史明纪录片今推出	《苏州日报》	2015年1月26日
记"最美医生"苏大附二院妇产科医生史明	《苏州日报》	2015年1月27日
医生,要有"勇敢的心"	《苏州日报》	2015年1月29日
急寻A型血小板捐献者	《苏州日报》	2015年1月30日
2014年度苏州十佳魅力科技人物出炉	《苏州日报》	2015年2月1日
血栓消融仪"扫除"深静脉血栓	《苏州日报》	2015年2月2日
肝脏脓肿从口中取出	《苏州日报》	2015年2月9日
"2014年中国高被引学者榜单"发布,苏大上榜13位学者	《苏州日报》	2015年2月10日
博习医院与国立医学院师生之缘	《苏州日报》	2015年2月13日
儿童医院园区总院变电站顺利投运	《苏州日报》	2015年2月13日
"冷血",是为了冷静诊治	《苏州日报》	2015年2月25日
苏大师生获两个一等奖	《苏州日报》	2015年3月2日
苏大传统文化工作坊上榜	《苏州日报》	2015年3月3日
苏大自主招生今年出新政	《苏州日报》	2015年3月5日
苏大师生研发新型催化剂	《苏州日报》	2015年3月5日
用数学来做纺织的"怪咖"	《苏州日报》	2015年3月5日
义卖汤圆帮助困难同学	《苏州日报》	2015年3月6日
苏大学生发起公益项目	《苏州日报》	2015年3月7日
注重服务便捷 凸显医疗特色	《苏州日报》	2015年3月10日
"爱心学社"志愿服务已坚持十年	《苏州日报》	2015年3月12日
加快推广"医养结合"养老模式	《苏州日报》	2015年3月13日

续表

新 闻 标 题	媒体名称	刊发时间
母爱无疆 捐肾救女	《苏州日报》	2015年3月15日
玩具弓箭险射瞎女童眼睛	《苏州日报》	2015年3月17日
苏大文正学院开展志愿者服务培训	《苏州日报》	2015年3月19日
为7岁女童点燃生命之光	《苏州日报》	2015年3月19日
图文:"小爱无声"志愿者来到老年公寓为60名老人义诊	《苏州日报》	2015年3月23日
苏大博物馆推"微画"作品展	《苏州日报》	2015年3月26日
他把圭亚那孕产妇死亡率降到史上最低	《苏州日报》	2015年3月27日
苏大新增四个本科专业	《苏州日报》	2015年3月31日
世界冠军孙杨 或来苏大读研	《苏州日报》	2015年4月6日
吴静钰与志愿者"面对面"	《苏州日报》	2015年4月12日
世乒礼仪形象大使 17岁苏州女孩担纲	《苏州日报》	2015年4月12日
苏大微软学生俱乐部成立	《苏州日报》	2015年4月16日
亚太唯一突变小鼠胚胎干细胞资源库落户苏大	《苏州日报》	2015年4月17日
苏大大学生电影节开幕	《苏州日报》	2015年4月18日
大学生路演乒乓操	《苏州日报》	2015年4月21日
350封亲笔信展温情家访	《苏州日报》	2015年4月22日
浓郁氛围吸引"创客"云集	《苏州日报》	2015年4月24日
孙杨同学来了,好帅!	《苏州日报》	2015年4月25日
坚守急诊室 34年成"家长"	《苏州日报》	2015年5月1日
原创群舞展现正能量	《苏州日报》	2015年5月5日
苏州儿童哮喘患病率逐年上升	《苏州日报》	2015年5月5日
扑下身子抓好各项部署落实 确保工作干在实处见到成效	《苏州日报》	2015年5月8日
金鸡湖畔崛起"创客天堂"	《苏州日报》	2015年5月8日
王尧:"文化苏州"中的文艺、学术与大学	《苏州日报》	2015年5月8日
数千校友回家看看 苏大举办校友返校日活动	《苏州日报》	2015年5月17日

续表

新 闻 标 题	媒 体 名 称	刊 发 时 间
意籍华人打"飞的"来苏做手术	《苏州日报》	2015年5月17日
魏来书画巡展首选苏州站	《苏州日报》	2015年5月21日
"细胞"里的园林医院	《苏州日报》	2015年5月22日
17家医院可用微信挂号	《苏州日报》	2015年5月23日
爱相"髓"点燃重生希望	《苏州日报》	2015年5月26日
新儿童医院像个游乐园	《苏州日报》	2015年5月30日
儿科专家两院区"轮转"坐诊	《苏州日报》	2015年6月2日
苏大有间"学霸寝室"	《苏州日报》	2015年6月6日
两大集聚区引领文艺苏州范儿	《苏州日报》	2015年6月6日
苏大学生太湖畔比拼导游技能	《苏州日报》	2015年6月7日
青春背影 温情目送	《苏州日报》	2015年6月7日
苏州大学交响乐团在独墅湖校区音乐厅上演本年度第二场音乐会(图文)	《苏州日报》	2015年6月8日
吴商文化有何时代价值?	《苏州日报》	2015年6月9日
东吴书院揭牌	《苏州日报》	2015年6月10日
中美冠科牵手苏大 共同培养新药研发人才	《苏州日报》	2015年6月10日
俩学弟将校园美景"变"明信片赠毕业生	《苏州日报》	2015年6月12日
图文:苏州大学金螳螂建筑学院连同加拿大瑞尔森大学学生一起开展设计研讨	《苏州日报》	2015年6月15日
试卷难度不亚于高考	《苏州日报》	2015年6月15日
寄语毕业生 努力坚守梦想	《苏州日报》	2015年6月24日
"专车"护送16名患儿搬"新家"	《苏州日报》	2015年6月24日
苏大艺术研究院书法篆刻中心揭牌	《苏州日报》	2015年6月25日
苏州考生偏爱"家门口"高校	《苏州日报》	2015年6月28日
Heading for the new hospital(图文)	《苏州日报》	2015年6月29日
不器斋词学论稿	《苏州日报》	2015年7月3日
过半苏大毕业生选择留苏	《苏州日报》	2015年7月4日
文正学院空乘班过半大三学生被预订	《苏州日报》	2015年7月8日

续表

新 闻 标 题	媒体名称	刊 发 时 间
百名苏大学子市级机关实习	《苏州日报》	2015年7月14日
苏大学生跆拳道比赛夺金	《苏州日报》	2015年7月14日
苏大"惠寒"学校达23所	《苏州日报》	2015年7月24日
起步不求成功　经历也是财富	《苏州日报》	2015年7月27日
"东吴杯"全国中学生辩论赛落幕	《苏州日报》	2015年7月28日
苏大学子摘获两项大奖	《苏州日报》	2015年8月11日
苏大举办首届大学生新媒体节	《苏州日报》	2015年8月17日
"体演式教学法"提升学生竞争力	《苏州日报》	2015年8月22日
苏大学生将"献计"APEC	《苏州日报》	2015年8月30日
大学生建APP平台　方便异地就医人群	《苏州日报》	2015年8月31日
"东吴法学"助力东京审判	《苏州日报》	2015年9月4日
200学生共同见证	《苏州日报》	2015年9月4日
姑苏讲堂将开讲《苏州园林与红楼梦》	《苏州日报》	2015年9月11日
张学光:严谨创新　成就"大学之道"	《苏州日报》	2015年9月11日
高校迎新　好玩的才刚开始	《苏州日报》	2015年9月13日
校企合作助力人才培养	《苏州日报》	2015年9月19日
隆力奇支持苏州大学人才计划　资助200名在苏留学生	《苏州日报》	2015年9月22日
插画里都是故事	《苏州日报》	2015年9月25日
聚专家智慧谋划"十三五"发展	《苏州日报》	2015年9月26日
苏大附一院骨科国际病区迁入平江院区	《苏州日报》	2015年9月26日
"有高颜值,更有高实力"	《苏州日报》	2015年9月27日
请新生尝"苏州味道"	《苏州日报》	2015年9月27日
苏大附二院采用微创机械血栓清除术治愈股青肿	《苏州日报》	2015年9月27日
爸爸们可亲手剪断脐带	《苏州日报》	2015年9月29日
图文:别样美景	《苏州日报》	2015年10月3日
苏大材料科学专业位列世界第70位	《苏州日报》	2015年10月10日

续表

新 闻 标 题	媒体名称	刊发时间
短片记录 魅力东山	《苏州日报》	2015年10月11日
"秘密花园"有了苏大版	《苏州日报》	2015年10月15日
高校学子电子设计赛昨颁奖	《苏州日报》	2015年10月15日
中国历史文化名城(苏州)研究院成立	《苏州日报》	2015年10月16日
苏大两研究生工作站获评省级优秀	《苏州日报》	2015年10月23日
3D打印再造脊柱 苏州医生正"试刀"	《苏州日报》	2015年10月25日
《前任2》来苏路演	《苏州日报》	2015年10月26日
陈龙:冷静、理性看待网络声浪	《苏州日报》	2015年10月30日
15位"85后"摘全国性文学大奖	《苏州日报》	2015年11月2日
吴中区:慈善助学走出第一位博士	《苏州日报》	2015年11月3日
苏大学生研发净化系统 PM2.5 去除率达96.5%	《苏州日报》	2015年11月5日
成本监审战线的"忠诚卫士"	《苏州日报》	2015年11月6日
苏大附一院成功开展江苏省首例纳米刀手术	《苏州日报》	2015年11月7日
苏大附一院建立"医联体"	《苏州日报》	2015年11月9日
回母校 来一场浪漫婚礼	《苏州日报》	2015年11月10日
苏大校园马拉松三度"鸣枪"	《苏州日报》	2015年11月15日
以绿色发展建设美丽苏州	《苏州日报》	2015年11月15日
首届苏州中外足球赛 苏州大学队夺冠	《苏州日报》	2015年11月16日
苏大老师突破传统教学打造微信课堂	《苏州日报》	2015年11月18日
Halfmarathon On Campus	《苏州日报》	2015年11月23日
"出手救人是我的本能反应"	《苏州日报》	2015年11月25日
苏大援教老师 谱写生命赞歌	《苏州日报》	2015年11月26日
宋璐:新型生育文化促进"二孩"落地	《苏州日报》	2015年11月27日
苏大计算机学院首设"图灵班"	《苏州日报》	2015年11月28日
金色校园	《苏州日报》	2015年11月29日
社区里来了大学生"小师傅"	《苏州日报》	2015年12月3日

续表

新 闻 标 题	媒 体 名 称	刊 发 时 间
践行发展新理念 实现发展新目标	《苏州日报》	2015年12月4日
情景短剧传递法律知识	《苏州日报》	2015年12月4日
大学生志愿者与孩子们约定每周三的陪伴	《苏州日报》	2015年12月4日
倪祥保：中国电影发展需要兼顾产业和艺术	《苏州日报》	2015年12月4日
苏州大学·隆力奇国际奖学金颁发	《苏州日报》	2015年12月6日
"头胎剖"的妈妈生二胎可顺产	《苏州日报》	2015年12月7日
探问"供给侧改革"的苏州作为	《苏州日报》	2015年12月7日
苏州大学生实践经营创业大赛开幕	《苏州日报》	2015年12月10日
大学生自办爱国主题诗会	《苏州日报》	2015年12月10日
上海盲爸爸来苏"看"儿子 苏州人爱心接力一路当他眼睛	《苏州日报》	2015年12月15日
五年将助千名职工"专升本"	《苏州日报》	2015年12月16日
苏大文正学院与企业签订专项人才合作培养协议	《苏州日报》	2015年12月16日
苏大附一院平江院区急救分站启用	《苏州日报》	2015年12月18日
苏大附一院开辟脑卒中急救"绿色通道" 首届中国脑血管病高峰论坛在我市召开	《苏州日报》	2015年12月19日
社区联手苏大共同普法 看情景剧守护舌尖上的安全	《苏州日报》	2015年12月23日
14个新编舞蹈"接地气"	《苏州日报》	2015年12月28日
"姑苏七君"书画作品迎新年	《苏州日报》	2015年12月31日
苏大附二院吴中分院明年上半年开建	《苏州日报》	2015年12月31日
苏州好医生史明入选中国好人榜	《姑苏晚报》	2015年1月1日
苏州姑娘吴静钰当选中国奥委会执委	《姑苏晚报》	2015年1月1日
苏大附一院平江新院投入使用	《姑苏晚报》	2015年1月1日
苏大附儿院园区总院将开诊	《姑苏晚报》	2015年1月1日
工业园区与苏大合作 推进人才引进与培养	《姑苏晚报》	2015年1月6日
没有阅读是大学教育最大问题	《姑苏晚报》	2015年1月6日
苏大体育专业学生展示技能	《姑苏晚报》	2015年1月9日

续表

新闻标题	媒体名称	刊发时间
苏大打造学生支教示范课	《姑苏晚报》	2015年1月9日
苏大交响乐团奏响首场音乐会	《姑苏晚报》	2015年1月11日
"机器人"也能给病人做手术了	《姑苏晚报》	2015年1月14日
马卫中:苏大自主招生考试确定高考后举行	《姑苏晚报》	2015年1月21日
苏大附一院医生昨天做了台手术是全球第三例	《姑苏晚报》	2015年1月22日
研究脊髓性肌肉萎缩症 苏大取得重大突破	《姑苏晚报》	2015年1月23日
建议创立"史明医生基金"	《姑苏晚报》	2015年1月23日
史大夫心里装的全是病人	《姑苏晚报》	2015年1月26日
"最美医生"史明纪录片今天推出	《姑苏晚报》	2015年1月26日
想了二十年,40岁中年女子"飞秒"圆了摘镜梦	《姑苏晚报》	2015年1月27日
"史大叔"从未离我们而去	《姑苏晚报》	2015年1月27日
年轻乐手梦	《姑苏晚报》	2015年1月28日
附二院20年献血超100万毫升	《姑苏晚报》	2015年2月6日
苏大附一院将开设运动障碍门诊	《姑苏晚报》	2015年2月11日
苏大师生斩获2个一等奖	《姑苏晚报》	2015年3月2日
苏大成功研发新型光催化剂	《姑苏晚报》	2015年3月5日
小小汤圆 承载爱心	《姑苏晚报》	2015年3月6日
校园流行萌萌的"女生节"	《姑苏晚报》	2015年3月8日
苏大教授破未解之谜:麻将文化起源于苏州	《姑苏晚报》	2015年3月10日
为什么说麻将文化起源于苏州	《姑苏晚报》	2015年3月10日
苏大文正学院"专转本"招生启动	《姑苏晚报》	2015年3月12日
青奥会志愿者回母校"传经送宝"	《姑苏晚报》	2015年3月19日
爱心义卖情暖大学校园	《姑苏晚报》	2015年3月20日
世乒赛礼仪志愿者冲刺训练蛮拼的!	《姑苏晚报》	2015年3月25日
"世乒礼仪形象大使"进行复赛	《姑苏晚报》	2015年3月25日
苏州医生当选"最美援外医生"	《姑苏晚报》	2015年3月27日

续表

新 闻 标 题	媒 体 名 称	刊 发 时 间
专转本选拔考试本周六举行	《姑苏晚报》	2015年3月27日
志愿者首进世乒赛场馆	《姑苏晚报》	2015年3月28日
重访沛县缅怀王晓军烈士	《姑苏晚报》	2015年3月29日
深静脉血栓也能治疗	《姑苏晚报》	2015年3月31日
访苏州大学新聘教授蔡澜	《姑苏晚报》	2015年3月31日
苏大今年新增4个本科专业	《姑苏晚报》	2015年3月31日
运动康复 孕育美好春天	《姑苏晚报》	2015年4月2日
奥运冠军孙杨来苏读研是真的！	《姑苏晚报》	2015年4月6日
院企合作成立微软学生俱乐部	《姑苏晚报》	2015年4月10日
世乒赛志愿者大使吴静钰与志愿者面对面	《姑苏晚报》	2015年4月12日
苏大学生社团助力世乒 发起绿色骑行	《姑苏晚报》	2015年4月13日
2015年全国眼科年会，顶级学术盛宴上崭露"锋芒"	《姑苏晚报》	2015年4月14日
突变小鼠胚胎干细胞落户苏大	《姑苏晚报》	2015年4月17日
杨绛在东吴大学	《姑苏晚报》	2015年4月19日
苏大留学生欢度老挝泼水节	《姑苏晚报》	2015年4月19日
苏大附二院成功举办国家级继续教育项目	《姑苏晚报》	2015年4月21日
苏州大学MOOC(慕课)"学堂在线"正式开课	《姑苏晚报》	2015年4月21日
苏大老师给350名学生家长写信	《姑苏晚报》	2015年4月22日
苏大与防癌机构成立精准医学实验室	《姑苏晚报》	2015年4月22日
走近世乒赛大学生志愿者	《姑苏晚报》	2015年4月23日
苏大"爱心银行"进社区	《姑苏晚报》	2015年4月23日
国际乒联体育科学大会在苏大举行	《姑苏晚报》	2015年4月23日
苏州大学联合多家单位成立儿童药研发中心	《姑苏晚报》	2015年4月23日
昆曲遗韵惊艳上海	《姑苏晚报》	2015年4月27日
苏大成立研究生创客中心	《姑苏晚报》	2015年4月27日
2015年第二届眼内窥镜暨复杂玻切研讨会在苏成功举办	《姑苏晚报》	2015年4月28日

续表

新闻标题	媒体名称	刊发时间
世乒赛有的不仅仅是精彩比赛	《姑苏晚报》	2015年4月28日
小青葱那一抹难忘的世兵记忆	《姑苏晚报》	2015年5月3日
苏大学子亮相央视"五月的鲜花"	《姑苏晚报》	2015年5月5日
大学生炒股无可厚非，但要量力而行	《姑苏晚报》	2015年5月5日
心梗的救治时间能缩短半小时	《姑苏晚报》	2015年5月8日
倾情"书院式阅读"的大学教授	《姑苏晚报》	2015年5月10日
最近苏大校花又红了？哪来那么多女神啊	《姑苏晚报》	2015年5月11日
与国际接轨，苏州白内障手术正式开启飞秒"无刀"时代	《姑苏晚报》	2015年5月12日
大学宿舍神器尽显民间智慧	《姑苏晚报》	2015年5月13日
一路奔跑 看母校变迁	《姑苏晚报》	2015年5月17日
苏大附一院平江新院将推出微信"实时候诊"功能	《姑苏晚报》	2015年5月20日
近期眼科门诊1/3是红眼病	《姑苏晚报》	2015年5月22日
8岁男孩玩"小地雷"炸伤右眼	《姑苏晚报》	2015年5月22日
微信能挂苏州17家医院专家号	《姑苏晚报》	2015年5月23日
"左眼跳财、右眼跳灾"没依据	《姑苏晚报》	2015年5月27日
姑苏讲堂下周三开讲	《姑苏晚报》	2015年5月29日
高招空乘类专业报考办法公布	《姑苏晚报》	2015年5月30日
附儿院园区总院"六一"启用	《姑苏晚报》	2015年5月30日
《职来职往》就业指导直通车开进苏大	《姑苏晚报》	2015年6月1日
中外学生共奏交响乐	《姑苏晚报》	2015年6月1日
"新儿院"首日接诊千人	《姑苏晚报》	2015年6月2日
苏大学霸寝室6人考取研究生	《姑苏晚报》	2015年6月6日
苏大音乐学院教员赴上海奏响《来自苏州的声音》	《姑苏晚报》	2015年6月8日
中加学生翻转课堂 创意设计木结构建筑	《姑苏晚报》	2015年6月9日
江苏东吴书院揭牌	《姑苏晚报》	2015年6月10日

续表

新 闻 标 题	媒 体 名 称	刊 发 时 间
毕业了,把母校揣进口袋走天涯	《姑苏晚报》	2015年6月13日
苏大自主招生、农村学生单招开考	《姑苏晚报》	2015年6月15日
苏大物理楼金属锂爆燃	《姑苏晚报》	2015年6月18日
书法大家 苏州大学文学院院长王尧追忆张充和	《姑苏晚报》	2015年6月19日
听杨绛谈往事	《姑苏晚报》	2015年6月21日
"来赛！龙舟！"	《姑苏晚报》	2015年6月21日
梦归笙歌张充和	《姑苏晚报》	2015年6月21日
同和讲堂开讲苏州的刻书和藏书	《姑苏晚报》	2015年6月23日
苏大举行学位授予仪式	《姑苏晚报》	2015年6月24日
"悟空"出山,走进大学课堂	《姑苏晚报》	2015年6月24日
苏大附一院吴德沛团队获国际奖项	《姑苏晚报》	2015年6月24日
彭根大,用爱心撑起一片晴空	《姑苏晚报》	2015年7月7日
苏大附二院在我市率先引进诺舒技术并投入临床使用	《姑苏晚报》	2015年7月7日
苏大文正学院首位空姐放飞蓝天	《姑苏晚报》	2015年7月8日
苏大一兴趣小组备战2015年全国物联网大赛	《姑苏晚报》	2015年7月9日
苏大陈晓东教授荣获国际工程与食品协会终身成就奖	《姑苏晚报》	2015年7月14日
教孩子和家长学会科学用脑	《姑苏晚报》	2015年7月17日
世界大运会苏大学生为中国跆拳道队夺金	《姑苏晚报》	2015年7月19日
大学生走进革命老区为留守儿童送上艺术课	《姑苏晚报》	2015年7月21日
"东吴杯"第四届全国中学生辩论赛开赛	《姑苏晚报》	2015年7月23日
苏大青荼支教团队启程助力四川	《姑苏晚报》	2015年7月23日
高校学子发起关爱"癌童"活动	《姑苏晚报》	2015年7月23日
苏大创新领袖训练营开讲	《姑苏晚报》	2015年7月27日
《吴中文库》与读者见面	《姑苏晚报》	2015年7月28日
苏大学生参加《职来职往》3人求职成功	《姑苏晚报》	2015年7月28日

续表

新 闻 标 题	媒体名称	刊发时间
大学生贵州山区开起主题班会	《姑苏晚报》	2015年7月29日
苏大学生开展临终关怀社会调研实践活动	《姑苏晚报》	2015年7月29日
大学生支教武术课受山里娃喜爱	《姑苏晚报》	2015年8月1日
苏大女生夺得全国校园主播大赛金奖	《姑苏晚报》	2015年8月1日
苏大学子撰写家乡的抗战故事	《姑苏晚报》	2015年8月29日
苏大学生获MODELAPEC总决赛全国四强	《姑苏晚报》	2015年8月30日
东吴大学法学院迎百年华诞	《姑苏晚报》	2015年9月4日
苏大附一院平江院区预约诊疗服务平台上线	《姑苏晚报》	2015年9月9日
园区"口袋校园"获融资	《姑苏晚报》	2015年9月10日
大学生走进新农村调研基层民主发展	《姑苏晚报》	2015年9月12日
迎接"小鲜肉"大学也是蛮拼的	《姑苏晚报》	2015年9月13日
"曹君不到沧浪亭,写不出潇湘馆"	《姑苏晚报》	2015年9月17日
《红楼梦》与苏州园林	《姑苏晚报》	2015年9月17日
孙杨报到苏大攻读研究生	《姑苏晚报》	2015年9月17日
"文艺讲座大家听"系列讲座上周举行	《姑苏晚报》	2015年9月21日
肾移植在苏州首次有了专门病区	《姑苏晚报》	2015年9月22日
新生军训 双胞胎姐妹花抢眼	《姑苏晚报》	2015年9月23日
隆力奇巨资支持苏大人才计划	《姑苏晚报》	2015年9月25日
附一院平江院区骨科全部启用	《姑苏晚报》	2015年9月26日
苏大国旗班获一等奖	《姑苏晚报》	2015年9月29日
附一院平江院区妇科投用	《姑苏晚报》	2015年9月29日
苏大非洲学霸1年过汉语5级	《姑苏晚报》	2015年9月30日
一部《长物志》说尽造园之妙	《姑苏晚报》	2015年10月4日
苏大两名教授入选全球高引用科学家	《姑苏晚报》	2015年10月9日
苏大材料科学专业世界排名第70位	《姑苏晚报》	2015年10月10日
大学校园社团招生上演"百团大战"	《姑苏晚报》	2015年10月14日
"秘密花园"有了苏大版	《姑苏晚报》	2015年10月15日

续表

新 闻 标 题	媒 体 名 称	刊 发 时 间
潘君明做客姑苏讲堂开讲园林文化	《姑苏晚报》	2015年10月15日
"AMD"杯电子设计竞赛揭晓	《姑苏晚报》	2015年10月15日
她是苏州园林的知音	《姑苏晚报》	2015年10月16日
历史文化名城(苏州)研究院揭牌成立	《姑苏晚报》	2015年10月16日
数千学生成"中国通"	《姑苏晚报》	2015年10月17日
外国留学生办文化节	《姑苏晚报》	2015年10月17日
全国高校运动康复专业学生技能大赛在苏大举行	《姑苏晚报》	2015年10月20日
兵姐姐服役两年后重返大学	《姑苏晚报》	2015年10月23日
苏大搭建"微招聘"平台	《姑苏晚报》	2015年10月24日
大学恋人回母校办婚礼	《姑苏晚报》	2015年10月27日
未来有望3D打印"定制"脊椎	《姑苏晚报》	2015年10月28日
两位苏州人远赴千里之外献血	《姑苏晚报》	2015年10月29日
支教助学拍卖会举办	《姑苏晚报》	2015年10月31日
萌系教授讲理财	《姑苏晚报》	2015年11月2日
园林里有哪些传统习俗	《姑苏晚报》	2015年11月5日
"马拉松"成为大学校园新时尚	《姑苏晚报》	2015年11月6日
时隔十年,苏州职业足球再次起航	《姑苏晚报》	2015年11月6日
苏大学子研制成功油烟废气净化系统	《姑苏晚报》	2015年11月7日
苏州医护人员夺回台商生命	《姑苏晚报》	2015年11月10日
大学社团众筹为留守儿童添衣	《姑苏晚报》	2015年11月11日
大学老师推出微信课堂	《姑苏晚报》	2015年11月18日
"电脑族""手机党"眼睛告急:八成受视疲劳所累!	《姑苏晚报》	2015年11月24日
寻找相门施救的好心人	《姑苏晚报》	2015年11月24日
相门救人的"暖心医生"找到了	《姑苏晚报》	2015年11月25日
"冲锋战士"爱心守护患儿的生命中枢	《姑苏晚报》	2015年11月25日
苏南首个视疲劳专科门诊开放	《姑苏晚报》	2015年11月25日

续表

新 闻 标 题	媒 体 名 称	刊 发 时 间
"我眯一会儿,有情况立刻喊我"	《姑苏晚报》	2015年11月27日
苏大附一院率先建立"医联体"	《姑苏晚报》	2015年11月29日
苏大师生举行"垂直绿化"公益宣传	《姑苏晚报》	2015年11月30日
附一院平江院区一期搬迁完毕	《姑苏晚报》	2015年12月2日
苏大附一院"疤痕子宫妈妈帮"成立	《姑苏晚报》	2015年12月7日
大学生作诗纪念"一二·九"	《姑苏晚报》	2015年12月10日
不忘初心,医德仁心	《姑苏晚报》	2015年12月15日
文正学院苏州银行签约合作定制专项人才	《姑苏晚报》	2015年12月16日
创业课堂为创客指点未来	《姑苏晚报》	2015年12月16日
苏大学生纪念唐文治诞辰150周年	《姑苏晚报》	2015年12月17日
苏大附一院平江院区急救分站启用	《姑苏晚报》	2015年12月18日
开辟脑卒中急救"绿色通道"	《姑苏晚报》	2015年12月19日
苏大教授上门来授艺	《姑苏晚报》	2015年12月22日
不是所有女孩都可以叫陈雪帆	《姑苏晚报》	2015年12月25日
苏州舞蹈新人新作展演走进苏大	《姑苏晚报》	2015年12月25日
苏大将举办刘雪庵作品音乐会	《姑苏晚报》	2015年12月26日
苏州园林无处不书法	《姑苏晚报》	2015年12月26日
独舞《粥担与老人》又获奖啦	《姑苏晚报》	2015年12月30日
吴中城区将建苏大附二院吴中分院	《姑苏晚报》	2015年12月31日
苏大学生热舞劲曲迎新年	《城市商报》	2015年1月1日
园区与苏大将共建独墅湖医院	《城市商报》	2015年1月6日
苏大人工心脏科研团队联手德国大学研发"中国心"	《城市商报》	2015年1月9日
苏州大学科研成果 斩获国家技术发明二等奖	《城市商报》	2015年1月10日
苏大组建师生交响乐团	《城市商报》	2015年1月11日
大学宿舍的"卧谈会"如今成了"静音模式"	《城市商报》	2015年1月15日

续表

新 闻 标 题	媒体名称	刊 发 时 间
大四男生高度近视恋爱求职受挫,飞秒激光重塑其信心	《城市商报》	2015年1月19日
苏州九名医生入选省"百名医德之星"	《城市商报》	2015年1月21日
这寒假,大学生们去哪儿?	《城市商报》	2015年1月25日
"最美医生"史明纪录片今天推出	《城市商报》	2015年1月26日
白衣天使已逝　大爱永存人间	《城市商报》	2015年1月26日
史明带来的正能量	《城市商报》	2015年1月27日
医患之间那些事	《城市商报》	2015年1月27日
苏大在研究中取得重大突破	《城市商报》	2015年1月29日
苏大模特班:女神从这里走上国际T台	《城市商报》	2015年2月8日
超长寒假来临,"小眼镜"配眼镜摘镜忙	《城市商报》	2015年2月9日
苏大附二院胸心外科成功摘除一罕见"定时炸弹"	《城市商报》	2015年2月9日
苏大13位学者入选"2014年中国高被引学者榜单"	《城市商报》	2015年2月10日
还有个与苏州有关的名人	《城市商报》	2015年2月12日
苏大学子进入全国大学生艺术展演	《城市商报》	2015年2月28日
大学生艺术展　苏大斩获两个一等奖	《城市商报》	2015年3月2日
苏大中国传统文化工作坊连获三奖	《城市商报》	2015年3月3日
苏大自主招生开始报名	《城市商报》	2015年3月5日
苏大师生研发新型催化剂　利用阳光分解水制出氢气	《城市商报》	2015年3月5日
苏大百余学生义卖汤圆	《城市商报》	2015年3月6日
苏大学子的"公益梦"在寒假开花结果	《城市商报》	2015年3月9日
"纳米科技之父"受聘苏大名誉教授	《城市商报》	2015年3月10日
苏州世乒赛的那些"90后"志愿者	《城市商报》	2015年3月26日
苏大师生重访沛县　缅怀90级法律系毕业生王晓军烈士	《城市商报》	2015年3月29日
苏大现代丝绸国家工程实验室里有"宝物"	《城市商报》	2015年3月30日

续表

新 闻 标 题	媒体名称	刊发时间
苏大新增4个本科专业	《城市商报》	2015年4月1日
苏大才女创业的脑袋真灵光 设计校园文化棒球衫很吸睛	《城市商报》	2015年4月2日
奥运冠军孙杨将来苏大读硕士？	《城市商报》	2015年4月6日
苏州大学成立微软学生俱乐部	《城市商报》	2015年4月10日
苏州小娘鱼有才又有艺	《城市商报》	2015年4月12日
学子献策，让垃圾分类尽快深入人心	《城市商报》	2015年4月14日
苏大剑桥基因组资源中心成立	《城市商报》	2015年4月17日
不出校园 遍尝世界美味	《城市商报》	2015年4月19日
你知道什么是"慕课"吗？	《城市商报》	2015年4月21日
苏州首家社区"爱心银行"开张	《城市商报》	2015年4月23日
儿童药品规格数量极缺 苏大建国内首家专业研发中心	《城市商报》	2015年4月23日
苏大应用技术学院入选首批合作院校	《城市商报》	2015年4月23日
苏大有个"落伍"的辅导员	《城市商报》	2015年4月24日
国际乒联科学大会在苏大开幕	《城市商报》	2015年4月24日
大学生自办古典音乐会	《城市商报》	2015年4月26日
创客时代，大学生争做"弄潮儿"	《城市商报》	2015年4月27日
记者发病倒地，志愿者紧急救护 极端天气，五千观众1小时疏散完	《城市商报》	2015年4月30日
"小青葱"称谓由她而起	《城市商报》	2015年5月3日
山里来的孩子现场看世乒赛	《城市商报》	2015年5月4日
帕金森患者脑部安装"起搏器"可治病	《城市商报》	2015年5月4日
苏大学子登上央视舞台	《城市商报》	2015年5月5日
扑下身子抓好各项部署落实 确保工作干在实处见到成效	《城市商报》	2015年5月8日
苏大附一院挂牌中国胸痛中心	《城市商报》	2015年5月8日
最贴近生命的地方她们提灯照亮	《城市商报》	2015年5月11日
搭上互联网看病少跑了多少路？	《城市商报》	2015年5月19日

续表

新闻标题	媒体名称	刊发时间
苏大附中：做"大气"的教育	《城市商报》	2015年5月21日
春夏交替红眼病进入高峰期	《城市商报》	2015年5月22日
苏州已有17家医院开通微信挂号	《城市商报》	2015年5月23日
苏大附中2015"创新课程班"面向市区招收两个班级约70人	《城市商报》	2015年5月26日
音乐无隔阂 中外师生共奏交响乐	《城市商报》	2015年5月30日
苏大附儿院总院六一开始接诊	《城市商报》	2015年5月30日
Fresh极客少年团：校园是梦想起飞的地方	《城市商报》	2015年5月31日
苏大附儿院总院昨天启用	《城市商报》	2015年6月2日
苏大有个"学霸寝室" 6女神齐齐考研成功	《城市商报》	2015年6月6日
苏州文化创意园区添"新兵"	《城市商报》	2015年6月7日
苏大实验室操作失误散发烟雾 校方澄清并未发生爆炸	《城市商报》	2015年6月8日
建筑课上来场"头脑风暴"	《城市商报》	2015年6月9日
老挝也有一个苏州大学	《城市商报》	2015年6月10日
这个毕业纪念品有点特别	《城市商报》	2015年6月12日
苏大自主招生笔试科目增至两门	《城市商报》	2015年6月15日
为脑部供血的动脉狭窄 这个小支架能搞定	《城市商报》	2015年6月15日
苏州帕友交流会	《城市商报》	2015年6月15日
苏大获全国高校校园文化建设优秀成果一等奖	《城市商报》	2015年6月16日
苏大医学部研究生工作站落户相城三院	《城市商报》	2015年6月17日
网传"苏大附儿院园区总院严重漏雨"	《城市商报》	2015年6月18日
垃圾分类达人秀昨走进吴中区	《城市商报》	2015年6月20日
苏大5 000多名本科生戴上学士帽	《城市商报》	2015年6月24日
16名"小毛头"集体"搬家"	《城市商报》	2015年6月24日
苏大附一院平江院区增设500多个车位	《城市商报》	2015年6月27日
高考填志愿进行时！视力体检近视考生手术该如何选医院？	《城市商报》	2015年6月29日

续表

新闻标题	媒体名称	刊发时间
苏大附儿院园区总院可网上预约了	《城市商报》	2015年7月1日
苏大附儿院手术科室已全部搬至园区总院	《城市商报》	2015年7月2日
东坊艺术空间	《城市商报》	2015年7月5日
"神盾－2015"国家核事故应急联合演习举行	《城市商报》	2015年7月6日
苏大文正学院首位空姐放飞蓝天	《城市商报》	2015年7月8日
苏大教授陈晓东获国际工程与食品协会终身成就奖	《城市商报》	2015年7月14日
苏大投档线文科358分 理科360分；科技学院文科343分 理科344分	《城市商报》	2015年7月15日
神奇的大脑是个魅力的世界	《城市商报》	2015年7月20日
无论贫富，他们都需要艺术教育	《城市商报》	2015年7月21日
大学生志愿者专为老人解决"纳凉故障"	《城市商报》	2015年7月21日
苏州爱心支教团队抵达贵州	《城市商报》	2015年7月21日
第四届全国中学生辩论赛在苏大开幕	《城市商报》	2015年7月23日
苏大学生支教贵州山区	《城市商报》	2015年7月29日
《职来职往》苏大专场三人求职成功	《城市商报》	2015年7月29日
苏大"小雏菊"服务团暑期进病区	《城市商报》	2015年7月31日
苏大大一女生勇夺全国校园主播大赛金奖	《城市商报》	2015年8月1日
"金话筒"也许就是从这里起步的	《城市商报》	2015年8月2日
我省公布高招本三批次投档线	《城市商报》	2015年8月3日
苏大学子一届届接棒贵州乡镇义诊10年	《城市商报》	2015年8月4日
山里娃来演"小法官"	《城市商报》	2015年8月5日
八年离乱 抗战中东吴大学的流亡与坚持	《城市商报》	2015年8月5日
苏大五朵"金花"想出创意新险种	《城市商报》	2015年8月9日
图文：苏州大学艺术学院版画工作室的五位研究生在导师张天星的带领下，创作了一套抗日主题的版画	《城市商报》	2015年8月12日
媒体架起中外青年沟通的"文化桥"	《城市商报》	2015年8月17日
英语口语封闭式培训有效果	《城市商报》	2015年8月22日

续表

新闻标题	媒体名称	刊发时间
苏大学子暑期采风记录家乡抗战故事	《城市商报》	2015年8月28日
全国60所高校角逐亚太青年模拟APEC决赛	《城市商报》	2015年8月30日
冷雨夜遇热心人，为这份正能量点赞！	《城市商报》	2015年9月14日
东京大审判 他们代表着正义	《城市商报》	2015年9月3日
苏大学子 年轻的责任与自豪	《城市商报》	2015年9月4日
东吴大学法学院迎来百年华诞	《城市商报》	2015年9月4日
小龙虾是养在污水里的吗？小龙虾头部重金属超标吗？	《城市商报》	2015年9月8日
为建设新江苏培养更多优秀人才	《城市商报》	2015年9月10日
大学生调研新农村	《城市商报》	2015年9月11日
社区图书馆该如何盘活？	《城市商报》	2015年9月12日
大学新生报到 看看他们的行囊	《城市商报》	2015年9月13日
孙杨真的来报到啦	《城市商报》	2015年9月17日
这儿的产护服务好"高大上"	《城市商报》	2015年9月19日
隆力奇在苏大设留学生奖学金	《城市商报》	2015年9月22日
苏大附一院平江院区泌尿外科启用	《城市商报》	2015年9月22日
聚专家智慧谋划"十三五"发展	《城市商报》	2015年9月26日
苏大学子文化巡演直奔西雅图	《城市商报》	2015年9月26日
2015年全球高引用科学家名录发布	《城市商报》	2015年10月9日
新版US News世界大学排名发布	《城市商报》	2015年10月10日
苏大东吴艺术团，中国文化的"民间大使"	《城市商报》	2015年10月13日
大学生展现中国新面貌	《城市商报》	2015年10月13日
曾经风靡全国的《秘密花园》现在有了苏大版啦	《城市商报》	2015年10月15日
苏州高校学子角逐电子设计竞赛	《城市商报》	2015年10月15日
中国历史文化名城（苏州）研究院成立	《城市商报》	2015年10月16日
韩国大真大学与苏州大学携手办学十年培养3200余名韩国学生成"中国通"	《城市商报》	2015年10月17日

续表

新 闻 标 题	媒 体 名 称	刊 发 时 间
苏大25学子昨受助10万元	《城市商报》	2015年10月20日
苏大搭建微信服务站	《城市商报》	2015年10月25日
王传君:我的角色其实是导演的影子	《城市商报》	2015年10月27日
校园婚礼 回到爱情开始的地方	《城市商报》	2015年10月27日
分级诊疗:让大医院回归自己的角色为苏州百姓提供更好的医疗服务保障	《城市商报》	2015年11月4日
天冷了,山里的孩子还好吗?	《城市商报》	2015年11月7日
苏大附一院血液学专科排名前列	《城市商报》	2015年11月7日
江苏省首例纳米刀手术在苏大附一院成功开展	《城市商报》	2015年11月9日
苏州医护人员从"死神"手中救回台商	《城市商报》	2015年11月10日
创客比拼"互联网+车" 大学生服装秀美呆全场	《城市商报》	2015年11月14日
苏大校园马拉松成"全民运动"	《城市商报》	2015年11月15日
中外7人制足球赛落幕 苏州大学队夺冠	《城市商报》	2015年11月16日
苏大老师把课堂搬到了微信里	《城市商报》	2015年11月19日
苏州建成领先全国的复合手术室	《城市商报》	2015年12月2日
苏大附一院一期搬迁完毕	《城市商报》	2015年12月3日
苏大学子与培智学生有个"天使之约"	《城市商报》	2015年12月4日
隆力奇国际奖学金昨日颁奖	《城市商报》	2015年12月6日
一位海外游子的家乡情	《城市商报》	2015年12月7日
她成了苏大"最会说话女神"	《城市商报》	2015年12月9日
苏大学子着传统服饰亮相曼谷	《城市商报》	2015年12月11日
实战开店,比谁赚得多	《城市商报》	2015年12月11日
助一线员工在岗专升本	《城市商报》	2015年12月16日
屁股免"开花"	《城市商报》	2015年12月17日
一天里6 800患儿求诊!苏大附儿院门急诊量爆棚	《城市商报》	2015年12月22日
苏大附二院吴中分院明年开建	《城市商报》	2015年12月31日

续表

新 闻 标 题	媒 体 名 称	刊 发 时 间
二百余名专家学者云集　国际乒联科学大会苏大开幕	人民网	2015年4月24日
苏大创客晒创意作品	人民网	2015年4月27日
苏州大学人工心脏研究所团队入选2014中德合作科研项目	《江苏教育》信息网	2015年1月9日
苏州大学科研成果喜获国家技术发明奖	《江苏教育》信息网	2015年1月13日
苏州大学举办体育专业学生技能展示会	《江苏教育》信息网	2015年1月14日
苏州大学大力推进大学生艺术教育工作	《江苏教育》信息网	2015年1月16日
苏州大学与江苏省体育局开展战略合作	《江苏教育》信息网	2015年1月22日
苏州大学与江苏省体育局共建江苏体育产业协同创新中心	《江苏教育》信息网	2015年3月17日
苏州大学认真做好世乒赛志愿者选拔和培训工作	《江苏教育》信息网	2015年3月18日
苏州大学加强辅导员队伍建设	《江苏教育》信息网	2015年4月7日
苏州大学积极探索院校人才培养合作新模式	《江苏教育》信息网	2015年4月15日
苏州大学成立微软学生俱乐部	《江苏教育》信息网	2015年4月22日

后　记

　　《苏州大学年鉴2016》是将2015年学校的各种信息汇编成集,力求全面地记载学校一年来的主要工作、重大事件、发展特色,全面反映学校各方面发展的成果,供学校各方面查考、借鉴、比较。

　　《苏州大学年鉴2016》编写体例与往年基本相同,记载的内容主要是2015年学校各方面的工作,主要数据截止时间为2015年12月31日。

　　《苏州大学年鉴2016》的顺利出版,主要是在学校各单位的大力支持下完成的,在此谨表示衷心感谢。

　　《苏州大学年鉴2016》在编写过程中,除编委以外,档案馆的袁春荣、付丽琴、高国华、钦春英、付双双、王凝萱、惠琳、於建华、张娟等同志都参加了编写工作,并为此付出了辛勤的劳动,使编辑工作顺利完成。

　　特别值得一提的是,苏州大学出版社有限公司对《苏州大学年鉴》的出版,数十年如一日,给予大力支持,在此表示衷心感谢!

　　在编写过程中,我们力求资料翔实、数据准确。但由于面广量大,可能仍有疏漏之处,敬请广大读者批评指正。

编　者
2016.12